Wilhelm Scheffler

**Die französische Volksdichtung und Sage**

Erster Band

Wilhelm Scheffler

**Die französische Volksdichtung und Sage**
*Erster Band*

ISBN/EAN: 9783742816283

Hergestellt in Europa, USA, Kanada, Australien, Japan

Cover: Foto ©Andreas Hilbeck / pixelio.de

Manufactured and distributed by brebook publishing software (www.brebook.com)

Wilhelm Scheffler

**Die französische Volksdichtung und Sage**

# DIE
# FRANZÖSISCHE VOLKSDICHTUNG
## UND SAGE.

EIN BEITRAG

ZUR

GEISTES- UND SITTENGESCHICHTE FRANKREICHS

VON

WILHELM SCHEFFLER,
DR. PHIL., PRIVATDOZENT DER FRANZÖS. SPRACHE U. LITTERATUR
AM KÖNIGL. POLYTECHNIKUM DRESDEN.

**ERSTER BAND.**

LEIPZIG,
VERLAG VON BERNHARD SCHLICKE
(BALTHASAR ELISCHER).
1884.

# DIE
# FRANZÖSISCHE VOLKSDICHTUNG UND SAGE.

> Étudier la poésie populaire sous tous les climats, ce n'est pas seulement satisfaire une vaine curiosité; l'étudier avec le feu sacré de la sympathie, c'est étendre son âme à celle des autres nations, c'est élargir peu à peu à l'âme de l'humanité.
>
> (*Schuré: Histoire du Lied.*)

DEN HERREN

PROFESSOR Dr. ADOLF STERN,

CHARLES MARELLE und Dr. HERMANN DUNGER

ALS

ZEICHEN SEINER VEREHRUNG UND DANKBARKEIT.

**DER VERFASSER.**

# VORWORT.

Es wird kaum eine deutsche Litteraturgeschichte geben, welche nicht auch der deutschen Volksdichtung als eines unentbehrlichen Teiles gedächte. Wir würden aber sehr in Verlegenheit geraten, sollten wir auch nur eine einzige Geschichte der französischen Litteratur namhaft machen — und wäre sie selbst von Franzosen geschrieben —, welche dieser Seite des französischen Geisteslebens gerecht würde. Und doch verdient die französische Volkspoesie in hohem Grade auch unser Interesse: nicht nur, weil sie ein unentbehrliches Glied in der Kette der Volkserzeugnisse bildet, deren vergleichendes Studium schon so manche schöne Frucht gezeitigt hat, sondern vornehmlich, weil sie uns einen tieferen und damit einen richtigeren Einblick in den französischen Volkscharakter gewährt, dessen Kenntnis uns bis heute die französische Kunstdichtung allein vermittelte.

Wenn es auch seither an einem zusammenfassenden Werke über die französische Volkspoesie fehlte, auf einzelne Teile derselben ist verhältnismäfsig frühe schon von deutscher Seite hingewiesen worden. So reihte *Herder* in seine „Stimmen der Völker" auch einige wenige französische Volkslieder ein, *Uhland* berücksichtigte, soweit dies zu seiner Zeit möglich war, in seinen Abhandlungen über die deutschen Volkslieder auch die französische Volksdichtung. Altfranzösische Volkslieder gab *Wolff* heraus. Auf dem gleichen Gebiete sammelte ein Menschenalter hindurch *Moriz Haupt*; aber erst *Adolf Tobler* vereinte die wertvollsten Lieder der Sammlungen *Haupts* in einem geschmackvollen Bändchen. *Karl Bartsch* übertrug in anmutiger Weise eine Reihe altfranzösischer Lieder und Pastourellen; in einer warm geschriebenen Einleitung gibt er eine Übersicht über das französische Volkslied des 12. bis 16. Jahrhunderts, welche mit dem Quellenverzeichnis älterer französischer Volksliedersammlungen bei *Haupt-Tobler* eine wertvolle Vorstudie zu der Geschichte der französischen Volksdichtung bildet. In anregender Weise hat *Paul Lindau* wiederholt in der Gegenwart auf neuere Erscheinungen auf dem Gebiete der französischen Volkspoesie hingewiesen, *Reinhold Köhler*, der bedeutendste Kenner auf dem Gebiete der Sage, zeigte wiederholt nicht nur französische Märchensammlungen an, sondern versah sie auch mit vergleichenden Noten. Als ein beredter Anwalt französischer Volksdichtung und Sage steht *Charles Marelle* da, welcher seine ursprünglich in Berlin gehaltenen Vorträge über die Volkspoesie seiner Heimat später in *Herrigs* Archiv veröffentlichte.

In mir erweckten jene Vorträge, wie ich dankbar anerkenne, die Neigung, mich eingehend mit dem Studium der französischen Volkspoesie zu beschäftigen. Seit dem Jahre 1877 habe ich wiederholt gröfsere Abschnitte, wie übersichtsweise auch das gesamte Gebiet der genannten Litteratur in Vorträgen am Königl. Polytechnikum wie im Litterarischen Verein in Dresden zu behandeln

versucht. Das Interesse, welches dem Gegenstande in
jenen Kreisen entgegengetragen wurde, die Überraschung,
welche sich kundgab, dafs Frankreich eine Dichtungs-
gattung besitze, die vielfach von uns allein in Anspruch
genommen wird, legten mir den Wunsch nahe, mit einer
gröfseren Arbeit hervorzutreten; sie sollte zugleich die
Aufmerksamkeit weiterer gelehrter Kreise auf einen
Boden lenken, der nur wartet zu reicher Frucht bestellt
zu werden. Die freundliche Ermunterung, welche mir
von *Adolf Stern* zu teil ward, der wie selten jemand
die Litteraturgeschichte universal umfafst, liefsen mich
zur Ausführung schreiten; die fortlaufende Arbeit selbst
fand in ihm wie in dem um die Erschliefsung der Vögt-
ländischen Volksdichtung verdienten *Hermann Dunger* hin-
gebende Förderung. Mein Wunsch, einige der schönsten
Lieder in deutscher Nachdichtung geben zu können, ward
in entgegenkommendster Weise von *Claire von Glümer*
erfüllt.

Der Kern des Werkes selbst ist in der Hauptsache
hervorgegangen aus jenen Sammlungen von Liedern,
Sagen und Märchen, welche im Laufe der letzten fünfzig
Jahre in Frankreich veröffentlicht wurden; doch sind
auch ältere Werke herangezogen worden, wie die Bibliographie ergibt. Reichste Ausbeute fand ich in den
Bibliotheken zu Dresden und Berlin; es sei mir gestattet,
gleich an dieser Stelle Herrn Geheimen Oberregierungsrat
Professor Dr. *Lepsius* wie Herrn Bibliothekar Dr. *Rose*
für die bereitwillige Förderung meines Quellenstudiums
wärmsten Dank abzustatten. Für Unterstützung mit
litterarischen Hilfsmitteln bin ich nicht minder zu Dank
verpflichtet den Bibliotheken zu Leipzig und Weimar,
sowie den Herren *Charles Marelle* und Dr. *Reinhold Köhler*,

welche mir in liebenswürdiger Bereitwilligkeit ihre Privatbibliotheken zur Verfügung stellten.

In betreff der Anordnung des Stoffes bin ich meinen eigenen Weg gegangen; ich möchte ihn fast den natürlichen nennen, ohne behaupten zu wollen, dafs er der allein zulässige wäre. Ausgegangen bin ich von der so nahe liegenden Vergleichung deutscher und französischer Volksdichtung; hier hat mir *Schurés* geistvolles Werk: *Histoire du Lied* manchen Dienst geleistet. An die erwähnte Vergleichung knüpft sich eine Geschichte der französischen Volkspoesie, welche, mit *Montaigne* anhebend, sich bis auf die neueste Zeit erstreckt. Mein Bestreben bei Behandlung dieses spröden, bisher noch nicht bearbeiteten Stoffes ging dahin, nicht blofs eine Aufzählung von Büchertiteln zu geben, sondern die verschiedenen Stadien zu kennzeichnen, welche das Studium der französischen Volkspoesie zu durchlaufen hatte, ehe es seine jetzige Höhe in Frankreich erreichte. Für den wissenschaftlichen Arbeiter wird dieser Abschnitt trotz seiner Unvollkommenheit nicht unwichtig sein; wer nur ästhetischen Genufs in dem Buche sucht, mag ihn ruhig überschlagen.

Die Darstellung des Gegenstandes selbst beginnt mit dem Glanzpunkte aller Dichtung: der Liebe. Der Bedeutung dieses Abschnittes entspricht sein Umfang. Es folgt das menschliche Leben in seinem natürlichen Verlauf. Mit den Kinder- und Rondeliedern, welch letztere wiederum hinüberleiten in das Gebiet der Liebe, schliefst dieser erste bedeutsame Ring. Daran reiht sich das festliche Jahr: mit den Neujahrsliedern beginnend, erreicht es einen seiner Höhepunkte in den Gesängen, welche das Nahen des Frühlings verkünden. Doch auch die Zeit der Ernte bringt einen reichen Kranz von Liedern, bis das Weihnachtsfest strahlend das Jahr beschliefst.

Damit endet zugleich der erste Band.

Der zweite Teil wird zunächst das Soldatenlied behandeln, an welches sich die weiteren Abschnitte: Historische Anklänge im französischen Volksliede, Balladen, Sagen und Märchen, Sprache und Reim, Musik und Tanz, anreihen.

In alle Abschnitte habe ich zahlreiche Proben eingestreut, bestimmt, meine Darstellung zu beleben und zu ergänzen. In betreff der musikalischen Beilagen, welche auf die in den Sammlungen verborgenen Schätze hinweisen sollen, bin ich besondern Dank meinem kunstsinnigen Verleger, Herrn *Balthasar Elischer* schuldig, welcher hierin, wie nicht minder in der trefflichen Ausstattung, sein weitgehendes Interesse für das vorliegende Werk bekundete. —

Wenn einer meiner Herren Kritiker meine Arbeit mit einer Hängebrücke aus Blumen vergleicht, auf welcher der Friedensengel zwischen Deutschland und Frankreich hin und her flattere, so hat er die Tendenz, welche mich bei der Abfassung meines Buches leitete, richtig gekennzeichnet. Wie das Werk bei uns die Anschauungen über französisches Volkswesen zu klären versucht, so möge es in Frankreich die Überzeugung wecken helfen, dafs der Deutsche jeder edlen Seite seines französischen Nachbars gerecht zu werden versteht.

Dresden, September 1883.

**Wilhelm Scheffler.**

# INHALTSVERZEICHNIS
DES
ERSTEN BANDES.

**Einleitung:**                                                          Seite

**I. Vergleichende Charakteristik französischer und deutscher Volksdichtung** . . . . . . . . . . . . . . . . . . . . . 3

Unbekanntschaft mit der französischen Volksdichtung in Deutschland — in Frankreich. — Grund hierfür aus dem Vergleich deutscher und französischer Volksdichtung gewonnen. — Charakteristischer Unterschied zwischen Volks-, Kunst- und volkstümlicher Dichtung. — Jede Nation in Gebildete und Ungebildete geschieden. — Dieser Scheidung entsprechend Volks- und Kunstdichtung. — Volkstümliche Dichtung beiden Gruppen zugehörig (wie in Deutschland). — Auch Frankreich hat eine Volks- — eine Kunstdichtung — keine volkstümliche. — Woher in Deutschland, und nicht auch in Frankreich? — Die Liebe zur Volksdichtung dem Deutschen anerzogen: Herder, Goethe, Uhland. — Volksdichtung die Grundlage geworden für die Kunstdichtung. — Vermählung der Volksdichtung mit der Musik in Deutschland. — Beispiel aus unserer Zeit für die innige Verschmelzung von Volks- und Kunstdichtung zu volkstümlicher Dichtung. — In Frankreich gelegentliches Hinübergreifen der Volksdichtung in die gebildeten Kreise und umgekehrt, aber kein Prinzip — keine Einwirkung der Volksdichtung auf das Leben der Nation — keine Einwirkung auf die Entwickelung der Kunstdichtung. — Erklärung aus dem Gange, welchen die französische Litteratur genommen. — Das XVI. Jahrhundert sucht das antike mit dem Volkselemente zu verschmelzen. — Das klassische (XVII.) Jahrhundert löst sich völlig von dem volkstümlichen Boden los. — Die Revolution scheint volkstümliches Element in die Kunstdichtung hineinzutragen — bleibt aber auf Paris beschränkt. — Die Romantik knüpft nicht an die Volksdichtung an. — Pessimismus von Ed. Schuré. —

**II. Überblick über die Geschichte der französischen Volksdichtung**    17

Von jeher hat Frankreich eine Volksdichtung besessen. — Wer auf sie aufmerksam gemacht: *Montaigne*, *Malherbe* — *Molière* — *Rousseau*. — Aufschwung des Studiums der französischen Volksdichtung im XIX. Jahrhundert. — Erste vorbereitende Epoche bis 1840. — *Wolffs* Sammlung altfranzösischer Volkslieder — Zweite Epoche 1840—1852. *de la Villemarqués* bahnbrechendes Werk *Barzaz-Breiz* — *Gérard de Nerval* — *George Sand*. — Dritte Epoche 1852—1880. Eintreten der Staatsregierung für die Volksdichtung. — Neue Sammlungen aus alten Provinzen. — *Champfleury* — Neue Provinzen erschlossen. — Besonders hervorzuheben: Champagne — *Tarbé*. — Westfrankreich — *Bujeaud*. — Veröffentlichung von Volksdichtungen aus Bibliotheken: *Gasté* — *Gaston Paris*. — Geschichte der Volksdichtung einzelner Provinzen: Normandie von *Beaurepaire* klassisches Muster. — Studium fremder Volkslitteraturen: *Schuré* (*Theuriet*). — Vierte und letzte Epoche 1880 bis zur Gegenwart: Die Verlagsbuchhandlung *Maisonneuve et C*$^{ie}$ zu Paris — Einheitlicher Plan — Ausdehnung über alle Gebiete des französischen Volksgeistes — Beachtung der Volkslitteratur in den Zeitschriften:

Romania, Revue linguistique etc. — Eigene Zeitschrift: Melusine. — Almanac des traditions populaires. — Gedrängte Wiederholung. — Volkslitteratur und Elementarbildung. — Verschwinden der Volksdichtungen. — Welcher Nutzen soll sich aus den Sammlungen und Bearbeitungen der Volkslitteratur ergeben? —

**I. Liebeslust** .................................................. 47
Erwachen der Liebe — innerer Drang — äußerer Zwang. — Werbelieder — ernster — satirischer Art. — Erst wagen. — Allzu wählerisch. — Treue Liebe. — Sehnsucht und Wunsch. — Was sich liebt, neckt sich (Schnaderhüpfel). — Liebeszwist —

**II. Liebesleid** .................................................. 110
Scheiden und Meiden (Maiennacht). — Unglückliche Liebe — seitens des Mannes: Trost im Glase; — seitens des Weibes: hinwegscherzen — Entsagung (Spinnerlieder) — Opfer um Opfer. — Verführung (Pastourellen): Und kommst Du nicht willig — Die sinnliche Schöne — Lieber tot als entehrt — List über Gewalt. — Verlassen und verführt — die Kindesmörderin — im Fegefeuer. — Untreue. —

**III. Verlöbnis, Hochzeitstag und Brauch** .............. 163
Verlöbnis, Ausstattung und Ehevertrag. — Wahl des Hochzeitstages. — Leben die Hochzeitslieder und Gebräuche noch? — Die Ziviltrauung ohne Sang und Klang. — Die kirchliche Hochzeitsfeier: Überbringen der Geschenke, — Schmücken der Braut, — Segen der Familie, — Bazvalan und Brotaër, — Brautzug, — Trauung, — Heimkehr (*Chanson de l'oreiller*). — Die häusliche Hochzeitsfeier: *Chanson de la mariée, chanson du marié.* — Hochzeitsbräuche: *Les jarretières, — la soupe à l'oignon.* — Aufbruch. — Nachtag. —

**IV. Ehelieder** .................................................. 199
Rückblick. — Allgemeiner Charakter der Ehelieder. — Soziale Stellung der Frau. — Brutalität des Mannes. — Kindersegen, ein Fluch. — Trunkenheit. — Drum prüfe, wer sich ewig bindet — *Tempi passati.* — Jungfer und Hagestolz. — Zwangsheiraten — Ehe aus Berechnung (Reue). — Spott gegen die ungleichen Ehen: *La petite Rosalie (Mayotte)* — wahre Meinung des Weibes — ungleiche Ehe seitens des Mannes. — Vertauschung der Rollen — der geschlagene Ehemann — das trunkene Weib — der Pantoffelheld. — Untreue — das lüsterne Weib (*Marion*). — Totenklage.

**V. Kinder- und Rondellieder** ............................ 235
Quellen. — Wiegenlieder. — Kose- und Reiterlieder. — Verkehr des Kindes mit der Natur: Mäuseball — Schmetterlings Hochzeit — das Lied vom Zicklein (verglichen mit dem Gökelliede) — *ritournelle, récapitulade.* — Das Leben der Kinder: Geburtstag — Neujahrsfest — Gebete — Schule. — Ab- und Auszählreime — Spiele. — Das Leben der Erwachsenen in der Ronde. — Übergang in die Liebeslieder. —

**VI. Das festliche Jahr** ...................................... 275
Einteilung. — Neujahrslieder. — Bohnenfest. — Lieder zur Vertilgung der schädlichen Tiere. — Beschwörungslieder. — Fastnacht. — Ostersitte und Sang. — Mailieder. — Johannisfeier. — Erntelieder. — Weinlese und Lied. — Weihnachtsfeier.

# Einleitung.

...Les hautes classes de la société ont eu leur peinture dans les poèmes chevaleresques, les classes intermédiaires dans les fabliaux; les chansons populaires ont conservé quelques traces de la vie des campagnes d'autrefois.... Elles ont encore... une autre espèce d'intérêt, c'est de nous montrer ce que produisent des intelligences privées de toute culture; c'est de nous faire assister au singulier travail d'esprits qui n'ont rien acquis, qui sont entièrement restés eux-mêmes...

(M. le C<sup>te</sup> de Puymaigre: Chants pop. messins. Préface, XXIV.)

Du recueil de M. de la Villemarqué, du *Barzas-Breiz* me parait... dater l'intérêt que nous avons commencé à porter à la poésie rustique.

(M. le C<sup>te</sup> de Puymaigre, ib. III.)

# I. Vergleichende Charakteristik französischer und deutscher Volksdichtung.

Unbekanntschaft mit der französischen Volksdichtung in Deutschland — in Frankreich. — Grund hierfür aus dem Vergleich deutscher und französischer Volksdichtung gewonnen. — Charakteristischer Unterschied zwischen Volks-, Kunst- und volkstümlicher Dichtung. — Jede Nation in Gebildete und Ungebildete geschieden. Dieser Scheidung entsprechend Volks- und Kunstdichtung. — Volkstümliche Dichtung beiden Gruppen zugehörig, (wie in Deutschland). — Auch Frankreich hat eine Volks- — eine Kunstdichtung — keine volkstümliche. — Woher in Deutschland, und nicht auch in Frankreich? — Die Liebe zur Volksdichtung dem Deutschen anerzogen: Herder, Goethe, Uhland. — Volksdichtung die Grundlage geworden für die Kunstdichtung. — Vermählung der Volksdichtung mit der Musik in Deutschland. — Beispiel aus unserer Zeit für die innige Verschmelzung von Volks- und Kunstdichtung zu volkstümlicher Dichtung. — In Frankreich gelegentliches Hinübergreifen der Volksdichtung in die gebildeten Kreise und umgekehrt, aber kein Prinzip — keine Einwirkung der Volksdichtung auf das Leben der Nation — keine Einwirkung auf die Entwickelung der Kunstdichtung. — Erklärung aus dem Gange, welchen die französische Litteratur genommen. Das XVI. Jahrhundert sucht das antike mit dem Volkselemente zu verschmelzen. — Das klassische (XVII.) Jahrhundert löst sich völlig von dem volkstümlichen Boden los. — Die Revolution scheint volkstümliches Element in die Kunstdichtung hineinzutragen — bleibt aber auf Paris beschränkt. — Die Romantik knüpft nicht an die Volksdichtung an. — Pessimismus von Ed. Schuré. —

Als bei einem seiner Sommerfeste der studentische Gesangverein des Dresdner Polytechnikums, unter der kundigen Leitung seines Liedermeisters, ein deutsches Volkslied gesungen, da ward, als das Lied verklungen und der Beifall verrauscht war, am Dozententische die Frage aufgeworfen: „ob wohl die Franzosen dem etwas Ähnliches an die Seite zu setzen hätten?" Diese Frage schien mir bedeutsam genug, um sie an die Spitze dieser Einleitung zu stellen; schliefst sie doch, wie mir scheint, nicht blofs die Meinung eines einzelnen in sich ein, sondern, und darin ruht ihre Bedeutung, die Anschauung der überwiegenden Mehrzahl der gebildeten Klassen Deutschlands. Wohl ist sich der Deutsche freudigen Stolzes bewufst, dafs ihm in seiner Volkspoesie ein Schatz überkommen, so reich wie keinem zweiten Volke auf der Welt. Allein gerade die Lebhaftigkeit, mit welcher er seine Vorzüge auf diesem Gebiete empfindet, hindert ihn andererseits zuzugestehen, dafs auch das leichtlebige Volk der Franzosen eine echte, wahre Volkspoesie besitzen könne, welche sich an Tiefe, Zartheit und Innerlichkeit mit der deutschen auch nur entfernt vergleichen liefse. Diese Anschauung taucht nicht blofs in der flüchtigen Unterhaltung des Tages auf, sondern sie macht sich in voller Schärfe auch in litterarischen Erzeugnissen geltend, wie dieses am schlagendsten eine Stelle aus den Reiseerinnerungen von Dr. *Schwarz-Freiberg* beweist, welcher auf diese vermeintliche, klaffende Lücke der französischen Dichtung mit den Worten hinweist: „In dem schillernden Garten der französischen Geistesblüten, in ihrer, an so manchen herrlichen Erzeugnissen reichen Litteratur fehlt eins, das herrlichste von allen, das kleine, aber so unvergleichlich duftende Veilchen, welches in Deutschland seit alter Zeit an allen Zäunen und Hecken gedeiht, — das Volkslied."[1])

Wie sollten wir auch zu anderen Anschauungen kommen. Thuen doch Schule wie Leben gleichmäfsig das ihre, um uns von dieser Seite der französischen Dichtung nichts ahnen zu lassen. Die Schule, indem sie bei der knapp ihr zugemessenen Zeit ihre Aufgabe darin erkennt und auch erkennen mufs, uns mit der klassischen Dichtung bekannt zu machen, also mit einer Gattung, welche im Französischen einen wesentlich rhetorischen, der Volksdichtung geradezu entgegengesetzten Charakter trägt; das Leben, indem es auf die Leidenschaften der menschlichen Natur spekulierend, aus gewinnsüchtigen Gründen uns die Kenntnis einer Seite der französischen Litteratur vermittelt,

---

[1]) Nach Afrika. Reiseskizzen aus Algier und der Sahara. Von Dr. B. Schwarz in Freiberg. XVII.

welche die besseren Geister Deutschlands wie Frankreichs gleichmäfsig verurteilen,[1]) welche aber durch ihre weite Verbreitung in Deutschland[2]) das Vorurteil genährt hat, als könnten unter dem Himmel Frankreichs nur solche giftigen Früchte zur Reife gedeihen, als sei dem Franzosen eine Poesie versagt, in welcher sich vor allem das ausprägt, was wir Deutschen so gern mit dem Worte „Gemüt" bezeichnen. Ist es nicht das Gemüt, das deutsche Gemüt, welches, wie die Sonne der Landschaft, so auch der Volksdichtung erst Licht, Farbe und Reiz verleiht? Wie aber sollte der Franzose eine gleich der unsrigen „aus der Tiefe des Gemüts" quellende Poesie besitzen, wenn ihm, wie man nicht müde wird zu wiederholen, selbst das Wort dafür fehlt. Hat man nicht aus dem Fehlen dieses Wortes geistreiche Schlüsse auf den Charakter des Franzosen, wie auf den Charakter seiner Volkspoesie ziehen wollen? Wie aber, wenn man sich in dieser Annahme täuschte, wenn der Franzose doch ein Wort besäfse, welches die „weiche Innerlichkeit des psychischen Menschen"[3]) trefflich malte: *les entrailles?* Ist es denn seine Schuld, wenn dieses Wort noch immer nicht genügend bekannt und gehörig gewürdigt worden ist? Um nur ein Beispiel statt vieler anzuführen: Wenn *Ernest Praround*[4]) von der französischen Volksdichtung der Pikardie seltsamerweise sagt: je n'ai rien trouvé de naïf sorti *des entrailles* du peuple etc., so weifs ich diesen Ausdruck nicht entsprechender wiederzugeben, als durch „hervorgegangen aus dem Gemüt, dem Gemütsleben des Volkes."[5]) Und wie das Wort, so werden wir uns auch daran gewöhnen

---

[1]) Vergl. C. F. Girards preisgekrönte Rede: *Du caractère et des destinées d'une littérature populaire en France.* Der Verfasser entwickelt hierin die Grundsätze, nach welchen verfahren werden müfste, um Frankreich eine gesunde, wahrhaft volkstümliche Litteratur zu geben, eine gesunde Kost für das nach Lektüre hungernde Volk. Da auch bei uns diese Frage im Hinblick auf das Gift der Kolportagelitteratur vielfach erwogen wird, dürfte ein Hinweis auf dieses beachtenswerte Schriftchen, sowie eine Übertragung derselben in das Deutsche wohl gerechtfertigt erscheinen. [2]) Vergl. Dr. Ed. Engel: Die Übersetzungsseuche in Deutschland, S. 6 ff. [3]) Dr. Bernh. Schmitz, Encyklopädie des philologischen Studiums der neueren Sprachen. I. Suppl. S. 112, 113. [4]) Bei Champfleury, *Chansons populaires des provinces de France,* S. 1. [5]) S. Anhang I die ausführliche, grammatische Beleuchtung dieser anziehenden Frage.

müssen, dem Franzosen die Sache, d. h. eine Volksdichtung zuzugestehen, in welcher sich sein Gemüt auf seine Weise, aber nicht minder reich und anmutig widerspiegelt, als das deutsche.

Worin liegt nun der Grund, dafs die französische Volksdichtung eine so unbekannte Sache ist, nicht blofs für den Deutschen, — das wäre begreifbar, — sondern auch für den Franzosen? — das ist etwas, was wir kaum zu fassen vermögen. Wenn ich bei der Beantwortung dieser Frage scheinbar länger verweile, als es durch den Gegenstand geboten erscheint, so geschieht es, weil die Stellung der französischen Volksdichtung innerhalb der französischen Nation sich am klarsten aus der gegensätzlichen Schilderung deutscher Verhältnisse ergeben wird.

Als einst im deutschen Reichstage Fürst *Bismarck* von sozialdemokratischer Seite angegriffen ward und der Ausdruck fiel, er gehöre nicht zum Volke, da erhob er sich in seiner ganzen Gröfse, um diesen Vorwurf, denn als solchen fafste er ihn auf, weit von sich abzuweisen. Ich werde nicht mifsverstanden werden, wenn ich sage, dafs beide Teile gleich recht oder gleich unrecht hatten. Wir alle gehören und gehören auch wieder nicht zum Volke. Wir gehören ihm insofern zu, als wir seine Sprache sprechen, seine Geschicke teilen, uns als Glied der grofsen deutschen Nation empfinden, nicht blofs soweit die deutschen Marken reichen, sondern soweit die deutsche Zunge klingt. Wir gehören aber nicht zum Volke, insoweit man unter demselben jenen Teil der Gesamtheit einer Nation versteht, welcher keine gelehrte, fremdartige Bildung gleich uns empfangen, sondern, wenn überhaupt eine Bildung, so eine solche, welche den volkstümlichen Boden nicht verlassen hat. Denn dafs die Bildung der Gebildeten keine rein volkstümliche, dafs sie sich zusammensetzt aus den verschiedenartigsten und dem Volke im engeren Sinne völlig unbekannten Elementen, das zu beweisen hiefse „Eulen nach Athen tragen". Rom und Griechenland haben uns genährt, die Errungenschaften der modernen Völker auf den verschiedenartigsten Gebieten der Wissenschaft und Kunst sind unser geistiges Eigentum geworden, und als Fazit dieser Einflüsse ergibt sich eine Sprech- und Denkweise, sowie ein Ideekreis, welcher in seiner Tiefe und Vielgestaltigkeit sich von dem Gedankenkreis des Volkes und seiner Sprech- und Denkweise gar wesentlich unterscheidet. Dieser verschieden potenzierten Bildungssphäre entsprechend, hat denn auch jeder Teil des Volkes seine eigne Poesie, und wir unterscheiden demgemäfs eine Kunstpoesie, welche in dem mit höherer Bildung getränkten Teile der Nation ihren Ursprung nimmt, und eine Volkspoesie, deren Prinzip, wie *de la Villemarqué* dies treffend ausführt, das menschliche Gemüt in seiner ganzen Unwissenheit [1]) ist, wo die Abwesenheit jeder Erziehung, um mit *Champfleury* zu reden, [2]) nur dazu dient, die Eindrücke der Seele desto kräftiger auszugestalten, deren Schönheiten zu geniefsen, nach dem Rate eines spanischen Autors, das Beiseitelegen aller gelehrten Erinnerungen erheischt. [3])

Wir sehen also — und es ist dies eine Erscheinung, welche sich nicht blofs bei einem Volke findet, sondern zu allen Zeiten und bei allen Völkern wiederholt — innerhalb einer jeden Nation zwei scharf durch ihren Bildungsgang getrennte Gruppen einander gegenüberstehen, — ein Verhältnis, welches, auf die Spitze getrieben, selbst politische Gefahren in sich bergen kann, wie wir dies am besten aus den Bestrebungen der Sozialdemokraten erkennen, welche diese Kluft, die der Vaterlandsfreund zu überbrücken strebt, künstlich zu erweitern suchen, um so zu einem völligen Umsturz aller bestehenden Verhältnisse zu gelangen. Indessen stehen sich in Deutschland diese beiden Gruppen nicht so unvermittelt gegenüber; in dem deutschen Lied ist uns ein Schatz überkommen, welcher nicht blofs demjenigen Teile des Volkes angehört, aus welchem er hervorgegangen, sondern recht eigentlich dem Gesamtvolke. Durch alle Wandlungen unseres Lebens, von der Wiege bis zum Sarge, begleitet uns das Lied; fröhlich mit den Fröhlichen, weint es mit den Trauernden, am häuslichen Herd und mit doppelter Kraft in der Fremde, auf

---

[1]) *Barzas-Breiz, Chants pop. de la Bretagne,* S. XXIII. [2]) *Chants populaires des prov. de France. Préface* S. XXVII. [3]) Berchet in der Vorrede zur Übersetzung seiner span. Romanzen bei Rathery (*Moniteur* 19 mars 1858). — Vergl. auch Montaigne, *Essais, liv. I ch.* 54, und Puymaigre, *Ch. pop. recueill. dans le pays messin,* S. XXIV.

der Schulbank, wie auf der Hochschule, auf Höhen, wie dort „unten im Thale", in dem Getriebe des Werktages, wie bei festlichen Gelegenheiten, überall ist es der getreue Ausdruck unserer Stimmung, das Band, welches uns an die gemeinsame Heimat, das gemeinsame Vaterland knüpft.

Auch der Franzose hat eine Volkspoesie; sie leugnen wollen, hiefse leugnen, dafs er ein Herz gleich anderen Menschen hat, dafs er unfähig sei, seine Leiden und Freuden, die Gefühle, welche sein Herz bestürmen, in Liedern auszutönen. Der Franzose besitzt, wie hinlänglich bekannt, eine Kunstpoesie; sie ist lange genug, nicht blofs das Vorbild von Deutschland, ja der ganzen gesitteten Welt gewesen. Allein — und hierin ruht der Schwerpunkt — weder die eine noch die andere dieser Poesieen ist in dem deutschen Sinne volkstümlich.[1]) Volks- und Kunstpoesie stehen sich in Frankreich, zur Stunde wenigstens, noch unvermittelt gegenüber. Wie einst im alten Rom, ist die Kunstpoesie nur für die Schichten der oberen Zehntausend vorhanden, in das Volk steigt sie nicht herab; sie würde sich damit etwas zu vergeben glauben. Das Volk, das ungelehrte Volk wäre auch nicht fähig, die glatte Rundung, die fein zugespitzten Gedanken derselben zu erfassen.

Die Volksdichtung wiederum ist dem gebildeten Franzosen, man kann sagen, eine *terra incognita*. Sie ist ihm in ihrer einfachen Schöne unverständlich. Sehr lehrreich ist in dieser Beziehung, dafs *Puymaigre*[2]) den Erfolg, welchen fremde Volkspoesieen im Gegensatz zu der eignen in Frankreich erzielten, dem Umstand zuschreibt, dafs die Knorren und Auswüchse, welche jede echte Volksdichtung, wie der Baum des Waldes zeigt, unter der glatten Übersetzung verschwunden seien, dafs also auch hier nicht der Inhalt, sondern die Form das Glück des Liedes machte. „Das reimt ja nicht," lautete die charak-

---

[1]) Ich werde noch öfter Gelegenheit haben zu zeigen, wie in den älteren Volksliedersammlungen der Franzosen die Begriffe Volkslied und volkstümliches Lied durchaus nicht scharf geschieden sind; eine ebenso scharfe, wie ausführliche Unterscheidung gibt Kleinpaul: Von der Volkspoesie, S. 29 ff. [2]) Puymaigre, *Chants pop. recueillis dans le pays messin*, S. II ff.

teristische Antwort eines gebildeten Franzosen, welchen ich mit der ländlichen Muse seines Heimatlandes, deren innere Schönheit mich entzückte, bekannt zu machen suchte. Ein gebildeter Franzose, sagt *Edouard Schuré*,[1]) wird schon bei dem Namen des Volksliedes sich die Ohren verstopfen und bitten, ihn um Himmelswillen mit dem Vortrag desselben zu verschonen; wüste Bilder tauchen in ihm auf, — eine lärmende Hochzeit, wo Bauern und Bäuerinnen im unverständlichsten Patois ein Lied in herzzerreifsender Weise vortragen, oder ein Bettler, welcher auf dem Jahrmarkt ein jämmerlich Lied singt, welches er auf einer Violine „*à deux cordes*" begleitet.

Woher diese befremdende Erscheinung in Frankreich, während wir in Deutschland doch neben der Volks- und Kunstpoesie eine wahrhaft volkstümliche Dichtung besitzen, welche, jenen beiden Quellen entstammend, gleichmäfsig in alle Schichten unseres Volkes gedrungen ist?

Es ist dies nicht etwa, wie man wohl meinen möchte, ein Verdienst unseres Volkswesens allein. Dafs dieses nicht der Fall, ersehen wir deutlich aus *Moe*,[2]) dem eifrigen Sammler norwegischer Volkslieder und Märchen, welcher in seiner Vorrede von der seltsamen Erscheinung spricht, dafs die norwegische Kunstpoesie ein von der Volksdichtung getrenntes Leben führe, derselben fremd gegenüberstehe. Es ist dies vielmehr ganz wesentlich ein persönliches Verdienst unserer gröfsten Schriftsteller, unserer edelsten Dichter, welche uns diese Liebe zur Volksdichtung anerzogen haben, deren Wert für die Kunstdichtung sie voll und ganz erkannten.

Auch für Deutschland gab es eine Zeit, wo das Volkslied, wie noch heute in Frankreich, der Paria in der Litteratur war, wo wir, in der Nachahmung des Auslandes und namentlich Frankreichs befangen, den volkstümlichen Boden verlassen hatten, auf welchen bereits *Luther* unsere Litteratur gestellt hatte. *Herder* war es, welcher das grofse Verdienst für sich in Anspruch nehmen darf, unsere erwachende litterarische Selbständigkeit, unsere selbständig gewordene Litteratur auf diesen

---

[1]) *Histoire du Lied*, S. 9. [2]) Moe, *Samlede Skrifter*.

Boden, in welchem jede Litteratur wurzeln mufs, hingelenkt zu haben. Als echter Deutscher-Kosmopolit begnügte er sich jedoch nicht mit den heimischen Blüten, sondern sammelte in seinen „Stimmen der Völker" Volkslieder aller Nationen; und es ist sehr bezeichnend für den Standpunkt der französischen Volksdichtung, dafs in dieser reichen Sammlung sich nur wenig französische Lieder befinden und unter diesen wenigen höchstens zwei oder drei, welche auf den Namen eines Volksliedes wirklichen Anspruch erheben dürfen. *Herder* wies darauf hin, dafs in dieser Poesie, welche keinerlei fremde Einflüsse zeige, auch die Kunstpoesie wurzeln müsse, dafs die Kunstpoesie zurückkehren müsse zu der Wahrheit des Gefühls, zu der tiefen Innerlichkeit, welche sich in der Volksdichtung für jeden bemerklich mache, der Augen zu sehen und Ohren zu hören habe. Deutschland lächelte das Glück, nicht blofs den Mann gefunden zu haben, welcher der deutschen Dichtung den Weg zu ihrer Neugestaltung auf der Grundlage der Volksdichtung wies, sondern dafs ihm in *Goethe* der Genius geboren ward, der *Herders* Plan zur That werden liefs, welcher, wie der Königssohn im Dornröschen, die jahrhundertelang schlummernde Volksmuse zu neuem Leben küfste. Mit Leidenschaft warf sich *Goethe* auf die Dichtungen, welche *Herder* ihm mitgeteilt. Er sammelte selbst auf seinen Ausflügen im Elsafs diese duftigen Blüten, er wiegte sich in ihren Harmonieen, er durchdrang sich mit ihrem Geiste, und er fand bestätigt, was *Herder* ihm gesagt, dafs sich in ihnen unter einer einfachen und doch höchst anmutigen Form wahres, lauteres Gefühl berge. Von nun an ward diese arme, kleine Kunst seine Führerin, und damit zugleich das Vorbild für alle jene Dichter, welche mit und nach ihm dem Lorbeer der Unsterblichkeit zustrebten. Hinter seinem Werke zu verschwinden, es als volkstümlich betrachtet zu sehen, galt und gilt heute noch als des Dichters höchster Ruhm.

Um diese Blüte volkstümlicher Poesie bei uns zu erhöhen, kam noch etwas anderes hinzu. Deutschland ist seit lange das erste Land in der Musik gewesen. Dafs es hierin an der Spitze der Zivilisation marschiert, das haben ihm selbst die Franzosen, welche früher dieses Wort so gern für sich in Anspruch nahmen, nie bestritten. Indem sich nun in Deutschland die Musik mit dem Liede auf die wunderbarste Weise vermählte, trug diese Verschmelzung vor allem dazu bei, das Lied in aller Herzen fortleben zu lassen; denn, einmal gehört, verschwand es nicht wieder aus dem Gedächtnis.

Und die Wirkungen dieser Poesie auf die grofsen Massen blieben nicht aus; besonders als jene grofsartigen Sammlungen deutscher Volkslieder von *Arnim-Brentano* und *Uhland*, sowie in neuerer Zeit von *Scherer* und *Simrock* erschienen, welche diese Lieder wie einen lange verschollenen Schatz aus der Tiefe der Volksseele zu Tage förderten.

So ist die zweite Blütezeit unserer Kunstdichtung hervorgegangen aus der naiven Dichtung des Volkes, wie der reichgeästete Baum aus der bescheidenen Wurzel; und wenn wir auch in neuester Zeit in ein anderes, in ein historisches Zeitalter getreten sind, welchem wesentlich andere Aufgaben zu lösen zugefallen, als den voraufgegangenen Zeitabschnitten, so hat sich doch die innige Verschmelzung der Kunst- mit der Volksdichtung hinüber gerettet bis in unsere Tage. Und nicht treffender weifs ich diese innige Vereinigung in Deutschland zu kennzeichnen, als durch ein Vorkommnis aus jüngster Vergangenheit. Als bei der Feier des 400jährigen Bestehens der Universität Tübingen Württembergs König die Festgenossen in sein Schlofs geladen und sich zwanglos in ihren Reihen erging, da ward ihm auf diesem Rundgange von den Gesangvereinen der Studentenschaft eine Huldigung dargebracht. Nichts Schöneres wufsten die Musensöhne, die Blüte der deutschen Nation, — die dereinstigen Vertreter des deutschen Volkes in seinen obersten Schichten, nichts Schöneres wufsten sie ihrem Landesherrn zu singen, als ein einfaches Volkslied.

Das Volkslied im Munde des Gebildeten in hochbedeutsamer, feierlicher Stunde!

Und umgekehrt, wenn wir Deutschlands gesegnete Fluren am Neckar und am Rhein, im Wasgau — doch wozu in die Ferne schweifen, — im schönen Sachsenland durchstreifen, tönt uns nicht oft von einem Trupp singender Feldarbeiter *Eichendorffs* schönes Müllerlied oder *Hauffs* Reiterlied entgegen.

Das Kunstlied im Munde des Volks!

Aber nicht bloſs in den Tagen friedlicher Arbeit und festlichen Glanzes haben wir diese verbindende und darum auch versöhnende Kraft des Liedes erfahren, sondern vornehmlich in den Zeiten groſser Gefahren. Ich brauche nur an die Heldenlieder der Freiheitskriege, nur an die Wacht am Rhein in unseren Tagen zu erinnern, welche aller Herzen, wes Standes und wes Bekenntnisses auch der einzelne sein mochte, doch in dem einen Gefühle zusammenschlagen lieſs, in dem Gefühle für das Vaterland. In dieser gegenseitigen Durchdringung liegt ein guter Teil deutscher Kraft, es hat sich erprobt in schweren Zeiten, wahren wir es uns für alle Zeiten! —

Es ist ein schönes und für den Deutschen erhebendes Bild, welches sich hier unseren Blicken darbietet; fragt man sich nun, was vermag Frankreich dem an die Seite zu setzen, so muſs man sagen, nichts was dem gliche[1]). Sicherlich hat Frankreich groſse Namen aufzuweisen, bedeutende Männer, welche seinen Ruhm in alle Welt getragen, herrliche Meisterwerke, Talente der verschiedenartigsten Gattung. Allein eine Poesie, welche das gesamte Volk in allen seinen Gliedern durchdringt, welche von allen Ständen der vielgliedrigen Gesellschaft nicht nur gekannt, sondern auch geliebt wird, nach ihr sucht man vergeblich. Nur hin und wieder tauchen einzelne seltene Ausnahmen auf: wie die Marseillaise, der feurige Gesang der Revolution, und die anmutigen Lieder *Bérangers*, welche auch in die breiteren Schichten des französischen Volkes gedrungen. So haben auch einzelne wenige Lieder aus dem Volke Eingang in die Kreise der Gebildeten gefunden, wie das bekannte von *Champfleury* mitgeteilte Lied von den ungehorsamen Geschwistern, welche trotz des Verbotes der Mutter dennoch zum Tanze eilen und ihren Ungehorsam mit dem Tode büſsen müſsen. Vielleicht

---

[1]) Es ist mir lieb, hier einem Franzosen, dem schon genannten und später noch ausführlicher zu erwähnenden Ed. Schuré folgen zu können: *Histoire du Lied.* S. 490 ff.

hat gerade das Lehrhafte des Liedes zu seiner Verbreitung in den Pariser Erziehungsanstalten, wo es von den jungen Mädchen gesungen wird, beigetragen. Abgesehen von dem Schluſs, welcher, was selten im Volksliede, die Moral mit bewuſster Absichtlichkeit predigt, ist das Liedchen ganz im echten Volkstone gehalten.

> Non, nou ma fille, tu n'iras pas danser.
> Elle monte en haut, et se mit à pleurer.[1]
> Son frère arriv' dans son joli[2]) bateau.
> Ma sœur, ma sœur qu'as-tu donc à pleurer?[1]
> Maman(!) n' veut pas que j'aille voir danser.
> Mets ta rob' et ta ceinture dorée.[2])
> Les v'là parti dans un joli[2]) bateau.
> Ell' fit deux pas,[1]) et la voilà noyée.
> Il fit quat' pas,[1] et le voilà noyé.
> La mèr' demand' pourquoi la cloche tinte.[3])
> C'est pour *Adèle* et votre fils aîné.
> *Voilà le sort des enfants obstinés.*
> (*Touraine*.)[4])

Und eine ebenso vereinzelte Erscheinung ist es, wenn auch die blasierten Kreise des Pariser Theaterpublikums hin und wieder Liedern aus dem Volke ihren Beifall schenken, wie uns dieses *Cénac-Moncaut*[5]) von einem Bearner Liedchen berichtet, welches in vollendeter Weise von dem liebenswürdigen Liedersänger aus Bearn, *Lamazor*, vorgetragen wurde. Das Liedchen selbst lautet in der französischen Übertragung:

> Connaissez-vous ma bergère?
>   Elle est belle comme une étoile.
>   Regardez ma bergère,
>   Elle est belle comme une étoile.
>   Regardez la bergère.
>
> Sa taille est si fine
>   Qu'on la peut prendre.[1])
>   Regardez ma bergère,
>   Elle est belle comme une étoile.
>   Regardez la bergère.
>
> Sa gorge est plus blanche
>   Que la neige de la fougère.[6])
>   Regardez ma bergère,
>   Elle est belle comme une étoile.
>   Regardez la bergère.
>
> Sur ses yeux l'amour se lève,
>   Sur son cœur il va se poser.
>   Regardez ma bergère,
>   Elle est belle comme une étoile.
>   Regardez la bergère.
> (*Béarn*.)

---

[1]) Stehende Redensarten des Volksliedes. — *se mit à* = begann zu... [2]) Gleichfalls stehende Beiwörter. [3]) *tinter* = *sonner*, läuten. [4]) Champfleury, S. 190. [5]) *Littérature pop. de la Gascogne*, S. 440 ff. — Ähnliches

Allein diese Ausnahmen bestätigen nur die Regel. In wieviel Herzen lebt denn die Poesie, welche Rolle spielt sie in der Familie, am häuslichen Herd, im Verlaufe des Lebens, so fragt sich *Schuré*, und er bleibt uns die Antwort schuldig. Trotz des Reichtums an Poesie, welche Frankreich sein eigen nennt, ist diese mehr ein Eigentum der gebildeten Klassen, als dafs sie eine Kraft wäre, welche aus dem Volke stammt und wieder zum Volke zurückkehrt, um Freude, Begeisterung und Liebe zum Idealen zu verbreiten. Wie einst das Lateinische zum Griechischen, so verhalten sich seit mehr denn hundert Jahren französische und deutsche Poesie zu einander: *Horaz*, *Ovid*, *Vergil* sind grofse Dichter, aber Kunstdichter, welche für eine gewählte, in griechischer Bildung erzogene Gesellschaft schrieben. Die grofse Masse des römischen Volkes hat nie einen *Ovid* oder *Horaz* gekannt. In Griechenland stand die Poesie mit dem Leben stets in engster Verbindung. *Homer* kannte jeder griechische Jüngling auswendig. *Tyrtäus'* Kriegslieder erscheinen als eine politische Macht. *Pindar* feiert seine Helden auf den olympischen Spielen vor einem begeisterten Volke. Für die Römer wie für die Franzosen war die Poesie ein Luxus, für den Griechen wie für den Deutschen sind Poesie und Leben eins.

Woher dieser Abgrund, welcher sich unleugbar zwischen der Kunst- und Volkspoesie in Frankreich zeigt, woher diese befremdende Erscheinung, dafs das Volk nicht teilnimmt an den Meisterwerken seiner Kunstdichter, und die gebildeten Kreise weit davon entfernt sind, die litterarischen Schätze des Volkes zu ahnen und zu begreifen?

Dieser Rifs wird vorbereitet im XVI. Jahrhundert, im Zeitalter der Renaissance, also gerade in einer Zeit, welche für die Volkslitteratur eine Blütezeit genannt werden darf. Die leuchtenden Vorbilder, welche Griechenland und Rom der gebildeten Welt jener Tage entgegentrugen, nahmen dieselbe in so hohem

---

berichtet Beaurepaire von dem später zu erwähnenden schwermütigen Liede *A la claire fontaine* (*La poésie pop. en Normandie*, S. 45 ff.). [1] *prendre* umspannen. [2] *La fougère = pâturage* Trift, Heide; eine Bedeutung, die bei Sachs-Villatte fehlt.

Mafse gefangen, dafs sie die heimische Poesie zu vergessen begann und in der überkommenen fremden aufging. Thut doch der Herold dieser neuen Richtung *Du Bellay* in seiner *Illustration de la langue française* die heimische Dichtkunst mit den Worten ab: „Gieb diese alten französischen Dichtungen, Balladen, Lieder und andere Tändeleien (*et autres telles épiceries*) auf, welche den Geschmack an unserer Sprache verderben und keinen anderen Zweck haben, als Zeugnis von unserer Unwissenheit abzulegen"[1]), während das Haupt der genannten Plejade *Ronsard*, welcher den französischen Parnafs in nie wiedergesehener Weise beherrschte, im Grunde doch volkstümlich blieb. So eingenommen er auch von den Vorzügen der Antike gegenüber der heimischen Dichtung war, er versuchte doch das heimische Element mit dem antiken zu verschmelzen. Erst das XVII. Jahrhundert löste sich vollständig von dem volkstümlichen Boden los, ging einseitig in der Antike auf, wie dieses am schlagendsten der poetische Canon jenes Jahrhunderts, die *Art poétique* des *Boileau* und besonders jene Stelle beweist, in welcher der Gesetzgeber des Parnafs als den ersten, welcher

— — — — dans ces siècles grossiers
Débrouilla l'art confus de nos vieux romanciers,[2])

*Villon* preist und damit die an nationalen Erinnerungen reiche Litteratur der vergangenen Jahrhunderte souverän in den Bann thut. Die Poesie, welche so auf das Altertum gepfropft erblühte, an Feinheit und Rundung hatte sie wohl gewonnen, an Saft und Ursprünglichkeit aber verloren.

So blieben die Verhältnisse das ganze XVIII. Jahrhundert hindurch, und ausdrücklich bezeugt *Villemain*, dafs *Laharpe* die Kreise der Hauptstadt wohl für die Kunstdichtung zu begeistern wufste, mit vornehmer Verachtung dagegen auf jene Studien herabsah, welche sich mit dem Volke beschäftigten. Erst mit dem Eintritt der Revolution, welche unter den Klängen der Marseillaise ihren Einzug hielt, begann auch in der Dichtung neues Leben zu pulsieren. Einen Augenblick schien es, als

---

[1]) *Le second livre de la défense et illustration de la langue fr.* Cap. IV, Eingang. [2]) *Art poét.* Ch. I, v. 117, 118. Vergl. meine Abhandlung: Boileau, sa vie et ses œuvres. Habilitationsschrift. Posen, Jolowicz.

wenn die Revolution, welche von der Provinz ausging, auch den Keim zu einer mehr volkstümlichen Dichtung erwecken sollte. Aber unglücklicherweise, wenigstens für die Poesie, konzentrierte sich die Revolution in Paris und führte zum Kaiserreich, und unter dem eisernen Zepter, welches nun die Welt regierte, flohen erschreckt die sanften Musen, um erst wiederzukehren, als mit dem Königtum die Stürme des Krieges friedlicheren Zeiten wichen.

Auch die Romantik, welche von Deutschland her in Frankreich Eingang fand und welche in der Litteratur neue Bahnen anstrebte, den nationalen Geist und die christliche Religion in die Dichtung hinüberzutragen trachtete, teilte das Schicksal aller vorausgegangenen Bewegungen; auch sie versäumte es, an die Volksdichtung anzuknüpfen, blieb in ihren Wirkungen auf Paris beschränkt. Seit jener Zeit ist Paris mehr und mehr der ausschliefsliche Mittelpunkt der Litteratur geworden; nicht für Frankreich denkt, lebt und spricht der Franzose, sondern für Paris gibt er sein Herzblut hin. Nicht in dem Volke aufzugehen, wie der deutsche Dichter, sondern Paris zu gefallen ist das Streben des französischen Dichters. Paris ist ja Frankreich. Diese straffe Zentralisation ist aber der Verderb der Poesie. Und nicht oft genug kann es rühmend hervorgehoben werden, was auch in dieser Beziehung Deutschland seinem Staatenbunde und dessen kunstliebenden Fürsten und Höfen zu danken gehabt. Nur noch ein Jahrzehnt, so klagt *Schuré*, in pessimistischer Weise, dieses Überwiegen der Hauptstadt auf das geistige Leben, und man wird in Frankreich keine wahre Volkspoesie mehr kennen! —

# II. Überblick über die Geschichte der französischen Volksdichtung.

Von jeher hat Frankreich eine Volksdichtung besessen. — Wer auf sie aufmerksam gemacht: *Montaigne*, *Malherbe* — *Molière* — *Rousseau*. — Aufschwung des Studiums der französischen Volksdichtung im XIX. Jahrhundert. — Erste vorbereitende Epoche bis 1840. — *Wolffs* Sammlung altfranzösischer Volkslieder. — Zweite Epoche 1840—1852. *de la Villemarqués* bahnbrechendes Werk Barzaz-Breiz — *Gérard de Nerval* — *George Sand*. — Dritte Epoche 1852—1880. Eintreten der Staatsregierung für die Volksdichtung. — Neue Sammlungen aus alten Provinzen. — *Champfleury*. — Neue Provinzen erschlossen. — Besonders hervorzuheben: Champagne — *Tarbé*. — Westfrankreich — *Bujeaud*. — Veröffentlichung von Volksdichtungen aus Bibliotheken: *Gasté* — *Gaston Paris*. — Geschichte der Volksdichtung einzelner Provinzen: Normandie von *Beaurepaire* klassisches Muster. — Studium fremder Volkslitteraturen — *Schuré* (*Theuriet*). — Vierte und letzte Epoche 1880 bis zur Gegenwart: Die Verlagsbuchhandlung *Maisonneuve et Cᵢᵉ* zu Paris — Einheitlicher Plan — Ausdehnung über alle Gebiete des französischen Volksgeistes — Beachtung der Volkslitteratur in den Zeitschriften: Romania, Revue linguistique etc. — Eigene Zeitschrift: Melusine. — Almanac des traditions populaires. — Gedrängte Wiederholung. — Volkslitteratur und Elementarbildung. — Verschwinden der Volksdichtungen. — Welchen Nutzen soll sich aus den Sammlungen und Bearbeitungen der Volkslitteratur ergeben? —

Von jeher hat Frankreich eine Volksdichtung besessen, welche sich der eines jeden anderen Volkes würdig an die Seite zu stellen vermag. Wie überall, wo das menschliche Herz gefühlvoll empfindet, hat auch in Frankreich das Volk seinen Leiden und seinen Freuden, seinem Haſs und seiner Liebe, seinen Enttäuschungen und seinen Hoffnungen im Liede Ausdruck geliehen. Allein wie die bescheidene Blume leicht von dem dahinschreitenden Wanderer übersehen, wohl gar zertreten wird, so ist es auch der französischen Volksmuse Jahrhunderte hindurch ergangen. Doch hat es an einzelnen Stimmen nicht gefehlt, welche auf ihre Schönheiten einer erkünstelten Poesie gegenüber hingewiesen haben, und es ist eigen zu sehen, wie gerade die bedeutendsten Geister, welche sich durch Tiefe der Gedanken, wie durch Glanz der Sprache auszeichnen, Begeisterung für diese arme, kleine Kunst empfunden haben. In erster Linie erscheint hier *Montaigne*,[1]) jener tiefe, in der Schule der Alten gebildete Geist, welcher bekanntlich von der Volkspoesie äufsert, dafs sie, ganz Natur wie sie sei, eine Anmut und eine Naivität besitze, welche sie mit den herrlichsten Erzeugnissen der Kunstpoesie auf gleiche Stufe stelle. Wer aber möchte ahnen, dafs auch *Malherbe* sich unter den Bewunderern französischer Volksdichtung befindet, — *Malherbe*, der den überquellenden Reichtum der älteren französischen Sprache so gründlich beschnitt, dafs sie allerdings ein geeignetes Werkzeug ward für den Regelzwang der „klassischen" Periode. Seine Vorliebe für die Volkspoesie läfst sich jedoch begreifen, wenn man vernimmt, dafs er dreifsig Jahre lang die Provinz bewohnte und vielfach Umgang mit den Dichtern aus dem Volke pflegte. *Tallemant de Réaux*[2]) erzählt uns, wie *Chapelain* ihn eines Tages bei dem Trällern des Liedchens überraschte:

        Jeanne, d'où venez-vous,
        D'où venez-vous, Jeanne?

Aber weit davon entfernt innezuhalten, sang *Malherbe* das Liedchen vielmehr zu Ende und schlofs mit den Worten: „Für mein Leben gern hätt' ich dies Lied gemacht."

Und in dem Zeitalter der sogenannten reinen Klassizität, wo der französische Dichter vor allem Grieche und Römer zu sein strebte, während doch der Faltenwurf der Toga so schlecht zu dem Gesichte mit der Allongenperücke stand, finden wir bei jenen Dichtern, welche dem gallischen Geiste treu blieben, Sinn und Verständnis für diese Blume ihres Heimatlandes, vor allem bei dem dichterischen Vertreter Frankreichs, dem

---

[1]) Montaigne, *Essais*, liv. 1. ch. 54.   [2]) Champfleury, *Préface*, S. 1.

großen *Molière*, welcher den glänzenden Marquis und die elegante Sprache des Hofes ebenso trefflich zu malen wußte, wie die derbe Ausdrucksweise der Bauern und deren typische Gestalten. *Molière* nahm im *Misanthrope*[1]) die Gelegenheit wahr, unter der Maske des *Oronte* jener erkünstelten Poesie, welche sich weder durch Tiefe noch durch Natürlichkeit auszeichnet, den Absagebrief zuzustellen, indem er ihr als Muster ein einfaches Volkslied aus *Isle-de-France*[2]) entgegenstellte, welches in der meisterhaften Übertragung des Grafen *Baudissin* ganz den munteren Charakter des Originals bewahrt hat.[3])

| | |
|---|---|
| Si le roi m'avait donné | Hätte König Heinrich mir |
| Paris, sa grand[4]) ville, | Ganz Paris gegeben, |
| Et qu'il me fallut quitter | Und entsagen sollt' ich dir, |
| L'amour de ma[5]) mie, | Mein geliebtes Leben, |
| Je dirais au roi Henri: | Spräch' ich: Nein, Herr König, nein, |
| Reprenez votre Paris. | Eu'r Paris steckt wieder ein; |
| J'aime mieux ma mie, ô gué![6]) | Lieber ist mein Liebchen mir, |
| J'aime mieux ma mie. | Tausend Male lieber! |

[1]) *Acte* I. Sc. II. Baron, Lieblingsschauspieler Molières, soll, wie Zeitgenossen uns berichten, seine Zuhörer durch den Vortrag des folgenden Liedes bis zu Thränen gerührt haben. [2]) Von Champfleury unter den Volksliedern von Isle-de-France, zugleich mit der reizenden Melodie (vgl. Kapitel Musik) mitgeteilt. Interessant, dass Laun in seinen Erläuterungen zum Misanthrope S. 40, V. 393 die Bemerkung macht, er habe vergeblich nach dem Ursprunge dieser alten, einfachen Romanze geforscht.

[3]) Ausser dieser Übersetzung sind mir noch zwei andere bekannt geworden. Nur die folgende, welche im Litt. Verein zu Dresden vorgetragen wurde, vermag ich durch die Güte des Verfassers, Herrn Geheimrat Besser, hierher zu setzen:

> So der König mir böt
> Seine Hauptstadt Paris,
> Wenn entsagen ich thät,
> Wenn mein Lieb ich verliefs,
> Spräch zum König ich gleich:
> „Armer Fürst, o vergieb!
> Für Paris, für Dein Reich
> Ist mein Lieb mir zu lieb."

[4]) *grand' ville*, fälschlich mit Apostroph; aus den lat. Adjektiven zweier Endungen wurden bei der Umbildung ins Französische Adjektiva einer Endung, während die franz. Adjektiva zweier Endungen von lateinischen dreier Endungen herstammen. Da letztere Kategorie aber bei weitem über-

Und dieses Liedchen begleitet *Molière-Alceste* mit den Worten:

> Der Reim ist dürftig, und die Sprache schlicht;
> Doch fühlt Ihr nicht, es sei mehr Mark darin,
> Und mehr gesunder Herzschlag, als in dem krausen
> Künstlichen Triller der modernen Schule?
>
> > Si le roi m'avait donné
> > Paris, sa grand ville,
> > Et qu'il me fallut quitter
> > L'amour de ma mie.
> > Je dirais au roi Henri:
> > Reprenez votre Paris.
> > J'aime mieux ma mie, ô gué!
> > J'aime mieux ma mie.

Allein die Stimme des *Alceste* verhallte wie die Stimme des Predigers in der Wüste. Für einen Augenblick lenkte sich wohl die Aufmerksamkeit seiner Landsleute auf diese eigenartige Poesie, eine nachhaltige Wirkung vermochte sie jedoch nicht auszuüben, die Poesie der drei Einheiten erstickte sie. Nicht viel besser erging es, wie schon erwähnt, der Volksdichtung in dem philosophischen Jahrhundert. Doch darf es uns nicht wunder nehmen, hier in *Jean-Jacques Rousseau*, dem die Natur vor allem Lehrmeisterin und Führerin war, und dem daher auch die Volkspoesie geistesverwandt sein mußte, wenigstens einen ihrer Anwälte zu finden. In ebenso anmutiger wie klarer Weise definiert er das Volkslied als ein kleines lyrisches mit einer Melodie ausgestattetes Gedicht, welches der Regel nach anmutige Gegenstände behandle und geselligen Freuden diene. Sei es, daß man

---

wog, so zog sie auch die erstgenannte an und bildete nach „Analogie" *grand*, *grande*. Nur einige wenige Ausdrücke zeigen den natürlichen Hergang, wie: *grand ville*, *grand route*, *grand mère* etc. Das XVII. Jahrhundert besiegelte dann durch Hinzufügen des Apostrophs seine Unwissenheit über die Herkunft der eignen Sprache.

[1]) *ma mie* auch *m'amie* geschrieben; um den Hiatus zu vermeiden, begeht der gebildete Franzose einen grammatischen Fehler, indem er *mon amie* sagt; das Volk denkt gesünder und elidirt; betrachtet aber dann — echt volkstümlich — *ma mie* als zwei getrennte Worte.

[2]) *ô gué* auch *oh gai* geschrieben, weil man (nach Art des Volkes, das unbekannte *gué* (Empfindungslaut? Dialekt?) auf das bekannte *gai* überträgt

allein, sei es, dafs man bei der Tafel oder bei dem Liebchen sei, überall soll das Lied dazu dienen, die Langeweile zu verscheuchen, wenn man reich, und wenn man arm ist, die Gedanken an die Sorgen und Mühen des Lebens.[1]

Aber erst das Studium deutscher Verhältnisse, erst die innige Bekanntschaft mit der deutschen Litteratur führte die Franzosen der Volksdichtung zu. Frankreich lernte erkennen, dafs das mächtige Emporblühen der deutschen Poesie ganz wesentlich bedingt sei durch das Heranziehen der deutschen Volksdichtung.

Mit doppelten Kräften und regem Eifer suchen sie nachzuholen, was sie solange versäumt; sie beginnen ihre bisher mifsachteten Lieder und Sagen zu sammeln, sie suchen den Boden zu schaffen, auf welchem eine neue und eigenartige Poesie sich entfalten soll. Undankbar nennt *Champfleury* einen jeden, der nicht in erster Linie *Villemarqués* gedenkt, wenn es sich um die Erwähnung jener Männer handelt, welche die französische Volksdichtung weiteren Kreisen zugänglich machten. Wir werden auf *Villemarqué* und seine bahnbrechende Arbeit noch zurückkommen, namentlich auch hervorheben, welche Bedeutung dieselbe selbst heute noch besitzt, wollen aber nicht unterlassen zu erwähnen, dafs auch ihm, wie jeder bedeutenden Erscheinung, Pioniere vorangingen, welche dem Schicksal aller Pioniere — der Vergessenheit anheimgefallen sind.

Auf dem Gebiete der Volkslitteratur, namentlich auf dem Gebiete des **Volkslieds** und **Sprichwortes** waren bereits *Lot-et-Garonne*, die *Dauphiné*, wie die *Provence*, wenn auch nur höchst dürftig, erschlossen worden.[2] Es ist ferner wenig beachtet worden, aber wohl der Beachtung besonders für uns Deutsche wert, dafs *O. L. B. Wolff* bereits im Jahre 1831 eine Reihe alter französischer Volkslieder veröffentlichte;[3] ein Unternehmen,

---

[1] Champfleury, *Préf.* S. II. [2] Charbel, *proverbes et chans. pop.* 1806. Champollion-Figeac, *Essai sur la littér. pop. dauphinoise*, 1809. — Aycar *Chans. pop. de la Provence* 1826. — *Poésies béarnaises*. Ich führe letzteres Werk mit an, weil der unbekannte Herausgeber E. V. in seiner Vorrede (S. VII) davon spricht, dafs er eine Herausgabe von Volksliedern aus den Pyrenäen beabsichtigt, es aber aus Furcht vor der Kritik unterlassen habe. (!) [3] In betreff der in **Deutschland** für die Kenntnis französischer Volkspoesie

welches erst im Jahre 1866 und dann neuerdings im Jahre 1876 von französischer Seite Nachahmung fand. Bei dem damaligen Stand der Forschungen auf dem Gebiete französischer Volksdichtung darf es uns nicht befremden, dafs *Wolff* in der Einleitung die pikante, für viele gewifs auch heute noch wirkungsvolle Antithese gebraucht: „dafs kein Volk so reich an Liedern, aber so arm an echten Volksliedern sei als die Franzosen." — *Edgar Quinet*,[1]) wie namentlich *Francisque Michel*,[2]) wiesen bereits vor *Villemarqué*, aber nach *Wolff* darauf hin, wie es an der Zeit sei, die alten, im Staube der Bibliotheken vergrabenen Dokumente französischer Geschichte und Litteratur herauszuziehen und fruchtbar zu machen auch für ihre Zeit.

Wir sehen also, wie nach verschiedenen Richtungen hin schon in dieser ersten vorbereitenden Periode der Boden bereitet war, der nun zu neuer Frucht bestellt wurde, als *Villemarqué* im Jahre 1840 mit seinem Werke *Barzas-Breiz* hervortrat, welches die Volkslitteratur der keltischen Bretagne in zwei Bänden behandelte. Es liefs sich keine günstigere Provinz für diese Art von Forschungen denken. Abgelegen von der Heerstrafse, hatten die Bewohner der Bretagne ihre Sprache wie ihren Charakter, ihre Sitten wie ihre abergläubischen Vorstellungen fast unverändert bewahrt. Unberührt von dem gleichmachenden Einflusse der neueren Zeit, welcher den Todeskeim für die Volkslitteratur in sich birgt, hatte diese Provinz sich eine solche Fülle von Liedern, Märchen und Sagen bewahrt, dafs *Villemarqué*, wie die bis auf den heutigen Tag fortgesetzten Sammlungen beweisen, nur den geringsten Teil dieses Schatzes zu heben vermochte.

Allein die Hauptbedeutung *Villemarqué's* ruht nicht darin, dafs er auf eine für die Volkslitteratur so wichtige Provinz die allgemeine Aufmerksamkeit lenkte, sondern dafs er in seinem Werke die Methode angab, welche bei der Erschliefsung der

---

hervortretenden Bestrebungen, siehe die Vorrede, wo eingehender und im Zusammenhange über Haupt-Tobler (*Franz. Volkslieder*), Marelle (*Contes et Chants pop.*), P. Lindau (*Gegenwart*), Kamp (*Franz. Kinderlieder*), Bartsch (*Alte franz. Volkslieder*) u. A. zu sprechen ist.

[1]) E. Quinet, *Rapport sur les épopées françaises* etc. 1831. [2]) Fr. Michel, *Rapport sur les anciens monum. de l'hist. et d. l. litt. d. l. France* etc. 1838.

Volkslitteraturen überhaupt anzuwenden ist. Er hat die Bretagne nach allen Richtungen hin durchstreift, und aus dem Munde des Volkes selbst, dessen Sprache er sprach, die alten Lieder und Überlieferungen gesammelt; keine leichte Aufgabe für den, der da weifs, mit welchem Mifstrauen das Volk jeden betrachtet, der seinen alten Liedern, Sitten und Gebräuchen nachgeht. Es gehört dazu ein feiner Takt und vor allem eine angeborene Liebe für die Volksdichtung selbst, um den Bewohner des Landes empfinden zu lassen, dafs es sich nicht darum handle, ihn zu verspotten, wie er nur zu sehr anzunehmen geneigt ist, sondern dafs wir mit ihm geniefsen, was er an alten Volksüberlieferungen uns entgegenbringt. Ist es aber einmal gelungen, ihm dieses Gefühl der Sicherheit, möchte ich sagen, zu geben, so sehen wir den, welcher dem Forscher zunächst scheu gegenüberstand, zum eifrigsten Mitarbeiter desselben werden.[1])

Das Material, welches *Villemarqué* aus dem lebendigen Quell der Volksüberlieferungen schöpfte, sichtete er nun, gab neben dem Urtext die französische Übersetzung und verglich das in der Bretagne Vorkommende mit dem ihm aus anderen Volkslitteraturen Bekannten, kurz, er wandte jene vergleichende Methode an, welche bis auf den heutigen Tag die mafsgebende geblieben ist. Wenngleich vereinzelte Spuren, dafs auch Melodieen zu den Volksliedern aufgezeichnet wurden, sich schon früher finden lassen,[2]) so ist *Villemarqué* doch der erste gewesen, welcher diese bisher so stiefmütterlich bedachte und doch so bedeutsame Seite des Volksliedes in ihre Rechte einsetzte.

Für die Erforschung der Volksdichtung ist demnach *Villemarqué* für Frankreich geworden, was die Gebrüder *Grimm* für

---

[1]) Diese Erfahrung wird von allen Sammlern bestätigt, und nicht blos von französischen, sondern ebenso gut von deutschen (Grimm), wie von norwegischen (Moe); letzterer fügt den sehr bemerkenswerten Umstand hinzu, dafs selbst das Anbieten von Geld nicht der Talisman sei, welcher den Lieder- und Märchenschatz der Hartnäckigkeit des Bauern entreifst. Nur Michel (*le Pays basque*) berichtet, dafs der echte Barde Sorge trage, seine Dichtungen in dem Gedächtnisse der Zeitgenossen fortleben zu lassen, indem er sie dem Papier anvertraut. Schon Champfleury macht die richtige Bemerkung, dafs das einfach daran scheitern dürfte, dafs der echte Barde der edlen Schreibkunst nicht mächtig sei; denn gerade die baskischen Lande werden in bezug auf diese Kunst *la France obscure* genannt. [2]) Siehe Kapitel Musik.

uns Deutsche gewesen sind — der Ausgang einer neuen Epoche. Sein Werk, von der einstigen Ursprache Galliens ausgehend, ist der Grundstein geworden, auf welchem sich das stolze Gebäude der französischen Volksdichtung erhob, welches immer reicher auszugestalten in der Folge soviele Hände ohne Unterlafs sich regten.

Es war zugleich das erste Mal, dafs die Kunstpoesie der Volksmuse zulächelte, wenn sie dieses auch, wie *Puymaigre* glaubt aussprechen zu sollen, ihrem „eleganten Dolmetscher" verdankt; nicht minder datiert das Interesse, welches weitere Kreise diesem Stiefkinde ihres Heimatlandes entgegenzutragen begannen, von der Sammlung *de la Villemarqués*.[1])

Zu dem Forscher und Gelehrten gesellten sich nun der Schriftsteller und die Schriftstellerin. Der gemütvolle *Emile Souvestre*, gleichfalls ein Bretone von Geburt, behandelte in seinen Erzählungen der Volksmuse, wie namentlich in seinen Sittenschilderungen der Strandbewohner, seine geliebte, ihm völlig vertraute Heimat, sowie das Leben und Treiben ihrer Bewohner.[2]) *George Sand*, mit Berry verwachsen, lenkte die Aufmerksamkeit auf dieses an Sagen und Volksliedern reiche Land und legte — nicht zum wenigsten durch ihren hinreifsenden Stil — in *François le Champi* und *la Mare au diable* den Grund zu jenem tiefgehenden Interesse an der Dorfgeschichte, welches sich in ähnlicher Weise auch bei uns in Deutschland fühlbar machte. *Gérard de Nerval*, jener ebenso unglückliche wie gemütvolle Dichter, welchen tiefes Empfinden und musikalische Kenntnis wie selten einen Schriftsteller auf die Volkslitteratur hinwies, durchstreifte die heimischen Fluren von *Isle-de-France*, um die Lieder an der Quelle selbst aufzusuchen, sich daran zu erfrischen und neu gestärkt zurückzukehren zu dem aufreibenden Leben von Paris. Wiederholt wies er in seinen trefflichen Novellensammlungen *Les Filles de Feu* und *la Bohême galante* auf die Schätze hin, welche des befreienden Dichterfürsten harrten.

---

[1]) Im Jahre 1846 (also nach 5 Jahren) erschien bereits die vierzehnte Auflage. [2]) E. Souvestre, *Récits de la Muse pop.* 1849—51. *Scènes et Mœurs des Côtes.* 1851—52 etc.

So können wir denn in dieser zweiten Periode, welche von *Villemarqués* epochemachendem Werke bis zu der offiziellen Kundgebung des Jahres 1852 reicht, bereits eine Reihe von Publikationen aufzählen, welche der Anregung *Villemarqués* wie der vorgenannten Schriftsteller zu danken ist.

Ein reizendes, allerdings nur zum kleinsten Teile hierher gehöriges Werk ist das elsässische Volksbüchlein von *Stöber*, welches vorzugsweise deutsche Lieder, dann aber auch eine Reihe von französischen, im Elsafs gesungenen Kinderliedchen und Sprüchlein enthält und sich besonders durch seine wertvollen Erläuterungen auszeichnet.[1] Volkslieder und Melodien aus *Bearn* veröffentlichte *Rivarès* (1844), während *Lamarque* (1845) die Volkslieder und Gebräuche der alten Landschaft *Bazadais* sammelte.[2] Zum ersten Male erscheint in dem gleichen Jahre das baskische Land durch *Brunet* erschlossen,[3] und in der von *Champfleury* benutzten Litteratur befindet sich aus dem Jahre 1848 ein *Album auvergnat* von *J. B. Bouillet* angezeigt.

Zu diesen Bestrebungen privater Natur gesellte sich, wie wir dieses so häufig in Frankreich finden, auch der Staat. *Fortoul*, welcher zur Zeit der Präsidentschaft von *Louis Napoléon* kurze Zeit das Ministerium des Kultus und öffentlichen Unterrichts bekleidete, verewigte sich durch einen Bericht an den Präsidenten, in welchem er die Notwendigkeit einer Sammlung der französischen Volkslieder betonte. Am 13. September 1852 ordnete ein Dekret der Staatsregierung, welches die Unterschrift *Napoléons* trägt und von *Fortoul* gegengezeichnet ist, eine umfassende Sammlung der Volksdichtungen Frankreichs an, und zwar nicht blofs der bereits in einzelnen Drucken zerstreuten Lieder, sondern auch derjenigen Dichtungen, welche handschriftlich in den Bibliotheken ruhten oder lebendig noch im Munde

---

[1] A. Stöber, Elsässisches Volksbüchlein 1841, 2. Aufl. 1859.  [2] Rivarès *Chansons et airs pop. du Béarn*. 1844. — Lamarque, de Plaisance, *Usages et chans. pop. de l'ancien Bazadais*. 1845; nach Blaé, *Litt. pop. de la Gascogne*, S. 355 ff., ist letztere Sammlung gewissenhaft und interessant, während erstere kaum zehn echte Volkslieder und Melodien enthält.  [3] G. Brunet, *anciens proverbes basques* etc. 1845.

und im Gedächtnis des Volkes lebten. Das *Comité de la langue, de l'histoire et des arts de la France* wurde mit der Ausführung dieser Idee betraut; zugleich erfolgte die Anweisung der erforderlichen Geldmittel sowie die Stiftung einer Erinnerungsmedaille für alle diejenigen, welche sich um das Zustandekommen dieses Werkes hervorragende Verdienste erwerben würden.[1])

Es scheint, dafs dieses Komitee seine Aufgabe zunächst mit Eifer angriff. *Ampère*[2]) arbeitete eingehende Vorschriften für dasselbe aus, *Rathery*, ausgehend von dem Dekrete der Staatsregierung, verbreitete sich gleichfalls im Moniteur[3]) ausführlich über den Charakter der französischen Volkspoesie, wie über ihre Hauptgattungen, welche er durch eingestreute Proben erläuterte.

Allein, wie aus einem Briefe *Champfleurys* an *Ampère* vom Jahre 1853 hervorgeht, scheint man die Ausführung doch nicht in die richtigen Hände gelegt zu haben. „Ich zweifele nicht,‟ schreibt *Champfleury*[4]), „an dem Verständnis wie an dem Eifer der Mitglieder des Komitees, aber ich fürchte, sie fassen ihren Auftrag mehr als Archäologen, denn als Künstler auf.‟ In diesem Briefe weist *Champfleury* zugleich darauf hin, wie der Dichter *Gérard de Nerval* und der Musiker *Pierre Dupont* nach den Proben, welche sie in ihren Werken gegeben, vorzüglich geeignet erschienen, um vereint einem solchen Unternehmen Leib und Seele zu verleihen. Es scheint, dafs *Champfleury* recht gehabt; denn wie wenigstens *Theuriet* in seinem ebenso geistvollen wie eingehenden Aufsatze *la chanson populaire et la vie*

---

[1]) *Bulletin des lois de la république française*. X série, 1853. No. 4461. S. (560). Irrtümlich ist oft als Jahreszahl des Dekretes, anstatt 52, das Jahr 1853, selbst 1857 (letztere Zahl wohl ein Druckfehler) angeführt worden. Den Wiederabdruck dieser für die Geschichte der französischen Volksdichtung wichtigen Urkunde s. Anhang II.

[2]) *Moniteur* 1853. No. 1163. 1171. 1179, 1187.

[3]) 1853: 19. März, 23. April. 27. April, 15. Juni. Seltsamerweise finden sich in verschiedenen Quellenangaben nur diese vier Nummern angeführt, obwohl die letzte den Vermerk trägt: *la suite prochainement*. Der II. Bd. des Moniteur 1853 enthält denn auch unter dem 26. und 27. August die Schlufsartikel.

[4]) Champfleury a. a. O. S. 193.

*rustique*¹) erwähnt, liegen die Sammlungen noch heute in irgend einem Winkel einer Bibliothek und harren der Wiedererweckung. Es ist dies um so lebhafter zu bedauern, als diese Sammlung gar wohl ein Seitenstück zu der von den Franzosen so rühmend hervorgehobenen *Arnim-Brentano*schen Sammlung: „Des Knaben Wunderhorn" hätte werden können.²)

Wenn also auch das Eintreten des Staates im Vergleich zu seinen mächtigen Mitteln kaum einen nennenswerten Erfolg zu erzielen vermochte, so war dieser offizielle Anstofs doch dem Steine vergleichbar, welcher, ins Wasser geworfen, immer weitere und weitere Kreise zieht. Es ist daher durchaus gerechtfertigt, dieses Dekret *Louis Napoléons* als einen weiteren Ausgangspunkt in der Erweckung des Interesses an der französischen Volkslitteratur zu verzeichnen; denn verglichen mit der zweiten Periode (von *Villemarqué* bis zu *Louis Napoléon*), zeigt die nun folgende dritte Periode, welche wir bis zum Jahre 1880 begreifen, einen ganz ungeheuren Fortschritt. Durch die offizielle Kundgebung, welche ja in allen Provinzen Frankreichs gleichmäfsig erfolgte, wurden nicht nur viele auf eine Seite des französischen Volksgeistes aufmerksam gemacht, welche ihnen, so nahe sie derselben standen, doch unbekannt geblieben war, sondern auch das Interesse dafür in Kreisen geweckt, welche, wie Geistliche und Lehrer, geradezu prädestiniert erscheinen, sich mit der Volkslitteratur zu beschäftigen.

Wie wenig erschöpft die Provinzen waren, welche bisher herangezogen worden, „wie viele Lieder noch in den Kehlen der alten Leute steckten," um mit *Champfleury* zu reden, zeigte sich erst jetzt. Wenn wir zunächst jener Sammlungen gedenken, welche gleiche Provinzen wie die schon erwähnten behandeln, so können wir auch hier wiederum mit der Bretagne beginnen.

Zu der schon von *Villemarqué* veröffentlichten Sammlung erschien eine neue von *Pinguern*, welche als eine Bereicherung der *Villemarqué*schen Sammlung angesehen werden kann.³) Volkslieder aus der Provinz Lothringen erschienen im Jahre 1855 zu

---

¹) André Theuriet, *Sous Bois*, 2. Aufl. S. 267.   ²) Beaurepaire, S. 7.
³) Beaurepaire, S. 2 Anm.

Nancy; *Champfleury* hat dieselben gleichfalls für sein Werk nutzbar gemacht. Zehn Jahre später folgte die bedeutendste Sammlung aus dieser Provinz von seiten des schon erwähnten Grafen *de Puymaigre*. Seine schöne Arbeit umfafst nicht blofs die Volkslitteratur von Lothringen, sondern auch von jenem Teile Frankreichs, welcher ehemals das alte Moseldepartement bildete. Die Ähnlichkeit in dem Charakter wie in den Sitten der Bewohner jenes Landstriches rechtfertigt ein solches Zusammenfassen ganz von selbst.

Die Sammlung enthält zunächst eine Reihe alter, schöner Balladen, Ronden und Lieder, vorzugsweise Liebes- und Ehelieder; weniger Berücksichtigung haben die historischen Lieder gefunden, und die Weihnachtslieder sind absichtlich übergangen, weil, wie der Herausgeber sagt, andere Sammlungen sie zur Genüge enthalten. Besonders wertvoll erscheint die Sammlung durch den Reichtum an Parallelstellen zu den älteren Liedern und Balladen, sei es aus der eignen, sei es aus der Volksdichtung anderer Länder. Die ausgebreitete Kenntnis der Volkslitteratur, über welche Graf *de Puymaigre* gebietet, befähigte ihn vor allen dazu. Nicht minder wertvoll ist seine Einleitung, in welcher jedoch die Anschauung seltsam berührt, dafs der Volksdichter ein echter Dichter werden könne, wenn er sich die Bildung der Gebildeten aneigne. Ebenso merkwürdig ist es, dafs er noch in dieser Zeit — 1865 — für seine Arbeit gewissermafsen eine Deckung bedarf; denn am Schlusse seiner Einleitung weist er auf *Goethe* hin, mit welchem jeder es zu thun bekomme, der ihn etwa in diesen Studien angreifen würde.[1]

Auf gleichem Gebiete hat *Quépat* (1877) in seinen *chants pop. messins* eine hübsche Nachlese gehalten.[2]

Wir haben schon mehrfach *Champfleury* erwähnt, welcher durch seinen Namen zur Sammlung von Volksliedern wie bestimmt erscheint. Angeregt, wie er selbst gesteht, durch die Abhandlungen *G. de Nervals* in der *Bohème galante*, unternahm er es im Jahre 1860, eine Blumenlese von Volksliedern aus

---

[1] Vergl. das zu S. 21 Anm. 2 Gesagte. [2] Nérée Quépat, *Chants pop. messins, rec. dans le val de Metz* 1877. Die Sammlung enthält 82 zum gröfseren Teil noch unbekannte Lieder.

allen Provinzen Frankreichs zu veranstalten. Wie bereits erwähnt, hatte er dem Komitee angeraten, auch die musikalische Seite des Volksliedes in die Hände eines hierzu vollbefähigten Mannes zu legen; folgerichtig sehen wir ihn daher bei seiner eignen Sammlung sich mit einem gewiegten Komponisten *Weckerlin* verbinden, welcher unmittelbar vorher (18⁶⁴/₅₇) in den *Echos du temps passé* neben einer kleinen Sammlung von Volksliedern besonders die musikalische Seite derselben eingehender, als dies bisher der Fall gewesen, berücksichtigt hatte. Und mit der Musik verband *Champfleury* die Schwesterkunst der Malerei, ohne jedoch hier den gleich glücklichen Griff gethan zu haben; die Bilder. von sehr verschiedenem Werte. sind den verschiedensten Künstlern anvertraut, und zeigen wieviel der französische Maler auf diesem Gebiet noch zu lernen hat, ehe es ihm gelingen wird, in der Illustration der Volkslieder seines Heimatlandes die tief in sich hineinträumende Innerlichkeit deutscher Bilder zu erreichen, wie sie uns so meisterhaft in den Werken von *Ludwig Richter* und dessen talentvollen Schülern *Mohn*, *Thumann*, *Flinzer* und *Pletsch* entgegentritt. — Neben einer höchst lesenswerten Einleitung, welche sich über die Volksdichtung im allgemeinen verbreitet, gibt *Champfleury* zu jeder einzelnen Provinz eine kleinere Einleitung, welche in kurzen, leichten Strichen den Charakter der Bewohner. wie ihrer Dichtungen zeichnet, um dann, unterstützt durch Bild und Musik, den Text der für die jeweilige Provinz charakteristischen Lieder folgen zu lassen.

Seit lange ist diese Sammlung vergriffen, was um so mehr zu bedauern ist, als dieselbe vorzugsweise geeignet erscheint, in den weitesten Kreisen Liebe für Frankreichs Volksdichtung zu erwecken. Als sie seinerzeit erschien, begrüfste es *Champfleury* als ein günstiges Zeichen der Einkehr zur Volkslitteratur. um wieviel mehr würde dies heute der Fall sein, wo das Interesse an der Volkslitteratur immer weitere Kreise ergriffen hat, ein Erfolg, zu dem sein schönes Werk in so hohem Mafse beigetragen.

Wenn *Champfleury* gelegentlich der Besprechung der Volkslieder aus Guyenne und Gascogne[1] von dem Süden sagt, dafs

---
[1] Champfleury a. a. O., S. 57.

dieser Teil Frankreichs in der Erforschung der Volkslitteratur um zwanzig Jahre zurück sei, und dafs die Provence, Languedoc sowie die Gascogne noch nichts geliefert hätten, obwohl der Stoff nicht mangele, so habe ich schon durch die bisherigen Litteraturbesprechungen nachgewiesen, dafs *Champfleury* sich hier geirrt haben mufs; denn sämtliche von ihm genannten Provinzen waren bereits in das Bereich der Erforschung gezogen.[1]) Verliert *Champfleurys* Ausspruch durch diesen Nachweis wesentlich an Schärfe, so berechtigt das, was von seiten des Südens in der Folge auf diesem Gebiete geleistet wurde, vielmehr zu der Anerkennung, dafs der Süden zu jenen Provinzen gehört, welche mit am meisten für das Aufschliefsen der Volkslitteratur gethan haben.

1862 wurde die *Provence* von *Arbaud* gerade im Hinblick auf die Volkslieder durchstreift; als Resultat liegt eine treffliche Sammlung vor,[2]) welche jedoch nicht zu benutzen ist, da der Herausgeber, wie mir scheint, unberechtigtigterweise, eine wenn auch nur teilweise Wiedergabe ihres Inhaltes untersagt hat.

Wiederholt, zuletzt 1870 von *Sallabery*, wurden Lieder aus dem baskischen Lande mit ihren Melodieen veröffentlicht,[3]) denen (1875) Volkslieder in provençalischer Sprache gesammelt von *Atger*[4]) und (1877) provençalische Dichtungen und Sagen von *Girard*[5]) folgten. Dafs hiermit die Durchforschung des Südens ihren Abschlufs noch nicht erreicht hat, wird uns die spätere Betrachtung der letzten Periode, seit dem Jahre 1880, zeigen.

Den Sammlungen, welche Neues aus bereits bearbeitetem Boden ernteten, reihen sich nun diejenigen Sammlungen an,

---

[1]) Vergl. 1826 erschien die Sammlung über die Provence,
 1844 „ „ „ aus Béarn.
 1845 „ „ „ „ Gironde,
 1857 „ „ „ über die baskischen Länder. Ob der *Romancero du midi* von Gomblaux — veröffentlicht 1858, also kurz bevor Champfleury sein Werk herausgab — der Volkslitteratur zuzuzählen ist, kann ich nicht mit Bestimmtheit aussprechen, da ich eine Charakteristik dieser Sammlung nirgends gelesen, die Sammlung selbst in den Bibliotheken von Dresden, Leipzig, Berlin nicht gefunden habe. [2]) D. Arlaud, *Chants pop. de la Provence, rec. et annotés*. 1862. [3]) Sallabery, *Chants pop. du pays basque, paroles et musique* etc. 1870. [4]) Atger, *Poésies pop. en langue d'oc*. 1875. Schätzbare Sammlung (Bladé). [5]) Girard, *Poésies et légendes provençales*. 1877.

welche ganz neue, in den vorher geschilderten Perioden noch nicht erwähnte Provinzen erschlossen.

So wurden die Lieder der französisch redenden Vlamländer, unter gleichzeitiger Berücksichtigung ihrer Melodieen, von *Coussemaker* (1856) gesammelt[1]); Volkslieder aus *Angoumois* folgten in dem gleichen Jahre, gesammelt und erläutert von *Eusèbe Castaigne*.[2]) Eine stattliche Sammlung bilden die Volkslieder der *Champagne* von *Tarbé*, dessen Name wie der so vieler anderer Gelehrten unzertrennlich von der Volksdichtung seines Heimatlandes lebt.[3]) Indessen vermischt *Tarbé*, wie wir dieses schon mehrfach Gelegenheit hatten zu bemerken, Volks- und Kunstdichtung mit einander. Der größte Teil seiner Sammlung ist angefüllt mit Dichtungen, die zwar auf seine heimatliche Provinz Bezug haben, die aber Kunstdichtern, wenn auch durchaus nicht ersten Ranges, ihr Dasein verdanken. Besonders ist dies der Fall mit den geschichtlichen Liedern, gewissermaßen einer Provinzialgeschichte der Champagne in Liedern.[4]) Für den speziell geschichtlichen Forscher dürften diese Bände gewiß manches Interessante enthalten, für unsere Zwecke kommen diese Lieder dagegen in der Hauptsache ebenso in Wegfall, wie die Menge religiöser Gesänge, welche sich in dem ersten Teile finden und größtenteils Geistliche der Champagne zum Verfasser haben. An echten Volksliedern bleibt daher von den fünf Bänden nur ein Teil des ersten, welcher sehr schöne Weihnachtsgesänge enthält, sowie der zweite Teil übrig, welcher das menschliche Leben, wie das festliche Jahr in Liedern besingt. Anziehend und ganz in dem sprudelnden Charakter eines Sohnes der Champagne sind seine Vorreden geschrieben; sie verraten eine überschäumende Munterkeit.

---

[1]) Coussemaker, *Chants pop. des Flamands de France, rec. et publiés avec les mélodies originales* 1856. [2]) E. Castaigne, *Six chansons pap. de l'Angoumois, rec. et annotées.* 1856. [3]) Prosper Tarbé, *Romancero de Champagne* 1863, 64, 5 vol. [4]) Unter denselben Gesichtspunkt fällt die Sammlung Tarbés: *Chansonniers de Champagne aux XII et XIII siècles.* 1850. Auch diese sind Kunstdichter, die entweder der Champagne entsprungen oder auf die Champagne bezügliche Lieder gedichtet haben. Wir sehen, daß Tarbé unter den Begriff Volkspoesie alles subsumiert, was sich auf seine Heimat Champagne bezieht.

Nicht minder wertvoll und für die Volkslitteratur im eigentlichen Sinne bis auf das kleinste ausgiebig, sind die Sammlungen aus Westfrankreich von *Bujeaud* (1865).[1]) Es ist ein bedeutendes Gebiet, welches der Herausgeber hier umfafst, das ehemalige *Angoumois, Clunis, Saintonge* und (*Bas-*)*Poitou*. Da jenes Gebiet zwischen Garonne und Loire durch keine natürlichen Grenzen geschieden ist, so hat der gegenseitige Austausch, in welchem diese Ländereien standen, dazu beigetragen, auch eine innigere persönliche Berührung und damit eine in ihrem Kern gleichartige Dichtung herbeizuführen. Die Form freilich, welche diese Lieder annahmen, ist je nach dem Charakter dieser glücklichen, reichgesegneten Landstriche verschieden, bald heiter, selbst sprudelnd, bald ernst, fast melancholisch.

In zwei stattlichen Bänden legt uns *Bujeaud* das Resultat seiner Forschungen vor. Wie *Tarbé*, so hat auch *Bujeaud* seine Lieder in einzelne Gruppen geteilt; aufser wertvollen Einleitungen, welche jeder Gruppe vorangehen und zugleich einige charakteristische Proben enthalten, die wie die Traube aus Kanaan das gelobte Land andeuten, hat *Bujeaud* den Wert seines Werkes dadurch zu erhöhen gewufst, dafs er soweit möglich jedem Liede die Melodie beigegeben und gleichzeitig auch die charakteristischen Tanzmelodieen seines Gebietes berücksichtigt hat, was leider von seiten *Tarbés* nicht geschehen ist; wir werden noch Gelegenheit finden, diesen Umstand zu bedauern.

Mit *Bujeauds* Sammlung erschien gleichzeitig eine Volksliedersammlung aus Kanada,[2]) jener Pflanzstätte französischen Geistes in der Neuen Welt. Es ist eigen zu sehen, wie in diesem Lande, welches einst Neu-Frankreich hiefs, die Erinnerungen an die alte Heimat noch so lebendig fortgewirkt und sich in ähnlichen Liedern und Melodieen, wie in der Beibehaltung alter Gebräuche ausgeprägt haben.[3])

---

[1]) J. Bujeaud, *Chants et chans. pop. des provinces de l'ouest avec les airs originaux rec. et annotés.* 1865. 2 vol. Wie sorgfältig jetzt gesammelt wird, im Gegensatz zu früherer Zeit, die ungeheuer viel hat verloren gehen lassen, davon legt Bujeaud Zeugnis ab, welcher zu Nantes ein Lied in Fetzen zerrissen fand, die Stückchen sammelte und das Lied sorgfältig wiederherstellte. [2]) E. Gagnon, *Chans. pop. du Canada rec. et publiées avec annotations.* 1865. [3]) Vergl. Kap.: Das festliche Jahr (Weihnachtsabend).

Auch der soviel geschmähte Süden bietet uns eine Fülle neuer Erscheinungen dar. Sein gewiegtester Kenner *Bladé*, welcher die französischen Volksdichtungen in *Armagnac* und *Agenais* gesammelt hat,[1]) und ein ebenso gründlicher Kenner der Volkslitteratur der *Gascogne* ist, urteilt über die von *Cénac-Moncaut* herausgegebene Volkslitteratur der *Gascogne* und *Béarn* (Paris 1868)[2]) in sehr scharfer Weise, indem er es als ein Werk hinstellt, welches geeignet erscheine, das Publikum über den wahren Charakter der Gascogne zu täuschen, so dafs er sich mehr wie einmal genötigt gesehen habe, in seinem eigenen Werke über die Volksdichtungen der Gascogne, *Cénac-Moncauts* Urteil zu berichtigen. — Dafs die moderne Zivilisation und namentlich die Einführung ihrer Verkehrsmittel ein Zurückweichen der Volksdichtungen bedingt, ist unzweifelhaft; nicht alle, welche unbewufst zu ihrer Vernichtung beitragen, handeln indessen gleich dem Zivilingenieur *Daymard* zu *Sérignac*, welcher (1872) eine Sammlung alter, an den Grenzen der Departements *Lot* und *Lot-et-Garonne* gesammelter Lieder herausgab,[3]) denen eine weitere *Haut-Quercy* (Dep. Lot) betreffende Sammlung folgen soll. Auch aus *Valréas* (dem französischen Krähwinkel) wurde eine kleine Blumenlese veranstaltet;[4]) die *Franche-Comté* ward von *Theuriet* erschlossen,[5]) während das oben erwähnte Werk von *Gagnon* über die Volkslieder in Kanada eine zweite Auflage erlebte, gewifs ein erneuter Beweis für das wachsende Interesse an der Volkslitteratur.

Hatten die bisherigen Sammlungen es in der Hauptsache mit den noch lebenden Volksliedern zu thun, so finden wir auch in dieser Periode Fortsetzungen jener Bestrebungen, welche die Schätze der alten Volkslitteratur wiederum an das Tageslicht zu ziehen bemüht sind.

Schon früher habe ich hervorgehoben, wie grofse Verdienste sich hier ein Deutscher, *Wolff*, erwarb, indem er einen Teil dieser

---

[1]) J. Fr. Baldé, *Poésies pop. en langue fr. rec. dans l'Armagnac et l'Agenais*. 1879. [2]) Cénac-Moncaut, *Litt. pop. de la Gascogne et la musique des principaux chants*. 1868. [3]) Daymard, *Collection de vieilles chansons* etc. 1872. [4]) Brémond, *Chants pop. d. Valréas*. 1880. [5]) Theuriet, *Contes pop. francocomtois*. 1880.

Schätze herausgab. Seltsam, dafs *Gaston Paris* sich für den ersten hält, welcher „diese wie in einem Herbarium aufbewahrten Volksblüten voraufgegangener Epochen" dem Staube der Bibliotheken entrückte.[1]) Und doch war ihm hierin schon ein Landsmann, *Gasté* vorausgegangen, welcher im Jahre 1866 die Publikation alter Volkslieder (aus dem XV. Jahrhundert, der Blütezeit aller Volksdichtung) fortsetzte.[2])

*Gaston Paris* hat seine Aufgabe mehr als Philolog, denn als Ästhetiker aufgefafst; vorzugsweise ist er bemüht, den Text richtig wiederzugeben und in den Erläuterungen für die Verständlichkeit desselben zu sorgen. Den Wert seines schönen Werkes wufste er durch das Heranziehen eines musikalischen Mitarbeiters *A. Geraert* zu erhöhen, welcher die alten Melodieen in moderne Notenschrift umsetzte.

Hatte es sich bisher nur darum gehandelt, den Schatz, welcher in den Provinzen oder in den Bibliotheken noch verborgen lag, zu heben, und waren einzelne dieser Sammlungen auch mit Einleitungen und Musikbeilagen versehen, so war doch die von *Nerval* zum ersten Male versuchte Arbeit über die Volkspoesie nicht wieder fortgesetzt worden. Erst im unmittelbaren Anschlusse an die offizielle Kundgebung von 1852 sehen wir eine Reihe von Werken erscheinen, welche es sich zur Aufgabe machen, die Geschichte der Volkslitteratur der einzelnen Provinzen zu beschreiben, Bearbeitungen, welche sonach als die Bausteine zu einer später zu schreibenden Geschichte der französischen Volksdichtung und Volksüberlieferungen betrachtet werden müssen.

*Beaurepaire* in seinen Studien über normannische Volkspoesie[3]) spricht sich in seinen einleitenden Worten geradezu dahin aus, dafs das Dekret des Präsidenten noch recht viele solcher Arbeiten, wie er sie geliefert hat, hervorrufen möge. Ihm kommt es in seiner Arbeit weniger auf Vollständigkeit als darauf an, zu zeigen, welche Gattungen von Poesieen in der Normandie über-

---

[1]) G. Paris, *Chansons du XVe siècle* etc. 1875. [2]) A. Gasté, *Chansons normandes du XVe siècle* etc. 1866. [3]) E. de Beaurepaire, *Etude sur la poésie pop. en Normandie* etc. 1856.

haupt noch vorhanden sind und diese in geschmackvoller Weise zu würdigen. Ausgehend von den Liedern geistlichen Inhalts, die teilweise noch zurückreichen bis auf die Heidenzeit und vielfach Anklänge an den Druidendienst verraten, kommt er auf diejenigen Lieder zu sprechen, welche die einzelnen Feste des Jahres begleiten, um dann überzugehen zu den Liebes- und Eheliedern und hier besonders die Spinner- und Erntelieder hervorzuheben.

Mit den Balladen schliefst das Werk, welches als ein Muster feiner und anziehender Darstellung angesehen werden kann und den Stoff in ebenso anregender wie erschöpfender Weise behandelt.

Schon früher haben wir auf die Verdienste *Michels* hingewiesen, welche in der Aufforderung an die Regierung lagen, die Schätze und Dokumente der alten französischen Geschichte und Litteratur nicht im Auslande vermodern, sondern für die Geschichtsforschung nutzbar zu machen. Er hat wiederholt das baskische Land zum Gegenstand höchst eingehender und zugleich sehr anziehender Studien gemacht und uns dieselben in seinem bedeutendsten Werke: *Le pays basque* (1857) vorgelegt.[1]

Auch die *Bretagne* wie *Poitou* fanden (1859) einen Bearbeiter ihrer Volkspoesien in *Gauthier*,[2] dessen Werk eine wertvolle Ergänzung zu den Studien über bretagnische Volkspoesie von *Villemarqué* bildet.

Als Pendant zu *Champfleury*, welcher wie die Biene den Honig aus allen Provinzen Frankreichs sog, mag *Charles Nisards* Werk dienen, welches die Volkslieder des Altertums wie Frankreichs vom historischen Standpunkte aus behandelt.[3]

Hand in Hand mit der eigenen gehen nun auch die Studien fremder Volkslitteraturen, so bringt die *Revue des deux Mondes* im Jahre 1862 fesselnde Studien über die italienische Volksdichtung von *Rathery*, dessen Arbeiten über die französische Volksdichtung wir bereits erwähnten, während *Max Buchon*, der sich auf dem Gebiete der Weihnachtslieder bekannt machen sollte, die Volkslitteratur von Sardinien zum Gegenstande seiner

---

[1] Fr. Michel, *Le pays basque*. 1857. [2] Gauthier. *Etude sur les chants pop. de la Bretagne et du Poitou*. 1859. [3] Ch. Nisard, *Des chansons pop. chez les anciens et chez les Français* etc. 1866.

Studien machte. Die bedeutendste und umfänglichste Arbeit dieser Art stammt jedoch von dem bereits mehrfach erwähnten *Schuré*. Sein Werk,[1]) welches das deutsche Lied behandelt und treffliche französische Nachdichtungen deutscher Volkslieder enthält, ist insofern von den bisherigen verschieden, als es zugleich eine bestimmte Tendenz verfolgt: es will den Franzosen den Spiegel vorhalten; an dem deutschen Liede sollen seine Landsleute erkennen, wie viel das Volkslied beigetragen hat zu der Entwickelung der Kunstpoesie. *Schuré* fordert zugleich zu einem energischen Studium deutscher Volkspoesie auf, um die durch dieses Studium gewonnenen Ergebnisse für die Neugestaltung der eigenen Poesie auf volkstümlicher Grundlage zu verwerten. Gegenüber dieser Empfehlung durch das Studium deutscher Verhältnisse auf die französische Poesie wirken zu wollen, weist *Theuriet* in seinem Aufsatze *La chanson populaire et la vie rustique*, worin er die gegenseitigen Beziehungen zwischen dem ländlichen Leben und der Volkspoesie darstellt und mit reizenden kleinen Proben durchwirkt, in trefflicher Weise darauf hin, wie viel besser die französische Poesie daran thut, anzuknüpfen an die eigene Volkslitteratur; denn die Volksdichtungen, welche auf französischem Boden erblüht sind, sind nicht minder zahlreich und umfangreich wie diejenigen anderer Länder, Sie haben den gleichen Reiz, die gleiche Kraft, oft den gleichen Ursprung; sind doch viele dieser Blumen gemeinsamen Keimen erwachsen, die durch ganz Europa hin verstreut sind, nur dafs diejenigen Blumen, welche französischem Boden entsprossen sind, den Bedingungen des Lichtes, der Luft und des Bodens entsprechend, auch eine Farbe und einen Duft empfangen haben, der sie von den übrigen unterscheidet, sie als speziell französisch kennzeichnet. Aber gerade diese für die eigene Volkspoesie charakteristischen Farben mufs der Kunstdichter im Auge behalten, gerade den der ländlichen Poesie seines Heimatlandes eigenen Duft mufs er einsaugen, will er in Wahrheit auch seiner Kunstdichtung Saft und Kraft und ein echt französisches Gepräge verleihen.[2]) So lange jedoch nicht ein Dichtergeist erscheint, der, wie Goethe bei

---

[1]) Édouard Schuré, *Histoire du Lied* 2. Aufl. 1876. [2]) *Sous Bois* S. 271 ff.

uns, mit überquellender Genialität ausgestattet, in das Volksleben hineintaucht und aus demselben mit ganzer Seele den Reichtum von Poesieen befreit und emporhebt, welche in demselben wirklich verborgen liegen, so lange wird man sich damit begnügen müssen, gewissermafsen die Vorarbeiten für diesen Genius zu liefern, die poetischen Erzeugnisse der Volkslitteratur vor der Vergessenheit zu bewahren, sie den Blicken aller darzubieten und abzuwarten, ob ihr Blütenstaub ein empfängliches Herz befruchtet.

In richtiger Erkenntnis dieses Gedankens sehen wir in der letzten Epoche, vom Jahre 1880 an, welche uns hart an die Schwelle der Gegenwart führt, eine grofse Verlagshandlung *Maisonneuve & C[ie]* zu Paris die Riesenarbeit unternehmen, nach einem einheitlichen Plan, der bisher allen privaten Unternehmungen gefehlt hatte, — denn die Staatsidee war ja gescheitert — nicht blofs die Volkslitteratur Frankreichs, sondern der gesamten Welt in ihren Publikationen zu umfassen. Und während bisher im grofsen und ganzen nur die Volksdichtung Frankreichs gesammelt wurde, finden wir, dafs sich das Programm wesentlich erweitert, indem auch Legenden, Sagen und Märchen, Sprichwörter und Rätsel, kurz **alles, was der Volksgeist überhaupt hervorgebracht hat**, in den Rahmen der Unternehmung hineingezogen wird.

Es ist, als wollte man die Arbeit von neuem beginnen; nicht in den Bibliotheken will man die Früchte pflücken, sondern in völliger Reaktion gegen diesen Grundsatz, hinaus in das Freie ziehen, an den Ort selbst, wo die Früchte wachsen, in den Dörfern die Leute befragen, in die Hütten der Armut dringen, um eine im Interesse der Litteratur, wie der Sprache, wie der Geschichte der Musik gleich bedeutsame Mission zu erfüllen.

Es ist der Geist *Villemarqués*, welcher in diesen Bestrebungen lebt, und wir sehen, wie auch in dieser letzten und reichsten Periode sich die Forschung vor allem jenem Erdenwinkel zuwendet, von welchem zuerst das Heil für die Volkspoesie ausgegangen war, — der Bretagne. *Sébillot* und *Luzel* haben sich in dieses schier unerschöpfliche Gebiet geteilt. Während *Sébillot* das sogenannte *pays gallot* ausbeutet,[1]) hat *Luzel* jenen Teil der Bretagne übernommen, in welchem auch heute noch bretagnisch (keltisch) gesprochen wird, ohne indessen den keltischen Text — aus Sparsamkeitsrücksicht — zu geben.[2]) Und in gleicher Weise, wie der Norden, wird auch der Süden von neuem bearbeitet, vornehmlich die *Gascogne*, *Bearn* und die *baskischen Länder*, erstere Provinz von dem bereits erwähnten *Bladé*, welcher jedoch neben dem gascognischen Texte die französische Übersetzung giebt und sein anziehendes Werk, ebenso wie dies bei den oben erwähnten Sammlungen geschieht, mit Einleitungen und Erläuterungen begleitet.

Neben dieser grofsartig angelegten Unternehmung, welche in betreff der Ausdehnung wie der Konzentration allem Bisherigen die Krone aufsetzt, öffnen nun auch die grofsen Revuen, wie die *Romania*, *Revue de Linguistique et de Philologie comparées*, *Revue des langues romanes* und andere, mehr und mehr auch der Volkslitteratur ihre Spalten.

Eine eigene Zeitschrift *Melusine*, nach jener Zauberin genannt, welche durch ihren Gesang Schlösser hervorzauberte, diente einzig und allein den Zwecken der Volkslitteratur;[3]) auch einen *Almanac des traditions populaires*[4]) hat zum ersten Male das Jahr 1882 unter der Leitung *Rollands* gebracht, desselben Schriftstellers, welchem wir die fünfbändige Arbeit über die *Faune populaire* verdanken.[5])

Überschauen wir das Gesagte kurz noch einmal, so unterscheiden wir im Laufe unseres Jahrhunderts deutlich vier grofse Etappen in der Erforschung der französischen Volkspoesie. Die erste bescheidenste, welche für uns nur eine historische Bedeutung haben kann, findet ihren Abschlufs in dem epochemachenden

---

[1]) P. Sébillot, *Litt. orale de la Haute-Bretagne*. 1881. [2]) F. M. Luzel, *Légendes chrétiennes de la Basse-Bretagne*. 1881. [3]) Gaidoz et Rolland, *Melusine, recueil de mythologie, litt. pop., traditions; usages*. Paris 1878; nur ein Jahrgang ist erschienen. [4]) Soeben geht mir Jahrgang 1883 zu, welcher die interessante Thatsache meldet, dafs sich eine „*Réunion des Folkloristen*" (Verein für Volkslitteratur — in Ermangelung eines einheitlichen Wortes ist ein Fremdwort gewählt —) zu Paris gebildet hat. Für den 29. Juni 1884 ist eine allgemeine Versammlung zu Paris geplant. [5]) E. Rolland, *Faune pop. de la France*, 4 vol. 1877—1881.

Werke *Villemarqué*, welchem es gelingt. die Aufmerksamkeit bedeutender Schriftsteller, wie G. Sand und Gérard de Nerval auf diese eigenartige Poesie zu lenken. In der nun folgenden zweiten Epoche werden jedoch nur wenige Provinzen erschlossen, bis die offizielle Kundgebung im Jahre 1852 weiteste Kreise speziell auf das Volkslied hinlenkt und zur Sammlung anfeuert. Aber sowohl in dieser wie in der voraufgehenden Periode sehen wir viele Herausgeber schwanken zwischen Volks- und volkstümlicher Dichtung und demnach in ihre Sammlungen vieles aufnehmen, was unvereinbar ist mit dem Begriffe echter Volkslitteratur. Doch erscheint diese Epoche zwischen 1852—80 insofern bei weitem bedeutender, als nicht nur Sammlungen in alten wie neuen Provinzen erfolgen, sondern auch Bearbeitungen über die Volkslitteratur einzelner Provinzen; ebenso nimmt die Erschliefsung der alten Volkslitteratur in den Bibliotheken ihren Fortgang; alle diese Forschungen beschränken sich jedoch vorzugsweise auf das Volkslied, während mit dem Inslebentreten der weitaussehenden Unternehmung des Hauses *Maisonneuve* die bisher so vielfach vermifste Konzentration eintritt und die Forschungen sich gleichmäfsig über alle Gebiete der Volkslitteratur erstrecken.

Hat demnach auch Frankreich, verglichen mit der deutschen gleichartigen Bewegung, erst viel später begonnen zu sammeln, und ist es unzweifelhaft, dafs vieles bereits für immer verloren war, als Frankreich zum ersten Male den Hebel ansetzte. um seine Volkslitteratur aus dem Munde und dem Gedächtnis des Volkes in die Sammlungen zu retten, so hat sich doch der stetig wiederkehrende, schmerzliche Ausruf der Sammler, dafs es in zehn, zwanzig Jahren zu spät sein werde, durchaus nicht als stichhaltig erwiesen; denn gerade jene Provinzen, von welchen befürchtet ward, dafs sie nach dem Verlauf jenes Zeitraumes keine Ausbeute mehr liefern würden, haben sich bis in die jüngste Zeit hinein als unerschöpflich gezeigt. Ja, je tiefer man stieg, je mehr Schätze boten sich dem erstaunten Blicke dar. Immerhin darf man sagen, dafs in der Hauptsache das, was der gallische Volksgeist hervorgebracht hat, geborgen ist; denn mit der mehr und mehr vorschreitenden allgemeinen Volksbildung und namentlich der mehr und mehr sich verbreitenden Kenntnis des Lesens und Schreibens verschwinden auch die alten Sagen, Lieder und Märchen.

Sehr lehrreich und diese Auffassung bestätigend ist ein Vergleich mit den Kärtchen, welche in dem Riesenwerke von *Reclus*: *La Géographie universelle*, Band II., *La France*, die allgemeine Volksbildung in Frankreich illustrieren. Je heller die Köpfe, desto heller die Schraffierung der einzelnen Provinzen, je dunkler, desto geringer die allgemeine Schulbildung, namentlich die Kenntnis des Lesens und Schreibens. Wir sehen nun gerade, dafs der äufserste Norden, wie der äufserste Süden (welcher, wie erwähnt, *La France obscure* genannt wird) und Mittelfrankreich die tiefsten Schatten zeigen, dafs aber dieselben Provinzen am hellsten hervorleuchten, wenn es sich darum handelt, diejenigen Teile Frankreichs namhaft zu machen, welche die bedeutendsten Beiträge zur Volkslitteratur geliefert haben. Es stehen also allgemeine Bildung und Reichtum an Volkslitteratur in umgekehrtem Verhältnis zu einander, und die gröfsere Verbreitung der Elementarbildung geht mit dem Verschwinden und dem Absterben der Volkslitteratur Hand in Hand.

Es ist dieses auch ganz natürlich; die Volkslitteratur, welche die gedruckten Bücher ersetzt, haftet in dem Gedächtnis, welches „ohne die Krücken des Lesens und Schreibens" stark war, Sagen, Märchen und Lieder zu behalten. Mit dem Augenblick aber, wo die allgemeine Bildung mehr und mehr um sich greift, schwindet diese Kraft des Gedächtnisses und mit ihm der Vorrat an alter Volkspoesie; daher wird denn auch von *Sébillot* in den neuesten Publikationen der bretagnischen Märchen ausdrücklich erwähnt, dafs an Stelle der lebendigen Erzählung in den Spinnstuben die Lektüre trete, welche in der Familie den Schulkindern übertragen wird.

Und wie der Bewohner des Landes, besonders in der Nähe grofser Städte, sich mehr und mehr dem Städter nähert, so greift er auch in betreff der Litteratur nach „den überzuckerten Früchten der Zivilisation", vergifst seine alten Lieder über den

Arien und Chansonetten, welche Paris, *cette infernale cuve*,¹) wie der Satiriker Barbier singt, ihm sendet.

Und mit der lebendigen Erinnerung an die alten Lieder ist auch die Quelle der Begeisterung zu neuen versiegt; denn wenn auch heute noch Lieder enstehen, so tragen sie doch in der Hauptsache ein zu lokales Gepräge und die Prosa ihrer Verse, wie die Plattheit ihrer Ideen lassen keine Poesie mehr erkennen. Fragt man auf dem Lande nach den alten vergessenen Liedern und Balladen, so wird uns mehrfach, mit besonderer Schärfe aber von *Tarbé* berichtet,²) dafs der junge Lehrer, das stolze Kind des höheren(!) Lehrerseminars zu Paris, welcher die Geschicke Frankreichs und die Zukunft der Menschheit in seiner Toga zu tragen glaubt, sich mit den Worten von jener Litteratur abkehrt: „Wir Menschen der Zukunft kennen d a s nicht mehr, wir kümmern uns nicht um die Vergangenheit." Nur der alte Schulmeister sagt wehmütig: Ihr sucht Lieder? Seit 1830 singt man sie nicht mehr — Ringelreihen? Seit 1848 tanzt man sie nicht mehr — Sitten und Gebräuche, welche sich an feierliche Gelegenheiten knüpfen? Man unterdrückt sie. Und *Theuriet* in seiner seltsamen Jagd nach der *Chanson du jardinier*, welche indessen mehr einer Irrfahrt nach dem Mädchen gleicht, die ihm dies Lied „dereinst gesungen", erzählt,³) wie Frauen, welche er auf seinen Reisen in der Provinz nach alten Liedern gefragt, ihm geradezu ins Gesicht gelacht hätten. Sie kannten nur noch die Romanzen und die Refrains der *café-concerts*, und das veranlafste seinen philosophischen Reisebegleiter zu dem weltschmerzlichen Ausrufe, dafs die Lokalfarbe der Provinz mehr und mehr verschwinde, in der Sprache greife die Nüchternheit der täglichen Ausdrucksweise mehr und mehr um sich, der bezeichnende originelle Ausdruck verschwinde, jeder Tag bringe den Verlust irgend einer Sitte, einer Gewohnheit, die bisher an dem Orte gehaftet. Was soll aus der Welt werden, so ruft er aus, wenn alles in eine gleichmäfsige graue Farbe getaucht ist, was soll aus denen werden, welche gewöhnt sind, in dem farbenprächtigen Lichte der Phantasie zu leben.

---

¹) *infernale cuve* Höllenkessel. ²) *Romancero de Champagne* II, S. XX, XXI. ³) *Sous Bois*, S. 194.

Wenn es auch unzweifelhaft ist, dafs die Volkslitteratur
zwar nicht reifsend schnell verschwindet, sondern wie eine Ruine,
der keine Sorgfalt mehr zugewandt wird, allmählich aber unaufhaltsam zerbröckelt, so darf man doch nicht, wie es hier geschehen ist, kraftlos bedauern, was vergangen, sondern sich
vielmehr freuen, dafs so viele thatkräftige Männer bereits geborgen haben, was noch zu retten war, nicht um das Geborgene
vergessen, sondern um es in Neugestaltungen wiederaufleben zu
lassen, eingedenk des Dichterwortes:

> Das Alte stürzt, es ändert sich die Zeit
> Und neues Leben blüht aus den Ruinen!

Worin besteht nun der Nutzen, welcher aus diesen Sammlungen und Bearbeitungen sich für die französische Nation, wie
für die Kunstdichtung Frankreichs ergeben soll? Ganz abgesehen
von der Erweckung und Wiederbelebung des vaterländischen
Geistes, welcher dem Angehörigen der Nation in diesen der
engsten Heimat entsprungenen Dichtungen entgegentritt, liefert
auch die Poesie des Volkes dem Kunstdichter manch dankbaren
Stoff, sei es durch den Gegenstand selbst, sei es durch die
Auffassung, welche derselbe in der Volksüberlieferung erhalten
hat. Besonders anziehend erscheint es in dieser Richtung, dafs
deutscheste Dichter, wie der tiefe *Goethe* und der feinfühlige
*Uhland* sich an französischer Volksdichtung zu eigenen Gesängen
begeistert haben. *La ballade du rosier blanc* mufs in Uhland
eine verwandte Seite berührt haben, welche in einem seiner zartsinnigen Gedichte, der Ballade vom weifsen Rosenstock, wiederklang, und auf *Goethe* machte das seltsame Ritornell eines *languedoc*'schen Liedes solch tiefen Eindruck, dafs er es dem wahnsinnigen Gretchen in den Mund legte.[1])

Vor allem aber ruht der Wert der Volksdichtung, das
Erfrischende und Beseelende derselben in der Wahrheit und
Natürlichkeit der Darstellung. Die Volksdichtung besitzt eine
Art und Weise des Ausdrucks, welche sich nicht zergliedern,
sondern nur nachempfinden läfst, welche mit unglaublichem
Zauber jedes empfängliche Herz ergreift; dabei ist ihre

---

¹) S. Anhang III.

Natürlichkeit und Wahrheit sehr weit davon entfernt, Roheit zu sein; bietet sie doch im Gegenteil Züge ausgesuchtester Zartheit und Feinheit, um welche der Kunstdichter sie vergeblich beneidet. Wenn die Gebrüder *Grimm* versichern, dafs sie in der deutschen Volksdichtung keine einzige Lüge gefunden, so deckt sich dieses mit dem Ausspruch des französischen Bauern, bei welchem ebenfalls *cela est vrai* das ist schön bedeutet. Und diese Eigenschaften der Einfachheit, Wahrheit und Natürlichkeit machen die Volkslitteratur in so hohem Mafse geeignet, vor allem der französischen Kunstdichtung einen Spiegel vorzuhalten, welche zu viel Esprit, zu viel Deklamation besitzt, zu viel dessen, was Schiller des falschen Anstands prunkende Gebärde nennt. Die französische Kunstpoesie entbehrt der frischen, natürlichen Anmut, sie ist angekränkelt in ihren Empfindungen und deshalb soll sie gleich der nervenschwachen Dame hinaus in Gottes freie Natur, sich erlaben an den frischen, saftigen Früchten des Landes, niedertauchen in den Quell der Volkspoesie, um sich gesund zu baden. Und ist es der Kunstdichtung nicht vergönnt, der Volksmuse an Ort und Stelle zu lauschen, so soll sie an ihren Blüten, die auch in dem Herbarium der Sammlungen ihre Frische und Farbe noch bewahren, wiederum Wahrheit des Gefühls, Einfachheit der Form und musikalischen Rythmus lernen, ohne die Tiefe einzubüfsen, welche aus einer höheren Welt- und Lebensanschauung hervorgeht. Wie in Deutschland soll die Dichtung zugleich das Volk wie den Denker ergreifen, wie in Deutschland soll sich die Musik dem Liede vermählen, um es auf den Flügeln des Gesangs hinauszutragen und in aller Herzen fortleben zu lassen.

Wir sehen also Frankreich in einer für uns doppelt interessanten Bewegung stehen; es soll sich daselbst anschliefsend an die heimische Volksdichtung wiederholen, was wir, zum Glück für unsere Poesie, bereits durchgemacht haben.

Ob es Frankreich gelingen wird, diese Frucht aus dem mit der Volkslitteratur getränkten Boden zu zeitigen, ob es nicht den Anschlufs versäumt hat, als es die romantische Poesie vorübergehen liefs, ohne an die Volksdichtung anzuknüpfen, wer will dies sagen.

Wünschen müfsten wir es, dafs es gelänge; denn Deutschland hat ein reges Interesse daran, dafs sein interessantester Nachbar, auf den wir zumeist angewiesen sind, mit dem wir aber, wie es scheint, „einen Erziehungsprozefs oft mit eisernen Ruten" durchzufechten haben, auf diese Weise eine Poesie gewänne, welche der deutschen entsprechender wäre, und mit dazu beitrüge, ein versöhnendes Bindeglied zu bilden zwischen diesen beiden grofsen Nationen, welche vermöge ihrer gegenseitigen Ergänzung zu gemeinsamer Kulturarbeit bestimmt sind.

Für uns selbst aber soll die Betrachtung der französischen Volkslitteratur nicht blofs, wie wir hoffen, eine Quelle ästhetischen Genusses werden, sondern vornehmlich dazu beitragen, eine genauere Kenntnis des französischen Volkscharakters zu gewinnen; nicht die oberflächliche Beurteilung, welche das letzte Zeitungsblatt uns zuträgt, läfst uns den Charakter des Franzosen erkennen, sondern die Vertiefung und Versenkung in den Charakter seiner Volkspoesie; denn hier lernen wir einen Stand genauer kennen, welcher noch immer die Basis alles Staatslebens gebildet hat und welcher gerade in unserer Zeit doppeltes Studium erheischt. Wir haben uns viel zu viel gekümmert um Paris und den Charakter seiner Bewohner, wir haben geglaubt, nach ihm den Charakter des Franzosen ermessen zu können, während doch die Bevölkerung der grofsen Millionenstädte uns alle die gleichen, oft unerfreulichen Erscheinungen bieten; die eigentliche Kraft ruht doch bei dem Volke, welches fern ab von dieser „*infernale cure*" lebt und liebt.

Wir werden dann erkennen, dafs die französische Nation einem grofsen, reichgeästeten Baume gleicht, an welchem einzelne Stellen wohl abgestorben sein können, dessen Wurzeln aber Kraft und Saft genug besitzen, diese abgestorbenen Stellen abzustofsen und sie mit frischem, neuem Leben zu durchdringen.

# Liebeslust und Leid.

> ... des traits... joyeux à recueillir qui détendent l'esprit, de douces tristesses émouvantes enchâssées dans une versification naïve, le rappel au sentiment de la nature, à la bonhomie s'échappant souvent des paroles et de la musique, le retour à la simplicité que font naître mélodie et vers qui offrent souvent plus de raison que de rime, de gais sourires provoqués par une voix sans prétension...: telles sont les jouissances qui attendent ceux qui, en parcourant les chansons populaires, connaîtront mieux que par d'ambitieuses histoires, le peuple de France...
>
> Champfleury (Chans. pop. des Provinces de France, Préf. XXVII).

> Moi qu'est si joliette
>   Pensez-vous que mon cœur
>   Vit sans amourette?

# I. Liebeslust.

<small>Erwachen der Liebe — innerer Drang — äufserer Zwang. — Werbelieder — ernster — satirischer Art. — Erst wägen. — Allzu wählerisch. — Treue Liebe. — Sehnsucht und Wunsch. — Was sich liebt, neckt sich (Schnaderhüpfel). — Liebeszwist. —</small>

Bei allen Völkern hat Dichtung und Gesang zunächst dazu gedient, Gefühle der Liebe zu bekennen. Ruht hierin ein äufserer Grund mit dem Liebesliede zu beginnen, so bestimmt uns auch ein innerer dazu: das Liebeslied prägt vor allem das innerste Gefühl eines Volkes aus. Wir werden also auf diese Weise am schnellsten eine eingehendere Kenntnis des französischen Volkswesens gewinnen.

Wir dürfen bei dem Lesen dieser Lieder nicht vergessen, dafs wir es mit einem Volke zu thun haben, bei welchem sich das Mädchen auch körperlich viel schneller als bei uns entwickelt. Die Sehnsucht nach Liebe und Ehe beginnt daher schon in Jahren, in welchen bei uns das Mädchen noch vielfach in den Kinderschuhen steckt.

Als gewöhnliche Grenze, in welcher dieses Erwachen und Bethätigen der Liebe gewissermafsen berechtigt ist, erscheint das fünfzehnte, vereinzelt auch das sechzehnte Lebensjahr. Lange vor meiner Zeit, klagt ein Mädchen aus *Poitou*, hat mein Vater mich verheiratet; noch hatte ich das fünfzehnte Lebensjahr nicht vollendet, da war ich schon gefangen:

> Mon père m'a marié
> Longtemps avant mon âge.

> Je n'avais pas quinze ans passés,
> M'y voilà, m'y voilà prise.
> Je n'avais pas quinze ans passés.
> M'y voilà prise au trébuchet.¹)
>
> (Poitou.)²)

In anderen Liedern weist der Vater den werbenden Burschen, sehr wider dessen Willen, mit den Worten ab:

> Ma fill' n'est pas en âge,
> Elle n'a que treize ans;
> Quand on veut cueillir les roses
> Il faut attendre le printemps;
> Quand on veut aimer les filles,
> Il faut qu'elles aient seize ans.
>
> (Audun-le-Roman.)³)

Ist das sechzehnte Lebensjahr überschritten, die Maid noch ohne Geliebten, so glaubt sie, ein Jahr ihres Lebens sei verloren. Dem jungen französischen Mädchen erscheint es selbstverständlich, dafs sie, herangewachsen, nicht ohne Schatz sein könne. Mit reizender Verwunderung fragt ein Kehrreim:⁴)

> Moi qu'est si joliette⁵)
> Pensez-vous que mon cœur
> Vit sans amourette?⁵)

In anderen Stellen spricht sich die Maid dahin aus, dafs, wenn sie auch jetzt noch keine Liebe kenne, dieselbe doch eines Tages sicherlich in ihr Herz einziehen werde. Und wie es in dem Herzen eines Mädchens aussieht, welches ohne Liebe lebt, verrät uns ein Lied des XV. Jahrhunderts. Nicht Worte weifs sie zu finden, um diesen Zustand zu schildern. Tag und Nacht empfindet sie Liebespein, und das Leben erscheint ihr nicht lebenswert. Wie glücklich dagegen sind ihre Gefährtinnen, welche zwei, wohl gar mehr Liebhaber besitzen.

---

¹) *prise au trébuchet* eigentl. safs ich in der Falle, da *trébuchet* das Fallbauer zum Einfangen der Vögel bedeutet. ²) Bujeaud II, S. 44. ³) Puymaigre *Chants pop. messins.* S 240 ff. ⁴) A. W. Grube (Vom Kehrreim des deutschen Volksliedes) und Dr. Dunger (Wörterbuch von Verdeutschungen entbehrlicher Fremdwörter) haben Refrain sehr hübsch durch Kehrreim verdeutscht. Seltsam, dafs Karl Bartsch (Alte französische Volkslieder) stets Refrän schreibt, das Fremdwort also für unentbehrlich zu halten scheint. ⁵) *joliette, amourette,* volkstümlich für *joli, amour,* die Volkssprache ist reicher an malerischen, gemütvollen Verkleinerungswörtchen.

Hélas! mon joli temps passe

seufzt sie; es ist, als flüstere dem Mädchen eine Ahnung zu, dafs die Jugend vergeht „wie das Gras auf dem Felde", „wie die Feder, welche der Wind verweht",

> La plume s'envole, vole,
> La plume s'envole au vent

dafs „das Mädchen wie die Frucht des Baumes gepflückt werden müsse, wenn sie reif ist." Nur eine überfeinerte Kultur könnte hierin vielleicht ein Aufgeben schamhafter Zurückhaltung, ein Überschreiten der Sitte sehen, als wenn es unsittlich wäre, Gefühle zu bekennen, in denen aufzugehen Bestimmung des Weibes ist.

Wer will das Fürsorgende in den Bemühungen der Jetztzeit verkennen, dem Weibe eine von der Ehe unabhängige Stellung im Leben zu verschaffen; aber das echte Weib wird hierin nur immer einen Notbehelf erblicken, ihr wahres Glück doch nur an der Seite eines Mannes, im Kreise einer Familie finden. Ist ihr dieses Glück nicht beschieden, so wird ihr der Hauptzweck des Lebens verfehlt erscheinen; denn für das Weib sind Ehe und Lebenszweck **eins**.

In vollster Schärfe bringt dieses Gefühl ein junges Blut ihren Eltern gegenüber zur Geltung, indem sie erklärt, dafs sie noch heute abend verheiratet sein wolle: alle Einwendungen der Eltern: „Liebes Kind, warte noch ein Jahr, einen Monat, einen Tag," weifs sie ebenso zu entkräften, wie den Hinweis auf ihre Armut. Das Liedchen besitzt eine solche Kraft, der Ungestüm wie der Mutterwitz des lieben Töchterleins, welche die Eltern aus allen Stellungen wirft, eine solche Anmut, dafs ich statt aller Erläuterungen das Lied selbst hersetzen will.

| | |
|---|---|
| Mon père, ma mère, mariez-moi | „Pauvre[1]) fillette, attends un an.. |
| Moi, je le veux. | Mon Dieu, un an. |
| Je le veux, moi.[1]) | Hélas,[2]) pauvre an, |
| Mon père, ma mère, mariez-moi | Tous mes galans s'éloigneraient. |
| Moi, je le veux ce soir. | |

---

[1]) Man beachte die kreuzweise (chiastische) Stellung; eine im Französischen selbst im Volksliede häufige Erscheinung.

„Pauvre fillette, attends un mois.„  
Ah Dieu, un mois  
Hélas, pauvre mois  
Tous mes galans seraient pris.

„Ma fille, nous n'avons pas de pain.„  
Mon Dieu du pain  
Ah, pauvre pain  
Chez le boulanger nous en trouverons.

„Pauvre fillette, attends un jour.„  
Ah Dieu, un jour  
Hélas, pauvre jour  
Lorsque tant de gens me font la cour.

„Ma fille, nous n'avons pas de viande.„  
Mon Dieu, de viande  
Hélas, pauvre viande  
Chez le boucher il y en a un chariot.[1]

„Ma fille, nous n'avons pas d'anneau.„[2]  
Mon Dieu, un anneau  
Hélas, pauvre anneau  
Mariez-moi avec un lien d'ozier.[3]

(*Gascogne.*)[4]

Häufig genug flüstert Vogelsang dem Mädchen diese Weisheit zu. Die weifse Taube, der Vogel der Unschuld, sagt dem Mädchen in seiner Sprache:

Mariez-vous, car il est temps!

Besonders aber die Nachtigall, der süfse Vogel der Liebe, legt der Maid in den Mund, was ihr den sehnenden Busen schwellt. Dafs der Nachtigallenschlag Liebe und Sehnsucht in der Brust des Menschen wachruft, wird auch sonst bestätigt. „Beim Besuche des Cistercienserklosters Himmrode in der Eifel fand der heilige Bernhard die Manneszucht im tiefen Verfall, und als die üppigen Gesänge der Nachtigallen ringsum an sein Ohr schlugen, da ward es ihm klar, dafs sie an dem weltlichen Sinne der Brüder schuld seien. Zürnend erhob er seine Hand und sein Bannspruch scheuchte die Vögel von dannen; sie flogen zum Frauenstift Stuben an der Mosel".[5] Dafs ihre Gesänge sich noch tiefer in das weibliche Herz einschmeicheln, zeigt auch das Volkslied, welches ich im Auge habe.

*) *Pauvre* hat nicht blofs die Bedeutung von arm, armselig, sondern wird häufig als Liebkosungswort angewandt, wie hier = liebes Kind.  
³) *Hélas* (sprich é-la-ce).  
¹) *chariot*, Diminutiv von *char* (*carrus* Karren) = Wagen. ²) *anneau* Ring als Symbol, z. B. *anneau nuptial*. ³) *lien d'ozier*? ⁴) Cénac-Moncaut, vergl. Bujeaud. I, S. 99 ff. (Angoumois). ⁵) Uhland: Abhandlung über die deutschen Volkslieder S. 92.

Denn als der Vogel dem Mädchen, dessen Herz noch unberührt von Liebe, verrät, dafs für eine fünfzehnjährige Maid die Zeit der Liebe und Ehe gekommen, da erinnert sie sich ihrer **sechzehn** Lenze, und schalkhaft malt uns das Lied den Eifer, mit welchem das junge Mädchen den Fehler wett zu machen trachtet, dafs schon **ein** Jahr über die festgesetzte Zeit verstrich.

„Freie ich nicht bald, so will ich eben eine schöne Wirtschaft zu Haus anrichten, Teller und Töpfe, alles schlage ich entzwei, und zürnt mir die Mutter daroh, so will ich sagen: Zwar 's ist schade drum, aber noch viel mehr ist's schade, wenn ein Mädchen von sechzehn Jahren noch ungefreit ist!

Dans mon cœur i'¹) n'y a point d'amour,
Mais i' y en aura quelque jour.
  Dimanche en me²) promenant,
  Tout le long³) du vert bocage,⁴)
  J'entendais le rossignol⁵)
  Qui disait en son langage:
Dans mon cœur i' n'y a point d'amour,
Mais i' y en aura quelque jour.

  J'entendais le rossignol
  Qui disait en son langage:
  Une fille de quinze ans
  Est bonne à mettre en ménage.⁶)
Dans mon cœur, etc.

  Un fille de quinze ans
  Est bonne à mettre en ménage:
  J'en ai bien seize passés,⁷)
  Pourquoi tarder davantage?
Dans mon cœur, etc.

  J'en ai bien seize passés,
  Pourquoi tarder davantage?
  Si l'on n' me mari' bientôt,
  Je ferai un beau tapage!⁸)
Dans mon cœur, etc.

  Si l'on n' me mari' bientôt,
  Je ferai un beau tapage!
  Je cass'rai les plats, les pots,
  Je bris'rai tout le ménage.
Dans mon cœur, etc.

  Je cass'rai les plats, les pots
  Je bris'rai tout le ménage;
  Et si maman veut gronder,⁹)
  Je lui dirai: c'est dommage.
Dans mon cœur, etc.

  Et si maman veut gronder,
  Je lui dirai: c'est dommage;
  Mais une fille de seize ans
  Est bonne à mettre en ménage.
Dans mon cœur i' n'y a point d'amour
Mais i' y en aura quelque jour.
                    (*Champagne.*)¹⁰)

---

¹) *i* anstatt *il*, eine auch in der Sprache der Gebildeten vorkommende Nachlässigkeit; vergl. s'i(l) vous plaît für s'il.   ²) *me promener* spazieren gehen (promenieren).   ³) *tout le long* längs.   ⁴) *bocage* kleines Gehölz, Hain.   ⁵) *le rossignol* die Nachtigall.   ⁶) *bonne à mettre en ménage* (spr. bo-na-mè-

Einen bemerkenswerten satirischen Abschluſs enthält das Lied in einer Lesart aus *Bas-Poitou*, wo das Mädchen die erzürnte Mutter erinnert, daſs auch sie einmal jung gewesen:

> Si ma mère veut me gronder,
> Je lui tiendrai ce langage:
> Qu'elle en a bien fait autant
> Et peut-être davantage.
> Dans mon cœur i' n'y a point d'amour
> Mais i' y en aura quelque jour.
> (*Bas-Poitou*.)[1]

Ist es hier der geheimnisvolle Einfluſs der umgebenden Natur, des süſsen Vogelschlages, welcher das Herz der Schönen gleichsam mit Naturnotwendigkeit der Liebe erschlieſst, wie die Knospe sich dem Lichte der Sonne entfaltet, so sind es auch rein äuſsere Einflüsse, welche die Jungfrau zwingen, Gefühle zu bekennen, die sie sonst in ihres Herzens tiefstem Schrein vergraben hält.

Es ist nicht selten, vorzüglich in katholischen Landen, daſs die Eltern das Mädchen zwingen, den Schleier zu nehmen. Wer will es dem armen Kinde verdenken, wenn es bei dem Gedanken schaudert, ihr Leben, das soviel der Reize noch verspricht, hinter öden Klostermauern zu vertrauern. Ihr ganzes Sein bäumt sich dagegen auf: sie fleht Vater und Mutter an, statt der Kirche sie einem ehrenhaften Manne anzutrauen. Ihr Sinn steht dem Kloster fern, nur zwei Jahre sollen Vater und Mutter sich gedulden; zwei Jahre, denkt sie, ist eine lange Zeit, da läſst ein Schatz sich schon finden. Sie will auch nicht spröde thun, nicht den Werbenden von der Hand weisen, fleiſsig mit Mann und Kind zur Kirche gehen. — „Darum, liebe Mutter, nicht ins Kloster, sondern einem lieben, braven Manne an die Seite". Und dieser Kehrreim faſst die beiden Strömungen ihres Gemüts trefflich zusammen: den Widerwillen gegen das Kloster, die Sehnsucht, hiervon durch Liebe und Ehe befreit zu werden.

---

tran) gut unter die Haube zu bringen, zu verheiraten. ⁷) *j'en ai bien seize passés* ich bin schon sechzehn. ⁸) *tapage* Lärm. ⁹) *gronder* zanken, schelten. ¹⁰) Marelle (Herrig, Archiv, 56 Bd. S. 203).

¹) Bujeaud, I. S. 98. VII.

| | |
|---|---|
| Dans Paris on a fait faire | Peut-être aurai-je la chance |
| Deux jolis petits couvents: | De trouver un prétendant. |
| Mon père et ma belle-mère | Je ne ferai pas la fière,⁴) |
| Veulent me mettre dedans. | Je le prendrai promptement. |
| Non, point de couvent, ma mère, | Non, point de couvent, etc. |
| Mais un gentil petit galant, | |
| Bien honnête et bien aimant. | Je ne ferai point la fière |
| | Je le prendrai promptement. |
| Mon père et ma belle-mère | Mieux vaut conduire à la messe |
| Veulent me mettre dedans. | Son mari et ses enfants — |
| Je les ai priés d'attendre, | Non, point de couvent, etc. |
| De patienter¹) deux ans. | |
| Non, point de couvent, etc. | Mieux vaut conduire à la messe |
| | Son mari et ses enfants. |
| Je les ai priés d'attendre, | Que d'être là dans ces cloîtres⁵) |
| De patienter deux ans; | A faire les yeux dolents.⁶) |
| Peut-être aurai-je la chance²) | Non, point de couvent, ma mère, |
| De trouver un prétendant.³) | Mais un gentil petit galant⁷) |
| Non, point de couvent, etc. | Bien honnête et bien aimant. |
| | (*Champagne.*)⁸) |

Hier endigt das Lied, wie es aus der *Champagne* mitgeteilt wird. In *Bas-Poitou* dagegen treffen wir den gleichen Gedanken im Liede verkörpert, jedoch wie so häufig im Volksliede in breiterer Ausführung und in anderer Färbung. Die Leiden, welche das Mädchen als Novize zu erdulden hat, wie die Freuden der Liebe sind in einer Reihe charakteristischer Verse ausgemalt, und nicht in bittender, sondern sehr bestimmter, kraftvoller Weise drückt der Kehrreim die entschiedene Abneigung des Mädchens gegen das Kloster und die ebenso entschiedene Hinneigung zur Liebe aus.

Das Lied fährt gewissermafsen anschliefsend an das soeben mitgeteilte in folgender Weise weiter fort:

---

¹) *patienter* sich gedulden.   ²) *Peut-être aurai-je la chance* vielleicht hab' ich Glück.   ³) *prétendant* Bewerber, Freier.   ⁴) *je ne ferai pas la fière* ich will nicht spröde thun.   ⁵) *cloîtres* (*cloître*), lat. *claustrum*, dtsch. Kloster.   ⁶) *dolents* (*doulents*), lat. *dolere*, betrübtes Gesicht machen.   ⁷) *galant* wie *prétendant* gehören zu jenen Worten, welche die Volkssprache aus der Sprache der Gebildeten herübergenommen hat, um die eigne Sprache damit zu schmücken.   ⁸) Marelle a. a. O. S. 204.

Que d'ôtre dedans ces cloêtres
A faire les yeux doulents;
A jeûner tout le carême ¹)
Les quatre-temps ²) et l'avent; ³)
  Point de couvent, je ne veux, ma
        mère,
  C'est un amant qu'il me faut, vrai-
        ment.

A jeûner tout le carême
Les quatre temps et l'avent;
Et coucher dessur ⁴) la dure
Tout le restant ⁵) de son temps.
  Point de etc.

Et coucher dessur la dure
Tout le restant de son temps.
Serais-je pas ⁶) plus heureuse
Dans les bras de mon amant?
  Point de etc.

Serais-je pas plus heureuse
Dans los bras de mon amant,
Il me conterait ses peines,
Ses peines et ses tourments.
  Point de couvent, je ne veux, ma
        mère,
  C'est un amant qu'il me faut, vrai-
        ment.

  Il me conterait ses peines
  Ses peines et ses tourments;
  Je lui conterais les miennes,
  Ainsi passerait le temps.⁷)
    Point de couvent, je ne veux, ma mère,
    C'est un amant qu'il me faut, vraiment.
            (*Bas-Poitou.*) ⁸)

An die Stiefmutter, richtet die Tochter ihre Bitte. Wenn es ihr auch gelingen möchte, den Vater auf ihre Seite zu ziehen, wer will sagen, ob ihr dieses auch bei der Stiefmutter gelingt, die vielleicht, durch die aufknospende Schönheit der Tochter in den Schatten gestellt, sich der unbequemen Nebenbuhlerin entledigen will, wie ja Balladen und Romane uns dieses zur Genüge schildern. Fast möchte man zweifeln, dafs es ihr gelänge, die Mutter zu gewinnen, wenn man ein anderes, gleichfalls aus *Poitou* stammendes Lied hört, worin die Mutter alle weiteren Bitten des Kindes mit den Worten abschneidet:

  Ma fille, sans plus attendre,
  Vous irez au couvent;
  Je suis lasse ⁹) d'entendre
  Les choses que j'entends

---

¹) *jeûner tout le carême* die ganze Fastenzeit fasten. ²) *Les quatre-temps* Quatember (die 3 für jedes Vierteljahr festgesetzten Fastentage. ³) *l'Avent* die Adventszeit. ⁴) *dessur* statt *dessu(s)*. Vergl. deutsch Logir Volkssprache statt Logi(s). ⁵) *restant* seltener als *reste*. ⁶) Auslassen von *ne* auch bei Kunstdichtern. ⁷) *passerait le temps* so würde die Zeit vergehen. ⁸) Bujeaud I, 138. ⁹) *lasse* müde.

> Vous irez dans les cloitres,
> C'est votre destinée:
> La, vos amours, la belle,
> Pourront bien se passer.

Wer hört nicht in den Worten der Tochter den Aufschrei eines jugendlichen Herzens, welches, so lange es schlägt, auch ein Recht auf Liebe zu haben glaubt.

> Ah! mère téméraire,
> Qui m'en veut à la mort,[1]
> Achève ta colère,
> Punis mon triste sort.
> Je suis donc la victime
> Que l'on ne nomme plus.
> Si l'amour est un crime,
> Vaut mieux que tu me tues.
>
> (*Poitou*.)[2]

Klingt der Schlufssatz nicht philosophisch genug in dem Munde eines einfachen Mädchens? —

Lieder, in welchen der Jüngling ein Sehnen nach Liebe und Ehe in allgemeiner Weise ausspricht, ohne dafs sich seine Liebe einem bestimmten Gegenstande zuneigt, finde ich nicht; es beweist dieses eben, wie die Liebe die Brust des Mannes nicht in dem Mafse ausfüllt, wie das Herz des Weibes.

Der Mann tritt in das Liebesleben des Volkes erst mit der That ein, mit der Werbung.

Die drei Holzfäller oder die Liebeswerbung, wie man es betiteln könnte, ist uns von niemand Geringerem als *G. Sand* übermittelt, welche in ihren Romanen in meisterhafter Weise gelegentlich auch über das Volkslied spricht. Wie keine andere kannte sie das Volkslied der Landschaft Berry, und wäre ihr in gleicher Meisterschaft die Gabe der Poesie gegeben, mit welcher sie die Prosa handhabte, sie hätte der Genius werden können, welchen Frankreich herbeisehnt, um seine Volks- und Kunstpoesie zu einer volkstümlichen Dichtung zu verschmelzen.

---

[1] *m'en veut à la mort* mich tödlich hafst.   [2] Bujeaud I, 262. I. IV.

Drei Holzfäller sehen wir im Frühling unter Gottes freiem Himmel dem Mädchen ihrer Wahl ihre Liebe gestehen. Meisterhaft ist jeder der drei Bursche mit wenig Strichen seiner äufseren Erscheinung wie seinem Charakter nach gezeichnet; wie malt sich ihr Charakter in ihrer Werbung!

Das Volkslied liebt es, seine Symbole aus der umgebenden Natur zu holen, sie in Verbindung zu dem Menschen zu setzen. So trägt der erste, der jüngste und zugleich der schüchternste der drei Bewerber, eine Rose in der Hand: kaum wagt er es, seiner Liebe Worte zu leihen: Wohl liebe ich dich, holde Maid, aber ich wage es nicht, dir's zu gestehen.

Wie Licht und Schatten, so scheidet sich der zweite von dem ersten Charakter. Dort Jugend mit Schüchternheit gepaart, die sie so reizend kleidet, hier männliche Reife mit Trotz und Härte. Das Volkslied hat es verschmäht, dem zweiten ein Symbol ansdrücklich in die Hand zu geben. Ist aber die Axt, welche er von der Arbeit noch in der Hand hält, nicht Symbol genug? Stimmt sie nicht mit den schneidenden Worten: Wenn ich liebe, so mufs ich Gegenliebe finden. Nicht bitten, gebieten will ich sie!

Aller guten Dinge sind drei, sagt ein Sprichwort, und zuletzt kommt das Beste. So auch hier. Der dritte, der Echte, Rechte trägt zum Zeichen seiner glühenden Liebe eine Mandelblüte in der Hand; interessant, weil uns diese Blume über den Ort, wo das Lied entstand, Aufschlufs gibt. Singend gesteht er dem Mädchen, dafs er ihr seinen ganzen Schatz von Liebe geben, dafür aber auch den gleichen Schatz an Liebe von ihr empfangen wolle.

Es ist eine heikle Lage, in welcher wir das junge Mädchen erblicken, dem keine Bildung, nur gesunder Menschenverstand zur Seite steht. Wie meisterhaft weifs sie sich aus ihrer peinlichen Lage durch ihren Mutterwitz zu befreien, wie geschickt löst sie den Knoten, der uns unentwirrbar scheint, jeden so zu bescheiden, dafs er nicht beleidigt wird und doch dem Geliebten ihre Liebe zu gestehen.

Was kein Verstand der Verständigen sieht,
Es findet in Unschuld ein einfach' Gemüt.

Aus der Art der Werbung holt sie sich die Waffen der Entscheidung.

In der Liebe gebührt dem Manne die Initiative. Indem sie den Jüngling mit der Rose hieran erinnert, lehnt sie zugleich sein Geständnis in zarter Weise ab. Wie soll i c h, ein Mädchen, wagen, wozu Dir, dem Manne der Mut fehlt.

Leichter fällt ihr schon die Abfertigung des gebieterischen Alten. Denn wenn auch der erste ihre Liebe nicht zu erringen vermochte, sein ganzes Auftreten, seine Schüchternheit, sein inniges, wenn auch zaghaftes Werben sind wohl geeignet, wenn auch nicht Liebe, so doch Mitleid in dem Herzen des jungen Mädchens zu erwecken; und Mitleid ist ja ein der Liebe nahe verwandtes Gefühl. Wie oft ist nicht schon die letztere aus dem ersteren entsprungen! Dem gebieterischen Alten gegenüber aber bäumt sich ihr jugendliches Herz auf. Mein Herr wirst du nicht sein, entgegnet sie ihm, denn — merk' es dir — vielleicht alles auf der Welt läßt sich erzwingen, Liebe nicht.

Hiermit wendet sie sich dem dritten, dem Geliebten zu. Du mit der Mandelblüte sollst mein Geliebter sein. Wer Liebe kühn erstrebt, dem wird sie gewährt, oder, um mit dem großen Kenner des weiblichen Herzens zu reden:

> Komm den Frauen kühn entgegen,
> Du gewinnst sie auf mein Wort!

Das ist in dürren Worten der Hauptinhalt des Liedes, welches französisch wie deutsch — in der Übertragung von *Claire von Glümer* — folgen soll.

| | |
|---|---|
| Trois fendeurs[1]) y avait, | Es stehen der wackeren Bursche drei |
| Au printemps sur l'herbette;[2]) | Zur Frühlingszeit im Hag, |
| (J'entends le rossignolet[3]) | (Ich hör' den Nachtigallenschlag!) |
| Trois fendeurs y avait | Es gehen der wackeren Bursche drei |
| Parlant à la fillette.[2]) | Das Mägdlein zu befragen. |

---

[1]) *fendeur* (von *fendre*, lat. *findĕre* spalten) der Holzfäller; beachte die freiere Konstruktion anstatt *il y avait trois fendeurs*. [2]) *l'herbette* wie das folgende *rossignolet* und *fillette* zeigt den Reichtum der Volkssprache an malerischen Diminutiven, welche die Sprache der Gebildeten zum großen Teile verloren hat. [3]) *rossignolet* (vergl. Anm. 2) die junge, auch die liebe Nachtigall; die Weiterbildung *la rossignolette* könnte man durch „Frau Nachtigall" entsprechend geben.

| | |
|---|---|
| Le plus jeune disait, | Der jüngste, der 'ne Rose trägt, |
| Celui qui tient la rose, | Beginnet leise zu klagen, |
| (J'entends le rossignolet) | (Ich hör' den Nachtigallenschlag!) |
| Le plus jeune disait: | Der jüngste mit der Rose klagt: |
| J'aime bien, mais je n'ose. | „Ich lieb', doch mag nichts sagen." |
| | |
| Le plus vieux s'écriait | Der ält'ste mit dem Beil im Arm |
| Celui qui tient la fende,[1] | Ruft laut: „Was soll das Zagen?" |
| (J'entends le rossignolet) | (Ich hör' den Nachtigallenschlag!) |
| Le plus vieux s'écriait: | Der ält'ste mit dem Beile ruft: |
| Quand j'aime, je commande. | „Ich fordere, statt zu fragen!" |
| | |
| Le troisième chantait, | Der dritte mit dem Mandelzweig |
| Portant la fleur d'amande,[2] | Singt lieblich: „Ich will's wagen," |
| (J'entends le rossignolet) | (Ich hör' den Nachtigallenschlag!) |
| Le troisième chantait: | Der dritte mit dem Zweige singt: |
| Moi, j'aime, et je demande. | „Will Liebesbitte wagen." — |
| | |
| | „„Wirst nimmermehr mein Freund |
| | Du sein, |
| Mon ami ne serez | Magst Du auch Rosen tragen! |
| Vous qui tenez la rose; | (Ich hör' den Nachtigallenschlag!) |
| (J'entends le rossignolet) | Wirst nimmermehr mein Freund Du |
| Mon ami ne serez: | sein; |
| Si vous n'osez, je n'ose. | Bangst Du — wie könnt' ich's wagen!? |
| | |
| Mon maître ne serez, | Auch Dir mit Deinem Beil im Arm, |
| Vous qui tenez la fende, | Auch Dir wird's nicht gelingen, |
| (J'entends le rossignolet) | (Ich hör' den Nachtigallenschlag!) |
| Mon maître ne serez: | Auch Du wirst nicht mein Gatte sein, |
| Amour ne se commande. | Lieb' läßt sich nicht erzwingen! |
| | |
| Mon amant vous serez | Du aber mit dem Mandelzweig, |
| Vous qui portez l'amande, | Du wirst mein Herz erlangen, |
| (J'entends le rossignolet) | (Ich hör' den Nachtigallenschlag!) |
| Mon amant vous serez: | Du aber sollst mein Liebster sein; |
| On donne à qui demande. | Wer bittet, wird empfangen!"" |
| | (*Berry.*)[3] |

Es gibt kein für den Gesang bestimmtes Volkslied, welches nicht einen Kehrreim hätte. Während derselbe aber gewöhnlich zu Anfang oder am Schlusse des Liedes erscheint, befindet er sich hier in der Mitte. Und zwar ist es die junge Nachtigall (*rossignolet*), welche als einzige Zeugin der Werbung beigewohnt.

---

[1] *la fende* die Axt; vergl. S. 57 Anm. 1.  [2] *la fleur d'amande* Mandelblüte.  [3] Marelle a. a. O. S. 187, aus G. Sand, *Maître Sonneur*.

dieselbe dem Dichter vielleicht zugesungen; denn an die Nachtigall wird in jeder Strophe mit den Worten erinnert:

J'entends le rossignolet.

Das oben aufgeführte Gedicht ist zugleich von einer seltenen Vollendung im Aufbau, wie in der Form, wenn man es mit anderen Volksliedern vergleicht, die mancherlei Unebenheiten im Reim und in der Wahl der Worte zeigen. Wir werden wohl nicht fehlgreifen, wenn wir annehmen, dafs die geniale Schriftstellerin, welcher wir dieses Liedchen verdanken, hier den ungeschliffenen Diamanten schliff und ihm so einen höheren Glanz verlieh.

Der ganze Aufbau ist symmetrisch. Nach dem ersten Verse, welcher uns den Hintergrund malt, folgt in den nächsten drei Versen die Liebeswerbung der einzelnen Holzfäller, denen ebenso viele Verse als Antwort der Umworbenen gegenüberstehen. Nirgends finden wir einen nachlässigen Reim, selbst die einzelnen Worte sind meisterhaft der ganzen Situation gemäfs gewählt. Der schüchterne Jüngling sagt seine Liebeswerbung her. Um die schneidige Werbung des zweiten auch durch das Wort zu charakterisieren, gebraucht das Lied den Ausdruck s'écrier. Der dritte schmeichelt sich schon, rein äufserlich genommen, am tiefsten in das Herz des Mädchens ein, indem er sich statt des gesprochenen Wortes des Gesanges bedient.

Und nun die Antwort des Mädchens: Dem ersten gibt sie das Beiwort „mein Freund", dem gebieterischen Alten ironisch „mein Herr", dem dritten „mein Geliebter". Gewifs eine sehr verständliche Stufenleiter, die für sich allein schon mehr als alle Worte sagt.

Es ist dieses Lied zugleich ein treffliches Beispiel, wie mir scheint, dafs auch in Frankreich Volks- und Kunstpoesie sich zu schönem Bunde vermählen, dafs sie, statt einzubüfsen, gegenseitig nur gewinnen können.

Während in diesem soeben mitgeteilten Werbeliede drei Bewerber dem Mädchen ihrer Wahl gegenüberstanden, um aus ihrem Munde ihr Schicksal zu vernehmen, so ist dem französischen Volksliede auch der umgekehrte Fall nicht fremd, dafs drei Mädchen bei einem Jüngling, wie einst die drei Göttinnen vor dem Königssohne und Hirten *Paris*, um den Preis der Schönheit werben.

Bei dem Garbenbinden auf dem Felde, wo mit dem reifen Korn auch manch' Blümlein zart niedergemähet wird, bestimmt ein Schnitter drei weifse Rosen, die ihm entgegenlachen, zu besserem Lose. Er birgt sie in das Band seines Hutes. Wir ahnen, dafs ihnen noch ein schönerer Platz erblühen soll. Drei Fräulein sieht er aus der Ferne sich seinem Standort nahen. In der ersten erkennt er ein hohes, königliches Weib, das, mit Diamanten geschmückt, stolz einherschreitet. Auch die zweite vermag sein scharfes Auge zu erkennen. Es ist des Präsidenten schönes Töchterlein. Ein weifses Spitzenhäubchen und kleine Schuhe aus Atlas künden den Reichtum, den hohen Stand ihres Vaters. Die dritte, die schönste, aber auch zugleich die einfachste von allen, gleicht seinem Herzlieb, wie zwei Rosen im taufrischen Frühling.

„Schöner Schnitter," so beginnt das königliche Weib, „gib mir deine weifsen Rosen." „Mit Verlaub, hohe Frau, sie blühen für mein Lieb, das seufzend meiner gedenkt."

„Nur einen Zweig", fleht des Präsidenten reizende Tochter, auf den Rang ihres Vaters pochend. „Ein Herz, das sich teilt", lautet die gesunde Antwort, „zeigt von keiner wahren Liebe". Als aber die dritte, sein Herzlieb, züchtigen Schrittes und mit verschämten Wangen naht, da neigt er sich selbst ihr zu und bietet ihr freiwillig seinen Straufs dar.

Wenn auch nicht der Form, so doch dem Inhalte nach darf sich dieses Lied den schönsten, welche Frankreich im Zeitalter des Minnegesanges hervorgebracht hat, an die Seite stellen. Unbeirrt durch Macht und Reichtum, erkennt der Schnitter den Preis der Schönheit und damit seine Liebe selbst, seinem einfachen Mädchen zu. Was er der Königin, was er des Präsidenten Tochter ausgeschlagen, das bringt er freiwillig und freudigen Herzens der Geliebten dar. Die Liebe steht ihm höher denn Reichtum und Macht.

Tout en liant la gerbe,¹)
J'cueill' trois p'tits boutons²) blancs,
A mon chapeau, j' les plante,³)
Passés⁴) dans le ruban.⁴)

Par là vienn'nt trois d'moiselles
Qui vont se promenant.
La première, c'est la reine,
Couronn' de diamant.

La s'conde est aussi belle:
La fill' du président;
Blanche coiffe de dentelles,⁵)
P'tits souliers d'satin⁶) blanc.

La plus bell', la troisième,
En simple ajustement;⁷)
A'⁸) r'ssemble à cell' que j'aime⁹)
Comm' deux rose' au printemps.

„Beau faucheur,¹⁰) dit la reine„,
„Donn'-moi tes boutons blancs„.
— J' les garde à ma maitresse,¹¹)
Qui file en m'attendant.

„Donn'-m'en rien qu'une branche,'²)
J' suis fill' du président.
— Non, un cœur, qui s' partage,
N'est pas d'un tendre amant.

Mais quand pass' la troisième,
Ell' rougit en m' voyant.
Tout doux j' m'approche d'elle:
Prends mon bouquet des champs.
(*Champagne.*)¹³)  (*Provinces de l'ouest.*)¹⁴)

Es ist zugleich charakteristisch für die Auffassung des Volkes, dafs es die Kluft, welche es im Leben nur zu oft von den Mächtigen dieser Erde scheidet, im Liede vollständig vergifst, dafs es sich auf den Flügeln der Phantasie bis in jene Regionen emporschwingt, welche es sonst nur vom Hörensagen kennt. Man darf hieraus nicht, wie *Champfleury* dies gethan, auf das Alter des Liedes selbst schliefsen und dasselbe in jene Zeiten zurückversetzen, wo Hirten und Könige noch auf gleicher Stufe standen. Dieser Zug findet sich ebensowohl in den Volksliedern jener patriarchalischen Zeiten, wie in den Liedern jüngst vergangener Tage; ist also nicht ein historischer Mafsstab für das Alter des Liedes, sondern ein Wertmesser für die Auffassung des Gefühlslebens im Volke, jener Auffassung, deren Richtig-

---

¹) *gerbe* Garbe. ²) *bouton* Knospe. ³) *je les plante* ich stecke sie an... ⁴) *passés dans le ruban* in das Band hinein. ⁵) *coiffe de dentelles* Spitzenhäubchen. ⁶) *satin* Atlas; in dem weiteren Sinne „Zeug mit glänzender Appretur" auch ins Deutsche übergegangen. ⁷) *ajustement* Kleidung. ⁸) *A'* dialektisch für *all'* = *ell*(e). ⁹) *celle que j'aime* die Geliebte mein. Deutscher Substantivkonstruktion entspricht häufig im Französischen ein Satz. ¹⁰) *faucheur* Schnitter. ¹¹) *ma maitresse* für den Franzosen nicht schlimmer, als für den Deutschen Geliebte; im Volkslied durchaus gleichbedeutend mit *ma bien-aimée, celle que j'aime* etc. ¹²) *branche* Zweig. ¹³) *Marelle* a. a. O. S. 193. ¹⁴) Bujeaud I. 173. Die Melodie zu d. Liede ist verloren gegangen.

keit anzuzweifeln ein Herz von Stein voraussetzen heifst: dafs Rang und Stand, Macht und Reichtum wohl die Menschen trennen, die Liebe sie aber zu verbinden weifs, dafs Liebe nicht nach äufseren Verhältnissen fragt, sondern eint, was das Leben scheinbar auf ewig getrennt hält. Nicht minder seltsam erscheint mir der von anderer Seite ausgesprochene Zweifel, dafs wir es hier mit einem echten Volksliede zu thun haben.[1]) Enthält doch dieser Gesang alles, was das Volkslied als solches kennzeichnet: die geheiligte Dreizahl des Volkes, die drei Fräulein, die drei weifsen Knospen; ferner die Königin und die für Frankreich charakteristische Präsidententochter, mit ihren Attributen, der diamantenen Krone, Atlas und Spitzenhäubchen. Endlich die Herzallerliebste. Dazu die knappe, markige Ausdrucksweise mit ihren stehenden Redensarten. Sicherlich haben wir es hier mit einem Volksliede und einem der zartesten zu thun.

Als in dem Liede der drei Holzfäller der jüngste und schüchternste der Bewerber zu dem Mädchen seiner Wahl sagte: „Ich wage es nicht, Deine Liebe zu erflehen," da wies dieselbe seine Werbung von der Hand, indem sie ihn darauf hinwies, dafs dem Manne die Initiative in der Liebe gebühre. Ob sie wohl so gesprochen haben würde, wenn ihr Herz sich ihm zuneigte; sicherlich nicht. Das starke Geschlecht ist oft merkwürdig schwach, wenn es gilt, das entscheidende Wort zu sprechen. Wie reizend, wenn dann das Mädchen, so feinfühlig in diesen Dingen, dem Geliebten auf halbem Wege entgegenkommt. Leise weckt das Mädchen ihren Geliebten aus dem Schlummer, und auf seine Frage, was sie von ihm begehre, entgegnet sie: „Einen Straufs, aber aus Thymian, Rosen und Maiblumen geflochten" — den Blumen innigster Liebe. Mit der reizenden Verwirrung des jungen Burschen über diese zarte und ihn doch so hochbeglückende Andeutung schliefst das Lied:

| Un matin, près d'un j'ardinet[2]) | Je vis mon ami[3]) qui dormait: |
|---|---|
| (ah, Thomas, réveille, réveille, | (ah, Thomas etc.). |
| ah, Thomas, réveille-toi). | |

---

[1]) Sitzung des Litterarischen Vereins zu Dresden.   [2]) *jardinet*, Diminutiv der Volkssprache.   [3]) *ami* Schatz.

| | |
|---|---|
| Je le pris par le petit doigt, | Et de quoi veux-tu ‚qu'il soit fait?‘ |
| (ah, Thomas etc.). | (ah, Thomas etc.). |
| Tant fis qu'il se leva tout droit, | „De thym, de rose et de muguet;[1] |
| (ah, Thomas etc.). | (ah, Thomas etc.). |
| Et me dit ‚que veux-tu de moi?‘ | Ce sont les fleurs d'amour parfait.“ |
| (ah, Thomas etc.). | (ah, Thomas etc.). |
| „Fais-moi donc un joli bouquet.“ | En le faisant sa main tremblait, |
| (ah, Thomas etc.). | (ah, Thomas etc.). |

Et ne put le fair' bien adreit.[2]
(ah, Thomas, réveille, réveille,
ah, Thomas, réveille-toi).

(*Normandie.*) [3]

Wird hier, wie der Kehrreim andeutet, der Bursche durch das Mädchen gewissermafsen auch aus seinem **geistigen** Schlafe geweckt, so zeigt uns das folgende Lied den Burschen, der sein Lieb im Schlafe nicht stören will, in den sie bei der Feldarbeit gesunken ist, doch aber nicht vorübergehen mag, ohne ihr ein Zeichen seiner Liebe zu geben. Was deutet die Liebe sinniger an, als die Königin der Blumen. Eine Rose, welche er pflückt, legt er in ihre Hand. Ihre Frische erweckt die Schläferin, sie sucht von ihrer Nachbarin zu erfahren, wer ihr die Blume gegeben. „Colin, Euer Schatz,“ entgegnete diese. Allein sie will noch deutlichere Zeichen; sie erkundigt sich nach der Kleidung des Gebers, und als ihr die Nachbarin diese verraten, da forscht sie weiter nach dem Wege, den der Geliebte genommen, und als die freundliche Nachbarin auch diesen gesagt, da hält sie's nicht länger. Die Nachbarin bricht aber in die moralischen, bei Liebesangelegenheiten jedoch in den Wind gesprochenen Worte aus, dafs es nicht schön sei von einem vernünftigen Mädchen, dem Geliebten zu folgen.

Der Kehrreim ist doppelter Art, einmal wird jede Strophe unterbrochen durch die einfache Bekräftigungspartikel *oui*, das andere Mal kehrt dieselbe Bejahungspartikel mit dem Zusatze

---

[1] *muguet* (*musquet*, lat. *muscatus*) Maiblume.    [2] *adreit* = *adroit*, welches veraltet wie *a-dré* ausgesprochen und, wie wir sehen, demgemäfs auch geschrieben wurde.    [3] Haupt-Tobler, Franz. Volkslieder S. 156; vergl. Beaurepaire, S. 67.

wieder: Warum schlafen auch die jungen Leute! — ein Refrain,
der den Inhalt des Liedes in neckischer Weise ironisiert.

Là-haut, sur ces côtes,[1]
Colette[2] s'endormit,
   Voui![3]
Par le chemin passe
Colin,[2] son ami,
   Voui!
Les gens qui sont jeun', jeun', jeunes,
Pourquoi dorment-i'?

Par le chemin passe,
Colin son ami,
   Voui!
Colin cueille un' rose,
Dans la main lui mit,
   Voui!
Les gens etc.

Colin cueille un' rose,
Dans la main lui mit:
   Voui!
La rose est si fraîche,
Colett' s'éveillit.[4]
   Voui!
Les gens etc.

La rose est si fraîche,
Colett' s'éveillit;
   Voui!
„Ah! dis-moi, voisine,
„Qui m'a mis ceci?
   Voui!
Les gens etc.

„Ah! dis-moi, voisine,
„Qui m'a mis ceci?
   Voui!
„Ah! répond la femme,
„Colin votre ami.
   Voui!
Les gens etc.

„Ah! répond la femme,
„Colin votre ami.
   Voui!
„Ah! dis-moi, voisine,
„Quel habit 'a-t-i'?
   Voui!
Les gens etc.

„Ah! dis-moi, voisine,
„Quel habit 'a-t-i'?
   Voui!
„Un' pair' de bas[5] rouges.
„Et un habit gris.[6]
   Voui!
Les gens etc.

„Un' pair' de bas rouges
„Et un habit gris.
   Voui!
„Ah! dis-moi, voisine,
„Quel' route 'a-t-i' pris?
   Voui!
Les gens etc.

„Ah! dis-moi, voisine,
„Quel' route a-t-i' pris?
   Voui!
„Il a pris la route
„De Sainte[7] à Paris.
   Voui!
Les gens etc.

„Il a pris la route
„De Sainte à Paris,
   Voui!
„Merci bien, voisine,
„Je vas[8] avec lui.
   Voui!
Les gens etc.

---

[1] *La haut, sur ces côtes*, beliebter Eingang; vergl. im Deutschen: Dort oben auf jenem Berge.   [2] *Colette* wie *Colin* Abkürzungen von *Nicolas* und *Nicolette*; beliebte Schäfernamen.   [3] Volkstümliche Aussprache. [4] *s'éveillit* wacht auf.  [5] *bas rouges* rote Strümpfe.  [6] *habit gris* grauer Kittel. [7] Sicherlich der erste Teil eines Dorfnamens, da in Frankreich bekanntlich

## Der Jäger und die Schöne.

„Merci bien, voisine,  
„Je vas avec lui.  
 Voui!  
„Ah! répond la femme,  
„Ça n'est pas joli,  
 Voui!  
Les gens etc.

„Ah! répond la femme,  
„Ça n'est pas joli,  
 Voui!  
„Que les filles sages,  
„Suiv' leur bon ami.  
 Voui!  
Les gens qui sont jeun', jeun', jeunes,  
Pourquoi dorment-i'?  
(*Saintonge, Angoumois.*)[2]

Nicht minder läſst das folgende Lied in nicht miſszuverstehender Weise das Einverständnis der Liebenden ahnen, die sich treffen, um sich gegenseitig für das Leben anzugehören.

Merkwürdig, daſs ein junges Blut just da im Wald umherspaziert, wo ein Jäger zu jagen geht. Aber der Jäger jagt nicht und die Schöne liest nicht aus dem Buch, welches sie mitgenommen, sondern wir finden sie auf einer Bank vereint, aus den Liebesblicken werden Schwüre, aus den Schwüren Küsse: sie hat statt in einem Buch in seinem Herzen gelesen, er statt des Rehes schönere Beute erjagt. Der Liebesbund ist, als sie sich trennen, wohl für das Leben besiegelt.

Allons dans ce p'tit bois charmant,  
Quand on y va, que[1] l'on est à l'aise;  
Allons dans ce p'tit bois charmant,  
Quand on y va, que l'on est content!

Un beau mesieur[2] y va chassant,  
Quand on y va, que l'on est à l'aise;  
Un beau mesieur y va chassant,  
Quand on y va, que l'on est content!

Un' demoiselle y va lisant,  
Quand on y va, que l'on est à l'aise;  
Un' demoiselle y va lisant,  
Quand on y va, que l'on est content!

Ils se rencontr' en se saluant,  
Quand on y va, que l'on est à l'aise;  
Ils se rencontr' en se saluant,  
Quand on y va, que l'on est content!

Se sont assis dessur[4] un banc,  
Quand on y va, que l'on est à l'aise;  
Se sont assis dessur un banc,  
Quand on y va, que l'on est content!

Se sont regardés tendrement,  
Quand on y va, que l'on est à l'aise;  
Se sont regardés tendrement,  
Quand on y va, que l'on est content!

---

viele Ortschaften mit St, Ste zusammengesetzt sind; für die Redende genügt der erste Teil.   *) je vas, volkstümlich für vais; dieser Übergriff der zweiten in die erste Person erklärt auch das s der ersten Person Präsentis der französ. Verba.

[1]) Bujeaud I, 126 ff. Var: Tarbé, II, 178.   [2]) que l'on est à l'aise, que = combien, wie gemütlich ist es dort.   [3]) mesieur, gleich der heutigen Aussprache m'siö.   [4]) Vergl. in Betreff des „r" S. 54, Anm. 4.

Se sont jurés de doux serments,  
Quand on y va, que l'on est à l'aise;  
Se sont jurés de doux serments,  
Quand on y va, que l'on est content!

Se sont quitté' en s'embrassant,  
Quand on y va, que l'on est à l'aise;  
Se sont quitté' en s'embrassant,  
Quand on y va, que l'on est content.

(*Angoumois.*)[1]

Wenn ich einleitend sagte, Goethe wiegte sich in den Harmonieen des Volkslieds, so hoffe ich im Hinblick auf den Rhythmus dieses Liedes nicht zuviel gesagt zu haben. Schon in dem Tonfall der gesprochenen Stimme klingt dieses hindurch, wieviel mehr im Gesange, für welchen die Volkslieder ja doch alle bestimmt sind, oder im Tanze, den sie so häufig begleiten.

Das Mädchen des französischen Volksliedes macht, wie wir gesehen haben, aus ihrer Neigung zu Liebe und Ehe kein Hehl, aber doch immer nur unter der Voraussetzung, dafs sie selbst für den Bewerber Liebe empfindet. Geschieht dieses nicht, dann bricht ein ganz anderes Gefühl sich Bahn, dann werden wir sehen, wie sie sich schnippisch von dem Bewerber abwendet, sich über seine Werbung lustig macht. Es ist dies ein beliebtes Thema des Volksliedes, welches wir in einer Reihe französischer Provinzen wiederfinden, in der *Normandie*, *Nevers*, *Champagne*, *Saintonge* und *Poitou*, überall mit einer etwas verschiedenen Färbung, im Grunde genommen aber doch überall gleich.

Ein junges Blut wird von ihrem Vater nach Kresso gesandt, welche bekanntlich nur in der Nähe von Quellen und Brunnen gedeiht. Sie hat das Unglück, in den Quell zu stürzen just in dem Augenblicke, als drei brave „*compagnons*" oder „*trois cavaliers barons*", wie es im Liede von *Saintonge* heifst, jedenfalls aber drei, die geheiligte Zahl des Volksliedes, vorüberziehen. Die drei munteren Bursche glauben das Mädchen gefangen; sie aus der bedrängten Lage zu befreien, fordern sie ein Lösegeld. „Was gibst Du uns, schöne Maid, wenn wir Dich aus dem Brunnen ziehen?" „Zieht mich nur erst heraus," entgegnet die Schöne, „nachher wollen wir sehen;" und als das Mädchen sich nun wieder auf ebener Erde befindet, da singt sie ihnen zum Danke ein Lied, und auf die Erwiderung der Burschen, dafs sie nicht dieses, sondern ihre Liebe erwarteten, da kehrt

---

[1] Bujeaud I, 55.

## Die Schöne an der Quelle.

sie ihnen einfach den Rücken und läfst sie ihre schönen roten Hacken bewundern.

Comme j'étais petite,
Petite à la maison,
On m'envoyait aux landes,¹)
Pour cueillir du cresson.²)
Verduron verduronette verduron don don.³)

On m'envoyait aux landes,
Pour cueillir du cresson.
La fontaine était creuse,⁴)
Je suis tombée au fond.
Verduron verduronette etc.

La fontaine était creuse,
Je suis tombée au fond.
Quand par ici il passe⁵)
Trois braves compagnons.
Verduron verduronette etc.

Quand par ici il passe
Trois braves compagnons.
‚Que faites-vous là, la belle?
Péchez-vous⁶) du poisson?'
Verduron verduronette etc.

‚Que faites-vous là, la belle?
Péchez-vous du poisson?'
„Hélas, non," ce dit-elle,
„Je suis tombée au fond."
Verduron verduronette etc.

„Hélas, non," ce dit-elle,
„Je suis tombée au fond."
‚Que donrez⁷)-vous, la belle?
Nous vous retirerons.'⁸)
Verduron verduronette etc.

‚Que donrez-vous, la belle?
Nous vous retirerons.'
„Retirez-moi toujours,
Après ça nous verrons."
Verduron verduronette etc.

„Retirez-moi toujours,
Après ça nous verrons."
Quand elle fut retirée,
Chanta une chanson.
Verduron verduronette etc.

Quand elle fut retirée,
Chanta une chanson.
‚Ce n'est pas ça, la belle,
Que nous vous demandons.'
Verduron verduronette etc.

‚Ce n'est pas ça, la belle,
Que nous vous demandons.
C'est votre cœur en gage;⁹)
Par ma foi, nous l'aurons.'
Verduron verduronette etc.

‚C'est votre cœur en gage;
Par ma foi, nous l'aurons.'
Leur fit la révérence,
Leur tourna les talons.¹⁰)
Verduron, verduronette verduron don don.

(*Normandie.*)¹¹)

---

¹) *les landes* die Heide.  ²) *cresson* Kresse (Brunnenkresse).  ³) In betreff des Kehrreimes s. hier wie sonst Kap.: Sprache und Reim.  ⁴) *creuse* (deutsch kraus) hohl, tief.  ⁵) das Verb wird mit dem grammatischen Subjekt *il* (entgegen dem deutschen Gebrauch) übereingestimmt.  ⁶) *pêchez-vous* fischt Ihr.  ⁷) = *donnerez*.  ⁸) *retirer* in der selteneren transitiven Bedeutung: „einen herausziehen".  ⁹) *en gage* als Lohn.  ¹⁰) *les talons* die Hacken, vielfach von besonderer, namentlich roter Farbe.  ¹¹) Beaurepaire S. 36.

5*

In dem Lied aus *Nevers* flüchtet sich das Mädchen, als sie von den *trois cavaliers barons* aus dem Brunnen gezogen wird, in ein Haus, welches mit jener Phantasie, die nur dem Volkslied eigen ist, plötzlich neben der Quelle erscheint, steckt das Köpfchen zum Fenster hinaus und singt ihren Rettern ein Lied des Dankes, welches diese aber ebenso wenig erbaut, wie ihre Gefährten in dem eben mitgeteilten Liede; denn sie wünschen *les amours*, in dem Liede von *Saintonge* wie der *Champagne*, *les amourettes* der kleinen *Jeanneton*. *Amourettes* ist ein doppelsinniges Wort, welches ebenso gut die Liebe, wie auch Nierenschnittchen, Kalbsmilch, ein Lieblingsgericht der Bauern, bedeuten kann. Die Bursche nehmen es in dem ersteren, das Mädchen in dem letzteren Sinne und entgegnet ihnen: sie wolle die *amourettes* in einem Topfe kochen, in einem Topfe ohne Boden. Die Lehre ist verständlich genug, wir wissen aber nicht, ob die *braves compagnons* beherzigen, was das Mädchen ihnen zum Abschiede sagt: „denkt an mein Lied, wenn ihr vom Markte heimzieht.

La fontaine était creuse, je suis tombée au fond:
Sur le chemin passent trois cavaliers barons,
Verduron verdurinette, trois cavaliers barons.

Sur le chemin y passent trois cavaliers barons:
Que donn'rez-vous, la bell', pour vous tirer du fond,
Verduron verdurinette, pour vous tirer du fond.

Que donn'rez-vous, la belle, pour vous tirer du fond?
Ah! tirez-moi, dit-elle, et puis nous marchand'rons;
Verduron verdurinette, et puis nous marchand'rons.

Ah! tirez-moi, dit-elle, et puis nous marchand'rons. —
Quand la bell' fut tiré', s'en fut[1]) à la maison,
Verduron verdurinette, s'en fut à la maison.

Quand la bell' fut tiré', s'en fut à la maison;
Met la tête en fenêtre et chante une chanson,
Verduron verdurinette, et chante une chanson.

---

[1]) *s'en fut* entw. volkstümlich bequemere Aussprache für *s'enfuit*; oder von *s'en être à* familiärer Ausdruck für: sich aufmachen, zu etwas gehen, verschwinden.

Met la tête en fenêtre et chante une chanson.
Ce n'est pas ça, la bell', que nous vous demandons,
Verduron verdurinette, que nous vous demandons.

Ce n'est pas ça, la bell', que nous vous demandons;
C'est vos amours,[1] la bell', si nous les méritons.
Verduron verdurinette, si nous les méritons.

C'est vos amours, la bell', si nous les méritons.
De mes amours,[1] dit-ell', nous vous en fricass'rons,
Verduron verdurinette, nous vous en fricass'rons.

De mes amours,[1] dit-ell', nous vous en fricass'rons.[2]
Dans une poêle à châtaign's[3] qui n'aura point de fond,
Verduron verdurinette, qui n'aura point de fond.

Dans une poêle à châtaign's qui n'aura point de fond.
En revenant de foir',[4] songez à ma chanson.
Verdurou verdurinette, songez à ma chanson.

(*Nivernais.*)[5] (*Saintonge, Poitou.*)[6] (*Champagne.*)[7]

Gröfsere Verschiedenheit von allen bisher vorgetragenen Liedern zeigt die von *Tarbé* mitgeteilte Lesart aus der Champagne. Sie ist ganz im Lokaltone gehalten; die Quelle, wo das Abenteuer spielt, wird genannt, ebenso der Ort, woher die drei Bursche stammen. Hier erfahren wir auch den tieferen Grund der Abweisung. Das Herz der Schönen schlägt nicht mehr für andere Burschen, sondern nur für ihren geliebten *Pierre*, der in der Nähe arbeitet und mit einem Sprunge zu ihrer Rettung

---

[1] Variante aus Saintonge, Poitou und der Champagne: *amourettes.*
[2] *fricass(e)rons* braten, in Butter schmoren. [3] *poêle à châtaign's* abgeplatzte Pfanne; *châtaign's* eigentl. Kastanien. Das *tertium comparationis* in den runden, bräunlich schwarzen Flecken, welche die abgesprungene Emaille der Pfanne zeigt. [4] *foire* Jahrmarkt. [5] Champfleury S. 121. [6] Bujeaud I, 92 ff.
[7] Marelle a. a. O. S. 189. Bei Marelle, wie bei Bujeaud ist — aufser den bereits oben erwähnten Abweichungen — der Kehrreim nicht blofs Empfindungslaut, sondern in sinnvolle Worte gefafst:

Tant dormir, tant dormir, belle,
Tant dormir n'est pas bon!

Ich glaube nicht, wie man dies wohl annehmen könnte, dafs die Schöne wirklich am Rande der Quelle eingeschlafen und in das Wasser gefallen sei; mir scheint vielmehr, da dieser Kehrreim öfter wiederkehrt, dafs er in einer dem Volke eigenen Weise als allgemeiner Warnungsruf in prekären Lagen des Lebens zu gelten hat.

herbeieilt. Mit der Beteuerung ihrer ewigen, gegenseitigen Liebe
schliefst das Lied.

> Mon père m'envoye à l'herbe,
> Glandinette,
> A l'herbe à la saison,
> Glandinon.
>
> Je vais à la fontaine,
> Glandinette,
> La fontaine de Mouzon,[2]
> Glaudinon.
>
> Je n'y cueillis pas d'herbe,
> Glandinette,
> J'y cueillis du cresson,
> Glandinon.
>
> La fontaine était haute,[1]
> Glandinette,
> Tombée je suis au fond,
> Glandinon.
>
> Par là vint à passer,
> Glandinette,
> Trois garçons de Mouzon,[2]
> Glandinon.
>
> Que donn'rez-vous, la belle?
> Glandinette,
> Nous vous retirerons,
> Glandinon.
>
> Vot' petit cœur volage?[3]
> Glandinette,
> Savoir[4] si nous l'aurons,
> Glandinon.
>
> Mon petit cœur volage,
> Glandinette,
> N'est pas pour des garçons,
> Glandinon.
>
> C'est pour mon amant Pierre,
> Glandinette,
> Qui est dans ces vallons,
> Glandinon.
>
> C'est pour moi qu'il endure,
> Glandinette,
> La pluie et les glaçons,[5]
> Glandinon.
>
> Mais à mon aide Pierre,
> Glandinette,
> Est arrivé d'un bond,[6]
> Glandinon.
>
> M' sauva de la fontaine,
> Glandinette,[7]
> Toujour nous aimerons
> Glandinon.[7]
>
> (Champagne.)[8]

„Wer die Wahl hat, hat die Qual," sagt das Sprichwort —
„Drum prüfe, wer sich ewig bindet." der Dichter.

Wir dürfen uns daher nicht wundern, dafs beide Geschlechter

---

[1] *haute* vom Boden an gerechnet; vergl. die Verben der Entfernung, bei welchen die französische Anschauungsweise gleichfalls der deutschen genau entgegengesetzt ist. [2] Mouzon franz. Stadt (Ardennen). [3] *petit cœur volage*, stehende Verbindung: flatterhaftes Herzchen. [4] *savoir* nämlich. [5] *les glaçons* die eisige Kälte; wir können keinen Plural bilden. [6] *d'un bond* mit einem Sprunge. [7] Der Kehrreim *glandinette — glandinon* erinnert unzweifelhaft an die Pflicht der armen Leute, Eicheln in den Wäldern der Herrschaft zu sammeln. (Tarbé.) [8] Tarbé, *Romancero de Champagne* II. S. 200 ff.

die Chancen wägen, ehe sie den entscheidenden Schritt wagen. In dem folgenden Liede sind die Mädchen, die blonden, die roten, die schwarzen und die braunen durchgegangen, d. h. alle Schattierungen, die in der Hauptsache vorkommen. Bei jeder sind die Fehler, weshalb man sie nicht wählen soll, angegeben, nur die brünette findet Gnade vor den Augen des ländlichen Dichters. Merkwürdig ist der Eingang des Gedichts. Der Hahn zu Nantes, welche Stadt überhaupt in den Volksliedern eine grofse Rolle spielt, singt, dafs daselbst drei Mädchen zu haben seien (dafs nachher 4 Kategorieen genannt werden, kümmert die Logik des Volksliedes nicht): „Nehmt nicht die blonden," so tönt sein warnender Ruf, „sie sind veränderlich, nehmt nicht die roten, sie sind stets spröde, auch nicht die schwarzen, denn sie lieben das Trinken, sondern die braunen, denn sie sind zärtlich in der Liebe".

Wer erinnert sich hierbei nicht eines ähnlichen deutschen Volksliedes, welches von der Farbe der Augen auf den Charakter schliefst und nahelegt, dafs diese oder jene Gattung mehr oder minder Glück in der Ehe verspreche. „Graue Augen greulich, aber sehr getreulich," mit diesem Ausspruch verwendet sich das deutsche Lied für jene Klasse, die im allgemeinen von den Männern am wenigsten geschätzt wird, deren innere Schönheit die äufsere aber aufwiegt.

Dans la ville de Nantes
Il y a-t[1]-un coq qui chante,[2])
   En tour la la.
   En tour la li ra,
Son cotillon[3]) en braule,[4]) en braule,
Son cotillon en braule au vent.

L'[5])y a-t-un coq qui chante;
On sait ce qu'il demande,
   En tour la la etc.

On sait ce qu'il demande:
L'y a trois fill' à prendre.[6])
   En tour la la,
   En tour la li ra,
Son cotillon en braule, en braule,
Son cotillon en braule au vent.

L'y a trois fill' à prendre.
N'en[7]) prenez pas d' ces blondes.
   En tour la la etc,

[1]) Volkstümliche Vermeidung des Hiatus durch Einschiebon eines *t*, wo die Sprache der Gebildeten es nicht gestattet. [2]) *chante* kräht, vergl. die hübsche Zusammenstellung der französischen Bezeichnungen der Tierstimmen bei Schmitz, Deutsch-französ. Phraseologie I, 8. [3]) *cotillon* Gefieder, Kamm; diese letztere Bedeutung fehlt im grofsen Sachs-Villatte. [4]) *branle* schwankt. [5]) *L'y*, wie sonst bei *il l* ausgelassen wurde, so hier *i*. [6]) *trois filles à prendre...* zu haben. [7]) *en* für uns vielfach pleonastisch.

N'en prenez pas d' ces blondes,
Ell' sont sujett' au change.
   En tour la la etc.

Ell' sont sujett' au change.
N'en prenez pas d' ces rouges.
   En tour la la etc.

N'en prenez pas d' ces rouges,
Ell' sont toujours farouges.[1])
   En tour la la etc.

Ell' sont toujours farouges.
N'en prenez pas d' ces noires.
   En tour la la etc.

N'en prenez pas d' ces noires,
Ell's aim' beaucoup à boire.
   En tour la la etc.

Ell's aim' beaucoup à boire,
Prenez-en d' ces brunettes,
   En tour la la etc.

Prenez-en d' ces brunettes,
Car ell' sont mignonnettes.[2])
   En tour la la,
   En tour la li ra,
Son cotillon en branle, en branle,
Son cotillon en branle au vent.

(*Poitou, Aunis.*)[3])

Ebenso wie der junge Mann wird auch das junge Mädchen von dem Gefühle beseelt, sich nicht dem ersten Besten an den Hals zu werfen, — es müfste denn sein, dafs ein Kloster dräuet; je nach ihrer Neigung sehen wir die Maid diesen oder jenen Stand bevorzugen. Es ruht darin ein charakteristischer Unterschied: der Mann läfst sich durch etwas Äufseres, die Schönheit des Weibes bestimmen; das Weib durch den Stand, denn das Weib ist der Schmuck, der Mann der Erhalter des Lebens.

Fünfzehn Jahre sind vorüber, die Zeit zur Liebe und Ehe gekommen, vor ihrem inneren Auge läfst die Schöne die verschiedenen Stände wie ein Farbenspiel vorübergleiten.

Einen Advokaten mitnichten. Da mufs sie zu viel die Hausfrau, da kann sie zu wenig die Weltdame spielen.

Ein Arzt. Schon besser. Aber viel zu früh wird er von dem liebenden Weibe zum Kranken gerufen.

Ein Seemann. Jahrelang allein. Nein. Drum einen Offizier, dessen heiterer, sorgenloser Sinn am besten pafst zu einem jugendlichen Mädchenherzen.

---

[1]) *farouges* spröde. [2]) *mignonettes* (Dim.) lieblich und schön. [3]) Bujeaud I, 85.

>  Je viens d'avoir quinze ans passés,   Je ne veux pas d'un médecin,
>  Je voudrais bien me marier.           Il faut se lever trop matin.
>  A la verduron verdurette,             A la verduron etc.
>  Turelurette![1]
>
>  Je ne veux point d'un avocat,         Je ne veux pas prendre un marin,
>  Il faut lui plisser ses rabats.[2]    Il me laisserait en chemin.[3]
>  A la verduron etc.                    A la verduron etc.
>
>  Je veux avoir un officier,
>  Car il a toujours le cœur gai!
>  A la verduron verdurette,
>  Turelurette!
>
>  (*Champagne.*)[4] (*Saintonge.*)[5]

Also nicht blofs bei uns, sondern auch in Frankreich übt das zweierlei Tuch, die blanke Uniform, der schlanke Wuchs, die sorglose Stimmung des Soldaten ihren magischen Reiz auf das leicht empfängliche Mädchenherz aus!

Wer will es dem Mädchen verargen, wenn sie wählerisch zu Werke geht, wo es sich um ihr Lebensglück handelt. Allein wie häufig ist es der Fall, dafs vor lauter Wählen der rechte Augenblick verpafst ist und die stolze Schöne, welche in ihrer Jugendblüte rechtschaffene Bewerber abgeschlagen hat, jetzt, wo das Alter naht, entweder mit einem viel geringeren vorlieb nehmen, oder gar als alte Jungfer ihr Leben vertrauern mufs. Das französische Volkslied, wie auch die französische Fabel, bietet eine reiche Auswahl zur Illustrierung des eben Gesagten. Glaubt man nicht irgend einen Fall aus seiner Bekanntschaft mit Händen zu greifen, wenn man folgende Klagen hört:

Als ich jung und schön war, da that ich spröde und schickte alle Bursche heim. Jetzt thut's mir leid. Was hilft mir mein

---

[1] *turelurette* Klangnachahmung des Lerchengeschmetters. [2] *plisser ses rabats* seine Halskrause fälteln; Kragen der (Gerichtsbeamten. [3] *il me laisserait en chemin* er würde mich daheim lassen, zurücklassen. [4] Marelle a. a. O. S. 205. [5] Vergl. dasselbe Lied bei Bujeaud I, 87 mit einer kleinen Veränderung im Kehrreim, welcher die letzten Worte der zweiten Strophe aufnehmend z. B. fortfährt:

>  — — — me marier
>  Me marier pour l'amourette,
>  A la verduron, durette!

Spitzenhäubchen. mein Kleid von Seide; die Schönheit ist hin, alles das nützt nichts mehr, lautet der elegische Schlufs.

A quinze ans j'étais jolie,
J' renvoyais¹) tous les galants;
J' faisais de la renchérie;²)
A présent je m'en repens.

J'ai des bonnets de dentelle
Et des robes qui me vont bien;
Mais ou n' me trouve plus belle,
Et tout ça n' sert p'us de rien.
(*Champagne.*)³)

In fast gleicher Weise klingt ein Lied aus *Angoumois:*

A quinze ans, j'étais gentille,
Je r'fusais tous les amants,
Je faisais la difficile,
A présent je m'en repens.

Quand la rose elle est éclose,
Il est temps de la cueillir,
Sans cela elle se fane,⁶)
Sans avoir aucun plaisir.

Quinze amants en une semaine
Sont venus me demander,
Beau bouquet de marjolaine⁴)
Sont venus me présenter.

J'ai d' beaux bas. d' jolies dentelles.
Ainsi que du linge fin,
La mode la plus nouvelle,
Tout cela ne fait plus rien.

Je les renvoyai de grand' poste,⁵)
C'était mon contentement;
Ah! grand Dieu! que j'étais folle,
A présent je m'en repens.

J'ai beau aller⁷) en prom'nade.
Tous mes soins sont superflus,
J'ai beau passer par les rues,
Personn' ne me dit rien plus.

Adieu, les plaisirs du monde,
Je m'en vais dans les couvents.
M'enfermer avec ces noires,⁸)
Dans des lieux étroitement.
(*Bas-Poitou. Aunis.*)⁹)

Das Klagelied der „Dreifsigjährigen." welche in jene Jahre gekommen, von denen sie sagen, sie gefallen mir nicht, mag diesen Abschnitt schliefsen.

Grand Dieu, que je suis malheureuse!
Se dis' les filles de trente ans.
Quand on est jeune, on s'abuse,¹⁰)
Pour moi, ça m'en a pris autant.¹¹)

---

¹) *renvoyer* Korb geben; der Franzose besitzt kein entsprechendes Bild. vergl. d. famil. Ausdruck in der franz. Schweiz, *donner à qu. une serviette.* ²) *faire la renchérie* famil. Ausdruck für spröde thun, sich zieren. ³) Marelle S. 205. ⁴) *marjolaine* Majoran. ⁵) *grand poste* vergl. S. 19 Anm. 4. ⁶) *se fane* verwelkt. ⁷) *j'ai beau aller* vergeblich gehe ich... ⁸) Name für die Nonnen — speziell für die Ursulinerinnen, welche, nachdem sie ein Jahr lang Novize gewesen, schwarze Schleier anlegten. ⁹) Bujeaud I, 322. ¹⁰) *on s'abuse* man täuscht sich. ¹¹) *ça m'en a pris autant* mir ist's ebenso gegangen.

Mais quand nous n'avions que quinze ans,
Nous étions bien chéries,[1])
Nous avions beaucoup de galants,
C'était toujours nouveau compliment. (bis.)[2])

Tous les jours et même à toute heure
Ils venaient nous faire l'amour,
Disant: mes jeunes demoiselles,
Nous vous souhaitons bien le bonjour,
Nous vous souhaitons bien le bonjour.
V'nez à la promenade,
Et nous irons dans ces vallons,
Et nous vous apprendrons des chansons. (bis.)

Mais nous, nous y faisions les fières,
Et nous n' voulions pas y aller,
Nous y faisions les demoiselles,
Nous avions peur d' nous fatiguer.
Nous les envoyions promener.[3])
Ah! nous étions bien folles!
Mais ils nous font en vérité,
Comm' nous leur avons fait en premier. (bis.)

Nous allons à la promenade,
Nous les rencontrons ces amants,
Mais d'un œil froid ils nous regardent,
I' n' nous font point grand compliment,
Nous reconnaissent en passant
Et se prennent de rire;
Mais ils nous font en vérité.
Comm' nous leur avons fait en premier. (bis.)

Nous autres,[4]) nous voilà-t-âgées,
Bientôt de trente ou quarante ans,
Portant des rides[5]) au visage,
Les cheveux nous viennent tout blancs;

---

[1]) *bien chéries* sehr begehrt.   [2]) *bis* noch einmal; wenn der Franzose, wie der Russe, etwas noch einmal zu hören wünscht (im Theater etc.), so sagt er's lateinisch: *bis*, der Engländer französisch: *encore*, der Deutsche italienisch: *da capo*.   [3]) *envoyer promener qn.* einen heimschicken, einem einen Korb geben, vergl. S. 74 Anm. 1.   [4]) *nous autres*, der Zusatz von *autres*, charakteristisch für den Franzosen, nicht blofs, wo es sich um den Gegensatz von Nation zu Nation handelt, *nous autres Français*, sondern auch innerhalb desselben Volkes bei verschiedenen Ständen, *nous autres juges* und Geschlechtern *nous autres (filles)*.   [5]) *voilà-t-âgées*, das Einschieben eines *t* oder *s* bz. *z* in der Aussprache, wo dasselbe nicht durch die Bindung bedingt ist, volkstümlich zur Vermeidung des Hiatus; ebenso die Verwechselung der vorhergenannten Konsonanten unter sich.   [6]) *rides* Falten.

Nous avons beau à nous coiffer,
Nous laver le visage,
Nous avons beau à nous poudrer,
Nous ne pouvons plus nous faire aimer. (bis.)

(*Angoumois, Saintonge.*)[1]

Überlassen wir die allzu wählerischen Mädchen ihrem verdienten Schicksale und beschäftigen uns damit, wie gegenseitige treue Liebe sich im Volkslied ausprägt. Wir sind nur zu sehr durch eine gewisse Litteratur in Deutschland daran gewöhnt, Franzose und Frivolität für sinnverwandt, Franzose und treue, zärtliche Liebe für unvereinbar zu halten. Das Volkslied wird uns hoffentlich eine andere Meinung einflöfsen.

Ich greife auf ein Lied zurück, welches ich teilweise schon erörtert habe, als ich der Werbung der drei Holzfäller das Lied von dem Schnitter gegenüberstellte, welcher unbeirrt um Macht und Schönheit den Straufs seinem einfachen, aber geliebten Mädchen freiwillig darbietet. Die Gefühle, welche den einfachen Mann beseelen, brechen sich in den ebenso zarten, wie wahren Worten Bahn: In ihr erkenne ich meine Herzallerliebste wieder, mein einziger Gedanke in Leid und Freud. Durch die Lerche des Feldes empfängt sie Liebesbotschaft von mir und sendet mir die ihre durch die schmetternde Nachtigall. Sie hat mir gesagt: sei treu wie Gold. Zum Feste aller Heiligen, da soll die Hochzeit sein, da werden wir glücklich und zufrieden sein, dann wohnen wir auf ewig zusammen im schönen Liebesgarten, über und über mit weifsen Rosen bedeckt und die Nachtigall, die Lerche, die an dem Liebesglück treu Liebender innigsten Anteil nehmen, sie singen mit süfsestem Schmelze: „Hoch treue Mädchenliebe, hoch Männertreue!"

Je reconnais ma princesse,
Cell' que mon cœur aim' tant,[2]
Dans la joi', la tristesse
Ma pensée uniqu'ment.

Cell' qui reçoit d' mes lettres
Par l'alouett' des champs,
Et qui m' renvoi' les siennes
Pa' l' rossignol chantant.

---

[1] Bujeaud I, 820. [2] *celle que mon cœur aime tant* die Herzallerliebste mein, vergl. das zu S. 61, Anm. 9 Gesagte.

<pre>
Ell' m'a dit: t'es fidèle,           Nous habit'rons ensemble
Comme l'or et l'argent;              Au beau jardin d'amour,
D'vers la Toussaint¹) prochaine      Tout plein de roses blanches
J'aurons²) contentement.             Au mitan,³) à l'entour.

              L' rossignol, l'alouette
              Diront dans leur doux chant:
              Viv' les filles fidèles,
              Viv' les garçons constants!
                                     (Champagne.)⁴)
</pre>

Wie reizend spricht sich hier die Liebe aus, welche keinen Zweifel an sich selbst kennt. Kein Troubadour, kein Dichter der modernen Schule könnte schöner diese alten und doch wieder ewig neuen Gefühle besingen, jene Zeit jugendlicher Liebe, von der auch unser Dichter wünscht, daſs sie ewig grünen bliebe.

Läſst sich zugleich reizender eingestehen, daſs Bräutigam und Braut nicht schreiben und lesen können, als mit dem Verse geschieht:

<pre>
              Celle qui reçoit d' mes lettres
              Par l'alouett' des champs,
              Et qui m' renvoi' les siennes
              Pa' l' rossignol chantant.⁵)
</pre>

Denn daſs dieses der Sinn, das zeigt uns deutlich die aus *Maine* mitgeteilte Lesart, welche noch einen Vers hinter dem soeben mitgeteilten einschaltet, in dem es heiſst:

<pre>
              Sans savoir lire ni écrire,
              Nous lisons ce qui est dedans,
              Il y a dedans ces lettres
              Aime moi, je t'aime tant.
                                     (Bas-Maine.)⁶)
</pre>

So anmutig auch der Schluſs sein mag, so schwächt diese Einschaltung doch die Wirkung des vorhorigen Verses ab, da er den an sich klaren Sinn desselben unnötig erläutert.

Der vorletzte und letzte Vers enthält in der Sammlung von

---

¹) *La Toussaint* Allerheiligenfest (1. November). ²) *J'aurons* volkstümlich für *nous aurons*. ³) *au mitan* volkstümlich (selten) in der Mitten. ⁴) Marelle S. 193 ff. ⁵) Auſser den Vögeln sehen wir auch den flüchtigen Schmetterling, die silberweiſse Wolke (*le nuage d'argent*), den wehenden Wind (*la brise qui passe*), die flieſsende Welle (*l'onde qui coule*) mit der Liebesbotschaft betraut. ⁶) Champfleury S. 118.

*Bujeaud* einige interessante Abweichungen. Was sich reizvoll dort unter dem Bilde des Liebesgartens verhüllt, wird hier unverhüllt mit den Worten ausgesprochen:

> Nous dormirons ensemble
> Dedans un beau lit de camp,
> Tout couvert de roses blanches,
> Et alentour[1] et au mitan.

Anmutig ist die zweite abweichende Lesart. Statt Nachtigall und Lerche singt die kleine graue Lerche **allein** mit ihren lieblichsten Tönen die gegenseitige treue Liebe.

> La petite alouette grise
> Chantera dans son doux chant:
> Vivent les constantes filles,
> Vivent les garçons constants![2]
> (*Provinces de l'ouest.*)[3]

Schon diese wenigen Proben zeigen, wie jener innige Anteil der kleinen Vogelwelt an den Leiden und Freuden treu Liebender, ein gemeinsamer Zug jeder Volksdichtung, sich in gleich gemütvoller Weise auch in dem französischen Volksliede offenbart. — Während in dem von *Marelle* und *Bujeaud* mitgeteilten Liede der Kehrreim mangelt, das Lied sonach eigentlich nicht unter die Sangeslieder zu rechnen ist, da ihm eben das Liedermäfsige fehlt, so wird dieser Mangel durch das von *Champfleury* mitgeteilte Lied ausgeglichen. Dort ist zugleich der Inhalt des Liedes in eine andere Zeit verlegt. Während das uns bekannte Lied in der Sommer- und Erntezeit spielt, ist in dem Liede aus *Bas-Maine*[4] die Zeit nach der Ernte als Hintergrund gewählt. Dem entspricht auch der Kehrreim, welcher nach der ersten Zeile eines jeden Verses eintritt und die Thätigkeit des Dreschens mit den Worten malt:

> Ho! batteux, battons la gerbe,
> Compagnons, joyeusement!

Da diesem Liede die Werbung der Königin wie des Präsidenten Tochter fehlt, so geht ihm allerdings ein grofser Reiz

---

[1] *alentour* = à l'entour rings umher.   [2] In betreff der kreuzweisen Stellung vergl. S. 50, Anm. 1.   [3] Bujeaud I, 174.   [4] Champfleury S. 113.

verloren. Tritt doch die treue Liebe des Burschen durch die glücklich überstandene Probe um so schärfer hervor. Dieses Fehlen einer in sich abgeschlossenen Episode rechtfertigt in gewissem Sinne die Teilung des Liedes, dessen erste Hälfte bei den Werbeliedern mitgeteilt wurde, während die zweite jetzt bei den Liedern erscheint, welche die treue Liebe bekunden. Ist doch die Vermutung nicht ausgeschlossen, dafs beide Lieder, ursprünglich selbstständig, erst im Laufe der Zeit zu einem Liede zusammenflossen.

*Marelle* wie *Haupt-Tobler* haben ihre kleinen Sammlungen mit musikalischen Beilagen nicht versehen; anders, wie bereits erwähnt, *Bujeaud* und *Champfleury-Weckerlin*. Allein die beiden letzten Herausgeber bedauern auf das lebhafteste, und ich glaube, wir dürfen uns diesem Bedauern anschliefsen, dafs es ihnen nicht möglich gewesen ist, von diesem Liede die Melodie aufzufinden. Hoffen wir, dafs es seinen Komponisten finden werde; es bedarf vielleicht nur des Bekanntwerdens, um dazu anzuregen. Der Stoff lohnt reichlich der Mühe.

Die gleiche treue Gesinnung, welche hier der Bursche seinem einfachen Mädchen gegenüber ausspricht, bekundet in einem Liede aus der Normandie ein junges Blut gegenüber drei Gesellen, die um ihre Liebe werben. Auch sie zieht den einfachen Knappen dem Fürsten wie dem Königssohne vor. Das muntere Lied, welches einen seltsamen, mit Empfindungslauten gemischten Kehrreim enthält, spricht für sich selbst:

En basse Normandie
Au pays, où j'étais
Y avait trois gentils hommes,
Tous trois amoureux de mé (moi).
 Oh! vertigué!
 Oh! ou ma fé!

Oh! quioup, quioup, oh quioup ma fé (foi)!
Oh! quioup, qu'ils ont d'amour pour mé (moi)!

L'un est le fils d'un prince,
L'autre le fils d'un ré (roi),
L'autre le fils d'un ecuyer[1])
Et c'est c' ti-là[2]) que j'aime (j'aime).
 (*Basse-Normandie*.)[3])

---

[1]) ecuyer Knappe.  [2]) c'ti-là = celui-là.  [3]) Beaurepaire.

Es ist das Unglück Frankreichs, welches, wie wir aus *Schuré* gesehen haben, als solches von den Franzosen selbst empfunden wird, dafs man Paris mit Frankreich und die Sitten der Hauptstadt mit den Sitten der ländlichen Bevölkerung verwechselt, welche doch zumeist das gesunde Mark der Nation darstellt; wie aber die Sitten und Anschauungen des Volkes beschaffen sind, zeigen uns zumeist diejenigen Lieder, deren Brennpunkt die Treue ist.

Einige schöne Fräulein von *St. Servan*[1]) schauen ins Freie, sie bemerken ein Schiff, eilen auf dasselbe zu und fragen den Schiffer nach ihren fernen Geliebten mit jener Naivität, welche glaubt, dafs jeder so gut wie sie, ihren Geliebten kennen müsse. „Ja," entgegnet der Gefragte — denn wer diese Frage stellt, zweifelt nicht, dafs sie beantwortet werde — „ja, ich habe ihn nicht blofs gesehen, sondern er hat mich auch versichert, dafs nur Du, schöne Maid, seine Treue haben sollst;" und mit der Versicherung, dafs auch sie nur ihm ewig angehören wolle, schliefst das Lied.

Ce sont les filles de Saint-Servan
   Tant ter lan tan ter lan tan,
Hélas, qu'elles sont jolies,
   Oh gué,[2])
Hélas, qu'elles sont jolies!

Elles ont regardé vers le camp
   Tant ter lan tan ter lan tan,
Aperçurent un navire,
   Oh gué,
Aperçurent un navire.

Arrivent, arrivent au batelier,[3])
   Tant ter lan tan ter lan tan,
Que le bon vent amène,
   Oh gué,
Que le bon vent amène.

As-tu point vu mon ami
   Tant ter lan tan ter lan tan,
Aux iles de Canarie,[4])
   Oh gué,
Aux iles de Canarie?

Oui, je l'ai vu et il m'a dit
   Tant ter lan tan ter lan tan,
Que vous étiez sa mie,[5])
   Oh gué,
Que vous étiez sa mie.

Oui, je la suis et la serai
   Tant ter lan tan ter lan tan,
Tout le temps de ma vie,
   Oh gué,
Tout le temps de ma vie.

(*Normandie*.)[6])

---

[1]) Im Dep. *Ille-et-Vilaine* (Nordwesten von Frankreich, Bretagne) gelegen. [2]) *gué* vergl. S. 20, Anm. 6. [3]) *batelier* Schiffer. [4]) *îles de Canarie* die kanarischen Inseln erscheinen mehrfach in der franz. Volksdichtung. [5]) *sa mie* vergl. S. 20, Anm. 5. [6]) Beaurepaire S. 47; Haupt-Tobler S. 21.

Das Volk beurteilt von sich aus alle Stände. Wie es mit den Mächtigen dieser Erde umspringt, wissen wir bereits; es zieht sie zu sich herab, oder sollen wir nicht besser sagen, es zieht sie zu sich herauf, da es sich um die Reinheit und Wahrheit des Gefühls handelt. Auch in dem folgenden Liede geschieht dies, wo das Volk seine Empfindung drei Prinzessinnen leiht, welche unter einem milden Apfelbaum gelagert sind. Als sie erwachen, denkt die erste von ihnen an den Morgen, die zweite — und hier bricht der volkstümliche Ton durch — an den Tambour, den sie in der Ferne hört, die dritte erinnert der kriegerische Klang der Trommel an ihren Schatz, der in die Schlacht gezogen. „Für uns kämpft er," und als echtes Königskind fügt sie stolz hinzu, dafs nur dem Siegreichen ihr Herz gehöre; aber schnell gewinnt das natürliche Gefühl der Liebe die Oberhand, „mag er siegen oder verlieren, in meinem Herz bleibt er stets Sieger." Das menschliche Herz hat über den Stolz von Königsthronen den Sieg davongetragen.

Das Lied selbst wird durch den schwungvollen Kehrreim *vole, mon cœur vole*, und den sprechenden Empfindungslaut *iou* in der Mitte und am Ende unterbrochen:

Derrière chez mon père,[1])
Vole, vole, mon cœur, vole,[2])
Y a un pommier doux![3])
Tout doux, et iou!
Y a un pommier doux!

Trois belles princesses,
Vole, vole, mon cœur, vole,
Sont couché's dessous!
Tout doux, et iou!
Sont couché's dessous!

Çà, dit la première,
Vole, vole, mon cœur, vole,
Je crois qu'il fait jou'!
Tout doux, et iou!
Je crois qu'il fait jou'!

Çà, dit la seconde,
Vole, vole, mon cœur, vole,
J'entends le tambou'!
Tout doux, et iou!
J'entends le tambou'.

Çà, dit la troisième,
Vole, vole, mon cœur, vole,
C'est mon ami doux!
Tout doux, et iou!
C'est mon ami doux.

Il va-t-à la guerre
Vole, vole, mon cœur, vole,
Combattre pour nous!
Tout doux, et iou!
Combattre pour nous!

---

[1]) *Derrière chez mon père* hinter meines Vaters Haus; beliebter Eingang wie im Deutschen. In solchen und ähnlichen Redewendungen tritt die ursprüngliche Herkunft von *chez = cas(a)* Hütte noch deutlich hervor. [2]) *vole, mon cœur!* auf, mein Herz! [3]) *pommier doux* milder Apfelbaum.

| | |
|---|---|
| S'il gagne bataille. | Qu'il perde ou qu'il gagne, |
| Vole, vole, mon cœur, vole, | Vole, vole, mon cœur, vole, |
| Aura mes amou's! | Les aura toujou's! |
| Tout doux, et iou! | Tout doux, et iou! |
| Aura mes amou's. | Les aura toujou's! |
| (*Franche-Comté.*)[1] | Var: (*Champagne*).[2] |

Wir haben hier zugleich den nicht seltenen Fall, dafs das Volk sich Erleichterungen im Reime einfach durch Veränderungen der Worte gestattet. So sind des Reimes wegen die Ausdrücke: *jour, tambour, amour, toujours* umgewandelt in *jou, tambou, amou* und *toujou*, bedingt durch den am Schlufs eines jeden Verses wiederkehrenden Empfindungslaut *iou*, während der Kehrreim *vole, vole, mon cœur, vole* (auf, mein Herz, auf), welchen wir auch im seltsamen Widerspiel bei sentimentalen und tieftrauernden Liedern finden, hier die Mitte eines jeden Verses schwungvoll unterbricht.

Besonders wird im Volkslied die Treue des Geliebten gefeiert, welcher nach längerer Abwesenheit wiederkehrt, selbst treu geblieben ist und die Geliebte treu erfindet. Auch dem französischen Volksliede ist diese Gattung, wie nach dem Vorangehenden nicht anders erwartet werden kann, nicht fremd. Echt volkstümlich wird dabei die Trennungszeit übersprungen und nur die beiden Kernpunkte, welche im Scheiden und im Wiedersehen gipfeln, im Liede zusammengefafst. Dafs der Ring bei der Trennung und beim Wiederfinden eine grofse Rolle spielt, ist bekannt, schwieriger zu erläutern dürfte die silberne *verge* sein, welche der Geliebte zugleich mit der Liebe mitgenommen, erklärlich aber wird die Stelle, wenn man damit ein ähnliches Lied[3] vergleicht, in welchem statt „*verge*" von einem silbernen „Gürtel" die Rede ist.

Wie so häufig, finden wir auch hier, dafs der Kehrreim im scharfen Gegensatz zu der im Liede selbst gepriesenen Treue die falsche Liebe als Verräterei brandmarkt mit dem, wie mir scheint, echt französischen satirischen Zusatz: *on y perd son temps*.

---

[1] Champfleury 85. Haupt 42. [2] Puymaigre 65. [3] Bujeaud I, 188 ist von einem „goldenen Gürtel" die Rede; Brautgabe des Erwählten. Der Gürtel ist bei der Witwe insofern wichtig, als sie ihn nebst Börse und Schlüssel auf das Grab warf und dadurch auf die Erbschaft verzichtete.

> Il s'en est allé mon loyal ami,
> Il m'a emporté mes anneaux jolis,
> Mes anneaux jolis, ma verge d'argent,
> Et mes amourettes qui étaient dedans.
> > C'est grand trahison de montrer semblant[1]
> > D'aimer par amour, car on y perd son temps.
>
> Il est revenu mon loyal ami,
> Il m'a rapporté mes anneaux jolis,
> Mes anneaux jolis, ma verge d'argent
> Et mes amourettes qui étaient dedans.
> > C'est grand trahison de montrer semblant
> > D'aimer par amour, car on y perd son temps.[2]

Wie hier die Trennung den Liebenden nichts anhaben konnte, so scheuen sie auch das Schrecklichste, Krankheit und Tod nicht, wenn es gilt, ihre Liebe zu bethätigen. Nur dunkel wissen wir aus der Geschichte, welch entsetzliche Verheerungen die Pocken im Gefolge hatten, bevor *Jenners* wohlthätige Erfindung ihre Schrecken brach. Auch ein Mädchen der *Champagne* ist davon ergriffen. Der Geliebte fleht, Gott möge die Geliebte retten; mag ihr Antlitz auch noch so entstellt sein, seine Liebe für sein Mädchen würde dadurch nicht erkalten. Denn, fügt er philosophisch hinzu, nicht die Schönheit, nur das Herz mache die Liebe aus, ein Ausspruch, der doppelt wirkt, da Wort und Empfindung sich decken.

> Sauvez (Dieu) celle
> > Que j'aime tant!
> Qu'elle vive laide et fidèle,
> > Je suis content.
> Le mal qui pousse son ravage
> > Jusqu'au bout
> Change les traits de son visage
> > Et non mon goût.
> Ah! La beauté n'est qu'un nuage;
> > Le cœur est tout!
>
> > > (*Champagne.*)[3]

Selbst der Macht der Kirche und des Priesters trotzt die Liebe. Wohl will der Pfarrer in der Beichte dem Mädchen

---

[1] *montrer semblant* sich den Anschein geben. [2] Haupt-Tobler S. 61, geschöpft aus einer alten Volksliedersammlung aus dem Jahre 1538. [3] Tarbé V. 25. 26.

verzeihen, welche mit ihrem trauten *Pierron* getändelt (!). allein sie soll von ihrem Geliebten lassen; da sie dieses nicht vermag, so lässt sie den Priester im Stich.[1]

Auch der väterlichen Gewalt beugt sich das Mädchen ebensowenig, wie der Macht der Kirche, wenn es zu wählen gilt zwischen väterlicher Autorität und Liebe zu ihrem Schatz.

Schön *Isenburg*, die Heldin der folgenden Lieder, welche einen mehr balladenähnlichen Charakter tragen, bittet ihren Vater, den König *Loys*, sie mit dem Geliebten zu vermählen, der zwar nicht sechs Dout an Wert besitzt, wie das Lied besagt, gewifs aber einen wahren Schatz an Liebe und Treue.

Entschlossen fügt sie ihrer Bitte hinzu, dafs weder die Befehle ihrer Mutter, noch ihrer sämtlichen Verwandten, noch selbst ihres Vaters, den sie herzlich liebe, sie hindern würden, ihrem Geliebten die Treue zu bewahren. Das Lied meldet uns nichts davon, ob Vater, Mutter oder Verwandte versuchen, das entschlossene Mädchen zu anderer Anschauung zu bekehren. Das Volkslied überspringt ganz einfach diese Zwischenglieder und meldet uns rein thatsächlich die ebenso entschiedene Antwort des Königs, dafs die Tochter ihrer Liebe entsagen müsse, andernfalls würde sie in den Turm gesperrt.

Aber auch dieses schreckt die Liebende nicht. Lieber in den Turm gesperrt, als ihrer Liebe untreu werden. Auf des Königs Geheifs führen Diener und Reisige die Tochter dem Turme zu, wo nicht Tag, nicht Sonne scheint. Sieben Jahre, — gleich der „Drei" eine Lieblingszahl des Volks —, weilt sie dort, ohne dafs ihr Mut gebrochen würde. Wie wenig sich übrigens das Volkslied darum kümmert, seine Sprache den Verhältnissen anzupassen, erkennen wir aus der alltäglichen Begrüfsungsformel, mit welcher der Vater am Ende der sieben Jahre seine Tochter anredet. „Guten Tag, liebe Tochter, wie geht es Dir?" Gleichsam als wäre nichts vorgefallen, — als begrüfse er sie am frühen Morgen nach wohl verbrachter Nacht.

Ein schauerliches Bild entrollt sich uns, die Füfse, die Seiten sind ihr von den Würmern angefressen, aber als der

---

[1] Cénac-Moncaut S. 453.

Vater sie wiederum fragt, ob sie ihre Liebe aufgeben oder im Turme verbleiben wolle, giebt sie, sich selbstgetreu, die Antwort: Getreu bis in den Tod.

| | |
|---|---|
| Le roi Loys est sur son pont [1] | Vite, où sont mes estafiers [4] |
| Tenant sa fille en son giron. [2] | Aussi bien que mes gens de pied? |
| Elle lui demande un cavalier | Qu'on mène ma fille à la tour; |
| Qui n'a pas vaillant six deniers. [3] | Elle n'y verra jamais le jour. [5] |
| | |
| Oh, oui, mon père, je l'aurai, | Elle y resta sept ans passés, |
| Malgré mon mère qui m'a porté, | Sans que personne pût la trouver; |
| Aussi malgré tout mes parents | Au bout de la septième année |
| Et vous, mon père, que j'aime tant. | Son père vint la visiter. |
| | |
| Ma fille, il faut changer d'amour, | Bonjour, ma fille? comment vous va? |
| Ou vous entrerez dans la tour. | Ma foi, mon père, ça va bien mal. |
| J'aime mieux rester dans la tour, | J'ai les pieds pourris [6] dans la terre |
| Mon père que de changer d'amour. | Et les côtés mangés des vers. |

Ma fille, il faut changer d'amour,
Ou vous resterez dans la tour.
J'aime mieux rester dans la tour
Mon père que de changer d'amour. [*]

Dieselbe Idee treu ausharrender Liebe, wenn auch mit glücklicherem Ausgange, findet sich in einer andern Ballade, in welcher gleichfalls der König Hof hält, um für seine Tochter einen Mann zu wählen. Er sendet nach seiner Tochter. Schön *Isenburg* erscheint. Aber keiner der Herren, welche versammelt sind, vermag ihr Herz zu gewinnen. Auf die Frage des Königs, ob sie sich zu verheiraten wünsche, entgegnet sie, dafs ein Ritter schon ihre Liebe besitze. Da der Ritter aber arm ist, so heischt der König von ihr, sie solle einen reicheren wählen. Allein, obwohl arm, will sie nur den Geliebten haben. Auch hier hofft der König ihre Gesinnung dadurch zu ändern, dafs er sie in einen Turm werfen lässt. Aber auch im finstern Turme weilen ihre Gedanken nur bei dem Geliebten.

Hier gehen beide Lieder auseinander.

---

[1] Beliebter Eingang; daher auch bei Liedern, wo die Erwähnung einer „Brücke" an sich keinen Zusammenhang mit dem Folgenden ergibt. [2] *giron* der Schofs. [3] *pas vaillant six deniers* nicht 6 Deniers (Deut) an Wert; 6 deniers = 2 sous. [4] *estafiers* Lakaien. [5] *jour* Tag und Licht zugleich. [6] *pourrir* verfaulen. [*] *Gérard de Nerval, les Filles du feu* S. 48.

Schön *Isenburg*, so berichtet unser Lied weiter, schaut nach dem Ritter aus. Sie bemerkt, wie er einhergesprengt kommt; sie ruft ihn an, erzählt ihm ihr grofses Herzeleid und gibt ihm zugleich eine List an, wie sie sich befreien und mit ihm vereinigt werden könne. Krank und tot will sie sich stellen, dann soll man sie zu Grabe tragen, aber ihr Freund solle sie nicht begraben lassen, sondern sie zum Leben erwecken. Sprungweise wird nun gleich die Thatsache von dem Tode der schönen *Isenburg* berichtet. Aus Liebe ist sie gestorben, so jammert man am königlichen Hofe; ein Ritter und drei Prinzen tragen sie zu Grabe. Als sie aber auf des Königs Gebeifs durch ein Gehölz wandern, da erscheint der geliebte Rittersmann. Er hat die Glocken läuten hören, er hat den Gesang der Priester vernommen, schnell eilt er herbei, die Träger halten an; er bittet sie, für sein Lieb, das ihm zu Liebe gestorben, ein stilles Gebet sprechen zu dürfen. Dann zieht er sein Messer wohl aus der Tasche, schneidet drei Zipfel von dem Leichentuch und erblickt — das lächelnde Antlitz seiner Geliebten. Alles erstaunt. Der König erfährt zuerst, was sich zugetragen — und dafs Ende gut, alles gut wird, geht aus dem Schlusse hervor, welcher sagt, dafs niemand mächtig genug sei, eine Tochter, wenn sie wahre Liebe fühle, an deren Bethätigung zu hindern. Thorheit sei es, wer glaube, Macht über Liebe zu besitzen.

Le roi séant en pleine cour
Où arrive maint grand seignour,[1]
Là l'on ne parle que d'amour.

Le roi envoye un messager
Vers Isambourg sans plus tarder,
D'autant[2] qu'il la veut marier.

— — — — — —

Belle Isambourg arrive en cour,
Où elle voit princes et seignours,
Mais point n'y trouve ses amours.

Le roi lui est venu parler
Pour sa volonté écouter,
S'elle[3] se voulait marier.

Mon père, j'aime un chevalier
Que j'ai aimé et veux aimer,
D'autre que lui ne veux avoir.

Ma fille, il faut mettre en oubli
Ce chevalier,[4] et autre ami
Trouver[4] qui aie plus que lui.

[1] *seignour, our* normännisch für *eur.* [2] Der Bote soll um so weniger zögern, als er — der König seine Tochter verheiraten will. [3] *S'elle* volkstümlich, und alt für *si elle.* [4] *mettre en oubli ce chevalier* Hinübergreifen (*enjambement*) des einen Verses in den folgenden; in der Kunstdichtung bekanntlich verpönt.

L'ai¹) plus aimé pour sa beauté
Que n'ai fait toute ma parenté,²)
Quoique pauvre ait toujours été!³)

Le roi a fait faire une tour
Pour y mettre belle Isambourg,
Pensant qu'elle change son amour.

Belle Isambourg est à la tour
Où il n'y a que peu de jour:
Mais toujours songe à ses amours.

Regardant avec un grand soin
Elle avisa⁴) venir de loin
Son ami chevauchant grand train.⁵)

„Ami qui par ici passez
Or arrêtez-vous, arrêtez
Ma patience⁶) vous orrez⁷)

Malade et morte m'y ferai,
Porter en terre m'y lairrai.⁸)
Pourtant morte je ne serai.

Puis après je vous prie, ami,
Qu'à ma chapelle à Saint-Denis
Ne m'y laissez pas enfouir'.⁹)

L'on va criant parmi la cour
„Elle est morte, belle Isambourg.
Elle est morte pour ses amours."

Par trois princes et un chevalier
L'on porte la belle enterrer,
Dont chacun se prend à plorer.¹⁰)

Le roi leur commanda dès lors
Cheminer¹¹) par dedans le bosc:¹²)
Son ami viendra par dehors.

Il a ouï les cloches sonner,
Il a ouï les prêtres chanter,
Bientôt les alla devancer.¹³)

„Entre vous¹⁴) qui ce corps portez,
Or arrêtez-vous, arrêtez,
Pour prier pour les trépassés.¹⁵)

Puisqu'elle est morte pour le vrai¹⁶)
Las,¹⁷) pour m'avoir trop aimé,
Un „de profundis" lui dirai.'¹⁸)

De son couteau¹⁹) alors coupa
Trois points du suaire²⁰) et regarda,
Un ris d'amours elle lui jeta.²¹)

Le monde de s'émerveiller²²)
Et son père tout le premier,
Oyant²³) un tel cas raconter.

Or n'est-il homme avec pouvoir
Qui peut, encor qu'il²⁴) voie bien clair
Engarder²⁵) sa fille d'aimer;
C'est à lui folie d'en parler.")

---

¹) Ausgelassen *je*.  ²) Sinn: ich habe ihn mehr geliebt, als meine ganze Verwandtschaft.  ³) *ait été* geht auf den Ritter.  ⁴) *aviser* fsm: gewahr werden.  ⁵) *chevaucher grand train* schnell herbeireiten.  ⁶) *patience* hier: Leid; vgl. *un patient*, der eine Strafe und zwar die Todesstrafe zu erdulden hat = der zum Tode Verurteilte (das deutsche Patient = *malade*).  ⁷) *orrez* Futurum von *oïr* (*ouïr*); bekanntlich sind in der heutigen Sprache der Gebildeten nur noch die Formen *ouïr* und *ouï* gebräuchlich.  ⁸) *lairrai* dialektisch für *laisserai*.  ⁹) *enfouir* verscharren.  ¹⁰) *se prend* und (ähnlich *se met*) *à plorer* (dialektisch für *pleurer*) stehende Redensart.  ¹¹) *cheminer* den Weg zu nehmen.  ¹²) *le bosc* kleines Gehölz.  ¹³) *Bientôt les alla devancer* er eilte ihnen voranzukommen. — Der ganze an der Bahre sich abspielende Vorgang erinnert sehr an deutsche Lieder.  ¹⁴) *Entre vous* beliebter Vers- und Liedeingang; einfach Ihr, die ihr.  ¹⁵) *Les trespassés* (trans) die Dahingeschiedenen.  ¹⁶) Ergänze *amour*.  ¹⁷) *las* abgekürzt für *hélas*.  ¹⁸) *dirai* will ich singen. vgl. *dire une messe*.  ¹⁹) *De son couteau* mit seinem Messer, vgl.: Was zog er aus seiner Taschen?
  Ein Messer, war scharf gespitzt.
²⁰) *suaire* Leichentuch.  ²¹) Vgl. sie schlug eine helle Lache auf.  ²²) *de*

Und diese Treue bis in den Tod findet sich dann erst recht, wenn dem Geliebten selbst der Tod droht. Das schlagendste Beispiel dieser Gattung ist das Lied von *Pernette*, welches sich in der *Champagne*, wie in der *Normandie* und in der *Dauphiné* findet und sich herausgebildet haben kann aus einem alten Liede des XVI. Jahrhunderts, das in der *Couronne et fleur des chansons à Troys* (gedruckt zu *Venedig* 1536) enthalten ist. In allen Liedern handelt es sich um einen in schwerem Kerker Gefangenen, welcher am nächsten Morgen gehenkt werden soll; in dem einen Liede ist es der Vater, im Liede von *Pernette* die Mutter, welche dem Mädchen raten, lieber einen hohen Herrn anstatt eines Burschen zu wählen, der einem schimpflichen Tode verfallen ist. Allein sie läfst um so weniger von dem Geliebten, als er sich in Not und Gefahr befindet. Wenn er sterben soll, so will ich mit ihm sterben. Sein Grab soll mit Rosen, das meine mit Tausendschönchen bedeckt sein, und die Pilger, die des Weges ziehen, werden Gott für die Ruhe unserer Seelen bitten.

> La belle se sied au pied de la tour,
> Qui pleure et soupire, et mène graud doulour.¹)
> Son père lui demande, ma fille, qu'avez-vous?
> Vollez-²)vous mari, vollez-²)vous seignour?
> Je n'y veultz²) mari, je n'y veultz²) seignour.
> Je veultz²) le mien³) ami, qui pourrit dans la tour.
> Par Dieu, ma belle fille, à cela fau(l)drez-vous;⁴)
> Car il sera pendu demain, au point du jour.⁵)
> Mon père s'on⁶) le pend, enterrez-moi dessous
> S'entrediront les gens: voici léalle⁷) amour! (*Normandie*)⁸)

Es ist *Champfleury* erst nach vieler Mühe gelungen, die Musik zu *Pernette* zu finden, er scheint demnach das alte Lied aus der oben erwähnten Sammlung nicht gekannt zu haben, denn in ihr befindet sich die Musik von *Josquin*.⁹)

---

*s'emerveiller* erstaunte bafs; der absolute Infinitiv mit *de* in lebhafter Darstellung (hist. Inf.). ¹⁰) Vgl. Anm. 4. ¹¹) *encore qu'il = quoiqu'il*. ¹²) *engarder* hüten. \*) Haupt-Tobler 92; deutsch von K. Bartsch, 50.

¹) *mener grand doulour* (eur) sehr traurig sein. ²) dialektisch für *voulez-vous*; ebenso *veultz = veux*. ³) *le mien ami* volkstümlich. ⁴) *à cela faudrez-vous (faillir)* darin wirst Du Dich täuschen. ⁵) *au point du jour* bei Tagesanbruch. ⁶) *s'on = si l'on* vgl. S. 86 Anm. 3. ⁷) *léalle = loyale*.
⁸) Beaurepaire S. 13; Gasté S. 126; Sammlg. v. Le Roy u. Le Ballard 1573.

Vergleichen wir damit das Lied von *Pernette*, welches ebenfalls in *Lyonnais* und in der *Auvergne* gesungen wird und die einförmige Arbeit der Seidenzüchter bei dem Reinigen der Kokons begleitet. Der Idee nach gleich mit dem soeben mitgeteilten älteren Liede führt es diese Idee breiter in mehr sangesmäfsiger Form aus. Bemerkenswert ist der trällernde Kehrreim — der Narr der Tragödie:

La Pernette se lève,
Tra la la la la la, tra la la la la,
   Londérira!
La Pernette se lève,
Deux heures d'avant jour. (ter.)

Y prend sa quenouillette,[1]
Tra la la etc.
   Londérira!
Y prend sa quenouillette,
Son joli petit tour.[2] (ter.)

A chaque tour qu'elle file,
Tra la la etc.
   Londérira!
A chaque tour qu'elle file,
Sa mèr' vient, lui demand':
Pernette, qu'avez-vous? (bis.)

Avez-vous mal à la tête?
Tra la la etc.
   Londérira!
Avez-vous mal à la tête?
Ou bien le mal d'amour. (ter.)

Je n'ai pas mal de tête,
Tra la la etc.
   Londérira!
Je n'ai pas mal de tête,
Mais bien le mal d'amour. (ter.)

Ne pleure pas, Pernette,
Tra la la etc.
   Londérira!
Ne pleure pas, Pernette,
Nous te mari(d)erons. (ter.)

Te donnerons un prince,
Tra la la etc.
   Londérira!
Te donnerons un prince,
Ou le fils d'un baron. (ter.)

Je ne veux pas de prince,
Tra la la etc.
   Londérira!
Je ne veux pas de prince,
Ni le fils d'un baron. (ter.)

Je veux mon ami Pierre,
Tra la la etc.
   Londérira!
Je veux mon ami Pierre,
Qui l'[3]est dans la prison. (ter.)

Tu n'auras pas ton Pierre,
Tra la la etc.
   Londérira!
Tu n'auras pas ton Pierre,
Nous le pendolerons.[4] (ter.)

---

[1] *quenouillette* Spinnrocken (Kunkel).    [2] *tour* Spinnrad.    [3] Volkstümliche Vermeidung des Hiatus; Anlehnung an die häufig erscheinende Verbindung *qu'il*.    [4] *pendolerons* volkstümlich und dialektisch für *pendillerons*, *pendiller* = baumeln.

Liebeslust.

Si vous pendolez Pierre,  
Tra la la etc.  
   Londérira!  
Si vous pendolez Pierre,  
Pendolez moi-z [1])-aussi. (ter.)

Au chemin de Saint Jacques,  
Tra la la etc.  
   Londérira!  
Au chemin de Saint Jacques,  
Enterrez [2])-nous tous deux. (ter.)

Couvrez Pierre de roses,  
Tra la la etc.  
   Londérira!  
Couvrez Pierre de roses,  
Et moi de mille-fleures. (ter.)

Les pèlerins qui passent,  
Tra la la etc.  
   Londérira!  
Les pèlerins qui passent,  
Prierons Dieu pour nous deux. (ter.)  
         (*Dauphiné*.) [3])  
Var: (*Bas-Poitou*) (*Provence*) (*Lorient*) [4])

In ihrer ganzen Tiefe und Reinheit treten aber die Gefühle, welche Treuliebende beseelen, dann zu Tage, wenn die **Scheidestunde** naht. So schmerzliche Augenblicke auch jene Dichter und Dichterinnen durchlebt haben mögen, welchen diese Sehnsuchtslieder entquollen, heute, wo ihre Schmerzen gestillt sind, können wir uns glücklich schätzen, jene Lieder als ewige Ausprägung eines Gefühles zu besitzen, welches bei allen wahrhaft naiven Völkern stets vorhanden war, ist und sein wird.

Wie *Champfleury* [4]) berichtet, nehmen die *Limousiner* für sich die Ehre in Anspruch, das reizende Sehnsuchtsliedchen:

> Baïsso te mountagno, levo te, valloun  
> Per me laïssa vere lo mio Jeannetoun [5])

zuerst gesungen zu haben; allein auch die Bewohner der *Auvergne* machen Rechte auf diesen Gesang geltend. Bei den nahen, räumlichen Beziehungen, wie bei der innern Verwandtschaft beider Provinzen, ist es schwierig, ja unmöglich zu entscheiden, wem das Liedchen seinen Ursprung verdankt. *Cénac-Moncaut* [6]) seinerseits behauptet, dafs dieses Lied nicht aus dem Volke, sondern aus den gebildeten Kreisen hervorgegangen und zuerst

---

[1]) *moi-z-aussi* das fälschliche Einschieben eines *z, s, t*, charakteristisch für die Volkssprache, vgl. S. 71 Anm. 1.   [2]) *Enterrez-nous* begrabt uns. [3]) Champfleury S. 150 ff. Vergl. Bujeaud II, 188; Arbaud, 3 und 118; Rolland (Almanac 82) 70—72.   [4]) Champfleury S. 129.   [5]) *Baisse toi, montagne, lève-toi, vallon, pour me laisser voir ma mie Jeanneton*.   [6]) Cénac-Moncaut S. 405.

von einem eleganten Vicomte des XV. Jahrhunderts gesungen sei, welcher die Dame seines Herzens und seiner Gedanken in Spanien zurückgelassen habe. Zur Unterstützung seiner Anschauung führt derselbe an, dafs die Bewohner des Südens mit dem allgemeinen Worte *Mountagno* die gewaltige Bergkette der Pyrenäen bezeichnen, welche Frankreich von seinem Nachbarland Spanien scheidet. Wir hätten also hier den umgekehrten Fall, dafs eine echte Gelegenheitsdichtung zum Volksliede geworden ist, was um so leichter zu begreifen wäre, als die Gefühle, welche der Vicomte ausspricht, sich mit den Empfindungen auch des einfachsten Naturkindes decken; und wie der Wind den Blütenstaub befruchtend in ferne Gegenden streut, so wandert auch das Lied, welches eine Saite angeschlagen, die in Aller Herzen widerhallt, über Berg und Thal, durch Flufs und Strom. Wie in *Limousin* und *Auvergne*, so taucht es auch in Mittelfrankreich auf, wo die Hirtin in Liedern die Erinnerung an den fernen Geliebten weckt, sehnsüchtig seiner gedenkt und die Sonne anruft, die Felsen zu schmelzen, welche ihr den Anblick des Geliebten entziehen. Dieser aber wünscht, in die kleine Lerche verwandelt zu sein, um sich auf den Busen der Geliebten niederzusetzen und einen Kufs auf ihre roten Lippen zu drücken. Immer voller wird der Inhalt des Liedes, je weiter es nach Norden hinaufsteigt. Himmel und Erde will das Mädchen der *Champagne* in Bewegung setzen, um den Anblick ihres Geliebten zu geniefsen. Die Sonne soll ihre Strahlen senden, um die Felsen zu spalten, der Mond Flüsse und Seen aufsaugen, welche ihr neidisch den Anblick des Geliebten entziehen, während dieser seufzend wünscht, dafs die Berge sich senken und die Thäler sich erhöhen möchten. Aber die Maid sieht die Unmöglichkeit ihrer Wünsche ein; da wendet sie sich an das kleine Waldvögelein und beauftragt es, ihrem Schatz zu melden, dafs sie seine treue Geliebte sei und dafs sie sehnsuchtsvoll die Arme nach ihm ausstrecke, um ihn liebend zu umfangen. Und dieser Gedanke gebiert den andern, dafs sie dem Vogel die leichten Schwingen neidet, die ihn hinübertragen über Berg und Thal, dafs sie selbst ein Vöglein sein will, um über das Meer in das Land zu ziehen, wo ihr Herzallerliebster weilt.

Elle:
Ah! soleil, fends les rochers!
Ah! lune, bois les rivières!
Que je puisse regarder
Mon amant qu'est par derrière.

Lui:
Baissez-vous, montagnes!
Haussez-vous, vallons!
M'empêchez de voir
Ma mi' Madelon.

Elle:
Celui que mon cœur aime tant¹)
Il est dessus la mer jolie.
Petit oiseau tu peux lui dire,
Petit oiseau tu lui diras
Que je suis sa fidèle amie
Et que vers lui je tends les bras.

Ah! si j'étais petit oiseau
A travers l'air, pardessus l'eau,
Je vole vole volerais vite²)
Au pays où mon cœur habite,
Si j'étais petit oiseau!

(*Champagne.*)³)

Wer das französische Liedchen liest, könnte dasselbe in einzelnen Teilen fast für eine Übertragung aus dem Deutschen halten, so sehr klingt dasselbe an deutsche Volkslieder an. Ich erinnere nur an das allbekannte Sehnsuchtslied:

Wenn ich ein Vöglein wär'
Und auch zwei Flügel hätt',
Flög' ich zu Dir....

Und in einem Volksliede aus dem Kuhländchen⁴) heifst es noch anklingender an den französischen Text:

Wenn ich ein Waldvöglein wär',
Wollt' ich fliegen übers Meer,
Schönster Tausendschatz zu Dir!
Aber Du bist gar weit von mir,
Und ich von Dir!

---

¹) *Celui que mon cœur aime tant* der Herzallerliebste mein; vgl. S. 61,9.
²) Beachtenswerte Alliteration, welche sehr hübsch den flinken Vogelflug malt; vgl. *L'oiseau — qui va, qui vole, qui chante*, wofür auch vorkommt, qui va, qui vole, qui voltige. Ähnlich singt Béranger: *je volerais vite, vite, vite.*
³) Marelle S. 195.  ⁴) Grenzstrich zwischen österreichisch Schlesien und Mähren.

Wenn *Grube*[1]) diese Liedchen als „leicht und schlank, voll Anmut und Herzensfrische, schwungvoll und doch kindlich einfach und unschuldig zugleich" charakterisiert, so bin ich weit entfernt, diesem Urteile nicht voll und ganz zuzustimmen. Allein so liebenswürdig und erquickend sein Buch auch in betreff des deutschen Volksliedes ist, die Vergleiche, welche er hin und wieder mit französischen Liedern anstellt, leiden an dem einleitend schon zur Genüge gekennzeichneten Übelstande, dafs er das französische Volkslied gar nicht zu kennen scheint, dafs er die *Chanson* — im deutschen Sinne — mit der *chanson populaire* verwechselt. Wie soll man es sich sonst erklären, wenn er von den giftigen Refrains französischer Lieder spricht.[2]) Glaube ich doch durch die bisher erwähnten Proben hinreichend gezeigt zu haben, dafs die Kehrreime französischer Volkslieder heiter und harmlos, wohl auch satirisch, aber durchaus nicht **giftig** sind. Wenn *Grube* endlich in den allgemeinen Irrtum verfällt, dem französischen Liede das Gemütvolle abzusprechen,[3]) so hoffe ich, dafs gerade das Sehnsuchtsliedchen den Irrtum dieser Behauptung schlagend erweist. Will man **gerecht** sein, so wird man zugestehen müssen, dafs die Sehnsucht des französischen Mädchens sich ebenso leicht und anmutig, schwungvoll und doch kindlich einfach und unschuldig zugleich in den beiden Versen malt:

>Celui que mon cœur aime tant
>Il est dessus la mer jolie.
>Petit oiseau, tu peux lui dire,
>Petit oiseau, tu lui diras
>Que je suis sa fidèle amie
>Et que vers lui je tends les bras.
>
>Ah! si j'étais petit oiseau,
>A travers l'air, pardessus l'eau
>Je vole vole volerais vite
>Au pays où mon cœur habite,
>Si j'étais petit oiseau!

Aber auch nach anderer Richtung hin ist dieses Lied lehrreich geworden.

---

[1]) A. W. Grube, Deutsche Volkslieder, S. 23, 25.   [2]) Grube S. 102.
[3]) Grube a. a. O. S. 51.

Um der Volksdichtung künstlerischen Wert zu verleihen, sagt ein französischer Dichter, müsse sie im Schmelztiegel der (Kunst-)Poesie umgegossen werden;[1]) ähnlich sprechen sich in ihren Einleitungen Graf *de Puymaigre* wie der unbekannte Herausgeber der *Poésies béarnaises* aus. Gerade das vorliegende Lied liefert uns nun ein bezeichnendes Beispiel für diese Umschmelzung, indem der bekannte Dichter, Bart- und Haarkünstler *Jacques Jasmin* aus *Agen*,[2]) in gleichem Irrtum wie die vorhin erwähnten Persönlichkeiten befangen, das alte, einfache und doch so nachdrucksvolle Sehnsuchtsliedchen durch folgende Poesie (?) zu übertreffen glaubte:

> Ces montagnes qui sont si hautes,
> M'empêchent de voir où sont mes amours;
> Si je savais où les voir, où les rencontrer,
> Je franchirai le torrent sans crainte de me noyer.
> De la patience, les montagnes s'abaisseront,
> Et mes amours paraîtront.[3])

Welche Schwerfälligkeit in den Worten:

> De la patience, les montagnes s'abaisseront,

wo das Volkslied den nachdrucksvollen Ausruf hat:

> Levo te, valloun, baïsso te, mountagno.

Kann das abstrakte:

> mes amours paraîtront

den Vergleich mit der plastisch uns vorgeführten

> mie Jeannetoun

aushalten, deren schlichte Einfachheit so wirksam mit der Kraft ihrer Sprache kontrastiert? Sicherlich nicht. Und dieser Versuch ist nicht blofs vereinzelt für Frankreich geblieben; auch in Deutschland haben wir in den seltsamen Umdichtungen *Kleinpauls*[4]) ein gleich lehrreiches Beispiel, wie schal der frische Trunk aus dem Born der Volksdichtung wird. Es genügt nicht,

---

[1]) Champfleury S. 129. [2]) Im Dep. Lot-et-Garonne. [3]) Aus dem Dialekt von Agen, der übrigens vielfach mit französischen Ausdrücken durchsetzt ist, ins Französische übertragen von Champfleury (Limousin et Marche) S. 130. [4]) Kleinpaul, Ausgewählte echte Volkslieder nebst Umdichtungen derselben.

ein gewiegter Kenner der Volksdichtung zu sein, es gehört ein
von Gott begnadeter Dichter wie Goethe dazu, um einen solchen
Versuch mit Glück zu wagen.

Die gleichen Gefühle sehnsüchtiger Liebe finden sich in echt
volkstümlicher Fassung in einem neueren baskischen Liede, dessen
Held *Betiri* bei dem Abschiede von seiner geliebten *Magna*
ausruft:

„Ach, könnte ich gleich der Schwalbe die Luft durch-
schneiden, hin über das Meer würde ich eilen zu meiner Geliebten; und nicht früher wollt' ich rasten, bevor ich sie nicht
in meine Arme geschlossen."

„Und wenn auf dem Meere, im wütenden Tosen des Sturmes
Gefahren mich stündlich bedräuen, dann bete, bete für mich,
dafs ich sicher den Hafen der Liebe erreiche."

(*Basse-Navarre*.) [1]

Sehnsuchtslieder ähnlicher Stimmung haben uns *Poitou*, *Aunis*
und *Saintonge* wie die *Picardie* bewahrt. Fern von der Geliebten
fragt der Hirte den Gefährten, ob er sie nicht gesehen. Die
Schilderung, welche er nun von seiner Schönen entwirft, malt
uns in wenigen, aber meisterhaften Strichen ihr anmutiges Bild.
Als er vernimmt, dafs sie am Rande einer Quelle sitze und
dem Vogel der Liebe ihr Leid klage, da neidet er demselben
die Nähe der Geliebten; aber der Gedanke kennt keine Schranken
— in Gedanken entspinnt sich ein Gespräch, welches unter
dem Bilde der Rose das Verlangen und Gewähren sehnsüchtiger
Liebe veranschaulicht:

Berger, berger, n'as-tu pas vu,
N'as-tu pas vu la beauté même?
Comment est-elle donc vêtu'?
Est-elle en soie, est-elle en laine?

Elle est vêtue en satin[2] blanc
Et dans[3] ses mains blanches mi-
           taines;[4]
Ses cheveux qui flottent au vent,
Ont une odeur de marjolaine.

Elle est là-bas, dans ces vallons,
Assise au bord d'une fontaine;
Dans ses mains se tient un oiseau,
A qui la bell' coute ses peines.

Petit oiseau, qu' tu es heureux
D'être ainsi auprés de ma belle!
Et moi qui suis son amoureux,
Je ne puis pas m'approcher d'elle!

---

[1] Fr. Michel *Le pays basque* S. 311.     [2] *satin* Atlas.     [3] *dans* auf.
[4] *mitaines* Damenhandschuhe (ohne Finger).

‚Peut-on être auprès du rosier
Sans en pouvoir cueillir la rose'?
— „Cueillissez-la, si vous voulez,
Car c'est pour vous qu'elle est déclose."

(*Picardie.*)[1]

Glücklicher als die bisher geschilderten Liebenden ist der Geliebte unseres folgenden Liedes. Auch er ist von seinem Lieb getrennt, aber nicht das glänzende Meer, nicht hohe Berge und tiefe Thäler verlegen ihm den Weg zu seiner Erwählten. Er hat von seinem Lieb geträumt: sie wäre tot und begraben. Schnell läfst er sein Rofs satteln und zäumen. Auf dem Wege stolpert sein Pferd über drei Rosen. Er pflückt sie für sein Lieb: Die rote, oh schöne Maid, gleicht eurer Schönheit, die grüne der Hoffnung, welche uns beseelt, die dritte, die weifse, wie wir vermuten dürfen, der Reinheit meines Herzens. Der Traum war also nur ein neckischer Kobold, das Überschäumen eines allzu sehnsüchtigen Gefühles, das i h m den Anblick der Geliebten u n s das zarte Gedicht eingetragen:

Las![2] j'ai rêvé l'autre nuit, (bis)
Que ma mie était morte,
Lanlire,
Que ma mie était morte,
Lanla.

Sellez,[3] bridez[4] mon cheval, (bis)
Que j'aille voir ma mie,
Lanlire,
Que j'aille voir ma mie,
Lanla.

En passant par bois, par champs[5] (bis)
De la Roche[6] à Pouzauges,[6]
Lanlire,
De la Roche à Pouzauges,
Lanla.

Mon cheval tombe à deux genoux, (bis)
Sur trois boutons de rose,
Lanlire,
Sur trois boutons de rose.
Lanla.

---

[1] Champfleury S. 4 vgl. Bujeaud I, 219 ff. In Poitou, wie in Aunis und Saintonge sitzt die Schöne nicht am Rande einer Quelle, sondern inmitten der Ebene; während aber in Bas-Poitou das Lied mit dem vorletzten Verse abschliefst, so dafs, was nicht unwahrscheinlich wäre, der letzte Vers der Lesart aus der Picardie für einen Zusatz gelten könnte, zeigt das Lied aus Côtes du Poitou, Aunis und Saintonge ein ähnliches Zwiegespräch: auf die Klagen des Liebenden entgegnet die Geliebte, dafs seine Schmerzen i h r e Schmerzen seien. [2] *las* (spr. *la-ce*) fam. = ach. [3] *seller* satteln. [4] *brider* zäumen. [5] *par bois par champs* durch Feld und Wald; vgl. *par monts et par vaux* über Berg und Thal. [6] *la Roche* Hälfte des eigentl. Namens; vgl. das zu S. 85 Anm. 1 von St Ste Gesagte. Wahrscheinl. *la Roche-sur-Yon*, welches, wie *Pouzauges*, in der *Vendée* gelegen ist.

Des trois j'en ai cueilli la fleur, (bis)  
Pour porter à ma mie,  
 Lanlire,  
Pour porter à ma mie.  
 Lanla.

„La vermeille¹) c'est votre beauté, (bis)  
„La verte, l'espérance,  
 Lanlire,  
„La verte, l'espérance,  
 Lanla.

 „L'autre, ma mie, c'est mon cœur, (bis)  
 „Mettez-le avec le vôtre,  
  Lanlire,  
 „Mettez-le avec le vôtre,  
  Lanla.

(Poitou.)²)

Sucht hier der Reiter das Schönste auf den Fluren, womit er seine Liebe schmückt, so wünscht in einem Liede aus der Gascogne der Geliebte seinem gewifs leckern Schätzchen, dafs die papierweifsen Blüten des Mandelbaumes lauter Mandeln wären, welche er für sein Lieb sammeln wolle. Besonders häufig beziehen sich die Wünsche für die Geliebte auf ihren Putz, und in den Entführungsliedern findet sich als stehender Schlufs, dafs der Entführer sein Lieb in Gold und Silber, in Samt und Seide zu kleiden verspricht.

Ein ganz eigenes Beispiel dieser Wunschlieder hat sich aus *Lyonnais* und *Aunis* erhalten. Der ländliche Dichter stellt eine Reihe von Mädchen mit seinem Schatz zusammen; für jede der Schönen hat er einen Wunsch, den besten aber doch immer für seine Herzallerliebste. In dem Liede aus *Lyonnais* tritt ein Königssohn mit den Mädchen in Berührung, und zwar mit *Dine*, *Chine*, *Claudine*, *Martine*, *Cath'rinette* und *Cath'rina*, der schönen *Suzon*, der Herzogin von *Montbazon*, *Madelaine* und — *last not least* — *du Maine*. Während er aber die übrigen nur begrüfst, umarmt er *du Maine*, weiht ihr das Schönste und Beste und führt sie auf sein Schlofs, nachdem er ihr, als der Erwählten seines Herzens, einen schönen Demantring geschenkt.

Auch in dem Liede von *Aunis* werden einleitend zehn Mädchen genannt, — der Eingang ist also geblieben — jedoch im Verlaufe des Liedes nur acht Mädchen mit Namen erwähnt: *Mine*, *Fine*, *Bellouine*, Schwester *Catherina*, *Suzon*, eine Marquise mit hochberühmtem, jedoch nicht genanntem Namen, die junge

¹) *vermeil, lle* (hoch)rot.  ²) Bujeaud I. S. 284. 285.

Hélène, endlich Dumaine, welche gleichfalls dem Herzen des Dichters am nächsten steht. Den sieben ersten wünscht unser Sänger einen Soldaten, der Dumaine einen Offizier, — wie das Herz der Schönen diesen entgegenschlägt, wissen wir schon — in betreff ihres Heims den ersten eine einfache Wohnung, seiner Erwählten ein Schloſs, zum Essen den ersten: Brot, seiner Geliebten Torte, zum Nachtisch jenen eine Birne, dieser: Marzipan.

Lyonnais.

Nous étions dix filles dans un pré,
Tout's les dix à marier,
   Y'avait Dine,
   Y'avait Chine,
Y'avait Claudine et Martine:
   Ah! ah!
Cath'rinette et Cath'rina,
Y'avait la belle Suzon,
La duchesse de Montbazon,
   Y'avait Madelaine,
Il y avait la Du Maine.

Le fils du roi vint à passer,
L' fils du roi vint à passer
   Salua Dine,
   Salua Chine,
Salua Claudine et Martine,
   Ah! ah!
Cath'rinette et Cath'rina;
Salua la belle Suzon,
La duchess' de Montbazon
   Salua Madelaine
Embrassa la du Maine.

A toutes il fit un cadeau,
A tout's il fit un cadeau;
   Bague[1]) à Dine,
   Bague à Chine,
Bague à Claudine et Martine,
   Ah! ah!
Cath'rinette et Cath'rina;

Aunis.

Il y a dix filles dans un pré,
Il y a dix filles dans un pré;
   Il y a la Mine,
   Il y a la Fine,
Il y a la jeune Bellouine,
   Houpe, la la!
Il y a la sœur Catherina,
Il y a la jeune Suzon,
Et la marquise du grand nom.
   Il y a la jeune Hélène,
Et aussi la Dumaine.

Toutes les dix bonnes à marier,
Toutes les dix bonnes à marier;
   Soldat à Mine,
   Soldat à Fine,
Et à la jeune Bellouine,
   Houpe, la la!
Soldat à sœur Catherina,
Et à la jeune Suzon,
A la marquise du grand nom,
   Soldat la jeune Hélène,
Officier la Dumaine!

Toutes les dix sur le manger,[2])
Toutes les dix sur le manger;
   Pâté[3]) à Mine,
   Pâté à Fine,
Pâté à la jeun' Bellouine,
   Houpe, la la!
Pâté à sœur Catherina,

---

[1]) *Bague* Ring (bes. mit Steinen). [2]) *sur le manger* in betreff des Essens; Infinitive, welche die Stelle eines Substantivs im Französischen vertreten, selten. [3]) *Pâté* Pastete.

| Lyonnais. | Aunis. |
|---|---|
| Bague à la belle Suzon, | Et à la jeune Suzon, |
| La duchess' de Montbazon, | A la marquise du grand nom, |
| Bague à Madelaine. | Et à la jeune Hélène, |
| Diamants à la du Maine. | Tourtière³) la Dumaine. |
| | |
| Puis il leur offrit à coucher. | Toutes les dix sur le dessert, |
| Il leur offrit à coucher; | Toutes les dix sur le dessert; |
| Paille¹) à Dine, | La poire⁴) à Mine, |
| Paille à Chine, | La poire à Fine, |
| Paille à Claudine et Martine, | La poire à la jeun' Bellouine, |
| Ah! ah! | Houpe, la la! |
| Cath'rinette et Cath'rina; | Poire à la sœur Catherina, |
| Paille à la belle Suzon, | Et à la jeune Suzon, |
| La duchess' de Montbazon, | A la marquise du grand nom, |
| Paille à Madelaine, | Poire à la jeune Hélène, |
| Beau lit à la du Maine. | Massepain⁵) la Dumaine. |
| | |
| Puis toutes il les renvoya,²) | Toutes les dix pour le loger, |
| Toutes il les renvoya; | Toutes les dix pour le loger; |
| Chassa Dine, | Logis à Mine, |
| Chassa Chine. | Logis à Fine, |
| Chassa Claudine et Martine, | Et à la jeune Bellouine, |
| Ah! ah! | Houpe, la la! |
| Cath'rinette et Cath'rina, | Logis à sœur Catherina, |
| Chassa la belle Suzon, | Et à la jeune Suzon, |
| La duchess' du Montbazon, | A la marquise du grand nom, |
| Chassa Madelaine, | Et à la jeune Hélène |
| Et garda la du Maine. | Et château la Dumaine. . |
| (*Lyonnais.*)⁶) | (*Aunis.*)⁷) |

Betrachten wir beide Lieder ihrer Form nach, so dürfte es schwierig zu entscheiden sein, wem die Palme zuzuerkennen sei. Mit besonderem Geschick ist in beiden Fällen der Fehler vermieden, durch eine einfache Aufzählung der Mädchen ermüdend zu wirken. Der Gebildete kann sich dieses *a priori* denken und sinnt darauf, wie er es vermeide; der Volksdichter fühlt es instinktiv und unterbricht die Herzählung in ebenso einfacher, wie wirkungsvoller Weise durch einen Jauchzer; im ersteren

---

¹) *Paille* Stroh. ²) *renvoya* schickte heim. ³) *Tourtière*, bei Sachs-Villatte findet sich nur die Bedeutung Tortenform; doch wie diese Stelle bezeugt, bedeutet *tourtière* auch den Inhalt der Form, die Torte selbst; vergl. Bujeaud I, 91; *tourtière se dit aussi bien du gâteau qui se fait dans la tourtière que de l'instrument lui-même.* ⁴) *poire* Birne. ⁵) *massepain* Marzipan. ⁶) Champfleury S. 174 ff. ⁷) Bujeaud I, 90 ff. Var. Buchon (*Franche-Comté*) S. 82.

Liede durch das einfache *la la*, im zweiten durch das kräftigere *Houpe, la la*. Hat er auf diese Weise gewissermafsen Atem geschöpft, so führt er seine Leporellostrophe zu Ende. Inhaltlich betrachtet erscheint uns das Lied aus *Lyonnais* das bedeutendere, weil es ein abgerundetes Ganze bildet und mit dem Verlöbnisse schliefst, während die Lesart von *Aunis* einfach in anmutig neckischer Weise den allerdings auch tieferen Gedanken zum Ausdruck bringt, dafs für die Geliebte nichts zu schön, dafs so ein verliebter Thor, um mit Goethe zu sprechen, Sonne, Mond und Sterne verpufft, der Geliebten zu Gefallen.

Es wäre nicht menschlich, wenn diejenigen, welche vor Sehnsucht vergehen, nun, wenn sie beisammen sind, sich nicht necken sollten. Ruft doch das seltsame Gefühl der Liebe nicht blofs freudige Empfindungen wach, sondern eine ganze Flut anderer Erscheinungen, von dem leichten Schmollen bis zu Zank und Streit, Eifersüchteleien und Entfremdungen, Reue und tiefen Schmerz.

*Boileau* in seiner *Art poétique*[1]) nennt mit Recht den Franzosen den gebornen Spötter —

le Français né malin.

und diese Eigenschaft bestätigt in hohem Grade auch das Volk; nicht nur dafs in einer Anzahl seiner Lieder hauptsächlich der spottende **A b s c h l u f s** sie als **f r a n z ö s i s c h e** kennzeichnet, auch eine ganze Reihe selbständiger Lieder zeigen diese Neigung in hervorragender Weise. Ganz allgemein wendet sich der Spott gegen verschiedene Stände und Gewerbe, selbst die Geistlichen bleiben nicht verschont, während die weiblichen Mitglieder des geistlichen Standes nur selten davon betroffen werden. Besonders häufig aber richtet sich der Spott gegen das Nachbardorf, und innerhalb derselben Gemeinde schärft sich der Gegensatz zwischen den beiden Geschlechtern, zwischen Mann und Weib, zwischen Bursch und Mädchen. Jedes Geschlecht ist eben eingenommen von dem seinen und sucht sich selbst auf Kosten des andern zu erheben.

[1]) Boileau, *Art poétique* II. 182.

Daher lautet auch dasselbe Lied, je nachdem es aus dem Munde des Mannes oder der Frau tönt, ganz verschieden. Flüstert die Nachtigall den Männern zu:

>Que les femmes ne valent rien,
>Et les filles encore bien moins;
>Pour les hommes je n'en dis rien,
>Pour les garçons je les soutiens.[1)]
>
>(*Angoumois.*)[2)]

so verrät sie den Frauen „*en son latin*":[3)]

>Que les hommes ne valent rien,
>Et les garçons encore bien moins;
>Pour les femmes je n'en dis rien,
>Et pour les filles je les soutiens.
>
>(*Angoumois.*)[4)]

und einen Mittelweg schlägt ein Lied aus der *Champagne* ein; denn die Vögel des Waldes singen hier:

>Que les femmes ne valent rien,
>Et les hommes encore bien moins;
>Pour les fill's, ils en dis'nt du bien.
>
>(*Champagne.*)[5)]

Und die Mädchen singen, dafs s i e treu sind wie Silber und Gold, die M ä n n e r aber wetterwendisch oder flüchtig wie das Blatt, das der Wind verweht:

>Les garçons sont volages
>Comme pluie et vent,[6)]
>   Maman.
>Les filles sont fidèles
>Comme l'or et l'argent.
>
>(*Saintonge, Aunis, Angoumois.*)[7)]

>Les filles sont fidèles
>Comme l'or et l'argent
>   Vous qui menez la ronde
>   Menez-la rondement.

---

[1)] *je les soutiens* ich trete für sie ein. [2)] Bujeaud I, 79. [3)] *en* (auch *dans*) *son latin*, häufig vom Vogel (Nachtigall, Rabe u. s. f.) gebrauchte Redewendung. welche auf die alten Fabliaux zurückgeht: *Li oisiax dist en son latin* (vergl. Bujeaud I, 79). In betreff des Deutschen vergl. Luthers Ausspruch: der kühle Wein macht gut Latein. Es dürfte also bedenklich sein, *en son latin* mit „auf Latein" zu geben, wie Kamp: „Französ. Kinderlieder" S. 98 dies gethan hat. [4)] Bujeaud I. 79. [5)] Champfleury S. 212. [6)] Var. *comme la poudre au vent.* [7)] Bujeaud I, 143.

> Les garçons sont volages
> Comme la feuille au vent.
> Vous qui menez la ronde,
> Menez-la rondement.
> (Champagne.)[1] (Poitou.)[2]

Dagegen rächen sich die jungen Leute, indem sie singen, dafs die Mädchen nicht sonderlich teuer seien, erhalte man fünfzig doch schon für einen Dreier, und doch wolle sie niemand:

> Sont chères les filles,
> Sont chères pas trop,
> Cinquante pour deux liards[3]
> Encore, encore
> Cinquante pour deux liards
> Encore on n'en veut pas.
> (Angoumois.)

Und in schärfster Weise wirft ein wandernder Händler, welcher sicherlich Unglück in der Liebe gehabt und von den Schönen von *Avignon* einen Korb erhalten hat, sämtlichen Schönen Untreue vor:

> Les filles d'Avignon,
> Sont comme les melons.
> Sur cent cinquante,
> N'y en a pas un de mûr;
> La plus charmante
> N'a pas le cœur bien sûr.
>
> Laire, laire lan la lun laire,
> Lan laire, laire landerira.
> Qui donc m'achétera
> Ces peaux de chat, de bique,[4] de lièvre?
> Ah! qui donc les prendra,
> Ces peaux de chien, de bique, de chat.
> (Comtat d'Avignon.)[5]

Diese kleinen Pfeile, welche hin- und hergeschossen werden, fliegen besonders scharf bei Festen, wo alt und jung, Mann und Weib versammelt sind.

Bei Besprechung der Volkslieder aus *Orléanais* erwähnt

---

[1] Marelle a. a. O. S. 204 ff. [2] Bujeaud I. 189. [3] *liards* = 1¼ *sous*, Heller, Deut; vergl. *n'avoir pas le liard* keinen roten Heller, keinen Deut haben. [4] *bique*, fam. und alt für Geifs, auch für Pferd (Mähre). [5] Champfleury S. 190.

*Champfleury*,[1]) dafs in *Sologne* bei einem Dorffeste — welchem ist nicht gesagt — sich die Burschen und Mädchen in einer Schenke versammeln und zwar in getrennten Zimmern. In einem gegebenen Augenblick öffnen die Burschen die Verbindungsthür, einer von ihnen tritt hervor und singt ein Spottvers'chen gegen die Mädchen, obwohl es eigentlich dem starken Geschlecht nicht ziemt, vorbereitet gegenüber den Mädchen zu erscheinen, die unvorbereitet sofort eine Antwort gegen die Burschen zu richten haben. Dann folgt ein Spottvers'chen nach dem andern, hinüber und herüber.

Wir haben bis jetzt geglaubt, dafs diese Dichtungen, deren Charakter sich am besten in dem Worte Schnaderhüpfel zusammenfassen läfst, nur im Süden Deutschlands, in den Alpengegenden, heimisch wären.

Dr. *Dunger*, welchem die deutsche Litteratur das Erschliefsen der Volkspoesie des Vogtlandes dankt, hat in den „Rundâs"[2]) seiner Heimat, gezeigt, dafs die Schnaderhüpfl'poesie auch in diesem Teile unseres deutschen Vaterlandes heimisch ist; ganz ausdrücklich bezeugt der Verfasser in seiner ebenso geschmackvollen wie den Gegenstand erschöpfenden Einleitung, dafs namentlich die Zwischenpausen auf dem Tanzboden mit dem Singen von „Schlumperliedle"[3]) ausgefüllt werden. Ähnlich berichtet *Moe*,[4]) — bei Erwähnung der Stev[4])sänger, — dafs auch in Norwegen solche Liederwettkämpfe zwischen Burschen und Mädchen stattfinden.

Unbekannt dürfte es aber selbst den Franzosen geblieben sein, dafs sie ebenfalls jene Gattung von Liedern besitzen, was bei ihrer Anlage zum Spott gar nicht zu verwundern ist. Diese Liedchen, die als „Schnaderhüpfl" nirgends erkannt sind, dienen

---

[1]) S. 177. [2]) Rundâs und Reimsprüche aus dem Vogtlande. Mit 22 vogtländischen Schnaderhüpfl'-Melodieen von Dr. Hermann Dunger. Plauen 1876. Es ist aufs lebhafteste zu wünschen, dafs diesem ersten Teile der trefflichen Sammlung bald der zweite folge, wie der Verfasser in dem Vorworte zusagt. [3]) Dr. Hermann Dunger, *Rundâs*, Einleitung S. XXXI ff. [4]) Moe *Samlede Skrifter*. Stevsänger heifsen die besonders im Singen von Spottvers'chen geübten Sänger; sie bilden also in Norwegen gewissermafsen eine eigne Klasse.

nicht nur zur gegenseitigen Verspottung von Landschaft zu Landschaft — Zeuge ein „Schnaderhüpfl" aus *Limousin:*

> Quoiqu'en Auvergne on ait la barbe fine,
> En Limousin on la leur ferait bien
> Ici l'barbier leur raserait l'menton,
> Sans fin rasoir et même sans savon.
> 
> (*Limousin.*)[1]

sondern namentlich, wie bereits oben angedeutet, zur gegenseitigen Neckerei der liebebedürftigen Geschlechter. Wenngleich *Champfleury* von jener Stelle sagt, dafs der Betreffende, welcher diesem Sängerkriege beiwohnte, weder die Lieder noch die Noten aufgeschrieben, so glaube ich doch Liederchen wie Melodieen[2] gefunden zu haben, welche dieser Gattung beigezählt werden können:

> Lorsque les filles sont ensemble
> Plus bavardes que des pies,[3]
> De bons tours de l'amour
> Elles parleraient nuit et jour.
> 
> Lorsque les femmes sont ensemble,
> De vin elles boivent quelques pots.[4]
> De (leurs) discours, de (leurs) propos,
> On achèterait cinquante maisons.
> 
> (*Gascogne.*)[5]

richtet sich gegen das weibliche Geschlecht, während die nächsten gegen die Männer gemünzten Vers'chen lauten:

> Quand les garçons se trouvent ensemble
> Au baril[6] ils donnent la chasse;
> Et dans la cour des cabarets[7]
> Ils s'allongent complètement ivres.[8]
> 
> Quand les hommes sont ensemble:
> Qui se rassemble, s'assemble[9]
> Tabaqui tabacas[9]
> Ils ont la goutte au bout du nez.[10]
> 
> (*Gascogne.*)[11]

In ganz lokaler Färbung und Schärfe tadeln die Mädchen in folgenden Versen, dafs die Burschen nicht Geld haben, um die

---

[1] Champfleury S. 136. Wie Bujeaud I, 159 berichtet, sagen die Bewohner des nördlichen Angoumois das gleiche von den Limousinern, was diese den Auvergnaten nachsagen. [2] S. Kap.: Musik. [3] *Plus bavardes que des pies* (pi(c)a) geschwätziger als Elstern. [4] *pots* ehem. Kanne, Mafs. Dafs den Getränken, mehr als gut ist, seiten des weiblichen Geschlechtes auch in Frankreich zugesprochen wird, bezeugt das Volkslied des öfteren; vergl. S. 72, Anm. 4; sowie Kap.: Ehelieder. [5] Cénac-Moncaut S. 350. [6] *baril* Fäfschen. [7] *la cour des cabarets* Wirtshaushof. [8] *s'allonger* populär und selten = prügeln, sich zudecken; *ivre* trunken. [9] Die beiden Verse ahmen zugleich die Geschwätzigkeit der kannegiefsernden Bauern nach. [10] *ils ont la goutte au bout du nez; goutte* Tropfen: also unerfreuliches Bild des Schnupfers. [11] Cénac-Moncaut S. 350.

Musik zum Tanze zu bezahlen, wohl aber Geld, um ins Wirtshaus zu eilen:

Car les garçons de Daigny [1]  
N'avons pas pour les [2] payer;  
Mais ils ont bien de l'argent  
Pour au cabaret aller.  
      (*Champagne*.) [3]

Il nous faut danser en rond  
  Faute de violons;  
Les beaux garçons de Villers. [1]  
N'ont point d'argent pour les payer.  
      (*Champagne*.) [3]

worauf wenigstens dem Sinne nach ein Schnaderhüpfl aus *Morvan* passen würde. Dasselbe spielt auf die Putzsucht der Mädchen an, welche die nötigsten Kleider veräufsern, um Tand zu kaufen. „Oben hui, unten pfui!" wie das Volk in Ostpreufsen sagt.

    C'est les filles de Château-Chinon,  
      Les petites Morvandelles [4]  
    Qui ont vendu leur cotte et cotillon  
    Pour avoir des dentelles. [5]  
                  (*Nivernais*.) [6]

Auf den derben Klotz ein derber Keil — läfst doch das folgende Vers'chen an den Burschen kein gutes Haar:

    Quand un garçon vaut mieux qu'un chien  
      C'est par aventure [7]  
    Si par hasard il fait du bien  
      C'est contre sa nature.  
             (*Champagne*.) [8]

Die reizendste, zarteste Neckerei findet sich aber in einem aus der *Champagne* wie aus *Bourbonnais* gleichzeitig mitgeteilten Liede: „*la Poursuite d'amour*" betitelt. Die Geliebte schmollt, weil der Geliebte sie länger als gewöhnlich hat harren lassen. Zwar verspricht er, sie dafür am nächsten Sonntag zu besuchen. Allein nun sucht die Geliebte ihm zu entschlüpfen; in eine Rose

---

[1] Daigny in der Nähe von Sedan (Ardennen); Villers? erster Teil eines Ortsnamens, vergl. S. 96 Anm. 6); nicht zu entscheiden, welcher Ort gemeint ist. [2] *les*, zu ergänzen *violons*. [3] Tarbé II, 176 u. Marelle a. a. O. S. 293. [4] *Morvandelle* Bewohnerin von *Morvan* alte franz. Landschaft. [5] *dentelles* Spitzen. [6] Champfleury S. 122, vergl. Var. Marelle a. a. O. S. 293:

    Elles vendraient cotte et cotillon  
    Pour avoir des dentelles,  
    Pour avoir des dentelles.

[7] *par aventure* fam. zufällig. [8] Tarbé II, 29.

will ich mich verwandeln, und Dir bleibt dann das Nachsehen. So schnell jedoch entschlüpft man dem wahren Liebenden nicht. Wirst Du zur Rose, so werde ich ein Winzermesser, welches das schöne Röslein schneidet; bis Du mich schneidest, bin ich die Schwalbe des Feldes, auf und davon! Wirst Du die Schwalbe des Feldes, werde ich zur Kugel, die Dich für immer erlegt. So schlingt sich in diesem reizenden Spiel ländlicher Koketterie Glied an Glied. Wird die Geliebte ein Karpfen, so wird der Liebende ein Netz. Droht sie ins Kloster zu gehen, so macht er sich zum Bischof; stellt sie sich tot, doch nur zum Spafs, wie sie vorsichtig hinzufügt, so ist auch schon der Geliebte als Himmelspförtner da, die Geliebte zu empfangen, und als sie endlich als Stern am Himmel aufleuchtet, wird er die leuchtende Wolke, welche sie umschliefst.

Mon amoureux m' délaisse,
I' s'fait d'sirer.
— J'irai te voir dimanche
Sans plus tarder.
J'irai la voir, la belle.
Par amiquié.[1])

— Oh! si tu viens dimanche,
Sans plus tarder,
Alors je me fais rose
Sur un rosier;
Et tu n'auras d' la belle
Nulle amiquié.

— Oh! si tu te fais rose
Sur un rosier.
Alors je m' fais serpette[2])
Pour te cueiller:
Et j' cueill' la belle rose
Par amiquié.

— Oh! si tu t' fais serpette
Pour me cueiller,
Alors je me fais caille,[3])
Courant les blés,
Et tu n'auras d' la belle
Nulle amiquié.

— Oh! si tu te fais caille
Courant les blés,
Alors je me fais balle
Pour te tirer;
Et paf! j' tir' la bell' caille
Par amiquié.

— Oh! si tu te fais balle
Pour me tirer,
Alors je me fais carpe
Dans le vivier.[4])
Et tu n'auras d' la belle
Nulle amiquié.

— Oh! si tu te fais carpe
Dans le vivier;
Alors je me fais nasse[5])
Pour t'attraper;
Et j'attrap' la bell' carpe
Par amiquié.

— Oh! si tu te fais nasse
Pour m'attraper,
Alors je me fais nonne
Dans le moustier;[6])
Et tu n'auras d' la belle
Nulle amiquié.

---

[1]) *par amiquié*, *q = t*. [2]) *serpette* Winzermesser. [3]) *caille* Schwalbe. [4]) *vivier* Fischweiher. [5]) *nasse* Reuse. [6]) *moustier* (lat. mo(na)sterium, dtsch. Münster), Kloster.

— Oh! si tu te fais nonne
Dans le moustier,
Alors je m' fais évêque
Pou' t' confesser;
Et j' confess' la bell' nonne
Par amiquié.

— Oh! si tu t' fais évêque
Comme un impi',
Alors je me fais morte
Seulement pou' rir'.
Et tu n'auras d' la belle
Aucun plaisi'.

— Oh! si tu te fais morte
Seul'ment pou' rir'.
Alors je m' fais saint Pierre
En paradis;
Et j'ouvre à la bell' morte
Pou' la r'teni'.

— Oh! si tu t' fais saint Pierre
Si traitrement,
Alors je m' fais étoile
Au firmament;
Et tu n'auras d' la belle
Nul agrément.[1]

— Oh! si tu t' fais étoile
Au firmament,
Alors je m' fais nuage,
Nuage blanc,
Et j'embrass' mon étoile
Au firmament,
Bien fermement.
(*Champagne.*)[2]  Var.: (*Bourbonnais.*)[3]

Wenn wir dieses Entwinden und sich Wiederfinden schauen, welches in reizender Weise den alten Spruch illustriert: der Liebenden Zank ist Erneuerung der Liebe, wem fällt da nicht ein, daſs auch Frankreichs gröſster Kunstdichter *Molière* als selbständiger Dichter zuerst mit einem Liebeszwiste hervortrat und dieses Schmollen und sich Wiederversöhnen so reizend fand, daſs er es in einer Reihe seiner Meisterwerke wiederholte, ohne

---

[1] *agrément* Freude.   [2] Marelle a. a. O. S. 193 ff.   [3] Champfleury S. 90. Bemerkenswerte Abweichungen statt *serpette*: *cueilleu*(r) Pflücker, statt *balle*: *chassecu*(r), statt *nasse*: *pêcheu*(r) Fischer, statt *évêque*: *prêcheu*(r), dann folgten zwei Verse, welche der oben mitgeteilten Lesart fehlen:

Si tu te mèts prècheu
Pour me prêcher,
Je m'y rendrai malade
Dedans mon lit;
Et tu n'auras de moi
Aucun plaisi.

Si tu te rends malade
Dedans ton lit,
Je m'y mettrai veilleu(r)
Pour te veiller;
Je veillerai la belle
Par amitié.

Der Rest in der Hauptsache gleich. — *Rathery* (*Moniteur* 27 mai 1853) macht gelegentlich dieses Liedes die anziehende Bemerkung, daſs der französische Volksdichter und — Anakreon, (in welchem Liede? da Anakreontea Edit. Bergk S. 313 Nr. 22 nicht paſst,) die gleichen Bilder gebrauchen.

uns dadurch zu ermüden. Sind so auch Kunst- und Volkspoesie ihrem Wesen nach verschieden, dort Tiefe und Kunst, hier Einfachheit und Naivität, so sind sie im Grunde genommen doch eins, nur Spielarten ein und desselben Volksgeistes. —

# Liebesleid.

Tu m'aimais,
Je sais cela.
Tu ne m'aimais plus,
Je sais cela —

Mais l'oubli, l'oubli,
Je ne sais pas encore cela — —
(*Elsass.*)

Les garçons se jouent de nos cœurs
Dès qu'ils ont l'honneur d'une fille,
Ils s'en vont le chanter en ville.
(*Pays messin.*)

J'avais promis à ma chérie
Que je l'aimerais jusqu'au tombeau;
Dessus la feuille d'un abricot
J'avais gravé cette promesse:
Mais il s'élève un petit vent
Adieu la feuille et le serment.
(*Angoumois.*)

## II. Liebesleid.

Scheiden und Meiden (Maiennacht). — Unglückliche Liebe — seiten des Mannes: Trost im Glase; — seiten des Weibes: hinwegscherzen — Entsagung (Spinnerlieder) — Opfer um Opfer. — Verführung (Pastourellen): Und kommst Du nicht willig — Die sinnliche Schöne — Lieber tot als entehrt — List über Gewalt - Verlassen und verführt — die Kindesmörderin — im Fegefeuer. — Untreue. —

Bisher war der Liebeszwist nur Tändelei, die Trennung erfolgte, um die Wiedervereinigung desto inniger zu gestalten, wir fühlen es hindurch, die neckische Lust erhöht das innige Gefühl, welches zwei Herzen miteinander verbindet. Aber nicht immer verläuft der Liebeszwist so harmlos; oft ist auch völlige Trennung die Folge. Dann ist die Art, wie dieses Gefühl der Vereinsamung sich Bahn bricht, ebenso mannigfaltig, wie die Äufserungen glücklicher Liebe: bald schmerzvoll klagend, bald sehnsuchtsvoll sich dem geliebten Gegenstande zuneigend, bald sich über den Wechsel alles Irdischen auf irdische Weise tröstend.

Als Typus der ersteren Gattung scheint mir das Lied: *A la claire fontaine*[1]) obenan zu stehen. Wie beliebt dasselbe sein mufs, ergibt sich schon aus seiner weiten Verbreitung. Nicht blofs in *Poitou*, *Champagne*, *Franche-Comté* und der *Normandie* finden wir es wieder — oft in derselben Provinz in einer Reihe von Lesarten — sondern selbst nach *Kanada* ward dieses Lied verpflanzt und zum Nationalgesang erhoben. Sein Inhalt

---

[1]) Nach Beaurepaire S. 45 ff. zugleich eins der wenigen Volkslieder, welches — in dem Stücke *Le piano de Berthe* — das Pariser Theater-Publikum entzückte; vergl. S. 12 ff.

ist fast überall der gleiche. Die Hauptstellen kehren, wie es dem Volksliede eigen ist, mit den gleichen Redewendungen wieder; nur der Kehrreim wechselt und trägt bald ein heiteres, bald ein schwermütiges Gepräge. Ich teile die Faſsung der *Normandie*, wie der *Champagne* mit, welche in betreff der handelnden Personen einen wirksamen Gegensatz bilden. Während in der *Champagne* d e r G e l i e b t e um sein blondes Mädchen klagt, das ihn verabschiedet hat, ist es in der *Normandie* d i e S c h ö n e , welche um den Geliebten weint, der sie verlassen hat; in beiden Fällen ist es eine Rose, die, von dem einen Teile dem andern verweigert, die Trennung auf ewig herbeiführt.

Eine Blume, und wäre es auch die Königin derselben, die Rose, kann so schwere Folgen nach sich ziehen? Wir müssen, um dieses zu erläutern, zunächst einiger Sitten gedenken, welche im Volke lebendig sind, und bei welchen allerdings die Blumen eine entscheidende Rolle spielen.

Noch heute wird in vielen Gegenden Frankreichs, wie uns dieses besonders aus der *Champagne*, *Lothringen*, der *Normandie*, *Poitou*, *Guyenne* und *Gascogne*, der *Dauphiné* und *Roussillon* bezeugt ist, das Nahen des Frühlings gefeiert; ein Gebrauch, welcher sich noch aus heidnischen Zeiten, den Zeiten der Verehrung von Naturkräften her schreibt, wenn auch dieser Ursprung nicht mehr im Volke lebendig ist.[1]) Im schönen Monat Mai, — und Frankreich erfreut sich wirklich eines solchen — wenn der laue Wind in den jungen Zweigen spielt, die Bienen um die erblühenden Blumen summen und die Vöglein im Walde lockend schlagen, mit einem Worte, wenn die Natur erwacht und sich in ihr bräutliches Festgewand kleidet, dann zieht auch die Freude in das Herz der Jugend ein, Spiel und Tanz im Freien beginnen und feierlich wird die schöne Sommerzeit eingeweiht. Junge schlanke Eschen werden schon am Vorabende des Maifestes gefällt, ihre Zweige mit Bändern und Sträuſsen geschmückt, — ein Blumenstrauſs krönt sie. Mit diesem Baum — *l'arbre des beaux jours* — durchzieht die frohe Schar die Straſsen, um überall, wo sich ein schönes Mädchen zeigt, Halt

---

[1]) Vergl. auch Uhland, Abhandlung über deutsche Volkslieder I S. 80 ff.

zu machen und zu singen. Am nächsten Morgen aber nach abermaligem Umzuge wird der Baum auf dem Platze vor der Kirche verpflanzt, in einigen Ortschaften unter Anrufung der heiligen Jungfrau. Dann beginnen um den Baum herum Spiel, Gesang und Scherz, und hier tritt besonders die Ronde mit ihren lustigen Weisen in den Vordergrund.

Aber der Hauptreiz liegt zwischen den beiden soeben beschriebenen Teilen des Festes; die jungen Burschen lassen die Maiennacht nicht vorübergehen, ohne ihrer Angebeteten eine Huldigung darzubringen, oder sich der Liebe der Schönen zu vergewissern, oft auch um sich zu rächen, wenn sie einen Korb erhielten. Wenn die Nacht ihre langen Schatten herabsenkt, dann schleichen die Burschen aus den Häusern:

> Voici le mois de Mai;
> Il ne faut plus dormir.
> Faut aller voir sa mie
> A l'heure de minuit.
> Lurette à fiu luron!
> Lurette à luron fin![1])
>
> (*Champagne*.)[2])

Mit Blumenguirlanden und Kronen, frischem Grün und stattlichen Zweigen beladen, sucht der Bursch das Haus seiner Liebsten auf, um ihr seine Huldigung darzubringen, wenn er ihrer Liebe sicher ist, um ihr ein Zeichen seiner Neigung zu geben, wenn er um ihre Liebe wirbt. Vorsichtig, soweit die schwere Last ihm dies gestattet, pflanzt er den stattlichen Baum, „der ihm fast die Schultern zu zerbrechen droht", vor das Fenster, „höher als Liebchens Haus", — schmückt ihre Thür und stiehlt sich dann eben so schnell hinweg, wie er gekommen, in der Hoffnung, dafs die Geliebte seine stille Werbung wahrgenommen. Wer könnte daran zweifeln, der das Mädchenherz kennt! Schon längst hat sie sehnsüchtig seiner geharrt! Und welche Freude mag ihr Herz beschleichen, wenn der reiche Blumenschmuck ihr seine treue Liebe zeigt, welcher Schmerz aber auch, wenn

---

[1]) *Lurette* wie *luron*, welche sich häufig im Kehrreim zusammen finden, seltene Ausdrücke für Maid und Bursche; in betreff der kreuzweisen Stellung vergl. S. 50 Anm. 1. [2]) Tarbé II, 55.

der sehnlichst Erwartete nicht erschienen, wenn der Schmuck, den sie erhofft, sich an fremder Thüre findet. Bitter beklagt sich bei dem Vater eins jener allzu wählerischen Mädchen, daſs ihrer Schwester wohl Huldigungen dargebracht würden, sie selbst aber wohl alte Jungfer bleiben werde.[1]

Während in der Mehrzahl der erwähnten Provinzen der Maienschmuck einfacher Natur ist und sein Symbol in sich selbst trägt, zeigt uns ein Bild aus *Roussillon* zur Zeit der Revolution eine gröſsere Vieldeutigkeit des Maienschmuckes: eine Krone auf der Spitze des Baumes bezeichnete, daſs der Liebhaber erhört sein wolle, Säbel und Strick dagegen deuteten den Entschluſs an, ins Kloster zu treten oder im Kampf für das Vaterland zu sterben.[2] In dem *Département du Lot* endlich hängt der Bursche, welcher sich über sein Mädchen zu beklagen hat, statt der Blumen und Bänder häſsliche Tierknochen, Pferde- und Rinderköpfe an die Maie, ein Schmuck, der sich aus den duftigen Blumenkronen der übrigen Häuser um so grausiger hervorhebt.[3]

Viele Lieder zeigen uns aber geradezu, daſs die Maie nicht bloſs dazu dient, die schon gewonnene Liebe zu bethätigen oder Miſsfallen zu bezeugen, sondern vornehmlich Liebe kühn zu erringen, sich für das Leben zu binden.

> Que donnerai-je à ma mie? (bis)
> Nous lui plant'rons un mai,
>     Lon la la, tire lire,[4]
> Nous lui plant'rons un mai
> Devant sa jolie porte.
>
> Tout en plantant le mai
>     Lon la la, tire lire,
> Tout en plantant le mai,
> Nous demand'rons la fille.
>
> (*Champagne*.)[5]

Und in reizendem Wechselgespräch mit der Herzallerliebsten erfleht der Bursche zum Zeichen der Gegenliebe einen Strauſs:

---

[1] Tarbé II, 53. [2] Champfleury S. 201. [3] Champfleury S. 58.
[4] Empfindungslaute, in denen Schmerz *lon la* und Freude *tire lire* (Klangnachahmung des Lerchengesanges) sich eint. [5] Tarbé II, 53.

Ma mie, ma douce amie,
Faites-moi un bouquet. —
Lurette à fin luron!
Lurette à luron fin.

Quel bouquet vous ferais-je?
Les romanins[1] sont secs.
La blanche marguerite[2]
Ne perd pas sa couleur. —

Non plus qu'une fillette
Près d'un franc serviteur.
Ma mie, ma douce amie,
Pour un bouquet mon cœur.

Lurette à fin luron!
Lurette à luron fin!

(Champagne.)[3]

In einem Maienliede der *Normandie* spricht der Bursche in nicht minder reizvoller Weise diese Wechselbeziehung zwischen Rose und Herz in den tief empfundenen Worten aus:

Le may que je lui planteray
Ne sera rose ne boutonne;
Sera mon cœur que je lui donne.

(*Normandie* XV<sup>e</sup> siècle.)[4]

Das Bindende in dem Begehren und Gewähren des Straufses in der Maiennacht zeigt nicht nur das Hinübergreifen vieler Maien- in die Ehelieder, sondern auch ein anderes Zwiegespräch, in welchem auf die freudige Hinweisung des Burschen:

Tenez, ma mie, voilà-z-[5]un moi

an Stelle der Maid die Mutter erwidert:

On n'a pas une fille pour un mai (bis)
Ni un garçon pour un bouquet.

(*Champagne*.)[6]

Kehren wir nunmehr zu dem oben erwähnten Liede zurück, welches unzweifelhaft die Maiennacht zum Hintergrund hat, so sehen wir in beiden unten gleichzeitig mitgeteilten Lesarten den verlassenen Teil, dort das junge Mädchen der *Normandie*, hier den Burschen der *Champagne*, an einer klaren Quelle, im Schatten einer Eiche rasten. Auf dem höchsten Gipfel der Eiche, schmettert der Liebenden Vogel sein Lied. Heute stimmt der fröhliche Nachtigallenschlag nicht zu dem schmerzerfüllten Innern

---

[1] *Les romanins* die Rosmarinen. [2] *marguerite* Mafsliebchen. [3] Tarbé II, 55 ff. [4] Gasté S. 132, Chans. XCIV. [5] In betreff des fälschlichen Herüberziehens des Volkes vergl. S. 90 Anm. 1. [6] Tarbé II, 52.

der Liebenden. Dein Herz ist freudig, holde Nachtigall, meines schwer betrübt. Mein Schatz hat mich verlassen, um einer Rosenknospe willen; — und nun ergeht sich das junge Blut in jenen anmutigen, das Volkslied gleichfalls so kennzeichnenden Übertreibungen, welche die Innigkeit der Liebe, wie die Tiefe des Schmerzes, gleich trefflich malen. O wäre die Rose noch am Rosenstock, — der ihn pflanzte, noch ungeboren, ja — und hier setzt das Lied mit ganz biblischer Kraft ein —, wäre das Weltall noch zu schaffen, um die Liebe meines Schatzes neu zu gewinnen.

A la claire fontaine
Les mains me suis lavé.
La hi tra la la la.

A la feuille du chêne
Me les suis essuyées.[1]
La hi tra la la la.

Sur la plus haute branche
Le rossignol chantait.
La hi tra la la la.

Chante, beau rossignol,
Toi qui as le cœur gai.
La hi tra la la la.

Le mien n'est pas de même,
Mon amant m'a laissée.
La hi tra la la la.

M'en revenant des noces
J'étais bien fatigué;
Au bord d'une fontaine
Je me suis reposé.
Oh! lan la, je ne sais,
Je ne sais ce que j'ai,
Lanlé.

Au bord d'une fontaine,
Je me suis reposé.
Sur une haute branche
Le rossignol chantait.
Oh! lan la, je ne sais,
Je ne sais ce que j'ai,
Lanlé.

Sur une haute branche
Le rossignol chantait.
Oh rossignol qui chante,
T'as[2] donc le cœur bien gai?
Oh! lan la, je ne sais,
Je ne sais ce que j'ai,
Lanlé.

Oh rossignol qui chante,
T'as donc le cœur bien gai?
Je ne suis pas de même,
Ma blonde[3] m'a chassé.
Oh! lan la, je ne sais,
Je ne sais ce que j'ai,
Lanlé.

---

[1] *essuyer* abtrocknen. [2] Volkstümliche Elision für Tu as. [3] *Ma blonde* kommt auch ganz allgemein (vorzugsweise allerdings im Norden und Osten) als Bezeichnung für „mein Schatz" vor, was doch wohl darauf hindeutet, dafs die Blondinen, wenigstens in jenen Teilen Frankreichs, nicht so selten sind, wie wir annehmen.

Pour un bouton de rose¹)
Que je lui ai refusé.
   La hi tra la la la.

Je voudrais que la rose
Fût encore au rosier,²)
   La hi tra la la la.

Et que le rosier même
Fût encore à planter,
   La hi tra la la la.

Et que le planteur même
Ne fût pas encore né,
   La hi tra la la la.

Et que mon ami Pierre
Fût encore à m'aimer.
   La hi tra la la la.
      (*Normandie.*)³)

Je ne suis pas de même,
Ma blonde m'a chassé;
Pour un bouquet de roses
Que je lui refusé.
   Oh! lan la, je ne sais,
   Je ne sais ce que j'ai,
      Lanlé.

Pour un bouquet de roses
Que je lui refusai!
Je voudrais que la rose
Fut encore au rosier.
   Oh! lan la, je ne sais,
   Je ne sais ce que j'ai,
      Lanlé.

Je voudrais que la rose
Fut encore au rosier,
Et que le rosier même
Fut encore à planter.
   Oh! lan la, je ne sais,
   Je ne sais ce que j'ai,
      Lanlé.

Et que le rosier même
Fut encore à planter,
Et que la terre entière
Fut encore à créer! . . .
   Oh! lan la, je ne sais,
   Je ne sais ce que j'ai,
      Lanlé.
      (*Champagne.*)⁴)

Es ist wohl nicht zu viel behauptet, wenn man dieses Lied in bezug auf die Tiefe, Anmut und Kraft des darin ausgesprochenen Schmerzes mit den herzzerreifsenden Klagen Gretchens am Spinnrade vergleicht und das schwermütige

   Oh! lan la, je ne sais,
   Je ne sais ce que j'ai,
      Lanlé.

¹) *bouton de rose* Rosenknospe.  ²) *rosier* der Rosenstock.  ³) Beaurepaire S. 46; Haupt-Tobler S. 3; interessante Variante aus der gleichen Provinz — Hinüberspielen in das Soldatenlied (vergl. dort) bei Champfleury S. 35. ⁴) Marelle a. a. O. 196 ff. Var. aus derselben Provinz bei Tarbé II. S. 204 ff.; in betreff der übrigen Varianten vergl. Buchon S. 76 Nr. 3, Bladé (Armagnac etc.) S. 91, 92, der dieses Lied seit seiner Kindheit kennt, endlich dasselbe Thema in nicht weniger als fünf Variationen bei Bujeaud I. S. 224—229. In betreff der Lesart aus Kanada vergl. Rathery, Moniteur 1853 S. 947.

als eine französische Schwester des deutschen Gedankens

> Meine Ruh' ist hin,
> Mein Herz ist schwer;
> Ich finde sie nimmer
> Und nimmermehr!

gelten läfst, während das trällernde

> La hi tra la la la

des ersten Liedes uns von neuem den scharfen Gegensatz zwischen Kehrreim und Inhalt des Liedes zeigen.

Mit diesem Lied sind wir wie von selbst hinübergetreten auf ein anderes, nicht minder weites und reiches Gebiet der Volksdichtung — das der **unglücklichen Liebe**. Und wenn wir auch nicht über das einfache Oh! eines unglücklich Liebenden in gleiches Feuer wie *Champfleury* geraten können,[1]) so sind die Worte, welche der Liebeskummer ausprefst, wohl geeignet, jedes menschliche Herz zu rühren, weil sie wirklich empfunden, weil sie **wahr** sind.

Besonders anziehend für den Deutschen ist es hier aus dem wiedergewonnenen Elsafs, ursprünglich deutsche Gedanken in französischer Fassung, wiederzufinden.

> Autant d'étoiles au ciel,
> Autant de gouttes d'eau dans la rivière,
> Autant de chagrins
> Me cause celle que j'aime.
>
> (*Elsafs*.)[2])

ist ein kleines Kabinetstück, welches auch in der französischen Übertragung seinen schwermütigen Charakter ebensowenig verleugnet, wie die folgende Klage, welche als Seitenstück zu dem herrlichen: „Über allen Wipfeln ist Ruh" angesehen werden kann; so stark ist der dichterische Eindruck, welchen das einfache Liedchen hervorruft:

> Tu m'aimais.
> Je sais cela.
> Tu ne m'aimais plus,
> Je sais cela.

[1]) Champfleury Préf. XXIII.   [2]) Champfleury S. 18.

Mais l'oubli, l'oubli,
Je ne sais pas encore cela!

(*Elsass.*)¹)

Wir haben schon gesehen, wie der ländliche Dichter die ihn umgebende Natur beseelt, wie er sie vermöge seines dichterischen Gefühls und seiner regen Gestaltungskraft teilnehmen läfst an seinen Freuden, an seinen — Leiden. Wie ganz anders, als in den Augenblicken seliger Erregung, klingt der Gesang der Nachtigall, wenn sie mit nachdrucksvoller Verstärkung singt:

Les amoureux sont malheureux toujours,
Les amoureux sont malheureux toujours.

(*Bourbonnais.*)²)

Die Blumen aber, welche sonst frisch und rosenrot blühen, sie hängen welk ihr Köpfchen, und mit der geknickten Immortelle vergleicht die unglücklich liebende Schäferin ihr herbes Los; — die Kräuter der Felder, welche sonst gegen so vieles menschliche Leid helfen, sie sind machtlos dem Liebesleid gegenüber:

Le mal d'amour est une rude peine;
Lorsqu'il nous tient, il nous faut en mourir; (bis)
L'herbe des prés, quoique si souveraine ...
L'herbe des prés ne saurait en guérir. (bis)

(*Bourbonnais.*)²)

Auch die Quelle, die Zeugin so mancher reizenden Stunde, taucht im Liebesleid wieder auf. An ihren rauschenden Wassern tauschte er Liebe, als sein Lieb ihm nahe, jetzt, da sie ferne bleibt, klagt er der klaren Quelle sein Leid. Zu innig hat er geliebt, inniger, als bei dem Weibe angebracht, welche „*suit qui la fuit, et fuit qui la suit*",³) wie Männerweisheit im Sprichwort sagt.

Wie ein Seufzer, welchen der einsame Geliebte an den fernen Gegenstand seiner Neigung richtet, klingt das zarte Lied:

---

¹) Champfleury S. 18. ²) Champfleury S. 96. ³) Marelle a. a. O. S. 196.

Là-bas dans ces verts prés,
Y a-t-un' clair' fontaine, (bis)
Où s'en vont les amants
Pour y conter leurs peines.
   Oh! Oh!
Que les amants, les amants ont de peines,
   Oh! Oh!
   Que les amants
Ont de peine en aimant!

Moi, j'y suis bien. allé
Pour y conter les miennes;
Mais je n'ai point trouvé
Celle qui m'y ramène.
   Oh! Oh!
Que les amants, les amants ont de peines,
   Oh! Oh!
   Que les amants
Ont de peine en aimant!

Les belles n'aiment point
Ceux-là qui trop les aiment;
Et je le sais trop bien
Car c'est ainsi que j'aime.
   Oh! Oh!
Que les amants, les amants ont de peines,
   Oh! Oh!
   Que les amants
Ont de peine en aimant! ...
              (*Champagne.*)[1] Var.: (*Poitou.*)[2]

Auch die Hirtenpoesie liefert uns für d i e s e Gattung von Liedern, wie für manche andere, welche in der Folge zu besprechen sein wird, reizende Belege. Bilden doch Hirt und Hirtin gerade jenen Teil des Volkes, welcher durch den beständigen Umgang mit der Natur und das völlige Verlassen- und Abgeschnittensein um so eher sein Herz der Dichtung öffnet, aus ihr Trost und Kraft, Erheiterung und Freude schöpft.

Die Schäferpoesie ist mehr wie einmal Gegenstand der Behandlung in der Litteraturgeschichte gewesen; aber nicht jene echte, wahre Hirtenpoesie, welche uns so unverfälscht in der Volksdichtung entgegentritt, sondern jener barocke Modegeschmack der bevorzugten Klassen des XVI. Jahrhunderts, welchen es in ihrer Blasiertheit gefiel, nach Luxus und Schwelgerei die Einfachheit und Unschuld des Schäferstandes zu parodieren.

Einen ersten, bedeutsamen Schritt zu der Kenntnis dieser Schäferpoesie, welche uns die wahre Natur des Volkes im Gegensatze zu der „lackierten Unnatur" jener Salonmenschen zeigt, hat *Karl Bartsch* in seinen altfranzösischen Pastourellen[3] und *Gaston Paris* in seiner Liedersammlung aus dem XV. Jahr-

---
[1] Marelle a. a. O. S. 195.   [2] Bujeaud S. 223 ff.   [3] Vergl. auch Gröber's Vorles. Altfr. Rom. u. Pastourellen, Zürich 1872.

hundert gemacht; eine Ausdehnung auf neuere Erzeugnisse ist wohl bisher noch nicht erfolgt, und doch machen die so ausgiebigen Sammlungen von *Bujeaud*, *Champfleury*, *Moncaut* u. a. diese Aufgabe ebenso anziehend wie leicht.

Ein gleich tief schmerzliches Gefühl wie in dem zuletzt geschilderten Liede spricht sich in einem Zwiegespräche zwischen Schäfer und Schäferin aus. Schon das Beiwort, welches der unglücklich Liebende seiner Erwählten gibt:

Bergère, mon souci,

deutet auf unglücklichen Ausgang hin. Was thust Du da auf grüner Flur, was sitzst Du so allein? so redet er sie an. Nicht viel, erwidert sie, ich weide die Schafe meines Vaters; — die Mutter ist nicht fern, fügt sie bedeutungsvoll hinzu! — Gestatte mir, Schäferin, mich auf grüner Flur an Deiner Seite niederzulassen. Nein, lautet die bestimmte Antwort, mein Hund möcht's nicht leiden! — Ach, seufzt der unglücklich Liebende, welcher die doppelte Abweisung gar wohl versteht, was bedeutet die Wut des Hundes gegenüber Deiner Kälte!

„Je ne crains point, bergère,<br>
La rigueur de ton chien;<br>
— — — — —<br>
Je crains plutôt, ma belle,<br>
Pour mon malheur,<br>
La rigueur plus cruelle,<br>
La rigueur[1] de ton cœur.“    (*Poitou*).[2]

Noch übler ergeht es dem verliebten Burschen der *Gascogne*, welcher sich anbietet, ihre Herden zu weiden, damit sie Sträufse flechte

l'un pour moi, l'autre pour vous.

Zu seinem Schmerze mufs er erfahren, dafs die Schäferin zuerst ihrer Lämmer denkt, welche sie mit Blumen kränzt, dann an ihren geliebten *Pierre*. Nimm diesen Straufs, armseliger Diener, so herrscht sie ihn an, und trage ihn zu meinem Geliebten. Für Dich aber, fügt sie mit einer Natürlichkeit hinzu,

---

[1] Ich habe durch das gegensätzliche **Wut** und **Kälte** zu geben versucht, was französisch hübscher dasselbe Wort *rigueur* ausdrückt. *rigueur* von der **Geliebten** gebraucht, bedeutet Sprödigkeit, Unerbittlichkeit. [2] Bujeaud S. 210. Var. S. 211.

die einer Schäferprinzessin des XVI. Jahrhunderts eine Ohnmacht zugezogen hätte, blühen nur Stockschläge.

Pauvre domestique, prends ma fleur, Celui-là est Pierre, je te le dis;
Porte-là à mon amoureux. Toi, tu auras un coup de bâton.
Diridette la, don lan la.
Diridette la. don don. (*Gascogne.*) [1]

Und doch trotz dieser rauhen Behandlung, welche das Mädchen dem Verliebten angedeihen läfst, fehlen jene Lieder nicht, in welchen der Bursche den Segen des Himmels auf die Geliebte herabfleht.

Dieu gard' celle de deshonneur
Que j'ay longtemps amée! —
Avec elle par grant doulceur
Ma jeunesse ay passée.
Or voy je bien que c'est folleur [2]
D'y avoir ma pensée,
Puis qu'elle m'a dit par rigueur:
„Nostre amour est finée." [2]

A pourpenser je me suis mys [3]
Quel desplaisir [4] luy avoys fait:
Jour de ma vie ne luy mesfis, [5]
Ne le vouldroie avoir fait.
Pour bien faire souvent mal sourt [6]
C'est vérité prouvée;
Dieu soit loué du temps qui court
J'auré myeuls l'autre année. [7]
(*Chanson du XV<sup>e</sup> siècle.*) [8] Var.: (*Normandie.*) [9]

---

[1] Cénac-Moncaut S. 307. [2] *folleur — rigueur; pensée — finée*. Das Volk ändert die sprachliche Ausdrucksweise des Reimes wegen; vergl. Kap.: Sprache und Reim. [3] *A pourpenser*, abhängig von *je me suis mis*; *pourpenser* veraltet = (lange) nachdenken. [4] Marelle a. a. O. S. 197 hat entgegen dem Texte von G. Paris „*tort*", weil *déplaisir* das Versmafs verletze. Da jedoch der Volksdichter in dieser Beziehung wenig empfindlich ist, auch die Variante, welche A. Gasté S. 50 mittielt, das gleiche Wort enthüllt:

Je me suis mis à pourpencer
Quel *desplaisir* je lui ay faict,

so habe ich das Wort *déplaisir* gelassen. [5] *Jour de ma vie ne lui mefis* mein Lebtag mifstraut' ich ihr nicht. [6] *sourt = sourd* von *sourdre* (Verb zum Subst. *source*), fast nur in diesen beiden Formen gebräuchlich, bedeutet zunächst hervorquellen, dann fig. entstehen, entspringen; Sinn: Unheil entspringt, wo man Gutes zu thun gedachte. [7] *J'aurais mieux l'autre année* ich wünschte, wir schrieben erst nächstes Jahr. [8] G. Paris S. 35 ff. [9] A. Gasté S. 49. Var. S. 50 ff., Wolff S. 74 ff.

Wohl hofft der Verliebte, daſs die Zeit seine Wunden heile. aber kaum verharscht, bluten sie bei der Begegnung mit der Geliebten aufs neue. Erst als er einsieht, daſs ihm keine Hoffnung mehr leuchtet, ergibt er sich in sein Schicksal, indem er Trost in dem Gedanken sucht, daſs nicht alle Schiffe auf der *Seine* einem Herrn gehören.

> Vray Dieu! qu'amoureux ont de peine!
> Je sçay bien à quoy m'en tenir:[1]
> Au cueur me vient un(g) souvenir
> De la belle que mon cueur ayme.
>
> Je la fus veoir[2] l'aultre sepmaine:[3]
> „Belle, comment vous portez vous?"
> „Je me porte très bien sans vous:
> A bref parler[4] point ne vous ayme."
>
> Tous les ba(s)teaux qui sont sur Seine
> Ne sont pas tous à un(g) seignour;[5]
> Aussy ne suis je pas à vous:
> Qui bien vous ayme y pert sa peine.
>
> Adieu la blanche marjolaine.
> Aussy la flour de romarin,
> Que j'ay cuilly soir et matin
> En attendant celle que j'ayme.
>
> (*Chansons du XVᵉ siècle.*)[6]

Von diesen Worten ist nur ein Schritt zu der Losung eines Genossen aus *Aunis*, welcher den unglücklich Liebenden zuruft:

> Boire avec des amis vaut mieux,
> Que de fair' comm' ces amoureux.[7]

Nur zu oft fällt die Lehre auf fruchtbaren Boden, sucht der Bursche sein Leid im Weine zu ertränken. Dieser Stimmung entsprechend lautet das schon oben mitgeteilte tief schmerzliche Trennungslied:

---

[1] *à quoi m'en tenir* woran ich mich zu halten habe; in betreff der Inf. Konstruktion vergl. das deutsche: „wozu in die Ferne schweifen." [2] *Je la fus veoir* ich sah sie; dem Volke sind Umschreibungen eigentümlich; vergl. deutsch: ich thät' arbeiten. [3] sepmaine (lat. sept(i)mana = semaine. [4] *A bref parler* kurz gesagt. [5] Ähnliches Bild in einem *branle de village* bei Wolff S. 100:
> Toute eau qui passe par un cours
> N'est pas tout en (= à) un seul seignour.

[6] G. Paris S. 122 ff. [7] Bujeaud I. 178.

> En revenant des noces,
> Buvons, nous en allons;
> J'étais bien fatigué
> Faut boire et prendre haleine,[1]
> J'étais bien fatigué.
> Faut boire et s'en aller.

Statt des schmerzlichen *Oh! lan la*, statt des ironisierenden *La hi! tra la la la* das weltlich prosaische:

> Buvons, nous en allons,
> Faut boire et prendre haleine,
> Faut boire et s'en aller.
> (*Saintonge.*)[2]

Ja der Wein wird zum Sorgenbrecher des Lebens:

> Prenons tous le verre en main,
> Et laissons là le chagrin.
> Prends la bouteille et moi l' verre,
> Verse à boir' de ce bon vin
> Prends la bouteille et moi le verre,
> Et noyons notre chagrin.
> (*Champagne.*)[3]

— im Weine sucht unglückliche Liebe Trost:

> J'ai fait l'amour,[4]
> Je ne veux plus la faire;
> J'ai de l'argent
> Pour y passer mon temps;
> Je m'en irai
> Au cabaret.
> Boire bouteille,
> Boire et chanter,
> A la santé
> Du temps passé. (*Angoumois.*)[5]

Wenn man liebt, sagt ein Bursche, welcher derselben Gattung angehört, so ist man schön dumm sich eines Mädchens wegen den Kopf zu zerbrechen. Meine Tante hat mir ihr schönes Geld hinterlassen; damit kann ich mir angenehm die Zeit vertreiben, — Vergessenheit im Weine finden:

---

[1] *prendre haleine* Atem schöpfen (verschnaufen). [2] Bujeaud I, 227. [3] Marelle S. 198. [4] *j'ai fait l'amour*, wie namentlich *j'ai fait une maîtresse*, beliebte Eingänge, die nichts anderes bedeuten, als „verliebt sein", „eine Geliebte haben"; vergl. in dieser Beziehung S. 61 Anm. 11. [5] Bujeaud I, 177.

> Quand on aime on est ben[1] bête,
> Pour des filles se casser la tête!
> Qu'on ne m'en parl' p'us.[2]
> Ma tante m'a laissé ses écus;
> J'ai d' quoi passer le temps
> Avec agrément.
> Encore une bouteille
> De ce jus de la treille[3]
> Trinquons,[4] buvons à la santé
> Du temps passé. (*Champagne.*)[5]

Hat aber die Liebe des Burschen Herz voll erfüllt, so erweist sich auch „*ce jus de treille*" als machtlos, wie dieses einige charakteristische Proben aus *Béarn* und *Berry* beweisen. Wie flofs des Verliebten Leben sanft dahin, als er der Liebe Pein nicht kannte, wie schnell spülte ein Schluck des feurigen *Jurançon* oder des leichteren *Ganwein* alles Leid hinweg:

> Maintenant quelle différence!
> Vin de Gan, ni de Jurançon
> Ne peuvent calmer mes souffrances;
> Je ne pense plus qu'à mon amour.
> (*Béarn.*)[6]

Nicht minder charakteristisch malt uns diesen Kampf ein Verliebter aus *Berry*, der auf seinem Lager und in seinem Herzen die ersehnte Ruhe nicht finden kann:

> Aux quat' quarts du lit[7]
> Y a quat' poum d'oranges.
> Au biau mitan[8] du lit
> Le rossignol y chante;
> Le bon vin m'endourt (m'endort)
> Et l'amour m'y draveille (travaille).
> (*Berry.*)[9]

Wenn der Bursche also auch sein Mädchen vergessen will, immer taucht ihr liebes Bild doch wieder in ihm auf, und wenn er auf ihre Frage, warum er denn eigentlich so viel trinke, erwidert, um seinen Liebeskummer zu verscheuchen, der Kehrreim

---

[1] *ben*, nachlässige Aussprache für *bien*. [2] *p'us* = *plus*. [3] *jus* (spr. ju-ee) *de la treille* Saft der Trauben. [4] *trinquer*, aus dem deutschen trinken, aber in der Bedeutung anstofsen. [5] Marelle a. a. O. S. 199. [6] Champfleury S. 98. [7] *Aux quatre quarts du lit* an den vier Bettenden. [8] *beau mitan* in der schönen Mitten. [9] Champfleury Préf. S. XXII.

mit seinem elegischen *lon la la, lon la lé* zeigt nur zu deutlich, wie es im Grunde seines Herzens bestellt ist:

A table, amis, sans rien faire,
On finit pa' s'ennuyer.
Si j' faisions¹) apporter à boire,
Allons, à c'te p'tit' santé!
C'est du bon vin de bouteille,
Le meilleûr du cabar'quier!²)

Que vient me dire mon ancienne
„Ami, pourquoi bois-tu tant?"
C'est pour oublier la peine
Que tu me fais en t'aimant,
En buvant, on rit, on chante,
On se moque du tourment.

   Ingrate, belle iugrate,
   Vous m'avez lon la la,
   Vous m'avez lon la lé,
   Vous m'avez laissé là.
        (*Champagne.*)³)

Und in reizender Weise sucht ein ländlicher Dichter sich selbst einzureden, dafs er gar nicht, nein gewifs nicht verliebt sei, dafs es ihm gar kein Leid verursache, sein Lieb zu verlieren.

   L'auteur de ces chansons
   N'avait pas de chagrin;
   Il est assis sur sa chaise,
    Certes bien joyeux,
     Oh!
 Sans chagrin d'avoir perdu une amie!⁴)

Wir sehen aus diesen Liedern, dafs auch der Bewohner des Landes ein verlornes Leben kennt, welches in unglücklicher Liebe seinen Ursprung nimmt.

Auch das Mädchen weifs sich, jedoch nur in wenigen Fällen, leicht über den ausbleibenden Geliebten zu trösten. Dem Vogel, welcher zum Fenster zu ihr fliegt, sie bescheiden grüfst und sie bittet, ihren Schatz nicht zu vergessen, erwidert sie, empört darüber, dafs der Geliebte nicht selbst erscheint, mit naiver Gleichgültigkeit:

   J'en ai bien oublié d'autre,
   J'oublierai bien celui-là.
   Tout amant qui craint sa peine
   Sera toujours logé là.⁵)  (*Normandie.*)⁶)

---

¹) *J' faisions*, volksmäfsig für *nous faisions*. ²) *cabar'quier* = *cabaretier* der Schenkwirt; in betreff der Vertauschung von *t* und *q* vergl. S. 106 Anm. 1. ³) Marelle a. a. O. S. 198. ⁴) Champfleury Préf. XXIII. ⁵) *Sera toujours logé là* wird's so ergehen. ⁶) Beaurepaire S. 40. Haupt-Tobler S. 59.

Ähnlich spricht sich ein Mädchen aus der *Champagne* aus, welche sich in ihrem Stolze gekränkt fühlt, da der Bursche ihr eine Reichere vorgezogen. Die Nebenbuhlerin soll sterbenskrank sein, stürbe sie, dann würde er wohl zu mir zurückkehren, aber dann will ich ihn von mir weisen.

| | |
|---|---|
| Mon galant m'abandonne, | On dit qu'alle est malade, |
|   O gai![1]) vive la rose! |   O gai! vive la rose! |
| Je n' sais pas trop pourquoi, | Et p'têt'[2]) qu'alle en mourra, |
|   Vive la rose et le lilas! |   Vive la rose et le lilas! |
| Il en va voir un' aut'e, | Eh bien qu'all' meûr'[3]) dimanche, |
|   O gai! vive la rose! |   O gai! vive la rose! |
| Qu'est plus riche que moi, | Lundi on l'enterr'ra,[4]) |
|   Vive la rose et le lilas! |   Vive la rose et le lilas! |

        J' r'vien'ra mardi m' voir,
          O gai! vive la rose!
        Mais moi je ne voudrai pas,
          Vive la rose et le lilas!
            (*Champagne.*)[5]) (*Poitou, Angoumois.*)[6])

Hier wendet sich das Mädchen von dem früheren Geliebten zornmutig ab mit einem Scherzwort auf den Lippen. Wer so singen kann, bemerkt richtig Marelle, besitzt Festigkeit und Eigenliebe genug, um das klopfende Herz zur Vernunft zu bringen. — Aber man würde sehr fehl gehen, wollte man aus diesen einzelnen Proben einen allgemeinen Schluſs ziehen — im Gegenteil überwiegen im französischen Volksliede bei weitem jene Fälle, in welchen das Mädchen unglückliche Liebe so leicht nicht verwindet. Mit welcher Kraft sich dieser Schmerz ausprägt, zeigt am besten jener typische Vers, welcher sich in fast allen Liedern wiederfindet, die von unglücklicher Liebe sagen: „So stark entströmen die Thränen ihren Augen, daſs die

---

[1]) *O gai!* vergl. S. 20 Anm. 6.   [2]) *p'têt'* = *peut-être*, in flüchtiger Aussprache auch in der Sprache der Gebildeten.   [3]) *meûr* = *meurt*.
[4]) *enterr'ra* begraben (einscharren).   [5]) Marelle a. a. O. S. 198.   [6]) Bujeaud I. 265, welcher hinter dem zweiten Vers noch folgende apokryphe Strophe gibt:
              On dit qu'elle est plus belle,
              O gai! vive la rose;
              Je n'en disconviens pas,
              Vive la rose et le lilas! (bis)
Welches Mädchen hätte dies je selbst eingestanden?

Ströme überquellen und ihr Wasser hingereicht hätte. vier Mühlen zu treiben."

> J'ai tant pleuré, versé de larmes,
> Que des ruisseaux en ont coulé [1])
> Petits ruisseaux, grandes rivières,
> Quatre moulins en ont viré.[2])
>
> (*Roussillon*.)[3])

Von einem Mädchen, das so empfindet, dürfen wir wohl annehmen, dafs nur der Tod oder der geliebte Gegenstand ihre Pein zu lindern vermag. Auch hierfür mangelt es nicht an Belegen.

Drei junge Mädchen putzen sich und ihr Schwesterlein, über deren Schönheit sie in hellen Jubel ausbrechen. Doch die Schwester teilt ihre Freude nicht. Was nützt mir meine Schönheit, — werde ich deshalb früher mit dem Geliebten vereint? In einem Jahr ist der Geliebte Dein, trösten neckend die Schwestern. In einem Jahre, spricht sie wehmutsvoll, schmückt ihr eine Totenbraut. Aber nicht in die kalte Erde, oder gar in Felsen bettet mich dann, sondern unter blühende Rosen. Auch auf mein Grab pflanzt weifse Rosen, damit die jungen Geistlichen, welche an dem Grabe in feierlichem Zuge vorüberschreiten, von den erblühten Rosen brechen und zu Gott beten für die Ruhe der Maid, welche am gebrochenen Herzen gestorben:

De Paris à la Rochelle,
Plantons le moy (= mai),
Plantons le moy, Madeleine,
Plantons le moy,
Vous et moy (= moi).

Il y a trois demoiselle,
Plantons etc.

Qui se coiffent à la chandelle,[4])
Plantons etc.

‚O ma sœur, que vous êtes belle!‘
Plantons etc.

„A quoi ma beauté m'y sert-elle?
Plantons etc.

Je n'en suis pas plus tôt mariée."
Plantons etc.

‚Dedans un an vous le serez.‘
Plantons etc.

„Dedans un an je serai morte."
Plantons etc.

Si je m'eurs, que l'on m'enterre.
Plantons etc.

---

[1]) Var. *débordé*.  [2]) *en ont viré* wurden davon in Bewegung gesetzt.
[3]) Champfleury S. 204.  [4]) *se coiffer à la chandelle* sich herausputzen; das Bild fehlt bei Sachs-Villatte.

Que ce ne soit en roc¹) ni terre,
Plantons etc.

Mais dedans un coffret²) de roses,
Plantons etc.

Sur ma tombe que l'on y plante,
Plantons etc.

Un rosier de roses blanches,
Plantons etc.

Les écoliers qui vont en ordre,³)
Plantons etc.

Y cueilleront chacun une rose,
Plantons etc.

Et prieront Dieu pour la belle
Plantons etc.

Pour la belle morte d'amourette.
Plantons le moy,
Plantons le moy, Madeleine,
Plantons le moy,
Vous et moy.
*Normandie.*⁴)

Obwohl dieses Lied, wie *Beaurepaire* bezeugt, in der *Normandie*, besonders im *Avranchin* sehr verbreitet ist, so deutet dasselbe doch wohl auf bretagnischen Ursprung zurück. *Les écoliers qui vont en ordre* sind die jungen Studierenden, welche nach der *Bretagne* gesandt werden, um sich dort für den geistlichen Beruf vorzubereiten, demselben aber häufig durch die Liebe entzogen werden. Wie oft mag sich daselbst jener innere Kampf zwischen Liebe und Pflicht abspielen, welcher, wie in unserem Liede, mit dem Siege der Pflicht und einem gebrochenen Herzen endet.

Auch die wehmütige Sehnsucht nach dem Tode, welche die Dichtung durchatmet, liegt mehr im Charakter der keltischen, als der heiteren normannischen Poesie.

Das Lied ist zugleich durch seinen Aufbau ein bezeichnendes Beispiel eines Spinnerliedes. In der *Normandie*, wie namentlich in der *Bretagne*, wurden und werden sie wohl auch noch zur Arbeit gesungen. Während der Vorsänger, in vielen Fällen der Dichter selbst, nur eine Zeile Text gibt, wird von dem Chore der mehrzeilige Kehrreim gesungen, welcher mit seiner Einförmigkeit trefflich zu der langsam fortschreitenden Arbeit paßt und zugleich dem Dichter Zeit gewährt zu weiterer Improvisation.

Es muß einen eigenen Eindruck machen, diese einfachen und doch inhaltlich so ergreifenden Lieder, bei welchen der

---

¹) *roc* Fels. ²) *coffret*, hier in der Bedeutung von Sarg. ³) *les écoliers qui vont en ordre* die jungen Geistlichen in Prozession. ⁴) Beaurepaire S. 49; vergl. Haupt-Tobler S. 36.

üppige Kehrreim den fehlenden Schmuck des Reimes ersetzt, abends an dem flammenden Kaminfeuer von den Mädchen der *Normandie* oder der *Bretagne* singen zu hören. Man fühlt sich dann hineinversetzt in eine der Ursprungsstätten der Volksdichtung, — man fühlt sich zugleich in weit entlegene Zeiten gerückt, die in schroffem Widerspiel zu den Ereignissen des Tages stehen. — Auch die moderne Oper hat sich den Reiz des Spinnerliedes nicht entgehen lassen, — ich brauche nur an den fliegenden Holländer zu erinnern, um Sentas anmutiges Bild inmitten ihrer spinnenden Freundinnen wachzurufen.

Wie echtes Gold klar im Feuer wird, so läfst auch unglückliche Liebe den innersten Wert des Menschen erkennen. Mehr wie einmal ist in der Kunstdichtung die Liebe eines Schwesternpaares zu einem Manne, der Kampf der Leidenschaften, wie der Sieg edlerer Herzensregungen als Vorwurf genommen; noch in jüngster Zeit in Wildenbruchs Drama „Opfer um Opfer". Auch dem französischen Volkslied ist dieser Kampf und Sieg eines edlen Herzens nicht fremd, und es ist erstaunlich, wie hier mit den einfachsten Mitteln eine so erschütternde Wirkung hervorgebracht ist. Ich stehe nicht an, dieses Lied, welches von *Marelle* aus einer längst verschollenen Erzählung in seine Sammlung hinüber gerettet wurde, für eine Perle echter Volksdichtung zu erklären, von welcher ich glauben möchte, dafs sie auch in dem deutschen Gewande — von *Claire von Glümer* — sich bei uns einbürgern könnte:

| Les deux sœurs. | Ein Schwesternpaar. |
|---|---|
| Dans notre village, | Einst haben im Dorfe, |
| Vole, mon cœur, vole![1] | Frisch auf, Du mein Herz![1] |
| Dans notre village | Einst haben im Dorfe |
| Demeursaient deux sœurs. | Zwei Schwestern gewohnt. |
| | |
| L'une était brunette, | Braunlockig die eine, |
| Vole, mon cœur, vole! | Frisch auf, Du mein Herz! |
| L'une était brunette, | Braunlockig die eine, |
| Blonde l'autre sœur. | Die andere blond. |

---

[1] *Vole, mon cœur, vole* könnte auch durch den gegensätzlichen Kehrreim: „Herz, warum so traurig?" „Was klagst Du, mein Herz?" gegeben werden.

## Opfer um Opfer.

| | |
|---|---|
| Un jour au village,<br>  Vole, mon cœur, vole!<br>Un jour au village<br>Vint un chevalier. | Da kam jung und tapfer,<br>  Frisch auf, Du mein Herz!<br>Da kam jung und tapfer<br>Ein Ritter ins Land. |
| Beau, vaillant[1]) et jeune,<br>  Vole, mon cœur, vole!<br>Beau, vaillant et jeune,<br>Des deux fut aimé. | Für ihn sind die Schwestern,<br>  Frisch auf, Du mein Herz!<br>Für ihn sind die Schwestern<br>In Liebe entbrannt. |
| Ma sœur, dit la brune,<br>  Vole, mon cœur, vole!<br>Ma sœur, dit la brune,<br>J'aime un chevalier. | Die Braune sagt, Schwester,<br>  Frisch auf, Du mein Herz!<br>Die Braune sagt: Schwester,<br>Ich liebe ihn — sehr. |
| Si j' ne l'épouse,<br>  Vole, mon cœur, vole!<br>Si j' ne l'épouse,<br>Je sens, j'en mourrai. | Wenn er mich nicht heimführt,<br>  Frisch auf, Du mein Herz!<br>Wenn er mich nicht heimführt,<br>Dann leb' ich nicht mehr. |
| Ma sœur, dit la blonde,<br>  Vole, mon cœur, vole!<br>Ma sœur, dit la blonde,<br>Tu l'épouseras.[2]) | Die Blonde sagt: Schwester,<br>  Frisch auf, Du mein Herz!<br>Die Blonde sagt: Schwester,<br>Nur Dich soll er freien. |

Damit ist die Schürzung des Knotens gegeben, dessen sofortige Lösung der zweite Teil bringt. Dem Leser bleibt überlassen, nachzusinnen über den innern Seelenkampf der blonden Schwester, wie sie es vermocht, den geliebten Ritter, der ihre Liebe erwidert, dennoch der Schwester zuzuführen.

| | |
|---|---|
| S'en vint à l'église,[3])<br>  Vole, mon cœur, vole!<br>S'en vint à l'église,<br>Le beau chevalier. | Es schreitet der Ritter,<br>  Frisch auf, Du mein Herz!<br>Es schreitet der Ritter,<br>Zur Kirche hinein. |
| Il aimait la blonde,<br>  Vole, mon cœur, vole!<br>Il aimait la blonde,<br>La brune épousa. | Die Blonde, sie liebt er,<br>  Frisch auf, Du mein Herz!<br>Die Blonde, sie liebt er,<br>Die Braune wird sein. |
| On cherche la blonde,<br>  Vole, mon cœur, vole!<br>On cherche la blonde:<br>Où est-tu, ma sœur? | Sie suchen die Blonde, —<br>  Frisch auf, Du mein Herz!<br>Sie suchen die Blonde, —<br>Wo mag sie wohl sein? |

[1]) *vaillant* tapfer.   [2]) *tu l'épouseras* Du sollst ihn heiraten.   [3]) *S'en vint à* kam zur Kirche (Trauung).

| | |
|---|---|
| Elle était sous l'aune,[1] | Im Schatten der Erle, — |
| Vole, mon cœur, vole! | Frisch auf, Du mein Herz! |
| Elle était sous l'aune | Im Schatten der Erle — |
| Morte de douleur. | Gestorben vor Schmerz. |

(*Champagne.*[2])

Auch dieses Lied erscheint so recht geeignet, eine Reihe von Vorurteilen gegen Frankreichs Volksdichtung zu zerstören, — welch herrlicher Charakter dieses blonde Mädchen, welche aus Schwesterliebe ihre Liebe, die erwidert wird, bekämpft, sich selbst namenlos unglücklich macht und gebrochenen Herzens in dem Augenblicke stirbt, wo sie die Schwester zur seligsten aller Sterblichen gemacht. Ich glaube, das Lied (dessen Melodie bis jetzt nicht bekannt ist),[3] bedarf einer weiteren Erläuterung nicht. Bestätigt es doch nur von neuem, was dem wahrhaft humanen Menschen schon lange kein Geheimnis mehr, daſs die edleren Regungen des Herzens nicht an Rasse und Himmelsstrich gebunden sind, sondern bei allen Völkern und unter jedem Himmelsstriche sich wiederholen — „Suchet, so werdet Ihr finden!" —

Ein anderes sehr beliebtes Thema der Volkspoesie, welches im Französischen einen zu breiten Platz einnimmt und zu viel charakteristische Seiten bietet, um aus irgend einem Gefühle der Prüderie übergangen zu werden, ist das Thema der Verführung. Der heiter friedlichen Epopöe glücklich Liebender steht wie ein schweres Geschick die Tragödie des verführten Mädchens gegenüber.[4]

Jedes Volk hat dieses Thema auf seine Weise gesungen. Aber während die Italienerin sich an dem Geliebten zu rächen strebt, die Deutsche still leidet, in Schwermut verfällt oder gar den Tod sucht, nachdem sie den Becher der Verzweiflung bis zur Hefe geleert, zeigt sich die Französin gewöhnlich gewitzigt genug, um der Verführung auszuweichen, oder ihre Lieder atmen eine sanfte Schwermut, die uns so unvereinbar mit dem französischen Charakter scheint; nur in seltenen, bei dem Soldaten-

---

[1] du(l)ne Erle; vergl. *roi des aunes.*   [2] Marelle a. a. O. S. 190 ff.   [3] Sollte es nicht einen Komponisten finden?   [4] Schuré S. 298.

liede zu erwähnenden Fällen zieht auch die Jungfrau für ihre Ehre das Schwert.

Mein Geliebter ist zu mir gekommen, lautet ein normannisches Spinnerlied, und hat mich zu berücken gesucht. Allein sie hat ihn abgewiesen mit dem Hinweis, dafs die Mutter alles erfahren würde. Wer soll's denn in Gottes freier Natur erfahren, so drängt der Bursche in sie; — denn Rabe und Elster, welche sie umschwirren, nimmt der Bursche nicht als unheilkündende Vögel, sondern als Verbündete: singen sie doch in ihren lustigen Gesängen, dafs Mädchen und Burschen zur Liebe bestimmt seien.

Mon ami est venu m'y trouver,[1]
Entends-tu, hau, Micaut,[2] hau!
J'ai vu la caille[3]
Parmi la paille,[4]
J'ai vu la caille
Dans le blé.

M'a dit ‚la belle, veux-tu m'aimer?'
Entends-tu, etc.

„Nenny[5]), car ma mère le saurait."
Entends-tu, etc.

‚Dis donc, belle qui lui disait.'
Entends-tu, etc.

Hormis la pie[6]) ou le corbin,[7]
Entends-tu, etc.

Qui disent dans leur gai refrain:
Entends-tu, etc.

„Filles et garçons, aimez-vous bien."
Entends-tu, hau, Micaut, hau!
J'ai vu la caille
Parmi la paille,
J'ai vu la caille
Dans le blé.
(*Normandie.*)[8]

Hier bricht das Lied zart ab, würden wir sagen. Indes die Art und Weise, wie das französische Mädchen sonst verfährt (ganz im Gegensatze zu den Schilderungen einer gewissen Litteratur), gibt uns die sichere Gewähr, dafs sie siegreich der Versuchung widersteht. Mufs ja doch oft genug der Bursche die Rache des Mädchens fühlen. Wie Gretchen im Faust — nur minder aufrichtig — will ein Mädchen der *Gascogne*, dem Drängen des Verliebten nachgebend, ihm den Riegel offen lassen, wenn Vater und Mutter schlafen. Allein statt in *Marions* Armen zu erwarmen, mufs er in kalter Nacht vor Liebchens Thür

---

[1]) *est venu m'(y) trouver* hat mich besucht. [2]) *Micaut*, Name des treuen Hundes. [3]) *la caille* die Schwalbe. [4]) *parmi la paille* im Getreide. [5]) *nenny*, veraltet für nein. [6]) *pic* (*pi(c)a*) Elster. [7]) *corbin* Rabe. [8]) Beaurepaire S. 41; Haupt-Tobler S. 104.

harren — und zu der bittern Kälte gesellt sich des Mädchens
herber Spott:

> As-tu entendu le rossignol?
> En chantant le turelanlure,[1]
> Il passe la nuit dans la fraicheur. —
>
> As-tu entendu le gai lauriol?[2]
> Tout en chantant la tranlalare,[1]
> Il passe la nuit dans la rosée.[3]
>
> Ainsi mon pauvre Joseph,
> De Marion tu es l'oiseau:
> Danse, si tu veux, dans la gelée,[4]
> Et chante-moi une jolie aubade.[5]
>
> (*Gascogne*.)[6]

Hat das Mädchen hier dem Geliebten gegenüber ihre Ehre
zu verteidigen, so wird es uns nicht wunder nehmen, daſs die
einsam stehende und fern von den Angehörigen lebende Hirtin,
namentlich den höheren Ständen gegenüber, auf dem *Qui
vive* stehen muſs. Besonders beliebt ist dieses Thema in den
Pastourellen, nicht minder in neueren, oben bereits erwähnten
Quellen. In diesen vielfach dialogisierten Hirtengedichten treten
gewöhnlich die Hirtin und der *grand seigneur* handelnd auf,
während auf die Person des Hirten sich oft nur aus dem Verlauf der Handlung schlieſsen läſst.

Der „*grand seigneur*" — man kennt ja seine weitgehenden
Rechte! — glaubt dem bäurischen Geliebten gegenüber leichtes
Spiel zu haben, — zu seiner Überraschung muſs er aber in der
überwiegenden Mehrzahl der Fälle einsehen, daſs er sich bitter
getäuscht habe. Das Mädchen, unschuldig, doch nicht unwissend
in gewissen Dingen, weiſs sehr wohl, daſs das Streben des hohen
Herrn einzig und allein darauf gerichtet ist, sich, wie der charakteristische Ausdruck lautet: *joie de chambre en pâturage* zu
verschaffen, und mit Witz und List, wo es aber nicht anders geht,
mit Gewalt, verteidigt sie ihre Ehre. Und gerade diese Lieder,
in welchen das Mädchen dem Erwählten ihres Standes die Treue
bewahrt, werden von dem Volke mit besonderer Vorliebe ge-

---

[1] *turelanlure*, Klangnachahmung; vergl. S. 78 Anm. 1. [2] *lauriol* (*loriol*)
Goldammel. [3] *la rosée* der Tau. [4] *gelée* Frost. [5] *aubade* Morgenständchen.
[6] Cénac-Moncaut S. 818.

sungen, sei es, dafs es demselben schmeichelt, Sieger in diesem Kampfe zu sein, sei es, dafs es solche Thaten im Liede fortleben lassen will, den einen zur Ehre, den anderen zur Nacheiferung.

Aus Burgund ertönt in jenen weithin hallenden Tönen, mit welchen der Hirt im Gebirge wie in der Ebene seine verirrten Lämmer zur Erde zurücklockt, der Ruf eines getreuen Eckart, welcher unter dem Bilde des Lammes und des gleisnerischen Wolfes sein Mädchen vor den Gefahren der grofsen Städte warnt. Das Lied ist so eigenartig seiner Sprache wie seiner Melodie nach, so durchsichtig in seinem Inhalte und in seiner Tendenz, dafs weitere Erläuterungen überflüssig sein dürften.

        Eho! ého! ého!
    Les agneaux¹) vont²) aux plaines,
        Eho! ého! ého!
    Et les loups sont aux bos.³)

Tand'qu'aux⁴) bords des fontaines,      Et en ombres lointaines,⁶)
Ou dans les frais ruisseaux,      Leurs y cach'nt leurs bourreaux,⁷)
Les moutons baign'nt leurs laines,      Malgré leurs plaintes vaines,
Y dansent au préau.⁵)      Les loups croqu'nt⁸) les agneaux.

        Eho! ého! ého!
    Les agneaux vont aux plaines,
        Eho! ého! ého!
    Et les loups sont aux bos.

Mais qu'euq'fois⁹) par vingtaines,      T'es mon agneau, ma reine:
Y s'éloign'nt des troupeaux,      Les grand's villes sont les bos;
Pour aller sous les chênes      Par ainsi donc,¹¹) Mad'leine,
Qu'ri des herbag's¹⁰) nouviaux.      N't'en vas pas au hameau.¹²)

        Eho! ého! ého!
    Les agneaux vont aux plaines,
        Eho! ého! ého!
    Et les loups sont aux bos.
                      (*Bourgogne.*)¹³)

---

¹) *agneau* Lamm. ²) *vont* weiden. ³) *bos* = *bois*. ⁴) *Tand'que* = *tandisque*. ⁵) *préau* Wiese. ⁶) *en ombres lointaines* im fernen Schatten, Dickicht. ⁷) *leurs* (des Versmafses wegen wiederholt) *bourreaux* ihre Henker. ⁸) *croquer* zermalmen. ⁹) *queuq'fois* = *quelquefois*, dialektische Aussprache, ebenso wie *qu'qu'fois*. ¹⁰) *Qu'ri* = *quérir herbage* (*herbe*) Kräuter, auch Weideplatz aufsuchen. ¹¹) *Par ainsi donc* daher. ¹²) *hameau* Weiler. ¹³) Champfleury S. 46. S. auch Kap. Musik.

Nicht vergeblich scheint der warnende Ruf ertönt zu sein. Das Mädchen weiſs den Wolf im Schafskleide, den hohen Herrn, welcher sich ihr mit gleisnerischem Versprechen naht, zu durchschauen; und wenn der Herr sich nach dem Befinden der Schafe und Lämmer bei der Hirtin erkundigt, so erwidert sie:

> Les moutons sont très gaillards,[1]
> Et les brébis très éveillés.   (*Gascogne.*)[2]

Die Schwüre, mit welchen der Verführer nur zu rasch bei der Hand ist, bittet die wachsame Schäferin bei jenen Damen vorzubringen,

> Qui portent les dentelles,[3]
> Et les souliers cirés[4]
> Pour courir les chambrettes.[5]
>      (*Provinces de l'ouest.*)[6]

Denn sie weiſs sehr wohl, daſs sich eins nicht für alle schicke, eine **Bäuerin** nicht für einen hohen, glänzenden Herrn:

> Je ne suis jolie guère,
> Auprès de votre grandeur,
> Traversez la fougère,[7]
> Ne vous moquez plus de moi.
>      (*Gascogne.*)[8]

Nicht so naiv wie *Agnès* bei *Molière*[9], glaubt sie nicht daran, daſs sie ihn verwundet haben könne, ohne ihm nahe getreten zu sein:

> Comment vous l'aurais-je blessé?
> Je ne saurais pas[10] tirer.
> Je n'ai ni pistolet, ni plomb,
>   Ni fusée,[11]
>   Ni grenade.[12]
> Monsieur, vous êtes un grand fripon
> De me parler de cette manière.
>      (*Gascogne.*)[13]

Und auf die Bitte des Herrn:

---

[1] *gaillards* ausgelassen.  [2] Cénac-Moncaut S. 386.  [3] *dentelles* Spitzen. [4] *souliers cirés* blankes (geputztes) Schuhwerk.  [5] *chambrettes* vergl. S. 48. Anm. 5.  [6] Bujeaud I, 175.  [7] *la fougère* = pâturage Heide.  [8] Cénac-Moncaut S. 450.  [9] Molière, École des femmes, Acte II, Sc. 6.  [10] *Je ne saurais* (*pas*) = ich kann nicht.  [11] *fusée* Spindel, dann aber auch der Zünder zum Abfeuern der Geschütze.  [12] *grenade* Granate.  [13] Cénac-Moncaut S. 450.

> Belle, donne-moi ta tendresse,
> Apporte-moi soulagement,[1]

antwortet die Schöne nicht minder gewitzt und scharf gewürzt zugleich:

> Monsieur, je n' suis pas médecine,
> Pour v's' apporter soulagement;
> Entrez-y trois pas dans la ville,
> Vous trouv'rez des méd'cins savants.
> (*Poitou*.)[2]

So erfolgt die Abweisung bald in satirischer, bald in kraftvoller Weise, wie von einer Hirtin der *Champagne*, welche uns zugleich den tieferen Grund der Ablehnung kundgibt, die Liebe zu ihrem Hirten *Colas*:

> Mon cœur tremble comme la feuille de voir un homme si hideux...[3]
> Quand vous seriez seul au monde, je ne voudrais pas me marier...
> J'aime bien mieux mon berger Colas.
> (*Champagne*.)[4]

Ohnmächtig prallen die schmeichelnden Künste der Verführung an der Liebe zu dem erwählten Burschen ab, wie uns dieses schalkhaft und anmutig zugleich noch folgende Proben zeigen:

> Je tiens déjà un cœur en gage,
> Je ne puis en garder deux. (*Gascogne*.)[5]

> Je n'ai pas le cueur si volaige,
> Qu'il vous semble, par mon serment.
> Car j'ai mon pastoureau tout quis,[6]
> Le plus biau de cette contrée;
> Et si lui ay m'amour[7] donné:
> S'il m'ayme ben, si[8] fais-je lui.[9]
> (*Chansons du XV. siècle*.)[10]

Und nicht minder ehrenhaft zeigt sich das französische Mädchen gegenüber den glänzenden Anerbietungen, welche von seiten jener „Kavaliere" ins Feld geführt werden, wenn schmei-

---

[1] *Apporte-moi soulagement* verschaffe mir Linderung. [2] Bujeaud I, S. 175. [3] *hideux* scheußlich. [4] Aus dem Patois der Umgegend von Sedan übertragen von Tarbé II, 165. [5] Cénac-Moncaut S. 450. [6] *quis* (?). [7] Vergl. S. 20, Anm. 5. [8] *si* = *aussi*; Sinn: wenn er mich treu liebt, (so) liebe ich ihn ebenso treu. [9] Die freie Wortstellung der beiden letzten Strophen beachtenswert. [10] G. Paris, *Chans. du XV<sup>e</sup> siècle* S. 8.

chelnde Reden nicht verfangen wollen. Dem ganz in Seide starrenden Kavalier erwidert das junge Blut auf seine Frage, wieviel des Jahres sie gewänne: Nicht viel, einen Thaler, dazu einen kleinen weifsen Unterrock. Als er ihr hundert verspricht, wenn sie ihm folge, erwidert sie, trotzdem sie dem Putze nicht abgeneigt, wie der Kehrreim zeigt: Ich folge keinem Manne — es sei denn, ich wäre ihm zuerst in der Kirche angetraut, die Brautkrone auf dem Haupte, die Eltern als Zeugen:

> „Je ne vais point quanté[1]) les hommes,
> Que je n'épouse auparavant,
>
> Face à face dans l'église
> En présence de nos parents,
>
> La couronne[2]) sur la tête
> Les rubans en bavolant."[3])
> J'aime, j'aime les cotillons rouges,
> J'aime, j'aime les cotillons blancs.
>
> (*Normandie*.)[3])

Wie oft folgt indes den Künsten der Verführung die Androhung der Gewalt, welcher das Mädchen wiederum Gewalt entgegensetzt, oder sie greift zur List, welche sie über das stärkere Geschlecht triumphieren läfst. Gegenüber dem Schwerte und der Lanze des *grand seigneur* appelliert die Hirtin an ihren starken Stab und ihren treuen Hund. und in ganz Schillerscher Weise deutet sie zugleich darauf hin, dafs „Weiber zu Hyänen werden":

> Je ne redoute pas[4]) l'épée,
> La lance, le sabre non plus;
> J'ai tout une habitude
> De faire jouer le gros bâton.
> Si vous voulez, guerre pour guerre,
> Je puis vous faire sentir:
> Que de la colère d'une femme
> On ne voit jamais la fin.    (*Gascogne*.)[5])

Nur durch List vermag das Mädchen des folgenden Liedes ihre Ehre zu retten. Ein junges Bauernblut gefällt, wie so

---

[1]) *quanté*, wohl Abkürzung des veralteten *quant et quant* (spr. *kan-té-* (*kan*) = zugleich mit.  [2]) *la couronne* die Brautkrone, *bavolant* flatternd; vergl. Kap.: Hochzeitstag und Brauch.  [3]) Beaurepaire S. 64, Haupt-Tobler S. 141. Var.: Champagne; Tarbé II. 195.  [4]) *Je ne redoute pas* ich fürchte nicht.  [5]) Cénac-Moncaut S. 448.

häufig, dem Schlofsherrn. Eines Tages trifft er die Maid allein. Schnell steigt er vom Rofs und bringt seine Anträge vor. Scheinbar geht das junge Mädchen darauf ein. Nur meinen Bruder fürchte ich, träfe er mich in Euren Armen, ich wäre des Todes. Steigt auf diesen Fels und schaut Euch um, ob ihr ihn etwa bemerkt. Und während der verliebte Junker ihren Worten nachkommt, schwingt sich die behende Maid auf das Rofs und jagt davon; nicht ohne dem Junker die Lehre nachzurufen, dafs es allen Männern so ergehen müsse, welche der Tugend des Weibes nachstellen:

Il était une fille,<br>
Une fille d'honneur<br>
Qui plaisait au seigneur.

Un jour elle rencontre,
Monté sur son cheval,
Ce seigneur déloyal.
Preste,[1]) il met pied à terre,
Entre ses bras la prend:
Baise-moi, belle enfant.

Hélas! répond la belle,
Le cœur transi de peur,[2])
Volontiers, mon seigneur.
Je ne crains que mon frère;
S'il me voit dans vos bras,
Il fera du fracas.[3])

Montez sur cette roche
Et regardez là-bas
Si l'on ne le voit pas.
Et tandis qu'il regarde
Cell' qu'il veut mettre à mal[2])
Saute sur son cheval.

Adieu beau gentilhomme!
Et zeste,[4]) elle s'en va;
Monseigneur reste là.
Cela vous apprend comme
On attrape un méchant.
*Qui le veut se défend.*
(*Champagne.*)[5])

— eine Nutzanwendung seitens des Mädchens, der als Antwort des Mannes ein späterer Dichter, welcher von der Ehrenhaftigkeit der Mädchen skeptisch dachte, den satirischen, echt französischen Abschlufs hinzufügte:

---

[1]) *preste* flink. [2]) *mettre à mal* zu Falle bringen, verführen. [3]) *transi de peur* vor Schrecken starr. [4]) *il fera du fracas* er wird Lärm schlagen. [5]) *zeste* husch, hui! [6]) Marelle a. a. O. 188; mit geringfügigen Abweichungen auch bei Tarbé II, 147 ff. Von Marelle wird ausdrücklich angegeben, dafs das Lied noch heute in der von ihm gegebenen Form gesungen werde. Da wir von diesem geschmackvollen Autor noch eine Sammlung von Liedern und Märchen aus seiner engeren Heimat Champagne zu erwarten haben, so sei die Bitte ausgesprochen, uns auch durch die Mitteilung der Melodieen zu erfreuen.

> Mais on ne voit plus guère
> De ces filles d'honneur
> Refuser leur seigneur!

Dafs dieses ein späterer Zusatz, erscheint um so glaublicher, als wir auch bei anderen Liedern solche Schlufsstrophen mit ähnlichen Redewendungen wiederfinden. [1]) —

> Si toutes faisaient ainsi,
> Cela serait fort bon

lautet der Stofsseufzer eines Hirten der *Gascogne*, welchem der „*grand seigneur*" vielleicht die Rolle des *George Dandin* zuerteilt. Denn nicht selten sehen wir die Hirtin zu sehr dem Sprichwort trauen: „*on a vu des rois épouser des bergères*," und glauben, dafs der Königssohn, von dem sie dichten und sagen, sich wirklich herbeilassen werde, sie zum Weibe zu begehren:

> La couronne dessur la tête,
> Devant Dieu, tous les parents.

Wäre nur nicht der Kehrreim:

> La plume s'envole, vole,
> La plume s'envole au vent — —

Wie das Gras auf dem Felde, so wächst auch das Mädchen mit seinen Zwecken. Berauscht von den Liebesbeteuerungen des hohen Herrn, vermag sie die Treue ihrem einfachen Hirten nicht zu bewahren. Armer Schäfer, so lautet der vielsagende Schlufs, Dein Schäflein ist geschoren!

> Aux prés les herbes courtes, lanla!
> Croissent la nuit, le jour.
> O que [2]) lanla, dondaine, dondaine,
> Croissent la nuit le jour,
> O que lanla, dondaine, dondon.

| Aussi sont les jeunes filles, lanla! | La bergère enorgueillie [3]), lanla! |
| Elles grandissent avec les amours. | A trouvé cela bon. |
| O que lanla etc. | O que lanla etc. |

---

[1]) Vergl. z. B. de Puymaigre S. 42:
> Exemple bien rare;
> En France à présent
> J' connais bien des filles
> Qui n'en f'raient pas tant.

[2]) *O que* = *ô gué*. [3]) *enorgueilli* geschmeichelt.

Un monsieur qui passait, lanla!
Lui a touché le menton.
   O que lanla, dondaine, dondaine,
Lui a touché le menton,
   O que lanla, dondaine, dondon.

Pauvre berger, prends la fuite, lanla!
On a tondu ton mouton.
   O que lanla, dondaine, dondaine,
On a tondu ton mouton.
   O que lanla, dondaine, dondon.
          (*Gascogne*.)[1]

Aber selbst wenn der *seigneur* dahin gelangt sein sollte, den Widerstand des Mädchens zu besiegen, dem Volksdichter erscheint dieses so himmelschreiend, daſs er übernatürliche Mächte eingreifen läſst, welche in originellster Weise den frevelnden *baron de Castera*, ein würdiges Seitenstück zu dem *Don Juan* der Kunstdichtung, hindern, das Wild zu erlegen.

        Marion, voulez-vous aller prier?
           Mire, tire, tirelira.

Il faut nous rendre derrière l'autel,
L'autel se met à s'agiter,[2]
Les chaises[3] à danser,
Les cloches à tinter,[4]
De l'église il faut nous en aller,
Au bois allons nous réfugier,
(Quand ils sont au bois contre un saule,[5])
Les loups se mettent à hurler,[6]
    Mire, tire, tirelira.

Milans[7] et chouettes[8] à siffler,
Et les renards à murmurer,
Et les grenouilles à coasser,[9]
De nous tout semble se moquer,
Monsieur le baron, il faut nous en aller,
Vous par ici, moi par là-bas.
Vous avez raison, il faut nous en aller,
Le diable semble s'en mêler.
          (*Gascogne*.)[10]

Nein, nicht der Teufel mischt sich hinein, sondern des Mädchens guter Engel, welcher die Natur aufbäumen läſst wider den Angriff auf die jungfräuliche Ehre.

Neben der ehrenhaften Maid erscheint also auch die sinnliche Schöne, welche unter dem Deckmantel der Ehrbarkeit von den verbotenen Früchten zu kosten hofft, ihr wahres Gesicht aber zeigt, wenn der naive Liebhaber die Maske für bare Münze nimmt. Die Lieder, welche in zahlreichen Lesarten durch die verschiedensten Provinzen — *Champagne* und *Normandie* wie die *Gascogne* und *Bas-Poitou*, verbreitet sind, verlegen den Schauplatz

---

[1] Cénac-Moncaut S. 373 ff. [2] *se met à s'agiter* bewegt sich hin und her; *se met à* für uns pleonastisch. [3] *la chaise*, veralt. für *chaire* die Kanzel. [4] *tinter* läuten. [5] *contre un saule* bei einer Weide. [6] *hurler* heulen. [7] *milan* Hühnergeier. [8] *chouette*, volkstümlich für Eule. [9] *les grenouilles à coasser* Frösche zu quaken. [10] Cénac-Moncaut S. 369 ff.

der Handlung gewöhnlich in ein Gehölz oder in die Nähe eines solchen. Sobald die dichten Schatten des Laubes das Paar umfangen, beginnt die Schöne zu klagen. Auf die Frage des verdutzten Burschen, warum sie weine, erwidert die Schöne, sie sei zu jung, ihn zu begleiten; in andern Liedern zagt die Schöne um ihr flatterhaftes Herz (*son cœur volaige*) oder unverhüllt um ihre *avantage* [1]) (Ehre). Als aber der brave Vorliebte seine ehrenhaften Absichten beteuert und sie ehrfurchtsvoll durch das Wäldchen geleitet, da bricht ihre wahre Natur hervor, — da will sie's der Mutter sagen, daſs er sich wie ein Dummkopf benommen! Und als nun der Bursche, dessen versteinerte Einfalt zu den derben Vorwürfen des Mädchens einen so prickelnden Gegensatz bildet, aus der veränderten Sachlage Vorteil zu ziehen gedenkt, da überschüttet sie ihn mit Spott und Hohn. Nicht um alles in der Welt würde sie jetzt wieder zurückkehren, wo er die günstige Gelegenheit versäumt, wo er den Aal „hat entschlüpfen lassen" und „die Henne nicht gerupft hat."

---

    Quand la belle fut au bois
    Elle s'est mise à pleurer.

Elle s'est mise à pleurer,
  Voyez,
Elle s'est mise à pleurer.
Que vous faut-il donc, belle,
  Houp, c'est ça, la rida la la,
Que vous faut-il donc, belle,
Ici que vous pleurez?

Ici que vous pleurez,
  Voyez,
Ici que vous pleurez.
Je pleure que j' suis trop jeune,
  Houp, c'est ça, la rida la la,
Je pleure que j' suis trop jeune,
Pour vous accompagner.

Pour vous accompagner,
  Voyez,
Pour vous accompagner.
Le garçon fort honnête,
  Houp, c'est ça, la rida la la,
Le garçon fort honnête
Hors du bois l'a menée.

Hors du bois l'a menée,
  Voyez,
Hors du bois l'a menée.
Quand la belle fut dehors,
  Houp, c'est ça, la rida la la,
Quand la belle fut dehors,
Elle s'est mise à chanter.

---

[1]) *avantage*, aus der Sprache der Gebildeten in die Volkssprache mit einer nur dem Volke eigentümlichen Bedeutung hinübergenommen; vergl. S. 53. Anm. 7.

## Die lüsterne Schöne.

Elle s'est mise à chanter,
    Voyez,
Elle s'est mise à chanter.
Que vous faut-il donc, belle,
    Houp, c'est ça, la rida la la,
Que vous faut-il donc, belle,
Ici que vous chantez?

Ici que vous chantez,
    Voyez,
Ici que vous chantez.
Je chante ce gros lourdeau,[1]
    Houp, c'est ça, la rida la la,
Je chante ce gros lourdeau
Qui n'a osé m'embrasser.

Qui n'a osé m'embrasser,
    Voyez,
Qui n'a osé m'embrasser.
Retournons-y donc, belle,
    Houp, c'est ça, la rida la la,
Retournons-y donc, belle,
Cent écus vous aurez.

Cent écus vous aurez,
    Voyez,
Cent écus vous aurez.
Ni pour cent, ni pour mille,
    Houp, c'est ça, la rida la la,
Ni pour cent, ni pour mille,
Jamais vous n' m'y raurez.[2]

Jamais vous n' m'y raurez,
    Voyez,
Jamais vous n' m'y raurez.
Quand on tient une poule,[3]
    Houp, c'est ça, la rida la la,
Quand on tient une poule,
Il la faut bien plumer.

Il la faut bien plumer,
    Voyez,
Il la faut bien plumer,
Quand on tenait la fille,
    Houp, c'est ça, la rida la la,
Quand on tenait la fille,
Il fallait l'embrasser.

(*Champagne*.)[4] Var.: (*Normandie*.) (*Bas-Poitou*.) (*Gascogne*.)[4]

Zu der gleichen Gattung scheint die Schäferin des folgenden Liedes zu gehören, welche ermattet von der Hitze eingeschlafen ist, die Spindel ist ihr entfallen. Sie wird ihr von dem Burschen geraubt. Der Hund schlägt an, die Schöne erwacht. Sie bittet um die Spindel. Er fragt, was er dafür erhalte. „Das Teuerste, was ich besitze." Der Bursche glaubt Sieger zu sein und gibt die Spindel zurück. Sie aber ruft den Hund an ihre Seite und sagt stolzen Tones, dafs dieser ihr das Teuerste auf der Welt sei. Der Bursche will weiter in sie dringen, erinnert sie, dafs sie schutzlos im Schlafe gelegen, dafs er aber solche Thorheit nicht gegen ihren Willen vollführen wollte. Darob erzürnt die Schöne sehr und weist ihn mit den kraftvollen Worten ab:

— — — — — grand nigaud,[5]
Il fallait alors l'entreprendre,

---

[1] *lourdeau* Tölpel. [2] *raurai*, nur in dieser Form und im Inf. *ravoir* (re + avoir) gebräuchlich. [3] *poule* Huhn. [4] Tarbé II. 138 ff.; Champfleury S. 34; Bujeaud I, 244 ff.; vergl. auch Cénac-Moncaut S. 390 ff. [5] *nigaud* Tropf.

> Du temps que je dormais dessous l'ormeau,[1]
> Tu ne peux t'en défendre.[2]
> Tu m'as remis ma thie[3] et mon fuseau,[4]
> Tu n'as rien à prétendre.
> 
> (*Poitou*.)[5]

Kann man hier, und mit Recht, das französische Mädchen des Leichtsinns zeihen, wenn man nicht mit *Marelle* als Milderungsgrund annehmen will, dafs die französische Litteratur, wie der französische Charakter überhaupt, immer etwas mehr Auftrag zeige, als ihm in Wirklichkeit eigen sei, so besitzt die französische Volksdichtung auch eine ganze Reihe prächtiger Lieder und Balladen, in welchen die Jungfrau, da sie keine Rettung vor der ihr drohenden Schande sieht, den Tod der Schande vorzieht.

Der Gesang eines schmucken Seemannes lockt die Schöne in sein Schiff. Als sie aber allein ist mit dem fremden Manne, da überschleicht sie eine Ahnung der Gefahr, in welche sie sich begeben, und bitterlich weint sie. Auf die Frage des Seemannes, was sie so traurig stimme, entgegnet sie, dafs der Vater sie zum Abendessen erwarte. Mit mir sollst Du zu Nacht speisen, lautet die kurze Antwort. Und als die Zeit zum Schlafen gekommen, die Schöne sieht, dafs ein Entrinnen nicht möglich, da gebraucht sie eine List: Mein Schnürband ist verknüpft, gib mir Deinen Dolch, es zu lösen; und als der Dolch in ihrer Hand, da stöfst sie ihn mit sicherem Stofse sich ins Herz. Der bestürzte Seemann aber klagt, dafs er ohne den Dolch mit dem schönsten Mädchen aus *Guirlé* verheiratet wäre:

> Beau marinier[6] qui marine,
> Vive l'amour!
> Apprends-moi à chanter,
> Vive le marinier!
> 
> ‚Entrez dans mon navire,
> Vive l'amour!
> 
> Je vous l'apprenderai,‘[7]
> Vive le marinier!
> 
> Quand la bell' fut dans le navire,
> Vive l'amour!
> Ell' se prit à pleurer,
> Vive le marinier!

[1] *l'ormeau* (Dim. von *orme*) junge Rüster, junge Ulme. *poet*. auch für Ulme. [2] *tu ne peux t'en défendre* Du kannst's nicht leugnen. [3] *thie* Spindelfutteral. [4] *fuseau* die Spindel. [5] Bujeaud I, 255. Sollte Bujeaud hier nicht gefeilt haben? [6] *marinier* Seemann, mifsbräuchlich auch für Flufsschiffer. [7] *l'apprenderai*, das Volkslied fügt häufig des Rhythmus wegen ein *e* dem Worte ein oder an, z. B. *filse* u. A.

„Eh, qu'avez-vous la belle,
Vive l'amour!
Qu'avez-vous à pleurer?"
Vive le marinier!

„Hélas, j'entends mon pèr' qui m'appelle,
Vive l'amour!
Qui m'appell' pour souper."
Vive le marinier!

„Eh, taisez-vous, la belle,
Vive l'amour!
Avec moi vous soup'rez.'
Vive le marinier!

Quand la belle fut pour se coucher,
Vive l'amour!
Son lacet [1]) s'est noué.
Vive le marinier!

„Prêtez-moi votre dague,[2])
Vive l'amour!
Mon lacet est noué."
Vive le marinier!

Et quand elle eut la dague,
Vive l'amour!
Dans l'cœur se l'est plongée.
Vive le marinier!

„Sans la maudite dague,
Vive l'amour!
Je serais marié.'
Vive le marinier!

A la plus jolie fille,
Vive l'amour!
De tout le bourg de Guirlé.[3])
Vive le marinier!

(*Normandie.*)[4])

Das Lied ist echt dramatisch seinem Aufbau nach, welcher nur die Hauptmomente der Erzählung in rascher Aufeinanderfolge gibt, wie echt volkstümlich in seiner Sprache, welche die feststehenden Wendungen: „*Je vous l'apprenderai, Elle se prit à pleurer, Qu'avez-vous à pleurer*" u. a. m. enthält. Auch der Kehrreim steht, was wir in dem echten Volksliede schon öfter zu beobachten Gelegenheit hatten, in einem seltsamen Gegensatze zu dem Inhalte des Liedes.

Nicht minder im echten Volkston gehalten ist das nächste Lied, welches aus der Zeit der englischen Invasion stammen muſs und bis auf den bemerkenswerten abweichenden Schluſs sich seinem Inhalte nach dem soeben mitgeteilten anschlieſst.

Auf der Brücke zu Nantes — jener beliebten Eingangsformel des Volksliedes — nehmen die Engländer einen Franzosen gefangen, geben ihn aber frei, als er ihnen den Aufenthalt seiner Tochter verrät, welche sie geschickt in das Schloſs ihres Heerführers locken. Als der „*grand capitaine*" Liebe von ihr heischt, vertröstet sie ihn bis nach dem Abendessen. Allein gelassen, befiehlt sie ihre Seele Gott und allen Heiligen. — Das Lied

---

[1]) *lacet* Schnürband. [2]) *dague* Dolch. [3]) *bourg de Guirlé*? [4]) Beaurepaire S. 57; Haupt-Tobler S. 15.

meldet uns nicht, ob sie selbst Hand an sich legt, ob Gott ihr
Flehen erhört und sie durch einen plötzlichen Tod der Schande
entrückt. Als der Heerführer wiederkehrt, sie dreimal ruft,
ohne eine Antwort zu erhalten, da sieht er, dafs sie tot ist, läfst
ihren Leib bestatten und drei Messen für ihr Seelenheil lesen:
er selbst aber verläfst das rauhe Waffenhandwerk und geht in
ein Kloster.

> Et le grand capitaine
> La requit de l'aimer.¹)
>
> ‚Attendez,' ce dit-elle,
> Ce soir après souper.
>
> Et quand elle fut seulette,²)
> Elle se mit à prier.
>
> Elle pria Dieu, la Vierge
> Et l'Archange Michael.
>
> Et quand le capitaine
> Revint pour la trouver,
>
> Il l'appela trois fois
> Sans pouvoir l'éveiller.
>
> Il lui fit dire³) trois messes
> Et la fit enterrer.
>
> Puis quitta le métier
> Pour se faire tonsurer.
>
> (Normandie.)⁴)

Bedeutender erscheint das letzte Lied, da der Heerführer
ein tieferes Gefühl für das unglückliche Wesen empfindet, welches
um seinetwillen in den Tod gegangen ist und da er seine Schuld
in dem Kloster zu büfsen trachtet, während der Seemann in dem
ersten Liede in sehr weltlicher Weise beklagt, dafs ihm eine
Sinnenlust entgangen sei.

Hatten wir es in diesen Liedern mit einer Tragödie im
Rahmen des Volksliedes zu thun, so lassen sich auch Lieder
und Balladen auffinden, welche einen weniger tragischen Ausgang
zeigen, indem die Jungfrau mit ihrer Ehre zugleich ihr Leben
rettet.

Die Lieder, um welche es sich hier handelt, finden sich in
*Isle-de-France*, *Bourbonnais*, *Poitou* und *Aunis*, sowie in der *Provence*. Da ihr Hauptinhalt sich gleicht, so würde, nach einer
kurzen Charakteristik derselben, nur das inhaltlich wie sprachlich bedeutendste Lied aus *Bourbonnais* als Probe mitzuteilen sein.

In den Liedern aus *Isle-de-France*, *Poitou*, *Aunis* und der
*Provence* wird die Schöne, welche unter einem weifsen Rosen-

---

¹) *La requit de* verlangte von ihr, dafs... ²) *seulette*, vergl. S. 48 Anm. 5.
³) *dire trois messes* drei Messen lesen. ⁴) Beaurepaire S. 59.

busche eingeschlafen ist, gewaltsam von „drei Hauptleuten" entführt. Nur in der Lesart von *Bourbonnais* deutet schon die Entführung auf eine Nebenbuhlerschaft zwischen einem Herzog und einem Kapitän hin. Wie das Lied am Schlusse andeutet, bleibt der Herzog, welcher sich als der kühnere erwies, in diesem Streite Sieger. In allen Lesarten wird die Jungfrau auf einem „grauen Röfslein" in das Heim ihrer Entführer geleitet und hier von der Verwalterin bald mehr, bald minder ausführlich gefragt, ob sie willig oder mit Gewalt hierher entführt sei, worauf das Mädchen ehrbar und züchtig erwidert: mit Gewalt. In dem Liede aus der *Provence* allein greift die Verwalterin in den Verlauf der Handlung ein; denn sie rät dem Mädchen, sich tot zu stellen, um ihre Ehre zu retten. In allen übrigen Lesarten begnügt sich dieselbe, dem Mädchen anzuraten, der Mahlzeit zuzusprechen; denn die Nacht solle sie mit ihren Entführern zubringen. Es ist ein feiner Zug des Liedes aus *Bourbonnais*, dafs die Schöne in dieser verzweiflungsvollen Lage den Kapitän — dem ihr Herz sich wohl zuneigte — als Retter ihrer Ehre herbeisehnt. Erst als der Erhoffte nicht erscheint, bricht die Jungfrau tot zusammen. — —

Da der Tod den Entführern die schöne Beute geraubt, so wollen sie dem Vater das geliebte Kind nicht länger vorenthalten. Unter Glockenklang und klingendem Spiele kehren sie mit der holden Maid heim, um sie in ihres Schlosses Garten unter blühenden Rosen zu bestatten. Als sie sich aber unter ihres Vaters Schutz und Schirm weifs, da erwacht sie zu neuem Leben; — nur um ihrer Ehre willen hatte sie sich in den Bann des Todes begeben.

Während das Lied aus Mittel- und Südfrankreich hier abschliefst, wir also mit dem Mädchen uns freuen, dafs sie so listig über die Sinnenlust der *braves capitaines* triumphiert, eröffnet uns das bedeutsamere Lied aus *Bourbonnais* die reizende Perspektive, dafs der Herzog, von der Ehrbarkeit des Mädchens bestrickt, diejenige als sein ehelich Gemahl heimführt, deren körperliche Reize er zunächst erstrebte; sie selbst aber sich ihm zuneigt, da sie in dem entscheidenden Augenblicke von dem *brave capitaine* verlassen blieb, von dem sie allein Hilfe erwarten konnte.

## Liebesleid.

Au château de la Garde
Il y a trois belles filles;
Au château de la Garde
Il y a trois belles filles;
Il y en a un' plus belle que le jour.
Hâte-toi, capitaine,
Le duc va l'épouser.

En dedans son jardin,
Suivi de tout' sa troupe,
En dedans son jardin,
Suivi de tout' sa troupe,
Entre et la prend sur son bon cheval gris,
Et la conduit en croupe¹)
Tout droit en son logis.

Aussitôt arrivé'
L'hôtesse la regarde:
Aussitôt arrivé',
L'hôtesse la regarde:
„Êt's'-vous ici par force ou par plaisir?"
„Au château de la Garde
Trois cavaliers m'ont pris."

Dessur ce propos-là,
Le souper se prépare,
Dessur ce propos-là,
Le souper se prépare:
„Soupez, la belle, soupez en appétit:
Hâte-toi, capitaine,
Voici venir la nuit."

Quand l' souper fut fini,
La belle tombe morte,
Quand l' souper fut fini,
La belle tombe morte,
Ell' tombe morte pour plus ne r'venir:
Au jardin de son père
Il nous faut revenir.

„Sus,²) mes bons cavaliers,
Sonnez de vos trompettes,
Sus, mes bons cavaliers,
Sonnez de vos trompettes;

Ma mie est mort', sonnez piteusement
Nous allons dans la terre
La porter tristement.

De nos fols ennemis
N'est-ce pas l'avant-garde?
De nos fols ennemis
N'est-ce pas l'avant-garde?
Baissez la hers'¹³) et nous nous défendrons:
Cette tour, Dieu la garde!
Point ils ne la prendront.

Beau Sire de la Gard'
Ouvrez-nous votre porte!
Beau Sire de la Garde
Ouvrez-nous votre porte:
Vot' fille est morte là-bas dans le vallon;
Un serpent l'a mordue
Dessous son blanc talon.

„Il nous faut l'enterrer
Au jardin de son père,
Il nous faut l'enterrer
Au jardin de son père,
Sous des rosiers tout blancs et tout fleuris,
Pour mieux conduir' son âme
Tout droit en paradis."

Quand ils furent dans l' jardin,
La belle ressuscite:⁴)
Quand ils furent dans l' jardin,
La belle ressuscite.
„Bonjour, mon père, bonjour vous soit donné,
Bonjour, j'ai fait la morte,
Pour mon honneur garder."

---

¹) *en croupe* auf dem Rücken des Pferdes. ²) *Sus* (*su*, auch *sus* gespr.), familiäre Interjektion: frisch, munter. ³) *baissez la herse* laſst das Fallgatter herab. ⁴) *ressuscite* lebt wieder auf.

> Et quand les rosiers blancs
> Eurent fleurs nouvelles,
> Et quand les rosiers blancs
> Eurent fleurs nouvelles:
> „Allons, ma fille, il faut vous marier."
> Ah! pauvre capitaine,
> Le duc va l'épouser.

(*Bourbonnais.*) [1] Var.: (*Isle-de-France.*) [2] (*Poitou, Aunis.*) [3] (*Provence.*) [4]

In allen bisher mitgeteilten Liedern war wohl von der Verführung die Rede, doch hatte das Mädchen selbst den Verlust ihrer Ehre nicht zu betrauern. Ist dieses der Fall — und auch dieser Fall tritt ein, jedoch seltener, als wir es nach einer gewissen Litteratur glauben möchten — so spricht das Mädchen dieses verhüllt unter dem Bilde einer Rose aus, bald in sanfter Melancholie, wie in einer Lesart des Liedes: *En revenant des noces*, welches sich demnach jeglicher Gemütsstimmung anzuschmiegen scheint:

> Je ne suis pas de même,
> Je suis bien affligée
> Pour un bouton de rose
> Que trop tôt j'ai donné.
> La, la, la,
> Tra, la, la,
> Déri,
> Tra, la, la,
> La.

(*Normandie.*) [5]

Bald weist sie ihrem Verführer gegenüber in bitterer Weise auf die Unersetzlichkeit ihres Verlustes unter dem gleichen Bilde hin:

> J'avais un' ros' nouvelle,
> Rin, din, di, di, di, di, diou,
> Ha, ha, ha, ha, ha,
> Rin, din, di, di, di, di, diou,
> J'avais un' ros' nouvelle,
> Galant, tu m' l'as volé';
> Galant, tu m' l'as volé'.

---

[1]) Champfleury S. 95. [2]) G. de Nerval, *Bohème galante* S. 72. [3]) Bujeaud II, 174 ff. [4]) Arbaud (*Les tres capitanis*) I, 148 ff. [5]) Champfleury S. 86. Hier wie in dem folgenden kontrastiert, wie so häufig, die Ausgelassenheit des Kehrreims seltsam zu dem tiefschmerzlichen Inhalt des Liedes.

Ne pleurez pas, la belle.
Rin, din, di, di, di, diou,
Ha, ha, ha, ha, ha,
Rin, din, di, di, di, di, diou,
Ne pleurez pas, la belle,
Car on vous y rendra;
Car on vous y rendra.

C'est pas des chos' qui s' rendent,
Rin, din, di, di, di, di, diou,
Ha, ha, ha, ha, ha,
Rin, din, di, di, di, di, diou,
C'est pas des chos' qui s' rendent,
Comme d' l'argent prunté;
Comme d' l'argent prunté.

(*Bourgogne, Chanson morvandelle.*)[1]

Bald ergiebt sie sich in stiller Resignation in den Verlust ihrer Ehre und damit zugleich in den Verlust der Achtung und Liebe ihrer Nächsten:

Je suis fille perdue:
J'ai perdu mon honneur,
Je ressemble à la rose
Qui a perdu sa fleur.

Quand elle perd sa fleur
Tous les gens la délaissent.
Adieu mon pauvre ami.
Adieu mes amourettes.

(*Armagnac, Agenais.*)[2]

In welch zarter, anmutiger Weise spricht ein Mädchen aus *Niedernavarra* unter dem gleichen Bilde der jung erblühenden Rose von dem Pfande ihrer hingebenden Liebe. Als aber der Geliebte, welchem sie „diesen Sprofs aus seinem Garten" übersendet, das Pfand der Liebe verleugnet, da nimmt sie es zurück an ihr mütterlich Herz und schmückt es „als einzige Rache" mit dem Namen des Vaters.

Un bouquet de rose en février éclos
J'ai envoyé à ce monsieur en compliment,
(L'assurant que) j'en avais eu le plant[3] de son jardin
(Et le priant) de le garder en souvenir de moi.

Ce monsieur que j'aurais cru devoir être heureux
D'avoir de son plant un bouquet,
L'a renvoyé disant qu'il n'en veut point,
Que d'avoir donné un plant aucun souvenir ne lui reste.

Bouquet charmant, soyez le bien venu!
Moi, je ne repousserai pas comme ce monsieur.
Fraîchement je vous nourrirai de mon sein,
Tout en vous dotant du nom de ce monsieur.

Mit innigen Worten wendet sie sich alsdann an die Gefährtinnen ihrer Jugend, warnt sie, den jungen eleganten Männern zu trauen:

---

[1]) Champfleury S. 44. [2]) Bladé S. 111. [3]) *j'en avais eu le plant* den Sprofs erhalten habe.

Vous, mes jeunes compagnes, livrez-vous à vos jeux;
Quant à moi, depuis longtemps je suis dans la tristesse.
Des jeunes messieurs qui portent des chapeaux fuyez l'approche:
Ce sont mes relations avec eux qui ont causé ma perte.

(*Basse-Navarre.*)[1]

Wie wehrlos in dieser Lage des Lebens gerade das französische Mädchen ist, ist ja bekannt genug. Man braucht nur an jenen brutalen Paragraphen des *Code Napoléon* zu denken, in welchem der französische Machthaber (der gering genug von der sittlichen Würde des Weibes dachte) das stärkere Geschlecht von jeder Verantwortlichkeit entlastete. Wie viel gesünder denkt das Volk! Zwingt doch der Auvergnate den Verführer, den heimatlichen Boden zu verlassen, wenn er nicht einwilligt, das verführte Mädchen zu heiraten.[2]) Bei dieser schutzlosen Lage des Weibes darf es uns daher nicht wunder nehmen, wenn die Kälte des Verführers, Verzweiflung über die Schande, die Sorge um die Erhaltung des eigenen wie des neugebornen Lebens, die Gefallene zu einem verzweifelten Schritte treibt. So bildet denn die Kindesmörderin ein trauriges, aber stehendes Kapitel der Justizpflege. Wenn auch die neuere Zeit milder gegenüber solch unglücklichen Wesen verfährt, die Zeit liegt noch nicht zu weit hinter uns, wo dieses himmelschreiende Unrecht gegen die Natur, welche das Mutterherz mit soviel überquellender Liebe ausstattete, mit Beil oder Strang geahndet wurde. In unser aller Erinnerung lebt die markige Schilderung, welche *Schiller* diesem grausen Thema gegeben hat, und es dürfte daher nicht ohne Interesse sein, diesen Stoff auf seine volkstümliche Quelle zu verfolgen.

Gleich so manchen früheren ist auch dieses Lied seinem thatsächlichen Inhalte nach einer Reihe von Provinzen eigen: Die *Champagne* wie *Normandie*, *Saintonge* und *Aunis*, wie *Armagnac* und *Agenais* liefern die Belege hierfür. Teilweise wie bei dem (unten mitgeteilten) Liede der *Champagne* liegt der Ursprung

---

[1]) Französisch von Fr. Michel, *le pays basque* S. 323.   [2]) Ein Gegenstück hierzu liefern die Bewohner von Helgoland, welche (wie mir erzählt ward) in ähnlichem Falle den Betreffenden nicht von der Insel fortlassen, er hätte denn das Mädchen geheiratet. *Probatum est!*

weit zurück. wie dieses nicht nur die Art der Komposition, sondern auch die Erwähnung des Scheiterhaufens andeutet, auf welchem die jugendliche Mörderin enden soll. In betreff der Entdeckung der That verrät bald die Nachbarin der Justiz, dafs die unnatürliche Mutter ihr Kind in den stark angeschwollenen Strom geworfen, bald ist das hochnotpeinliche Halsgericht selbst zur Stelle. als die Unglückliche, trotz der Warnung ihrer Mutter, ihr Kind mit einem Messer tötet,[1]) oder erdrosselt und unter einer Weinrebe verscharrt.[1]) An die Frage des Königs *Lais* seiner unglücklichen Tochter gegenüber erinnert die gemütliche Art, wie der Gerichtshof sich nach dem Befinden der auf frischer That Ertappten erkundigt. Damit kontrastiert scharf die Aufforderung an die Mörderin, an Gerichtsstelle zu folgen, sowie die Abweisung der vor Schmerz halb wahnsinnigen Mutter, welche ihre Tochter mit Tausenden, ja Hunderttausenden[2]) loskaufen möchte.

Quand l'enfant est venu, le voulant dire je n'ose
Et je vais le jeter dedans la rivière forte ;
Personne ne m'a vu qu'une de nos voisines.
Elle va à la justice pour raconter mon crime :
Messieurs de la justice, vous ne savez donc pas
Ce qui se passe en ville. et ce qu'on fait là-bas.
Et la justice arrive. — Comment vous portez-vous?
Messieurs de la justice, je n'ai affaire à vous!
Mademoiselle, à vous taire vous ne gagnerez pas,
Il faudra bien venir à pied ou à cheval.
Sa mère courant après, criait comme une folle,
Sa chevelure[3]) tombait autour de ses épaules:
Messieurs de la justice, rendez-moi, mon enfant
Je m'en vais vous compter à l'heure cinq cents francs.

---

[1]) Var.: Agenais et Armagnac, Bladé S. 58:

Fille, garde ta créature
— — — — — — — —
Elle prend un couteau et tue
Tue la pauvre créature.

Var.: Saintonge. Aunis; Bujeaud II. 236:

Quand est qu'elle fut en chemin.
Pli' son enfant d'un' toile fine,
Et l'enterre au pied d'une vigne.

[2]) Var.: Pays messin (Varize), de Puymaigre S. 68:

Ma fille j'ai encore de l'argent
Et des écus plus de cent mille,
Seront pour te sauver la vie.

[3]) *Sa chevelure* ihr Haar.

> Ni pour cent, ni pour mille, tu n'auras pas ta fille,
> La potence sera dressée,¹) le bois tout à l'entour,
> Elle sera brûlée demain au point du jour.
>
> *(Pays messin, Vernéville.)*²)

Mit markiger Kürze wird in den oben angezogenen Liedern der Gang zur Richtstätte geschildert:

> Prêtre devant, bourreau derrière!  Bourreau devant, juge derrière.
> *(Pays messin, Varize.)*³)         *(Agenais, Armagnac.)*⁴)

Ruhig und gefafst trägt das Mädchen ihr schweres Geschick. Sie findet die Strafe gerecht.

> ...toute fille qui fait folie,     Toute fille qui fait folie
> C'est la raison qu'on la châtie⁵). Morite de perdre la vie.
> *(Pays messin, Varize.)*³)         *(Agenais, Armagnac.)*⁴)

Ihr letzter Hauch ist eine Warnung an ihre Genossinnen:

> Fillettes de quinze ans, sur moi prenez exemple,
> Ne montez pas si haut, que vous ne puissiez descendre;⁶)
> Ce sont ces danseries et ces bals de minuits
> Qui seront la cause qu'il me faudra mourir.
>
> *(Pays messin, Vernéville.)*²)

Wieviel bittere Wahrheit liegt in den Worten ihrer Unglücksgenossin aus Dijon:

> Les garçons se jouent de nos cœurs
> Dès qu'ils ont l'honneur d'une fille,
> Ils s'en vont le chanter⁷) en ville.
>
> *(Pays messin, Varize.)*³)

Und damit ihr Beispiel sie überdauere, bittet sie die Mutter, ihr Haar abzuschneiden und es vor der Kirchenthür als bleibendes Merkmal aufzuhängen:

> Ma mère, coupez mes blonds cheveux   Adieu, les filles de Dijon,
> Et pendez-les devant l'église        Adieu, les petites et grandes,
> Ils serviront d'exemple aux filles!  Et dessus moi prenez exemple.
>
> *(Pays messin, Varize.)*³)

---

¹) *La potence sera dressée* der Galgen soll errichtet werden.  ²) de Puymaigre S. 68.  ³) de Puymaigre S. 69.  ⁴) Bladé S. 58 bez. 59.  ⁵) *châtie* straft, züchtigt.  ⁶) Sinn: Hochmut kommt vor dem Fall.  ⁷) *chanter* im aktiven Sinne wie hier findet sich mehrfach im Volkslied, vergl. die Bem. von G. Paris S. 122, Anm. 3.

Ob Reue wohl des Mannes Herz beschleicht bei soviel Kummer und Leid? Die Teilnahme, mit welcher der „*chevalier*" in dem letzten Liede und die „*trois garçons*" in der Lesart von *Saintonge* und *Aunis* nach der Verurteilten fragen, deutet darauf hin. In einem lothringischen Liede bittet der Geliebte die Jungfrau *Maria*, sie möge ihm den Anblick seiner Geliebten gewähren, welche in einer Todsünde dahingefahren sei. Eine ähnliche Situation zeigt das normannische Lied von *Jeanne* und *Pierre*. Auch hier ruft der Geliebte nach seiner Geliebten, welche jedoch nicht schlummert, nicht schläft, wie sie erwidert, sondern im Fegefeuer duldet. Und neben ihr sei ein Platz für ihn, für *Pierre* bestimmt. Und auf seine Bitte, ihm zu sagen, wie er es anfangen müsse, um nicht dorthin zu kommen, antwortet sie, dafs er zur Messe und Vesper gehen, aber in den Rockenstuben fehlen solle — —

> Non, je ne dors ni ne sommeille
> Je sis[1]) dans l'enfer à brûler.
>
> Auprès de moi reste une place
> C'est pour vous, Pierre, qu'on la garde.
>
> Ah! dites moi plutôt, ma Jeanne,
> Comment faire pour n'y point aller?
>
> Il faut aller à la grand' messe[2])
> Et aux vêpres sans y manquer,
>
> Faut point aller aux fileries[3])
> Comm' vous aviez accoutumé...
>
> Ne faut point embrasser les filles
>
> (*Normandie.*)[4])  Var.: (*Pays messin, Vernéville.*)[5])

An das soeben behandelte Thema der Verführung schliefst sich mit Leichtigkeit das der **Untreue** an. Gilt doch auch hier das Schiller'sche Wort:

Die Leidenschaft flieht, die L i e b e mufs bleiben.

Wie oft die Liebe schwindet, wenn der Rausch der Sinne

---
[1]) *sis*, populär und selten für *suis*.  [2]) *grand' messe*, vergl. S. 19 Anm. 4.
[3]) *fileries*, populär und provinziell (im Norden für Spinnstuben).  [4]) Beaurepaire S. 52, 53.  [5]) de Puymaigre S. 71.

verflogen, zeigt uns jenes baskische Lied, wo der dereinstige
Geliebte, welcher vielleicht gesungen:

> J'aime mieux la mer sans poissons
> Et les montagnes sans vallons
> Et le printemps sans violettes
> Que de mentir à ma Rosette.
>
> (*Cap de la Hogue.*)[1]

dem Mädchen das Pfand der Liebe mit kalten Worten zurück-
sendet, ein Widerhall jener Gesinnung, welche sich so bedeutungsvoll in den Worten ausprägt:

> J'avais promis à ma maitresse[2]
> Que je l'aimerais jusqu'au tombeau,
> Dessus la feuille d'un abricot
> J'avais gravé cette promesse:
> Mais il s'élève un petit vent,
> Adieu la feuille et le serment.
>
> (*Angoumois.*)[3]

Da diese Lieder, welche von der Untreue handeln, naturgemäfs eine grofse Verwandtschaft mit jenen zeigen, welche bei
der unglücklichen Liebe charakterisiert worden sind, für die sie
ja ein Hauptmotiv ist, so mögen hier nur einige wenige Lieder
noch Erwähnung finden, die diese rührenden Klagen zum präg-
nanten Ausdruck bringen.

Lebt wohl, ihr Freuden, ihr sonnigen Stunden, so seufzt
das Mädchen, mein armes Herz ist traurig und betrübt über
meinen herzigen Schatz, der mich betrogen. Und nun mischt
sich in die Trauer um den Verlust, der Stolz eines empörten
Herzens, welches sie in der Stille des Klosters zur Ruhe zu
zwingen hofft; allein auch hier verfolgt sie die Erinnerung an
sein liebes Bild, das sie soeben aus ihrem Herzen verbannt.

> Adieu soulas,[4] tout plaisir et liesse.[5]
> Mon pauvre cueur si vit en grant tristesse.
> Pour les regretz[6] que j'ay de mon amy.
> Helas, il m'a failly.

---

[1] Nach mündlicher Überlieferung mitgeteilt von H. Monin bei Haupt-
Tobler S. 9. [2] *maitresse* = bien aimée Geliebte, im besten Sinne des Wortes;
vergl. S. 61 Anm. 11. [3] Bujeaud II. 356. [4] *soulas* (lat. solatium) noch
bei Laf. Trost. [5] *liesse* Freude; vergl. noch heute *vivre en joie et en liesse*
in Saus und Braus leben. [6] *regret(z)s* Bekümmernisse.

Que di(c)tes-vous? n'est ce pas grant domma(i)ge
D'avoir perdu un(g) si beau persouna(i)ge?
Par dessus tous je l'avaye¹) choisy
Pour être mon amy.

Je vous cuydais²) des amans le plus saige;
Mais je con(g)nois vo(s)tre la(s)che coura(i)ge
Pourtant allez, recul(l)ez-vous d'ici,
Querez au(l)tre party.³)

Je m'en irai lassus⁴) au verd boca(i)ge:⁵)
Là je feray fonder un(g) hermita(i)ge.
Où je vivray en douleur et en sou(l)cy,
Et tout pour mon ami.

(*Chanson du XVIe siècle.*)⁶)

Dafs es der Verlassenen gelingt, die Ruhe ihres Gemütes wiederzufinden und damit zugleich die Kraft, dem Geliebten, welcher reuig wiederkehrt, charaktervoll, wenn auch gebrochenen Herzens, entgegenzutreten, zeigt das folgende Lied; gewissermafsen eine Fortsetzung des soeben mitgeteilten, singt es „in stimmungsvollen Tönen" der Seele tiefstes Weh.

| | |
|---|---|
| Je m'en vois⁷) par le monde | Bin durch die Welt gegangen |
| A la pluye et au vent | Im Regen und im Wind, |
| (M'amour) | (Mein Lieb) |
| Pour chercher ma mignonne | Zu suchen voll Verlangen |
| (Helas), | (O weh!) |
| Celle que j'ayme tant. | Mein allerliebstes Kind. |
| | |
| Or l'ay je tant cherchee | Gesucht hab' ich so lange, |
| Qu'à la fin l'ay trouvee | Bis ich sie endlich fand |
| (M'amour) | (Mein Lieb) |
| Le long d'une vallee | An einem grünen Hange, |
| (Helas), | (O weh!) |
| Tout aupres d'un verd pré. | An einer Wiese Rand. |
| | |
| Je luy ay dict „doucette, | Ich sprach zu ihr: Du Feine, |
| Où vas tu maintenant?" | Wo gehst Du aus und ein? |
| (M'amour) | (Mein Lieb) |
| „M'en vois rendre nonnette | Ich bin nicht mehr die Deine, |
| (Helas) | (O weh!) |
| En un petit couvent." | Ich geh' ins Kloster ein. |

¹) *avoye = avais*. ²) *cuydois = croyais* hielt (Euch für). ³) *queres autre parti* suchet eine andere Partie. ⁴) *lassus* müde. ⁵) *bocage* Hag. ⁶) Aus einer Pariser Handschrift (1535) bei Haupt-Tobler S. 2. ⁷) = *je m'en vais*.

## Untreue.

Puis que d'au(l)tre que moy
Vous e(s)tes amoureux
(M'amour)
Qui fai(c)t qu'en grand e(s)moy [1]
(Helas)
Mon cœur soit langoureux. [2]

Dieweil Du einer andern
Dein Herze hast geschenkt,
(Mein Lieb)
Muſs ich in Trauer wandern,
(O weh!)
Ist tief mein Herz gekränkt.

Helas, toute ve(s)tue
Je seray de drap noir [3]
(M'amour)
Mon(s)trant que de(s)pourvue
(Helas)
Je vis en desespoir.

Fortan will ich mich kleiden
In härenes Gewand,
(Mein Lieb)
Auf daſs mein bittres Leiden
(O weh!)
Sei aller Welt bekannt.

Car ma perseverance
Et ma grand loyauté
(M'amour)
N'ont de no(s)tre alliance
(Helas)
Gardé la fermeté.

Daſs ich an Dir gehalten
In Treue sonder Wank,
(Mein Lieb)
Dich hat's nicht festgehalten,
(O weh!)
Du weiſst mir's keinen Dank.

Et que soit pas [4] ma fau(l)te
Cha(s)cun le coguoistra [5]
(M'amour)
Car quand je seray morte
(Helas)
Je s(ç)ay qu'on me plaindra.

Nun will ich's jedem sagen,
Daſs ich die Schuld nicht hab',
(Mein Lieb)
Und sterb ich, werden Klagen
(O weh!)
Mir folgen in mein Grab.

Je s(ç)ay que maintes larmes
Des yeux il tumbera
(M'amour)
De toute bonne(s)te dame
(Helas)
Qui de moy parlera;

Es werden viele Thränen
Um mich vergossen sein,
(Mein Lieb)
So oft sie mein erwähnen,
(O weh!)
Die Frau'n und Mägdelein.

Et qu'il n'y aura homme
Ayant le cœur entier
(M'amour)
Qui me(s)chant ne vous nomme
(Helas)
E(s)tant de moy meurtrier. [6]

Und keinen Mann wird's geben,
So rechten Mut er trägt,
(Mein Lieb)
Der nicht mein bittres Sterben
(O weh!)
Auf deine Seele legt.

---

[1] *émoi* = Unruhe, Aufregung.  [2] *langoureux*, in der Bedeutung matt, veraltet.  [3] *drap noir*, geht auf das schwarze Gewand der Nonnen; vergl. S. 74 Anm. 8.  [4] Haupt-Tobler hat hier den Druckfehler *par*, welcher gerade den entgegengesetzten Sinn gibt.  [5] = *connaîtra*.  [6] *meurtrier* Mörder.

| | |
|---|---|
| Las,¹) je sens venir l'heure | Die Stunde ist gekommen, |
| Et voy bien à present | Ich seh' es deutlich ein, |
| (M'amour) | (Mein Lieb) |
| Qu'il convient que je meuro | Das Klagen kann nichts frommen, |
| (Helas) | (O weh!) |
| Pour vous en ce tourment. | Es mufs gestorben sein. |

(*Chansons du XVI<sup>e</sup> siècle.*)²)

Ist es hier die Geliebte, welche um den Geliebten trauert, der sie schnöde verlassen, so ist natürlich auch dem Volksliede der Fall nicht fremd, dafs der Mann um die Untreue der Geliebten klagt.

Interessant ist dieses Lied um deswillen, weil es erinnert an deutsche Lieder gleicher Gattung. Sie hat mir Treu' versprochen, singt der Verliebte, und doch hab' ich sie falsch erfunden. Und nun wendet er sich an den Boten der Liebenden in glücklichen wie in unglücklichen Tagen — trage Du die Botschaft an die schöne Ungetreue, dafs sie ihr Herz mir wiederum zuwende, und ist sie zu stolz hierzu, dann sterbe ich vor Kummer und Gram, dann ist's auf einmal still —

El m'a en foy promise
Qu'el n'aymeroit que moy:
Je l'ay trouvée menteuse,
Elle en a deux ou troys.

| | |
|---|---|
| Rossignolet saulvaige, | Rigueur m'y fait mourir, |
| Prince des amoureux, | Je n'ay autre douleur, |
| Je te prie qu'il te plaise | Pour l'amour de m'amye, |
| De bon cueur gracieulx⁴) | Qui m'a transy⁶) le cueur. |
| Va moy faire un messaige³) | Car elle est trop fière |
| A la belle, à la fleur, | Je mourray de langueur.⁷) |
| Qu'el ne m'y tienne plus | Adieu mes amourettes, |
| En si grosse rigueur.⁵) | Je n'ay plus de vigueur. |

(*Chansons du XVI<sup>e</sup> siècle.*)⁸)

Haben wir so die Liebe, jene schöne Zeit, von der der Dichter wünscht, dafs sie ewig grünend bliebe, hindurchbegleitet

---

¹) *Las* (spr. *la-ce*), abgekürzt aus *hélas*. ²) Pariser Handschrift 1535 bei Haupt-Tobler S. 63 ff. — Deutsch von Claire von Glümer. ³) Hinübergreifen (*enjambement*) des einen Verses in den andern. ⁴) *messaige* Botschaft. ⁵) *grosse rigueur* grofse Strenge, Kälte. ⁶) *transi* starr gemacht. ⁷) *langueur* (Liebes-)Sehnsucht. ⁸) Pariser Handschrift 1535 bei Haupt-Tobler 157.

durch alle Phasen, himmelhoch jauchzend, bis zum Tode betrübt, so wenden wir uns nunmehr den Dichtungen zu, welche den Abschluſs der goldenen Jugendzeit — den Hochzeitstag — verherrlichen, nicht ohne vorher einen Blick geworfen zu haben auf jene Lieder, welche sich an das Verlöbnis knüpfen.

## Verlöbnis, Hochzeitstag und Brauch.

Bou jou don, mère Catherine,
Y' allons don, père Nicoulas?
Voulez-vous marier Cathrinette
A noute garçon que vela (v'là)?
   (l'*Ancien Bourbonnais.*)

La nuit d'avant mes noces,
Oh! devinez c' qui m'arriva.
 Je me lève à la fenêtre,
 Voir si le jour ne vient pas,
Le point du jour arrive, arrive,
  Le joli jour.
  Vive l'amour!
   (*Bas-Poitou.*)

Adieu fleur de jeunesse,
Je vais t'abandonner;
La noble qualité de fille,
Aujourd'hui la faut quitter.
   (*Saint-Dié, Vosges.*)

# III. Verlöbnis, Hochzeitstag und Brauch.

Verlöbnis, Ausstattung und Ehevertrag. — Wahl des Hochzeitstages. — Leben die Hochzeitslieder und Gebräuche noch? — Die Ziviltrauung ohne Sang und Klang. — Die kirchliche Hochzeitsfeier: Überbringen der Geschenke, — Schmücken der Braut, — Segen der Familie, - Bazvalan und Brotaër, — Brautzug, — Trauung, — Heimkehr (*Chanson de l'oreiller*). — Die häusliche Hochzeitsfeier: *Chanson de la mariée, chanson du marié*. — Hochzeitsbräuche: *Les jarretières,* — *la soupe à l'oignon.* — Aufbruch. — Nachtag. —

Die vorhergehenden Abschnitte werden uns zur Genüge gezeigt haben, dafs das junge französische Mädchen aus dem Volke, ganz im Gegensatz zu ihren Mitschwestern aus den höheren Ständen der Grofsstadt, einen Liebesfrühling durchlebt, dafs sie, nicht eingeengt in klösterliche Institute, das Leben nur vom Hörensagen, die Liebe häufig erst dann kennen lernt, wenn sie durch die Ehe unauflöslich für das Leben gebunden ist.[1]) Von der Schule bis zum Altar hat das Mädchen des Volkes Gelegenheit genug gehabt, mit den Burschen ihres Bezirks Umgang zu pflegen, ein unschuldiges Liebesverhältnis mit ihnen anzuknüpfen, ohne dafs dasselbe zu einer späteren Verehelichung zu führen braucht. Erst wenn der frische, berauschende Trank aus dem Born der Jugendliebe genugsam genossen ist, wenn die Liebe sich ihres Zieles und Zweckes bewufst zu werden beginnt, tritt der Gedanke an die Ehe hervor, welcher das ernstliche Verlöbnis vorangeht.

---

[1]) Vergl. Molières Kampf dagegen in seiner *École des maris*, sowie in der *École des femmes*.

In *Bas-Poitou* wie in *Aunis* ist es Sitte, dafs der Werbende seiner Erwählten anstatt der Erklärung ein Paar weifse Handschuhe schenkt und diese Gabe mit den Worten begleitet:

> Tenez, tenez,[1] belle,
> Vous voilà des gants[2],
> Vous n' les port'rez, belle,
> Rien que trois fois l'an:
> La première à Pâques,
> L'autre à la Saint-Jean,
> La troisième à vos noces,
> La bell', quand a' s'rant.[3]

worauf das Mädchen ihr Jawort in die stehende Formel kleidet:

> Les vot' et les miennes
> S' front en même temps.
> 
> (*Bas-Poitou, Aunis*.)[4]

Nicht minder poetisch gestaltet sich die Werbung in der *Basse-Bretagne*, welche uns zugleich eine Formel für jenen Fall bewahrt hat, in welchem der Bursche statt des erträumten Jawortes einen Korb[5] heimbringt. Will der junge Mann um die Liebste freien, so schleicht er sich nachts vor ihre Thür, um in getragenem Tone einen Gesang anzustimmen, dessen Bedeutung der erwachenden Schönen durch uralten Gebrauch nur zu wohl bekannt ist.

> Il ne fait point clair de lune[6]
> Belle, levez-vous.
> Tandis que la nuit est brune[7]
> Venez, dansez avec nous.

— mit diesen Worten fordert der Werbende sein Schicksal zu hören.

Will die junge Bretagnerin den Liebhaber von der Hand weisen, so singt sie aus dem geöffneten Fenster:

> Il fait trop beau clair de lune,
> Garçon, laissez-nous.

---

[1] *tenez* da! (mit betreffender Handbewegung).   [2] *vous voilà des gants* nimm die Handschuhe hin.   [3] a' s'rant = *elles seront*.   [4] Bujeaud II. S. 3.
[5] Dem Franzosen fehlt das deutsche Bild; vergl. den Ausdruck der franz. Schweiz: *recevoir une serviette*.   [6] *clair de lune* Mondschein.   [7] *brune* (eig. braun) = dunkel.

> La nuit n'est pas assez brune,
> Pour que je danse avec vous.

Nimmt sie aber die Werbung an, so lautet die Antwort:

> Pourquoi l'amant venir ainsi
> Troubler mon sommeil?
> Je n'entends point quand il fait nuit;
> Venez au réveil!
>
> (*Basse-Bretagne, Nantes.*)[1]

Hüllt sich hier die Werbung in den Schleier der Nacht, so wird sie in der *Picardie* öffentlich, gewissermafsen wie auf einem Markte betrieben. *Juliette Lamber*[2] in ihrer psychologisch so anziehenden Novellette „*Les fiançailles de Carlepont*" teilt uns einleitend mit, dafs zu Mittfasten die jungen Leute von *Carlepont* und Umgegend scharenweise auf dem Kirchplatze zusammenströmen, um sich mit Hilfe der Gevatterinnen für das Leben binden zu lassen, getreu dem Sprichwort: „*tout se fait, tout va par commère*". Nach einer langen Beratung, oft unter Hinzuziehung des einen oder des anderen Beteiligten, schleichen die Gevatterinnen hinter die scheinbar ahnungslos dastehenden jungen Leute, rauben deren Hut und bringen just dasjenige Mädchen unter denselben, welches für den Burschen bestimmt erscheint. Bald folgen die Eigentümer, die Mädchen nehmen den Arm ihres Erkorenen und fort stürmen die frohen Paare zum Tanzboden.

Dies ist der erste Schritt zur Ehe. Ist nun auch die Einwilligung der Eltern erfolgt, welche in *Carlepont* dann gegeben erscheint, wenn der Eintritt des Werbenden in das Haus der Verlobten nach der Heimkehr des Paares ungehindert von statten geht,[3] so denken die Brautleute eifrig daran, ihren Hausstand herzurichten. Sind auch die ländlichen Verhältnisse nicht ganz so einfach, wie bei den Vöglein, welche, einem Gascognischen Lied zufolge, nur die Blätter zusammenzuscharren brauchen, um ihr Nestchen zu bereiten, so sind diese Verhältnisse doch einfach genug gegenüber den Ansprüchen, welche

---

[1] Rathery a. a. O. 27 mai 1853 (S. 681).  [2] *Les fiançailles de Carlepont* in der trefflichen Sammlung von Dr. Baumgarten: *Les Mystères comiques de la Province; Scènes de Mœurs picardes* S. 150.  [3] J. Lamber a. a. O. S. 150.

die Grofsstadt an den neuen Hausstand stellt. Fleifsig spinnt das Mädchen mit der Mutter in den langen Winterabenden, um ihre Morgengabe (*le trousseau*) fertig zu bekommen, wie das Brautlager, für dessen Gestell zu sorgen dem Bräutigam überlassen bleibt. Ebenso wird der grofse Schrank auf dem nächsten Jahrmarkte gekauft und alles rein Geschäftliche, auf Mitgift und Ausstattung bezügliche vor der Hochzeit und Eheschliefsung geregelt.

Die Unterzeichnung des Ehevertrages, welche das Verlöbnis offiziell besiegelt, ist in der *Gascogne* von gewissen Feierlichkeiten begleitet.[1]) Ähnlich wie bei der kirchlichen Trauung treffen sich auch bei dieser Feier Bräutigam und Braut erst am Bestimmungsorte, d. h. in der Wohnung des Notars, wohin sie von ihren Eltern und Anverwandten, den Brautjungfern und Brautführern in festlichem Zuge geleitet werden.

Während früher, nach Genehmigung des Kontraktes, in der Wohnung des Notars Lieder ertönten und die Braut mit einem Kusse an die Anwesenden Sträufschen verteilte, finden diese Gebräuche jetzt nach der Rückkehr des Zuges in dem Brauthause statt. Die Teilnehmer an der Feier versammeln sich daselbst zu einem gemeinsamen Mahle, welches vorzugsweise aus Fischen besteht, da das Verlöbnis, aus Sparsamkeitsrücksichten, gern in die Fastenzeit hinein verlegt wird.

Sind diese Verhältnisse geregelt, so wird der **Tag zur Hochzeit** bestimmt. Hier haben wir zunächst eines Aberglaubens zu gedenken, dessen *Beaurepaire* in seiner Studie über die normännische Volkspoesie ausdrücklich Erwähnung thut.[2]) Lieder aus *Poitou* lehren uns, welche Bedeutung das Volk dem Kuckuck in Beziehung auf die Ehe beilegt.[3]) In dem Liede der treulosen Weiber werden daselbst die betrogenen Ehegatten unter dem Bilde des Kuckucks[4]) verspottet. Da dieser Friedensstörer unter den Vögeln im Monat Mai zurückkehrt, so scheint dieser Umstand dem Landmann von *Avranchin* eine unüber-

---

[1]) Bladé, poés. pop. d. l. Gascogne, Préf. S. XVII. [2]) Beaurepaire S. 29.
[3]) Bujeaud II, S. 55. [4]) Da der Kuckuck in der Sprache des Volkes *cocu* lautet, so liegt die Beziehung auf *cocu* (Hahnrei) auch sprachlich nahe genug.

windliche Abneigung eingeflöfst zu haben, Heiraten in diesem Monate zu schliefsen:

> Jeunes gens qu'êtes à marier.
> Oh! n'y vous mariez pas dans le mois de mâi,
> J'ai vu le Coucou!! mé. mé.¹)
> J'ai vu le Coucou!
> (Arranchin, Normandie.)²)

Ebensowenig scheint, dem folgenden Ausspruche nach, der Monat August zur Ehe geeignet zu sein; denn — so warnt ein getreuer Eckart:

> Laissez passer l'août sans vous marier.²)

Besonders beliebt ist dagegen die Weihnachts- wie die Faschingszeit; sei es, dafs die allgemeine Feststimmung diese Zeiten besonders geeignet macht „zu des Lebens schönster Feier", sei es — was bei der ländlichen Hochzeit nicht zum wenigsten ausschlaggebend sein dürfte —, dafs zu Fasching „die Eier im Topfe sind" und zu Weihnachten „das Schwein im Salze".³) Aber auch Ostern erscheint als ein günstiger Zeitpunkt. Erwidert doch das Mädchen der *Champagne* auf die Frage des Geliebten, wann die Hochzeit stattfinden solle:

> Nous nous marierons à Pâques,
> Quand les jours y seront grands.⁴)

Und ganz im Gegensatze zu dem bedenklichen Landmanne der *Normandie* fügt das leichtlebige Kind der *Champagne* gleichsam zur Auswahl hinzu:

> Entre Pâques et Pentecôte
> En ce joli mois de Mai.
> (Champagne.)⁴)

In den Verführungsliedern ist vielfach mit der Abwehr des Verführers zugleich die Andeutung des Hochzeitstages verknüpft. „Meine Augen, die Ihr so schön findet," erwidert die Maid dem drängenden Königssohne, „gehören meinem Heuer."

> Nous nous marierons à St.-Jean,⁵)
> C'est le plus beau jour de l'an.⁶)

---

¹) *mé*, dialektisch für *moi*; vergl. S. 79.   ²) Beaurepaire S. 29.   ³) Bladé, *poés. pop. d. l. Gascogne* S. XVII.   ⁴) Tarbé II, S. 180.   ⁵) *Saint-Jean*, Johannistag, 24. Juni.   ⁶) *Ampère* im Moniteur S. 1187.

fügt sie hinzu, um an der Ehrlichkeit ihrer Abwehr keinen Zweifel aufkommen zu lassen. Ähnlich gibt der treue Schnitter in den sein Glück bekundenden Worten:

> D'vers la Toussaint[1] prochaine
> J'aurons contentement.

mit der Abweisung der Königs- und der Präsidententochter zugleich das Allerheiligenfest als den Tag seiner Hochzeit mit der Geliebten an.[2]

In wieweit die Lieder und Gebräuche, welche die Hochzeit einzuleiten und zu begleiten bestimmt erscheinen, heute noch in Geltung sind, darüber läfst sich unsererseits ein entscheidendes Urteil nicht fällen; — sind doch die verschiedenen Sammler und Herausgeber der Volksdichtungen in ihren Ansichten selbst geteilt. Während *Bujeaud* über das Absterben der Hochzeitsgebräuche klagt und die wenigen, welche übrig geblieben sind, mit Blumen auf Ruinen vergleicht, wenn er ferner sagt, dafs die Quelle versiegt sei, aus welcher diese Lieder flossen, so berichten *Beaurepaire* wie *Rathery* übereinstimmend, dafs inmitten des allgemeinen Niederganges der Volksdichtungen der Hochzeitstag im grofsen und ganzen sein altes Gepräge gewahrt habe. Zu gunsten der beiden letzten Forscher spricht es, wenn *Bladé* in seiner Volksliedersammlung aus der *Gascogne* — welche neuesten Ursprungs ist — in grofser Ausführlichkeit die sämtlichen Lieder und Gebräuche mitteilt, welche auch heute noch diesen wichtigsten Lebensabschnitt feiern.

Besonders in den Zeiten des Kulturkampfes ist vielfach darauf hingewiesen worden, dafs die bürgerliche Trauung sich in Frankreich bewährt habe, dafs sie in das Volk gedrungen sei. Wie wenig sie indessen in das Herz des Volkes eingezogen ist und dessen Phantasie gefangen genommen hat, zeigen die Sammlungen. Kein Lied, kein Brauch

---

[1] *Toussaint (tous (les) saints)* Allerheiligentag, 1. November.  [2] Vergl. S. 77 Werbelieder.

verherrlicht sie, die kirchliche Trauung allein weist Sitte und Lieder auf.[1]

Dieser Thatsache entspricht es völlig, wenn auch, trotz der Vereinigung vor dem Zivilrichter, die Gemeinschaft des ehelichen Lebens erst nach der kirchlichen Einsegnung beginnt. Die Schilderung der folgenden Sitten und Gebräuche, wie die Lieder, welche sie umranken, lassen keinen Zweifel hierüber aufkommen.

Am zweiten Abende vor der kirchlichen Trauung nehmen in einigen Provinzen, wie z. B. in der *Gascogne*, die Feierlichkeiten bereits ihren Anfang. In festlichem Zuge wird das Brautlager in das Haus der Neuvermählten gebracht. Das Ganze ruht auf einem von Ochsen gezogenen Karren, welcher mit Linnen überdeckt und mit Guirlanden geschmückt ist. Ein Bursche im Sonntagsstaate führt das Gefährt; hinter ihm schreiten die Brautjungfern; eine derselben trägt eine Kunkel zum Zeichen der Pflichten, welche der Neuvermählten als Hausfrau warten. Lieder, welche sich an die Betrachtung des schwankenden Bettes knüpfen, ertönen:

> Le lit de la mariée est bien cousu.
> Du fil de soie il y a fallu.
> Le lit de la mariée est bien couturé.
> Fil et soie n'y ont pas manqué.

> Le lit est de violettes (bis)
> Et de roses musquées[2]
> Le tour du lit.[3]
> Mariée, tes amourettes
> Tu perds aujourd'hui.
>
> (*Gascogne*.)[4]

Im Hause der Braut wird der Neuvermählten von den Freundinnen das Bett bereitet. Ein Mahl, welches der Bräutigam denselben gibt, schliefst die einfache Feier.

Neben diesem Zuge findet, in der *Gascogne* wenigstens, am Vorabende der Hochzeit ein zweiter Zug statt, welcher einen

---

[1] Für die Gascogne ausdrücklich von Bladé bezeugt; vergl. Préf. S. XVIII.
[2] *rose musquée* Moschusrose. [3] *Le tour du lit* der Bettumhang (des Himmelbettes). [4] Bladé S. 245.

feierlicheren Charakter trägt. Die Teilnehmer des Zuges bringen an diesem Abende der Braut den Anzug, welchen sie bei der kirchlichen Trauung tragen soll: Brautkrone, Gürtel[1]) und Schleier, Schuhe, Brautkleid — nichts ist vergessen; umgekehrt empfangen in *Bourbonnais* die Brautführer, welche die Gaben des Bräutigams in die Wohnung der Braut geleitet haben, aus den Händen derselben als Gegengabe das selbstgesponnene Hemd für den Bräutigam.

In den übrigen Provinzen findet sich diese Teilung bei der Übergabe zwischen dem Hochzeitsschmuck für die Braut und den Ausstattungsstücken nicht, sondern die Geschenke des Bräutigams wie die Gaben der Hochzeitsgäste werden gewöhnlich am Vorabende des Festes in das Haus der Braut gebracht; teils empfängt sie dieselben, wie in *Poitou*[2]) nach der kirchlichen Trauung, teils findet — wie in der *Bretagne*[3]) — die Überführung der Gaben in einem glänzend polierten, mit Sträufsen geschmückten Nufsbaumschranke am zweiten Tage nach der Hochzeit unter gewissen Feierlichkeiten statt, welche mit einem Mahle auf dem Schranke selbst ihren Abschlufs finden.

Vielfach wird der Zug der Männer — des Bräutigams mit den Brautführern — von der landesüblichen Musik, dem Dudelsack (*cornemuse, musette*), selbst unter dem Klange der Trommel — wie in *Montluçon*[4]) — nach dem Brauthause geleitet, in welchem bereits die Braut mit den Brautjungfern weilt. Der Zug findet die Thür verschlossen; nach wiederholtem Klopfen entspinnt sich nun, wie wir dieses noch mehrfach bei den verschiedenen Abschnitten der Hochzeitsfeier beobachten können, ein Duett, dessen Melodie, wie *George Sand* sagt, feierlich sei wie ein Kirchengesang.[5]) Auf die Bitte der Brautführer:

> Ouvrez, ouvrez la porte,
> Françoise, ma mignonne,
> De beaux cadeaux à vous présenter;
> Hélas! ma mie laisse nous entrer.

---

[1]) In betreff der rechtlichen Bedeutung des Gürtels — *la ceinture dorée* — vergl. S. 82, so wie Bujeaud I, 188 für Poitou und Aunis. [2]) Champfleury S. 105. [3]) Villemarqué II, 220 ff. [4]) Montluçon, in dem heutigen Departement Allier gelegen. [5]) Champfleury S. 50.

antworten schamhaft die innen befindlichen Mädchen, häufig auch, wie in *Berry* und *Bourbonnais*, die Braut allein:

> Moi, vous laisser entrer.
> Je ne saurais le faire.
> Mon père est en colère.
> Ma mère est en tristesse.
> Une fille de si grand prix,[1]
> N'ouvre pas la porte à ces heures-ci.

An Stelle des allgemeinen:

> de beaux cadeaux à vous présenter

treten nun in den nächsten Versen die besonderen Geschenke ein:

> des rubans[2]
> un mouchoir } à vous présenter.
> un tablier[3]

Aber die Mädchen sind unbeugsam. Fast scheint es, als könnten sie nicht genug bekommen; denn erst, wenn kein Geschenk mehr zu erwarten steht, öffnet sich die Thür und die Brautführer nehmen an der Seite ihrer Brautjungfern Platz.

Wirkungsvoller schliefsen die Lieder aus *Bourbonnais* und *Berry* ab. Dort öffnen die Mädchen bei den verlockenden Worten:

> Un beau garçon à vous présenter.
> (*Bourbonnais*.)[4]

Hier die Braut, nachdem die Brautführer vergeblich Einlafs begehrten, auf die Bitten des Bräutigams:

> Ouvrez la porte, ouvrez.
> Marie, ma mignonne;
> C'est un beau mari qui vient vous chercher,
> Allons, ma mie, laissons-le entrer.
> (*Berry*.)[5]

Die Nacht, welche nun den letzten Mädchentag der Braut schliefst, ist durch ein reizendes Lied gekennzeichnet, welches die ganze naive, leidenschaftliche Ungeduld der jugendlichen Liebe malt. Lange vor Tage erwacht sie, aber der bleiche Geselle, der Mond, rückt gar nicht von seiner Stelle — —

---

[1] Andere Lesarten *d'un trop grand prix* und *d'un assez haut prix* (Bourbonnais). [2] *ruban* Band. [3] *tablier* Schürze. [4] Champfleury, Prof. XXIV. [5] Champfleury S. 50.

| | |
|---|---|
| La nuit d'avant mes noces, | Je me lève à la fenêtre |
| Oh! devinez c' qui m'arriva. | Voir si le jour ne vient pas; |
| Je me lève à la fenêtre, | „Lune belle, oh! belle lune,[1] |
| Voir si le jour ne vient pas, | „Tu n'es donc encor' que là! |
| Le point du jour arrive, arrive. | Le point du jour arrive, arrive, |
| Le joli jour, | Le joli jour, |
| Vive l'amour! | Vive l'amour! |

       „Lune belle, oh! belle lune,
       „Tu n'est donc encor' que là!
       „Je te croyais à quatre heures,
       „Et à minuit tu n'es pas.
      Le point du jour arrive, arrive,
         Le joli jour,
         Vive l'amour!

                              (*Bas-Poitou*.)[2]

    Und dasselbe Lied, welches in *Bas-Poitou* in eine mehr oder minder gereizte Unterhaltung zwischen der aufhorchenden Mutter und der ungeduldigen Tochter verläuft, schliefst in der von *Theuriet* mitgeteilten Fassung mit der schalkhaften Drohung an den Mond, ihn mit der Armbrust herunterzuschiefsen, wenn er seinen Schritt nicht beschleunige:

       „Belle lune, oh! belle lune,
       „Que n'avances-tu d'un pas?
       „Si j'avais mon arbalète,
       „Je te jetterais à bas.[3] — —

    Mit besonderen Feierlichkeiten ist die Ankleidung der Braut an ihrem Ehrentage verknüpft.[4] Wir erinnern uns, dafs derselben in der *Gascogne* mit dem Anzuge zugleich die Brautkrone nebst Gürtel und Schleier überbracht wurde. Die erste Brautjungfer schmückt sie mit der Krone, welche sie mit einer Nadel befestigt; alle übrigen Brautjungfern fügen je eine Nadel hinzu. In *Bazadais* allein geschieht dieses seiten der Brautführer, während es dem Bräutigam vorbehalten bleibt, die letzte

---

[1] *lune belle, oh! belle lune*, man beachte die kreuzweise Stellung des Adjektivs, vergl. S. 49.   [2] Bujeaud I, 324; eine andere Lesart dieses Liedes bei Bujeaud a. a. O. S. 325 für Saintonge und bei M. Buchon *Noëls et Chants pop. de la Franche-Comté* p. 77, No. 5.   [3] Theuriet: *Sous Bois* S. 207. *La Chanson du jardinier.*   [4] Bladé, Préf. S. XIX ff.

Nadel anzustecken. Der Pate umschliefst den Leib mit einem Gürtel, welcher gewöhnlich aus einem weifsen Bande besteht. Die Braut kniet nieder, um den Segen der Ihrigen zu empfangen, welcher in seiner einfachen Form durch die stetige Wiederholung etwas ebenso Feierliches wie Wirkungsvolles erhält:

> Bénédiction on va te donner:
> La bénédiction de ton père,
> La bénédiction de ta mère,
> La bénédiction de tes aïeux,
> La bénédiction de tes frères et sœurs.[1]
>
> La bénédiction de ton parrain.[2]
> La bénédiction de tes voisins,
> La bénédiction de tes voisins.
> La bénédiction de tes amis.
>
> (*Gascogne*.)[3]

Nachdem sie den Segen empfangen, erhebt sie sich, umarmt die Anwesenden und verteilt an sie, ähnlich wie bei der Unterzeichnung des Ehevertrages[4]), Blumen, was um so passender erscheint, als sich der Zug von hier zur Kirche begibt. In *Bas-Poitou* und *Aunis* dagegen verteilt die Braut Bänder in der Farbe der Liebe wie der Hoffnung — rosa und grün — welche sich, wie *Bujeaud* berichtet,[5]) die Mädchen an dem Gürtel, die Männer an dem Hut befestigen, während in anderen Gegenden *Poitous*, wie *Champfleury* mitteilt,[6]) diese Bänder von der Braut selbst an die Schulter eines jeden einzelnen geheftet werden.

Von der *Bretagne* allein wird uns berichtet, dafs die Braut vor ihrem Gange zur Kirche die Stirn mit einem Bande geschmückt erhielt, dessen Farben rot und weifs auf ihre Schönheit und ihre Tugend hindeuten. Dieses geschah vor Ankunft des Bräutigams von seiten des verschmähten Nebenbuhlers, welcher zum Zeichen seines Schmerzes mit dem weifs-roten zugleich ein schwarzes Band verflocht. Ein Kufs lohnte seine Mühe und die Heilighaltung dieses Bandes seiten der Neuvermählten sicherte ihm ein dauerndes Gedenken.[7]

---

[1]) *frères et sœurs* = Geschwister; dem Franzosen fehlt ein einfaches Wort hierfür. [2]) *parrain* Pate. [3]) Bladé S. 259. [4]) Vergl. S. 166. [5]) Bujeaud II, S. 1 u. 2. [6]) Champfleury S. 105. [7]) de la Villemarqué S. 110.

Bevor wir den Brautzug auf seinem Wege nach der Kirche schildern, ist einer seltsamen Sitte zu gedenken, welche sich nur noch in der *Bretagne* wiederfindet und den hohen Einfluſs der Volkssänger in jenem Teile Frankreichs zeigt. [1])

Der Bräutigam, ebenso wie sein Gefolge, zu Pferde, und begleitet von dem Hochzeitsbitter, dem *Bazvalan*, schickt sich an die Braut zur Kirche abzuholen. Auch hier entspinnt sich nun zwischen dem *Bazvalan* und dem *Brotaër*, welcher als poetischer Beirat der Braut zur Seite steht, ein Wettkampf, der unter dem Bilde der Taube und des Sperbers auf die Entführung der Braut aus dem Elternhause hindeutet. Es zeigt die Lust an retardierenden Momenten oder versinnbildlicht die Anstrengungen des Kampfes, wenn der Hochzeitsbitter verschiedentlich das Haus der Braut betritt — um bald mit einem Kinde, bald mit der Mutter oder der Groſsmutter der Braut wiederzukehren, nie aber mit dieser selbst. Erst wenn der aus dem Stegreif gedichtete Wettkampf sich erschöpft hat, führt der *Bazvalan* den Bräutigam zu der harrenden Braut. Der Vater derselben kommt ihm entgegen und überreicht ihm einen Pferdegurt, welchen der Bräutigam an dem Gürtel der Braut befestigt zum Zeichen, daſs sie nun von ihm auf dem Pferde entführt werde. Jetzt erfolgt seiten des *Brotaër* der Segen und zugleich die priesterliche Weihe, indem er die Hand der Zukünftigen in einander legt und ihnen den Schwur abnimmt, daſs sie auf Erden so fest vereinigt bleiben wollen, wie Ring und Finger. Kirchliche Gesänge schlieſsen die Feier.

Sicherlich deutet diese Sitte, welche ja keine rechtlich bindende Kraft mehr besitzen kann, auf jene Zeiten zurück, wo ähnlich, wie es von dem Schmiede von *Gretna-Green* berichtet wird, das Recht der Trauung noch bei einzelnen Personen lag.

Es erfolgt nun der Aufbruch zur Kirche, welcher in der *Bretagne*, wie auch in der *Gascogne* [2]) entgegen den Sitten anderer Provinzen, zu Pferde erfolgt.

Auch hier ist, wie schon bei der Unterzeichnung des Ehe-

---

[1]) Villemarqué S. 193 ff.    [2]) Bladé S. XX ff.

vertrags, die Trennung der Gruppen für die *Gascogne* charakteristisch; eine Vereinigung erfolgt erst an dem Bestimmungsorte, — der Kirche. Die Braut schreitet mit dem ersten Brautführer der Reiterschar voran, welche aus den Brautführern besteht, die die Brautjungfern zu sich auf das Pferd genommen haben; Pate und Patin folgen, erst dann die Eltern. Gleiche Ehre widerfährt der Patin des Bräutigams; während sie den Ehrenplatz auf dessen Pferde einnimmt, folgt unmittelbar darauf der Pate, erst dann des Bräutigams Vater, während die Mutter meistens in dem Brauthause zurückbleibt.

Während des Zuges zur Kirche ertönen vielfach Lieder; in der *Gascogne*, um gleich bei dieser Provinz zu bleiben, preisen dieselben die Tugenden der Braut, „der Blume des Hauses", wie ihr blühendes, stolzes Aussehen:

> Elle semble la fille d'un président.[1]
> Regardez la mariée, comme elle va bien:
> Elle semble la fille d'un marchand.
> (*Gascogne.*)[2]

weisen aber auch zugleich auf den Kummer der verlassenen Eltern hin wie auf die Sorgen, welchen „die Blume des Hauses" entgegen gehe:

> Mariée, en partant d'ici,
> Quitte la rose, prends le souci,
> Quitte la rose du jardin,
> Prends le souci de ta maison.

und noch schärfer erfolgt diese Hinweisung in den Worten:

> La mariée a les pieds mouillés;
> La rosée[3] ne les a pas trempés.[4]
> La rosée ne les a pas trempés
> Ce sont les larmes qui sont tombées.
> (*Gascogne.*)[5]

In anderen Hochzeitsgesängen aus Westfrankreich, welche ein nicht minder ernstes Gepräge zeigen, wird die Nachtigall gefragt, ob die Braut von Rechts wegen heiraten dürfe, ob niemand anders ein Anrecht auf ihr Herz habe. Wie der Staat sich vor der Eheschliefsung versichert, ob jemand nicht

---
[1] Vergl. S. 61 u. 62. [2] Bladé S. 267. [3] *la rosée* der Tau. [4] *tremper* benetzen. [5] Bladé S. 263.

rechtlich gebunden ist, so geht auch das Volkslied, aber noch
schärfer, mit den Verlobten ins Gericht; es fragt, ob sie nicht
moralisch gebunden, ob sie frei und ohne Gewissensbisse
einander angehören dürfen.

Dieses der tiefere Sinn des folgenden Liedes, in welchem
der Vogel der Liebe erzählt, wie ihm die Braut entrissen
worden, — würde er wissen, wo sie mit dem Entführer weile,
töten würde er ihn, sie aber mit seinem silbernen Gürtel be-
kleiden, zum Zeichen, dafs sie ihm, nicht dem Entführer an-
gehöre.

| | |
|---|---|
| Rossignolet des bois, | Si je savais le jour, |
| Rossignolet sauvage, | Le jour et la journée, |
| Apprends-moi-z[1])-à parler, | Irais au grand chemin |
| Apprends-moi ton langage | Guetter[2]) la mariée; |
| Dis-moi s'il lui fait beau | Tuerais le marié, |
| D'être la mariée. | Garderais la mariée. |
| Pour moi je n'en sais rien, | Dès le soire[3]) du jour, |
| J'ai perdu ma fiancée. | Où je l'aurais trouvée, |
| Je l'ai tenu' sept ans, | Je la déceintur'rais |
| En chambre renfermée, | De sa ceinture dorée, |
| Tout au bout des sept ans | Et la ceintur'rais |
| M'a-t[1])-été dérobée. | De la mienne argentée. |
| | (*Bas-Poitou, Aunis*.)[4]) |

Von dem gleichen moralischen Sinne geben die Lieder
Zeugnis, welche in der *Gascogne* gesungen werden, wenn der
Hochzeitszug vom Pferde steigt und sich zum Eintritt in die
Kirche ordnet.

Es leuchtet der Altar, vor welchem die Braut niederknieen
und ihr Ja sagen soll, und auf dem Altare leuchtet eine Rose.
zur Blüte, zur Frucht bereit. Hüte Dich, Braut, unreinen
Herzens Dich ihr zu nahen. — Die gleiche Mahnung kehrt wieder
bei der Hinweisung des Liedes auf den Hauptschmuck des
Altars, die gekrönte Jungfrau Maria.

---

[1]) Wegen des fälschlichen Herüberziehens von *z* u. *t* (zur Vermeidung des Hiatus) vergl. S. 71,1. [2]) *guetter* auflauern. [3]) Das Hinzufügen eines *e* des Versmafses wegen auch in unserem Bauerndeutsch üblich, z. B. in dere Welt. [4]) Bujeaud II. 4.

Sur l'autel, il y a une rose, (bis) | Sur l'autel, il y a une rose. (bis)
Sur l'autel, il y a une rose, | Sur l'autel, il y a une rose,
   Prête à fleurir. |    Prête à grainer.[2]
Prends bien garde, mariée, | Prends bien garde, mariée,
   A la flétrir.[1] |    A l'offenser.

> La Vierge est couronnée, (bis)
> La Vierge est couronnée,
>    Sur l'autel.
> Prends bien garde, mariée,
>    A l'offenser.
>
>                         (Gascogne.)[3]

Nur die reine Jungfrau kann sich frei und offenen Blicks der Rose, — dem Bilde der Unschuld[4] — wie der Himmelskönigin nahen, die Gefallene wird ihre Farbe wechseln:

> Si tu l'as offensée, (bis)
> Si tu l'as offensée,
>    Devant l'autel,
> Mariée, ta couleur
>    Va changer.
>
>                         (Gascogne.)[3]

Auf Schritt und Tritt — wenigstens in der *Gascogne* — oder ist es, weil *Bladé* gerade diesem Teile seiner schönen Sammlung eine so liebevolle Aufmerksamkeit zugewandt hat — begleiten Lieder die einzelnen Abschnitte der heiligen Handlung. Früher in der Kirche selbst, jetzt vor der Kirche ertönen Gesänge während der Einsegnung. Sie erläutern den Spruch, dafs Mann und Weib wie ein Leib, so auch ein Herz und eine Seele sein sollen, dafs beide, am Ziele ihrer Wünsche, nun hochbeglückt sein müssen, dafs aber der Mann nie vergessen solle, wie der jungfräuliche Kranz auf dem Haupte seiner Braut, gleichwie der Ring an ihrem Finger, ihre wie seine Ehre versinnbildliche:

> La mariée a la fleur à la tête.
> C'est l'honneur qu'elle a gagné.
> La fleur à la tête, l'anneau au doigt,
> C'est l'honneur de son mari.
>
>                         (Gascogne.)[5]

---

[1] *flétrir*, fig. entehren. [2] *grainer* v. n. Korn geben, dann, wie hier, Frucht tragen; diese letztere allgemeinere Bedeutung fehlt in Sachs-Villatte. [3] Bladé S. 275. [4] Vergl. S. 149. [5] Bladé S. 277.

Wie hier der Segen der Kirche verschönt wird durch den Gesang der Brautjungfern, so wird auch die nun folgende Verlesung der kanonischen Eheschliefsung (*la lecture de l'acte d'union canonique*), welche nach der Trauung in der Sakristei vor den gesamten Hochzeitsgästen erfolgt, von dem Gesange der Menge draufsen begleitet; an das bekannte *jus* erinnernd,[1]) ermahnt das Lied den Bräutigam, die Braut aus der Kirche zurückzuziehen, da der Priester mit dem Gelde auch die Braut begehre:[¹])

> Monsieur le curé n'est pas caduc;[²])
> Il voudrait la mariée et l'écu.

worauf im Sinne des Mannes das Lied erwidert, dafs jene Zeit vorüber sei:

> Monsieur le curé, vous ne l'aurez pas.
> Nous avons de l'argent pour vous payer.[³])

Der Braut aber ruft das Lied, anklingend an Schillers tiefes Wort:

> Mit dem Gürtel, mit dem Schleier
> Reifst der schöne Wahn entzwei,

in schlichter Weise zu:

> Tu ne reviendras pas sans tablier.[⁴])
> Tu ne reviendras pas avec des fleurs.
> Tu auras perdu tes amours.
> (*Gascogne*.)[⁵])

Und die Ahnung der Braut, dafs sie einem harten Lose entgegengehe, spricht sich in Liedern aus *Poitou* aus. Bei dem Hinaustreten aus der Kirche zögert die Schöne, dem angetrauten Manne zu folgen; nach einigen Liedern fällt sie sogar in Ohnmacht. Wenn der Mann sie dann in seine Arme schliefst und nach der Ursache ihres Leides fragt, erwidert sie, dafs sie doch lieber in ihres Vaters Schlofs(!) zurückkehren wolle, um

---

[1]) Neuerdings stark angezweifelt; vergl. den anziehenden Aufsatz darüber im Kosmos, VI. Jahrgang, Heft 10, S. 265. [²]) *caduc*, eig. hinfällig, hier: dumm. [³]) Vergl., was Bujeaud II, 10 über das *Dorage* rendéen zitiert, woselbst in einigen Distrikten — Sigournay, canton de Chantonnay — Ähnliches erwähnt wird. [⁴]) *tablier* die Schürze; der Sinn dieses wie des folgenden Verses ist: Du wirst nicht mehr in Deinem Hochzeitsstaate in der Kirche erscheinen. [⁵]) Bladé S. 261.

ihre gute Mutter zu pflegen: worauf sich zwischen beiden ein Gespräch entspinnt, das den Geliebten (*galant*) von wenig „galanter" Seite zeigt:

> Le marié:
> „Chez ton père tu n'iras point.
> „Hier soir tu étais la maitresse,[1])
> „Mais aujourd'hui je suis le maitre.
>
> La mariée:
> „Galant, si j'avais su cela
> „Que je n' serais plus la maitresse,
> „Je n' me serais point mariée.

Während sonst das Kloster für die Schöne der Inbegriff alles Schreckens ist, thut sie jetzt den Ausspruch:

> „Je s'rais allé' dans ces couvents,
> „Dans ces couvents de religieuses,
> „J'aurais passé ma vie heureuse.
> (*Bas-Poitou.*)[2])

Aber der „Galan" bekundet sich in Wahrheit als Herr und Meister, indem er die angetraute Geliebte mit sich fortreifst und so das Sprichwort bestätigt: „*Quand on dit son époux, souvent on dit son maitre*".

Während der Zug sich ordnet und in *Poitou* unter dem gleichen Gesange:

> Rossignolet des bois,
> Rossignolet sauvage, etc.

heimkehrt, setzt sich in der *Gascogne* der Bräutigam an die Spitze der Reiterschar, indem er die Neuvermählte zu sich aufs Pferd nimmt. Häufig mufs der Bräutigam während der Heimkehr den Spott böswilliger Zuschauer erdulden.

Aus einer Reihe von Provinzen, und zwar ebensowohl aus Nord und Süd wie aus dem Westen Frankreichs, wird uns ähnlich wie bei dem Überbringen der Hochzeitsgaben und dem Abholen der Braut zur kirchlichen Trauung berichtet, dafs der heimkehrende Brautzug von neuem den Eingang erkämpfen mufs. Auch hier sind die Brautjungfern dem Zuge vorangeeilt

---

[1]) *maitresse*, erscheint hier deutlich im Sinne von Herrin. [2]) Bujeaud II. S. 22.

und halten die Eingangsthür zum Hochzeitshause besetzt. Auf den Ruf der Hochzeitsgäste:

> Ouvrez la porte, ouvrez,
> Nouvelle mariée,
> Ouvrez la porte, ouvrez,
> Ou ell' sera cassée.

stecken die Brautjungfern ihr Trotzköpfchen heraus und entgegnen:

| | Les filles: |
|---|---|
| Comment je l'ouvrirais? | Allez ailleurs frapper, |
| Je ne suis que couchée | Je suis jeun' mariée, |
| Avecque[1]) mon mari | Dans les bras d' mon mari |
| Qui m'y tient embrassée. | Qui m'y tient embrassée. |
| La Noce: | La Noce: |
| J'ai la barbe gelée, | Les petits oisillons[2]) |
| La barbe et le menton, | Sont morts sur la gelée, |
| La main qui tient l'épée. | Et la porte du roi |
| Ouvrez la porte, ouvrez, | Nous a été fermée; |
| Nouvelle mariée. | Ouvrez la porte, ouvrez, |
| | Nouvelle mariée. |

> Les filles:
> Frappez trois petits coups,
> Ell' vous sera ouvrée.[3])
>
> (*Provinces de l'ouest.*)[4])

Die Thür öffnet sich alsdann und läfst den Hochzeitszug ein.

Auch hier liegt ein tieferer Sinn dem Liede zu Grunde; enthält es doch die Mahnung an die Neuvermählten, in ihrem Glücke auch der Unglücklichen zu gedenken, für die Frierenden und Hungernden ein warmes Herz und eine freigebige Hand zu haben.

Während hier nur ein Teil des Gesanges gegeben ist, findet sich in der *Normandie* ein noch an die Druidenzeit erinnerndes Lied — *chanson des oreillers* genannt, welches, einem kleinen Drama gleich, vor den verschlossenen Thüren des Hochzeitshauses aufgeführt ward. Ursprünglich wurde dieser Gesang, wie

---

[1]) Wegen des Zusatzes eines *e* vergl. S. 176,3.   [2]) *oisillons*, fam. = Vöglein; Dim. vom alt-franz. *oisel* = *oiseau*. In betreff der Diminutivformen in der Volkssprache vergl. S. 57,2.   [3]) *ouvrée* = *ouverte*.   [4]) Bujeaud II, S. 6.

auch sein Name: „Schlummerlied" besagt und wie es auch noch heute in der *Champagne* geschieht, in den frühen Morgenstunden angestimmt, wenn die Neuvermählten noch in süfsem Schlafe ruhen.[1]) Später trat der Gesang in der Reihe der Hochzeitsfeierlichkeiten bei dem Einlafs in das Brauthaus auf,[2]) endlich wurde er am Ende des Hochzeitsmahles an der Thür der bräutlichen Kammer von den Dorfschönen gesungen und nunmehr *le Réveilleux* (= eur) Wecklied (?) genannt.[3]) — Das Lied nimmt an, dafs ein Mädchen seinen Schatz verloren. Ein Reiter hat dies vernommen: er bietet der Schönen an, zu der Nebenbuhlerin zu eilen, welche des Ungetreuen Herz gewonnen. Lange mufs der Reiter in Schnee und Eis und bitterer Kälte vor der Thür der Neuvermählten harren, welche in des Ungetreuen Armen erwarmt, ehe Mitleid und reiche Geschenke sie bestimmen, dem fremden Reitersmann Einlafs zu gewähren.

Auch hier ist der Reiter das verkörperte Gewissen — der ernste Mahner, nur mit reinem Herzen die Ehe einzugehen, deren Glück zerstört erscheint, wenn in dem seligsten Augenblicke die Schuld vergangener Tage erscheint, eine Schuld, die nun nicht mehr zu sühnen ist.

### Première Partie.

**Première voix.**
Nous sommes venus ici de Basse-Normandie,
Pour dire une chanson, s'il plaît la compagnie.

**Deuxième voix.**
Oui-dà, oui-dà.[4]) Messieurs, s'il vous plaît nous la dire.

**Première voix.**
Sur le pont d'Avignon, j'ai oui chanter la belle,
Qui dans son chant disait une chanson nouvelle.

**Deuxième voix.**
J'ai perdu mes amours, je ne puis les requerre.[5])

**Première voix.**
Que don'rez-vous, la belle, à qui vous les requerre?

---

[1]) Vergl. S. 194. [2]) Beaurepaire S. 25 ff. [3]) Vergl. Bladé (Agen) XXXII, S. 60, 61. [4]) oui-dà, familiär = jawohl. [5]) *requerre*, veraltet für *requérir* wiedergewinnen.

### Deuxième voix.

Je don'rais bien Paris, Rouen et La Rochelle;
Encor qui vaut bien mieux, cent acres de ma terre.

### Première voix.

Bridez[1] cheval moron[2] et lui mettez la selle;[3]
Diguez-le à l'ép'ron,[4] au logis de la belle.
Et quand vous serez là, mettez le pied à terre;
Frappez trois petits coups à l'huys[5] de la pucelle.[6]

## Deuxième Partie.

### Première voix.

Belle, ouvrez votre porte, nouvelle mariée.

### Deuxième voix.

Comment que j'ouvrirais, je suis au lit couchée,
Avecque mon mari pour première nuitée.
Attendez à demain la frai(s)che matinée,
Tandis que mon mari sera à sa journée.[7]

### Première voix.

Comment que j'attendrais, j'ai la barbe gelée,
La barbe et le menton, la main qui tient l'épée;
Les fers[8] de mon cheval sont ars[9] par la glacée.
Belle, ouvrez votre porte, nouvelle mariée.

Car, si vous ne l'ouvrez, vous serez accusée
Par trois petits faucons,[10] qui viennent de l'armée.
Ils vous ont aperçue marchant dans la rosée,[11]
Dans le bois de l'amour, à la lune éclairée.[12]

Et mes petits pageaux,[13] ils ont pris leur volée,
Ont pris leur vol si haut, la mer ils ont passée;
La mer et les poissons, la mer et la marée.[14]
Belle, ouvrez votre porte, nouvelle mariée.

Sur le château du roi ont fait la reposée,
Sur la table du roi ont fait la déjeunée,
Dans la cour du roi ont fait leur abreuvée.[15]
Dans le jardin du roi ont fait leur promenée.

---

[1] *brider* zäumen.   [2] *ch. moron* (von *more* (maurus) Berberrofs.   [3] *la selle* der Sattel.   [4] *diguer (à l'éperon) un cheval* ein Pferd anspornen.   [5] *l'huys = l'huis*, veraltet = Thür.   [6] *la pucelle* die Jungfrau; vergl. *la Pucelle d'Orléans*.   [7] *journée* Tagarbeit.   [8] *les fers* die Hufeisen.   [9] *ars* p. p. von *arder* (-doir).   [10] *le faucon* der Falke.   [11] *la rosée* der Tau.   [12] *à la lune éclairée* bei dem Licht des Mondes, bei Mondenschein.   [13] *pageau* Diminutiv von *page*.   [14] *la marée* Ebbe u. Flut.   [15] *faire leur abreuvée* ihren Trunk einnehmen, trinken; wegen der Veränderung der gewöhnlichen Endungen vergl. Kap. Sprache und Reim.

Pour cueillir un bouquet de rose et geroflée,¹)
Aussi de romarin, lavande cotonnée,²)
Pour en faire présent à la bell' mariée.
Si, de sa main mignonne,³) elle nous donne l'entrée.

Belle, ouvrez votre porte, nouvelle mariée.
Deuxième voix.
Oui-dà, oui-dà, messieurs, je vous donne l'entrée.
(Normandie.)⁴)

In anderen Teilen der Normandie, wie z. B. in dem ganzen Departement *de la Manche* ist die *Chanson des oreillers* dagegen unbekannt. Sie wird durch des Schmetterlings Hochzeit (*la noce du papillon*)⁵) ersetzt, ein Lied, welches ganz im Geschmack des XV. Jahrhunderts, im Laufe der Zeit aber mit vielfachen Zusätzen versehen in satirischer Weise die hervorstechendsten Tiere als Teilnehmer einer Hochzeit schildert.⁶)

Einer seltsamen, an die Dornen der Ehe mahnenden Sitte ist aus den Gebirgsdörfern von *Reims*⁷) zu gedenken. Hier tritt nach der Heimkehr zuerst der Neuvermählte in das hochzeitlich geschmückte Haus, dessen Thür er schliefst und nicht früher öffnet, als bis sein junges Weib auf einem Dornenbündel niedergekniet und dreimal um Einlafs begehrt hat. Dann wechseln die Rollen: auf dem gleichen Dornenbündel richtet er die gleiche Bitte an sein Weib, ehe der Eintritt erfolgt.

Häufig findet sich bei dem Eintritte ein Besen quer über die Eingangsschwelle gelegt;⁸) und es gilt als gutes Zeichen, wenn die künftige Herrin auch in der Erregung ihres Innern das Sinnbild der Häuslichkeit aufzuheben nicht vergifst.

Von allen Liedern, welche die Hochzeit ferner zu verschönen bestimmt sind, ist unstreitig das schönste: das Lied von der Neuvermählten — *la chanson de la mariée*. Wie überhaupt die Braut am Hochzeitstage die Hauptrolle spielt, — in der *Bretagne*

---

¹) *geroflée* = *giroflée* Levkoje.   ²) *l. cotonnée* weifswolliger Lavendel.
³) *mignon*, *nne* allerliebst, niedlich.   ⁴) Beaurepaire S. 26. 27; B. erwähnt, dafs man i. J. 1856 diesen Gesang noch in den Kantonen Harcourt und Tilly in der Normandie hätte hören können.   ⁵) S. Kap. Kinder- und Rondelieder.
⁶) Beaurepaire S. 27 ff.   ⁷) Tarbé II. S. 81.   ⁸) Bladé S. XXI ff.

wird sie geradezu wie „eine Heilige verehrt"[1], so auch im Liede. Nur in *Poitou* allein findet sich ein Gesang, welcher dem Bräutigam gewidmet ist; das Lied dagegen, welches von den Gefährten ihrer Jugend der Neuvermählten an ihrem letzten Mädchentage gesungen wird, ist in den allerverschiedenartigsten Provinzen heimisch, in der *Bretagne* sowohl wie in der *Champagne*, in *le Maine* wie in *Poitou*, der *Vendée* und *Deux-Sèvres*. Wie übereinstimmend *Ampère*, *Bujeaud*, *Marelle* u. a. m. berichten, wird dieses Lied, welches in betreff des Textes wie der Melodieen anziehende Varianten zeigt, nach dem Hochzeitsmahle gesungen; nur in der *Bretagne* allein wird es bereits bei dem Verlassen der Kirche angestimmt, und zwar bilden die Hochzeitsgäste zu diesem Zwecke einen Ring um die Neuvermählte, welche inmitten des weiten Kirchplatzes auf einem Stuhle Platz nehmen muss. Während hier ein einziges junges Mädchen hervortritt und das kurze, aus zwei inhaltreichen Strophen bestehende Lied singt, treten in *Poitou* zwei Mädchen in Begleitung eines Spielmannes (*ménétrier*) zu der Braut heran und stimmen abwechselnd den Gesang an, welcher sich bis zu 20 Strophen ausdehnt, ohne dafs das Interesse mit der Länge abnähme; in *Lothringen* wie in der *Champagne* tritt der ganze Schwarm der Brautjungfern vor die Neuvermählte; in letzterer Provinz erfolgt zugleich die Übergabe von Straufs und Kuchen, welche in symbolische Beziehung zu dem Inhalte des Hochzeitsliedes gesetzt werden.

So verschieden nun auch der Gesang selbst in betreff seiner Form sein mag, im Grunde genommen ist sein Inhalt überall der gleiche. Es ist die alte Klage, welche in gleich wehmütiger Weise auch im deutschen Volksliede wiederkehrt, um den Verzicht auf die Freuden der Jugend, — der Hinweis auf die Sorgen und Mühen, welche der Neuvermählten als Hausfrau und Mutter warten. Ganz im Gegensatz zu der Französin der Grofsstadt, die als Frau die Freiheit erstrebt, welche engherzige Erziehung dem Mädchen versagt,[2] weifs das Mädchen aus dem Volke, dafs mit dem Eintritt in die Ehe sich das Paradies der

---

[1] de la Villemarqué II, S. 209. [2] Vergl. Verlöbnis S. 163.

Jugend für immer schliesst, dafs nunmehr auch für sie das strenge Wort der Bibel gilt: „Im Schweifse Deines Angesichts sollst Du Dein Brot essen". Aber gleichsam als wollte das Lied so trübe Gedanken nicht die Oberhand gewinnen lassen, sehen wir es in seinem Schlufse zurücklenken auf die lachende Gegenwart. Ermahnt doch das Lied der *Bretagne* den Bräutigam, die Schatten, welche die Zukunft vorauswirft, von der Stirne seines Weibchens zu küssen.

Rossignolet des bois,
Rossignolet sauvage,
Rossignolet par amour
Qui chante nuit et jour.[1]
Il dit dedans son chant,
Dans son joli langage:
Filles, mariez-vous,
Le mariage est si doux!
Il y en a de bein[2] doux
Il y en a de bein rudes.
Il y en a de bein doux,
Je crois que c'est pour vous.

Vous n'irez plus au bal,
Madam' la mariée,
Vous gard'rez la maison,
A bercer le poupon.[3]
Adieu châteaux brillants,
La liberté des filles;
Adieu la liberté,
Il n'en faut plus parler. — —
Monsieur le marié,
La mariée s'afflige;
Pour la reconsoler,
Il faudrait l'embrasser.

(*Bretagne*.)[4]

Eine sanfte Philosophie und eine tiefe, echte Moral, welche sich an die Überreichung von Straufs und Kuchen knüpft, gibt dem Liede in der Lesart der *Champagne* und *Poitou* sein eigenartiges Gepräge:

Nous somm' venus vous voir
Du fond de nos villages,
Pour vous marquer la joie
De votre mariage.
Nous le souhaitons heureux.
Heureux pour tous les deux.

Le bouquet que j'[5])apportons,
Que j'[5]) vous prions de prendre,
Est fait d'une façon

A vous faire comprendre
Que les plus grands honneurs,
Passent[6]) comme les fleurs.

Acceptez ce gâteau[7])
Que not' main vous présente;
Mangez-en un morceau,
Car il vous représente
Qu'il faut pour se nourrir
Travailler et souffrir.

---

[1]) Konstr.: *Rossignolet qui, par amour, chante nuit et jour* die Nachtigall, welche die Liebe treibt, Tag und Nacht zu singen; *nuit et jour* hier nur des Reimes wegen; sonst wie im Deutschen *jour et nuit*. [2]) bein, auch *ben* geschrieben (in beiden Fällen sprich *bän*), volkstümliche (auch den Gebildeten eigene nachlässige) Aussprache von *bien*. [3]) *bercer le poupon* den Buben wiegen, *poupon, poupin, poupard* ein pausbäckiges Kind. [4]) Champfleury S. 157. [5]) *j'apportons, ebenso wie j' vous prions,* volkstümlich für *nous*. [6]) *passer* vergehen. [7]) *gâteau* Kuchen.

| | |
|---|---|
| L'époux que vous avez, | Adieu le sans-souci, |
| C'est maintenant vot' mait'e. | La liberté jolie, |
| J' n' sera pas toujours doux | Adieu le temps chéri |
| Autant qu'i' devrait êt'e.¹) | De vot' bachélerie.⁴) |
| Mais pour le radouci',²) | Adieu les beaux discours |
| Il lui faut obéi'.²) | De flatt'ries et d'amours. |
| | |
| Vous allez bien avoir | Vous n'irez plus au bal, |
| Des affair' à conduire. | Madam' la mariée, |
| A vous sera d'y voir · | Vous aurez l'air sérieux |
| D'y voir et d'y redire.³) | Devant les assemblées.⁵) |
| A vous sera d'y voir | Vous gard'rez la maison. . |
| Le matin et le soir. | Pendant que nous dans'rons.⁶) |

Nous vous souhaitons l' bonjou',⁷)
Madam' la mariée,
Souvenez-vous toujou'⁷)
Que vous êtes liée.
Nous vous souhaitons l' bonjou',
Que Dieu vous garde tous.

(Champagne.)⁸) (Poitou.)⁹)

Enthält das Lied aus *Poitou* im wesentlichen die gleichen Strophen, wie der soeben mitgeteilte Gesang aus der *Champagne*, nur dafs die Aufzählung der häuslichen Pflichten mehr ins einzelne geht, so übermittelt uns die zweite gleichfalls aus *Poitou*

---

¹) *Autant qu'il devrait être so*, wie er es sein sollte. ²) *radoucir* (wieder besänftigen) — *obéi*, das Infinitiv-r dialektisch ausgelassen, wie auch bei uns (z. B. im Hessischen) Infinitiv-n fortfällt. ³) *D'y voir et d'y redire* = schalten und walten. ⁴) *bachélerie*, von *bachelier* (*baccalaureus*) = Student, eine Fortbildung, welche in dem grofsen Sachs-Villatte fehlt; in betreff der Bedeutung schliefst das Wort den ganzen Zauber der goldenen Studentenfreiheit in sich ein. ⁵) *Devant les assemblées* (Var. Poitou. *Devant les compagnées* statt *compagnies*) in Gesellschaften. ⁶) Vergl. in betreff dieses Verses in Verbindung mit Vers 2 der Bretagner Lesart das deutsche Lied:

| | |
|---|---|
| „Wenn andre junge Mädchen | Da mufst Du junges Weibchen |
| Mit ihren grünen Kränzchen | Mit Deinem schneeweifsen Häubchen |
| Wohl auf den Tanzboden gehn: | :: Wohl an der Wiege stehn; :: |

Mufst singen: Ru ru Rinnchen,
Schlaf ein, mein liebes Kin(d)chen,
Thu Deine Äuglein zu
Und schlaf in guter Ruh!"
(G. Scherer, Deutsche Volkslieder S. 135.)

⁷) Vergl. oben Anm. 1. ⁸) Marelle a. a. O. S. 206 ff. ⁹) Bujeaud II S. 23 ff. und Champfleury S. 108.

und *Annis* stammende Lesart die Überreichung von Kuchen und Strauſs, diesen Glanzpunkt des ganzen Liedes, in Form eines Zwiegespräches zwischen Brautjungfern und der Neuvermählten, welch letztere sich mit einem neckischen Worte über die düsteren Bilder hinwegscherzt, welche die Gefährten ihrer Jugend vor ihr entrollen.

*Les jeunes filles:*

Vous êt' en grand festin
Et chacun vous honore,
Peut-être aussi demain
Ça dur'ra-t-il encore.

Mais passé ces deux jours,
Vous entrez en ménage,
Mais passé ces deux jours,
Vous s'rez seule chez vous.

L'avour[1]) est votre époux,
Madame la mariée,
L'avour est votre époux,
Est-il proche de vous?.

S'il est proche de vous,
Faites-nous le connaître,
S'il est proche de vous,
Époux,[2]) embrassez-vous.

*La Mariée:*

Et l'avisez-vous point[3])
Là qui vous verse à boire,[4])
Qui boit à vos santés,
C'est pour vous saluer.

*Les jeunes filles:*

Les gens qui nous verront:[5])
D'où venez-vous, les filles?
Nous venons d'assister
L'ue de nos ami's.

Que vous a-t-elle donné,[6])
Votre joli voisine?
Vous a-t-ell' fait présent
D'un gâteau de six blancs.[6])

*La Mariée:*[7])

Un gâteau de six blancs,
Cela n'est pas grand' chose,
Un beau gars[8]) de vingt ans
F'rait vos cœurs plus contents.

---

[1]) *L'avour* wo; auch getrennt *Là vour* geschrieben = *là où*. [2]) *Époux*, hier Plural: Gatten, umarmt Euch. [3]) *Et l'avisez-vous point?* seht Ihr ihn denn nicht? *aviser qn.* in dieser Bedeutung schon bei Vaugelas als populär bezeichnet. [4]) *verser à boire* einschenken. [5]) Hier zu ergänzen: werden uns fragen; auch der folgende Vers ist von diesem zu ergänzenden Satze abhängig. [6]) *six blancs* = 1 Groschen; *blanc*, alt-franz. Scheidemünze, Weiſspfennig. [7]) Indem sie ihnen einen Kuchen gibt. [8]) *gars*. pop. auch *gas*, abgekürzt aus *garçon* = Bursche.

Les jeunes filles:

| | |
|---|---|
| Acceptez ce bouquet | Acceptez ce gâteau |
| Qui vous fera comprendre | Qui vous fera comprendre |
| Que tous les vains honneurs | Qu'il faut se nourrir |
| Passent comme des fleurs. | Travailler et souffrir. |
| etc. etc. etc. | (*Aunis, Poitou*.)[1] |

Wesentlich verschieden seinem Inhalte wie auch seiner Form nach — welche der Ortsgeistliche gefeilt haben könnte — tritt ein Hochzeitslied aus dem französischen Teile Lothringens auf.[2] Dasselbe bildet gewissermafsen den Übergang von jenen Liedern, welche der Braut gesungen werden zu dem Liede des Bräutigams, auf welches wir sogleich zu sprechen kommen werden.

Von den Brautjungfern nach dem Hochzeitsmahle an die Braut gerichtet, für welche es auch seinem Inhalte nach bestimmt erscheint, apostrophiert es doch in seinem zweiten Teile den jungen Ehegatten, ihn mahnend, seinem Weibe einen steten Wonnemond zu schaffen:

| | |
|---|---|
| Ah! qu'il est beau le mariage | Le mari ne cherche qu'à plaire |
| Le premier jour, | Le premier jour, |
| Le ciel est pur et sans nuage | Il change déjà le caractère |
| Le premier jour. | Le second jour. |
| | |
| Cette félicité parfaite | Il devient grondeur et volage |
| Dure un grand jour, | Les autres jours. |
| Et toute sa vie l'on regrette | Pour tout compter — le mariage |
| Le premier jour. | N'a qu'un beau jour. |

---

[1] Bujeaud II, S. 27, V. VIII—XVII. [2] Nach mündlicher Mitteilung des Fräulein Garnière (aus Rothau (Vosges) gebürtig), welche das Lied vielfach in dem oben bezeichneten Distrikte hat singen hören und selbst gesungen hat. Vergl. Puymaigre, *Chanson de Noce* (Condé) S. 230, deren dritter Vers einen gewissen Anklang an den letzten Vers unseres oben mitgeteilten Liedes enthält:

> Il ne sera jamais volage.
> Il vous l'a promis sur son cœur;
> Il ne sera jamais volage.
> Il n'aimera d'autre que vous.
>     Ah! quel plaisir, ah! quel charme,
>     D'être uni d'un lien si doux;
>     Donc, vous n' verserez plus de larmes.

Chanson du marié.

| | |
|---|---|
| Vous mari qui cherchez à plaire | Ne devenez ni grondeur, ni volage, |
| Le premier jour, | Les autres jours, |
| Ne changez pas le caractère | Pour conserver au mariage |
| Le second jour. | Plus d'un beau jour. |
| | (Ban de la Roche, Lorraine.) |

Neben den Liedern, welche die Brautjungfern der Gefährtin ihrer Jugend singen, erscheint auch vereinzelt ein Lied, welches von den Burschen dem Manne, der nunmehr aus ihrem Kreise scheidet, mit auf den Lebensweg gegeben wird.

Das Lied, welches zwar von *Bujeaud* unter dem Titel *chanson du marié* unter die Volkslieder *Poitous* eingereiht ist, zeigt jedoch eine so glatte Rundung, eine so logische Durchbildung mit Wendungen, wie sie nur dem Gebildeten eigen, dafs es mehr zu den volkstümlichen, als zu den echten Volksliedern zu rechnen wäre.

Nachdem die Sänger auf die Freude hingewiesen haben, welche die Vermählten empfinden müssen, nun am Ziele ihrer Wünsche angelangt zu sein, ermahnen sie die beiden jungen Gatten zu gegenseitiger Liebe und Treue, wünschen deren Eltern Glück zu solchen Kindern und knüpfen schliefslich Wünsche persönlicher Art an die Überreichung eines Orangenzweiges (*fleur de l'oranger*):

> Nous somm' venus du fond de nos bocages[1]
> Vous présenter la fleur de l'oranger:[2]
> Recevez-la, c'est le plus simple gage
> De vos amis qui sauront vous aimer.
>
> Bonne santé, prospérité, sagesse,
> De bons travaux suivis de bons profits,
> Longues anné' au loin de la tristesse,
> Voilà les sou'aits de tous vos bons amis.
>
> (*Poitou*.)[3]

Wie bei der Trauung, so erwartet man auch bei den rührenden Stellen der vorhin erwähnten Lieder Thränen seitens der Braut[4] — eine Zwiebel hilft nach, wenn das Nafs nicht

---

[1] *du fond de nos bocages* hinten aus unseren entlegenen Wäldern. [2] *la fleur de l'orange*, Orangenblüte entspricht in Frankreich der deutschen Myrte. [3] Bujeaud II, S. 81, die beiden Schlufsverse VII, VIII. [4] Vergl. oben S. 168 Anm. 2 den bezeichnenden Vers: Donc vous ne verserez plus de larmes; vergl. auch Rathery Mon. 53, S. 582.

quellen will. Oft aber erscheint die Neuvermählte von dem Inhalte dieser Lieder so bewegt, dafs sie einen Stuhl nimmt und sich weit weg von der Gesellschaft setzt. Aber die jungen Mädchen, mit dem Spielmann an der Spitze, erscheinen und holen sie zum Tanze. Oft mufs sie denselben mit **einem** Schuh beginnen, da ein Spafsvogel ihr den andern heimlich geraubt, um ihn unter allerlei Scherzen zu versteigern und mit dem Erlös einen Teil der Hochzeitskosten zu decken.

Mit dem Balle, welcher hiermit eröffnet erscheint — andere Provinzen, wie die *Gascogne*, leiten ihn mit Liedern ein —, verknüpfen sich eine Reihe von Sitten, von denen einige der anziehendsten hier mitgeteilt werden mögen.

Wie bereits erwähnt, hat ein Mädchen oft mehrere Bewerber. In einigen Gegenden Frankreichs mufs der verschmähte Liebhaber am Hochzeitstage allein mit der Vermählten auf einem in der Ecke des Saales ausgebreiteten Tuche einen Reigen (*un quadrille*) tanzen.[1]

In den Dörfern von *St.-Omer* (*Pas-de-Calais*) setzen die Burschen, wenn in einer Familie die jüngere Schwester vor der älteren heiratet, die ältere — sie mag wollen oder nicht — auf den Ofen: „Sie soll Feuer fangen", wie die Burschen sagen, da sie sich bisher als zu kalt erwiesen.[2]

Verheiraten die Eltern ihr letztes Kind, so thun sie dieses in *Poitou* dadurch kund, dafs sie das Tafelgeschirr zerbrechen und Nüsse in den Saal werfen, wo das Hochzeitsmahl statt hat.[3]

In der *Gascogne* wird der Tanz durch eine zweite Mahlzeit unterbrochen, welche um acht Uhr beginnt und sich bis gegen Mitternacht hinzieht, häufig gewürzt durch Gesänge, welche von den Hochzeitsgästen selbst gesungen werden, während in anderen Provinzen, wie z. B. in Lothringen, Mädchen und

---

[1] Champfleury Préf. XXIV; letztes Alin. Champfleury nennt den Tanz *un quadrille*; abges. davon, dafs *quadrille* gewöhnlich als Femininum erscheint (oder ist *un* ein Druckfehler?), ist noch bemerkenswert, dafs dieses Wort hier von einem Tanze von nur **zwei** Personen gebraucht ist, während Sachs-Villatte unter *quadrille* ausdrücklich angeben: Tanz von **wenigstens vier** Paaren. — In betreff des unglücklichen Nebenbuhlers vergl. auch S. 173.
[2] Champfleury Préf. XXIV, vorletztes Alin. [3] Champfleury S. 105.

Burschen des Dorfes, selbst auch Männer und Frauen in Gruppen nach dem Hochzeitshause ziehen und einen Gesang anstimmen, welcher in der Form des beliebten Zwiegespächs und in seinem Eingang anklingend an bereits erwähnte Lieder in scharfem Gegensatze zu der Hochzeitsfeier eines glücklichen Paares von unglücklicher Liebe singt.

Réveillez-vous, belle endormie,
Réveillez-vous, car il est jour;
Mettez la tête à la fenêtre,
Vous entendrez parler à vous.

Quel est celui-là qui m'appelle?
Quel est celui agréable et doux?
C'est votre amant, ma colombelle,[1]
Qui désir' de parler à vous.

Mon père est là-haut dans nos chambres,
Dessus son lit prend son repos;
Dedans sa main tient une lettre,
Que votre congé[2] soit donné.

Puisque congé z'[3] il me faut prendre,
Hors du pays je m'en irai,
Je m'en irai dans ces bocages[4]
Finir mes jours, mes chers amours.
(Betonfey.)[5]

*Auricoste*, welcher diesen alten Gesang an den Grafen *de Puymaigre* sandte, spricht zugleich von der tiefen Wirkung, welche dieses Lied auf den Kreis der Beteiligten ausübt; nicht nur, weil ein Gesang in der Stille des Abends seine Wirkung überhaupt nicht verfehlt, sondern vornehmlich, weil sich das Lied mit dem Leben eines jeden einzelnen verknüpft. In den Herzen der Alten weckt es Erinnerungen, in den Herzen der Jugend Hoffnungen, für jeden ruht in dem Liede die Weihe des Abends.

Eine ganz eigene Sitte hat sich die *Gascogne* bewahrt, wie sie sich ähnlich nur noch im Palaste wiederfindet. Wie am Preußischen Königshofe, wenn die Höhen Neuvermählten sich zurückziehen, so auch in der *Gascogne*, doch hier schon während des zweiten Mahles, werden Bänder verteilt, von denen man, ebenso wie am Königshofe, annimmt, sie seien das Strumpfband der Neuvermählten:

---

[1] *ma colombelle* mein Täubchen. [2] *le congé* der (Soldaten-) Abschied. [3] Vergl. S. 176 Anm. 1. [4] *le bocage* das Gehölz. [5] de Puymaigre S. 227 in Verbindung mit S. 225. — Ähnlich berichtet Beaurepaire, daß das Drama, welches sich bei der Heimkehr des Brautzuges abspielt, abends von Gruppen von Dorfschönen und Burschen vor dem Hochzeitshause wiederholt wird.

Mariée, tes jarretières,¹) (bis)
Mariée, tes jarretières
Sont de rubans.
Donzellons et donzelles²)
En voudront.        (*Gascogne*.)³)

So rückt die Mitternacht heran und unter feierlichen Gesängen entkleiden die Brautjungfern, wie dieses auch von der *Bretagne* berichtet wird,⁴) die Neuvermählte. Mit der Brautkrone beginnend, singen sie:

Tirez-lui la couronne, (bis)   Tirez-lui la couronne, (bis)
Tirez-lui la couronne          Tirez-lui la couronne,
De neuf brillants.             De *huit*⁵) brillants
Jamais, pour cette mariée,     Jamais pour cette mariée
Ils ne reviendront.            Ils ne reviendront, etc., etc.

Dechausse-toi, mariée, pour aller dormir.
Quitte la rose, prends le souci.
Quitte la rose du jardin.
*Prends le souci de ta maison.*⁶)       (*Gascogne*.)⁷)

So klingt die Mahnung an die Dornen des Lebens selbst in die bräutliche Kammer hinein, deren tiefinnerstes Geheimnis sich uns in den Worten enthüllt:

Ah! mon vrai Dieu! je ses⁸) au lit,
Je ses au lit couchée
Inter⁹) les bras de mon mari,
*Qui m'y dit ses pensées.*       (*Berry*.)¹⁰)

---

¹) *jarretière* Strumpfband; vergl. *ordre de la Jarretière*. ²) *donzelle* und *donzellon*, Name für die Brautjungfern und Brautführer. ³) Bladé S. 311 in Verbindung mit Préf. XXIII. ⁴) de la Villemarqué II, S. 216. ⁵) Bei jedesmaliger Wiederholung dieses Verses wird die Zahl der „Brillanten(!)" um einen vermindert. ⁶) Vergl. S. 175. ⁷) Bladé S. 311, 318. ⁸) *ses = suis*. ⁹) *inter = entre*. ¹⁰) Champfleury S. 50. Ähnlich bei Haupt-Tobler S. 153 aus alten Sammlungen des XVI. Jahrhunderts (s. S. 170):

me tiendroit embrassée,
me disant sa pensée
et moy la mienne à lui.

sowie bei Montjoie S. 118, Sammlung volkstümlicher Lieder, welche nur wenig echte Volkslieder enthält:

La première nuit de ménage
Très lors poz (puis)-je bien e(s)prouver
Son grant bien.

„*Jamais noce sans réveillon*"¹) heifst es im französischen Sprichworte. In diesen Worten ruht die Erinnerung an einen uralten Gebrauch, der vielfach auch in die heutige Zeit hineinragt und die Natürlichkeit ländlicher Sitte zeigt.

In *Westfrankreich* wie in der *Gascogne* bereitet der frohe Schwarm der Hochzeitsgäste unter entsprechenden Gesängen den Neuvermählten eine scharfgewürzte Suppe (*soupe à l'ail*,²) *soupe à l'oignon*,³) *tourrin*,)⁴) deren Stelle in der *Champagne* ein heifses, belebendes Getränk (*chaudeau*) vertritt, dem geröstete Brotschnittchen (*grillades de pain*) beigegeben werden. Die Überreichung dieses **Getränkes** erfolgt in den frühen Morgenstunden seitens der Dorfburschen und Mädchen, welche mit der uns schon bekannten *chanson d'oreiller* ⁵) das junge Ehepaar aus süfsen Träumen wecken.

Wie schon der Eingang des „Schlummerliedes" verrät:

> Comment que j'ouvrirais? Je suis au lit couchée,
> Auprès de mon mari, la première nuitée.
> Attendez à demain, la fraîche matinée,
> Pour que mon lit soit fait, ma chambre balayée,⁶)
> Et que mon mari soit à gagner sa journée.⁷)
> (*Crécy, Champagne*.) ⁸)

ist hier die eigentliche Stelle dieses Gesanges, welcher in der Reihe der Hochzeitsfeierlichkeiten bald hier, bald da auftaucht, immer aber in der dem Volke eigentümlichen bildlichen Weise mahnt: die eheliche Treue zu bewahren.

In den sonst genannten französischen Provinzen bildet die Darreichung der scharfgewürzten **Suppe** einen ganz wesentlichen Teil der Hochzeitsfeier selbst. In *Westfrankreich* schlagen die Hochzeitsgäste an die Thür und erzwingen den Eingang mit den Worten:

> Monsieur le marié,
> Débarrez⁹) votre porte,

---

¹) *réveillon* Nachtimbifs; vergl. auch Kap.: Festliches Jahr (Weihnachtsfeier). ²) *l'ail* der Knoblauch. ³) *l'oignon* die Zwiebel. ⁴) Der Ausdruck *tourrin*, welcher sich auch in der franz. Übertragung des Liedes aus der Gascogne (Bladé S. 313, Lied XVI) findet, fehlt bei Sachs-Villatte. ⁵) Vergl. S. 18 ff. ⁶) *balayer* fegen, kehren. ⁷) *journée* Tagelohn. ⁸) Tarbé II, 88. ⁹) *débarrer* öffnen; eig. den Riegel aufziehen.

>La soupe à l'oignon
>Nous vous l'apportons.
>Si vous n' voulez la débarrer,
>Nous allons vous l'enfoncer.¹)
>
>>(*Provinces de l'ouest.*)²)

Unter dem Absingen von Liedern, welche der *chanson de l'oreiller* gleichen,³) erfolgt dann der Eintritt, welcher in der *Gascogne* mit einer gewissen Feierlichkeit vor sich geht, indem der Träger der Suppe mit Nachtmütze und Schürze den Brautführern voranschreitet und die jungen Eheleute zwingt, einen tüchtigen Schluck von der scharfgewürzten Suppe zu nehmen.⁴)

Hiermit ist zugleich das Zeichen zum Aufbruch gegeben. Viele scheiden mit dem leicht verständlichen Wunsche, sich, ehe ein Jahr verflossen, zu neuem Feste einzufinden, viele bleiben noch bis zum nächsten Tage, der in vielen Provinzen gefeiert wird.

*Champfleury* erwähnt hier aus *Poitou* die seltsame Sitte,⁵) dafs am nächsten Tage, dem Nachtage, ein junger Mann, mit einer baumwollenen Zipfelmütze und dem Schurzfell eines Hufschmiedes bekleidet, zuerst die Neuvermählten mit einem leichten Hammerschlag auf den Fufs gewissermafsen beschlägt, dann alle übrigen, bis er zuletzt von einem andern beschlagen wird; so setzt sich dieses fort — jeder beschlägt und wird beschlagen. Eine Bedeutung dieser Feierlichkeit (*ferrement* genannt) gibt *Champfleury* nicht. Den Schlufs, den Kehraus gewissermafsen, bildet nach gemeinsam genossenem Frühstück ein Zug durch das Dorf (*promenade du traine-balai*); der älteste, welcher dem Zuge folgt, trägt auf langer Stange einen Besen. Das Symbol ist verständlich genug; gibt es doch bei jeder Hochzeit Gäste genug, welche nicht fortzubekommen sind, welche der Aufforderung, dafs „die Pferde gesattelt und gezäumt an der Thür harren", das kräftige Wort entgegensetzen:

>>Que lo diable les emporte
>>Je ne veux point m'en aller.
>>
>>>(*Bourbonnais.*)⁶)

---

¹) *enfoncer* (die Thür) einschlagen.  ²) Bujeaud II, 9.  ³) Vergl. Bladé S. 317 ff.  ⁴) Bladé Préf XXIII.  ⁵) Champfleury S. 105.  ⁶) Champfleury Préf. S. XXIV.

Da muſs denn wohl der Besen seines Amtes walten, wie dieses in der *Gascogne* der Neuvermählten geradezu mit den Worten geraten wird:

> Prends le balai, mariée, prends,
> Chasse-moi ces gens-là.
> (*Gascogne*.)[1]

Gewöhnlich aber wird der Abschied dadurch versüſst, daſs man mit Gläsern und Flaschen aus dem Hause zieht; eine Strecke vor dem Hause wird Halt gemacht und der Dudelsack spielt jenes alte Lied, welches hinaufreicht bis in die Zeit, da König *Dagobert* und die „sparsame" *Berthilde* Hochzeit hielten:

> Allez-vous-en, gens de la noce,
> Allez-vous-en chacun chez-vous;
> Notre fille est mariée,
> Nous n'avons plus besoin de vous.
> (*Provinces de l'ouest*.)[2] (*Bourbonnais*.)[3]

In diesem Liede bricht sich zugleich der Egoismus des Landmannes Bahn, welcher nicht minder unverhüllt in den Worten des lothringischen Hochzeitsvaters sich ausspricht:

> Si nous avons quelque chose de reste,
> Nous le mangerons bien sans vous.
> (*Ban de la Roche, Lorraine*.)[4]

In wohlthuendem Gegensatze steht hierzu die *Bretagne*.[5] Hier allein ist, frommem Brauche gemäſs, der Nachtag den Armen geweiht, welche Hof und Tenne bevölkern und die Reste des Mahles verzehren. Hierbei bedient, gleich einem Anklange an das Evangelium, die Neuvermählte die Frauen, während der junge Ehemann die Bettler mit Speise und Trank versieht. Bei dem zweiten Gange eröffnet der Ehemann mit der ehrsamsten Bettlerin den Tanz, seine Frau folgt mit dem angesehensten unter den Bettlern. Nach aufgehobener Tafel werden den jungen Eheleuten Wünsche aller Art dargebracht, unter welchen der

---

[1] Bladé S. 327. [2] Bujeaud S. 10. [3] Champfleury Préf. S. XXIV. [4] Nach mündlicher Mitteilung des Frl. Garnière. [5] de la Villemarqué II, S. 216. 217. — Der folgende Gesang der Armen, deutsch von A. Keller und von Seckendorff S. 170.

Kindersegen — der hier noch wirklich als **Segen** betrachtet wird — obenan steht, dann folgen Gebete für die **Heimgegangenen** der Familie, endlich Lieder zu Ehren der **Hausfrau**:

> Gar schön ist unsere Herrin und aller Güte voll,
> Im Kirchspiel eine schönre uns einer nennen soll!
> Und wie sie hübsch sich zeiget, so ist sie liebenswert,
> Dadurch hat sie gewonnen, daſs unser Herz sie ehrt.
>
> Ihr Fuſs ist leicht und flüchtig, an Reizen ist sie reich.
> Die Züge klug und freundlich, ihr Aug' Tautropfen gleich.
> Sind traurig, ach! und trüb wir, bringt uns die **Krankheit** Schmerz,
> Tönt uns nur ihre Stimme, zieht Lust in unser Herz.
>
> *(Bretagne.)*

Auch die letzten Hochzeitsgäste zerstreuen sich und es scheint, als nähmen sie mit sich alle Sorglosigkeit und Freude, welche bisher am häuslichen Herde gewaltet:

> Qui veut avoir misère,
> Qui veut avoir misère,
> N'a qu'à s'y marier, dondaine
> N'a qu'à s'y marier, dondé.

## Ehelieder.

    Vous voilà donc liée,
    Madam' la mariée.
    Avec un' bell' chain' d'or
    Et pour jusqu'à la mort.
        (*Vieux refrain.*)

La femme a pour dormir
Trop d'enfants qui l'éveillent,
Trop de berceaux à bercer,
Trop de soucis à penser.
        (*Chans. pop.*)

    Je suis mariée,
    Tout le monde le sait bien;
    Mais si je suis trompée,
    Je n'en dirai rien!
        (*Champagne.*)

Je l'aimais tant, tant, tant, tant,
Je l'aimais tant mon mari!
Je l'aimais mieux, mieux, mieux, mieux,
Je l'aimais mieux mort qu'en vie!
    (*Bas-Poitou, Aunis, Angoumois.*)

## IV. Ehelieder.

Rückblick. — Allgemeiner Charakter der Ehelieder. — Soziale Stellung der Frau. — Brutalität des Mannes. — Kindersegen, ein Fluch. — Trunkenheit. — Drum prüfe, wer sich ewig bindet — *Tempi passati*. — Jungfer und Hagestolz. — Zwangsheiraten — Ehe aus Berechnung (Reue). — Spott gegen die ungleichen Ehen: *La petite Rosalie* (*Mayotte*) — wahre Meinung des Weibes — ungleiche Ehe seiten des Mannes. — Vertauschung der Rollen — der geschlagene Ehemann — das trunkene Weib — der Pantoffelheld. — Untreue — das lüsterne Weib (*Marion*). — Totenklage.

So heitere Bilder uns das französische Lied im Liebesleben entrollte, ein so ernstes Gesicht zeigt es in der Ehe.

Vergegenwärtigen wir uns noch einmal und im Zusammenhange die ernsten Klänge, welche sich bereits in den Hochzeitsliedern geltend machten.

    Héla, la poure[1]) fille,
    Qu'alle a donc de chagrin!  (*Berry*.)[2])

drückt die Herzensmeinung der Menge bei dem Anschauen der Braut aus; sie selbst aber, einer andern Kassandra gleich, fühlt die Augen nafs werden bei dem Anblick ihrer fröhlichen Gespielen:

    Quand je vois ces filles à table,
    Assises devant moi en ces lieux,
    Quand je les vois et les regarde,
    Les larmes me tombent des yeux.[3])

---

[1]) poure = pauvre. [2]) Champfleury S. 50. [3]) Theuriet S. 804. — Ich setze zur Vergleichung die betreffende Stelle Schillers, welche ich im Auge habe, hierher:

    „Fröhlich seh' ich die Gespielen,
    Alles um mich lebt und liebt
    In der Jugend Lustgefühlen.
    Mir nur ist das Herz getrübt."

Wo alles Lust und Hoffnung atmet, sieht sie den Schleier einer dunklen Zukunft gehoben:

> Adieu plaisir, adieu bon temps,
> Faut faire pénitence.[1]
> 
> (*Agen, Armagnac.*)[2]

In diesen Worten ist das Los, welchem das Mädchen entgegengeht, angedeutet: Dahin sind die schönen sorglosen Tage froher Jugend, — in der Ehe beginnt ein Leben, welches der Bufse im Kloster gleicht.

Als Herr und Gebieter zeigte sich der sonst so „galante" Mann bei dem Austritt aus der Kirche. Der Ring an ihrem Finger ist die goldene Kette, welche die Neuvermählte bindet bis zum Tode:

> Vous voilà donc liée,
> Madame la mariée,
> Avec une chaine d'or
> Jusques à la mort...
> 
> (*Vermandois, Champagne.*)[3]

An die Blumen, welche die Freundinnen an ihrem Ehrentage ihr überreichten, knüpfte sich die Mahnung:

> Madame, vos couleurs
> Passeront comme ces fleurs.

der Kuchen, welcher ihr dargereicht ward, sollte sie erinnern an das strenge biblische Wort:

> Que pour le pain gagner,
> Madame, faut travailler.

Und ein Lied aus *Poitou* führt den Gedanken des lothringischen Gesanges, dafs nur „der erste Tag der Ehe" schön sei, dann aber Sorge und Kummer beginne, mit den tiefen Worten aus:

> Le lendemain matin,
> Quand vous serez levée,
> Mettez sur votre sein,
> Un bouquet de pensées,
> Aux quatre coins du lit [4]
> Un bouquet de soucis.    (*Poitou.*)[5]

---

[1] *faire pénitence* abbüfsen.   [2] Bladé S. 41.   [3] Tarbé II, S. 87.   [4] *Aux quatre coins du lit* an den vier Bettenden; stehende Redensart, wofür auch *aux quatre pommes d'orange* vorkommt, letztere Bezeichnung sicherlich von den orangenartigen Ausläufern der Bettpfosten.   [5] Champfleury S. 108, V. 8.

Mühe und Sorge, Elend und harte Arbeit sind die Schlagworte dieser Lieder. Wenn in den Zeiten des Liebesfrühlings sich das Mädchen noch dem Traumbild hingegeben:

| | |
|---|---|
| Quand nous s'rons en ménage,¹) | Nous s'rons pauvres peut-être, |
| Tra la la la li dera la la, | Tra la la la li dera la la, |
| Quand nous s'rons en ménage, | Nous s'rons pauvres peut-être, |
| Que nous serons heureux! | Mais nous serons heureux. |
| | (*Champagne, Yonne, Marne.*)²) |

als **Weib** seufzt dieselbe:

Beau temps, où est-tu allé?
La main sur la tête, les pieds sur le four —³)
Et dis adieu à tes beaux jours.
(*Agen, Armagnac.*)⁴)

Und in reizender Weise führt diesen jähen Wechsel zwischen jetzt und damals ein Lied aus der *Champagne* unter allegorischem Bilde aus.

In der Hochzeitsnacht kam auch „Frau Elend" (*la Misère*) an meine Thür. Da aber fand sich kein Plätzchen für sie im Hause, da war nur Jubel und Freude. — Jetzt aber liegt meine Freude zertrümmert an der Erde. Kannst eintreten, „Elend", komm, setz' Dich, mach' Dir's bequem, wärme Deine Hände am Kamine. Meine Habe ist hin, mein reizendes Hochzeitsgewand, mein Myrtenzweig — nur meine Augen sind mir geblieben, um zu weinen.

| | |
|---|---|
| La premièr' nuit d' mes noces | Ma joie est mise en terre... |
| Misèr' vint à ma porte, | Tu peux entrer, Misère, |
| Qui demandait d'entrer. | Entre, viens te chauffer, |
| Dondaine! | Dondaine! |
| Qui demandait d'entrer | Entre, viens te chauffer, |
| Dondé! | Dondé! |
| | |
| J'ai bien d'aut' chos' à faire, | Elle emporte mon coffre... |
| Je loge point⁵) misère. | Ma joli' rob' de noce... |
| Je loge que⁵) gaîté, | Mon bouquet d'oranger...⁶) |
| Dondaine! | Dondaine! |
| Je loge que gaîté, | Mon bouquet d'oranger... |
| Dondé! | Dondé! |

---

¹) *être en ménage* verheiratet sein; vergl. S. 51 Anm. 6. ²) Tarbé II. S. 175. ³) *la main sur la tête, les pieds sur le four*, Sinn: in sorgenvoller Stellung am Kamin. ⁴) Bladé S. 207. ⁵) In beiden Fällen *ne* ausgelassen; häufig im Volkslied wie in der Kunstdichtung. ⁶) *bouquet d'oranger*, der Orangenzweig vertritt in Frankreich die Stelle der Myrte; vergl. S. 189, 2.

> Demande ailleurs, Misère,
> I' n' me reste sur terre
> Que mes yeux pour pleurer,
> Dondaine!
> Mes deux yeux pour pleurer.
> Dondé!
>
> (*Champagne.*)[1] Var.: (*Angoumois, Bas-Poitou.*)[2]

Wenn wir auch nicht das kokette Mädchen, welches mit dem Herzen ehrenhafter Männer spielte, beklagen werden, wenn sie die Tollheiten der Jugend in einer unglücklichen Ehe büfst, wenn wir ferner in Rücksicht ziehen, dafs der Franzose bei seiner Neigung zur Satire, sich in der Schilderung unglücklicher Eheverhältnisse gefällt, wenn es auch wahr ist, dafs das Glück der Ehe mehr empfunden, als besungen werden kann,[3] so ist das Elend, in Verbindung mit einer gewissen Verderbtheit, die sich in den Eheliedern Frankreichs ausprägt, doch so hervorstechend, dafs wir es hier sicherlich nicht mit vereinzelten Ausnahmen, sondern mit allgemeinen Erscheinungen zu thun haben, welche ihre Erklärung und für den Menschenfreund womöglich ihre Beseitigung, mindestens aber ihre Abminderung erheischen.

Sicherlich ist das Sprichwort: *Ce que femme veut, Dieu le veut* nicht auf dem Lande, sondern in der Hauptstadt entstanden, in welcher das Weib, und namentlich das schöne Weib, eine so dominierende Stellung einnimmt. Für den Bauer ist die Frau fast in dem Zustande der Bibel geblieben: eine Lebensgefährtin mit der Bestimmung *Napoléons*, in einigen Gegenden eine Magd, fast ein Lasttier, den härtesten Arbeiten unterworfen. Der Winzer wie der Arbeiter von Burgund nennt seine Frau *son ocreiere (ouvrière)*; ist dies nicht bezeichnend genug? Der Bauer betrachtet daher vielfach sein Weib als unter ihm stehend und jede Spur von Rücksichtnahme und Gleichberechtigung verschwindet.

Bei dieser gedrückten sozialen Stellung des Weibes und

---

[1] Marelle a. a. O. S. 202. [2] Bujeaud II, S. 40, 41. [3] Dem gegenüber möchte ich doch nicht unterlassen, hinzuweisen auf Chamisso: Frauenlieb' und Leben und auf die unter gleichem Titel erschienenen Dichtungen einer Sächsischen Lehrersfrau (Dresden, 1877), welche das Glück ihrer Ehe in ebenso einfacher wie gemütvoller Weise schildert.

dem verschwindenden Einfluſs, den sie auf niedrige Charaktereigenschaften des Mannes auszuüben vermag, werden ihr diese selbst verderblich. Fast an die bekannte Schilderung, welche *Marot* von seinem Kammerdiener entwirft, erinnert es, wenn ein Lied der *Gascogne* die unheilkündenden Eigenschaften des Mannes in die Worte zusammenfaſst:

> Elle aura le mari jaloux,
> Ivrogne,[1]) paresseux, querelleur
> Et même un peu brutal.
> (*Gascogne*.)[2])

Was hier unter den Worten: „*un peu brutal*" zu verstehen ist, ergibt sich klar genug aus den folgenden Worten: *Elle aura des coups de pied*. Es würde ermüdend wirken, wollten wir alle Stellen aufführen, in welchen sich die Furcht des Weibes vor den Schlägen des Mannes verrät; einige bezeichnende Proben mögen genügen.

Schon bei dem Aufsetzen des Ehevertrages sollte der Notar auf amtlichem Papier (*papier bleu*) verbriefen und versiegeln, daſs der Mann sein Weib nie, nein, gewiſs n i e schlagen wolle!

> Mets, notaire, sur le papier bleu,
> Qu'il ne la battra pas, à coup sûr.
> Mets, notaire, sur le papier,
> Qu'il ne la battra jamais.
> (*Gascogne*.)[3])

Auch in den Hochzeitsliedern fehlt diese Hinweisung nicht:

> I fera bien tourner l'ouassy[4])
> (*Bas-Poitou, Aunis*.)[5])

schlieſst nachdrucksvoll ein Lied an die Neuvermählte. Als eitel erweist sich, daſs der Mann am ersten Tage stets zu gefallen suche, wenn man die bittere Klage des jungen Weibes hört:

> Dès le premier soir des noc'
> Gle[6]) m'a battu.
> (*Bas-Poitou*.)[7]) Var.: (*Poitou, Aunis*.)[7])

---

[1]) *ivrogne* Trunkenbold. [2]) C.-Moncaut S. 339. [3]) Bladé S. 825. [4]) *ouassy* = *osier*, *bâton d'osier* Weidenstock; vergl. *lien d'ozier* S. 50 Anm. 8, welches demnach „Weidenband" bedeutet. [5]) Bujeaud II, S. 34. [6]) *gle* = *il*. [7]) Bujeaud II, S. 52, in Verbindung mit S. 65, IV.

Nichts hat mein Mann, heifst es in einem Liede aus alter Zeit, als einen Stock aus frischem Holze...

> ... n'a ni maille, ni denier[1]
> Fors[2] un bâton de vert pommier
> De quoi il me bat les costez (côtés).

Und dafs die Männer neuerer Zeit diesem Bilde gleichen, zeigt folgende Stelle:

> Sont pas sitôt dans le ménage[3]
> Qu'i' sont les diables déchainés.[4]
> I' s' mett' à batt' leurs pauvres femmes
> Sans qu'elle o[5]-z[6]-ayant mérité.
> (*Bas-Poitou, Aunis.*)[7]

Bei einem solchen Manne wird der Kindersegen der Frau zum Fluche. Wird auch das erste Pfand der Liebe noch mit Freuden begrüfst, so verwandelt sich die Freude in Trauer, erscheint der zweite Erdenbürger. Erscheint aber gar das dritte — so ist's nicht mehr zum Aushalten. Das eine verlangt Brot, das andere Suppe, das dritte nach der Mutter Brust, die versiegt ist. Der Vater führt im Wirtshaus weifs Gott welch Leben, und das arme Weib sitzt verlassen am Kamin, weint und härmt sich: Ja, nur in der Ehe lernt man das Leben kennen, lautet bitter der Kehrreim:

> Dans le ménage l'on apprend
>   Ce que c'est que la vie!
> Au bout d'un an, un p'tit enfant,
>   C'est la joyeuserie![8]
> Dans le ménage l'on apprend
>   Ce que c'est que le tourment!
>
> Au bout d' deux ans, deux enfants,
>   C'est la mélancolie!
> Au bout de trois ans, trois enfants,
>   C'est la grand' diablerie!
> Dans le ménage l'on apprend
>   Ce que c'est que le tourment!
>
> Celui-ci demande du pain.
>   L'autre de la bouillie.
> Le pauv' petit demand' le sein
>   Et la source est tarie.[9]
> Dans le ménage l'on apprend
>   Ce que c'est que le tourment!
>
> Le père, il est au cabaret,[10]
>   Qui mèn' Dieu sait quell' vie!
> La femme est là devant les ch'nets[11]
>   Qui pleure et se soucie.
> Dans le ménage l'on apprend
>   Ce que c'est que le tourment!
> (*Champagne.*)[12] (*Saintonge, Aunis.*)[13]

---

[1] *n'avoir ni maille ni denier* keinen roten Heller haben; *maille* = ¹/₂ *denier*. [2] *fors* aufser. [3] *sont sitôt dans le ménage* kaum verheiratet. [4] *diables déchainés* wahre Teufel; *déchainé*, eig. entfesselt. [5] *o* = (l)*o* = *le*. [6] Vergl. S. 75 Anm. 5. [7] Bujeaud II, S. 38, IV. [8] *joyeuserie* Freude, volks-

Schon in dem letzten Verse liegt ausgesprochen, wie hier der Mann **allein** das eheliche Unglück verschuldet, indem er, statt arbeitsam und nüchtern zu sein, dem Wirtshausleben verfällt und von Stufe zu Stufe sinkt. Als Typus einer ganzen Gattung kann hier des „Kärners Weib" (*la femme du roulier*) dienen, welches Lied, unmittelbar von dem Leben ausgehend, uns in derb realistischer Weise Verhältnisse schildert, wie sie leider nur zu häufig in dem Eheleben unterer Stände erscheinen.

Von Wirtshaus zu Wirtshaus sucht des Kärners armes Weib ihren Mann. Wo ist er, fragt sie die Wirtin, — oben, er ergötzt sich mit dem Hausmädchen. Komm heim, Du Trunkenbold, zürnt das Weib. Dein Geld verzehrst Du mit Kanaillen, während Deine Kinder zu Hause auf Stroh schlafen. Dem Zorne seines Weibes setzt der Kärner einen empörenden Gleichmut entgegen — Wein, guten Wein her — bis zum Morgen will ich trinken. Das arme Weib kehrt heim, um die traurige Wahrheit zu erleben, dafs der Apfel nicht weit vom Stamme fällt, dafs die Kinder in die Fufsstapfen des Vaters treten:

La pauvre femme.
C'est la femme du roulier,
S'en va dans tout le pays,
Et d'auberge en auberge¹)
Pour chercher son mari.
    Tireli,²)
Avec une lanterne.

Madame l'hôtesse,
Mon mari est-il ici?
Oui, Madame, il est là-haut,

Là, dans la chambre haute,
Et qui prend ses ébats,³)
    Tirela,
Avecque⁴) la servante.

Allons, ivrogne,
Retourn' voir à ton logis,
Retourn' voir à ton logis,
Tes enfants sur la paille.⁵)
Tu manges tout ton bien,
    Tirelin,
Avecque des canailles.

tümliche Bildung, fehlt in Sachs-Villatte. ⁹) *tarie* versiegt. ¹⁰) *cabaret* Schenke. ¹¹) *devant les chenets* vor dem Kamin; *chenets*, eig. die Feuerböcke, welche sich vor jedem franz. Kamin befinden. ¹²) Marelle a. a. O. S. 201. ¹³) Bujeaud II, S. 35 ff.

¹) *auberge* (altfranz. *herberc*) Herberge. ²) Beachtenswert, wie in der Folge *Tireli* sich je nach der Natur des vorhergehenden Reimes verändert. ³) *prendre ses ébats* sich ergötzen. ⁴) *avecque*, des Versmafses wegen *avec* um eine Silbe verlängert. Auch die Kunstpoesie vermag dieses; allein nur bei einigen wenigen Worten. Die Volksdichtung kennt keine Schranken und hängt ein *e sourd* an jedes beliebige Wort, z. B. *cœure* etc. ⁵) Das Hinübergreifen des einen Verses in den folgenden, eine von den Kunstdichtern getadelte, im Volksliede aber häufige Erscheinung.

> Madam' l'hôtesse,
> Qu'on m'apporte du bon vin,
> Qu'on m'apporte du bon vin,
> Là, sur la table ronde,
> Pour boir' jusqu'au matin,
> Tirelin,
> Puisque ma femme gronde.[1])
>
> La pauvre femme
> S'en retourne à son logis.
> Elle dit à ses enfants:
> Vous n'avez plus de père,
> Je l'ai trouvé couché,
> Tirelé,
> Avec une autre mère.
>
> Eh bien, ma mère,
> Mon père est un libertin,[2])
> Mon père est un libertin,
> Il se nomme Sans-Gêne.
> Nous sommes ses enfants,
> Tirelan,
> Nous ferons tous[3]) de même.
> (*Saintonge, Aunis, Plaine poitevine.*)[4])

Die knappe Sprache, die grausame Wahrheit, welche in diesem kleinen ehelichen Drama verborgen liegt, in Verbindung mit der klagenden Melodie, welche sich trefflich dem Charakter der verschiedenen Verse anschmiegt, lassen es begreiflich erscheinen, dafs das Lied, als es nach Paris verpflanzt wurde, selbst in der an Elend aller Art gewöhnten Hauptstadt seinen Eindruck nicht verfehlte.[4])

Bei solchen Erfahrungen in der Ehe darf es uns nicht wunder nehmen, als stehendes Kapitel eine Reihe von Warnungsliedern vor der Ehe zu finden.

Vornehmlich sind es die **Frauen**, welche den jungen Mädchen im Liede zurufen: Ihr jungen, heiratslustigen Mädchen, prüfet Euch, ehe ihr Euch **ewig** bindet; ein Wort, welches durch die Unauflöslichkeit katholischer Ehen an Bedeutung und Schärfe gewinnt. Solange die jungen Burschen Euch umfreien, sind sie reine Engel, einmal verheiratet, wahre Teufel. An ihre armen Frauen, die weinend am Kamine sitzen, treten sie heran.

---

[1]) *gronder* schelten, brummen. [2]) *libertin* Wüstling. [3]) *tous* (spr. *s*).
[4]) Champfleury S. 76, Haupt-Tobler S. 82, 83. In betreff der Herkunft des Liedes hat sich ein Streit erhoben. Sainte-Beuve schreibt es Berry zu, George Sand bestreitet dies. Champfleury (1860) bezweifelt, dafs Saintonge seine Heimat. Bujeaud (1865) II, S. 10 bezeugt ausdrücklich, dafs dieses harte Lied, welches niemand für sich in Anspruch nehme, in den obengenannten Provinzen durchaus populär sei. Das Lied, durch Maler nach Paris gebracht, wurde daselbst gleich den S. 12 u. 111 erwähnten in weiteren Kreisen bekannt.

stofsen sie und fragen nach dem Grunde ihrer Thränen. Ach, sollen wir nicht weinen, sind nicht die Tage der Rosen unwiderbringlich dahin?:

> Jeunes filles de mon âge,
> Qui voulez vous marier,
> Pensez bien à c' que vous faites,
> Avant de vous engager.
> C'est un lien qui se lie
> Et ne peut se délier!...[1])
>
> Tant qu' les garçons vous courtisent,[2])
> Ils sont serviteurs assez;
> Mais en ménage[3]) i' s' dédisent.[4])
> Ce sont diables déchaînés.[5])
> C'est un lien qui se lie
> Et ne peut se délier!...
>
> Ils s'en viennent vers leur femme
> Qui pleure assise au foyer:[6])
> Riez donc un peu, madame,
> Qu'avez-vous à larmoyer?[7])
> C'est un lien qui se lie
> Et ne peut se délier! —
>
> Riez donc un peu, madame,
> Qu'avez-vous à larmoyer?
> J'ai trop d' quoi pleurer, pauv' femme,
> Mes plus beaux jours sont passés.
> C'est un lien qui se lie
> Et ne peut se délier!...
>
> (*Champagne.*)[8])

Im Gegensatze zu der schalen Wirklichkeit taucht mit doppelter Gewalt die goldene Zeit der nun entschwundenen jungen Liebe auf.

> C'est un plaisir charmant
> Que d'être fille
> A l'âge de vingt ans!

klingt wie ein Echo vergangener Tage, wo der Liebste sie zu Tanze führte, wo sie, einsam und doch sich selbst genug, spazieren wandelten, wo sie die kleinen Eitelkeiten ihres Herzens befriedigen konnte, und jetzt — bohrt sich der Gedanke wie ein Schwert in ihre Seele (*m'a saisi d'un dard sous la mamelle*),[9]) dafs alle diese Herrlichkeiten unwiederbringlich dahin, dafs nur der Tod sie von der Fessel der Ehe erlösen könne:

> Où est le temps que j'étais fille,
> Que j'étais fille à marier?
> J'allais aux fêtes, à la danse,
> J'allais au bois me promener.
>
> J'avais des souliers à la mode
> Qui me faisaient un petit pied,[10])
> Mais à présent, moi, pauvre femme,
> Je vais en savattes percé's.[11])

---

[1]) *délier* (Gegensatz zu *lier*) auflösen. [2]) *courtiser* den Hof machen. [3]) *ménage* Ehe. [4]) *se dédire* seine Worte verleugnen. [5]) *diables déchaînés* wahre Teufel. [6]) *foyer* Herd, Kamin. [7]) *larmoyer* bittere Thränen vergiefsen. [8]) Marelle a. a. O. S. 200. Var.: Tarbé II, S. 86. [9]) A. Gasté, Introd. VII. in Verbindung mit Ch. LXVIII. [10]) Bekanntlich gibt selbst die einfachste Französin ungemein viel auf sauberes, knappes Schuhwerk. [11]) *savat(t)es percées* zerrissene Schlurren.

C'est un lien qui est si fort
Qu'i' n' se délicra qu'à la mort!...
(Champagne.)[1])   Var.: (Bas-Poitou, Aunis.)[1])

Scheint es nicht, als sei die Warnung auf fruchtbaren Boden gefallen, wenn man die Schöne des folgenden Liedes hört, welche von der Männerwelt und der Ehe nichts wissen will und Kraft zu ihrem Entschlusse in der Erwägung findet:

Quand sont à marier, sont honnêtes,
Ah! ah! ah! Mariez-vous!
Sitôt mariés, ils sont les maîtres,
Mariez-vous,
Mariez-vous, jeunes fillettes,
Mariez-vous!

| Sitôt mariés ils sont les maîtres; | Ils jettent tout par la fenêtre. |
| Ah! ah! ah! Mariez-vous! | Ah! ah! ah! Mariez-vous! |
| Ils jettent tout par la fenêtre, | J'aime bien mieux rester fillette, |
| Mariez-vous etc. | Mariez-vous etc. |

J'aime bien mieux rester fillette,
Ah! ah! ah! Mariez-vous!
Que d'être à ces hommes sujette.[3])
Mariez-vous,
Mariez-vous, jeunes fillettes,
Mariez-vous!
(Angoumois, Saintonge.)[4])   Var.: (Bas-Poitou.)[4])

Stünde nur nicht der Kehrreim mit dem nachdrucksvoll wiederholten

Mariez-vous,
Mariez-vous, jeunes fillettes,
Mariez-vous!

in so schneidendem Gegensatze zu dem Inhalte des Liedes, gleichsam als wollte er durch seine stetige Wiederkehr daran mahnen, dafs schliefslich doch wohl die Liebe über die Vernunft den Sieg davonträgt.

Dürfen wir hier also annehmen, dafs „der Rechte" die ganze Philosophie der Schönen zu schanden macht, so sind die Bedenken des Hagestolzen im französischen Volksliede sicherlich

---

[1]) Marelle S. 200. 201; Tarbé II, S. 87.   [2]) Bujeaud II, S. 38, 39.   [3]) que d'être à ces hommes sujette als einem Mann unterthan zu sein.   [4]) Bujeaud II, S. 124, V. V—VIII; Var. S. 125; bei Marelle S. 209.

ernster gemeint; die Anschauung über die Unbequemlichkeiten, welche die Ehe mit sich bringt, prägt sich nur zu deutlich in Liedern aus, welche den verschiedensten Provinzen angehören:

| Quand nous sont[1]) mariés, | Quand on est marié |
|---|---|
| Les femmes nous chagrinent;[2]) | Les femmes vous chagrinent; |
| Ell' viennent nous chercher | Ell's viennent vous chercher |
| Dedans le cabaret:[3]) | Pendant qu'on boit chopine.[6]) |
| „Mari, venez-vous-en, | „Mon homme, allons, viens-t'en, |
| „Le petit enfant pleure, | „La petite est là qui pleure; |
| „Mari, venez-vous-en | „Mon homme, viens tu t'en? |
| „Pour bercer[4]) votre enfant. | „Berce à ton tour[7]) l'enfant. |
| (*Angoumois, Saintonge.*)[5]) | (*Champagne.*)[8]) |

Vor seinem geistigen Auge läfst er die verschiedenen Gattungen der Frauen Revue passiren und findet, nach echter Junggesellenart, an jeder etwas auszusetzen. Ist die Frau arm, so mufs er mühsam sich durchs Leben schlagen, ist sie reich, so macht sie ihm Vorwürfe, wenn er ihr Geld verzehrt, ist sie schön, so sind die Liebhaber nicht fern, und er bangt für seinen häuslichen Frieden, ist sie endlich häfslich, so stört ihn ihr steter Anblick.[9]) Darum lieber die goldene Freiheit, deren süfser Reiz ihm nach solchen Erwägungen doppelt erstrebenswert erscheint:

    Moi j'ai toujours aimé
    Ma chère, chère, chère,
    Moi j'ai toujours aimé
    Ma chère liberté.
    Faut boire et s'amuser,
      C'est toute la g(ue)[10])loire,
    Faut boire et s'amuser,
    Et non s'y marier!...
    (*Angoumois, Saintonge.*)[11]) (*Champagne.*)[12]).

Vermag auch der Mann seine Freiheit, wie er es nennt, zu bewahren und thut er wohl daran, wenn die Ehe ihm nur eine Kette von Unbequemlichkeiten dünkt, so sieht sich das Mädchen

---

[1]) *nous sont*, Vertauschung der Personen; vergl. *j'aurons*, S. 77 Anm. 2. [2]) *chagriner qn.* einen ärgern. [3]) *cabaret* Schenke. [4]) *bercer* wiegen. [5]) Bujeaud II, 46. [6]) *chopine*, deutschen Ursprungs, Schoppen; wird indes nur von dem Nationalgetränk der Franzosen, dem Weine, gebraucht. [7]) *à ton tour* deinerseits. [8]) Marelle S. 203. [9]) S. Bujeaud II, 47 u. Gaston Paris. Chansons du XV. siècle S. 69. [10]) *la gueloire*, Verlängerung des Versmafses wegen; vergl. S. 205 Anm. 4. [11]) Bujeaud II. 46. [12]) Marelle S. 203.

häufig genug in der Lage, dem Drängen ihrer Eltern nachzugeben und um einer reichen Partie willen ihre Freiheit wider ihre Neigung zu opfern.

Schlimm wäre es, wollte nicht das Mädchen, in der Mehrzahl der Fälle wenigstens, den Versuch wagen, den Willen der Eltern zu durchkreuzen.

> Je ne veux pas du richard,[1]
> Il est trop glorieux,
> Je veux mon ami Pierre,
> Il a le cœur généreux

erwidert die Schöne dem drängenden Vater gegenüber — und dem Rat der Mutter:

> Mon enfant, choisis le riche,
> Et laisse là le pauvre en friche[2]

setzt sie den Hinweis auf die Gestalt des Reichen entgegen, welche ihr Entsetzen einflöfse. Selbst wenn er in roten Schuhen einherstolziere — für sie der Inbegriff von Hoheit und Macht —, so hätte er doch der Liebe nicht, welche sie so innig an ihren armen und doch so reichen Geliebten kettet.

Dem Mädchen aber beistimmend, schliefst das Lied:

> Pour une enfant si habile,
> Eh! courage, vivat!
> Conseil de mère est inutile,
> Eh! courage, vivat! — sa, sa,
> Eh! courage vivat!
>
> (*Flandre.*)[3]

durch seinen Kehrreim gleichzeitig andeutend, wie die Schöne noch ungebrochen den harten Kampf des Lebens an der Seite des armen, aber heifsgeliebten Mannes aufzunehmen entschlossen ist.

Aber nicht alle denken so: Mit Dir, *Pierre*, will ich nicht verheiratet sein, lautet es aus dem Munde der Gascognerin, Du lässest mich hart arbeiten (*tu me feras labourer*). Ihr Wunsch trifft sich mit dem Wunsche der Eltern. Reich und unabhängig will sie sein.

---

[1] *le richard*, fam. reicher Kauz. [2] *laisser qn. en friche*, jem. beiseite (fam. ihn schwimmen) lassen, sich nicht um jem. kümmern; *friche*, eig. das Unbebaute, Brachfeld. [3] Champfleury S. 12.

> Je veux le fils d'un bon charron[1])
> Qui me fera bâtir maison
>
> (*Gascogne*.)[2])

verrät den geheimen Wunsch ihres Herzens nach eigenem Grund und Boden. Ihre Liebe ist also nicht mehr uneigennützig, bei ihrer Wahl fallen alle diejenigen aus, welche ihr dieses eigene Heim nicht gleichzeitig in die Ehe bringen können. Da wird denn der Werbende freilich mit anderem Mafse gemessen und mit anderen Augen angesehen, — der Reichtum deckt alles zu:

> Ah! j'ai un bel amant, ma mère,
> N'y a pas longtemps qu'il m'est venu.
> Il est bossu,[3]) il est torsu,[4])
> Mais il a un plein sac d'écus.[5])

Dieser Unterschied wahrer Liebe, die bei dem geliebten Manne nicht nach Geld, Stand und Rang fragt, und jener berechnenden Liebe, die sich so teuer wie möglich verkauft, findet sich in feiner Weise in einem Liede aus *Roussillon* niedergelegt:

> En revenant de saint Alban
>
> J'y ai rencontré un marchand: | Ce sont là des cœurs que je vends.
> Que vendez-vous là, le marchand? | Combien les vends-tu, le marchand?
>
> Moi, je les *donne*[6]) aux jeunes gens,
> Mais aux plus vieux pour de l'argent.
> Et ne vous zeste, ziste, zeste,
> Et ne vous estimez pas tant.
>
> (*Roussillon*.)[7])

Der Jugend fliegen die Herzen von selber zu, dem Alter verkaufen sie sich um Geld, um dann schmerzlich auszurufen:

> Jeunes filles à marier,
> Qui pensez au mariage,
> Ne regardez pas le bien:
> Regardez le personnage.
> Je *le* voudrais, mais je ne puis
> Dans mon cœur mettre en oubli.
>
> (*Champagne*.)[8])

---

[1]) *le charron* der Stellmacher. [2]) Cénac-Moncaut S. 309. [3]) *bossu* bucklig. [4]) *tors(u)* mifsgestaltet, verwachsen; u des Reims wegen zugesetzt. [5]) Vergl. Var. Bujeaud II, S. 53. [6]) *donner*, hier: umsonst geben. [7]) Champfleury S. 207. [8]) Tarbé II. S. 90; Marelle a. a. O. S. 208.

— eine Wahrheit, die ein junges, an einen Greis gekettetes Blut, "dessen Geld und Gut sie ernähren soll", zu dem kräftigen Ausruf veranlafst:

>Au diable la richesse
>Quand l'amour n'y est pas.

>Fillettes, ô fillettes,
>Remarquez bien cela,
>Ne prenez point un homme
>Qui d'amour n'aura pas.
>>Hou! hou! hou! hou!
>>Ça ne va guère.
>>Ha! ha! ha! ha!
>>Ça ne va pas.

(*Bas-Poitou, Aunis, Saintonge.*)[1] Var.: (*Yonne, Marne.*)[2] (*Bretagne.*)[3]

Damit knüpfen wir wiederum an jenes bereits oben berührte Thema der ungleichen Ehen an, ein Thema, welches in dem spottlustigen Volke Frankreichs so vielfach behandelt wurde, dafs sich nach der Aussage *Ed. Fourniers* von dieser Gattung Lieder allein eine starke Ausgabe veranstalten liefse. Auch *Molière* reizte dieses Thema in einer Zeit, da er selbst, ein reifer Mann, den Gedanken der Vermählung mit der jungen, lebensfreudigen *Armande* erwog. Er versuchte in der "Schule der Ehemänner" eine glückliche Lösung, indem er den *Ariste* mit solchen Charaktereigenschaften ausstattete, dafs ein ernstge-

---

[1] Bujeaud II. S. 59.   [2] Tarbé II. S. 104:

>Au diable la richesse,
>Quand n'y a pas de bonheur!
>L'ami de ma jeunesse
>Plaît bien plus à mon cœur
>Que toute la fortune
>De ce vieux marmoteux.
>De ce vieux marmoteux.

>Que me fait la richesse
>Quand le cœur n'y est pas.
>>Ah! ah!
>Ouh! ouh! ouh! ça ne va guère,
>Ah! ah! ah! ah! ça ne va pas.

[3] Ampère Mon. 1853. S. 187.

stimmtes, wenn auch jugendliches Mädchen ihn den jungen Gecken und Stutzern vorziehen konnte. Allein das Volkslied kennt diese Lösung nach dem Herzen *Molières* nicht; ihm erscheint vor allem Jugend und Gleichaltrigkeit zur Ehe erforderlich:[1])

> Vieillesse et jeunesse,
> Ce n'est que fratras;[2])
> Derira,
> Jeunesse et jeunesse,
> Ce n'est que soulas.[3])
> Derirette,
> Ce n'est que soulas.
> Derira.
> (*Chansons du XVI. siècle.*)[4])

Und in schlagendem Gegensatze zu *Molière* spricht jenes junge Weib der *Champagne*, welche an einen alten Mann gekettet ist, **ihre** Herzensmeinung dahin aus:

> Quand je songe au mariage,
> Sans mentir j'aimerais mieux
> Un jeune fou qu'un vieux sage,
> Sans mentir j'aimerais mieux
> Un jeune mari que mon vieux.
> (*Champagne.*)[5])

Daher der Spott des Volkes, wenn Jugend und Alter sich paart. Auch hier, wie so häufig schon, findet sich die Gattung in **einem** Liede repräsentiert, welches in mehr oder minder abweichender Form in verschiedenen Provinzen auftaucht. Als Typus gilt das Lied von „der kleinen *Rosalie*", welches 1856 zum ersten Male von *Castaigne* veröffentlicht, nach *Champfleurys* Untersuchungen, die von *Bujeaud* bestätigt werden, aus *Angoumois* stammt und von dort seinen Weg durch Frankreich genommen hat. Von Lothringern, welche in Frankreich als Liederverkäufer

---

[1]) Ich erinnere mich, in einer norwegischen Erzählung gelesen zu haben, dafs ein junges Mädchen aus dem Volke, vor die Wahl gestellt, ob sie einen 28jährigen hübschen Burschen oder einen um 10 Jahre jüngeren, aber häfslichen freien wolle, den letzteren wählte, da ihr der 28jährige zu alt dünkte. Wie scharf kontrastiert mit dieser Volksauffassung die Anschauung der Grofsstadt Paris, welche in dem Satze gipfelt: *il faut que la jeunesse se passe*, oder die Frage des holländischen Vaters an den Bewerber: „ob er ausgerast habe". [2]) *n'est que fratras* nichts Recht's. [3]) *soulas* (lt. *solatium*) Linderung, Vergnügen. [4]) Haupt-Tobler S. 118. [5]) Marelle a. a. O. S. 208.

(*vendeurs de chansons*) bekannt sind, an die Ufer der Mosel verpflanzt, pafste es sich dort einem ähnlichen Verhältnis zwischen einer jugendlichen *Mayotte* und ihrem greisen Ehemann an. Da aber, wie dieses von dem Original zu erwarten steht, die sprachliche Seite sich schärfer und schöner in dem Liede von *Angoumois* ausprägt, so mag dieses zugleich als Repräsentant der Gattung hier seinen Platz finden:

Voici le jour venu, (bis)
Où Rosett' s'y marie: (bis)
  A [1]) prend in homme
De quatre-vingt-dix ans;
  La petit' Rosette
N'a sorment [2]) pas tiinze [3]) ans.

J' la prend pre [4]) la main, (bis)
J' la mène à l'église; (bis)
  „Voé [5])-tu, Rosette.
Tes amis, tes parents?
  Ma petit' Rosette,
As-tu le tieur [6]) content?"

J' la prend pre la main, (bis)
J' la mène à la danse: (bis)
  „Danse, Rosette,
Ménage bien tes pas,[7])
  Ma petit' Rosette,
Ne te fatigue pas." [8])

J' la prend pre la main, (bis)
J' la mène en sa chambre: (bis)
  „Voé-tu, Rosette,
La chambre et le biô lit.
  Ma petite Rosette,
Où je passerons la nuit?"

Quand vint sur la minuit, (bis)
Le vieillard s'y réveille: (bis)
  (D'une voix tremblotante)
  „Dors-tu, Rosette?"
Dormiras-tu trejous? [9])
  Ma petite Rosette,
Pensons à nous amous."

Quand vint le matin-jour, (bis)
Où Rosette s'y réveille: (bis)
  „Mon Dieu, dit-elle,
Tif l'arait [10]) jamais dit.
  Qu'à mon mariage
J'aris [11]) si bein dormit!
    (*Angoumois*.) [12])

---

[1]) *A = elle*. [2]) *sorment = seulement*. [3]) *tiinze = quinze*; vergl. wegen der umgekehrten Vertauschung von *q = t* S. 106 Anm. 1. [4]) *pre = par*. [5]) *voé = vois*. [6]) *tieur = cœur*. [7]) *ménager qch*. etwas schonen. [8]) Der Vergleichung wegen setze ich den entsprechenden Vers aus der Lothringer Version: *la charmante Mayotte* (Champfleury 74) hin. bei welchem sich der feine Zug: unnötige Vorsicht des Alters (das nur an seine Gebrechlichkeit denkt) der Jugend gegenüber, nicht so scharf ausprägt:

  Me mena z'à la danse.
    Sautez, Mayotte,
  Sautez le petit pas, ma charmante Mayotte,
  Pour moi, je n'en suis pas.

[9]) *trejous = toujours*. [10]) *Tif l'arait = qui l'aurait*. [11]) *j'aris = j'aurais*. [12]) Champfleury S. 77 ff.

Welche Gefühle beseelen nun eigentlich das junge Weib, welches sich zur Heirat mit dem gebrechlichen Alten hat bestimmen lassen! Auch hierauf gibt uns das Volkslied mit erschreckender Aufrichtigkeit Antwort.

Den Tag verwünscht sie, wo sie ihn gesehen:

> Le plus let [1]) de cette ville
> Le plus mal gratioux,[2])

und die traute Nachtigall beauftragt sie, ihrem geliebten Freund zu melden, dafs sie verheiratet sei, verheiratet sei, wie sie nachdrucksvoll hervorhebt, sehr wider ihren Willen:

> Hélas! mes amous ne sont pas ici.
> *(Chansons du XV. siècle.)*[3])

Verborgene Wünsche werden laut. Gedulde Dich, meine Tochter, mahnt der Vater, Dein Gatte ist ein reicher Kaufmann, vielleicht stirbt er an seiner Krankheit, dann bist Du die Erbin seines Vermögens:

> Prends patience, ma fille,
> C'est un riche marchand;
> Il est au lit malade.
> Peut-êt' qu'il en mourra;
> Tu sera héritière
> De tout ce qu'il aura.
> *(Angoumois.)*[4])

Und die Tochter selbst — sie hofft, dafs ihr Alter „krepiere", ein Edikt wünscht sie erlassen, das gestatte, die alten Ehemänner zu schinden und ihre Haut zu verkaufen, um mit dem Erlös einen jungen und hübschen Burschen zu freien.

> Mon père m'a donné à choisir, (bis)
> D'un vieux ou d'un jeune mari,
>    Tra la la la la la la la la,
>    Tra la la la la pour rire.

D'un vieux ou d'un jeune mari, (bis) | Devinez leque*lle*[5]) j'ai pris; (bis)
Devinez leque*lle*[5]) j'ai pris. | Le jeune laissé, le vieux j'ai pris,
   Tra la la etc. |    Tra la la etc.

---

[1]) *let* = *laid*.   [2]) *gratioux* = *gracieux*.   [3]) Gaston Paris S. 6.   [4]) Bujeaud II, S. 61.   [5]) Interessantes Beispiel zu dem S. 209 Anm. 10 Erwähnten.

Le jeun' laissé, le vieux j'ai pris; (bis)
Je voudrais qu'il vienne un édit,
   Tra la la etc.

Je voudrais qu'il vienne un édit, (bis)
D'écorcher[1]) tous les vieux maris,
   Tra la la etc.

D'écorcher tous les vieux maris, (bis)
J'écorcherai le mien aussi,

J'écorcherai le mien aussi, (bis)
J'irais vend' sa peau[2]) à Paris,
   Tra la la etc.

J'irai vend' sa peau à Paris (bis)
Pour retourner dans mon pays,
   Tra la la etc.

Pour retourner dans mon pays, (bis)
Où je prendrai jeune et joli.

   Tra la la la la la la la la la,
   Tra la la la la pour rire.
      (*Bretagne.*)[3]) Var.: (*Agenais, Armagnac.*)[4])

Hier enthüllt das Weib aus dem Volke seine wirkliche Gesinnung. Ist es ihr doch nicht gegeben, gleich der Schicksalsgenossin der Hauptstadt, ihre wahren Gefühle unter lächelnder Miene zu verbergen; denn wenn der Vater ihr rät:

   Ma fill', fais-lui bon visage,

so erwidert sie wahr und offen:

   Bon visage! hélas! on n' peut
   Contrefaire son personnage.[5])
      (*Champagne.*)[6])

Zu Nutz und Frommen aller derer, welche es angeht, spricht sie es aus, dafs nur Stellung und Rang, nur das Geld sie reize, wenn sie sich zu der Heirat mit dem Alten entschliefse, dafs ihre Wünsche aber den jungen, flotten Burschen sich hinneigen, denen sie das Paradies auf Erden bereiten wolle, den Alten aber die Hölle:

   Aux jeunes gens le paradis,
   Aux jeunes gens le paradis;
   Mais pour les vieux, je les mandis!
      (*Roussillon.*)[7])

Nicht minder häufig und besonders beliebt in *Angoumois*

---

[1]) *écorcher* schinden. [2]) *la peau* die Haut. [3]) Champfleury S. 160. Bekannt ist dieses Lied unter dem Namen: *Ronde des filles de Quimperlé*. Schann', ein Freund Champfleurys, brachte es von einer Reise in die Bretagne mit; junge Mädchen diktierten es ihm. [4]) Bladé S. 85. [5]) *contrefaire son personnage* sich verstellen. [6]) Tarbé II, 90. [7]) Champfleury S. 207.

sind die Lieder gegen das ungleiche Bündnis des jungen Mannes mit der Alten, welche in den wenigen Worten:

> Elle a trois dents dans sa bouche,
> Dans sa bouche elle a trois dents.[1]
> (*Agen, Armagnac.*)[2]

hinreichend in ihrer äufseren hinfälligen Erscheinung gekennzeichnet erscheint. Dennoch ist ihr Sinn der Heirat zugewandt; denn auf die Fragen des Burschen, was sie denn eigentlich wünsche, ob Brot, ob Wein, kehrt stetig wie ein in ihr arbeitender Gedanke der Ausruf wieder:

> Me faut-z-un mari pour mai.
> (*Berry.*)[3]

Wenn sich nun auch der Bursche zu solcher Ehe entschliefst, was treibt ihn dazu? — gleich der jugendlichen Maid — die Spekulation.

Nicht umsonst raunt die Alte dem Burschen zu:

> Elle (die Geliebte) n'a ni sou, ni maille,[4]
> J'ai cent mille écus comptants.[5]
> (*Agen, Armagnac.*)[6]

War früher sein Herzenswunsch:

> Je veux que toutes les vieilles
> Soient becasses[7] et perdrix[8]
> Et toutes les jeunes filles
> Mariées à leur plaisir.
> (*Agen, Armagnac.*)[9]

so erscheint nach dieser Enthüllung der Bursche wie umgewandelt. In welch rosenfarbigem Lichte erscheint ihm die Alte, deren zahnloser Mund soeben noch seinen Spott herausforderte:

> Ah! Jésus, qu'elle est jolie,
> Elle n'a que dix-huit ans.
> (*Agen, Armagnac.*)[10]

Insgeheim aber denkt er, je älter, desto besser, desto eher beifst sie ins Gras und die blanken Thaler sind Dein. Doch

---

[1] Wegen der kreuzweisen Stellung vergl. S. 49 Anm. 1.  [2] Bladé S. 81.  [3] Champfleury S. 54.  [4] *n'avoir ni sou ni maille* sehr arm sein, keinen Groschen haben; vergl. S. 204 Anm. 1.  [5] *écus comptants* blanke Thaler.  [6] Bladé S. 81.  [7] *la bécasse* die Waldschnepfe.  [8] *perdrix* Rebhuhn.  [9] Bladé S. 72.  [10] Bladé S. 81.

die Volksmoral straft solche Gesinnung. Statt der erträumten Schätze läfst sie ihn einen Maulkorb in ihrem Nachlafs finden,[1] — zu der Täuschung gesellt sich der Spott. — Waren aber wirklich Schätze zu holen, so weifs der Bursche als Ehemann sie unter die Leute zu bringen, und klagend ruft die betrogene Alte:

>J'avais dix mille francs,
>A moi appartenant,
>Et dont j'étais la maitresse,[2]
>J'avais dix mille francs
>A moi appartenant:
>Et maintenant ils s'en vont.
>C'est pour entretenir
>Ses jeux et ses plaisirs
>Pendant que moi, je languis. (bis)[3]
>    (Bas-Poitou, Saintonge.)[4]

Aber nicht immer spielt das Weib eine nur leidende Rolle gegenüber ihrem Herrn und Gebieter. Oft sehen wir, wie sie sich des biblischen Spruches: „Auge um Auge, Zahn um Zahn" erinnernd, der unwürdigen Behandlung des Mannes die Stirn bietet, oder die Leiden ihrer Mitschwestern an den schwächeren Exemplaren der Männerwelt rächt.

Vom Gebirge her hört ein Weib die Violinen erklingen, welche ihr zauberisch die Tage der Jugend vorgaukeln. Die Warnung der Mutter, nicht zum Tanze hinzueilen, ihr Mann könne sie schlagen, findet kein Gehör. Schlägt er mich, so schlag' ich wieder! — Die Mutter spielt nun in ihrer Erwiderung auf eine ländliche Sitte an, welche sich bei *Champfleury*, wie *Cénac-Moncaut* gleichmäfsig bezeugt findet und welche darin besteht, dafs derjenige Mann, welcher von seiner Frau Schläge erhält, gezwungen wird, einen Esel zu besteigen, — das Gesicht dem Rücken desselben zugewandt. Nicht früher darf er den Sitz der Schande verlassen, als bis ein ebenso unglücklicher Vorgänger den Esel in seinem Laufe anhält. — Das Brutale in der Antwort des jungen Weibes an die Mutter liegt nun zu Tage.

---

[1] Cénac-Moncaut S. 344.   [2] Vergl. das zu S. 179 Anm. 1 Gesagte.
[3] *languir* vergehen.   [4] Bujeaud II, S. 51. IV.

Sur la montagne, ma mère,
Sur la montagne, sur la montagne,
J'entends le violon, ma mère;
Sur la montagne, j'entends le violon.

S'il joue encore, ma mère,
S'il joue encore, s'il joue encore,
Je peux aller danser, ma mère;
S'il joue encore je peux aller danser.

Mais si tu danses, ma fille,
Mais si tu danses, mais si tu danses,
Ton mari te battra, ma fille;
Mais si tu danses, ton mari te battra.
(*Provence, comtat d'Avignon.*)[2]

S'i' m' bat, qu'i' m' batte, ma mère,
S'i' m' bat, qu'i' m' batte, s'i' m' bat,
            qu'i' m' batte,
Je saurai me r'tourner,[1] ma mère;
S'i' m' bat, qu'i' m' batte, je saurai
            me r'tourner.

Si tu te r'tournes, ma fille,
Si tu te r'tournes, si tu te r'tournes,
L'âne courra après, ma fille;
Si tu te r'tournes, l'âne[2] courra après.

S'il court, qu'il coure, ma mère,
S'il court, qu'il coure, s'il court, qu'il
            coure,
Papa l'arrêtera, ma mère,
S'il court, qu'il coure, papa l'arrêtera.
(*Gascogne.*)[4]

Ähnliches berichtet *Tarbé* aus der *Champagne*; doch wird die Strafe hier gleich einer festlichen Handlung auf Fastnacht verlegt; auch führt man nicht den Geschlagenen auf einem Esel umher, sondern seinen Nachbarn,[5] weil er solchen Schimpf duldete:

C'est Henri-Claude G...,
Ainsi nommé de son nom.
Qui est condamné à monter
Sur un âne ou un ânon.[6]
Ce n'est pas qu'il ait mal fait:
Mais c'est pour n'avoir vengé
    Son voisin
Ahi! Martin!
(*Champagne.*)[7]

Nicht genug, dafs der Unglückliche in der hinlänglich geschilderten Stellung verbleiben mufs, trägt er auch noch auf seinem Rücken eine Tafel, welche seine Verurteilung enthält:

Le voilà sur un âne,
Tout comme un grand nigaud;[8]

---

[1] *je saurai me retourner* ich weifs mir schon zu helfen.   [2] An Stelle des Esels tritt in der Gascogne ein Maultier; dem Weibe wird eine Katzenmusik gebracht. Moncaut loc. cit.   [3] Champfleury S. 188.   [4] Cénac-Moncaut S. 366, 367.   [5] Im Zweifelsfalle denjenigen, welcher am nächsten der Kirche wohnt; Tarbé II. S. 110.   [6] *ânon* Eselein.   [7] Tarbé II. S. 110.
[8] *nigaud* Tropf.

Ehelieder.

> Il vient du tribunal,
> L'écrit[1] derrière son dos.
> Le jour du carnaval,
> On juge les badins[2]
> Qui n'ont pas le courage
> De venger leurs voisins.
> 
> (*Villages des environs de Reims.*)[3]

Wir sprachen oben von einer gewissen Verderbtheit, welche vielfach die Ehelieder Frankreichs durchzieht, welche aber nicht, wie so leicht bei uns angenommen wird, auf eine Charaktereigenschaft an sich zurückzuführen ist, sondern einfach, wie nicht oft genug hervorgehoben werden kann, auf jene tief erniedrigende Behandlung, welche die Frau vielfach dem Laster in die Arme treibt. „Wenn man auf einen Mehlsack schlägt, fliegt das Gute davon, das Schlechte bleibt;" nicht minder, wenn der Mann statt des Mehlsackes seine Frau substituiert. Wo sucht die Frau dann Glück und Trost? Gerade bei jenen Ständen, welche durch ihre Sorglosigkeit und Leichtlebigkeit den schärfsten Gegensatz zu ihrem sorgenvollen, gebundenen Leben bieten: bei den Soldaten und Seeleuten.

> S'il me bat je m'en irai
>   Avec les vaillants.[4]
> Ils m'apprendront le jeu de dez(dés)
> Le jeu de cartes après souper.
> 
> (*Chans. pop.*)[5]

> Ah! s'il me bat, je m'en irai
>   Avec ce jeune marinier,
> 
> Qui sait si joliment aimer.
> 
> (*Champagne, Yonne.*)[6]

Ist es hier die rohe Behandlung, so verleitet nicht minder die Trunkenheit des Mannes wie die daraus folgende Vernachlässigung seiner häuslichen Pflichten die Frau zur Untreue. Wenn der Mann heimkehrt, *saoul comme un glouton*,[7] und sich

---

[1] *écrit* die Tafel, welche seine Verurteilung enthält. [2] *badin* Tölpel [3] Tarbé II, S. 109, 8. [4] *vaillant*, gewöhnliches Beiwort des kriegerischen, ritterlichen Standes; dann für diesen selbst. [5] Champfleury Préf. XXV. [6] Tarbé II, S. 102. Var.: Beaurepaire S. 85, Haupt-Tobler S. 109, Bujeaud II, S. 62 u. Quépat, bei welchen an Stelle der *vaillants* und des *marinier* die *écoliers* (die jungen Geistlichen, Studierenden der Theologie, aber nicht wie Keller und v. Seckendorff stetig übersetzen: „die Schüler"), *les moines* (Mönche) und *les abbés* eintreten. In betreff der letzteren vergl. die lustige Geschichte S. 224 ff. [7] *saoul* (= *soûl*) *comme un glouton* viehisch betrunken; *glouton* eig. Vielfraß.

über die bitteren Vorwürfe der Frau, dafs die Kinder Hungers sterben, trällernd hinwegscherzt:

>Ta laïta, laïta, laïtère!
>Ta laïta, laïta la la la!

hat dann das Weib so unrecht, in die Drohung auszubrechen?:

>Mon mari, si tu recommences
>A te livrer à la boisson.
>Je te ferai porter des cornes¹)
>Comme en portent les limaçons;²)
>Et puis, tu auras lieu de dire:
>Ta laïta, laïta, laïtère!
>Ta laïta, laïta la la la!
>Et puis tu auras lieu de dire:
>Ta laïta, laïta la la la!
>   (*Lamoucelle, près de Sedan, Champagne.*)³)

Wenn der Mann weiter seinem unglücklichen Weibe entgegenhält:

>Le vin n'est pas fait pour les dames,
>Il faut bien que nous le buvions.
>   (*Lamoucelle.*)³)

— will man es dem Weibe verargen, wenn sie, wie aus einem Liede der *Gascogne* hervorgeht, zum Becher, dem Sorgenbrecher greift, um daraus Vergessenheit und selige Erinnerung zu trinken?:

>Avec du vin de Mérille⁴)
>Je reviendrai jeune fille...

Und wenn sie nun in der Schenke eine Pinte nach der andern getrunken, so dafs sie zuletzt trunken ist,⁵) dann mufs der Mann sie suchen, und ähnlich wie ihr männliches Seitenstück aus der *Champagne* antwortet sie:

>Le vin est pour boire;

und wenn der Mann sich beklagt, dafs die Kinder nach der Mutter schreien, dann rät sie:

---

¹) *cornes* Hörner. ²) *limaçon* Schnecke. ³) Tarbé II. S. 97. ⁴) *Mérille* (Tarn-et-Garonne). ⁵) Dafs die Trunkenheit auch unter dem weiblichen Geschlechte Frankreichs vorkommt — und nicht blofs dem verheirateten — zeigen besonders die Lieder der Gascogne (C.-Moncaut) und die der materiellen Bewohner von Flandern (Champfleury, Flandre S. 9).

> Si les enfants pleurent,
> Va jouer le violon!...
>
> *(Gascogne.)* [1]

Bei energielosen Männern sehen wir sogar, wie die Frau Manns genug ist, die Rollen zu tauschen, und wie wir bereits oben andeuteten, gewissermafsen Rache zu nehmen für alle Unbill, welche ihren gedrückten Mitschwestern in der Ehe zugefügt wird. Welches Bild eines Mannes (!) entrollt sich uns aber auch, wenn wir aus den Liedern erfahren, wie das Weib ihn zum Gehorsam gezwungen, wie er folgsam alle häuslichen Arbeiten verrichtet, welche sonst nur dem Weibe zukommen. Lustig trällert sie dazu:

> Hélas! pendant que je suis' jeune,
> Laissez-moi donc me diverti'![2]

— oder sie liegt bequem im Bett und freut sich, wenn für den Mann zu den häuslichen Beschäftigungen sich die Freuden der Kinderfrau gesellen.[3]

Abends aber eilt sie fort, um erst in der Frühe heimzukehren, und wenn er sie fragt, was sie denn alle Abende in der Stadt mache, erwidert sie:

> „Je vais de bourg[4] en ville,
> „Ma dondaine,
> „Accomplir mes amours,
> „Tous les-jours.
>
> *(Saintonge, Poitou.)* [5]

Mit dem Gelde aber, welches sie gewonnen, will sie einen Ochsen kaufen, sein Fleisch verschmausen, seine Hörner aber zu seltsamem Gebrauch verwahren; erst auf die Frage des Mannes:

> „Ah! dis-moi, ma bonne,
> „Ma mignonne,[6]
> „Que f'rons-nous de ces cors,[7]
> „Tant de cors?

---

[1] C.-Moncaut S. 338 ff. [2] Bujeaud II, S. 80. [3] Bujeaud II, S. 77. [4] *bourg en* (spr. *bur-kan*) (Markt)flecken. [5] Bujeaud II, S. 75. [6] *ma mignonne* mein Liebchen(!). [7] *cor* (in dieser Bedeutung gewöhnlicher *corne*) Horn.

erwidert sie:
>   „Nous en ferons des peignes,¹)
>   „Ma dondaine!
>   „Pour peigner les jaloux,
>     „Tels que vous.
> (Saintonge, Poitou.)²) Var.: (Chans. des Flamands de France.)³)

Von der Verachtung des Mannes, wie sie sich in diesen Worten ausprägt, bis zur offnen Untreue ist nur ein Schritt. Wir werden daher kaum die Überraschung des Mannes teilen, welcher, von der Arbeit heimkehrend, die Thür verschlossen findet und seine Frau
>   avec trois garçons à ses côtés

mitten in Schmausereien. Alles will er verzeihen für etwas Essen —
>   Ni morceau, ni miette⁴) tu n'en auras,
>   De coups de bâton tu recevras...    (Gascogne.)⁵)

lautet zunächst die Antwort; dann läfst sie sich erweichen, ihm eine Suppe zu reichen, die „Donnerstag vor Fastnacht schon zubereitet war", und ihm Wein vorzusetzen, der vor „sieben Jahren abgezogen, Fliegen und Ratten beherbergt". Doch nicht genug der Quälerei; ihr Hafs trifft auch das unschuldige Ackergerät, die Tiere, mit welchen der Mann das Feld bestellt. Als er, müde und hungrig, wie er heimgekommen, an die Arbeit zurückkehrt, findet er sein Gerät zerbrochen, seine Tiere verstümmelt! — —

Freilich dürfen wir uns über solche Behandlung nicht wundern, wenn der Mann, welcher bei seiner Heimkehr den Herrn Amtmann bei seiner Frau trifft, wie *Sganarelle* in dem gleichnamigen Stücke *Molières*, sich überlegt, ob er sein „Kätzchen" wohl strafen solle, es aber aus Furcht vor ihren Sammetpfötchen und den derberen Fäusten des Amtmannes unterläfst:
>   Si je vas⁶) battre ma chatte⁷)
>   Hum!⁸) hum! hum! tra déri déra!
>   Si je vas battre ma chatte,
>   Peut-être bien qu'elle me griffera.⁹)

---

¹) *peigne* Kamm.  ²) Bujeaud II, S. 76.  ³) *de Coussemaker* S. 268 (Bujeaud).  ⁴) *miette* Krümchen.  ⁵) C.-Moncaut S. 893 od. 863?  ⁶) *vas = vais*, vergl. S. 65 Anm. 2.  ⁷) *chatte*, eig. die Katze, dann „Kätzchen" als Liebkosungswort; dürfte unserem „Mäuschen" entsprechen.  ⁸) *hum* (spr. öm) hm!  ⁹) *griffer* kratzen.

Si je vas battre ma femme,     Il vaut mieux les laisser faire,
Hum! hum! hum! tra déri déra!     Hum! hum! hum! tra déri déra!
Si je vas battre ma femme,     Il vaut mieux les laisser faire.
Le bailli[1] la défendra.     Que de m'exposer à cela.
                                                                (*Essoyes (Aube)*).[2]

Der Bauer ist sich wohl bewufst, dafs die Treue der Grundpfeiler der Ehe ist, und ein *Rabelais* in Holzschuhen spricht es mit den Worten aus:

    Mes amis, mangeons tout,
    Buvons tout, fripons[3] tout,
    Mais gardons notre lit:
    C'est la paix du ménage.
                        (*Provinces de l'ouest*.)[4]

Mit welcher Energie und welchem Mutterwitz zugleich der Mann aus dem Volke diesen Frieden zu wahren weifs, wo er bedroht erscheint, zeigt uns folgende Dichtung, die keiner weiteren Erläuterung bedarf:

Qui veut ouïr un triste récit:     Bon pain, bon vin, tendre volaille;[11]
C'est d'un abbé qui fait grand bruit.     Semblant avoir le cœur joyeux,
C'est d'un abbé de conséquence[5]     Il se mit à table avec eux.
Fort éloigné de continence,[6]
Le drôle a voulu déroger[7]     Pendant tout le temps du dîner,
Avec la femme du teinturier.[8]     Ne parla que de son métier;
                                           Et sans montrer de jalousie:
Mais notre gentil teinturier     „Abbé, dites-moi, je vous prie,
En savait plus que son métier;     „La couleur qui flatte vos yeux.
Fit semblant d'aller[9] en campagne,     „Et celle qui vous plait le mieux.
Comm' s'il s'en allait en Bretagne,
Mais il n'y fit pas long séjour,     Le jeune abbé, robuste et fier,
Il revint sur la fin du jour.     Lui dit: „Monsieur, j'aime le vert."
                                           L'autre dit: „J'en aurai mémoire;
Quand il entra dans son logis     „Entrons dans mon laboratoire.
Ne fut étonné ni surpris;     . . . . . . . . . . . . . . . . .
Trouva mes deux gaillards[10] à table,     . . . . . . . . . . . . . . . . .

---

[1] *le bailli* Amtmann. [2] Tarbé II, S. 134. [3] *friper*, fam. verschwenden; eig. (Kleider) zerknittern. [4] Bujeaud II, S. 105. — Wie Bujeaud an der der gleichen Stelle erwähnt, wird dieses Lied nach einer Kirchenmelodie gesungen; wer erinnert sich nicht, als Student nach ähnlicher Melodie gesungen zu haben: „Ach wenn die lieben Eltern wüfsten". [5] *de conséquence* bedeutend, angesehen. [6] *continence* Enthaltsamkeit. [7] *déroger* sich einlassen. [8] *le teinturier* der Färber. [9] *fit semblant d'aller* ging anscheinend. [10] *gaillard* lockerer Zeisig. [11] *volaille* Geflügel.

Quand ils fur' descendus en bas,
Deux garçons le prennent au bras.
„Allons. Monsieur, point de chicane,
„Depouillons¹) vite la soutane.¹)
„Car nous allons, de bout en bout,²)
„Vous teindre suivant votre goût.

Le pauvre abbé eut beau pleurer,³)
Ils n'en eurent point de pitié.
Ils le saucèr'⁴) dans une cuve,⁵)
Tout comme aussi dans une étuve;⁶)
De plus encor, de temps en temps,
Ils lui baignaient la têt' dedans.

Après beaucoup de compliments,
Lui ont donné la clef des champs.⁷)
Il s'en fut⁸) chez le commissaire;⁹)
Pour avoir raison de ¹⁰) l'affaire.
. . . . . . . . . . . . . . . . . .
. . . . . . . . . . . . . . . . . .

„Monseigneur, je viens devant vous
„Me plaindre d'un mari jaloux,
„Qui, par une fausse apparence,
„M'a teint en couleur d'espérance,
„Me voilà vert comme poiré,¹¹)
„Me voilà comme un perroquet.¹²)

Tous les autres petits collets¹³)
Qui font leurs amours en secret,
Apprendront de vous, pauvre prêtre,
Que s'ils leur goût ils pourront être,
Soit en été, soit en hiver,
Teints soit en rouge, soit en vert.

(*Bas-Poitou, Aunis.*)¹⁴)

Also auch das lüsterne Eheweib fehlt nicht, welche, wie ein Lied der *Auvergne* ¹⁵) dieses ausdrückt, alle eifersüchtigen Ehegatten in Schafe verwandelt wünscht, um sie als ihre Hüterin (!) in den Rachen des Wolfes zu jagen. Als Typus dieser Gattung erscheint in den verschiedensten Provinzen Frankreichs, und zwar gleichmäfsig in der *Gascogne* wie in der *Auvergne* und der *Champagne*, — *Marion*. Mit ihrem Witz den Mann überragend, doppelzüngig und glatt wie eine Schlange windet sie sich durch alle verfänglichen Fragen hindurch. Nie um eine Antwort verlegen, erwidert sie keck auf die Frage, wer zur Nacht bei ihr gewesen: meine nächste Nachbarin. An die weiteren

---

¹) *depouiller ... la soutane* die Sutane (langes, engärmliges Amtskleid der katholischen Priester) abstreifen. ²) *de bout en bout* über und über. ³) *eut beau pleurer* mochte schreien, soviel er wollte. ⁴) *saucer qn.* einen in eine Flüssigkeit tauchen. ⁵) *cuve* Kufe. ⁶) *étuve* Schwitze, Schwitzkammer. ⁷) *donner à qn. la clef des champs* einem den Laufpafs geben. ⁸) *s'en fut* begab sich. ⁹) *le commissaire* der Schiedsmann in manchen Mönchsorden. ¹⁰) *avoir raison de* um Genugthuung zu erhalten. ¹¹) *poiré* Birnmost. ¹²) *perroquet* Papagei. ¹³) *petit collet*, eig. das Bäffchen (der Geistlichen); dann die Mitglieder des geistlichen Standes selbst; vergl. die Schwarzröcke. ¹⁴) Bujeaud II, S. 281 ff. Volkslied? Bujeaud erwähnt gelegentlich dieser Dichtung, dafs im Dezember 1864 eine ähnliche „Geschichte" durch deutsche Blätter ging. ¹⁵) Champfleury S. 71.

eindringlichen Fragen des argwöhnischen Gatten spinnt sich ein wahres Lügengewebe ihrerseits, welches sie als eine Meisterin der Rede wie der Verstellung zeigt:

Le mari:
Les femmes ont-elles la barbe noire?
Morbleu! catibleu!¹)
Les femmes ont-elles la barbe noire?
Morbleu!

Marion:
C'est qu'elle avait mangé des meures,²)
Mon Dieu! mon mari.
C'est qu'elle avait mangé des meures.
Mon Dieu!

Le mari:
Entre Noël³) et la Chandeleur,⁴) y a-t-il des meures?
Morbleu! catibleu!
Entre Noël et la Chandeleur, y a-t-il des meures?
Morbleu!

Marion:
Il y a un arbre, chez mon père, qui produit sept fois l'année.
Mon Dieu! mon mari.
Il y a un arbre, chez mon père, qui produit sept fois l'année.
Mon Dieu!

Le mari:
Viens donc me montrer cet arbre!
Morbleu! catibleu!
Viens donc me montrer cet arbre!
Morbleu!

Marion:
Il a neigé cette nuit, tous les pas⁵) sont remplis.
Mon Dieu! mon mari.
Il a neigé cette nuit, tous les pas sont remplis.
Mon Dieu!

etc., etc., etc.

(Champagne.)⁶) (Gascogne.)⁷)


Vergegenwärtigen wir uns noch einmal die Leiden, welche die Frau in der Ehe zu erdulden hatte, sowie die vielfachen Qualen, welche auch einzelnen Kategorieen von Männern nicht erspart blieben, so wird es uns nicht gerade befremden, bei dem Tode des einen oder des andern der beiden Ehegatten nicht diejenigen Gefühle der Milde und der Verzeihung zu finden, welche sonst der Tod, dieser ernste Mahner an die Vergänglichkeit,

---

¹) catibleu?   ²) meures = mûres Maul-, Brombeeren.   ³) Noël Weihnachten.   ⁴) Chandeleur Lichtmefs.   ⁵) pas Fufsstapfen.   ⁶) Tarbé II, S. 99, 100.   ⁷) C.-Moncaut S. 316 od. 318; vergl. das deutsche entsprechende Lied: Es hatt' der Bauer ein junges Weib, etc.

in uns hervorruft.¹) Im Gegenteil finden wir im französischen Liede vielfach helle Freude seitens des Mannes wie des Weibes, und diese Freude wird auf die seltsamste Weise zum Ausdruck gebracht.

> Celle qui faisait tant le diable à la maison,
> Dieu merci, elle est donc morte!

entringt sich der erleichterten Brust des Mannes. Durch Glockengeläut soll der Küster seine Freude verkünden; gleichzeitig aber beschleicht ihn die Furcht, sein junges Glück könne gestört werden, sein Weib wieder heimkehren. Daher seine Bitte an den Tischler, den Sarg nur recht fest zu schliefsen, an den Totengräber, die Grube recht tief zu graben, an den Teufel, die Pforten der Hölle der Verstorbenen weit zu öffnen, sie selbst aber nicht wieder entschlüpfen zu lassen. Wäre der Gegenstand nicht so ernst, man könnte an dieser Satire seine liebe Freude haben.

| | |
|---|---|
| Ma femme est morte! | Ma femme est morte! |
| J'ai couru chez l' marguiyer.²) | J'ai couru chez l' fosseyeux.⁶) |
| Marguiyer? — Quoné?⁴) | Fosseyeux? — Quoné? |
| Ma femme est morte. | Ma femme est morte. |
| Sonne bien tes cloches,⁴) | Creus'-moi un' bonn' fosse. |
| Qu'on sache qu'alle³) est bien morte. | Car j'ai peur qu'all' s'en sauve. |
| Ha! ha! ha! larira! | Ha! ha! ha! larira! |
| Hé! hé! hé! lariré! | Hé! hé! hé! lariré! |

Ma femme est morte!
J'ai couru chez Lucifer.⁷)
Lucifer? — Quoné?
Ma femme est morte.

---

¹) Ich kann hier nur kurz auf die eigenartigen Totenklagen hindeuten, welche an die durch Schiller übermittelte Nadowessische Totenklage erinnern. Sie finden sich nicht nur in Bearn (vergl. Gröbers Mitteilung in der Romania, III. Bd., 1879, S. 399), sondern auch im Thale von Aspe (s. Gombiaux S. 189), besonders aber in der Gascogne (s. Bladé, Préf. VII u. S. 213—33), woselbst sie mit dem Namen *cris d'enterrements* bezeichnet werden. Kinder bringen diese Klagen ihren Eltern, Frauen ihren Gatten dar. Ich gedenke an anderen Orten auf diese anziehenden Klagen zurückzukommen. ²) *marguiyer* = *marguiller* Kirchenvorsteher: Küster. ³) *Quoné* = *quoi*? ⁴) *sonner les cloches* mit den Glocken läuten. ⁵) *alle* = *elle*. ⁶) *fosseyeux* = *fossoyeur* Totengräber. ⁷) *Lucifer* (spr.: -fêr) Teufel.

Ouvre bien tout' tes portes,
Et prend gard' qu'alle n'en sorte.
  Ha! ha! ha! larira!
  Hé! hé! hé! lariré!
  (*Champagne.*)[1] Var.: (*Angoumois, Saintonge.*)[2]

„*L'oubli croît vite,*" sagt ein Sprichwort. Kaum ist sein Weib unter der Erde, so sind die Qualen, welche sie ihm bereitete, auch schon wieder vergessen, und ungeachtet des Kehrreims, der wie eine Mahnung in seine freudige Stimmung hinüberklingt, sehen wir den fröhlichen Witwer, wie uns das Lied aus *Angoumois* in seinem bemerkenswerten Schlusse mitteilt, schon wieder auf Freiersfüssen:

En m'en r'venant de l'enterr'ment,
Trouvis[3] un' dans' de jeunes gens,
J'ai dansé comme les autres.
J'ai bien connu dans ce moment
Que j'en trouverais une autre.
  Celle qui faisait tant le diable à
    la maison.
  Dieu merci, elle est donc morte.

De là, de là m'en suis-n[4]-allé,
M'en suis-n-allé chez l' cordonnier:[5]
  „Cordonnier, ma femme est morte.
  „Faites-moi un' pair' de souliers
Que j'aille en voire une autre.
  Celle qui faisait tant le diable à la
    maison.
  Dieu merci, elle est donc morte.
    (*Angoumois, Saintonge.*)[6]

Wenn man auch in den soeben vorgeführten Liedern, wie *Marelle* es will, lediglich Übertreibung sehen könnte, so dürfte

---

[1]) Marelle a. a. O. S. 210; ausführlicher bei Tarbé II. S. 94. 95, bei welchem der hübsche, zu der letzten Strophe kontrastierende Vers sich findet:

J'ai couru vers le paradis;
J'ai rencontré le grand saint Pierre.
  Saint Pierre? Ouin (= oui?).
  Ma femme est morte. Si elle vient à passer,
Ferme bien toutes tes portes.
    Tra déri déra.
    Tra la la la la!

[2]) Bujeaud II. S. 71. 72, ebenfalls ausführlicher, mit der oben erwähnten Bitte an den Tischler. Bemerkenswerter, später zu erwähnender Schlufs. [3]) *trouvis = trouvai*; Übergehen einer Konjugation in die andere, häufig in der Volksdichtung. [4]) Vergl. S. 75 Anm. 5. [5]) *le cordonnier* der Schuhmacher. [6]) Bujeaud II, 72. V u. VI. Ähnlich bei Marelle a. a. O. S. 210:

Cordognier, gentil cordognier,
Fais-moi vite un' pair' de souyers,
Que j'en aill' voir eun' aut'e
    Lafariradondaine
    Gai!
    Lafariradondé!

es doch schwer halten, diesen Standpunkt jenen Volksdichtungen gegenüber festzuhalten, welche uns das Verhalten des Weibes ihrem sterbenskranken, dann dem gestorbenen Gatten gegenüber zeigen. Auch diese Lieder sind reichlich mit Satire durchsetzt, zugleich spricht sich in ihnen aber ein so tiefes Gefühl des **Hasses** aus, dafs sie uns ernster gemeint erscheinen, als jene Lieder, in welchen der fröhliche Witwer seine Freude über den Heimgang seiner Seligen ausdrückte.

Noch in milderer Form tritt dieses Benehmen der Frau in dem folgenden Liede auf. Obwohl sie ihren Mann selbst als Trunkenbold geschildert hat, eilt sie dennoch, jetzt, da er sterbenskrank darniederliegt, zum Arzte nach Paris, um denselben zu bitten:

>ne le faites pas langui'.

Der Arzt widmet denn auch dem Kranken solche Teilnahme, dafs es in drei Tagen mit demselben zu Ende geht:

>Le med'cin y mit tant d' zèle
>Qu'en trois jours ça fut fini.
>(*Bas-Poitou, Aunis, Angoumois*.)¹)

Ihrer Stimmung entsprechend, wählt sie ihr Kleid, welches sie für diesen Fall schon lange zurechtgelegt, aber nicht schwarz —

>cela sent trop le veuvage²)

sondern grau — — —

Andere Lieder aus den gleichen Provinzen, wie auch aus der *Champagne* und der *Gascogne*, atmen geradezu die Gefühle des Hasses. Man merkt dem Weibe die Lust an, die langverhaltenen Racheempfindungen an dem Sterbenden nicht nur, sondern auch an dem Toten auszulassen.

Den Wunsch des Kranken nach dem besten Brote, nach dem besten Weine, welchen das Land hervorbringe, erfüllt sie **scheinbar**; in Wahrheit aber erhält der Kranke ein Mahl, wie der steinerne Gast es einst *Don Juan* auftischte: das Brot ist aus Asche gebacken, Galle vertritt den Saft der Reben. — Auf die Bitte des Sterbenden nach dem besten Arzte ruft sie den französischen Dr. Eisenbart

---

¹) Bujeaud II, S. 67, 68.   ²) *sentir le veuvage* nach Wittum schmecken.

....... Duchêne,
Apothicaire à Paris

herbei, der gleich seinem deutschen Kollegen

...fit tant par ses remèdes
Qu'en trois jours il eut fini.

(*Poitou*.)[1]

Sie selbst ist aber in der Sterbestunde nicht zugegen, sondern sammelt Reisig im Walde. Als sie die Glocken läuten hört, welche ihr den Tod des Mannes verkünden, wirft sie sich zur Erde nieder, um Gott aus Herzensgrunde für die Erlösung zu danken. Sie eilt heim, und als sie den Toten von barmherziger Hand in Leinen gehüllt findet, dauert sie es des schönen Linnens; sie nimmt die „Schere von Silber", um ihn Stich für Stich wieder auszutrennen. Furcht aber, dafs er beifsen könnte, ergreift sie, als sie an seine Zähne kommt; da — und hier schlägt das Lied ins Groteske um — fafst sie ihn bei den Ohren und wirft ihn vor die Thür. Ihn zu bestatten, ladet sie das Hühnervolk ein, ihn zu Grabe zu läuten, die Raben.

Noch gefühlloser zeigt sich *la bonne* (!) *femme de Joigny* (*Champagne*),[2] welche in der Sterbestunde ihres Mannes ruhig im Garten Paradiesäpfel pflückt, den Toten mit einer Schere „aus feinem Golde" aus seinem Linnen trennt und ihn in der Kirche noch verunglimpft, statt ein *De profundis* für die Ruhe seiner Seele mit zu beten. Darf man da nicht an die Wahrheit der Empfindung jener andern Frau glauben, welche äufsert:

Je voudrais qu'il fut noyé.
Je rirais bien davantage[3] — —

Auch die *Gascogne* zeigt ähnliche Bilder. Zwar geht die Frau, dem Wunsche des Kranken entsprechend, eine Hammelkeule holen. Als sie aber wiederkehrt und die Nachbarin ihr mit Thränen in den Augen zuruft: Trauere um Deinen Mann, erwidert sie: mag die trauern, welche ihn nährte; ich eile zur Kirche, dem Allgütigen zu danken. Die mitgebrachte Keule jedoch will sie, ein würdiges Seitenstück zu dem fröhlichen Witwer von *Angoumois*, dem Totengräber schenken, damit er das

---

[1] Bujeaud II, S. 70.   [2] Tarbé II, S. 106.   [3] Tarbé II, S. 91.

Grab recht tief grabe; und wär's nicht eine Schande, d. h. fürchtete sie nicht das Gerede der Leute, sie würde mit dem Glöckner selbst ein Tänzchen wagen! —

Und zu all dem tiefernsten Inhalt, wie klingt doch so seltsam der Kehrreim, der diesen Liedern eigen ist, der markig malt, wie glühende Liebe sich in glühenden Haſs verkehrte:

>Je l'aimais tant, tant, tant, tant,
>Je l'aimais tant, mon mari,
>Je l'aimais mieux, mieux, mieux, mieux,
>*Je l'aimais mieux mort qu'en vie!...*

# Kinder- und Rondelieder.

Passez la dormette,
Passez par cheux nous
Endormir gars, fillettes,
La nuit et le jou'.
  (*Provinces de l'ouest.*)

   Hanneton vole!
   Hanneton vole!
Au firmament bleu,
Ton nid est en feu,
Les Turcs avec leur épée
Viennent tuer ta couvée.
   Hanneton vole!
   Hanneton vole!
      (*Elsafs.*)

Entrez dans la danse,
   Joli rosier,
Tournez, tournez,
Puis embrassez
Qui vous aimez.
(*Champagne, Angoumois.*)

# V. Kinder- und Rondelieder.

Quellen. — Wiegenlieder. — Kose- und Reiterlieder. — Verkehr des Kindes mit der Natur: Mäuseball — Schmetterlings Hochzeit — das Lied vom Zicklein (verglichen mit dem Gökelliede) — *ritournelle, recapitulade*. — Das Leben der Kinder: Geburtstag — Neujahrsfest — Gebete — Schule. — Ab- und Auszählreime — Spiele. — Das Loben der Erwachsenen in der Ronde. — Übergang in die Liebeslieder. —

Wie bei dem Volksliede im Allgemeinen, so läfst sich auch bei der Kinderpoesie schon von vorn herein annehmen, dafs sie dem Franzosen nicht fehlen werde. Allein auch hier gilt es, das gleiche Vorurteil zu zerstören, wie bei dem Volksliede. „*La poésie enfantine n'existe pas en France*" galt lange und gilt vielfach auch heute noch, nicht blofs in Deutschland, sondern selbst in Frankreich, als ein unanfechtbares Axiom. Und doch, wie leicht ist dieser Ausspruch in seiner Unhaltbarkeit nachzuweisen, wie reich fliefst auch hier der Born reiner, unverfälschter Poesie.

Greifen wir zurück auf jenen Abschnitt, in welchem wir die Geschichte der französischen Volksdichtung im Umrisse zu geben versuchten,[1]) so finden wir, dafs *Rathery* wie *Ampère*, und neuerdings *Marelle* in ihren Abhandlungen über die französische Volksdichtung auch der Kinderpoesie Erwähnung thun. Welch reizende Proben bieten die Sammelwerke von *Tarbé* für die *Champagne*, *Bujeaud* für die westlichen Provinzen: *Poitou, Aunis* und *Saintonge*, *Beaurepaire* für die *Normandie*, *Puymaigre* für das *Pays messin*, während der Süden durch die *Provence* (*Arbaud*) und die *Gascogne* (*Cénac-Moncaut* und *Bladé*) vertreten ist.[2])

---

[1]) S. S. 17—44. [2]) Weitere Litteraturnachweise bei Kuhff: *Les Enfantines du bon pays de France* Préf. S. IX.

Allen bisherigen Sammlungen setzt aber das jüngst erschienene Werk von *Montel* und *Lambert* die Krone auf.¹) Wenn *Marelle* mit jenem leisen Anflug von Spott, der dem Franzosen eine Würze des Stiles dünkt, auf die sechshundert Seiten hinweist, welche *Rochholtz* dem alemannischen Kinderliede widmet,²) so liefern uns *Montel* und *Lambert* ein gleich umfangreiches Werk über einen gleich „geringfügigen" Gegenstand: das Kinderlied der *Languedoc*. Unter Mitwirkung von nicht weniger als 89 Herren und Damen,³) welche sich an der Sammlung mitbeteiligt haben, ist es den Herausgebern gelungen, in dem ersten Bande ihres weitaussehenden Unternehmens, welches die Volkslieder der *Languedoc* von der Wiege bis zum Sarge umspannen soll, eine Fülle von Kinderliedern zu geben und diese nach ihrer ästhetischen wie musikalischen Seite hin zu beleuchten.

Wie für das Volkslied in seiner Gesammtheit *Champfleury* als das beste Sammelwerk empfohlen werden konnte, so reiht sich demselben auf dem Gebiete der Kinderpoesie als würdiges Pendant *Kuhff* an, welcher in seinen: „*Enfantines du bon pays de France*"⁴) das vielfach in Sammlungen und Zeitschriften verstreute Material zu einem geordneten Ganzen vereinigte und so eine Übersicht dessen gab, „was zu seiner Zeit aus den Erzeugnissen der französischen Volksmuse als eigentliches Kinderlied sich abhob". *Kuhff* ist daher für Frankreich der Pfadfinder einer gesunden und schönen Kinderpoesie geworden, wie sein deutscher Übersetzer *Kamp*⁵) treffend bemerkt,⁶) welcher mit wechselndem Glück den schwierigen Versuch unternommen, eine Auswahl aus *Kuhffs* Sammlung in unser geliebtes Deutsch zu übertragen.

In der natürlichen Reihenfolge der Lieder, welche auf das

---

¹) *Chants pop. du Languedoc: Chants du premier âge — Petites rondes; publiés sous la direction de M. M. Achille Montel et Louis Lambert avec la musique notée. Paris. Maisonneuve et C^ie. 1880.* ²) Marelle a. a. O. S. 215. ³) Die Liste zählt 20 verheiratete u. 11 unverheiratete Damen, sowie 58 Herren auf. ⁴) Vergl. S. 235 Anm. 2. ⁵) Frankreichs Kinderwelt in Lied und Spiel, für jung und alt, in deutscher Übertragung von Otto Kamp. Wiesbaden. Bergmann. 1878. ⁶) Kamp, Vorrede S. V.

menschliche Leben Bezug haben, steht das Wiegenlied obenan. „Kaum haben sich die Augen des Kindes dem Licht und
dem Leben erschlossen, so flattert auch schon das Lied auf seine
Wiege". Lächelnde Lippen beugen sich über den kleinen, oft
so heifs ersehnten Engel, und Wünsche der Mutter bilden den
Inhalt der Wiegenlieder nicht blofs in Frankreich, sondern
überall, wo Mutterliebe auf der Welt sich findet.[1])

| | |
|---|---|
| Dors, cher petiot, le plus beau de la terre, | Schlaf, Herzenssöhnchen, Du Schönster auf der Welt. |
| Tu seras roi,[2]) tu seras capitaine,. | Hauptmann sollt Du werden, ein |
| Portant l'habit doré | grofser Kriegsheld. |
| Et l'épée au côté. | Von Gold trägst Du ein Kleid. |
| Et parfait en beauté | Ein Schwert zum Kampf bereit. |
| Tu s'ras aimé des belles | Bist herrlich anzuschauen |
| Qui portent la dentelle | Den Mädchen und den Frauen. |
| Dans les salons cirés.[3]) | Wenn sie in ihrer Pracht |
| Et devers tes vingt ans. | Zum Schlosse Dich gebracht. |
| Marié-z'-à la demoiselle. | Und kommt herbei das Jahr, |
| La fill' du président.[4]) | So führst Du zum Altar |
| | Die Allerschönste gar. |
| (Provinces de l'ouest.)[5]) | (Champagne.)[6]) |

Auch bei dem Töchterchen zielt die vorsorgliche Mutter auf
Heirat ab, wie ein Wiegenlied aus Berry zeigt:

Dodo,[7]) berline.[8])
Sainte Catherine.[9])
Endormez ma petite enfant
Jusqu'à l'âge de quinze ans.
Quand quinze ans seront sonnés,[10])
Il faudra la marier.

(Berry.)[11])

[1]) Vergl. Fauriel: *Chants pop. de la Grèce moderne* II. 429, wo die
Mutter ihrem Kindchen gar Konstantinopel verspricht; s. Montel-Lambert S. 26 u. Marelle S. 213. [2]) Vergl. Horaz Ep. 1, V. 59, 60. *Rex eris —
si recte facies;* s. Montel-Lambert S. 26. [3]) *salon ciré* gewachster (gebohnter)
Salon. [4]) Vergl. S. 61, V. 6 und S. 62, Z. 11 v. o. [5]) Bujeaud I, S. 23.
[6]) Marelle S. 213; deutsch von Kamp. S. 24, aus Kuhfs Sammlung S. 84.
[7]) *dodo*, zu ergänzen *faire; faire dodo* heifst: schlafen (Kindersprache).
[8]) *berlin* = *celui qui a des idées singulières, qui n'est pas fou, mais un peu
dérangé et par suite ouvre les yeux d'une façon démesurée;* mit *berlin* und
fem. dazu, *berline*, wird in Berry ein Kind bezeichnet, welches nicht schlafen
will. Entsprechend der Erklärung dürfte „Närrchen" der passende deutsche
Ausdruck sein. [9]) S. das Folgende; vergl. auch Montel-Lambert S. 31, XI.
[10]) Vergl. S. 47 Al. 3. [11]) Champfleury Préf. S. XVII.

Die Mutter der *Champagne* begnügt sich jedoch nicht mit der heiligen Katharina allein — alle guten Feen und Heiligen: *S*<sup>te</sup> *Marguerite*, *S*<sup>te</sup> *Briguitte*, *S*<sup>t</sup> *Innocent*, *S*<sup>t</sup> *Prudent* und *S*<sup>t</sup> *Clement* ruft sie an, um *Nenée*, die Kleine des Wiegenliedes, bis zu ihrem fünfzehnten Jahre in einen tiefen Zauberschlaf zu versenken, aus dem sie, gleich Dornröschen im Märchen, ein vernünftiger (!) junger Mann aufküssen solle. Dann malt sich die Mutter des jungen Paares reizendes Leben aus, wie sie in einem Zimmerchen weiter nichts zu thun haben sollen, als Nüfschen mit einem Hammer zu zerschlagen und zu essen, samt schönem, weifsem Brote:

> Nenée,[1]) dormez,[2]) la petite.
>   Saint' Marguerite,
>   Saint' Briguitte,
> Saint Innocent et Saint Prudent,
>   Saint Clément,[3])
> Endormez-moi ma chère enfant
> Jusquà l'âge de quinze ans.
> Quand les quinze ans s'rout passés,
>   Il faudra la marier
>   Avec un garçon bien sage.
>   Il feront bon ménage,
>   Dans un' p'tite chambrette.[4])
>   Avec des noisettes,[4])
> Un marteau[5]) pour les casser
> Du pain blanc pour les manger!...
> 
>                     (*Champagne*.)[6])

Glaubt man nicht, wenn man die folgenden Liedchen liest, einer Szene in der Kinderstube beizuwohnen? Die älteren Geschwister bemühen sich, das kleinste in den Schlaf zu singen. Kuchen versprechen sie ihm, ein sonst unfehlbares Mittel, um, wenn auch dieses keine Wirkung übt, mit Vater und Mutter zu drohen:

---

[1]) *Nenée*, Kosewort für die Kleine; *nenna* = *poupée*: mein Püppchen. Bemerkenswert ist, dafs auch das Schlummerlied (*la berceuse*, *le som* — *som* (von *sommeil*) auch *la nenna* heifst: vergl. Montel-Lambert S. 17 u. S. 19, II.
[2]) Im Französischen ist der Unterschied zwischen *tu* u. *vous* nicht so scharf; beides geht in den vertrautesten Verhältnissen leicht ineinander über.
[3]) Vergl. Montel-Lambert S. 31, wo aufser der *Sainte Catherine* auch noch *Saint Pierre* u. *Saint Jean* erwähnt werden, die für den Schlaf des Kindleins zu Hilfe gerufen werden.   [4]) Vergl. S. 48 Anm. 5.   [5]) *marteau* Hammer.
[6]) Marelle S. 213, 214.

Fais dodo,
Colin¹) mon p'tit frère,
Fais dodo
T'auras du gâteau.
Papa en aura,
Maman en aura
Et nous en aurons...
Plein un corbillon!²)
(*Champagne.*)¹)

Papa l'a dit:
Fallait dormi'.
Maman l'a dit:
Fallait dormi'.
Dodo, le petit,
Puisque papa, maman l'ordonnent,
Dodo, le petit,
Puisque papa, maman l'ont dit.
(*Poitou, Aunis, Saintonge, Angoumois.*)⁴)

Hilft auch diese natürliche Autorität nicht, so wird schliefslich eine übernatürliche Macht angerufen: *la Dormette*, welche gleich dem deutschen „Sandmann" Schlaf in die Äuglein des Kindes streut:

Venez, la Dormette,
Endormez-nous donc
Et not' p'tit' fillette
Et not' gros garçon.
(*Champagne.*)⁵)

Passez, la Dormette,
Passez par cheux⁶) nous
Endormir gars,⁷) fillettes,
La nuit et le jou'.
(*Provinces de l'ouest.*)⁸)

Mit dem Heranwachsen des Kindes ändert sich auch die Natur des Liedes. An die Stelle des Wiegenliedes, welches im Grunde genommen stets gleich, das Kind zum Schlummer zu überreden versucht und ihm allerhand schöne Sachen, Leckereien und Spielzeug verspricht oder höhere Gewalten herbeiruft, um diesen Zweck zu erreichen, tritt das Koselied. Nachdrucksvoll und eindringlich zugleich wird hier der Sinn des Liedchens verstärkt, indem man das Kindlein auf den Armen oder den Knieen schaukelt, die Finger vor ihm tanzen läfst, oder sein Körperchen, namentlich das Gesichtchen an verschiedenen Stellen berührt. Ein Liedchen der letztern Gattung teilt uns *Bladé* in seinen Kinderliedern aus *Agen* mit. Die Heiterkeit des Kindes erreicht den Gipfel, wenn ein Klapps auf den Kopf Lied und Spiel endet:

Menton d'or,
Bouche d'argent,
Nez de clinquant,⁹)

---

¹) *Colin* = *Nicolas*.   ²) *le corbillon* das Körbchen.   ³) Marelle S. 218.
⁴) Bujeaud I, S. 37; deutsch von Kamp S. 23.   ⁵) Marelle S. 218.   ⁶) *cheux* = *chez*.   ⁷) *gars* = *garçons*.   ⁸) Bujeaud I, 25.   ⁹) *le clinquant* das Rauschegold.

> Petite joue,
> Grande joue,
> Petite dent,
> Grande dent,
> Petit nez,
> Grand nez,
> Petit œillet,[1]
> Grand œillet,
> Pan, pan![2]
> Petite tête de l'enfant.
>
> (*Agen, Armagnac.*)[3] Var.: (*Canada, Franche-Comté, Paris, Joigny.*)[4]

Nicht minder beliebt ist der Fingertanz, sei es, dafs Mutter und Amme die Fingerchen des Kleinen oder ihre eigenen nach Art der Marionnetten vor den Augen des Kindes tanzen lassen und dieses ausdrucksvolle Spiel mit dem Gesange begleiten:

> Ainsi font, font, font
> Les petites marionnettes!
> Ainsi font, font, font
> Les petites marionnons.[5]

oder sie lassen zum Schlusse, wie eine Lesart aus der *Franche-Comté* andeutet, die kleinen Marionetten auf die einfachste Weise (durch das Zuklappen der Hand), zum grofsen Erstaunen des Kindchens verschwinden.

> Ainsi font, font,
> Les petites marionnettes.
> Ainsi font, font,
> Trois petits tours,
> Et puis s'en vont.
>
> (*Franche-Comté.*)[6]

Wirkten hier die Finger in ihrer Gesamtheit, so werden sie dem Kinde auch einzeln vorgestellt. Im deutschen Liede schütteln die Finger Pflaumen, im französischen erjagen sie ein

---

[1] œillet (vergl. S. 48, 5) = œil Äuglein. [2] *pan, pan*, deutet die leisen Schläge (Klapps) auf den Kopf an. [3] Bladé S. 121. [4] Bei Kuhff S. 42--45; deutsch von Kamp S. 9, 10. Vergl. ein gewifs unbekanntes ähnliches Koseliedchen aus Ostpreufsen, welches ich aus dem Munde meiner Mutter habe: Kinn wippchen, — Rot Lippchen, — Nas' drippchen, — Aug' brä(u)nchen, — Zschiep, zschiep, zschiep, mein Hahnchen (bei dem letzten Wort zupft man an dem Haar des Kleinen). [5] Mündlich mitgeteilt erhalten von Frau Regierungsrat Dr. Hartig; vergl. auch Stöber: Elsäfsisches Volksbüchlein S. 100. [6] Kuhff S. 47; deutsch von Kamp S. 12.

Wild; in beiden heimst der kleine Finger die Ausbeute ein, — wenn Goldfinger ihm nicht zuvorkommt!

| | |
|---|---|
| Celui-là (*la pouce*) a été à la chasse, | C'est lui qui va à la chasse. |
| Celui-là (*l'index*) l'a tué, | C'est lui qui a tué le lièvre, |
| Celui-là (*le majeur*) l'a plumé, | C'est lui qui l'a fait cuire, |
| Celui-là (*l'annulaire*) l'a fait cuire, | C'est lui qui l'a mangé. |
| Et celui-là (*l'auriculaire*) l'a tout mangé, tout mangé, tout mangé. | Et le petit glin glin.[2]<br>Disait: Moi, j'en veux, j'en veux. J'en veux! j'en veux! j'en veux! |
| (*Canada.*)[1] | (*Franche-Comté.*)[3] |

Bemerkenswert ist hier schon die Rolle, welche der kleine Finger spielt. In der *Franche-Comté* ist ihm sogar ein eigenes Lied gewidmet.

| | |
|---|---|
| C'est le petit glin glin! | Das ist der allerkleinste Mann, |
| Qui fait le tour du moulin, | Der wie ein Rad sich drehen kann, |
| Qui lave les écuelles | Der Näpfe spült, wie's seine Pflicht, |
| Et casse les plus belles, | Und grad' die schönsten uns zerbricht, |
| Et qui fait miau, miaou! | Und schreit: „Miau, miau, |
| Miau! miaou! miaou! | Miau, miau!" |
| | (*Franche-Comté.*)[4] |

Nicht minder wie im Deutschen macht also auch im Französischen der kleine Finger am meisten von sich reden; und wenn ich auch in den französischen Koseliedern jene Variante nicht gefunden habe, welche dem kleinen Finger die Rolle der Weissagung zuschreibt,[5] so erscheint es mir unzweifelhaft, dafs demselben auch diese Eigenschaft im Französischen nicht fehlen wird. Läfst sich doch zur Verstärkung dieser Vermutung auf eine Stelle in dem eingebildeten Kranken von *Molière* hinweisen, auf jene Szene,[6] welche Goethe „als das Symbol einer vollkommenen Bretterkenntnis" betrachtete. *Argan* fragt darin seine kleine Tochter *Louison*, ob nicht ein junger Mann in dem Zimmer ihrer Schwester *Angélique* gewesen. Nicht ohne Androhung der

---

[1]) Bei Kuhff S. 46; aus der Sammlung von Gagnon; éd. 1865; deutsch von Kamp S. 11. [2]) *glin*, aus dem deutschen „klein"; der kleine Finger. [3]) Kuhff S. 47; deutsch von Kamp S. 12. [4]) Kuhff S. 46 u. Kamp S. 12. [5]) Vergl. das deutsche Lied: Das ist der Daumen etc. und der sagt alles seinem Vater; bei Dr. Dunger S. 25, 26, an dessen Einteilung der Kinderpoesie ich mich in mehreren Punkten angeschlossen habe. [6]) Akt II Sc. XI.

Rute gelangt *Argan* endlich dahin, dafs ihm die Kleine alles haarklein erzählen will.

*Louison:*

| | |
|---|---|
| Oh! oui, mon papa. | O, gern, lieber Papa! |

*Argan:*

| | |
|---|---|
| Prenez-y bien garde, au moins; car voilà un petit doigt qui sait tout et qui me dira si vous mentez. | Nimm Dich aber in acht: Siehst Du hier? Mein kleiner Finger weifs alles, und er wird mir alles sagen, wenn Du lügst. |

Nachdem die Kleine gestanden, was sie weifs, fragt *Argan* mifstrauisch:

| | |
|---|---|
| Il n'y a point autre chose? | Weiter weifst Du nichts? |

*Louison:*

| | |
|---|---|
| Non, mon papa. | Nein, lieber Papa. |

*Argan:*

| | |
|---|---|
| Voilà mon petit doigt qui gronde quelque chose (*mettant son doigt à son oreille*). Attendez! Hé! Ah! ah! Oui? Oh! oh! Voilà mon petit doigt qui me dit quelque chose que vous avez vu et que vous ne m'avez pas dit. | Aber mein kleiner Finger murmelt noch etwas (hält ihn ans Ohr). Heh! = Ha, ha! = Ja? Oho! = Da sagt mir mein kleiner Finger, dafs Du etwas gesehen hast, was Du mir nicht gesagt hast. |

*Louison:*

| | |
|---|---|
| Ah! mon papa, votre petit doigt est un menteur. | Ach, lieber Papa, Dein kleiner Finger ist ein Lügner. |

*Argan:*

| | |
|---|---|
| Oh bien, bien, nous verrons cela. | Nun gut, wir werden ja sehen.[1] |

Wie *Molière* vielfach in seinen Werken auf die Volksdichtung zurückgeht, so weist auch diese Stelle unzweifelhaft auf eine volkstümliche Quelle hin, die zeigt, wie die Gabe der Weissagung, welche dem kleinen Finger in den Zeiten des Heidentums zugeschrieben wurde, sich in einzelnen Redensarten und Volksliedern noch bis auf unsere Zeit erhalten hat.

Schlugen die bisherigen Liedchen, welche Mund und Hände in Bewegung setzten, mehr in das Gebiet der Mutter und Amme, so tritt der kräftigere Vater mit den **Reiterliedchen** in

---

[1] Deutsch nach Graf Baudissin.

die Erscheinung. Auch diese Verschen sind kulturgeschichtlich nicht minder interessant. Deuten sie doch auf eine Zeit hin, wo das Kind eine männlichere Erziehung genofs als heute, wo es vor allem zu einem vollendeten Reiter erzogen wurde und daher bereits auf das Pferd gesetzt ward, ehe es noch laufen konnte.[1]) — Auch bei diesen Liedchen wird, ähnlich wie im Deutschen, das Beschlagen des Pferdes auf den Sohlen der Füfschen nachgeahmt, ehe die Reise angetreten wird:

> Ferre, ferre[2]) mon cheval,
> Pour aller demain au sel;
> Ferre, ferre mon poulain,[3])
> Pour aller demain au vin[4])
> Le pas! le pas! le trot![5]) le galop!
>
> (Elsafs.)[6])

Dann wird das Kindlein rittlings aufs Knie gesetzt und die auf- und absteigende Gangart des Pferdes zugleich mit den Worten markiert:

> A Paris,
> Sur un cheval gris.
> A Rouen,
> Sur un cheval blanc.
> A Toulouse,
> Sur un cheval rouge.
> A Cahors,
> Sur un cheval fort.
> A Agen,
> Sur un poula(i)n.
> A Tulle,[7])
> Sur une mule.[8])
>
> (Agenais, Armagnac.)[9])

und so *in infinitum*, so lange die Kenntnis der Städtenamen reicht, ein Reim aus dem Tierreich oder der Farbenlehre findet sich leicht.

Bisher wirkten die Lieder und die Worte, welche sie ent-

---

[1]) Montel-Lambert S. 144. [2]) *ferrer* beschlagen. [3]) *le poulain* das Füllen. [4]) Var.: *au blanc pain*. [5]) *le trot* der Trab. [6]) Stöber S. 101. Hochfranz. Übersetzung aus dem franz. Dialekt des Mömpelgarder Landes. [7]) Tulle, Stadt (Mittelfrankreich). [8]) *mule* Maultier. [9]) Bladé S. 103.

hielten, vornehmlich durch ihre Tonfülle und den Rhythmus. Allmählich aber begreift das Kind den Sinn der Worte, es nimmt teil an seiner Umgebung, sucht sich selbst Unterhaltung zu schaffen. Was steht ihm näher, als die Tierwelt, mit welcher es die niedrige Stufe geistiger Entwickelung teilt. Mit feinem Gefühl haben daher Maler, wie *Richter* und *Pletsch* in ihren Bildern Kinder- und Tierwelt untrennbar verknüpft.[1]) Allein nicht blofs äufserlich betrachtet, sehen wir Tier und Kind innig gesellt, auch ein seelischer Rapport besteht zwischen beiden; innigste Freundschaft verbindet sie, Leid und Freud des einen bewegt auch die Brust des andern. Die alten, trauten Gefährten unserer eigenen Jugend, sie finden sich auch im französischen Kinderliede wieder. Da ist vor allem der treue *Médor*:

Médor par-ci, Médor par-là!

sowie das reizende, weifse Kätzchen *Minette*, die flinken Mäuschen und Ratten, welche so garstig von *Minette* in ihrem Ball gestört werden, der böse Wolf, wie das muntere Zicklein, Schafe grofs und klein, das junge Hähnlein „Puckpackpick" mit Sporen und gelbem Frack, die Henne welche zu einem reinen Chamäleon wird, bald weifs, bald gelb, bald grau, je nachdem die Natur des vorhergehenden Reimes es verlangt; auch Herrgottsvöglein erscheint bald weifs, bald blau. Die Schnecke mit ihrem Haus, Lerche und Buchfink, Nachtigall und Kuckuck, Meister Specht, Maikäfer und die böse Fledermaus fehlen nicht, und in des Schmetterlings Hochzeit passieren wie bei einer Revüe alle Tiere vorbei, welche sich mit dem Leben des Kindes verknüpfen.

Wenn uns Bibel und Märchen berichten, dafs einzelne gottbegnadete Menschen der Vogelsprache kund gewesen, im Kindermund wird es täglich zur Wahrheit.[2])

O Du Kindermund, o Du Kindermund,
Unbewufster Weisheit froh,
Vogelsprache kund, Vogelsprache kund,
Wie Salomo!

singt Rückert und mit Recht. Beschleicht doch das Kind

---

[1]) Ganz neuerdings Piglhein (München.)  [2]) Vergl. Dr. Dunger S. 82.

nicht der leiseste Zweifel, daſs es von den Tieren nicht verstanden werden könnte.

Ernsthaft fragt es:

>Coucou? le voilà
>Où donc est papa!¹)

Mit der Schnecke spinnt es eine längere Unterhaltung an.

| | |
|---|---|
| Colimaçon borgne²) | Schnecke mit dem Haus, |
| Montre-moi tes cornes: | Streck' die Hörner aus: |
| Je te dirai où ta mère est morte. | Sag' dir auch, wenn du's willst haben, |
| Elle est morte à Paris, à Rouen, | Wo die Mutter liegt begraben: |
| Où l'on sonne les cloches. | In Paris, Rouen. |
| Bi, bim, bom, | Wo die Glocke ruft: |
| Bi, bim, bom, | Bimm, bamm, bumm, |
| Bi, bim, bom. | Bimm, bamm, bumm, |
| | Bimm, bamm, bumm. |
| (*Marne, Aube, Yonne.*)³) | Var.: (*Reims*.)⁴) |

Voll Mitgefühl fragt das Kind, als es die Schafe groſs und klein nach dem Tone der Schalmei tanzen und nur eine „alte Groſsmama still und traurig sieht:

>„Sag' Groſsmama, was weinst Du so?"⁴)

Böse aber geht es mit dem bösen Tiere um:

>Fledermaus, du böses Tier,
>Schlägst du mich, so schlag' ich dich. —⁵)

Unbekümmert um die Wirklichkeit überträgt das Kind die ihm bekannten menschlichen Verhältnisse auf die Tiere. Wie eine vorsorgliche Mutter ruft es dem Maikäfer auf seiner Hand zu, davonzufliegen, da sein Nestchen brenne und — eine Erinnerung an die Türkenzeit — die Türken mit Einfall drohen:

| | |
|---|---|
| Vole au firmament bleu, | Am Himmel, o Graus! |
| Ton nid est en feu, | Da brennt schon dein Haus, |
| Les Turcs avec leur épée | Die Türken kommen mit dem Schwert, |
| Viennent tuer ta couvée. | Dann wird dir deine Brut verheert — |
| Hanneton, vole, vole, | Flieg', Maikäfer, flieg'! |
| Hanneton, vole! | Flieg', Maikäfer, flieg'! |
| | (*Elsaſs*.)⁶) Var.: (*Reims*.)⁷) |

---

¹) Kuhff S. 41; deutsch von Kamp, S. 18. ²) Var. aus Reims: *escargot couvert; escargot* wie *colimaçon*, verschiedene Arten von Schnecken. ³) Tarbé II, S. 245, Kamp S. 45. ⁴) Kamp S. 93 (Kanadisches Kinderbuch). ⁵) Kamp S. 60 (Cambrai). ⁶) Champfleury S.; Kamp 44. ⁷) Tarbé II, S. 245; Kamp 44.

Dem Hühnlein, welches noch mit der Eierschale ringt, die ihm den Zutritt zur Welt versperrt, rät es, sich herauszupicken;[1] dem Wolf, welcher auf des Kindes Frage:

   Où vas-tu, loup?   Wolf, wo gehst du hin?

aufrichtig genug bekennt:

   Chercher bête égarée,[2]  Nach den Lämmlein steht mein Sinn.
   Ou bête mal gardée.

erwidert es:

  Loup, je te défends,   Wolf, ich wehr' es dir
  Par le grand Dieu puissant,  Bei dem Herrn, der über mir
  De plus de mal leur faire,  Lenket aller Wesen Bahn.
  Que la Vierge, bonne mère,  Dafs du etwas Schlimm'res meinst,
   N'en fit à son enfant.[3]  Als die Gottesmutter einst
    Hätt' dem ein'gen Sohn gethan.[4]

Nicht minder vorsorglich sucht es das Hühnlein, welches alle Blumen ausscharrt, vor Schlägen zu bewahren. Warnend tönt des Kindes Ruf:

Petit poulet, petit poulet,   Mein Hühnlein, lauf gefälligst fort
Va-t'en bien vite, s'il te plait.  Und bleib im Hühnerstalle dort.
Et prends garde qu'on ne te voie:  Wer dich hier sieht, mit dir nicht
Petite maman te prendrait,       spafst,
Et petit papa te battrait.   Mama hätt' dich sogleich gefafst,
C'est pour ton bien qu'on te renvoie.  Und der Papa schlüg' dich sogar.
Petit poulet, petit poulet,   Drum warn' ich dich vor der Gefahr.
Va-t'en bien vite, s'il te plait.[5]  Mein Hühnlein lauf gefälligst fort,
        Zeig' dich nie mehr an diesem Ort.[6]

Und wie die Nachtigall in Lust und Leid der Erwachsenen eingreift, so auch in das Leben des Kindes. Vorsorglich gleich einer Mutter rät sie zum Fleifse und zur Sparsamkeit an. Folgsam, wie dem Elternpaare gegenüber, erwidert das Kind:

   Du Vöglein singst und sprichst gar fein,
   Du sollst mir stets ein Führer sein.[7]

Als der gröfste Zauberer und Heilkünstler erscheint dem

---

[1] Kuhff S. 268; Kamp S. 85.  [2] *égarer* verirren.  [3] Kuhff S. 193.
[4] Kamp S. 93.  [5] Kuhff S. 269 aus Gramont: *les Bébés.*  [6] Kamp S. 86.
[7] Kamp S. 98.

Kinde Meister Specht, da er den Baum vor Würmern bewahrt und dadurch Krankheiten von ihm fern hält. — Auch die bedeutsamen Ereignisse im Leben der Grofsen — freudiger wie ernster Natur — werden auf das Leben der Tiere übertragen. Da werden Leichenbegängnisse veranstaltet und Testamente vollstreckt, da gibt es einen Mäuseball, der grausam durch die Dazwischenkunft der Katze unterbrochen wird, welche die Mäuslein umgebracht, „noch ehe die Sonn' am Himmel lacht":

>     Dans un salon tout près d'ici (bis)
>     L'y a-t-un' société de souris,
>         Gentil coquiqui
>     Coco des moustaches, mirbo joli,
>         Gentil coquiqui.[1]

| L'y a-t-un' société de souris; | Au bal et à la comédi'; |
| Qui vont au bal toute la nuit, | Le chat sauta sur les souris, |
| Gentil coquiqui, etc. | Gentil coquiqui, etc. |
| Qui vont au bal toute la nuit, | Le chat sauta sur les souris, |
| Au bal et à la comédi'; | Il les croqua toute la nuit, |
| Gentil coquiqui, etc. | Gentil coquiqui, etc. |

>     Il les croqua toute la nuit, (bis)
>     Le lendemain tout fut fini.
>         Gentil coquiqui,
>     Coco des moustaches, mirbo joli
>         Gentil coquiqui.
>
>                         (Bas-Poitou)[2]

Das Bedeutsamste aller dieser Gedichte malt zugleich den wichtigsten Lebensabschnitt des Menschen — die Hochzeit. Die *Bretagne*, wie *Poitou* und *Angoumois*, die *Provence*, *Gascogne* und *Cambrai* haben uns charakteristische, oft wesentlich voneinander abweichende Dichtungen aufbewahrt, welche von der Hochzeit der Tiere handeln. Bald macht Herr Zaunkönig Hochzeit, bald ist's der lose Schmetterling, der in das Netz der Ehe geht, bald bilden Lerche und Buchfinke oder Herr Finke und Lerche das bräutliche Paar. Allen Dichtungen gemeinsam ist die ge-

---

[1] In betreff des unverständlichen Kehrreimes vergl. Kap. Sprache und Reim. [2] Bujeaud I, S. 40; deutsch von Kamp, S. 18, 19.

meine Not des Lebens, in welcher sich die Neuvermählten bei der Ausrichtung der Hochzeit befinden. Die anderen Tiere eilen nun herbei, um jedes nach seiner Art durch Gaben dieser Not zu steuern. Bei der bretagnischen Hochzeit des Zaunkönigs erbietet sich der Hahn, „singend" dem Hochzeitszuge voranzuschreiten. Frau Schnepfe will die Glocken läuten, ihr Mann ersetzt den Priester. Auch für Musik ist gesorgt: Kuckuck macht den Tambour; Nachtigall und Lerche, Distelfink und Schwalbe, bilden sie nicht ein prächtiges Quartett? Im Hochzeitsgefolge schreiten paarweise Meise und Star, Buchfink und Wiedehopf, der Sperber mit der sanften Taube (!). Zum Anrichten des Hochzeitsmahles bringt Grünspecht ein Bündel Holz, der Rabe ein brennendes Scheit, die Gabelweihe Wasser. Für die Hauptbestandteile des Mahles, Brot, Fleisch und Wein, sorgen Krähe, Elster und Häher. Da die Drossel nichts Eigenes bringen kann, so will sie für die Neuvermählten betteln gehen, die Amsel dagegen überreicht denselben Geld.[1]

Wir sehen, fast die gesamte Vogelwelt hat sich zu Zaunkönigs Hochzeit geladen; nur der König der Tiere, der Adler zeigt seine Bedeutung durch seine Abwesenheit. Er grollt — noch lebt unvergessen, wie die List des Kleinen über seine Kraft den Sieg davongetragen, als die Vögel den als König anerkennen wollten, welcher sie alle im Fluge übertreffe. Immer höher in die Wolken verlor sich der Adler; aber unter seine gewaltigen Fittige verborgen stieg Zaunkönig mit ihm. Ermattend ruht der Aar. Da erhebt sich der David unter den Vögeln und vollendet seinen Sieg, indem er sich triumphierend auf dem Haupte des Riesen niederläfst.[1]

Nicht in der eben mitgeteilten, übersichtlich gruppierten Reihenfolge führt das Gedicht die Tiere auf, sondern bunt durcheinander. Eine nicht minder bunte Gesellschaft, welche sich aus den Haustieren zusammensetzt, drängt sich zu Schmetterlings Hochzeit — *la noce du papillon* — herbei, ein Lied, welches, in *Poitou, Angoumois* wie in der *Provence* und *Normandie* gleichmäfsig verbreitet, sich selbst eine Stelle unter den Hochzeits-

---

[1] Kuhff S. 845—849.

liedern errungen hat.¹) Wie uns scheint, weicht es, nicht zu seinem Nachteile, von dem Liede der *Bretagne* ab, da der Volksdichter nicht blofs die Gabe erwähnt, welche jedes Tier überbringt, sondern das Tier selbst mit wenig Worten leicht und sicher seinem Charakter nach skizziert. — Eingeleitet wird das Lied durch die Aufforderung des „Herrn" an den Schmetterling. Hochzeit zu halten. Die Einladung begleitet eine Gabe von hundert Hammeln. Ein wahrer Wetteifer entspinnt sich nun unter den Tieren. Der treue, flinke Hund legt den erbeuteten Hasen dem Hochzeitspaare zu Füfsen, das ausgelassene Füchslein geht ins Gebölz auf Hühnerjagd, Sperling und Kaninchen, beide klein und fein, bringen Getreide und Salat, selbstlos bietet das runde Schweinchen sein bestes Teil dar. Nicht minder Selbsterkenntnis ziert den Raben, welcher sich selbst als garstig und schwarz charakterisiert, trotzdem aber für Wein auf der Tafel sorgen will. Plastisch steht der Reiher vor uns, mit langen Flügeln und langem Hals, der die Fische auf sich genommen hat. In stoischer Ruhe sieht die Katze dem geschäftigen Treiben um sich her zu. Am wärmenden Kamin gelagert, läfst sie sich, zu Ehren von Schmetterlings Hochzeit, den Pelz verbrennen!

> Ah! ah! ah! papillon,²) marie-toi!
> Helas! mon maitre, je n'ai pas de quoi.
> La, dans ma bergerie, j'ai cent moutons,
> Ce s'ra pour fair' la noc' du papillon.

Ah! ah! ah! que dit le chien?
Je suis fidèle et je cours bien,
J'irai chercher le lièvre³) dedans ces champs,
Ça s'ra pour fair' la noce du papillon.

Ah! ah! ah! que dit le moineau?⁷)
Je suis petit et je suis beau,
Je m'en irai dans la plaine chercher le froment.⁸)
Ça s'ra pour fair' etc.

Ah! ah! ah! que dit le renard?⁴)
Je suis petit, je suis gaillard,⁵)
J'irai chercher les poules dans les buissons,⁶)
Ça s'ra pour fair' etc.

Ah! ah! ah! que dit le goret?⁹)
Je suis bien gros, je suis mal fait,
J'en donnerai les rilles¹⁰) et les jambons,
Ça s'ra pour fair' etc.

---

¹) Vergl. S. 183. ²) *le papillon* der Schmetterling. ³) *le lièvre* der Hase. ⁴) *le renard* der Fuchs. ⁵) *gaillard* ausgelassen. ⁶) *le buisson* der Busch. ⁷) *le moineau* der Spatz. ⁸) *le froment* der Weizen. ⁹) *le goret* das Spanferkel. ¹⁰) *les rilles* = *rillons* Schweinegrieben.

Ah! ah! ah! que dit le lapin?
Je suis petit et je suis fin,
Je tirerai la salade à ma façon,
Ça s'ra pour fair' etc.

Ah! ah! ah! que dit la perdrix?
Je suis petite et je suis jolie,
Je coiff'rai la mariée à ma façon,
Ça s'ra pour fair' etc.

Ah! ah! ah! que dit lo corbin?[1]
Je suis noir et je suis vilain,
Et j'irai à la cave tirer le vin blanc,
Ça s'ra pour fair' etc.

Ah! ah! ah! que dit le héron?[2]
J'ai les ale'[3] et le cou long,
J'irai à la rivière pêcher le poisson,
Ça s'ra pour fair' etc.

Ah! ah! ah! que dit le chat?
Que fais-je ici, que fais-je là,
A brûler ma bell' robe dans les tisons?[4]
Ça s'ra pour fair' la noce du papillon.
(Angoumois, Poitou.)[5] Var.: (Provence.)[6]

Ein mehr abgeschlossenes Ganzes bildet das Lied aus Cambrai (?). Hier haben Lerche und Buchfink Hochzeit gehalten, sind aber am Nachtage bereits in die höchste Bedrängnis geraten, welche die Hochzeitsgäste zu heben suchen. Ist aber ein Wunsch befriedigt, so tritt ein neuer auf — nach der Sorge für Speise und Trank, die Lust zum Tanze. Gefügig stellt eine große Ratte mit ihrer Violine sich ein, auch der Tanzmeister — wohl ein Mäuschen, fehlt nicht. Aber die Rechnung ist ohne

---

[1] le corbin = corbeau. [2] le héron der Reiher. [3] ale' (alea, lat.) = aile (Flügel), welch letzteres Wort sich in der von Theuriet S. 275 mitgeteilten Lesart findet. [4] le tison Feuerbrand (brennendes Scheit Holz). [5] Bujeaud I, S. 88, 89, welcher auf das hübsche provençalische Lied: Lou mariage doou parpalhou bei D. Arbaud aufmerksam macht. — Kuhff S. 174 bis 177 gibt das gleiche Lied, fügt aber eine Reihe charakteristischer Varianten hinzu, welche er von einer alten Hirtin aus Poitou vernommen. Hiernach ist der „Herr" weniger splendid; statt der hundert Schafe gewährt er drei Gerstenbrote. Neu erscheinen der Wolf, welcher aus reiner Eifersucht auf die schöne Braut einen Hammel und eine Gans erwürgt, das Wiesel (la belette) mit einem Viertelhundert Eier, der Steinmarder (le fouin, das Lex. enthält nur la fouine) mit einem Hahn und Truthahn, während der Hund die „Rolle eines unverschämten Parasiten spielt", welcher, statt etwas zu überbringen, sich aufs Schmarotzen legt, selbst auf die Gefahr hin, Schläge statt Leckereien zu erhalten:

Ah! ah! ah! que dit le chien?
D'aller à la noc' sans y porter rien!
Je recevrai des coups de bâton,
En léchant la cass' du papillon (la casserole).

Deutsch von Kamp S. 95, 96.

den Wirt gemacht; auch hier, wie bei dem Mäuseball, stört die Katze das fröhliche Fest, indem sie den Tanzmeister verschlingt.

> L'alouette et le pinson [1])
> Tous deux se sont mariés;
> Le lendemain de leur noce,
> N'avaient pas de quoi manger.
>     Alouette,
>     Ma tourlourisette,
>     Mon oiseau,
>     Que tout lui faut.

Par ici passe un lapin,
Sous son bras tient un pain.
    Alouette, etc.

Mais du pain nous avons trop,
C'est d' la viande qu'il nous faut.
    Alouette, etc.

Par ici passe un corbeau,
Dans son bec [2]) tient un gigot. [3])
    Alouette, etc.

Mais d' la viand' nous avons trop,
C'est du bon vin qu'il nous faut.
    Alouette, etc.

Par ici pass' un' souris,
A son cou pend un baril. [4])
    Alouette, etc.

Mais du vin nous avons trop,
C'est d' la musique qu'il nous faut.
    Alouette, etc.

Par ici passe un gros rat,
Un violon tient sous son bras.
    Alouette, etc.

Mais d' la musiqu' nous avons trop,
Et c'est d' la dans' qu'il nous faut.
    Alouette, etc.

Serviteur, la compagnie,
N'y a-t-il pas de chat ici?
    Alouette, etc.

Entrez donc, maître à danser,
Notre chat est au grenier, [5])
    Alouette, etc.

> Mais le chat descend du grenier
> Et aval' [6]) l' maître à danser.
>     Alouette,
>     Ma tourlourisette,
>     Mon oiseau,
>     Que tout lui faut.
>         (Cambrai?) [7])   Var.: (Gascogne.) [8])

Erweitert sich in den vorhergehenden Dichtungen das einfache Kinderlied zu einem kleinen Drama, so mangelt auch die epische Form nicht, wie das folgende Lied vom Zicklein zeigt, welches nicht aus dem Kohlfeld weichen will. Wohl sendet der

---

[1]) *le pinson* der Buchfink.   [2]) *le bec* der Schnabel.   [3]) *le gigot* die Keule.   [4]) *le baril* (spr. *bā-ri*) das Fäßchen.   [5]) *le grenier* der Boden. [6]) *avaler* verschlingen.   [7]) Kuhff S. 178—180; deutsch von Kamp S. 88, 89.   [8]) Cénac-Moncaut S. 377.

Herr den Wolf aus, um das Zicklein zu fressen, den Hund, welcher den Wolf beifsen, den Stock, welcher den Hund schlagen soll, — erst als er selbst erscheint, geschieht alles nach seinem Befehl, wird das Zicklein aus dem Kohl vertrieben.

> Ah! tu sortiras, biquette, biquette,[1]
> Ah! tu sortiras de ces choux[2]-là.
>
> Il faut aller chercher le loup. (bis)
> Le loup ne veut pas manger biquette,
> Biquett' n' veut pas sortir des choux.
> Ah! tu sortiras, biquette, biquette;
> Ah! tu sortiras de ces choux-là.
>
> Il faut aller chercher le chien. (bis)
> Le chien n' veut pas mordre le loup,
> Le loup n' veut pas manger biquette,
> Biquett' n' veut pas sortir des choux.
> Ah! tu sortiras, etc. etc.
>
> Il faut aller chercher l' bâton.[3] (bis)
> L' bâton n' veut pas battre le chien,
> Le chien ne veut pas mordre le loup,
> Le loup n' veut pas manger biquette,
> Biquette n' veut pas sortir des choux.
> Ah! tu sortiras, etc. etc.
>
> Il faut aller chercher l' fermier. (bis)
> L' fermier veut bien prend' le bâton,
> L' bâton veut bien battre le chien,
> Le chien veut bien mordre le loup,
> Le loup veut bien manger biquette,
> Biquett' veut bien sortir des choux.
> Ah! tu sortiras, biquette, biquette;
> Ah! tu sortiras de ces choux-là.
>
> (*Provinces de l'ouest.*)[4]

Eine ausführliche Variante dieses Liedes aus *Remiremont* (*Vosges*) zeigt einen Wolf, der vergeblich durch Hund und Stock, Feuer und Wasser, Kalb und Metzger aus dem Gehölz vertrieben werden soll; erst der Teufel mufs erscheinen, ehe „Gevatter *Brocard*"[5] entweicht:

---

[1] *biquette*, fam. Ausdruck für Zicklein.   [2] *le chou* der Kohl.   [3] *le bâton* der Stock.   [4] Bujeaud I, S. 46, 47.   [5] *Brocard?* (*broquart* = Hirsch?)

Il faut aller chercher le *diable*,
Le diable veut bien venir,
L'boucher[1] veut bien tuer le veau,[2]
Et le veau veut bien boire l'eau,
L'eau veut bien éteindre[3] le feu.
Le feu veut bien brûler l' bâton.
L' bâton veut bien battre le chien.
Le chien veut bien japper[4] au loup.
Le loup veut bien sortir du bois.
Ha, j' te promets, compèr' Brocard,
Tu sortiras de ce lieu-là.
Ha, j' te promets, compèr' Brocard,
Tu sortiras de ce lieu-là.
(*Remiremont, Vosges.*)[5]

Ähnlich lautet im Deutschen das Lied vom Gôkel:

Es schickt der Herr den Gôkel 'naus,
Er soll den Haber schneiden.
Der Gôkel schneid't den Haber nicht
Und kommt auch nicht nach Hause.
Da schickt der Herr den Pudel 'naus,
Der soll den Gôkel beifsen,
Der Pudel beifst den Gôkel nicht,
Der Gôkel schneid't den Haber nicht,
Und kommt auch nicht nach Hause —[6]
u. s. f., u. s. f.

Dem ersten Eindruck nach liefse sich in diesen Dichtungen der auch mehrfach in der Fabel vertretene Gedanke finden, dafs kein Verlafs auf die Diener sei, dafs erst der Herr selbst erscheinen müsse, um seinen Befehlen Achtung zu verschaffen; auch der schon von *Teuber* vertretene Gedanke,[7] dafs in dieser Welt einer über den andern sei und jegliche Kreatur ihren Meister habe, ergibt sich leicht. Allein diese Ausdeutungen widersprechen dem Ursprung des Liedes. Wie *Stöber*,[8] *R. Köhler*[9] und *Dunger*[9] überzeugend nachgewiesen haben, geht dasselbe auf ein uraltes chaldäisches Osterlied zurück, welches als Teil der jüdischen Liturgie noch heute von strenggläubigen Juden

---

[1] *le boucher* der Metzger.  [2] *le veau* das Kalb.  [3] *éteindre* auslöschen.
[4] *japper* kläffen.  [5] Stöber, Els. Volksbüchlein S. 106, 107.  [6] Dunger. Kinderlieder aus dem Vogtlande S. 35.  [7] Bei Stöber S. 132.  [8] S. 129 ff.
[9] Dunger S. 36 ff.

am Pesachabend hergesagt wird. In allegorischer Weise schildert es die Schicksale des jüdischen Volkes, welches die Reihe seiner Unterdrücker hindurch kosten muſs, bis es der Herr erlöset nach dem Worte der Bibel: Es sollen alle, die dich fressen, gefressen werden u. s. w. „Hiernach bezeichnet in dem folgenden (letzten) Verse, welchen ich mitteile, der Vater Gott, das Böckchen das jüdische Volk, die zwei Silberstücke Moses und Aaron, dann folgen die bildlichen Bezeichnungen der den Juden feindlichen Völker von den alten Assyrern bis auf die Türken, deren Macht (d. i. der Todesengel) der Heilige, Gott selbst, in der messianischen Zeit vernichten wird":

Da kam der Heil'ge, der gesegnet sei und erschlug den Todesengel,

> Der geschlachtet den Schlächter,
> Der geschlachtet den Stier,
> Der getrunken das Wasser,
> Das gelöscht das Feuer,
> Das verbrannt den Stock,
> Der geschlagen den Hund,
> Der gebissen die Katz',
> Die gefressen das Böckchen,
> Das gekauft der Vater für zwei Silberstück,
> Ein Böckchen, ein Böckchen.[1]

Aus der jüdischen Liturgie ging das Lied, mit der Zerstreuung des Volkes Israel, über die ganze zivilisierte Erde; wir finden es in Griechenland wie in Ungarn, in Deutschland, Frankreich, England und Schottland wieder. „Im Laufe der Zeit seines religiösen Charakters entkleidet, lebt es heute noch, wie wir dieses auch bei Sagen und Märchen, Tänzen, Liedern und volkstümlichen Bräuchen beobachten können, im Kinderliede in verschiedener Fassung weiter fort".

Allein nicht bloſs kulturgeschichtlich anziehende Momente bieten diese Lieder, auch nach der formalen Seite haben sie ihre hervorstechende Bedeutung. Sie zeigen die in Frankreich besonders beliebte Form der *ritournelle* oder *récapitulade*.[2] Von

---

[1] Stöber S. 131, nach der Übersetzung von Prof. Meier (Tübingen) in den Anmerkungen zu dessen Volksmärchen aus Schwaben S. 317—319.
[2] Vergl. auch S. 257.

kleinen Anfängen ausgehend, schwillt das Lied in seinem Verlaufe lawinenartig an und erfordert zur geschickten Überwältigung der schwierigen Strophen eine besondere Zungengeläufigkeit. Als Probe zu dem Gesagten teile ich eine Volksdichtung mit, welche den Kreis der soeben geschilderten Lieder passend abschliefsen dürfte und in welchem *Minette*, das Kätzchen, dem Kinde erst dann sein Spielzeug wiedergeben will, wenn es Milch empfangen hat. Aber die Kuh, zu welcher das Kind sich nun begibt, heischt für die Milch Grünfutter, die Sichel für das Grünfutter Speck, das Schwein für den Speck, den es lassen soll, Eicheln, der Eichbaum Wind, um die Eicheln schütteln zu können. Erst das Wetter erbarmt sich des Kindes. Wie bei dem Bau der Kartenhäuser oder den in langer Reihe aufgestellten Dominosteinen, genügt ein leiser Anstofs und die rückläufige Bewegung teilt sich durch alle bisher so starren Glieder dem Anfangsgliede mit: das Kind erhält sein Stöckchen von *Minette:*

> En rentrant dans la petite chambre verte,
>   J'ai trouvé Minette
>   Qui avait ma houlette;[1]
>   Je lui ai dit: ‚Minette,
>   Rends-moi ma houlette?'
>   „Je te rendrai pas[2] ta houlette,
>   Avant d'avoir du lait."
>   J' m'en vais à ma vache,
>   ‚Vach', donne-moi du lait?'
>   „Je te donnerai pas du lait,
>   Avant que tu m'aies donné de l'herbe."
>   J' m'en vais à ma faux:[3]
>   ‚Faux, donne-moi de l'herbe?'
>   „Je te donnerai pas de l'herbe,
>   Avant que tu m'aies donné du lard.[4]"
>   J' m'en vais à mon cochon:[5]
>   ‚Cochon, donne-moi du lard?'
>   „Je te donnerai pas du lard,
>   Avant que tu m'aies donné des glands."[6]

---

[1] *la houlette.* Kamp übersetzt: „Hirtenstab", betitelt auch das Lied hiernach. Wenn *houlette* auch diese Bedeutung zunächst enthält, so erscheint mir die weitere, nähmlich (Rühr-) Löffel, unendlich passender. [2] In betreff der Auslassung des ersten Teiles der Negation: *ne* vergl. S. 201 Anm. 5. [3] *la faux* die Sense. [4] *le lard* der Speck. [5] *le cochon* das Schwein. [6] *le gland* die Eichel.

> J' m'en vais au chêne:
> „Chêne, donne-moi des glands?"
> „Je ne te donnerai pas de glands
> Que tu m'aies donné du vent."
> J' m'en vais au temps:
> „Temps, donne-moi du vent?"
> Le temps a tant venté,
> A tant venté mon chêne,
> Le chêne m'a-t-englandé,[1]
> J'ai englaudé mon cochon,
> Mon cochon m'a-t-enlardé,
> J'ai enlardé ma faux,
> Ma faux m'a-t-enherbé,
> J'ai-t-enherbé ma vache,
> Ma vache m'a-t-allaité,[2]
> J'ai allaité Minette,
> A m'a rendu ma houlette.
>
> (*Provinces de l'ouest.*)[3]

Gleich ihren Ahnen, den welterobernden Römern, halten es auch die Franzosen nicht zu gering, an solchen Liedchen die Zungengeläufigkeit des Kindes zu üben. Nicht umsonst glänzen beide Völker durch die Zahl und die Bedeutung ihrer Redner. Wann wird das gebildetste Volk der Neuzeit aufhören, die äufsere Form so gering zu achten, wann werden auch wir anfangen, schon im Kinde Geläufigkeit der Zunge anzustreben, um dereinst bei dem Redner nicht blofs den Inhalt, sondern auch den Flufs der Rede zu bewundern. Kann dieses angenehmer und wirksamer zugleich geschehen, als mit solchen Liedchen, welche die Phantasie des Kindes gefangen nehmen, seine Gedächtniskraft stärken und seine Zunge geschmeidig machen!

**Auch das Leben der Kinder** spiegelt sich in ihren Liedern.

Welch schönere Tage kann es für ein Kinderherz geben, als das Geburts- oder Namensfest — welch letzteres in katholischen Landen die Stelle der Geburtstagsfeier vertritt — und das

---

[1] *englauder*, wie die folgenden: *enlarder, enherber*, zeigt die Fähigkeit der Volkssprache zu Neubildungen. [2] *allaiter*, eig. säugen; mit Milch versehen. [3] Bujeaud I. S. 27. 28; deutsch von Kamp S. 140, 141.

Neujahrsfest, das für das französische Kind den ganzen Zauber der deutschen Weihnachtsfeier in sich schliefst.

Was schenk' ich meinem Herzblatt denn? so fragt sich die treusorgende Mutter, welche ihren Liebling erfreuen will, bei dem Herannahen des Namenstages und des Neujahrsfestes. Die Lieder geben uns in ebenso ausführlicher wie origineller Weise Antwort darauf:

> Ma p'tit' filett', c'est d'main ta fête!
> Je sais pour ell' ce qui s'apprête! [1]
> Le boulanger fait un gâteau,
> La couturière [2] un p'tit manteau.
> Chez les marchands grand' mère achète
> Un' bell' poupée et sa toilette,
> Son p'tit ménage et sa couchette,
> Et puis six beaux p'tits moutons blancs.
> Leur p'tit berger les mène aux champs....
>     Trirelirelirette! [3]
> J'entends la petite alouette,
> Qui va, qui vole, qui volète,
> Qui voltige [4] au ciel en chantant.
>
>                     (*Champagne.*) [5]

Das gleiche Gemisch lebhafter Phantasie und anmutiger Zärtlichkeit kennzeichnet das folgende Lied, in welchem die Mutter die Reihe der Geschenke durchgeht, mit welchen sie ihr Herzenssöhnchen zum Neujahrsfeste erfreuen könnte; immer ein schöneres setzt sie an die Stelle des früheren, um schliefslich mit dem schönsten für einen Jungen, hüben wie drüben des Rheines, zu enden — den Soldaten. Das Lied bildet zugleich ein so vollendetes Beispiel einer *ritournelle* oder *récapitulade*, dafs ich es zur deutlichen Veranschaulichung des allmählichen Anwachsens vollständig mitteilen will.

> Voici venir le jour de l'an, [6]
> Que donn'rai-je à mon cher enfant?
> Un p'tit tambour qui fait plan plan,
> Un' bell' petit' trompi trompette
> Qui fait trara deri dérette.
>     Trara, plan plan!

---

[1] *ce qui s'apprête* was vorbereitet wird. [2] *la couturière* die Näherin. [3] Vergl. S. 78 Anm. 1. [4] Vergl. S. 92 Anm. 2. [5] Marelle a. a. O. S. 215. [6] *le jour de l'an* der Neujahrstag.

Voici venir le jour de l'an,
Que donn'rai-je à mon cher enfant?
Deux p'tits lapins [1]) couri courant,
Un p'tit tambour etc. etc.

Voici venir le jour de l'an,
Que donn'rai-je à mon petit enfant?
Trois p'tits moutons bêli bêlant,[2])
Deux p'tits lapins couri courant,
Un p'tit tambour etc. etc.

Voici venir le jour de l'an,
Que donn'rai-je à mon cher enfant?
Quat' p'tits moulins tourni tournant,
Trois p'tits moutons bêli bêlant,
Deux p'tits lapins couri courant,
Un p'tit tambour etc. etc.

Voici venir le jour de l'an,
Que donn'rai-je à mon cher enfant?
Cinq p'tits chevaux trotti trottant,
Quat' p'tits moulins tourni tournant,
Trois p'tits moutons bêli bêlant,
Deux p'tits lapins couri courant,
Un p'tit tambour etc. etc.

Voici venir le jour de l'an,
Que donn'rai-je à mon cher enfant?
Six p'tits soldats marchi marchant,
Cinq p'tits chevaux trotti trottant,
Quat' p'tits moulins tourni tournant,
Trois p'tits moutons bêli bêlant,
Deux p'tits lapins couri courant,
Un p'tit tambour qui fait plan plan,
Un' bell' petit' trompi trompette
Qui fait trara deri dérette.
   Trara, plan plan!

(*Champagne*.) [3])

Der gleichen Gattung gehört „die kleine Pächterin" an, welche vier Sous als Neujahrsgeschenk erhalten hat und nach Kinderart glaubt, hierfür die ganze Welt erstehen zu können. Fast an das arabische Sprichwort: was Du auch thust, es wird Dich gereuen, erinnert es, wenn sie in ihrer Kauflust zu den verschiedenartigsten Dingen überspringt.

---

[1]) *le lapin* das Kaninchen. [2]) *bêler* blöken. [3]) Marelle S. 215, 216. Hübsche Varianten bei Tarbé II. S. 36 ff.; u. Le Temps 11 Sept. 1883.

J'ai quatre sous pour mes étrennes,¹)
J'ai quatre sous pour m'acheter
Des sabots,²) des sabots au marché!
Mes sabots font digue dondaine,
Digue dondaine, digue dondé!

J'ai quatre sous pour m'acheter
Un corset au marché!
Mon corset fait cric crac, cric crac,
Mes sabots font digue dondaine,
Digue dondaine, digue dondé!

J'ai quatre sous pour mes étrennes,
J'ai quatre sous pour m'acheter
Un jupon, un jupon³) au marché!
Mon jupon fait flic flac, flic flac,
Mon corset fait cric crac, cric crac
Mes sabots font digue dondaine,
Digue dondaine, digue dondé!

Nach dem Praktischen — das Geistige. Es zeigt von Vorliebe für Musik, wenn sie sich nacheinander ein ganzes Orchester erstehen will, Trommel, Flöte, Violine. Dann kauft sie für die Wirtschaft ein, Henne, Hahn und Ente, Truthahn und Esel, um endlich, wer hätte das gedacht, dafs wir so wenig gelten, für *quatre sous* auch die Krone der Schöpfung, den Mann, zu erstehen, aber wohlgemerkt, einen heitern, *qui fait tra la la la*.

J'ai quatre sous pour mes étrennes,
J'ai quatre sous pour m'acheter
Un mari, un mari au marché!
Mon mari fait tra la la la,
Mon âne fait hihan, hihan,
Mon coq-d'Ind'⁴) fait glouglou, glouglou,
Mon canard⁵) fait cancan, cancan,
Mon beau coq coquerico,
Ma poulett' fait cott cott, cott cott,
Mon crincrin⁶) fait zin zin, zin zin,
Mon tambour fait bour bour, bour bour,
Ma flûte fait turlututu.

---

¹) *les étrennes* das Neujahrsgeschenk. ²) *le sabot* der Holzschuh. ³) *le jupon* der Unterrock. ⁴) *le coq-d'Inde* der Truthahn, Puter. ⁵) *le canard* die Ente. ⁶) *le crin-crin* (von *crinis*, pars pro toto) die Violine.

> Mon jupon fait flic flac, flic flac,
> Mon corset fait cric crac, cric crac,
> Mes sabots font digue dondaine,
> Digue dondaine, digue dondé!
>
> (*Champagne.*)[1]

Wer je diese *Ritournelles* oder *Récapitulades*, für welche die Sammlungen noch manche schöne Proben bieten,[2] gut hat vortragen hören, wie mir dies Glück durch *Marelle* zu teil geworden, der wird zugestehen müssen, dafs letzterer recht hat, diejenigen, welche das Französische „spröde wie Glas" schelten, auf diese Volkslieder zu verweisen, die im Munde des Eingebornen flüssig und musikalisch lauten.

Dafs wir es mit einem katholischen Lande zu thun haben, zeigen die Kindergebete, welche (in den Sammlungen spärlich vertreten) häufig zu doktrinär sind, um recht kindlich zu sein.

> Où est le petit Jésus?
> Dans mon cœur.
> Qui l'y a mis?
> La grâce.[3]
> Qui l'en a ôté?
> Le péché.[4]

Nur der Schlufs vermag mit dem doktrinären Anfang zu versöhnen.

> Allez, allez,
> Maudit péché.
> Revenez, petit Jésus;
> Je ne pécherai plus.
>
> (*Agenais, Armagnac.*)[5]

Treuherzig und schlicht dagegen gibt das folgende, durch eine Reihe von Provinzen verbreitete Abendgebet die auch bei uns herrschende Vorstellung wieder, dafs die Kinder sich unter dem unmittelbaren, gewissermafsen persönlichen Schutze Gottes und der Engel befinden:

> Au soir m'en allant coucher,
> Je trouvai trois anges en mon lit couchés:

---

[1] Marelle S. 216. 217. [2] S. z. B. Bujeaud I. S. 43 ff. [3] *la grâce* die Gnade. [4] *le péché* die Sünde. [5] Bladé S. 3.

> Un au pied,
> Deux au chevet;¹)
> La bonne Vierge Marie au milieu
> Qui me dit que je m'y couchis,
> Que rien ne doutis.²)
> Le Bon Dieu est mon père,
> La bonne Vierge est ma mère.
> Les trois apôtres sont mes frères.

Allein auch hier stört der werkheilige Schlufs:

> Qui la dira trois fois au matin,  
> Gaguera le paradis à la fin.

> Ceux qui diront cette oraison³)
> Trois fois le matin
> Et trois fois le soir,
> Seront sauvés du feu d'enfer.⁴)
> (Agenais, Armagnac.)⁵)

Bei dem Gewitter, welches die Kinder häufig in die gröfste Angst versetzt, wird die heilige Barbara mit den Worten angerufen:

> Sainte Barbe,⁶) sainte fleur,⁷)
> Garde bien Notre Seigneur;
> Quand le tonnerre tombera,
> Sainte Barbe nous gardera.
> (Agenais, Armagnac.)⁸)

Auch die Schule, dieser wichtigste Abschnitt im Kinderleben, spiegelt sich im Liede. Dem deutschen A, B, C, die Katze lief in'n Schnee — dürfte französischerseits entsprechen:

> A B C D
> La vache a fait le vé;⁹)
> Le vé s'est en¹⁰) sauvé,
> La vache a pleuré;
> Le vé est revenu
> La vache a rizu;¹¹)
> Sauva té.¹²)
> (Genève.)¹³)

---

¹) le chevet das Kopfkissen. ²) Vergl. S. 53 Anm. 6 u. S. 189 Anm. 15. ³) oraison, auch: Gebet, z. B. oraison dominicale das Vaterunser; faire l'oraison beten. ⁴) le feu d'enfer die Hölle. ⁵) Bladé S. 1 u. S. 2. ⁶) Sainte Barbe die heilige Barbara, Märtyrerin, gest. 240 n. Chr.; auch Schutzheilige der Artilleristen, Bergleute etc. ⁷) sainte fleur epitheton ornans. ⁸) Bladé S. 3. ⁹) faire le vé (= veau) ein Kalb bekommen. ¹⁰) s'est en, volkstümlich für s'en est. ¹¹) rizu, verlängerte Form für ris, des Reimes und Rhythmus wegen. ¹²) té = toi, vergl. S. 79. ¹³) Kuhff S. 64; deutsch von Kamp S. 60.

Die Bücher werden mit Inschriften versehen, welche dem Betreffenden sein Eigentum wahren sollen:

> Ce livre appartient à son maitre,
> Qui n'est ni capucin ni prêtre
> Et n'a pas envie de l'être.

Die beiden Schlufsverse:

> Si tu veux savoir son nom,
> Regarde-le dans ce rond.   (*Agenais.*)[1]

weisen auf den eingerahmten Namen des Besitzers hin.

Zur Abschreckung für diejenigen, welchen diese sanfte Mahnung nicht genügt, dient eine Art von Verurteilung *in effigie*. Der Dieb wird am Galgen hängend dargestellt, darunter befinden sich die in makaronischem Latein geschriebenen Verse:

> Aspice Pierrot pendu.
> Qui *hunc librum* n'a pas rendu.
> Si *hunc librum reddidisset*,
> Pierrot pendu *non fuisset*.[2]   (*Agenais.*)[3]

Dafs die Ferien zu poetischen Ergüssen begeistern, ist selbstverständlich:

> Vivent les vacances,
> *Denique tandem*,
> Et les pénitences
> *Habebunt finem*.
> A bas la clochette,
> *Voce sinistra*
> Qui toujours répète:
> *Piger, labora*.[4]   (*Agenais, Armagnac.*)[5]

Noch selbstverständlicher, dafs die Lehrer schlecht wegkommen:

> Vivent les vacances,
> A bas les pensums.[6]
> Nous rosserons[7] les maitres,
> A coups des bâtons.   (*Agenais, Armagnac.*)[8]

---

[1] Bladé S. 104. [2] Sieh Pierrot am Galgen, da er dies Buch nicht zurückgegeben hat. Hätt' er das Buch zurückgegeben, wär' er nicht an den Galgen gekommen. [3] Bladé S. 104. [4] Es leben die Ferien — endlich, endlich haben die Strafen ein Ende! Nieder mit der Schulglocke, welche mit ihrer heisern Stimme stetig wiederholt: Faulpelz, arbeite. [5] Bladé S. 101. [6] *pensum* (spr. *pèn-sòm*) Strafarbeit (eines Schülers). [7] *rosser* durchwamsen. [8] Bladé S. 101.

Und Victor Hugo erzählt gelegentlich einmal, dafs seine Enkel einst feierlichen Schrittes früher als gewöhnlich nach Hause zurückgekehrt seien. Ihr Gesang, nicht minder feierlich, gab den Schlüssel der zeitigen Heimkehr:

> Le maitr' est mort,
> Le maitr' est mort,
> I' n'y a pas d'école,
> I' n'y a pas d'école. — — (*Paris.*)

Wer will in diesen Worten etwas anderes finden, als die Freude an der unerwarteten Freiheit. Die Freiheit bildet ja den ausgleichenden Gegensatz zu dem (allerdings nicht in den Augen des Kindes) heilsamen Zwange der Schule. Sind wir doch heutzutage bemüht, dem Kinde die Freiheit nutzbringend für sein körperliches Wohl zu gestatten, es wiederum hinzuleiten auf das Spiel, welches, solange verkümmert, in seine alten Rechte eingesetzt werden soll. Die Spiele sind ja das eigentliche Lebenselement der heranwachsenden Jugend. „Übung der Sinne, Stärkung und Entwickelung der Glieder nicht nur, sondern auch die Bildung klarer Anschauungen und Begriffe, Gewandtheit und List, Geistesgegenwart und Mut, Gemeingefühl und Gerechtigkeitssinn, die Lust zu handeln, alles bekommt hier Gelegenheit zu freier Entfaltung." [1])

Gewissermafsen den Vorhof zu dem Allerheiligsten vieler Kinderspiele bilden die **Ab- oder Auszählreime**. Die Hauptsache bei ihnen ist Rhythmus und Reim; „auf den Inhalt kommt es weniger an, wenn man nur die Taktschläge genau heraushören kann, nach welchen man abzählt. Darum sind sie auch meist trochäisch, da dieser Rhythmus mehr in das Ohr fällt als der jambische:" [2])

> Un pot
> Cassé [3])
> Raccomodé. [4])

---

[1]) Götze bei Dunger S. 49.    [2]) Dunger S. 45.    [3]) *cassé* zerbrochen.
[4]) *raccomodé* geflickt.

Ne vaut
Plus rien
Pour boire.    (*Picardie.*)[1]

Vielfach beginnen oder schliefsen diese Abzählverschen mit Zahlen:

Moi,
Toi
Et le Roi.
Nous faisons Trois.
(*Franche-Comté.*)[2]

| Une, deux et trois et quatre | Un, demi-deux, demi-trois, demi-quatre, |
| Catcani[3] m'a voulu battre. | Coup de canif[3] m'a voulu battre, |
| Je l'ai voulu battre aussi! | Je l'ai voulu battre aussi, |
| Catcani s'est enfui. | Coup d' canif s'en est enfui |
| | Par la porte Saint-Denis. |
| (*Cambrésis.*)[4] | (*Paris.*)[4] |

oder entsprechend dem deutschen:

1, 2. Polizei.
3, 4. Offizier,
5, 6. alte Hex'[5]
u. s. f.

Pont une, c'est pour toi la prune;[6]
Pont deux, c'est pour toi les œufs;[7]
Pont trois, c'est pour la noix;
Pont quatre, c'est pour la claque;
Pont cinq, c'est pour toi la seringue;[8]
Pont six, c'est pour toi les cerises;
Pont sept, c'est pour toi l'assiette;
Pont huit, c'est pour les huîtres;[9]
Pont neuf, c'est pour toi le bœuf.
(*Paris.*)[10]

oder kürzer, wie in Agenais:

Un, deux, trois, quatre, cinq, six, sept, huit, neuf
Bœuf!    (*Agenais.*)[11]

So zählt man bis drei, vier, bis neun und vielfach auch, in Absätzen von je dreien, bis zwölf:

---

[1]) Kuhff S. 71.  [2]) Kuhff S. 72; Kamp S. 15.  [3]) Catcani. in der Pariser Lesart nach Art der Volksetymologie zu cou(p) d' cani(f) geworden, versucht Kuhff durch die Hindeutung auf cat d' neuris — Patoisname für chauve-souris Fledermaus — zu erläutern.  [4]) Kuhff S. 70.  [5]) Dunger S. 45.  [6]) la prune die Pflaume.  [7]) les œufs (spr. ö).  [8]) la seringue die kleine Spritze.  [9]) les huîtres die Austern.  [10]) Kuhff S. 75.  [11]) Bladé S. 103.

Un, deux, trois,              Eins, zwei, drei,
J'irai dans le bois,          Kirschen wachsen frei;
Quatre, cinq, six,           Vier, fünf, sechs,
Cueillir des cerises,         Sind ein gut Gewächs;
Sept, huit, neuf,            Sieb'n, acht, neun,
Dans mon panier[1] neuf,    Werden — uns zu freu'n —
Dix, onze, douze,            Zehn, elf, zwölf,
Elles seront toutes rouges.   Rot wie 's Blut der Wölf.
        (*Franche-Comté.*)[2]    Var.: (*Yonne, Seine-et-Oise.*)[3]

Anklänge an lateinische Zahlen lassen sich in Auszählreimen, wie den folgenden, erblicken:

Une, midus, — mitrès, — miquatre,
Ja — cobin — voulait — se battre,
Il s'est battu, — il s'est — rossé,
Il s'est — jeté — dans un fossé,
Les — grenouil — les[4] l'ont — mangé,
Les crapauds[5] — l'ont a — chevé.[6]
        Entrez!
        Sortez![7]

Und wenn Dr. Dunger im Deutschen 20 als die letzte Zahl erwähnt, so finde ich dem entsprechend im Französischen 23 in dem an sich sinnlosen Verschen:

Un, deux, trois,
   Mes noix,
Fait', fait' colleret',[8]
Fait, fait, collerette,
Jusqu'à vingt-trois.
           (*Provinces de l'ouest.*)[9]

Wie bereits angedeutet, haben diese Abzählverschen selten einen bedeutenden Inhalt. Bald ist von einem Hühnchen die Rede, welches auf der Mauer hartes Brot aufpickt, bald werden Vorgänge aus dem Leben behandelt, bald bilden historische Vorgänge den Hintergrund, wie in dem folgenden Liedchen,

---

[1] *le panier* der Korb.    [2] Kuhff S. 72.    [3] Ähnlich, aber viel derber in jener Natürlichkeit, die gleichfalls ein Charakteristikum der Kinderpoesie, Kuhff S. 73.    [4] *les grenouilles* die Frösche.    [5] *les crapauds* die Kröten.    [6] *achever qn.* einem vollends den Rest geben.    [7] Kuhff S. 69.    [8] *la collerette* die Halskrause.    [9] Bujeaud I, S. 25. — Die oben mitgeteilten Abzählverschen liefsen sich auch für den Unterricht im Französischen verwerten. Wie selten ist eine richtige Aussprache französischer Zahlen!

welches auf die Kämpfe der Herzöge von Burgund gegen die französischen Könige hinweist:

> Bourgignon salé,[1]
> L'épée au côté,
> La barbe au menton,
> Saute, Bourgignon.[2]

Wesentlicher ist der Inhalt der Spiellieder selbst, welche sich gleich den deutschen, in Bewegungs- und Tanzspiele teilen und in dem Tanzliede, der Ronde, ihren Gipfelpunkt erreichen.

Die Ronde ist überall hin durch Frankreich verbreitet, besonders aber, wie *Bujeaud* erwähnt,[3] im westlichen Frankreich. Sie schmiegt sich vornehmlich dem Gesange an, dem Frohsinn der Jugend, deren ganze Heiterkeit und Sorglosigkeit sie besitzt. Die Gesetze akademischer Dichter sind für sie nicht vorhanden. „Es genügt, wenn die Hände sich fassen, wenn der tolle Schwarm im jugendlichen Übermute sich im Kreise dreht, um sofort auch Lieder ertönen zu lassen, welche die neckische Lust der Jugend erhöhen".

Aus der reichen Zahl dieser Lieder zunächst ein solches mehr kindlichen Inhalts — der Furchtsame —, welches Lied zugleich die Lust des Kindes für Wortmalerei und Spiel mit den Worten zeigt:

| | |
|---|---|
| Tout en passant par un p'tit bois, (bis) | Jüngst schritt ich quer durch einen Wald. |
| Tous les coucous chantaient, (bis) | Da klang von allen Seiten bald |
| Et dans leur joli chant disaient: | Des Kuckucks Ruf: kuck kuck, kuck kuck! |
| Coucou coucou, coucou coucou, | |
| Et moi je croyais qu'ils disaient: | Doch mir erschien's wie Geisterspuk: |
| Cop' li le cou, cop' li[4] le cou. | „Duck Dich zum Ruck!" der Vogel sprach, |
| Et moi je m'en cour, cour, cour, | Dieweil ein Mörder nach mir stach. |
| Et moi je m'en courais, | Und ich, ich lief und lief und lief. |
| Et à la ronde cour, cour, cour, | So lang's noch von dem Walde rief: |
| A la ronde courons toujours. | Drum lauft auch ihr im Kreise hier. |
| | Kommt — lauft und springt und tanzt mit mir. |

---

[1] *salé* gesalzen; gewöhnliches Bei- (Spitz-)wort der Burgunder; siehe die Erklärung bei Fertiault, Glossaire S. 365.   [2] Kuhff S. 68.   [3] Bujeaud I. S. 29.   [4] *cop' li* = *coupe lui*.

## Der Furchtsame.

Tout en passant près d'un moulin, (bis)
Toutes les meul'¹) tournaient, (bis)
Et dans leur joli chant disaient:
Toc tic toc tac, toc tic toc tac,
Et moi je croyais qu'ell' disaient:
Cop' li tot rac,²) cop' li tot rac.
    Et moi je m'en cour, cour, cour,
    Et moi je m'en courais,
    Et à la ronde cour, cour, cour,
    A la ronde courons toujours.

Jüngst kam ich zu der Mühle hin,
Die Steine summten emsig drin,
Sie mahlten Korn bald dünn, bald dick
Und brummten drauf: tack tick, tack tick!
Doch ich vermeint', sie riefen schon:
„Brich ihm das G'nick!" mir selbst zum Hohn.
    Und ich, ich lief und lief und lief,
    So lang's noch von der Mühle rief;
    Drum lauft auch ihr im Kreise hier,
    Kommt — lauft und springt und tanzt mit mir!

Tout en passant près d'un étang, (bis)
Tous les canards chantaient, (bis)
Et dans leur joli chant disaient:
Couéan couéan, couéan couéan,
Et moi je croyais qu'ils disaient:
L' cou dans l'étang, l' cou dans l'étang.
    Et moi je m'en cour, cour, cour,
    Et moi je m'en courais,
    Et à la ronde cour, cour, cour,
    A la ronde courons toujours.

Jüngst führte mich der Weg zum Teich,
Da gackerten die Enten gleich
Und schrie'n ohne Unterlaſs:
Kueich! kueich! sich selbst zum Spaſs.
Doch ich verstand, sie riefen sich:
„Gleich in den Teich!" und meinten mich.
    Und ich, ich lief und lief und lief,
    So lang's noch von dem Teiche rief;
    Drum lauft auch ihr im Kreise hier,
    Kommt — lauft und springt und tanzt mit mir.

Tout en passant près d'un étang, (bis)
Toutes les nonnes chantaient, (bis)
Et dans leur joli chant disaient:
Alleluia, alleluia,
Et moi je croyais qu'ell' disaient:
Arrêt' tieu³) gars, arrêt' tieu gars.
    Et moi je m'en cour, cour, cour,
    Et moi je m'en courais,
    Et à la ronde cour, cour, cour,
    A la ronde courons toujours.

Jüngst ging am Kloster ich vorbei
Und lauschte, wer darinnen sei;
Die Nonnen standen all' im Chor,
Ihr Halleluja drang hervor.
Doch Schrecken! mir aus dem Gesang
Ein „Halt den Bub da!" täuschend klang.
    Und ich, ich lief und lief und lief,
    So lang's noch von dem Kloster rief;
    Drum lauft auch ihr im Kreise hier,
    Kommt — lauft und springt und tanzt mit mir.

Tout en passant près d'un p'tit champ, (bis)
Tous les oiseaux chantaient, (bis)
Et dans leur joli chant disaient:
Tuit'tuit', tuit'tuit', tuit'tuit', tuit'tuit',

Jüngst nahm durch's Feld ich meinen Gang,
Da klang der Vögel Lustgesang,
Zum Himmel sandten sie den Schall,
Twiet twie, twiet twie! tönt's überall.

---

¹) *meule* Mühlstein.   ²) *tot rac* = *tout ras* (rasus).   ³) *tieu* = *toi*.

| | |
|---|---|
| Et moi je croyais qu'ils disaient: | Doch mir es eine Drohung schien: |
| Enfuis te vite, enfuis te vite. | „Zieh, flieh, zieh, flieh!" ich sollte flieh'n. |
| Et moi je m'en cour, cour, cour, | Und ich, ich lief und lief und lief, |
| Et moi je m'en courais, | So lang's noch von dem Felde rief; |
| Et à la ronde cour, cour, cour, | Drum lauft auch ihr im Kreise hier. |
| A la ronde courons toujours. | Kommt — lauft und springt und tanzt mit mir. |
| | (*Vendée.*)[1] |

Bekanntlich lieben die Kinder, das **Thun und Treiben der Erwachsenen** nachzuahmen. Besonders ist dies in der Ronde der Fall, welche fast kein Gebiet des menschlichen Lebens unberührt läfst. Im Kinderliede wiederholt sich, was in Liebeslust und Leid, in Hochzeitstag und Brauch, wie im Eheliede an uns vorübergezogen. Der gleiche Wunsch, schnell unter die Haube zu kommen:

> Mon père, ribon ribaine,
> l'ensez à me marier
> Je vous donne trois semaines
> Ou un mois pour y penser.
> Autrement, tire lire lire,
> Vous savez ce que je veux dire,
> Si vous ne me mariez,
> Si vous ne me mariez. (*Agenais.*[2])

Am liebsten spielen ja die Kinder Mann und Frau, und die Ronden vom kleinen Mann sind daher sehr populär und zeigen oft in einer Provinz, wie z. B. in der *Champagne* mehrfache Varianten:

> Papa me mariera jeudi
> Avec un beau petit mari,
> Si petit, si gentil, si joli!
> C'est, dit papa, pour qu'il en coûte moins
>   En pourpoints,[3]
> En habits, en chaussure, en tous
>   points.[4]
>
> D'un' belle aune de calicot
> On lui fait six ch'mis' à jabot.[5]
> Six douzain' de mouchoirs aussi.
>
> Voilà pourquoi je l'ai pris si petit.
>   Mon mari,
> Si petit, si gentil, si joli.
>
> D'un' bell' petit' coqu' de noisette[6]
> Le menuisier[7] fait sa couchette,
> Et sa petite commode aussi.
> Voilà pourquoi je l'ai pris si petit,
>   Mon mari,
> Si petit, si gentil, si joli.

---

[1] Bujeaud I, S. 50 ff., Kuhff S. 110; deutsch von Kamp S. 63. 64.
[2] Bladé S. 66. XXXVII. [3] *pourpoint* Wams. [4] *en tout point* in jeder Beziehung. [5] *chemis' à jabot* Hemd mit Busenstreif. [6] *coqu' de noisette* Nufsschale. [7] *le menuisier* der Tischler.

D'un' beau p'tit' gigot d' papillon,¹)
On lui fait son petit bouillon,
Et son petit rôti²) aussi.
Voilà pourquoi je l'ai pris si petit,
 Mon mari,
Si petit, si gentil, si joli.

D'un' bell' petit' peau de souris³)
Le tailleur lui fait deux habits,
Pour la s'maine et l' dimanche aussi.
Voilà pourquoi je l'ai pris si petit,
 Mon mari,
Si petit, si gentil, si joli.

D'un beau p'tit bout de maroquin⁴)
Le bottier lui fait des brod'quins.⁵)
Des bott's à l'écuyère⁶) aussi.
Voilà pourquoi je l'ai pris si petit.
 Mon mari,
Si petit, si gentil, si joli.

D'un revenu de quatre écus
Nous vivrons comme des Crésus,
Nous recevrons grand monde⁷) aussi;
Voilà pourquoi je l'ai pris si petit,
 Mon mari,
Si petit, si gentil, si joli.
   (*Champagne.*)⁸)

Nicht minder lustig und kindlich zugleich ist die folgende Ronde von der kleinen Frau, die, kaum verheiratet, schon Witwe wird:

  Mon père m'a donné un mari:
  Mon Dieu! quel homme!
  Quel petit homme!
  Mon père m'a donné un mari:
  Mon Dieu! quel homme!
  Qu'il est petit.

D'une feuille on fit son habit, etc.

Je le couchis dedans mon lit, etc.

Mais dans mon lit il se perdit, etc.

J' pris une chandell', j' le cherchis, etc.

Le feu à la paillasse⁹) prit, etc.

Je trouvai mon mari rôti, etc.

Sur une assiette je le mis, etc.

Le chat l'a pris pour un' souris, etc.

Et v'là le chat qui l'emportit,¹⁰) etc.

Au chat! au chat! c'est mon mari, etc.

De ma vie je n'avais tant ri, etc.

Prendre un mari pour un' souris, etc.

  Pour me consoler, je me dis:
  Mon Dieu! quel homme!
  Quel petit homme!

---

¹) *gigot d' papillon* Keule vom Schmetterling. ²) *le rôti* der Braten. ³) *petit' peau de souris* Mäusefellchen. ⁴) *petit bout de maroquin* Stückchen Saffian. ⁵) *brod'quin* Gamasche. ⁶) *bottes à l'écuyère* Reit(er)stiefel. ⁷) *recevoir grand monde* viel Gesellschaft empfangen. ⁸) Marelle S. 211, 212 Var.: Tarbé II. S. 113. Kuhff S. 172. 173: deutsch von Kamp S. 139 ff. ⁹) *paillasse* Strohsack. ¹⁰) *emportit = emporta*, Übergreifen einer Konjugation in die andere, des Reimes willen; vergl. oben *couchis* für *couchai*.

> Pour me consoler, je me dis:
> Mon Dieu! quel homme!
> Qu'il était petit!
>
> (*Yonne, Marne*.)[1]

Auch hier tröstet sich die Witwe leicht, denn

> j'en prendrai un plus grand lundi

heifst es in einer andern Lesart.

Schon im Kinde zeigt sich der Mann. Auch in der Ronde herrscht die Satire vor: der Spott gegen ungleiche Ehen; namentlich die alten, heiratslustigen Frauen werden reichlich bedacht. Aber auch der Spott gegen die Burschen fehlt nicht, welche sich durch das Geld der Alten zur Ehe verlocken lassen.

> Avec l'argent de la bonne vieille
> J'en aurai une de quinze ans.

denkt der Bursche. Allein das Mädchen, welches die Alte dargestellt und sich tot gestellt hatte, springt mit den Worten auf:

> Tu n'en auras pas une de quinze ans,
> Car me voilà ressuscitée[2]
> Tirelire sautant, sautant, la vieille,
> Car me voilà ressuscitée,
> Tirelire sautant.
>
> (*Champagne, Ardennes*.)[3]

Nicht minder trifft der Spott die zaghaften Burschen, welche die Aufforderung des Mädchens, sie an ihrer „weifsen Hand" zu Tanze zu führen, nicht mit einem Kusse beantworten:

> Retournez à votre place:
> Vous ne serez pas mon chevalier.
> Voyez donc ce maladroit
> Qui n'a pas su m'embrasser.
> Non, non, non, je n'ai pas d'amant,
> Je passe mon temps gaillardement.[4]
>
> (*Yonne, Champagne*.)[5]

Auch hier die Freude bei dem Tode der Frau:

> Riou piou piou,
> Ma femme est morte,

---

[1] Tarbé II, S. 111, 112; Marelle S. 212; Kamp 142, 143. [2] *ressusciter* wieder auferwecken. [3] Tarbé II, S. 118. [4] *gaillardement* ausgelassen, lustig. [5] Tarbé II, S. 155.

> Riou piou piou,
> Faut l'enterrer,
> Riou piou piou,
> Derrière la porte,
> Riou piou piou,
> Dans un panier.[1]
>
> *(Provinces de l'ouest.)*[2]

Bei der innigen Berührung jedoch, in welche die Ronde die jungen Burschen und Mädchen bringt, ist es da zu verwundern, wenn das Lied allmählich einen innigeren Ton anschlägt:

> Ah! j'aime, j'aime, j'aimerai,
> J'aimerai qui m'aimera;
> Ah! j'aime, j'aime, j'aimerai,
> J'aimerai qui m'aime.

ist ein beliebter, vielsagender Kehrreim solcher Lieder, von denen mir das folgende ein wahrer Schatz munterer Laune, und zarter Gesinnung zu sein scheint, wie es nur bei einem unverdorbenen Volke zu finden ist:

> En revenant d' Saint-Nicolas,
> Vous ne savez ce qu'il y a.
> Il y a un arbre, un petit arbre,
> Un p'tit arb' d'amour, mes dames,
> Il y a un arbre, un petit arbre,
> Un p'tit arb' d'amour il y a.
>
> Et d'sus ce petit arbre-là
> Vous ne savez ce qu'il y a.
> Il y a un' branche, un' petit' branche,
> Un' petit' branch' d'amour, mes dames,
> Il y a un' branche, un' petit' branche,
> Un' petit' branch' d'amour il y a.
>
> Et dessus cette branche-là
> Vous ne savez ce qu'il y a.
> Il y a un nid, un petit nid,
> Un petit nid d'amour, mes dames,
> Un petit nid d'amour il y a.
>
> Et dedans ce petit nid-là
> Vous ne savez ce qu'il y a.
> Il y a un œuf, un petit œuf,
> Un petit œuf d'amour, mes dames,
> Un petit œuf d'amour il y a.
>
> Et dedans ce petit œuf-là
> Vous ne savez ce qu'il y a.
> Il y a un jeune, un petit jeune,
> Un petit jeun' d'amour, mes dames,
> Un petit jeun' d'amour il y a.
>
> Et dedans ce petit jeun'-là
> Vous ne savez ce qu'il y a.
> Il y a un cœur, un petit cœur,
> Un petit cœur d'amour, mes dames,
> Un petit cœur d'amour il y a.
>
> Et dedans ce petit cœur-là
> Vous ne savez ce qu'il y a.
> Il y a un mot, un petit mot,
> Un petit mot d'amour, mes dames,
> Il y a un mot, un petit mot, —
> Et c'est pour vous ce p'tit mot-là!
>
> Ah, la voici, la voici, la voilà,
> Celle que mon cœur aime!
> Ah, la voici, la voici, la voilà,
> Celle que mon cœur aimera!
>
> *(Champagne.)*[3]

---

[1] *le panier* der Korb. [2] Bujeaud II, S. 72. [3] Marelle S. 291.

Und „dieses Wörtchen" ist auf keinen unfruchtbaren Boden gefallen. Die fünfzehn Jahre sind in Spiel und Tanz vorübergerauscht, wie der Traum der Mutter es ersehnte, und in das Herz der erblühenden Jungfrau zieht jene Sehnsucht nach Liebe und Ehe ein, welche ihren bezeichnenden Ausdruck in den Versen fand:

> Dans mon cœur i' n'y a point d'amour.
> Mais i' y en aura quelque jour.

> Une fille de seize ans
> Est bonne à mettre en ménage.

Damit ist der grofse Ring geschlossen, welcher das menschliche Leben umfafst. Wir sind angelangt an jenem ersten Punkt, von welchem wir ausgingen zu

Liebeslust und Leid.

## Das festliche Jahr.

Au commencement de l'année
Donnez-nous la guillanneu.
(Bas-Poitou.)

Trimazos!
C'est le mai, mois de mai,
C'est le joli mois de mai.
(Pays messin.)

Voilà la Saint-Jean passée,
Le mois d'août est approchant,
Et tous les garçons des villages
S'en vont la gerbe battant.
Ho! batteux, battons la gerbe,
Compagnons, joyeusement!
(Vendée. Bas-Maine.)

Ayons du vin,
D'ou qu'il vienne,
Ayons du vin
Jusqu'au matin.
(Béarn.)

Noël!
En cette journée
Disons Noël! Noël!
Car paix nous est donnée.
(Bourgignon.)

# VI. Das festliche Jahr.

Einteilung. — Neujahrslieder, — Bohnenfest. — Lieder zur Vertilgung der schädlichen Tiere — Beschwörungslieder. — Fastnacht. — Osterritte und Sang. — Mailieder. — Johannisfeier. — Erntelieder. — Weinlese und Lied. — Weihnachtsfeier.

An die Lieder, welche das menschliche Leben von der Wiege bis zum Sarge begleiten, schliefsen sich, wie uns scheint, nicht unpassend, jene Dichtungen an, die sich an das natürliche Jahr, den Schauplatz unserer Leiden und Freuden, knüpfen und den Spruch Goethes illustrieren:

„Saure Wochen, frohe Feste."

Anfang und Ende des Jahres sind durch die beiden grofsen Feste der Christenheit, Neujahr und Weihnachten, gekennzeichnet. Innerhalb dieses Rahmens welche Fülle! Von den Liedern und gereimten Bitten beim Jahreswechsel, kommen wir zu den Festen und Gesängen der Faschingszeit und erreichen einen der Höhepunkte des Jahres mit den Liedern und Gebräuchen, welche das Nahen des Frühlings verkünden. Aber auch die Zeit der Ernte „mit ihrem goldenen Korn, durchsät von bunten Blumen", bringt einen reichen Kranz von Liedern, deren leuchtenden Mittelpunkt das Johannisfest bildet. Und hat der Wein, welcher mit dem farbenprächtigen Herbste seinen siegreichen Einzug hält, uns nicht die Sprache der Götter, die Dichtkunst gelehrt? Fällt aber Blatt auf Blatt, sinkt die Natur in ihren Winterschlaf, so schliefst sich der Mensch enger an den Menschen, sucht die langen Winterabende durch Lieder, Sagen und Märchen zu kürzen und begrüfst in dem strahlenden Weihnachtsbaume nicht nur einen äufsern Wendepunkt in dem ewigen Wandel der Naturkräfte, sondern auch einen Wendepunkt in der sittlichen Entwickelung des Menschengeschlechtes durch die Geburt des Heilandes!

„Lächelnd kommt der erste Tag des Jahres einhergezogen, für jeden einen Wunsch auf den Lippen, von jedem mit Hoffnungen freudig begrüfst". Auch für den Armen ist dieses Fest ein Lichtpunkt in seinem einförmigen Dasein. An solchen Tagen allgemeiner Feststimmung, wo das Herz sich empfänglicher für eine Gabe zeigt, sucht er das Haus seines reicheren Mitmenschen auf, um von ihm seinen Anteil an der Festesfreude zu erbitten. Besonders mildthätig und darum auch besonders an dieser Art von Liedern reich ist die *Normandie*, wie namentlich die *Bretagne*, in welcher Provinz die Bettler einen besondern Stand bilden und bei den Familienfesten, wie wir dieses bei der Schilderung des Hochzeitstages gesehen haben,[1] selbst eine gewisse Rolle spielen.

Diese Bitt- und Wunschlieder zeigen ein hohes Alter. Wenn sie auch im Laufe der Jahrhunderte vielfache Veränderungen erlitten haben, in ihrem Ursprunge reichen sie bis in das Heidentum zurück. Man fafst sie unter den allgemeinen Namen *La part à Dieu* — auch *la part de (du) Dieu* — zusammen, gewissermafsen nach dem Worte der Bibel: „Und was Du den Geringsten meiner Brüder gethan, das hast Du mir gethan." Diejenigen Lieder jedoch, welche sich insbesondere auf das Neujahrsfest beziehen, führen den gemeinsamen Titel: *La guillaneuf*, ein Wort, welches aus dem uralten Rufe *Au Gui l'an neuf* entstanden noch den Zusammenhang mit den Festen zeigt, die bei den Galliern bei Beginn des neuen Jahres zu Ehren des heidnischen Gottes *Gui* statthatten.[2] Im Laufe der Jahrhunderte hat dieser Neujahrsruf nun in den verschiedenen Provinzen die mannigfachsten Ver-

---

[1] Vergl. S. 195, 196. — In betreff der *chansons de mendiants* vergl. auch Bladé (Armagnac etc.). Avertissement S. IV, zugleich mit S. 21.
[2] Rathery a. a. O. S. 582.

änderungen erfahren. Wenn sich in *Guillanneu*, wie in seinen Spielarten *guillonu, guillonnée, guilané, guilhonné, guillonette*¹) die ursprüngliche Form auch noch wiedererkennen läfst, so erscheint das gleiche Wort schon unverständlich in der von *Tarbé*²) überlieferten Form: *guinanlo*. Nicht minder gibt das aus dem Artikel vorgeschlagene *A* dem Worte etwas Fremdartiges in der Neubildung: *Aguillané* und in seinen durch Reim und Schrift bedingten Abarten *aguillanon, aguillaneou*,³) *aguilanleu*,⁴) zu welchen vielleicht, infolge des Inhaltes vieler Lieder, in denen die Bittenden bescheiden erklären, nicht Aale — *anguilles* — von der Hausfrau zu fordern,⁵) die weiteren Formen: *Anguilanneu* und *Enguillaneuf*⁶) hinzukommen.

Wie schon die Verschiedenartigkeit der Bildungen zeigt, finden sich diese Lieder in den allerverschiedensten Provinzen Frankreichs. Ausdrücklich bezeugt werden sie uns von der *Bretagne*,⁷) von der *Normandie*,⁸) der *Champayne*,⁹) den französisch redenden Flamländern,¹⁰) von Westfrankreich,¹¹) endlich von den südlichen Provinzen *Guyenne* und *Gascogne*,¹²) in welchen, wie *Bladé* berichtet, diese Lieder noch heute im Munde des Volkes leben.

Diese Gesänge sind jedoch nicht, wie sich nach ihrem Namen vermuten liefse, ausschliefslich an das Neujahrsfest gebunden. Es ist ein neuer Beweis für ihren Zusammenhang mit dem Heidentum, dafs diese Bittgänge bereits zu Beginn des Winters ihren Anfang nehmen, sich bis zu der Advents- und Weihnachtszeit ausdehnen und ihren Höhepunkt am Sylvesterabend wie am Neujahrstage selbst erreichen, um endlich ihren Ausgangspunkt an dem Tage der Heiligen drei Könige (St. Epiphanias) zu finden. Das Neujahrsfest bildet also nur den Mittelpunkt eines

---

¹) Entsprechend den Provinzen: Angoumois, Saintonge, Poitou, Gascogne, Normandie, Armagnac und Agenais. ²) Champagne: Tarbé II, 71. ³) Normandie. ⁴) Bei Sachs-Villatte unter *aguillanneuf*. ⁵) Vergl. S. 260. ⁶) Normandie. — Rathery gibt in seiner Zusammenstellung (S. 582) aufser einer bereits oben erwähnten Form noch: *Aguinette; Oguinano* (Normandie); *Eghinat* und *Eguinannée* (Bretagne). ⁷) Rathery S. 582. ⁸) Beaurepaire S. 19; vergl. Champfleury S. 34. ⁹) Tarbé II, 39, 40. ¹⁰) Coussemaker S. 98. ¹¹) Bujeaud II, 148—156. ¹²) Bladé S. 62; vergl. Champfleury S. 57 und Cénac-Moncaut S. 279.

Kreises, dessen Peripherie auf der einen Seite durch die Adventszeit, auf der andern durch das Fest der Heiligen drei Könige geht.

Wer sind denn die Bittgänger. *Guillonneurs*, wie sie ein Lied der *Gascogne*[1]) nennt? *Bladé*[2]) berichtet, dafs in *Armagnac* und *Agenais* junge Leute herumziehen, *Tarbé*,[3]) dafs in der *Champagne* neben jungen Mädchen auch Männer und Frauen, namentlich aber die armen Ziegenhirten der Ardennen, von Thür zu Thür gehen; selbst Greise schliessen sich nach demselben Gewährsmann nicht aus, welche in Gruppen von Dreien und Vieren die Mildthätigkeit ihrer Mitmenschen anrufen; wir sehen also alle Altersstufen, wie beide Geschlechter sind bei diesen Bittgängen vertreten. In der Hauptsache ruht aber auch diese Sitte wie so manch anderer alter Brauch bei der Jugend. Nicht so glücklich, wie die Kinder wohlhabender Eltern, bei welchen Mutterliebe in Verlegenheit ist, was sie ihrem Liebling alles schenken soll,[4]) erbitten die Kinder der Armut ihre Neujahrsgeschenke an den Thüren der Reichen.

Drei Schläge an der Thür ertönen. Zitternd vor Kälte steht die kleine Schar draufsen, um Einlafs zu erbitten; ihn zu erhalten, weisen sie auf des Winters Ungestüm hin, und um die Bewohner mildthätig und zum Anhören des Liedchens geneigt zu stimmen, deuten die *Guillonneurs* darauf hin, (gleichfalls ein Zeichen für den heidnischen Ursprung dieser Lieder,) dafs sie „weder Werwolf noch Zauberer" seien.

Nur selten richtet sich die Bitte allgemein an die „Herren und Damen des Hauses", welch förmlicher Ausdruck auch durch die gemütvollere Anrede „Ihr guten Leute!" (*Bounegent!*) vertreten wird. Nicht minder selten erfolgt die Ansprache speziell an den „Hausherrn", den *Seigneur* oder *genti seignour*. — Gewöhnlich wird die Bitte an die weiblichen Glieder des Hauses gerichtet; sei es, dafs man bei ihnen ein mildthätigeres Herz voraussetzt, sei es, dafs sie als Hüterin von Keller und Kammer am ehesten im stande sind, das zu gewähren, wonach der Gaumen

---

[1]) Cénac-Moncaut S. 279; vergl. *Guillonnés* oder *Aguillonnés* bei Bladé (Agenais, Armagnac) S. 62 Anm. 1.   [2]) S. 62 Anm. 1.   [3]) Tarbé II. S. 39.
[4]) Vergl. Kinder- und Rondelieder S. 257 ff.

der Bittenden sich sehnt. So werden die Töchter des Hauses, oder die älteste Tochter allein angerufen; vor allem aber die Hausfrau selbst, die *dame de Céans*,[1]) die gute Frau, *la bonne femme* oder die

> Maitresse du roi Céans[1])
> Qu'a la clé[2]) de la chainette.[3])

Wünsche für das Gedeihen des Hauses wie für die einzelnen Glieder der Familie — auch hier tritt eine besondere Berücksichtigung der weiblichen Mitglieder ein — bilden nun die *captatio benevolentiae* für die folgende Bitte selbst. Was ist dem Landmann lieber, als wenn die Scheuern eine erfreuende Fülle bieten, was hegt er zärtlicher als das Vieh, die getreuen Gehilfen seiner Arbeit, die seinen Wohlstand mehren helfen? Was bildet den Stolz der Hausfrau? Dafs Küche und Keller das Beste enthalten, was die Jahreszeit bietet. Daher denn auch die Wünsche: soviel Rinder, wie die Henne Eier lege, soviel Hühner, wieviel Guirlanden das festtäglich geschmückte Haus trage, soviel Ochsen, wie Nägel im Hause, soviel Schafe, wie Frösche in der Lache quaken, soviel Günse, wie Blumen auf der Wiese duften, soviel Truthähne, wie der Weinstock Reben trage. Der Hausfrau aber werden soviel Jungen (!) wie Falten im Unterrock gewünscht, und der gleiche Wunsch kehrt in der *Gascogne* an den Hausherrn wieder: Gott erhalte Euch Euer Weib, die Euch den Kamin mit Kindern ziert; soviel Söhne gebe sie Euch, wie Fliegen an der Wand.

Man sollte nun glauben, dafs jetzt, nachdem das Herz günstig gestimmt worden, die eigentliche Bitte erfolge. Doch verfahren die Bittgänger diplomatisch fein, indem sie auf Umwegen ihrem eigentlichen Zwecke zusteuern. Nach Kinderart deuten sie darauf hin, dafs die Neujahrsfee — *la Guillanneu* —, welche hier gleich dem Weihnachtsmann — *le Noël* — verkörpert erscheint, schon im Zimmer mit den Gaben weile:

> La guillanneu est là dedans,
> La vois par la fenête,

---

[1]) *céans*, adv. hier; *dame de céans* Hausfrau, wie das folgende *roi (de) céans* Hausherr.[1]) *la clé*, gewöhnlich *clef* geschrieben: der Schlüssel.  [3]) *la chainette* die Kette.

> Monté' sus[1] in[2] p'tit cheval blanc
> Qui n'a ni queue,[3] ni tête;
> Au commencement de l'année
> Donnez-nous la guillanneu.   (*Bas-Poitou*.)[4]

Die liebste Gabe, wo Kinder den Umgang halten, ist ein Stück vom Neujahrskuchen — welche Bedeutung *aguillanneuf* in der Sprache des Volkes auch geradezu erhalten hat; nicht minder kindlich ist die Bitte, ja nicht ein kleines, sondern ein grofses Stück, am liebsten das ganze Stück, zu spenden. Doch weisen die Bittenden sonst darauf hin, dafs sie nichts Ungeheuerliches, nicht Aal,[5] nicht Schinken verlangen, sondern Brot — gewissermafsen die Brosamen vom Tische des Reichen, — um nicht Hungers zu sterben, oder Speck, wie sich leicht aus der Mahnung an die älteste Tochter des Hauses ergibt:

> La fille aîné' de la maison,
> Allons, troussez vos manches[6]
> Et regardez dans le charnier[7]
> Si le lard[8] il y trempe.[9]
> Au commencement de l'année,
> Donnez-nous la guillanneu.   (*Bas-Poitou*.)[10]

Häufig, namentlich von seiten der Erwachsenen, zielt die Bitte auf Geld ab, aber ihr Wunsch erfolgt in so gemütlich naiver Weise, ihr Ausspruch, sie hätten nicht geheiratet, um betteln zu gehn, klingt so treuherzig überzeugend, dafs wir ihnen ob ihrer Bitte nicht gram sein können:

> I[11] somm's de pauvres gens,
>    Bounegent![12]
> Qui ne sont guère riches,
> I avons grand b'soin d'argent,
>    Bounegent!
> Pour nourrir nos familles.
> Si nous nous somm's mariés,
> Ce n'est pas pour mendier[13]
> Mais comme les braves gens,
> Gagner not' vie honnêt'ment.
>    (*Bas-Poitou, Aunis*.)[14]

---

[1] *sus = sur*.  [2] *in = un*.  [3] *la queue* der Schweif.  [4] Bujeaud II, S. 149, III.  [5] Vergl. S. 277.  [6] *trousser les manches* die Ärmel aufstreifen.  [7] *le charnier* die Fleischkammer.  [8] *le lard* der Speck.  [9] *tremper* wässern.  [10] Bujeaud II, S. 149, IV.  [11] *I*, an Stelle des gewöhnlichen *J(e)* = *nous*.  [12] Vergl. S. 278.  [13] *mendier* betteln.  [14] Bujeaud II, S. 151, III.

Gewitzigt durch manche Erfahrung tönt die naive Mahnung an die Gebenden, nicht einen Deut für einen *sou marqué*¹) zu spenden, nicht schwarzes Brot statt des goldbraunen Laibes, nicht leeres Stroh an Stelle der Eier.²) Werden ihre Wünsche nicht gleich erfüllt, so bitten sie: Laſst uns nicht warten, wir müssen ein anderes Haus — *une autre compagnie* — aufsuchen, um dort „unsere Renten und Revenüen" einzusammeln. Und wie einleitend der Hinweis auf das rauhe Wetter zum Anhören des Liedes geneigt machen sollte, so fehlt der gleiche Hinweis nicht, um ein schnelleres Fortkommen zu ermöglichen:

    Si v'lez pas²) donner,
    Fait'-nous pas³) attendre,
    J buffe⁴) un vent d' nord
    Qui fraichit les jambes.
     Notre guillanneu
    Nous vous le demandons.
      (Angoumois, Saintonge, Poitou.)⁵)

Viele Lieder dieser Gattung enthalten einen seltsamen Schluſs, dessen „Galanterie" schon manches den Bitten abgeneigtes Herz noch umgestimmt haben mag. Wenn Ihr denn gar nichts zu geben habt, lautet der Schluſs, gebt uns das Hausmädchen, der Träger des Korbes wird sie zum Frühling freien:

    Si vous n'ais⁶) rien à nous donner,
    Donnez-nous la servante:
    Le porteur de panier
    Est prêt à la prendre
    Il n'en a pas, il en voudrait pourtant⁷)
    A l'arrivée du doux printemps.
      (Normandie.)⁸)

Andere begnügen sich nicht mit der Dienerin; sie machen höhere Ansprüche geltend:

    Donnez⁹) votre fille
    Qu'est à la maison, (bis)

---

¹) *sou marqué*, alte fr. Kupfermünze = 15 *deniers* (Deut).   ²) Deutet auf jene Zeit, wo das Jahr mit Ostern begann; vergl. Rathery S. 582. ³) *ne*, in beiden Fällen ausgelassen; *v'lz = voulez*.   ⁴) *buffer* heftig wehen, fehlt bei Sachs-Villatte.   ⁵) Bujeaud II, S. 149, VI.   ⁶) *ais* für *avez*, Vertauschung der Personen.   ⁷) Sinn: er hat kein Weib, er möcht' eins hä'n. ⁸) Champfleury S. 34.   ⁹) fehlt *nous*.

> Seur'ment[1] la servante
> Nous n' s'en content'rons.[1]
> Notre guillanneu,
> Nous vous le demandons.
>
> (Angoumois, Saintonge, Poitou.)[2]

Und vorsichtig fragen die *Guillonneurs* in einem Gascognischen Liede,[3] ob mehrere Töchter im Hause seien? — Dann gebt uns die schönste und — keine Braut ohne Aussteuer — hundert Franken dazu.

Nur in seltenen Fällen lassen sich die Bittenden zu **Drohungen** hinreifsen. In einem Liede der *Normandie* wird der Gott des alten Testamentes, der Gott der Rache angerufen, welcher die „gute Frau" — *la bonne femme* — in seinem Zorne dahinraffen werde;[4] in der gleichen Provinz wie auch in der *Bretagne* droht man mit den Feen, welche grausame Rache an jenen nehmen werden, „welche ihre Schränke der Armut verschliefsen".[4] Mit jener naiven Kraft, welche der Volksdichtung so gut steht, wünscht endlich ein Lied der *Champagne* denen, welche an reicher Tafel schwelgen, ihre hungernden und frierenden Mitmenschen aber darben lassen, statt des leckern Mahles „drei Gabeln in den Schlund":

> Si vous ne voulez rin[5] donner,
> Trois fourchettes,[6]
> Trois fourchettes,
> Si vous ne voulez rin donner,
> Trois fourchettes
> Dâ vô[7] gozier!!![8]
>
> (Canton de Charleville, Ardennes.)[9]

Wie wir noch Gelegenheit haben werden bei den Ernteliedern zu beobachten, gibt es auch unter den Neujahrsliedern solche, welche nur in ihrem Kehrreim an das Neujahrsfest erinnern, sonst aber den Liebesliedern zuzuzählen sind. So

---

[1] *seur'ment* = *seulement*; Sinn: blofs mit der Dienerin begnügen wir uns nicht; *s'en* = *nous en*; *en* (für uns pleon.) weist auf *servante* zurück. [2] Bujeaud II, S. 148, V. [3] Cénac-Moncaut S. 279. [4] Champfleury S. 34; vergl. auch Kap. Sagen und Märchen. [5] *rin* = *rien*. [6] *la fourchette* die Gabel. [7] *Dâ vô* = *dans votre*. [8] *le gosier* = *gosier* der Schlund. [9] Tarbé II. S. 47.

behandelt ein bei *Bujeaud* mitgeteiltes Neujahrslied die unglückliche Liebe eines Papiermüllers, der in der nächsten Mühle Vergessen seines Leides findet. Hier wird für den Vortrag des anmutigen Liedes gewissermafsen der Lohn mit den Worten eingefordert:

> Seigneur, seigneur, pour nos étrennes,[1]
> La guillanneu nous faut donner.
> (*Angoumois.*)[2]

Bereits einleitend erwähnten wir, dafs diese Bittlieder nicht blofs auf den Neujahrstag beschränkt sind; sie dehnen sich bis zu den Heiligen drei Königen aus, welcher Tag durch das **Bohnenfest**[3] ausgezeichnet wird. Auf dem festlich geschmückten Tische prangt ein Kuchen, in welchen eine Bohne hineingebacken ist. Um den Tisch herum gruppiert sich die frohe Familie. Der Älteste teilt den Kuchen in gleiche Teile; geheimnisvoll werden dieselben mit einem weifsen Tuche überdeckt. Alles fühlt, wo die Bohne stecke, und freudestrahlend verkündet's der vom Schicksal Begünstigte, wenn ihm die Bohne und damit die Anwartschaft auf die Krone zugefallen ist. *Vive le roi!* rufen die Umstehenden. Aber kein Hof ohne Königin. Der Glückliche übersendet Bohne und Krone der Erwählten seines Herzens. Jauchzen und Jubel ertönt und es beginnt, altem Brauche gemäfs, ein Gesang, dessen Schlufsstrophen an die Vergänglichkeit alles Irdischen mahnt:

> Au Louvre, aussi bien
> Qu'aux maisonnettes,
> La mort n'espargne rien
> De sa sagette.[4]

---

[1] *les étrennes* die Neujahrsgeschenke.  [2] Bujeaud II. S. 155.  [3] Vergl. die ausführliche, lebendige Schilderung bei Tarbé II, Préf. XXI, XXII in Verbindung mit IV, S. 95, wo in einem politischen Liede (1593) auf das Bohnenfest mit den Worten angespielt wird:

> Prenons quelque trève:
> Nous sommes lassés;
> Ces rois de la fève
> Nous ont harassés.

[4] *la sagette* der Pfeil (deutsches Bild: Hippe).

> Il ne nous faut nourrir
> Longue espérance:
> On voit souvent mourir
> Qui, sain, n'y pense.¹) *

In die Feier hinein ertönen drei Schläge an die Thür. Junge Mädchen, in Mäntel gehüllt, treten ein, um ihr *part à Dieu* zu erbitten:

> Bonjour, dame de céans,
> Vous et votre compagnie:
> Si je viens ici présent,
> Ce n'est pas par gourmandie,²)
> Mais c'est pour l'amour de Dieu.
> Donnez-nous la part de Dieu!
>
> La part à Dieu, ma bonne dame,
> La part à Dieu, s'il vous plaît!
>
> (*Yonne, Aube.*)³)

Das Fest der Heiligen drei Könige ist zugleich ein weiterer Ausgangspunkt für eine Reihe von Liedern, welche auf die Vertilgung der dem Landmann schädlichen Tiere abzielen und passend unter dem Ausdruck **Beschwörungslieder** zusammengefafst werden könnten. Wir finden diese Dichtungen, wie die Bräuche, welche mit ihnen verknüpft sind, vorzugsweise in jenen Provinzen, welche, wie die *Champagne* und *Normandie*, sich durch ihren Reichtum an Korn, Obst und Wein auszeichnen. Wenn auch in einzelnen Fällen noch die ganze Bevölkerung — wie in der Normandie⁴) — an dieser Austreibung der schädlichen Tiere teilnimmt, so ist doch diese allgemeine Betei-

---

¹) Tarbé II, S. 41. Diese Strophen entstammen einem Kunstdichter, A. Jasmin († 1585), sind also volkstümlich geworden. Zur Vergleichung setze ich die bekannteren Verse Malherbes (1555—1628) hin, der nach dem Vorgange des Horaz den gleichen Gedanken ähnlich ausspricht:

> La mort a des rigueurs à nulle autre pareilles;
> Le pauvre en sa cabane, où le chaume le couvre,
>     Est sujet à ses lois;
> Et la garde qui veille aux barrières du Louvre
>     N'en défend point nos Rois.

²) *gourmandie = gourmandise.*   ³) Tarbé II, S. 39.   ⁴) Beaurepaire S. 14. 15.

ligung mehr und mehr geschwunden und das Ganze zu einem Zeitvertreib der Kinder herabgesunken.

Am Vorabende der Heiligen drei Könige, oft auch während der ganzen Nacht, wie in *Créances* (Normandie),[1]) macht sich die Bevölkerung zur Vertilgung der schädlichen Tiere auf. Mit einer Fackel in der Hand — oft auch unter Mitnahme eines anderen Instrumentes — durchzieht die Menge Wiesen und Felder, Gärten und Weinberge. Besonders ist es hierbei auf Heuschrecken und Raupen, Blattläuse und Feldmäuse, vor allem aber auf die Vertilgung der Maulwürfe abgesehen, gegen welche die Beschwörung mit folgenden Versen eingeleitet wird:

<table>
<tr><td>Taupes[2]) et mulots,[3])<br>Sors de mon clos,[4])<br>Ou je te mets le feu sur le dos.<br>(St. Vaast, Réville, Normandie.)[5])</td><td>Barbassionne,[6])<br>Si tu viens dans mon clos,<br>Je te brûle la barbe et les os.<br>(Bayeux, Normandie.)[7])</td></tr>
</table>

Dies der gewöhnliche Ruf, unter welchem die Schar fortstürmt.

Andere Lieder gleicher Gattung enthalten mit den Verwünschungen zugleich einen Seitenhieb auf die Geistlichen. Die Tiere werden eingeladen, sich aus den Feldern der armen Leute in die volle Vorratskammer des Pfarrherrn zu begeben:

<table>
<tr><td>Sortez, sortez d'ici, mulots!<br>Ou je vais vous brûler les crocs![8])<br>Quittez, quittez ces blés!<br>Allez, vous trouverez<br>Dans la cave du curé<br>Plus à boire qu'à manger.<br>(Yonne, Marne, Aube.)[10])</td><td>Taupes et mulots,<br>Sortez de l'enclos![9])<br>Allez chez le curé!<br>Beurre et lait<br>Vous y trouverez<br>Tout à planté.<br>(Yonne, Marne, Aube.)[10]) Var.:<br>(Environs de Bourges.)[11])</td></tr>
</table>

---

[1]) Beaurepaire S. 14. [2]) *la taupe* der Maulwurf. [3]) *le mulot* die grofse Feldmaus. [4]) *le clos* die Einfriedigung; dann auch der eingezäunte Weinberg. [5]) Beaurepaire S. 14; Variante der letzten Strophe: Ou je te casse les os. [6]) *Barbassionne*(?) fehlt überall. [7]) Beaurepaire S. 17. [8]) *les crocs*, fam. der (Knebel)bart. [9]) *l'enclos* = *clos*. [10]) Tarbé II. S. 78; vergl. damit Tarbé II. S. 77, die feierliche Beschwörungsformel, welche unter allerhand kabbalistischen Gebräuchen im Dep. Seine-et-Marne zur Vertreibung schädlicher Tiere angewandt wird: „Rats et rates, je vous conjure, de la part du grand Dieu vivant, de sortir de cette demeure et d'aller prendre résidence à…" [11]) Champfleury Préf. XX.

Mit diesen Verwünschungen gegen die schädlichen Tiere gehen naturgemäfs Wünsche für das Gedeihen der Feldfrüchte Hand in Hand:

> Charge pommier,
> Charge pommier
> A chaque petite branchette,
> Tout plein ma grande bougette.¹)
>
> (*Normandie*.)²)

Aber die Hauptsache bleibt doch stets die Vernichtung des Ungeziefers. Hierzu dient aufser passenden Werkzeugen vor allem die Fackel, welche in ihre Schlupfwinkel hineinleuchtet. Dieselbe ist entweder ein einfacher Strohwisch — *brandon de paille*, *torche de paille* — oder besteht aus einer Stange, die mit langen, in Öl getränkten Reisigbündeln umwunden ist — *colinettes*, *flambarts* oder *coulines*; von letzterem Worte werden diese Lieder geradezu *Chansons de coulines*³) genannt, wofür in den nördlichen Provinzen, wie *Rathery*⁴) erwähnt, sich auch die Ausdrücke *Bouhours* und *Bures* finden.

Wie sehr diese Sitten ihre ursprüngliche Bedeutung verloren haben, geht auch daraus hervor, dafs in einigen „privilegierten" Orten, wie *Beaurepaire* sie nennt, die Umzüge in den Strafsen des Ortes stattfinden, wobei die primitiven Strohwische durch elegante Laternen mit zierlich ausgeschnittenem Papier ersetzt werden.⁵)

Fragt man nach dem Ursprunge dieser Sitten, so läfst sich nicht mit Bestimmtheit sagen, ob sie dem römischen Heidentum oder dem Druidischen Aberglauben entstammen. Soviel steht aber fest, dafs mehrere Konzile, das von *Arles* sowie dasjenige von *Leptines* sich mit diesen heidnischen Bräuchen beschäftigten und auf Mittel sannen, sie zu vernichten. Auch hier fand die Kirche keinen besseren Ausweg, als die dem Heidentum entstammenden Sitten anzuknüpfen an christliche Feste; und so decken Weih-

---

¹) *la bougette* die Bütte. ²) Beaurepaire S. 18. ³) Beaurepaire S. 16.
⁴) Rathery a. a. O. S. 582. R. verweist hier auf eine auch bei Champfleury S. 2 erwähnte Arbeit des *abbé Corblet* (in dessen *Glossaire du patois picard*) über: *La chanson des Bouhourdis* hin; vergl. auch S. 302 Weinlieder.
⁵) Beaurepaire S. 15.

nachten und Neujahr, die Heiligen drei Könige und St. Johann noch heute Reste heidnischer Zeit.[1])
Wie bei den Neujahrsbittgängen beschränkt sich auch die Sitte des Feldlaufens nicht auf den Dreikönigstag allein. Letzterer bildet wiederum den Mittelpunkt eines Zeitabschnittes, welcher durch das Weihnachtsfest, wie andererseits durch den ersten Fastensonntag begrenzt wird. So singen Kinder zu *Caën*, indem sie mit Fackeln den Ort durchstreifen, zu Weihnachten Verschen, in welchen Verwünschungen gegen die schädlichen Tiere sich mit der Begrüfsung des Weihnachtsmannes einen:

> Salut, Noël![2]) d'où viens-tu,
> Depuis un an q' j' ne t'avais vu?
> Si tu viens dans mon clos,
> Je te brûlerai la barbe et les os.
> Tau, tau, tau,[3]) les mulots.
> (*Caën, Normandie*.)[4])

Ähnlich verknüpft sich eine unverständliche Beschwörungsformel der *Auvergne* mit dem Neujahrsfeste:

> „Inaca."
> „Coudribala"
> „*La guilané*"
> „Du bon pain frais."
> (*Montagnes de l'Auvergne*.)[5])

Ihren Höhepunkt erreichen diese Bräuche in dem Heiligen Dreikönigstag, ihren Abschlufs in dem ersten Fastensonntag, welcher daher auch geradezu *Fête des Brandons*[6]) genannt wird. Zum Schlufs werden die Reisigbündel zu einem hellflackernden Feuer vereint, in welches man einige Katzen, die Genossen böser Zauberer, wirft. Ein fröhliches Mahl folgt, bei welchem die Armen ihren Teil mit den Worten erbitten:

---

[1]) Beaurepaire S. 20. [2]) Vergl. in betreff der Verkörperung des Weihnachtsmannes S. 279. [3]) *Tau* erinnert an *taupe*. [4]) Beaurepaire S. 15.
[5]) Mitgeteilt von J. Guigniaut bei Beaurepaire S. 19; vergl. auch Ampère a. a. O. 1164, nach welchem die oben aufgeführten Worte eine Art Erkennungsruf der Bewohner von *Charolais* (Teil von Burgund) darstellen. Die Worte selbst sollen auf heidnischen (keltischen) Aberglauben zurückgehen. [6]) In *Isle-de-France* so genannt; *dimanche des bourres* (der Reisigbündel) in den *Ardennes* in betreff der übrigen Bezeichnungen in andern Provinzen s. Champfleury Préf. XX.

> Saint Panceau,¹) qui n'a pas soupé,
> S'il vous plait de lui en donner!
> Taillez haut,
> Taillez bas
> Un bon morceau
> Au milieu du plat.²)
> Si vous n'avez pas de couteau,
> Donnez tout le morceau etc.;
> *(Canton de Charleville, Champagne.)*³)

Der Karneval, welcher mit *mardi gras*, dem Vortage des Aschermittwoch, sein Ende erreicht, hat in Frankreich keine der charakteristischen Gesänge bewahrt, wie in andern Ländern romanischer Zunge. In jenen Liedern, welche *Beaurepaire*⁴) im Auge hat, finden sich nur „die natürlichen Ideen ausgesprochen, welche sich ergeben, wenn auf die fetten Wochen des Fasching die magere Fastenzeit folgt". Dagegen wird Fastnacht selbst — *mardi gras* — durch Sitte und Gesang ausgezeichnet. Unter dem gleichen Liede, welches von seiten der Armen an der *fête des brandons* angestimmt wurde, wird ein kleiner pausbäckiger Junge auf einem Esel von Thür zu Thür geführt. Mit den Gaben, welche er erhält, wird ein fröhliches Mahl gehalten.⁵) In der *Normandie*, wie *Champfleury* und *Beaurepaire* gleichzeitig berichten, wird *mardi gras* in feierlichem Zuge seitens der Jugend begraben. Dazu ertönt aus voller Kehle das Lied:

> Mardi Gras est mort,
> Sa femme en hérite
> D'une cueiller à pot
> Et d'une veille marmite.⁶)
> Chantons haut, chantons bas,
> Mardi gras n'entendra pas.
> *(Normandie.)*⁷)

Es ist, als sei mit der Fastenzeit zugleich eine Enthaltsam-

---

¹) *Saint Panceau*, auch *Pançart* ist ein der Phantasie des Volkes entsprungener Heiliger, welcher als Patron der Leute von gutem Appetit gilt. ²) *le plat* die Schüssel. ³) Tarbé II, S. 47. ⁴) Beaurepaire S. 20. ⁵) Tarbé II, S. 44. ⁶) *la marmite* der Fleischtopf. ⁷) Champfleury S. 34; vergl. Beaurepaire S. 21. — Aus der Champagne (Bern) berichtet Champfleury S. 209 von einem *lundi gras*, an welchem Burschen gleichfalls Bittgänge hielten.

keit an Liedern eingetreten; erst mit dem Vorabend des Osterfestes ertönen neue Lieder, welche gleich den früheren auf die Darreichung von Gaben, besonders auf die so beliebten Ostereier abzielen.

In der Umgegend von *Reims* durchziehen am heiligen Abend die Kinder mit Klappern, welche früher die Stelle der Glocken vertraten, die Strafsen und bitten ganz allgemein um eine Gabe mit den Worten:

> Je vous salue avec honneur:
> N'oubliez pas les brouillonneurs.[1]
> Un jour viendra,
> Dieu vous le rendra.
> Alleluia!
> Alleluia!
> Alleluia! (*Cormentreuil, Marne.*)[2]

Dann rufen sie gemeinsam die Stunden der einzelnen Metten aus und erbitten Ostereier. Zu dem gleichen Zwecke ziehen die Chorknaben in den einzelnen Distrikten der *Champagne* durch die Strafsen unter Absingung des Kirchenliedes: *O filii*,[2] während die Kinder aus *Brie* ihre Bitte um buntgefärbte Eier offen in dem Verschen aussprechen:

> Bonjour, la société!
> Donnez, donnez, donnez!
> Je viens quérir mes roulés:[3]
> Donnez, donnez, donnez!
> (*Gouaix, Seine-et-Marne.*)[4]

Und in *Langres* versprechen die Kinder den „Herren und Damen", welche ihre Bitte erfüllen, in naiv kindlicher Weise, dafs sie wie Engel geradeswegs in den Himmel eingehen sollen:

> Seigneurs et dames, qui écoutez ceci,
> Donnez des œufs à ces petits enfants,
> Et vous irez tout droit en paradis,
> Droit comme un ange auprès de Jésus-Christ.
> (*Montagne langroise.*)[5]

---

[1] *les brouillonneurs* die Störenfriede; sollte die Bildung dieses Wortes von *brouillon* nicht beeinflufst sein durch *aguillonneurs* und viell. das Gleiche bedeuten? [2] Tarbé II, S. 48. [3] Mit *roulés* bezeichnet man die in eine rote Flüssigkeit gerollten (Eier). [4] Tarbé II. S. 49. [5] Theuriet Sous bois S. 135.

Der Ostertag selbst wird am besten durch das Lied von den drei Marien charakterisiert. Wenn *Beaurepaire* dasselbe einzig und allein auf den Marienkultus des Mittelalters zurückführt, so dürfte es zutreffender sein, mit Dr. Dunger[1]) an die drei Nornen, die alten heidnischen Schicksalsgöttinnen zu denken, welche ebenfalls unter dem Namen der drei Marien vorkommen und den ersten Anstofs zu dem Liede gegeben haben könnten. Freilich würde nur die Dreizahl allein den heidnischen Ursprung verraten, da der heidnische Charakter im übrigen durch die Anlehnung an den biblischen Stoff verdrängt worden ist.

> Ce sont les trois Maries,
> Au matin sont levées,
> S'en vont au monument
> Pour Jésus-Christ chercher.
> Marie Marthe,
> Marie Madelaine, et Marie Salomé.

| Ne l'ayant point trouvé | Y étant arrivées |
| Se sont mises à pleurer! | Se mit à leur parler. |
| Ah! qu'avez-vous, Marie; | J'ai planté une vigne,[2]) |
| Qu'avez-vous à pleurer? | Je la veux labourer;[4]) |
| Nous cherchons Jésus-Christ | Et de mon propre sang |
| Sans pouvoir le trouver. | Je la veux arroser.[5]) |
| Allez-vous-en là-haut, | Alors les trois Maries |
| Au jardin Olivier.[2]) | Se misent toutes à pleurer. |
| Là vous y trouverez | Puis ont baisé[6]) les pieds |
| Un homme jardinier. | Du Christ jardinier. |

*(Haute-Normandie.)*[7])

Zu allen Zeiten ist die **Wiederkehr des Frühlings** mit festlichen Gesängen gefeiert worden, durch fröhliche Umzüge, Spiel und Tanz. Auch dieses Fest geht in seinem Ursprunge auf römisches Heidentum zurück, speziell auf die Feste der Flora, — eine Annahme *Puymaigres*,[8]) die um so glaublicher

---

[1]) Dr. Dunger, Kinderlieder etc. aus dem Vogtlande S. 46, 47.   [2]) *jardin Olivier* Olivengarten.   [3]) *vigne* Weinstock.   [4]) *labourer* bearbeiten (kultivieren).   [5]) *arroser* begiefsen.   [6]) *baiser* küssen.   [7]) Beaurepaire.   [8]) Puymaigre S. 199.

erscheint, als ähnliche Feste sich auch heute noch in der Mehrzahl der Länder wiederfinden, welche der römischen Herrschaft unterworfen waren.

Wenn *Champfleury*¹) auch erwähnt, dafs in *Bresse* das Nahen des Frühlings mehr gefeiert werde, als der Neujahrstag, so läfst sich das Gleiche nicht von den übrigen Provinzen behaupten; vielmehr schwinden auch hier die Sitten und Lieder, welche sonst den Einzug des Frühlings aller Welt verkündeten, und nur die Reichhaltigkeit der Sammlungen läfst ahnen, welch reiches Leben hier geherrscht haben mufs; Nord und Süd, Ost und West bieten wetteifernd eine Fülle von Liedern dar, welche trotz des verschiedenen Charakters der einzelnen Provinzen dennoch eine gewisse gleiche Grundstimmung tragen.²)

In allen Teilen Frankreichs knüpft sich die Feier an den schönen Monat Mai an, hauptsächlich an den **ersten Mai** oder, wie in *Bourgignon*, an den ersten **Sonntag** im Maimonat. In der *Dauphiné* finden die Festlichkeiten bereits am Vorabend des Maitages statt. War die Feier bisher auf **einen Tag** beschränkt, so wiederholt sie sich in einzelnen Teilen der *Champagne* an allen vier Sonntagen, während sie sich in der *Franche-Comté*, wie *Rathery* berichtet,³) sogar über den ganzen Wonnemonat erstreckt.

Der Frühling gehört der Jugend. Daher sehen wir denn die junge Welt, vornehmlich die Mädchen, an dieser Feier rege beteiligt. Wie zu Neujahr schliefsen sie sich zu kleineren Gruppen, gewöhnlich zu dreien, zusammen. In der *Provence*, woher die Sitte nach Nordfrankreich kam, wurde das Maifest wie dasjenige Mädchen, welches die Hauptrolle bei demselben spielte, *la maye* genannt, welcher Ausdruck unter der Form *mazo* in die nördlichen Provinzen überging und mit *tri* die Zusammensetzung *trimazot* ergab, womit Sängerin und Lied zugleich bezeichnet wurde. Da nun aber, wie *Tarbé* für einzelne Teile der *Champagne* bezeugt,⁴) *trimazot* auch zur Bezeichnung

---

¹) Champfleury Préf. XX.  ²) Rathery S. 582 verweist auf eine mir fremd gebliebene Arbeit über das Maifest von Clovis Guiornaud in den *Mémoires de l'Académie de Besançon*.  ³) Rathery S. 582.  ⁴) Tarbé II, S. 66.

der herumziehenden Burschen angewendet ward, so machte sich das Bedürfnis einer schärferen Unterscheidung geltend, und neben den allgemeineren Formen *trimazot* und *trimazeaux* entstanden die weiblichen Formen *trimazettes* und *trimousettes*, welche allein den jungen Maimädchen verblieben.

Am meisten an die Ankunft des Frühlings erinnert die Maifeier im Jura. Junge Mädchen tragen triumphierend ein mit Blumen geschmücktes schönes Kind von Haus zu Haus. Mit den Worten:

> Voici le mai, le joli mois de mai,
> Qu'on vous amène.
> (Lons-le-Saulnier, Jura.)[1]

deuten sie auf den verkörperten Frühling hin. In den übrigen Provinzen mangelt diese Hinweisung; nur der Umzug seitens der Jugend bleibt bestehen. Selten sind es Burschen allein[2] oder in Verbindung mit Mädchen,[2] welche den Umgang halten, in der überwiegenden Mehrheit der Fälle ziehen Mädchen allein singend und tanzend von Haus zu Haus. Je nach den einzelnen Provinzen findet eine gewisse Gliederung innerhalb der Gruppen statt. In Lothringen heben sich drei Mädchen aus der Gesamtheit ab. Der besten Sängerin fällt der Vortrag des Liedes zu, welcher Aufgabe sie sich mit Geschmack und Gefühl zu entledigen weifs; zwei Gefährtinnen sind ihr beigesellt, welche unter dem Händeklatschen der übrigen den Kehrreim durch Tanz markieren.[3] Hier erscheint die beste **Sängerin** als die erste, sonst wird die **Schönste** zur Königin erwählt und mit den Namen *la maie, le mée (Provence), la Maïe, la Maïette (Franche-Comté)* oder *la Trimousette (Champagne)* geschmückt. Ein Kranz junger Mädchen, in der *Franche-Comté Tsarmaïas* genannt, umgibt sie gleich einem Hofstaate; weifs gekleidet, oft mit Bändern geziert, ist ihr schönster Schmuck das junge Grün des Frühlings — nur die Königin allein trägt Rosen im Haar wie in der *Dauphiné*, oder wie in der *Champagne* eine Blumen- oder Bänderkrone.

Die Lieder, welche gesungen werden, erhalten durch den

---

[1] Puymaigre S. 203, Champfleury Préf. XXV. [2] Champfleury S. 42; vergl. S. 295. [3] Champfleury S. 161.

steten Anruf *Trimazot, trimazette*, wie den beständigen Hinweis auf den schönen Monat Mai im Kehrreim ihre charakteristische Umrahmung. Nicht minder waltet bezüglich des Inhaltes zwischen ihnen und den Neujahrsliedern ein wesentlicher Unterschied ob. Wenn auch hier um Eier und Mehl gebeten wird, oder um Geld, wie seitens der Burschen in Burgund: *pour faire le petit goûté*,[1]) so geschieht dieses nicht aus selbstsüchtigen Gründen allein. Nicht müde werden die Bittenden zu betonen, dafs sie die Gaben nicht für sich, sondern für den holden Jesusknaben, für die Jungfrau Maria sammeln, um deren Altar von dem Erlös zu schmücken, ihn im hellsten Kerzenlicht erstrahlen zu lassen. Doch vergifst die jugendliche Schar, nachdem sie der Himmelskönigin gedacht, auch sich selbst nicht; und wenn die Burschen sich am Wein erlaben, lassen sich die Mädchen den Kuchen trefflich munden, welchen sie am Abend des ersten Mai von den erbetenen Gaben backen.[2]) Aber gerade diese Vermischung heiliger und weltlicher Dinge gibt diesen Liedern ihr eigenartiges Gepräge, wie zugleich die Hindeutung auf die erwachende Natur, die selten fehlt, ihnen etwas Frisches verleiht:[3])

> Trimouzettes, emmi[4]) les champs! (bis)
> Nous ervenons[5]) eddans[6]) les champs;
> J'avons trouvé les blés[7]) si grands
> Et les avaines[8]) on avenout,[9])
> Trimouzettes, trimouzettes.
>    C'ët le Mai,
>    Moi ed Mai;
> C'est le joli mois ed Mai:

---

[1]) Champfleury S. 42. [2]) In Berru bei Reims. Tarbé II, S. 62. [3]) S. z. B. Champfleury Préf. XX.:

> Le voilà venu le joli mais.
> Laissez bourgeonner le bois;
> Le voilà venu le joli mois;
> Le joli bois bourgeonne.
> Il faut laisser bourgeonner le bois,
> Le bois du gentilhomme.

[4]) *emmi* (en mi) mitten in. [5]) *ervenons* = *revenons*. [6]) *eddans* = *dedans*, wie in der Folge *ed* = *de*, *eddevant* = *devant*, *edmandons* = *demandons*. [7]) *les blés* die Getreidefelder. [8]) *les avaines* = *avoines* der grüne Hafer. [9]) Var.: *et l'avenant* = *à l'av.*, dem entsprechend; Theuriet S. 285 hat *vont se levant*, Puymaigre S. 206: *sont en lev.*; S. 209: *en amendant*.

Quand vot' mari s'on va déhors, (bis)
Que Dieu soit bon à soun accord,[1])
Et à l'accorde de son fils,
Fils Jésus, fils Jésus!
 C'èt le Mai, etc.

En passant eddevant vot' porte, (bis)
C' n'èt pas pou nous qu' nous ed-
 mandons:
C'èt pou aidey achetey[2]) u cierge,
Et pou lumey la noble Vierge
Eddevant Dieu, eddevant Dieu.
 C'èt le Mai, etc.

Quand vous couchez vot' bel en-
 fant, (bis)
Vous le couchez et le le(u)vez,
Et à toute heure ed la journée,
Eddevant Dieu, eddevant Dieu.
 C'èt le Mai, etc.

U p'tit brin[3]) ed vot' farine![4]) (bis)
C' n'èt pas pou nous qu' nous ed-
 mandons:
C'èt pou la Vierge et son saint fils,
Fils Jésus, fils Jésus!
 C'èt le Mai, etc.

 Mamselle, nous vous remercions, (bis)
 C' n'èt pas pou nous qu' nous edmandons:
 C'èt pou la Vierge et son saint fils,
 Fils Jésus, fils Jésus!
  C'èt le Mai,
  Mois ed Mai;
 C'èt le joli mois ed Mai.
  (*Berru, près Reims.* Var.: *Selles, Marne.*)[5])

Dieses Lied, welches als Typus der Gattung dienen kann, zeigt zugleich die Menschenkenntnis des Volkes. Bei der Hausfrau klopfen die Kinder an und fassen sie bei der empfänglichsten Stelle, „dem schönen Kinde", welches sie, wie andeutend auch hier, in eine hübsche Beziehung zu dem Jesusknaben setzen. Andere Lieder (*Poitou*)[6]) versprechen für die Hühner zu bitten, wenn die Hausfrau Eier gewähre, für die Börse, wenn sie Geld gibt. Besonders gern wenden sich die Bittenden — was bei den Neujahrsliedern nicht so scharf hervortrat, — an die jungen heiratslustigen Paare:

Jeunes garçons à marier,
Faites-nous charité.
Nous prierons la bonne Sainte Vierge
Qu'elle vous envoie une bonne maî-
 tresse.[7])
 Trimazos!
C'est le mai, mois de mai,
C'est le joli mois de mai.

Jeunes filles à marier,
Faites-nous la charité.
Nous prierons notre Seigneur
Qu'il vous envoie un bon serviteur.
 Trimazos!
C'est le mai, mois de mai,
C'est le joli mois de mai.

 (*Vernéville, Pays messin.*)[8])

---

 [1]) *à so(u)n accord* in betreff seiner. [2]) *aider acheter (une cierge)* um beizusteuern zu einer Kerze. [3]) *brin* Krümchen (schlesisch: Brinkel). [4]) *farine*

Gibt uns *Tarbé* vielleicht den Schlüssel zu dieser Bevorzugung? Derselbe erwähnt aus den Ardennen, dafs die jungen Ehepaare, welche sich innerhalb des letzten Jahres verheiratet haben, durch die Sitte verpflichtet seien, den Kindern bei deren nächstem Umgange fünf Sous zu gewähren.[1]) Seitens der Kinder dieses schon ein Jahr voraus im Auge zu haben, wäre wohl vorsorglich, natürlich und kindlich aber nicht. — Verschliefst sich jedoch ein Haus ihren Bitten, so werden vielfach der Hausfrau, im Gegensatz zu den Neujahrsliedern, gewissermafsen als Strafe soviel Kinder wie Blätter im Walde oder Steinchen auf dem Acker, gewünscht:

> Si veu²) n' mo baille(u)z³) rien,
> Je vo sohatans au(s)tant d'affans
> Qui y a de pierrott's dans les champs,
> Et de fouilles dans les bochons.⁴)
>     O trimazos!
>     Ç'o le maye, oh! mi⁵) maye.
>     Ç'o lé trimazos!
> (*Pays messin, Ars-Laquenex, Var.: Vernéville, Malavillers, Anoux.*)⁶)

Im übrigen gleichen sich Neujahrs- und Mailied; auch hier die Bitte, die *trimazos* ziehen zu lassen, um Gaben bei anderen einzusammeln mit der für die Maienzeit charakteristischen Wendung:

> Pour nous, j'allons toute la nuit chantant,
>     A l'arrivée du doux printemps.
>                                         (*Poitou.*)⁷)

Wesentlich verschieden von den bisher geschilderten ist das Maifest in *Bresse* (Burgund), wo sich Mädchen und Burschen zu den Umzügen zusammenthun. Wie sehr die Mädchen indessen auch hier die Hauptsache sind, sehen wir daraus, dafs ein Mädchen — *la Maïe* — als „Königin" dem Zuge vorausschreitet; ein Bursche ist ihr als Kavalier beigegeben, welcher einen mit

---

Mehl. ⁵) Tarbé II, S. 61, 62 u. S. 64, 65; vergl. auch Champfleury S. 209 und Theuriet S. 285. ⁶) Champfleury S. 110. ⁷) Vergl. S. 61 Anm. 11. ⁸) Puymaigre S. 207.

¹) Tarbé II, S. 59 Anm. (1). ²) veu = vous. ³) bailler, fast veraltet = geben. ⁴) bochons = buisson Gehölz. ⁵) mi maye, wohl = mois de mai. ⁶) Puymaigre S. 211; Var.: S. 207. 209 u. 211. ⁷) Champfleury S. 110.

Blumen und Bändern geschmückten Maien trägt; auch die Königin ist reich mit Bändern geschmückt. Dann singen sie:

| | |
|---|---|
| Voici venu le mois des fleurs, | Il est venu sans mes amours, |
| Des chansons et des senteurs;[1] | Que j'entends, hélas! toujours; |
| Le moi qui tout enchante, | Tandisque l'oiseau chante, |
| Le moi de douce attente; | Et que le mai l'on plante,[3] |
| Le buisson[2] reprend ses couleurs, | Seule, en ces bois que je parcours, |
| Au vert bois l'oiseau chante. | Seule je me lamente. |
| | (*Bresse, Bourguignon.*)[4] |

In allen bisher erwähnten Provinzen erfolgte ein Zug vor die Häuser der Wohlhabenden, in der Umgegend von *Valence* (Dauphiné)[5] hielt die mit Rosen geschmückte Königin — *la belle de mai* — im Kreise ihrer Freundinnen gewissermafsen Hof und liefs die Vorübergehenden um eine Beisteuer zu dem Feste bitten, welche am Abende statthaben sollte; als Belohnung erfolgte ein Kufs. Da die Maischöne jedoch nicht immer dieser Bezeichnung entsprach, so lösten sich die Vorübergehenden mit einem höheren Lohne von der zugedachten Liebkosung, ein Verfahren, welches sich als so vorteilhaft erwies, dafs nun systematisch die Häfslichste zur Maischönen erkoren ward, bis endlich (1840) — Kufs und Sitte verschwand.

In ähnlicher Weise versammeln sich die jungen Mädchen Lothringens auf dem Wege zur Kirche nach *Dommartin* und befestigen an den Hut der jungen Burschen, welche sie antreffen, Lorbeer- und Rosmarinzweige. Dazu stimmen sie den anmutigen Gesang an, in welchem weltliche Liebe und Bitten für die Himmelskönigin sich seltsam mischen:

| | |
|---|---|
| Un beau Monsieur nous avons trouvé, | Donnez-nous votre chapeau, |
| Dieu lui donne joie et santé, | Un petit bouquet nous y mettrons, |
|    Ayez le mai, le joli mai. |    Ayez le mai, le joli mai. |
| Que Dieu lui donne joie et santé | Mon beau Monsieur, à votre gré,[6] |
| Et une amie de son gré,[6] | Aujourd'hui vous nous donnerez, |
|    Ayez le mai, le joli mai. |    Ayez le mai, le joli mai, |

---

[1] *les senteurs* die Wohlgerüche. [2] *le buisson* das Gehölz, Gebüsch. [3] Vergl. S. 113 ff. [4] Champfleury S. 42. [5] Champfleury S. 145. [6] *de son gré* (geht auf Gott) = aus freiem Antrieb, gern; dageg. *à votre gré* nach Eurem Gefallen.

Ce sera pour la vierge Marie,
Si bonne et si chère,
Ayez le mai, le joli mai.
(*Environs de Remiremont, Vosges.*)[1]

Bei den bisherigen Festen ruhte Sang und Brauch hauptsächlich bei der Kinderwelt, der Johannistag ist ein Fest der Erwachsenen, obwohl *Champfleury* vereinzelt aus *Dunkerque* (Flandern) berichtet,[2] dafs auch Kinder diesen Tag durch Blumenschmuck, Tanz und Spiel feiern. Ausdrücklich bezeugt *Bujeaud*,[3] dafs es keinen Bezirk gebe, der nicht zu St. Johanni sein Fest habe, seine „*assemblée*", wie es in den westlichen Provinzen heifst, während diese Zusammenkünfte in der *Vendée* mit „*prérail*", in der *Charente* mit *frairie* (*frérie?*) bezeichnet werden. Mit dem Mähen des Getreides tritt in den Erntearbeiten eine gewisse Pause ein, ehe das Einbringen in die Scheuern erfolgen kann. Diese Ruhepause fällt, für Frankreich wenigstens, in die Zeit des Johannisfestes. Da um dieselbe Zeit Knechte und Mägde zuströmen, um sich, sei es für die Erntearbeiten allein, sei es für das ganze Jahr, zu verdingen,[4] so sind die Vorbedingungen für die Feier ländlicher Feste gegeben. Die Aussicht, der Sorge um die nächste Zukunft überhoben zu sein, läfst diesen Kreis lebensfroher, jugendkräftiger Menschen die kurze Ruhepause, welche sie von der reichlichen und harten Arbeit noch trennt, doppelt froh geniefsen.

Schon am Vorabende des Johannisfestes werden allüberall Feuer entzündet, welche an den Ursprung der Feier, den Sonnenkultus, erinnern. Wie Neujahr hereinragt in das Maifest, so setzt sich auch der Maienkultus in dem Johannisfest fort. Ein geschmückter Maien bildet den Mittelpunkt eines Kreises, welchen die Dorfkinder mit Strohbündeln auszufüllen beflissen sind, die sie von Haus zu Haus erbeten haben. Der jüngste oder der älteste der Gemeinde, oft der Pfarrer des Kirchspiels selbst, wirft den Feuerbrand in den leicht entzündbaren Stoff, und um

---

[1] Paymaigre S. 202.   [2] Champfleury S. 9.   [3] Bujeaud I. S. 184 ff.
[4] Rathery S. 582.

die prasselnde Lohe tanzt die frohe Schar die Ronde. Von allen Seiten fliegen Sträufse von Haselblättern in das Feuer, oder Eichenkränze mit Johanniskraut umwunden. Dann stellen sich die Schnitter mit dem Rücken gegen die Glut, welche den Körper feien soll gegen die Mühen der folgenden „*campagne*". Von neuem beginnt der Tanz, und mit dem Niederbrennen der Flamme erwacht die Lust, den Feuerherd zu überspringen, Tollheiten aller Art zu treiben. Erlischt die Flamme, so ziehen sich die Dorfbewohner mit einem Feuerbrande zurück; sie versenken ihn in einen Brunnen, um das Fieber von ihrem Hause zu bannen. Nicht minder heilkräftig erweist es sich, ihrer Meinung nach, ein Stückchen Kohle in einer Truhe aufzubewahren. Für den Bauer ist sie der Talisman, welcher sein Haus im folgenden Jahre vor Blitzschlag bewahrt.

Wieviel Aberglauben sich an den Johannistag knüpft, ergibt die Blumenlese, mit welcher *Bujeaud*[1]) seine Schilderung des Festes schmückt. Wie in Deutschland an diesem Tage die Mädchen stillschweigend neunerlei Kräuter pflücken und sie zum (Braut-) Kranz winden, so sucht man auch in Frankreich am frühen Morgen des Johannistages Kräuter, welche Krankheiten zu heilen vermögen;[2]) aber nur wenn der Morgentau die Kräuter benetzt hat, sind sie heilkräftig.

„Wenn Du am Johannistage, vor Sonnenaufgang, einen Arm voll Gras auf der Wiese Deines Nachbarn schneidest und Deinen Kühen gibst, so geben Deine Kühe um so reichlicher Milch, während die Milch bei Deinem Nachbar versiegt" — in diesen Worten prägt sich eine andere Seite des Aberglaubens aus, welche die selbstsüchtige Natur des Bauern zeigt, der durch Zauberei seinen Nachbar zu schädigen trachtet, um dadurch doppelt zu gewinnen.

Um sich vor den Wirkungen des bösen Johanniszaubers zu schützen, findet daher zu *Jumièges* in der Normandie eine Art Prozession statt,[3]) welche die Verkörperung der Zauberei, einen Wolf — *le loup vert* — mit sich führt. Dieser Wolf wird von einer Person dargestellt, welche ebenso wie ihre Begleitung

---

[1]) Bujeaud I. S. 185 ff. [2]) Vergl. S. 119. [3]) Beaurepaire S. 21.

seltsam vermummt ist. Die Maskerade endet damit, daſs man den Wolf anscheinend auf einem Scheiterhaufen verbrennt. Bei dieser seltsamen, mit Zeremonien und liturgischen Gesängen gemischten Feier ertönt ein Lied, welches sich nur in seinen Anfangsstrophen auf das Johannisfest bezieht:

> Voici la Saint-Jean,
> L'heureuse journée,
> Que nos amoureux
> Vont à l'assemblée.[1]
>   Marchons, joli cœur,
>   La lune est levée.

| Le mien[2] y sera, | Je voudrais, ma foi, |
|---|---|
| J'en suis assurée, etc. | Qu'elle fut brûlée,[4] etc. |
| Il m'a apporté | Et lui mon mari, |
| Ceinture dorée,[5] etc. | Moi sa marié, etc. |

> Et lui mon mari,
> Moi sa marié,
> De l'attendre ici
> Je suis ennuyé.
>   Marchons, joli cœur,
>   La lune est levée.     (*Normandie.*)[6]

Bei diesem Gesange muſs uns die geringe Beziehung auffallen zwischen dem Liede und der Feier, zu welcher es ertönt — eine Erfahrung, welche sich bei den Ernteliedern öfter wiederholt. Wir müssen zurückgreifen auf das Kapitel der Liebe, diesen Urquell aller Dichtung, wollen wir die Lieder namhaft machen, welche durch ihren Reiz die Einförmigkeit ländlicher Arbeit unterbrechen. Es ist dieses auch natürlich: die Einsamkeit, welche den Holzfäller umgibt, weckt die Sehnsucht — und so begleitet das Lied von den drei Holzfällern[6] seine harte Arbeit. Das Zusammenströmen so vieler lebensfroher Burschen und Mädchen bei der Ernte weckt die Liebe, und von der Liebe des Schnitters

---

[1]) Vergl. S. 297.   [2]) Zu ergänzen *ami*; vergl. S. 86 Anm. 3.   [3]) Vergl. S. 62 Anm. 3.   [4]) Sinn: daſs die Zeit des Brautstandes vorüber sei; vergl. Schiller: mit dem Gürtel... reiſst der schöne Wahn entzwei.   [5]) Rathery a. a. O. S. 582, Beaurepaire S. 22; die Musik zu dem Liede befindet sich, wie B. erwähnt, in dem mir fremd gebliebenen Werke von Hyacinthe Langlois: Essai sur les Énervés de Jumièges. Mosaïque de l'Ouest. Année 1844—45.   [6]) Vergl. S. 55 ff.

zu seinem einfachen Mädchen[1] spricht das Lied, welches das Mähen des Getreides begleitet. Abends aber, wenn Schnitter und Schnitterinnen mit der sinkenden Sonne heimwärts ziehen, dann zieht durch die friedliche Stille des Sommerabends langsam und feierlich das Lied von dem Geliebten, der, sehnsüchtig erwartet, nicht kommen will, und den Gefahren, welche der Geliebten daraus entspringen:

> Au jardin de mon père
> Des orang's il y a.
> Mignonne,[2] je vous aime,
> Et vous ne m'aimez pas.

| Ell' demande à son père | Dans son chemin rencontre |
| Quand on les cueillera. | Le fils d'un avocat. |
| On les cueill'ra, ma fille, | Que portez-vous, la belle, |
| Quand votre amant viendra. | Dans ce beau panier-là. |
| Les orang's, elles sont mûres,[3] | Monsieur, sont des oranges, |
| Et l'amant ne vient pas. | Ne vous en plait-il pas? |
| Elle prend son échellette,[4] | Il en a pris deux couples,[7] |
| Son panier[5] sous les bras. | Mais il n' les paya pas. |
| Ell' cueille les plus mûres, | Vous prenez mes oranges, |
| Les vert's elle les laissa. | Et vous n' les payez pas? |
| Les porte au marché vendre, | Entrez dedans ma chambre, |
| Au marché de Lava.[6] | Maman vous les paiera. |

> Quand ell' fut dans la chambre,
> La Maman n'y était pas —
> Mignonne, je vous aime
> Et vous ne m'aimez pas.
> (*Normandie*.)[8]

Wird aber der Segen des Feldes auf der Tenne gedroschen, so ertönt dazu das Lied der Drescher,[9] welches nicht minder den Abschlufs aller ländlichen Arbeiten — das Erntefest (*la*

---

[1] Vergl. S. 60 ff.  [2] *mignonne* (aus dem deutschen: Minne) Liebchen, Herzchen.  [3] *mûr* reif.  [4] *echelette* kleine, niedliche Leiter; vergl. S. 57 Anm. 2 in betreff der Diminutivform.  [5] *panier* Korb.  [6] *Lava* = *Laval* Stadt (*Mayenne*).  [7] *deux couples* zwei Paare.  [8] Champfleury Préf. S. VII, VIII; Ch. fügt hinzu, dafs er den Schlufs des Liedes nicht habe erhalten können.  [9] Während in der Mehrzahl der Provinzen Lieder die Erntearbeiten begleiten, bezeugt Beaurepaire S. 24, dafs dieses in der Normandie nicht der Fall sei.

*fête de gerbe*) ¹) — verschönt und gleich dem Schnitterliede von glücklicher Liebe singt; nur in seinem Kehrreim malt es markig den Takt der Drescher.

> Voilà la Saint-Jean passée,
> Le mois d'août est approchant,
> Et tous les garçons des villages
> S'en vont la gerbe ²) battant.
> Ho! batteux,³) battons la gerbe,
> Compagnons, joyeusement.

Par un matin je me lève
Avec le soleil levant;
Et j'entre dedans une aire:⁴)
Tous les battants sont dedans.
Ho! etc.

V'là des bouquets qu'on apporte,
Chacun se va⁶) fleurissant;
A mon chapeau je n'attache
Que la simple fleur des champs.
Ho! etc.

Je salue la compagnie,
Le maitre et les suivants;
Ils étaient bien vingt ou trente,
N'est-ce pas un beau régiment?
Ho! etc.

Mais je vois la giroflée⁷)
Qui fleurit, et rouge et blanc;
J'en veux choisir une branche,
Pour ma mie c'est un présent.
Ho! etc.

Je salue la jolie dame
Et tous les petits enfants,
Et dans ce jardin là j'entre
Par une porte d'argent.⁵)
Ho! etc.

Dans la peine, dans l'ouvrage,
Dans le divertissement,
Je n'oubli' jamais ma mie,
C'est ma pensée en tout temps.
Ho! etc.

> Viendra le jour de la noce,
> Travaillons, en attendant;
> Devers la Toussaint prochaine⁸)
> Nous aurons contentement.
> Ho! batteux, battons la gerbe,
> Compagnons joyeusement.
>  (*Vendée*.)⁹) (*Bas-Maine*.)¹⁰)

So begleitet das Schneiden des Hanfes das uns gleichfalls schon bekannte schwermütige Spinnerlied:¹¹)

---

¹) Champfleury S. 113 gibt eine ausführlichere Schilderung dieses Festes, welches, wie er erwähnt, von G. Sand auch auf die Bühne gebracht sei; vergl. auch: Soldatenlied.   ²) *la gerbe* Garbe.   ³) *batteux* (für *batteur*) Drescher.   ⁴) *aire* Tenne.   ⁵) In betreff der die lebhafte Phantasie des Volkes kennzeichnenden Ausdrücke, wie *porte d'argent*, *ceinture dorée* etc., vergl. Kap. Sprache und Reim.   ⁶) *se va* = *s'en va*; Champfl. 113 *va se*.   ⁷) *la giroflée* Levkoje.   ⁸) 1. Nov.   ⁹) Rathery a. a. O. S. 657.   ¹⁰) Beaurepaire S. 24, vergl. auch Champfleury S. 113 und Kap. Liebeslust S. 78.   ¹¹) Vergl. Kap. Liebesleid S. 128.

> De Paris à la Rochelle
> Plantons le moy (= mai),
> Plantons le may, Madeleine,
> Plantons le moy,
> Vous et moy (= moi).

während das seinem Inhalte nach tieftraurige Lied von *Pernette*

> La Pernette se lève,
>   Tra la la la la, tra la la,
>   Londérira!
> La Pernette se lève,
> Deux heures d'avant jour (ter).

die Arbeit der Seidenzüchter bei dem Reinigen der Kokons fördern hilft.[1]

Wenn die Lieder, welche die Feldarbeiten und ihren Schluſs, die Ernte, begleiteten, in keiner direkten Beziehung zu der Arbeit selbst standen, so verhält es sich gerade umgekehrt bei jenen Gesängen, welche sich mit der Weinlese verknüpfen — sagt man doch nicht mit Unrecht, der Wein habe uns die Sprache der Götter gelehrt!

Frankreich ist das Weinland *par excellence*, und der frische, heitere Ton seiner Lieder ist nicht zum mindesten dem feurigen Gewächse zuzuschreiben, welches das Nationalgetränk des Volkes bildet. Oder ist nicht die Wirkung der Krone aller Weine, des Schaumweines der *Champagne*, unverkennbar in den perlenden Strophen eines Weihnachtsliedes aus Reims, welche das heitere Geplauder der Mädchen aus *Sillery* auf dem Wege zur Krippe mit den Worten malt:

> Apres avoir oï[2]
> Le bruit
> Et le riant débat,
>   La, la,
> De celles[3] de Sillery.        (*Reims.*)[4]

---

[1] Vergl. S. 89.  [2] oï = ouï (*ouïr*).  [3] Unter *celles* sind eben die Mädchen von Sillery verstanden (Dorf bei Reims (Marne).  [4] Tarbé I, S. 279. Champfleury S. 210 begleitet diesen Vers mit der bezeichnenden Frage: Ces cinq petits vers ne valent-ils pas une bouteille de vin de Champagne?

Und selbst der Deutsche, welchen der Druck Napoleonischer Zwingherrschaft zu dem Ausspruch berechtigte: ein echter deutscher Mann mag keinen Franzen leiden, gesteht doch ein, dafs er weit davon entfernt sei, die gleiche Antipathie für Frankreichs Weine zu empfinden. Kein Wunder, wenn der Franzose selbst Lieder zum Lobe seines Weines singt. Aber anstatt sich der Fülle edler Weine zu erfreuen, welche eine allgütige Natur diesem Lande schenkte, sehen wir seit Jahrhunderten litterarische Fehde entbrannt,[1] wem der beiden Hauptweine Frankreichs der Vorzug zu geben sei, dem feurigen Burgunder oder dem prickelnden Champagner. Auch heute noch ist dieser Streit lebendig, wie wir aus dem bei *Tarbé* mitgeteilten Liede ersehen, welches ganz in dem sprudelnden Charakter des Schaumweines gehalten, sich über beide Rivalen in folgender Weise ergeht:

    Vive le Champagne!
    Ce vin pétillant,[2]
    Charmant!
    Châteaux en Espagne[3]
    Fait faire souvent.
     Versé[4] par les belles,
     Ce vin capiteux,[5]
     Fameux,
    Fait passer près d'elles
    Des moments heureux.
     Vive le Champagne! etc.

| S'il mousse[6] et pétille, | La moindre secousse[9] |
|---|---|
| Dans tous les esprits | Fait au loin jaillir,[8] |
| Surpris, | Partir, |
| Franche gaité brille, | Sa brillante mousse, |
| Au milieu des ris. | Qu'on aime à saisir. |
| En foule on se presse | Versez sans attendre! |
| Autour du flacon | Ce vin disparaît |
| Fécond, | D'un trait;[10] |
| Et plus douce ivresse[7] | Buveur d'en répandre |
| Bannit la raison. | A toujours regret.[11] |
| Vive, etc. | Vive, etc. |

---

[1] Tarbé II, S. 268 ff. Anm. 1; vergl. auch Fertiault, Ausgabe der *Noëls* von *La Monnoye*. XLIV. [2] *pétiller* schäumen, perlen. [3] *Châteaux en Espagne* Luftschlösser. [4] *verser* einschenken. [5] *capiteux* den Kopf einnehmend. [6] *mousser* mussieren, schäumen. [7] *ivresse* Rausch. [8] *secousse*

Le vin de Bourgogne
Est partout fêté,
Vanté,
Et plus d'un ivrogne¹)
Connaît sa bonté.
Pour moi, sans lui nuire,
Le vin j'aime mieux
Mousseux;
Bons mots il inspire
Et rend plus joyeux:
Vive le Champagne!
etc. etc. etc.

(Avize, Oger, le Mesnil.)²)

Nicht minder eingenommen ist der Winzer von seinem Weinberge und den edlen Sorten, welche er baut. Schmeichelnd spricht er von seinem „Weinchen", welches er mit dem Winzermesser zu schneiden gedenkt. Hoch preist sein Lied den braven Mann, welcher den Wein zuerst gepflanzt, den Wein, die Milch des reifen Alters:

Vignon,³) vignon.
Vignon, vignette!³)
Qui te planta, il fut preudon⁴)
Tu fus taillée à la serpette,⁵)
Vignon, vignon,
Vignon, vignette!

Vignon, vignon,
Vignon, vignette!
Il m'est bien advis⁶) que j'allaitte,⁷)
Quand tu coule en mon gorgeron,⁸)
Vignon, vignon,
Vignon, vignette!

(Champagne.)⁹)

---

Stofs, Erschütterung. ⁹) *jaillir* verfliegen. ¹⁰) *d'un trait* sofort. ¹¹) Konstr.:
(*Le*) *Bureur a toujours regret d'en répandre* (verschütten).

¹) *ivrogne* Trinker. ²) Tarbé II, S. 288 ff. Zur Vergleichung setze ich die vielbewunderten Verse Désaugiers' (Champfleury S. 210) hierher, welche kaum den sprudelnden Charakter des Schaumweines so trefflich wiedergeben:

Lorsque le Champagne,
Fait, en s'échappant,
Pan, pan,
La gaité me gagne:
L'âme et tympan (!)

³) *vignon, vignette,* Diminutiva zu *vigne*. ⁴) *preudon* = *preu(x)*, vom lateinischen *pro(b)us* ehrenhaft und *d'on* = *d'(h)om(me)* (wie auch im Deutschen M a n n u. m a n gleichen Ursprung haben); *preudon* bedeutet also Ehrenmann, braver Mann. In betreff des französischen Genetivs vergl. das deutsche: eine Seele von Mann. ⁵) *la serpette* das Winzermesser. ⁶) (*il*) *m'est bien a(d)vis que*, veraltet u. famil.: es will mich bedünken. ⁷) *j'allaitte* für *je m'allaitte* ich sauge; *allaiter* sonst transitiv. ⁸) *gorgeron* = *gorge* Kehle; vergl. Anm. 1. ⁹) Tarbé II, S. 259.

Wie schon im griechischen Altertume, begleiten auch heute noch in Frankreich Gesänge voll dithyrambischen Schwunges die heitere Arbeit der Weinlese. Will doch *Fournier*[1]) einen ursächlichen Zusammenhang erblicken zwischen diesen Liedern und den Gesängen, welche griechische Kolonisten nach dem Süden Frankreichs verpflanzten. Wie dem auch sei, sicher ist, dafs diese Lieder einen empfänglichen Boden fanden und nicht nur in den weinerzeugenden Gebieten Frankreichs feste Wurzel fafsten, sondern selbst, wie das unten mitgeteilte vollständigste Lied dieser Gattung zeigt, in solchen Distrikten, welche, wie *Méry-sur-Seine*, kein eigentliches Weinland sind.[2])

In allen diesen Liedern, welche sich unter dem gemeinsamen Titel: *Chanson du vigneron* oder *La coupe du vin* zusammenfassen lassen, wird die Arbeit des Winzers bald mehr, bald minder ausführlich besungen: das Pflanzen und Hacken des Weines, sein Treiben und Reifen, sein Schneiden und Keltern, sein Verzapfen und Trinken. Aber mit welchem Schwunge! Das läfst sich nur aus dem Liede selbst erkennen, welches mit den Worten geradezu Musik treibt:

Plantons la vigne....
La voilà la joli' vigne!
Planti, plantons, plantons le vin;
La voilà la joli' plante au vin,
La voilà la joli' plante!

De plante en bine....[3])
La voilà la joli' bine!
Bini, binons, binons le vin;
La voilà la joli' bine au vin,
La voilà la joli' bine!

De bine en pousse....[4])
La voilà la joli' pousse!
Poussi, poussons, poussons le vin;
La voilà la joli' pousse au vin,
La voilà la joli' pousse!

De pousse en branche....
La voilà la joli' branche!
Branchi, branchons, branchons le vin;
La voilà la joli' branche au vin,
La voilà la joli' branche!

De branche en fleur....
La voilà la joli' fleur!
Fleuri, fleurons, fleurons le vin;
La voilà la joli' fleur au vin,
La voilà la joli' fleur!

De fleur en grappe....[5])
La voilà la joli' grappe!
Grappi, grappons, grappons le vin;
La voilà la joli' grappe au vin,
La voilà la joli' grappe!

---

[1]) Ampère a. a. O. S. 1187. [2]) Marelle S. 283. [3]) *la bine* die Hacke. [4]) *la pousse* der Trieb, das Treiben. [5]) *la grappe* die Traube.

De grappe en cueille....¹)
La voilà la joli' cueille!
Cueilli, cueillons, cueillons le vin;
La voilà la joli' cueille au vin,
La voilà la joli' cueille!

De cueille en hotte....²)
La voilà la joli' hotte!
Hotti, hottons, hottons le vin;
La voilà la joli' hotte au vin,
La voilà la joli' hotte!

De hotte en cuve....³)
La voilà la joli' cuve!
Cuvi, cuvons, cuvons le vin;
La voilà la joli' cuve au vin,
La voilà la joli' cuve!

De cuve en foule....⁴)
La voilà la joli' foule!
Fouli, foulons, foulons le vin;
La voilà la joli' foule au vin,
La voilà la joli' foule!

De foule en presse....⁵)
La voilà la joli' presse!
Pressi, pressons, pressons le vin;
La voilà la joli' presse au vin,
La voilà la joli' presse!

De presse en tonne....
La voilà la joli' tonne!
Tonni, tonnons, tonnons le vin;
La voilà la joli' tonne au vin,
La voilà la joli' tonne!

De tonne en perce....⁶)
La voilà la joli' perce!
Perci, perçons, perçons le vin;
La voilà la joli' perce au vin,
La voilà la joli' perce!

De perce en cruche....⁷)
La voilà la joli' cruche!
Cruchi, cruchons, cruchons le vin;
La voilà la joli' cruche au vin,
La voilà la joli' cruche!

De cruche en verre....
Le voilà le joli' verre!
Verri, verrons, verrons le vin;
Le voilà le joli verre au vin,
Le voilà le joli verre!

De verre en trinque....⁸)
La voilà la joli' trinque!
Trinqui, trinquons, trinquons le vin;
La voilà la joli' trinque au vin,
La voilà la joli' trinque!

(*Méry-sur-Seine.*)⁹) Var.: (*Berry, Saintonge, Aunis, Angoumois.*)⁹)

Einen charakteristischen Unterschied zeigen nur die Lieder. welche *Tarbé*¹⁰) aus der *Champagne* (*Châlons-sur-Marne*) und *Quépat*¹¹) aus dem *val de Metz* mitteilen. Seltsam kontrastiert

---

¹) *la cueille* Abpflücken. ²) *la hotte* der Tragkorb. ³) *la cuve* die Kufe. ⁴) *la foule* die Presse. ⁵) *la presse* die Kelter. ⁶) *la perce* das Anzapfen. ⁷) *la cruche* der Krug. ⁸) *la trinque*. aus dem deutschen: trinken, aber in der Bedeutung anstofsen ins Französische herübergenommen. ⁹) Marelle a. a. O. S. 282, 283; vergl. auch Champfleury S. 52 u. Bujeaud I, 48, 49. ¹⁰) Tarbé II. S. 273 ff. ¹¹) Quépat S. 30 ff. Während die übrigen Lieder die gleiche Form zeigen, weicht die Variante aus Metz auch in dieser Hinsicht ab, wie folgende Probe zeigt:

C'est le père Noé qui m'a planté.
Avec le ciseau on me vient couper,
Dedans le panier on me voit jeter,
Dedans les hottes on me voit vider

der biblische Eingang und der weltliche Schlufs. Von Erden bist Du gekommen, zur Erde sollst Du wieder hinabsteigen, mit diesen Worten senkt der Winzer der Champagne die Rebe in die Erde, während das Lied aus dem Thal von Metz die Frage nach der Herkunft des Weines mit dem Hinweis auf Vater Noah beantwortet. In beiden Lesarten erinnert der letzte Vers in sehr drastischer Weise an die Vergänglichkeit alles Irdischen. Die Hindeutung auf den bekannten, weinseligen Amor von *Guido Reni* möge genügen.

Mit dem Schlufs der Weinlese kehrt die frohe Schar der Winzer und Winzerinnen wieder in die heimatlichen Fluren zurück. In den Gebirgsdörfern bei *Reims* erweitert sich dieser Zug zu einer förmlichen Prozession. Allen voraus wird auf der Spitze einer Doppelleiter ein Knabe getragen, unzweifelhaft der verkörperte Bacchus. Mit dieser Erinnerung an die Mythenwelt der Griechen mischen sich feierliche, halb lateinische, halb französische Gesänge,[1]) welche den tiefen Ernst christlicher Lehre atmen;[1]) in heiterem Gegensatze hierzu steht der Charakter des Zuges, dessen Teilnehmer in der Hand einen ausgedienten Besen tragen, in dessen Mitte eine Kerze flammt. Auf dem Kirchplatze angekommen, werden die Besen zu einem Freudenfeuer zusammengeworfen.[2]) Sang und Tanz beginnt. Merkwürdig, dafs wir auch hier aus *Poitou* wie der *Picardie* Lieder finden, welche in neckisch übermütiger Weise die Lust am Tanze malen, ohne eine nähere Beziehung zu der eigentlichen Festfeier zu haben:

>    Sur le pont de Nantes,
>       La falira domdaine,
>    Il y a-t-un bal dressé,
>       La falira dondé.

>    Dedans la cuve on me voit porter,
>    Sûr le pressoir on me voit charger,...
>    Dedans le tonneau on me voit jeter,
>    Dedans la bouteille on me vient chercher,
>    Dedans le verre on me voit vider,
>    Dedans le gosier on me voit jeter...

[1]) Tarbé II, S. 278.   [2]) Tarbé II, S. 278 Anm. 1; vergl. auch Tarbé V, S. 58 Anm. 2.

J'ai tant dansé, tant,[1])
La falira dondaine,
J'ai tant dansé, tant ballé,
La falira dondé.

„Cordonnier, beau cor,
La falira dondaine,
„Cordonnier, beau cordonnier,
La falira dondé.

J'ai tout usé mes,
La falira dondaine,
J'ai tout usé mes souliers,
La falira dondé.

„Raccommode[2]) mes,
La falira dondaine,
„Raccommode mes souliers,
La falira dondé.

M'en vais chez le cor,
La falira dondaine,
M'en vais chez le cordonnier,[3])
La falira dondé.

„Te donn'rai un sou
La falira dondaine,
„Te donn'rai un sou marqué,[4])
La falira dondé.

„J'aim'rai mieux un doux,
La falira dondaine,
„J'aim'rais un doux baiser,[5])
La falira dondé.

(*Bas-Poitou*.)[6]) Var.: (*Picardie*.)[7]

Anders verhält es sich mit den Liedern, welche in der *Champagne* das Fest der Weinlese verschönen; sie zeigen den gleich engen Anschlufs an die Feier, welchen die Weinlieder bisher charakterisierten.

Vignerons, oyez[8]) bonne nouvelle!
La vigne est pleine de raisin.
Buvons donc du jus de la treille[9])
Enivrons-nous de ce bon vin.

(*Ecerly, Gouaix, Seine-et-Marne*.)[10])

ertönt, wenn die Ernte vorüber, gleichsam als Lohn für die vorausgegangene Mühe. Mit dem Liede eint sich der Tanz, *la vigneronne*, vielleicht noch dem Heidentum entstammend, dessen

---

[1]) In betreff des geschickten und wirkungsvollen Abbrechens der Worte hier wie in den folgenden Versen vergl. Kap.: Sprache und Reim.   [2]) *le cordonnier* der Schuhmacher.   [3]) *racommoder* ausbessern.   [4]) *sou marqué* = 15 *deniers* (Deut).   [5]) *le baiser* der Kufs.   [6]) Bujeaud I, S. 94, 95.   [7]) Der Abbé Corblet gibt in seinem *Glossaire du patois picard* (vergl. S. 286), eine Variante, welche gesungen ward, während die *vergers* (!) um ein Freudenfeuer tanzten. Auch dort läfst Babet ihren Schuh, der nicht so widerstandsfähig, wie sie selbst, im Tanze ist, bei dem schönen Jeannet ausbessern; auch er ist galant genug, statt des Geldes einen süfsen Kufs zu erbitten.   [8]) *oyez (ouir)* höret.   [9]) *jus* (spr. *jü*) *de la treille* Traubensaft.   [10]) Tarbé II, S. 276.

Musik aber schon zu *Tarbés* Zeit nur noch von wenigen alten Musikanten gekannt wurde.¹)

Wein und Weib verbindet sich leicht; und so ertönt denn in *Châlons-sur-Marne* bei dem fröhlichen Mahle der Weinlese ein Lied, welches, den Geboten des Koran wie den Gesetzen des katholischen Klerus entgegen, über die Notwendigkeit des Weintrinkens und der Liebe also argumentiert:

| | |
|---|---|
| Le vin est chose nécessaire: | L'amour est chose nécessaire: |
| Le ciel ne nous le défend pas; | Le ciel ne nous le défend pas. |
| Il eût fait la vendange amère, | Il nous eût fait des cœurs de pierre, |
| S'il eût voulu qu'on s'en privât. | S'il n'eût pas voulu qu'on aimât. |

Donc buvons tous à la ronde!
Trinquons, rions, amusons-nous,
Et de peur que l'amour ne gronde,
Voisin, voisine, embrassez vous.

(*Châlons-sur-Marne*.)²)

Ähnlich, gewissermaßen eine Umschreibung unseres:

Wer nicht liebt Wein, Weib und Gesang,
Der bleibt ein Narr sein Leben lang,

lautet es in *Angoumois* und *Saintonge*:

Buvons un coup, buvons-en deux
A la santé des amoureux:
A la santé de nos joli's maîtresses,³)
De ce bon vin qui brétille⁴) en nos verres.

Verstummt aber einmal der Gesang, so dient dies als Vorwand, sich mit einem „Schluck" die Kehle zu neuem Gesange anzufeuchten:

Toute chanson qui perd sa fin,
Mérit' toujours un coup de vin.

(*Angoumois, Saintonge*.)⁵)

Wenn auch die Zeit, welche nach der Weinernte bis Weihnachten verstreicht, nicht ohne Feste dahingeht — *Tarbé* erinnert

---

¹) Tarbé II, S. 276 Anm. 1. ²) Tarbé II, S. 262. ³) Vergl. S. 61 Anm. 11. ⁴) *brétille* = *pétille* funkelt; wegen des „r" vergl. S. 54 Anm. 4 und S. 65 Anm. 4. ⁵) Bujeaud II, S. 357.

an das Fest Allerheiligen,[1] *Theuriet* an die Feier der heiligen *Catherine*[2]) — sie treten völlig in den Hintergrund gegenüber der Weihnachtsfeier, welche strahlend das Jahr abschliefst.

Wie schon mehrfach bei dem französischen Volksliede, haben wir auch bei der Schilderung des französischen Weihnachtsfestes zunächst eines Irrtums zu gedenken, der bei uns in Deutschland vielfach Platz gegriffen hat, als kenne der Franzose die Feier eines Weihnachtsfestes nicht, oder vielmehr, als sei das französische Neujahrsfest ein schwacher Abglanz der sinnigen deutschen Weihnachtsfeier. Ich verkenne keineswegs, dafs in dieser Zusammenstellung eine gewisse Wahrheit ruht, insofern als bei beiden Festen hüben und drüben das gegenseitige Beschenktwerden die Hauptrolle spielt; allein damit ist die Frage noch nicht erschöpft, sondern gleich uns besitzt auch der Franzose eine sinnige Feier dieses herrlichen Tages — freilich nicht in der grofsen Hauptstadt Paris, sondern in den fern abgelegenen Provinzen; Paris ist in dieser Beziehung nicht Frankreich.

„Wenn es ein Fest in unserer *Champagne* gibt,“ sagt *Tarbé*,[3] „ein Fest, welches national in Frankreich ist, so ist es das Weihnachtsfest.“ „Wir in Burgund feiern alle Feste,“ so spricht sich *Fertiault*[4]) aus, „aber das Weihnachtsfest ist doch das Fest aller Feste.“ In den Liedern finden wir vielfach den Hinweis, dafs von allen Tagen der Weihnachtstag doch eigentlich der würdigste und schönste sei. Und in schalkhafter Weise sucht der Dichter die Ordnung des Jahres umzukehren — denn, so argumentiert er: hätten wir Weihnachten nicht, so wäre auch Ostern und Pfingsten nicht da; warum also diesen bedeutungsvollen Tag an das Ende des Jahres verlegen, eine Schande ist's, dafs wir nicht mit ihm das Jahr beginnen.[5]) „Weder der Frühling mit seiner Blütenpracht,“ heifst es in einem andern Liede. „noch der Sommer mit seinen goldenen Garben, noch der Herbst mit seinen lachenden Früchten kommen dem in Eis starrenden

---

[1]) Tarbé II, S. 68.  [2]) Theuriet S. 162 ff.  [3]) Tarbé, Préf. S. XXVII.
[4]) Fertiault, *Les Noëls bourgignons de la Monnoye* S. XI.  [5]) *La Monnoye* (Ausgabe Fertiault) S. 173, V.

Winter gleich. Ist uns doch in dieser rauhen Jahreszeit der Heiland geboren, schliefst sie doch daher die Freuden aller übrigen Jahreszeiten in sich ein."[1])

Also auch Frankreich hat, wie wir aus dem Munde sachkundiger Beurteiler hören, sein Weihnachtsfest, aber es trägt einen andern Charakter als die deutsche Feier.

Wir sind gewöhnt, Weihnachten vor allem als ein Fest der **Kinder** zu betrachten. Wohl werden auch in Frankreich die Kinder, als zur Familie gehörig, zum Weihnachtsfest hinzugezogen, aber sie treten nicht in den Mittelpunkt der Feier, wie bei uns. Da wir jedoch an diesem Abend in Deutschland den Kindern den Vortritt gewähren, so mag auch zunächst geschildert werden, inwieweit die französische Kinderwelt bei diesem „Feste aller Feste" Berücksichtigung findet.

Gleich den übrigen Gliedern der Familie nehmen auch **die Kinder** am heiligen Abend um den Kamin Platz, in welchem ein mächtiges Scheit auf brennenden Kohlen ruht. Allein sie sind nur die stummen Zuschauer der nun folgenden Feier[2]) — wesentlich zu ihrem ruhigen Verhalten trägt das Versprechen der Mutter bei, dafs der Weihnachtsmann — *le Noël* — ihnen am nächsten Morgen Bonbons bringen werde. Sie dürfen denn auch vor dem Schlafengehen ihre Schuhchen in den weiten Mantel des Kamines stellen und sind sicher, dafs in der Nacht der Weihnachtsmann sich einstellt und dem Versprechen der Mutter gemäfs ihr Schuhwerk mit süfsem Inhalt füllt.[3])

Vielleicht beeinflufst durch die Nähe der in dieser Beziehung deutsch gebliebenen Provinzen Elsafs und Lothringen, wird in der *Champagne*[4]) auf die Kinder in erhöhtem Mafse Rücksicht genommen; man baut ihnen einen Altar auf, welcher in den Hütten der Armut aus einem einfachen weifsgedeckten Tisch besteht, in dessen Mitte das Jesuskind, in Gestalt eines Wachsfigürchens, auf dürftigem Stroh gebettet liegt. Um die Figur herum stellt man, was Haus und Herd an Beleuchtungsmaterial liefert, um das Abbild des Heilands in das hellste Licht zu

---
[1]) *La Monnoye* S. 129, IX.. [2]) S. S. 313 ff.. [3]) Fertiault S. XIII; Tarbé I, Préf. S. XXVIII; die gleiche Sitte habe ich auch in der Umgegend von Paris während des Feldzuges 1870/71 gefunden. [4]) Tarbé I, Préf. S. XXVIII.

setzen. Dann werden die Kinder hereingeführt und singen ihr Weihnachtsliedchen.

Einen fast deutschen Charakter, jedoch mit schärferer Betonung des religiösen Moments, trägt die Weihnachtsfeier in den Häusern der Reichen.

Auch hier treten die Kinder vor einen Altar, der entsprechend den Mitteln der Eltern reich und glänzend ausgestattet ist. Denn nicht blofs das Christuskind allein, auch die heilige Familie, die heiligen drei Könige sind hier zu schauen, welche anbetend vor dem Heilande knieen. Ebensowenig fehlen die Hirten wie der traditionelle Ochse und Esel, die, wie wir später noch sehen werden, in jedem Weihnachtslied erscheinen.

Nach dem Abendgebet führt man die Kinder in einen Saal, der, wie in Deutschland, den ganzen Tag über sorgfältig verschlossen gehalten wird. Inmitten eines mit Moos bedeckten Tisches erhebt sich der Weihnachtsbaum — *arbre de Noël* —, eine Fichte, deren grünes Kleid mit Lichtchen, goldfarbigen Orangen, rotbäckigen Äpfeln, Blumen und Bändern geschmückt ist; auch Spielsachen und Konfitüren mangeln nicht. —

Es ist nur eine natürliche Folge der geringen Teilnahme der Kinder an der Weihnachtsfeier — denn *Turbés* Schilderung steht ganz vereinzelt da — dafs Kinderlieder, welche die Weihnachtsfreude malen, nur sehr spärlich vertreten sind. Doch hat die *Normandie* uns ein solches aufbewahrt, in welchem die Freude an den schönen Sachen, welche Weihnachten gebracht, sich mit dem Schmerze des Kindes mischen, dafs alles so bald wieder verschwunden sei.

Adieu, Noël,
Il est passé.
Noël s'en va,
Il reviendra.

Le petit Colin[1])
Qui porte le vin,
La petite Colinette[1])
Qui porte la galette.[2])

Sa femme à cheval,
Ses petits enfants,
Qui s'en vont
En pleurant.

Adieu, les Rois,[3])
Jusqu'à douze mois;
Douze mois passés,
Rois, revenez.

(*Normandie.*)[4])

---

[1]) *Colin* und *Colinette*, Kosename für *Nicolas* und *Nicolette*. [2]) *la galette* der Kuchen. [3]) Bezieht sich auf die mit ausgestellten heiligen drei

Wenn diese Verse ihren Eindruck auf ein kindliches Gemüt auch nicht verfehlen, so mangelt ihnen doch die reizende Abwechselung, welche deutschen Liedchen eigen ist und welche wir, wie schon bei den Kinder- und Rondeliedern bemerkt, bei den französischen Neujahrsliedchen zu suchen haben.

Während also in Frankreich Weihnachten als Kinderfest eine untergeordnete Rolle spielt, tritt der Charakter eines Familien- und kirchlichen Festes um so schärfer hervor. Schon mit dem ersten Adventsonntage nimmt die Feier der heiligen Zeit ihren Anfang, erstreckt sich über die ganze Adventszeit hin und erreicht ihren Gipfelpunkt in der heiligen Nacht.[2]) Abwechselnd scharen sich die Familien bald bei diesem, bald bei jenem zusammen, um die Abende mit dem Gesange von Weihnachtsliedern zuzubringen, welche häufig von der landesüblichen Musik begleitet werden. Es verdient gewifs bemerkt zu werden, mit welchem Eifer sich die Bevölkerung wochenlang dem Gesange dieser Lieder hingibt; und man wird doch vorsichtig sein müssen, als hervorstechenden Charakterzug eines Volkes, welches dessen fähig ist, den Leichtsinn hinzustellen.

Einen besonders feierlichen Charakter aber trägt diese Vereinigung am heiligen Abend selbst.[3]) Schon am frühen Morgen ist der häusliche Herd, der Kamin auf das sauberste gereinigt, eine Lage weifser Asche bedeckt seinen Boden, darüber kommt trockenes Gezweig, das sich prasselnd entflammt.

Am Abend, wenn die Stunde der Ruhe geschlagen, versammelt sich die Familie — im weitesten Sinne des Wortes — um ihr ältestes Glied. Feierlich wird das mächtige Weihnachtsscheit — *la suche, la soque, la couque de Noël* — in die Öffnung des gastlichen Kamins eingebettet: Männer und Frauen, junge Burschen und Mädchen knieen nieder und bitten Gott für das

---

Könige. [1]) Beaurepaire S. 18, welcher erwähnt, dafs der Text aus der Umgegend von Laigle (Orne) stammt.

[1]) Vergl. S. 257—260. [2]) Fertiault S. XI, XII; vergl. auch (Glossaire) S. 288. [3]) Fertiault S. XIII in Verbindung mit Tarbé I. Préf. S. XXIX, XXX.

Wohl der Familie. Dann wird das Scheit mit Weihwasser besprengt und unter den ermunternden Zurufen der Familie von ihrem ehrwürdigen · Oberhaupte entzündet. Ist die Flamme mächtig genug, um auch den kräftigen Stamm zu erfassen, erfüllt ihr heller Schein das weite Zimmer, dann ertönt unter lautem Jubel der freudige Zuruf:

Noël, Noël![1]

Während sonst die Zusammenkunft schon gegen 11 Uhr abgebrochen ward, wird am heutigen Abend die Zeit bis Mitternacht, die Stunde der Geburt des Herrn, die heilige Stunde, herangewacht und mit Weihnachtsgesängen heiterer und frommer, naiver und religiöser Art ausgefüllt.

Wir haben bisher die Volksdichtung allein berücksichtigt und nur gelegentlich zur Vergleichung auch die Kunstdichtung herangezogen; wir würden jedoch ein einseitiges Bild von den französischen Weihnachtsliedern erhalten, würden wir nur die aus dem Volke hervorgegangenen Lieder berücksichtigen und nicht auch jene Dichtungen, welche, unter dem Einflufs der Geistlichkeit entstanden, noch im Volke lebendig sind.

Ich habe hier besonders die Dichtungen *La Monnoyes* im Auge, jenes *Voltaire de Noëls*,[2] welcher während seines Aufenthaltes in *Dijon* Weihnachtslieder im Dialekte seiner burgundischen Heimat verfafste.[3] Wie die aus dem Volke selbst hervorgegangenen Lieder, sind auch seine Dichtungen Gemeingut des Volkes geworden. „In lebendiger Tradition haben sie sich vom Vater auf den Sohn vererbt, so dafs der Dichter mehr und mehr in den Hintergrund getreten ist und sein Werk gleichsam aus dem gemeinsamen Volksbewufstsein entsprungen zu sein

---

[1] Für *Noël* erscheinen abwechselnd *Noëi*, *Noë* oder *Noé* (vielfach des Reimes wegen), *No* (Le Mans) u. *Nau* (Poitou); vergl. Fertiault, Glossaire S. 335; s. daselbst S. 336 auch die ergötzliche *l'Arche de Noël* für *Noé*; Champfleury S. 144 u. Rathery S. 463. [2] Rathery S. 465. [3] Die Dichtungen wurden im Dialekte von Tillö und Roulôte verfafst, so genannt nach zwei Strafsen, in welchen der burgundische Dialekt am besten gesprochen werden soll: Fertiault, Glossaire S. 373, Tillö.

scheint."[1]) Wie sehr dies bei *La Monnoye* der Fall, wie tief er in das Volk gedrungen, zeigen uns die Schilderungen, welche *Fertiault*, sein Herausgeber,[2]) von den handschriftlichen Exemplaren der Lieder *La Monnoyes* gibt, an welchen der Schweifs ganzer Generationen klebt.[3]) Mit welcher Lust und Liebe werden diese Dichtungen gesungen. „man könnte ihre heiteren Weisen," so lautet das Urteil eines ländlichen Dichters, „den ganzen Tag singen," während ein anderer sich ähnlich dahin ausspricht, dafs man beim Singen der Lieder *La Monnoyes* sicherlich nicht vom Schlafe übermannt werde.

Der Zusammenhang der Weihnachtslieder mit der Kirche zeigt sich auch darin, dafs die ersten Weihnachtsgesänge lateinisch waren; dann mischten sich französische Strophen in den lateinischen Text, endlich tauchten die ersten französischen Noëls in *Poitou* auf, welche Ehre jedoch auch *Burgund* für sich in Anspruch nahm. Von Mittelfrankreich verbreiteten sie sich gleichmäfsig über das ganze Reich. Wir finden sie in der *Bretagne* wie in der *Normandie*, in *Le Maine* wie in *Orléanais*, in der *Franche-Comté* und in *Bresse*, wie endlich in den südlichen Provinzen der *Auvergne*, *Languedoc* und *Provence* wieder.[4]) Man kann wohl sagen, dafs es keine Provinz gebe, welche nicht ihre *Noëls* besäfse, und eine Sammlung der bezeichnendsten aus allen Provinzen, welche bisher noch fehlt, würde einmal der Sendung „neuester Noëls", mit welchen Paris alljährlich die Provinzen überschwemmt, einen heilsamen Damm entgegensetzen, dann aber auch einen tiefen Einblick in die Eigenart des französischen Volkes gewähren.[5])

Unter *Noël* ward ursprünglich ein Ruf verstanden, mit

---

[1]) Dr. Günther, südfranzösische Volkspoesie; Programm Bernburg 1849.
[2]) Unter dem ersten Kaiserreich fafste der Herzog von Bassano den Plan einer monumentalen Ausgabe der *Noëls* von La Monnoye (Gomblaux S. 10).
[3]) Fertiault S. XXXV. [4]) Rathery S. 450 u. 465; vergl. ferner Fertiault XIX u. XXXIII. Champfleury Préf. XXVI (Bibliographie); Bladé (Agenais etc.) Avert. IV u. S. 4—20; Bladé (Gascogne) Préf. X u. XI, S. 122—165. Tarbé I, Préf. XXVII u. S. 231—302; Puymaigre Préf. S. V u. a. m.; besonders reich ist auch die Berliner Bibliothek an dieser Art Litteratur. Es ist unmöglich, auch nur annähernd alle Quellen anzuführen. Die *Noëls* erfordern eine Arbeit für sich. Doch gilt es auch hier, die Spreu von dem Weizen zu sondern.
[5]) Vergl. Champfleury S. 81 u. S. 137.

welchem das Volk seinen König begrüfste.¹) Ist auch dieser Ruf im politischen Leben verstummt,²) in der Adventszeit, wie namentlich in der Stille der Weihnachtsnacht, wird er noch heute alljährlich laut. Zugleich ist *Noël* der gemeinsame Name für jene Gattung von Dichtungen geworden, welche die Ankunft des Messias feiern. Manches dieser Lieder steigt bis in das XIII. Jahrhundert hinauf, wie die Weihnachtsbitten der Jongleure zeigen, welche am Vorabend des Geburtsfestes Christi an die Thüren der Reichen klopften und Gaben mit den Worten begehrten:

„Le sire Noël
Nous envoie à ses amis."

„Seignors ore³) entendez à nous;
De loin sommes venus à vous
Pour querre⁴) Noël."⁵)
(*Chanson du XIII. siècle.*)⁶)

Wenn auch heute noch solche Bittgänge in der *Gascogne* seitens der Kinder erfolgen,⁷) so ist dies nur als eine Ausnahme zu verzeichnen, vielmehr steigen die Lieder, wie wir gesehen haben, im Freundeskreise nur zu Ehren Gottes zu seinem Throne empor. Noël ist also, um mit *Tarbé*⁸) zu reden, die demütige Huldigung der schwachen menschlichen Kreatur gegenüber dem ewigen und allmächtigen Schöpfer. Die Gesänge feiern in den rührendsten und einfachsten Tönen Christi Geburt, sie setzen in Worte und Musik um, was äufserlich durch das Aufstellen der Krippe angedeutet wird.

Hören wir eine solche heilige Nacht, klar und anschaulich wie ein Bild von *Corregio:*

Michaut veillait
Le soir dans sa chaumière;⁹)
Près du hameau¹⁰)
Il gardait son troupeau.

---
¹) Arbaud I, S. 37.  ²) An seine Stelle trat *vive le roi!*  ³) *ore* veraltet für *or* = jetzt.  ⁴) *querre* = *quérir* erbitten.  ⁵) *Noël*, an dieser Stelle = Weihnachtsgabe, oben dagegen durch den Zusatz von *sire* personifiziert.  ⁶) Rathery a. a. O. S. 450.  ⁷) Cénac-Moncaut S. 274. 275; der Charakter der Lieder ähnlich wie bei den sonstigen Bittgängen (Neujahr, Ostern); vergl. S. 278 ff.  ⁸) Tarbé I, Préf. S. XXV.  ⁹) *la chaumière* die Hütte.  ¹⁰) *le hameau* (Heim) der Weiler.

Lo ciel brillait
D'une vive lumière,
Il se mit à chanter:
Je vois, je vois l'étoile du berger,[1])
Je vois, je vois l'étoile du berger.

| Au bruit qu'il fit, | La Vierge était |
|---|---|
| Le pasteur[2]) de Judée | Assise auprès la crèche,[4]) |
| Tout en sursant[3]) | L'âne mangeait |
| S'en va trouver Michaut: | Et le bœuf la chauffait: |
| Ah! qu'il lui dit, | Joseph priait: |
| La Vierge est accouchée | Sans chandelle ni mèche,[5]) |
| A l'heure de minuit. | Dans son simple appareil, |
| Voilà, voilà ce que l'Ange a prédit, | Jésus, Jésus brillait comme un soleil, |
| Voilà, voilà ce que l'Ange a prédit. | Jésus, Jésus brillait comme un soleil. |
|  | (*Gayenne, Gascogne.*)[6]) |

Nicht minder volkstümlich und anschaulich zugleich ist das folgende Lied, welches uns den Eintritt eines Hirten mit seiner Familie in den Stall von Bethlehem malt. Das Christuskind ruht in süfsem Schlummer auf dem Schofse seiner Mutter. Drastisch drückt das Lied wie der Kehrreim die Sorge des Vater aus, die Ruhe des Kleinen — *garçonneau* — nicht zu stören.

Entrons dans la bergerie,
Où, pour nous sauver tous,
Jésus est né de Marie...
Chut,[7]) on dit qu'il fait dodo[8])
Ne disons mot.
Prends garde que les clous,
   Gros Talbot,[9])
Les clous, les clous, les clous
   De tes sabots,[10])
Les clous de tes sabots
N'éveillent ce Petit!

| Robin, cache ta musette,[11]) | Je le dirai à ta mère, |
|---|---|
| Ote ton tambour, Claude! | Petit drôle de Charlot,[14]) |
| *Baisse le verbe,*[12]) Jacquette, | Si dans ta poche |
| Laissons-le dormir son saoûl.[13]) | Tu ne serres ton sifflet.[15]) |
| Ne disons mot etc. | Ne disons mot etc. |

---

[1]) Der sogenannte Bethlehemstern. [2]) *le pasteur* der Hirte. [3]) *tout en sursant* plötzlich (aus dem Schlafe) auffahrend. [4]) *la crèche* die Krippe. [5]) *sans chandelle ni mèche* ohne Licht noch Docht. [6]) Champfleury S. 60. [7]) *Chut* (spr. t) still, st! [8]) *faire dodo* schlafen; vergl. S. 237 Anm. 7. [9]) *Talbot,* der Name des Ältesten. [10]) *sabots* derbe Holzschuhe der franz.

> Le bœuf qui est dans sa cabane¹)
> Ne dira rien; mais j'ai peur
> Que son camarade l'âne
> Ne fasse le rossignol.²)
>   Ne disons mot.
> Prends garde que les clous,
>   Gros Talbot.
> Les clous, les clous, les clous
>   De tes sabots,
> Les clous de tes sabots
> N'éveillent ce Petit!
> ― ― ― ― ― ―
> (Bourgignon.)³)

Dann fordert der Vater die Seinen auf, niederzuknieen und zu bitten, dafs der Heiland sie an Haupt und Gliedern gesund mache, sie rein wasche von ihren Sünden.

Obwohl es nach dem Zeugnis des Evangeliums in der heiligen Nacht nicht kalt gewesen sein kann, da die Hirten ihre Herden auf freiem Felde hüteten, so nehmen doch sämtliche Lieder an, dafs in der Natur ein winterliches Wetter geherrscht und auch das Christuskind von der Kälte gelitten habe. Denn als Luzifer der Hölle entsteigt, um das Kind zu sehen, welches der Welt Sünde trägt, da spottet er sein, da er es mit den Zähnen (!) klappernd findet. Ochs und Esel fühlen Mitleid mit dem Kindlein, sie verzichten auf Speis' und Trank, knieen neben ihm nieder und suchen es mit ihren Häuptern und ihrem Atem zu erwärmen, was den Dichter zu dem satirischen Ausruf veranlafst:

―――

Bauern. ¹¹) *musette* Dudelsack. ¹²) Das Original enthält die Worte: *C'ose tai gueule* halt' deinen Schnabel. ¹³) *laissons-le dormir son saoûl* lafs ihn selig ruhen. ¹⁴) *Charlot* Karlchen. ¹⁵) *le sifflet* die Pfeife.
¹) *la cabane* die Hütte. ²) *ne fasse le rossignol* nicht gleich der Nachtigall seine Stimme erhebe. ³) La Monnoye (Ausg. Fertiault) S. 217 ff. II: vergl. auch den alten bretagnischen Gesang, welchen Rathery S. 483 mitteilt. Anmutig und naiv schildert der folgende Vers das schlafende Jesuskind:

> Entre le bœuf et l'âne gris
> Dors, dors, dors, le petit fils!
>   Mille anges divins,
>   Mille séraphims
>   Volent à l'entour
>   De ce Dieu d'amour.

> Que d'ânes et de bœufs je sais,
> Dans ce royaume de Gaule,
> Que d'ânes et de bœufs je sais,
> Qui n'en auraient pas tant fait!
>
> (*Bourgignon.*)[1]

Die Verfasser gefallen sich darin, die Niedrigkeit der äufsern Erscheinung Christi zu malen, die Krippe, welche die Wiege des Herrn der Welt darstellt — dafs sein Palast eine Hütte sei, sein Bett eine Schütte Stroh, ein ärmliches Stück Zeug seine Bekleidung. Es entspricht daher völlig der skeptischen Natur des Volkes, wenn die Hirten, welche sich den König des Himmels und der Erden in allem Glanze irdischer Majestät vorgestellt haben, schwer zu überzeugen sind, dafs der Heiland in so niedriger Gestalt zu ihnen gekommen sei.[2] In wirksamem Gegensatze zu dieser äufsern Niedrigkeit preisen die Lieder die Allmacht des Kindleins, die Wunder, mit welchen Christus die Welt erfüllte, wie Wind und Wege sich seinem Worte gehorsam zeigen, wie Krankheit und Gebrechen vor ihm dahinschwinden, wie der Tod seine Beute herausgibt und Satan selbst vor seiner leuchtenden Klarheit in sein unterirdisches Reich zurückweicht.[3]

Neben diesen Weihnachtsgesängen rein religiöser Natur, welche allein mit der Person des Heilandes sich beschäftigen und höchstens in ihren Schlufsworten

> Et nous admette en son sainct Paradis!

des sündigen Menschen gedenken, finden sich nun auch Weihnachtslieder höchst weltlicher Art, in welchen der Mensch sich selbst in den Mittelpunkt des Interesses stellt. Ich übergehe jene Lieder, welche sich an die Mächtigen und Reichen dieser Erde wenden und unter der Form eines *Noël du Roy, — Noël de la Royne, — Noël des Princes, — Noël des Ambassadeurs, — Noël des bourgeois,* — wohlgemerkt der reichen — nur eine neue Form gereimter Bettelbriefe darstellen.[4] Ich denke vielmehr an jene Lieder, in welchen der Mensch sich dem Christkinde in der Absicht naht, dafs dasselbe vermöge seiner All-

---

[1] La Monnoye (Ausg. Fertiault) S. 137, IX. [2] Vergl. das Weihnachtsspiel S. 326. [3] Vergl. La Monnoye (Ausg. Fertiault) S. 65, 121, 150.
[4] S. Fertiault S. XVII.

macht sich auch ihm bei der Vermehrung seiner irdischen
Güter gnädig zeigen werde.

> Quiconque bon Français sera,
> Point de chanter ne se feindra[1])
> Noël à grand' gorgée;[1])
> Et son bien lui croi(s)tra
> Tout le long de l'année
>
> (*Ardennes.*)[2])

Drückt dieser Vers diese Absicht nicht offen genug aus?

Ursprünglich war die Darreichung von Gaben an das Christuskind jedenfalls nur eine Weiterbildung der Geschenke, welche
die heiligen drei Könige dem Heilande darbrachten; heifst es
doch in einem Weihnachtsliede geradezu:

> Imitons les rois mages: —
>
> (*Ste. Menehould.*)[3])

Erst allmählich hat der weltliche Gedanke Platz gegriffen,
dafs hier gewissermafsen ein Austausch stattfinden könnte, dafs
eine Liebe der andern wert sei. So sehen wir an der Krippe zunächst die jeweiligen Landschaften des Kreises erscheinen, in
welchem das Lied entstand, jeder Kreis mit seinen besonderen
Gaben. „Wohl selten," sagt *Champfleury*,[4]) „hat man eine solche
Schaustellung von Lebensmitteln gesehen, wie in diesen Liedern."
Zungen aller Art, zart und fest, werden dem Christuskinde entgegengetragen. Würste der verschiedensten Gattungen und
Formen, Pastetchen und alle Arten Leckereien, Geflügel der
feistesten und feinsten Art, alles, was da fleucht und kreucht.
Dafs daneben die edelsten Sorten des ersten Weinlandes der
Welt nicht fehlen, ist selbstverständlich. Fast könnte uns Mit-
leid beschleichen, wenn wir sehen, wie dem Christuskinde und
seinem Elternpaare ein Appetit angedichtet wird, wie ihn das
Volk wohl auf Hochzeiten zu bethätigen pflegt. Jedoch sind
nicht alle Verse so „mit Nahrung vollgestopft", dafs nicht auch
das religiöse Gefühl besonders zu Anfang und am Schlusse des
Liedes zur Geltung käme. Auch finden sich innerhalb dieser

---

[1]) Konstruiere: *ne se feindra point* (wird nicht Bedenken tragen) *de chanter Noël à grand' gorgée* (aus voller Kehle). [2]) Tarbé I, Préf. S. XXVII. [3]) Tarbé I, S. 285. [4]) Champfleury S. 41.

schmackhaften und doch auf die Dauer geschmacklosen Lieder einzelne Strophen von grofser Lebendigkeit.[1]

Aber der Dichter begnügt sich nicht mit der Aufzählung der Ortschaften allein; auch die einzelnen Stände, weltliche wie geistliche, treten auf, ja die einzelnen Bewohner werden mit Namen aufgeführt und so im Weihnachtsliede verewigt. In diesen *Noëls* ruht somit eine Quelle der Bereicherung für die Kulturgeschichte; wir erfahren aus ihnen vor allem die Zahl und Art der Gewerbe, welche zur Zeit der Entstehung des Liedes in bestimmten Ortschaften blühten,[2] wie nicht wenige der Bürger, welche zu der gleichen Zeit am Orte ansässig waren. So lernen wir aus einem Weihnachtslied aus *Bresse*[3] *Curnillon* als Lieferanten trefflichen Geflügels kennen, dem *Goy* mit drei Truthähnen sekundiert, sämtliche Gastwirte werden aufgeführt, welche auftischen, was Küche und Keller bietet; drei dicke Kaufleute bringen Stoffe und Bänder, das Christuskind zu schmücken; um seine frierende Blöfse zu decken, liefert *Lataille* eine neue Art Mantel, *balandran* genannt u. s. f. u. s. f. In der Phantasie des Volkes weitet sich der enge Raum zu Bethlehem ins Ungemessene, der dürftige Stall bietet der ganzen Christenheit Platz, welche sich an der Krippe, die den Heiland umschliefst, in Eintracht zusammenfindet. Es liegt etwas ebenso Naives wie Erhebendes in dem Gedanken, dafs an dieser armseligen Stelle Zeit und Raum, Stand und Rang verschwindet. „Die historische Treue wird hier ein unbekannter Begriff und der Anachronismus treibt seine schönsten Blüten." Die Hirten des Feldes wie die heiligen drei Könige werden Zeitgenossen des mächtigsten Franzosenkönigs Louis XIV., welcher sich mit den allerchristlichsten Königen von Spanien, Dänemark, Polen und Schweden in Ehrfurcht vor dem Christkind beugt.[4] Und wenn der grofse *Shakespeare* im römischen Heere die Trommel rühren läfst, was will das sagen gegen den französischen Volksdichter, welcher mit dem Donner der Kanonen die Geburt des Heilandes begrüfst:

---

[1] Vergl. S. 302. [2] Als treffliches Beispiel hierzu dient le *Noël des Métiers* bei Tarbé I, 256—264. [3] Champfleury S. 41. [4] La Monnoye S. 85 ff.; vergl. auch Rathery S. 483.

> Toute l'artillerie,
> En cette belle nuit,
> Vient rendre au vrai Messie
> Les devoirs à grand bruit.
> Joseph paraît ému,[1]) la Vierge est étonnée
> D'entendre le canon, — don, don,
> Qui fait de son éclat, — la, la,
> Retentir[2]) la Judée.
>
> (*Stenay, Meuse-et-Moselle, Champagne.*)[3])

Neben dem naiven Egoismus, der diese Gattung von Weihnachtsliedern charakterisiert, fehlen auch die satirischen Gesänge nicht; sie treffen am schärfsten diejenigen, welche am ehesten berufen sind an die Krippe des Herrn zu eilen. In einem *Noël* erzählt der Sänger, dafs er an die Pforten aller Klöster geklopft, um die Mönche einzuladen, das schöne kleine Kind anzubeten. Aber die Karmeliter sind nicht wohl. Die Franziskaner wollen, bevor sie hingehen, etwas trinken, und sie trinken so viel „kleine Schlucke",[4]) dafs es ihnen unmöglich wird, hinauszukommen. Die Jesuiten weigern sich, ihre Schüler dorthin zu führen. Sie sagen: „Ein Esel sei schon genug in Bethlehem." Die Kapuziner endlich senden zwei der ihrigen ab, aber auch sie werden durch verschiedene Abenteuer, welche sie ihrer Bärte wegen erleben, verhindert, zur Zeit zu kommen. Dazu kehrt zwischen jedem Vers der Kehrreim wieder:

> Eh bon! bon! bon!
> Le joli petit poupon,
> N'y a-t-il personne pour le voir?
>
> (*Salins, Jura.*)[5])

Der Schlufs ist leicht zu ziehen: „Das Christuskind bleibt allein in der Krippe."

Überwuchert hier die weltliche Lust den guten Vorsatz, den Herrn der Welt von Angesicht zu Angesicht zu sehen, so tritt der Unterschied zwischen den Handlungen und den Worten des Menschen nicht minder deutlich in jenen *Noëls* zu Tage, in welchen Christus, der Allumworbene, da er **unerkannt auf**

---

[1]) *ému* bewegt. [2]) *retentir* widerhallen. [3]) Tarbé I. S. 295. [4]) Vergl. die fam. Redensart *gris comme un cordelier* sehr betrunken sein; *cordelier* Franziskanermönch. [5]) Champfleury S. 81.

Erden wandelt.¹) von Haus zu Haus verstofsen wird. Nicht minder übel geht es der Gottesmutter, dem Mittelpunkte so vieler strahlender Huldigungen, da sie der Welt den Heiland schenken will. Vergeblich klopft sie in Begleitung Josephs an die Thüren:

**La sainte vierge:**
La maison est bien grande.
Et semble ouverte à tous:
Cependant j'appréhende²)
Que ce n'est pas pour nous.

| **Saint Joseph:** | **L'Hote:** |
|---|---|
| Mon cher Monsieur, de grâce,³) | Pour des gens de mérite, |
| N'avez-vous point chez vous | J'ai des appartements;⁴) |
| Quelque petite place, | Point de chambre petite |
| Quelque chambre pour nous? | Pour vous, mes bonnes (!) gens. |

**La sainte vierge:**
Aidez-moi donc, de grâce,
Je ne puis plus marcher;
Je me trouve bien lasse.⁵)
Il faut pourtant chercher.

| **Saint Joseph:** | **L'Hotesse:** |
|---|---|
| Ma bonne et chère dame, | Les gens de votre sorte |
| Dites, n'auriez-vous point | Ne logent point céans;⁷) |
| De quoi loger ma femme | Allez à l'autre porte: |
| Dans quelque petit coin?⁶) | C'est pour les pauvres gens. |

Aber auch hier die gleiche harte abschlägige Antwort. So geht es fort von Haus zu Haus. Weder bei dem Wirt zum Grünen Baum noch bei der Wirtin zum Roten Rofs, weder in den Drei Kronen, noch bei dem Wirt Zum Berge finden sie Rast; selbst das Himmlische Brot stöfst sie davon. Und wenn endlich die Frau des Wirtes zum Weltende Mitleid mit dem Zustande der Gottesmutter zeigt, so ruft der Wirt seinem Weibe zu:

Viendras-tu, babillarde?⁸)
Veux-tu passer la nuit?
Te faut-il être en garde
Sur la porte, à minuit?

¹) Champfleury, *la ballade du Jésus-Christ* S. 5 ff.; vergl. auch Theuriet S. 279, 280 und Kap. Sagen u. Märchen. ²) Vergl. S. 144 Anm. 7. ³) *de grâce* bitte. ⁴) *appartements* grofse, prächtige Zimmer. ⁵) *las, sse* müde. ⁶) *coin* Ecke, Winkel. ⁷) *céans* hier. ⁸) *babillarde* Plaudertasche.

und schneidet derselben damit die Möglichkeit ab, sich mildthätig zu zeigen. Das Lied selbst schliefst resigniert:

> Dans l'état déplorable,
> Où Joseph est réduit.
> Il découvre une étable.[1]
> Malgré la sombre nuit.
>
> C'est la seule retraite
> Qui reste à son espoir.
> Ainsi plus d'un prophète
> Avait su le prévoir.

(*Champagne*.)[2] Var.: (*Agenais, Armagnac; Provence*.)[?]

Alle bisher erwähnten Lieder waren unmittelbar aus der Weihnachtsstimmung hervorgegangen, in einer Reihe anderer Lieder, für welche das folgende eine bezeichnende Probe bietet, ist die Weihnachtsstimmung erst hineingetragen. Statt der Liebe zu seiner Erwählten singt der Bursche jetzt die Liebe zu der Himmelskönigin — das Liebeslied hat gewissermafsen sein Weihnachtskleid angethan. Ob nicht mit dem Verklingen des Festes wieder seine Herzens-Königin in ihr bestrittenes Reich einziehen wird?

> Chantons Noël, Jeanneton,   Jeanneton, je t'aimerais mieux
>   Chantons, je te prie.        Qu'une damoiselle,[8]
> Entonnons[3] une chanson    Mais or[9] je suis amoureux
>   Au doux fruit de vie.[4]      D'une autre pucelle.[10]
> Chantons Nau[5] autant de fois (Qu'a tant d'attraits et d'appas,[11]
> Qu'il y a des feuilles ès[6] bois Jeanne, je ne t'aymes[12] pas,
>   Et d'herbes fleuries[7]       J'aimerai sans cesse,
>   Dedans les prairies.         Ma sain(c)te maitresse.[13]

(*Bourgogne*.)[14]

---

[1] *étable* Stall.   [2] Auszug aus Tarbé I, S. 242—249; Var.: Bladé S. 8 ff., Arbaud I, S. 31.   [3] *entonner* (intonieren) ein Lied anstimmen.   [4] *doux fruit de vie*, gewöhnliche Umschreibung für das Christkind.   [5] Vergl. S. 341.1.   [6] *ès*. Zusammenziehung aus *en les* für *dans les*.   [7] *herbes fleuries* Blumen.   [8] *damoiselle*, ursprüngliche richtige Schreibweise, weil abstammend von *dame*; aber bereits 1633 wurde *dem*. geschrieben, weil so gesprochen; s. Oudin, *Grammaire franç.* 1631.   [9] *or* (*hora*) = nun.   [10] *pucelle* Jungfrau.   [11] *attraits-appas* Reize.   [12] *ayme(s)*, vergl. S. 65,2.   [13] Vergl. S. 61,11.   [14] La Monnoye (Ausg. Fertiault) XXVII.

Kehren wir nach dieser kurzen Charakteristik der Lieder, welche zu Weihnachten ertönen, zu der Gruppe zurück, welche die Stunde der Geburt des Heilandes singend heranwacht.

Endlich schlägt diese Stunde. Ein frommer Schauer durchzieht die andächtig gestimmte Schar. Erlöschen doch alter Sage nach in dieser Stunde, da der Welt das Heil widerfahren, selbst im Reiche des Höllenfürsten die gierigen Flammen, welche die Seele der Verdammten umzüngeln; auch ihnen bringt dieser feierliche Augenblick einen Moment der Ruhe von namenloser Pein.[1] — Alles erhebt sich und eilt zur Kirche; weithin durch die Finsternis strahlt ihr Kerzenschmuck, zugleich ein Symbol des Lichtes, mit welchem Christi Sendung den dunklen Pfad der Menschheit erhellte.

Schon aus dem XII. Jahrhundert wird uns berichtet, dafs während der Weihnachtsmesse zwischen zwei Priestern oder dem Priester und einem Chorknaben eine Unterredung in lateinischer und französischer Sprache statthatte,[2] welche symbolisch die Unterhaltung der himmlischen Heerscharen mit den Hirten auf dem Felde andeutete. Zur Unterstützung der Wirkung erweiterte sich diese Unterredung zu einer dramatischen Aufführung. Und wie auch bei uns in einzelnen Provinzen Weihnachtsspiele am heiligen Abend üblich sind, so erwähnt gleichfalls *Moncaut* aus der *Gascogne*, dafs mit der Mitternachtsmesse dramatische Aufführungen verknüpft seien, welche die Menschwerdung Christi zum Gegenstande haben. Wenn dieselben auch nicht vom Volke selbst ausgegangen, vielmehr unter der Einwirkung der Geistlichkeit entstanden sind, so ist doch die rege Anteilnahme, welche das Volk, ähnlich wie bei uns, an diesen Aufführungen nimmt, entscheidend gewesen, dieses Weihnachtsspiel — *Mystère* — in Kürze hier vorzuführen.[3]

---

[1] Luzel. *Legendes chrétiennes de la Basse-Bretagne* T. II, S. 331; vergl. auch S. 333 u. S. 334, 335, wo erzählt wird, dafs während der Weihnachtsnacht die Tiere (frühere Menschen?) in menschlicher Sprache sich unterhalten und das Wunder der Verwandlung des Weines in Wasser sich während der zwölf Schläge wiederholt, mit welchen die Kirchenuhr die Stunde der Geburt des Heilandes verkündet. [2] Tarbé I. Préf. S. XXVII. [3] Die folgende Schilderung nach C.-Moncaut S. 255—274; vergl. hierzu Bladés Urteil: *Poës. pop. d. la Gascogne*, S. 159 Anm. 1: *mélange de fragments de*

„Wir sind in der Kirche; der Priester beginnt die Mitternachtsmesse und bleibt bei dem Evangelium stehen"... In diesem Augenblick erscheint an der Eingangsthüre in weifsem Kleide die heilige Jungfrau, welche indessen, einem gesunden Gefühle des Volkes entsprechend, von einer jungen Frau dargestellt wird. In ihrer Begleitung befindet sich der heilige Joseph, dessen Anzug den Zimmermann verrät. Unter dem Absingen eines Liedes, welches an ein bereits oben erwähntes Weihnachtslied anklingt und die Sorge der Gottesmutter um ein geeignetes Unterkommen zeigt,[1]) begeben sie sich nach dem Hochaltar, in welchem die gläubige Menge Bethlehem erblickt. Ihnen voran schreitet der Thürhüter, mit der Hellebarde die Menge zurückhaltend, welche sich an das hochheilige Paar drängt. Unter einem Baldachin von Laubwerk nimmt die Jungfrau Maria Platz, der Kirchenvorstand setzt das heilige Kind zu ihren Füfsen, und Jubellieder ertönen.

Das Wunder der Erlösung ist vollzogen.

Ein Engel, welchen ein Chorknabe darstellt, den weifse Flügel als solchen kennzeichnen, wird auf einem Stuhle über dem Hochaltar emporgezogen. Mit bewegter Stimme verkündet er den Hirten, — Bauern, welche auf den Emporen Platz genommen haben —, dafs ihnen der Heiland geboren sei; zugleich ermahnt er die Musik, ihre sanftesten Weisen erklingen zu lassen. Nicht umsonst ertönt sein Ruf. Hinter dem Altar dringt der Schall der ländlichen Musik hervor, welche fortan alle Lieder begleitet. Auf den Emporen fragen sich die Hirten, welche des Seraphims Stimme aus dem Schlafe geweckt, was denn Ungewöhnliches vorgegangen sei. Allein nicht so leicht ist es, die skeptische Natur des Bauern zu überzeugen. Wider Unglauben und bösen Willen mufs der Engel mit allen Waffen seiner Beredsamkeit ankämpfen; auf den Gesang der himm-

---

*Noëls français et patois, agencés en petit drame par quelque curé de village.* Doch mufs B. zugeben, dafs diese Aufführungen früher ziemlich häufig und auch heute noch nicht völlig geschwunden sind; auch Rathery S. 450 bezeugt, dafs unter den geistlichen Aufführungen keine volkstümlicher war, als das Drama der Geburt Christi.

[1]) Vergl. S. 323.

lischen Heerscharen wie auf den geöffneten Himmel über seinem Haupte muſs er hinweisen, ehe es ihm gelingt, auch den letzten zu überführen, daſs wirklich der Herr der Welt Knechtsgestalt angenommen habe, um die Menschheit zu erlösen.

Unter der Führung eines Engels verläſst die Schar der Hirten die Kirche, deren Inneres sich in den Augen der Menge nunmehr in den Stall zu Bethlehem verwandelt... An der Eingangsthür bittet die Schar um Einlaſs; es soll einen erhebenden Eindruck machen, wenn der Klang ihrer ungeschulten, aber sonoren Stimmen durch die Stille der Mitternacht in das Innere der Kirche dringt.

Joseph erschrickt über die Zahl der Einlaſs Begehrenden, wird aber durch eine Gruppe von Engeln, welche hinter dem Altar hervortreten, beruhigt und zugleich bedeutet, die Thür zu öffnen: seien die Hirten doch nur gekommen, um dem Gotteskinde ihre Huldigungen darzubringen.

Die Hirten nähern sich der Krippe und sprechen in ihren Liedern aus, wie seltsam es sie berühre, den Herrn der Welt so einfach gebettet zu sehen. Unter ihrer Schar befindet sich, damit der Scherz dem Ernst nicht fehle, ein ungeschickter Mensch mit einem Schaf auf dem Rücken, welcher schon durch die Art seines Anzuges die Heiterkeit der Menge hervorruft. Am Altare legt er seine Gabe zu den Füſsen des Priesters nieder, während die Hirten anbetend um die Krippe niederknieen. Die Stimmung des Augenblicks löst sich in dem Gesange auf: .

>Gloria Deo in excelsis;
>O Domine, te laudamus;
>O deus pater, rex coelestis;
>In terra pax hominibus.

Dann kehren die Hirten unter Lobgesängen nach den Emporen zurück.

Es folgen nun die Hirtinnen, um auch ihrerseits den Heiland anzubeten, eine Erweiterung, welche die heilige Schrift bekanntlich nicht kennt.

Die Dichtung nimmt an, daſs die Mädchen, welche festlich geschmückt hinter dem Hochaltar hervortreten, den Heiland bereits begrüfst haben; langsam und feierlich schreiten sie einer zweiten Gruppe junger Mädchen entgegen, welche von der Eingangsthür her ihnen nicht minder feierlich entgegenkommt. Dazu ertönt folgender anmutige Wechselgesang:

> Bergère,
> Bien chère,
> D'où viens-tu?
> Qu'as-tu vu?

Worauf die erste Gruppe einen Schritt vorwärts thut und antwortet:

> Je viens d'une étable[1])
> Tout près de ces lieux;
> O ciel! quel miracle
> A ravi[2]) mes yeux!

Gruppe II. (gegenseitig vorschreitend.) Gruppe I.

| Gruppe II. | Gruppe I. |
|---|---|
| Bergère, | Au fond d'une crèche,[3]) |
| Bien chère, | Un petit enfant, |
| Qu'as-tu vu | Sur la paille sèche[4]) |
| De plus? | Sourit en souffrant.[5]) |

| Gruppe II. | Gruppe I. |
|---|---|
| Bergère, | Le soleil éclaire |
| Bien chère, | Moins que ces cheveux, |
| Cet enfant nouveau,[6]) | Et jamais la terre |
| Est-il beau? | Ne vit si beaux yeux. |

| Gruppe II. | Gruppe I. |
|---|---|
| Bergère, | Saint Joseph, son père, |
| Bien chère, | Vient de le bercer,[7]) |
| Qu'as-tu vu | La vierge, sa mère, |
| De plus? | Lui donne à téter.[8]) |

| Gruppe II. | Gruppe I. |
|---|---|
| Bergère, | Deux bêtes de peine,[9]) |
| Bien chère, | Près d'eux s'inclinant, |
| Qu'as-tu vu | Avec leur haleine[10]) |
| De plus? | Rechauffent l'enfant. |

---

[1]) *étable* Stall. [2]) *ravi* entzückt. [3]) *crèche* Krippe. [4]) *paille sèche* trocknes Stroh. [5]) Vergl. S. 318. [6]) *nouveau (né)* neugeboren. [7]) *bercer* wiegen. [8]) *téter* trinken. [9]) *bêtes de peine* Lasttiere. [10]) *haleine* Atem.

Gruppe II.
Bergère,
Bien chère,
Qu'as-tu vu
De plus?

Gruppe I.
Gens du voisinage
Quittent leur troupeau,
Et rendent hommage[1])
A l'enfant nouveau.

Gruppe II.
Bergère,
Bien chère,
Qu'as-tu vu
De plus?

Gruppe I.
Quatre ou cinq mille anges,
Accourus du ciel,
Chantent les louanges
Du Père Eternel.
(*Haute Gascogne, Bigorre.*)[2])

Haben sich die beiden Gruppen auf solche Weise vereinigt, so schreiten sie auf die heilige Familie zu unter dem gemeinsamen Gesange:

Portez vos présents, bergerettes,
Apportez vos fruits les plus doux;
A venir soyez bientôt prêtes,
Pour offrir vos cœurs à genoux.
(*Haute Gascogne, Bigorre.*)[3])

Mit ihren Herzen bringen sie zugleich eine weitere Gabe dar, welche eine gewisse Ähnlichkeit mit unserer Weihnachtspyramide zeigt. Sie setzen einen schön geschmückten zeltartigen Aufbau nieder, welcher mit reichen Fruchtguirlanden geziert ist; eine Menge kleiner Vögel, durch Fäden festgehalten, umschwirren das Angebinde.... Dann kehren sie an ihren früheren Standort zurück unter dem Gesange:

A Bethléem, après minuit
La Vierge enfanta Jésus-Christ,
C'est le Messie,
Fils de Marie.
Oh! oh! oh! qu'il est beau,
L'enfant de Marie au berceau.

---

[1]) *rendre hommage* huldigen.   [2]) C.-Moncaut S. 268, 269.   [3]) C.-Moncaut S. 270.

Une étoile pendant la nuit,
Sur la route nous conduisit.
Vers le Messie,
Fils de Marie.
Oh! oh! oh! qu'il est beau,
L'enfant de Marie au berceau.
(*Haute Gascogne, Bigorre.*)[1])

Hiermit endigt der erste und gleichzeitig bedeutendste Aufzug.

Es folgt eine Szene in dem Palaste des Königs Herodes, in welchen sich die Kirche in der regen Einbildungskraft des Volkes verwandelt. Auf einem erhöhten Sitze — über dem Taufbecken thront der König, um ihn herum die Gelehrten und Grofsen seines Hofes. Der Stern des Orients, welcher durch eine Kerze dargestellt wird, die an einem Faden vom Hochaltar bis zu den Emporen im Hintergrunde entlang läuft, deutet an, dafs die heiligen drei Könige ihre Reise vollendet haben. Drei Schläge ertönen und durch die Eingangsthür treten in orientalischem Pomp *Baltazar*, *Melkior* und *Gaspar*,[2]) wie sie in der Volksüberlieferung leben. Sie bitten um die Erlaubnis, dem Heilande, welcher der Welt geboren, ihre Geschenke darzubringen. Nachdem sich Herodes durch seine Schriftgelehrten überzeugt, dafs Bethlehem in Juda die Geburtsstätte des Messias sei, gibt er ihnen mit der Erlaubnis zugleich den Auftrag, über das wunderbare Kind zu berichten.

Unter einem heiteren Marsche schreiten die heiligen drei Könige auf den Altar zu. Während sie den Heiland anbeten, vollendet der Priester die Messe.

Nach Vollendung derselben folgt der Schlufs des Weihnachtsspiels.

Der Engel, der noch immer auf seinem Stuhle hoch über dem Altare thront, kündigt den heiligen drei Königen die Gefahr an, welche sie bedroht, und rät ihnen, nicht in den Palast des Herodes zurückzukehren. Sie beeilen sich, diesem Rate zu folgen, indem sie sich unter Leitung des Sternes entfernen, welcher wieder an seinen Ausgangspunkt zurückkehrt.

Ein Spion, welchen Herodes ausgesandt, erzählt demselben

---

[1]) C.-Moncaut S. 270.   [2]) Vergl. Fertiault Glossaire S. 252.

von der Flucht der wortbrüchigen Fürsten. Herodes erhebt sich und befiehlt seinen Scharen, indem er auf den Hochaltar zeigt, nach Bethlehem zu gehen und dort alle Kinder zu töten, welche das zweite Jahr noch nicht erfüllt haben. Die Schar des Herodes zieht das Schwert und beeilt sich, diesem Gebote Folge zu leisten. Aber der Engel hat das heilige Elternpaar bereits von der Gefahr benachrichtigt und sie veranlafst, nach Egypten zu fliehen, d. h. sich in die Sakristei zurückzuziehen. Die Scharen kommen zu spät; das Mysterium fällt in das Melodramatische. . . .

Ist das Schauspiel zu Ende und hat der Priester die vor ihm kniende Gemeinde gesegnet, so kehren die Andächtigen in ihre Wohnungen zurück, wieder unter den fröhlich nicht enden wollenden Rufen: *Noël, Noël!* — Dann beginnt am häuslichen Herde das gemeinsame Essen an reich besetzter Tafel — *réveillon* genannt — und der Wein verscheucht die Sorgen des Lebens. So flieht die Nacht in Frohsinn und Heiterkeit dahin.

Wie tief dieser Weihnachtsbrauch im Volke Frankreichs gewurzelt sein mufs, ergibt sich aus einer Schilderung, welche, auf Grund persönlicher Anschauung Dr. Döhn im litterarischen Verein zu Dresden von einer Weihnachtsfeier der französischen Bewohner von *Saint Louis* am Mississippi entwarf. Auch hier versammelten sich die Landsleute bei dem ältesten Gemeindemitgliede, dem sogenannten Patriarchen, um das Weihnachtsfest in ähnlicher Weise zu begehen, wie es in dem Vorhergehenden geschildert worden ist. Auch hier schlofs die Feier mit einem reichen Mahle — *réveillon* —, welches die Teilnehmer bis zum frühen Morgen zusammenhielt.

Mit Recht fragt *Turbé* jene, welche sich ablehnend diesen Volksfesten gegenüber verhalten, was sie denn an die Stelle solcher durch Alter und Sitte geheiligten Bräuche setzen wollen? Gewähren die übrigen Feste des Jahres schon durch die Abwechselung, welche sie in das einförmige Dasein des Volks bringen, einen Lichtblick, so übt das Fest aller Feste aufser dem Glanze, mit welchem es auftritt, auch eine tief erzieliche Wirkung. Predigt es doch allem Volke, dafs ihm das Heil widerfahren ist, läfst es doch vor der gesamten Christenheit, welche sich in Eintracht vor der Wiege des Herrn zusammenfindet, das schöne Wort aufleuchten, welches nur zu oft in dem Getrieb des Tages verschwindet:

Friede auf Erden und den Menschen ein Wohlgefallen!

**LEIPZIG**
DRUCK VON AUGUST PRIES.

# DIE
# FRANZÖSISCHE VOLKSDICHTUNG
## UND SAGE.

EIN BEITRAG

ZUR

GEISTES- UND SITTENGESCHICHTE FRANKREICHS

VON

## WILHELM SCHEFFLER.

DR. PHIL., A. O. PROFESSOR FÜR FRANZÖS. SPRACHE U. LITTERATUR
AM KÖNIGL. POLYTECHNIKUM DRESDEN.

ZWEITER BAND.

LEIPZIG,
VERLAG VON BERNHARD SCHLICKE
(BALTHASAR ELISCHER).
1885.

## Kultur- u. Litteraturgeschichtliche Schriften

aus dem Verlage

von

# BERNHARD SCHLICKE

(Balthasar Elischer)

in

## Leipzig.

---

**Frederik Winkel Horn**, Geschichte der Litteratur des skandinavischen Nordens, von den ältesten Zeiten bis auf die Gegenwart dargestellt. Lex. 8°. Preis geh. 12 M.

**Max Nordau**, Vom Kreml zur Alhambra. Kulturstudien. Zweite, vermehrte u. verbesserte Auflage. 2 Bände. Preis brosch. 12 M.; geb. 15 M.

**Max Nordau**, Die conventionellen Lügen der Kulturmenschheit. Zehnte Auflage. Preis brosch. 6 M.; geb. 7 M. 50 Pf.

**Max Nordau**, Paris unter der dritten Republik. Neue Bilder aus dem wahren Milliardenlande. Dritte Auflage. Preis brosch. 6 M.; geb. 7 M. 50 Pf.

**L. Passarge**, Henrik Ibsen. Ein Beitrag zur neuesten Geschichte der norwegischen Nationallitteratur. Mit dem Porträt und Facsimile Ibsens in Stahlstich. Gr. 8°. Preis geh. 6 M.

**L. Passarge**, Sommerfahrten in Norwegen. Reiseerinnerungen, Natur- u. Kulturstudien. Zweite, verbesserte u. umgearbeitete Auflage. 2 Bände. Preis brosch. 10 M.; geb. 12 M. 80 Pf.

**L. Passarge**, Aus dem heutigen Spanien und Portugal. Reisebriefe. 2 Bände. Preis brosch. 10 M.; geb. 12 M. 80 Pf.

**Rob. Prölss**, Geschichte des neueren Dramas. 6 Bände. Preis brosch. 72 M.

**Unter der Presse:**

**Josef Bayer,** Aus Italien. Kultur- u. Kunstgeschichtliche Studien u. Bilder.

**Ferdinand Lotheissen,** Zur Sittengeschichte Frankreichs. Bilder und Historien aus dem 17. u. 18. Jahrhundert.

# DIE
# FRANZÖSISCHE VOLKSDICHTUNG UND SAGE.

# DIE
# FRANZÖSISCHE VOLKSDICHTUNG
## UND SAGE.

---

### EIN BEITRAG

ZUR

### GEISTES- UND SITTENGESCHICHTE FRANKREICHS

VON

### WILHELM SCHEFFLER,

DR. PHIL., AUSSERORDENTL. PROFESSOR DER FRANZÖS. SPRACHE
U. LITTERATUR AM KÖNIGL. POLYTECHNIKUM DRESDEN.

**ZWEITER BAND.**

LEIPZIG,
VERLAG VON BERNHARD SCHLICKE
(BALTHASAR ELISCHER).
1885.

**Alle Rechte vorbehalten.**

# INHALTSVERZEICHNIS
## DES
## ZWEITEN BANDES.

                                                            Seite

VII. **Das Soldatenlied** . . . . . . . . . . . . . . . . . . . 3

    Verschiedener Charakter des Soldatenliedes in der Volks- und in der Kunstdichtung. — Stellung des Soldatenliedes im Rahmen der französischen Volksdichtung. — Die Aushebung. — Trost und Sorge bei dem Abschiede. — Getreu bis in den Tod. — Ander Städtchen, ander Mädchen. — Das Mädchen im Heere (*Angélique*, *Nanon*) — dem Geliebten zur Seite, — im Kampfe mit dem Verräter (*Claudine*). — Sehnsucht des Soldaten nach der Heimat, — nach der Geliebten. — Der Deserteur. — Antagonismus zwischen Offizier und Soldat. — Der Kriegsgefangene. — seine Befreiung. — Ent- und Verführung. — Heimkehr — des Sohnes und Bruders, — des Gatten und Vaters. — Übergang in die geschichtlichen Lieder und Balladen.

VIII. **Geschichtliche Lieder** . . . . . . . . . . . . . . . . 77

    Geschichte und geschichtliche Volkslieder. — Ein Gang durch die französische Geschichte: Erinnerungen an Karl den Grofsen; — die Kreuzzüge (*Créqui*); — Übergang zu dem hundertjährigen Krieg zwischen Frankreich und England: *la fille du roi à marier*; Jeanne d'Arc; — Bayard; — die italienischen Kriege: Franz I. (*Pavia*); — ein Ketzergericht (*la belle Françoise*); — Heinrich IV.; — Übergang zu Ludwig XIV.; Malbrough; — Ludwig XV.; *la belle marquise*; — die Revolution: Kampf der Republik gegen die Vendée (*Charette* — *Hoche*): — Napoléon I.; — die Restauration (Henri Cin.); — Napoléon III.: Krimkrieg — Kutschkelied. — Schlufs.

IX. **Balladen** . . . . . . . . . . . . . . . . . . . . . . . 129

    Analogie der Balladen bei den verschiedensten Völkern. — Ritter *Toggenburg*. — Des Kreuzfahrers Weib; *Jousseaume*. — Der Taucher. — *Hero und Leander*. — Don Juan. — *Marianson*. — Ritter Blaubart (*Clotilde*, *Le Comte de Saulx*). — Übergang in die Märchen und Sagen. —

X. **Märchen und Sagen** . . . . . . . . . . . . . . . . . 165

    Geschichtlicher Überblick. — *Rabelais*. — *Perrault* und seine *Contes de ma mère l'Oye*. — Nachahmer *Perraults*; *Rousseau*. — XIX. Jahrhundert: Erste Epoche 1825—53. — Einflufs Grimms; *Pluquet*; — *Le Roux de Lincy* (*Livre des légendes*); *Beaufort*; *Charles Nodier*, *de Lincy* (*la nouvelle Bibliothèque bleue*); — *Amélie Bosquet* (Normandie). — Zweite Epoche 1853—1880.

Eintreten der Staatsregierung. — Pays basque: *Michel*, — *C.-Moncaut*, — *Bladé*, — *Cerquand*; — Jura: *A. Thuriet*, — Languedoc: *Roqueferrier*, *Montel-Lambert*, — Lorraine: *Cosquin*; Studium einzelner Märchen: *G. Paris: le petit Poucet*, — *Champfleury: le Bonhomme Misère*, — *Sébillot: Gargantua*. — Dritte Epoche 1880 bis zur Gegenwart: Die Verlagsbuchhandlung *Maisonneuve & Cie.* zu Paris. — Bretagne: *Sébillot, Luzel*. — Normandie: *Fleury*, — Pays basque: *Vinson*, — Picardie: *Carnoy* etc. Sammlung aus allen Provinzen:» *Sébillot*. — *Melusine*. — Frankreich wichtiges Glied auch auf dem Gebiete der Sage und des Märchens.

XI. **Sprache und Reim** . . . . . . . . . . . . . . . . . 237
Sprache des Märchens — des Volksliedes. — Schriftsprache oder Patois? — Lautlehre, Aussprache. — Wortschatz, — Verkleinerungs-, Vergröfserungsworte, — Schmuckworte, — stehende Redensarten (Liedereingänge). — bestimmte Zahlen. — Bilder und Vergleiche. — Blumen. — Vögel. — Rhythmus. — Hiatus, — Aufbau der Strophen, — Reim, — Assonanz, — Kehrreim. — Die Dichter und Dichterinnen.

XII. **Musik und Tanz** . . . . . . . . . . . . . . . . . 258
Allgemeiner Charakter der Volksmelodien. — Ursprung. — Sammler und Kritiker: Fouilloux (Rufe), — Rousseau, — Villemarqué, — G. Sand; — Ampère (Vincent). — Rathery. — Puymaigre (Mouzy: *le roi Renaud*), — Champfleury — Weckerlin (*Michant veillait, le jardin, Diablotin* etc.), — Bujeaud (*Dans mon cœur, Pierre le papetier, la veille des noces* etc.), — Bladé (*la maitresse*), — Cénac-Moncaut (*Chansoun de Phébus* etc.), — Carnoy, — Rolland. — Volkstänze: Einfache Ronde, — zusammengesetzte (*ressegado*); Zusammenhang des Tanzes mit der Musik, — Verknüpfung des Tanzes mit den Festen; — *Valse*, — *Bourrée*, — *Danse des quenouilles*, — *Olirette*.

# Das Soldatenlied.

— le jour que l'on s'engage
Est un jour maudit!
             (*Pays messin.*)

Veux-tu tirer au sabre,
Voltigeur valeureux?
A l'ombre sous un arbre
Nous tirerons tous deux,
Nous croiserons les sabres,
Si tu m'y blesses au cœur,
Tu seras le vainqueur.
             (*Poitou.*)

C'est vous aut', mes chers frères
Qu'allez me faire mourir:
Ma mort je vous pardonne,
Me faites pas languir.
Mon corps criblé de balles
Va tomber devant nous,
Portez, chers camarades,
Cet' lettre à mes amours.
             (*Angoumois.*)

Adieu, mes camarades de l'armée,
Je vous quitte, muni de mon congé.
Après quinze ans de campagne passés —
Je crois qu'il est temps de s'en retirer;
    Que chacun fasse comme moi,
    Vive l'empereur! vive la loi!
             (*Pays messin.*)

# VII. Das Soldatenlied.

Verschiedener Charakter des Soldatenliedes in der Volks- und in der Kunstdichtung. — Stellung des Soldatenliedes im Rahmen der französischen Volksdichtung. — Die Aushebung. — Trost und Sorge bei dem Abschiede. — Getreu bis in den Tod. — Ander Städtchen, ander Mädchen. — Das Mädchen im Heere (*Angélique*, *Nanon*) — dem Geliebten zur Seite, — im Kampfe mit dem Verräter (*Claudine*). — Sehnsucht des Soldaten nach der Heimat, — nach der Geliebten. — Der Deserteur. — Antagonismus zwischen Offizier und Soldat. — Der Kriegsgefangene, — seine Befreiung. — Ent- und Verführung. — Heimkehr — des Sohnes und Bruders, - - des Gatten und Vaters. — Übergang in die geschichtlichen Lieder und Balladen.

Der tiefe Rifs, welcher die französische Kunstdichtung von der Volkspoesie scheidet, zeigt sich, womöglich noch deutlicher, in dem Soldatenliede. Bei der bedeutsamen militärischen Geschichte Frankreichs und dem kriegerischen Geiste seiner herrschenden Kreise wären wir geneigt, auf eine reiche Kriegslyrik zu schliefsen. Dieselbe ist auch, trotz der gegenteiligen Meinung *Marelles*,[1]) vorhanden; aber nicht dem Volke, sondern den Kunstdichtern allein ist sie entsprungen. Den besten Beweis hierfür liefern jene Dichtungen, welche der letzte grofse Krieg zwischen Frankreich und Deutschland gezeitigt hat. Vergeblich suchen wir nach Liedern, welche dem Volke entstammen; wohl aber treffen wir eine Fülle von Kunstdichtungen, welche ihren Patriotismus in der Verunglimpfung des Gegners zu bethätigen suchen. Wenn auch einzelne dieser Dichtungen, wie Dr. *Schlüter* in seiner anziehenden, zeitgeschichtlichen Studie: „Die französische Kriegs-

---

[1]) Marelle a. a. O. S. 299, IX.

und Revanchedichtung" sagt,[1]) einige wenige Anläufe zu Besserem zeigen, ihnen fehlt doch jene Weihe echter Poesie, welche, mit deutschen Verhältnissen verglichen, die Dichtungen eines *Arndt*, *Körner* und *Max von Schenkendorf* durchweht. In diesen Liedern, welche entstanden, als unser deutsches Vaterland ohnmächtig zu den Füßen seines Eroberers lag, finden sich keine jener Schmähungen, an welchen die neueste Kriegslyrik der Kunstdichter Frankreichs überreich ist; dieselbe ist mit einer wahren Virtuosität des Hasses geschrieben. Die Zornesader muß uns schwellen, wenn wir alles, was uns groß und erhaben dünkt und was auch dem Feinde, wie wir glauben möchten, eine gewisse Achtung abnötigen sollte, in den Staub herabgezerrt sehen und wenn nicht bloß Dichterlinge, sondern selbst Männer wie *Victor Hugo*, *Coppée*, der feinfühlige, das deutsche Volkslied so hoch stellende *Ed. Schuré* u. a. m. in den gleichen unerfreulichen Ton verfallen.[2]) Wenn *Schlüter* indessen sagt, daß diese Stimmung weiteste Kreise beherrsche,[3]) so mag dies seine Richtigkeit haben, so weit der Einfluß von Paris reicht; auf die breiten Schichten des Volkes in dem von uns charakterisierten Sinne läßt sich diese Anschauung jedoch nicht anwenden. Für das französische Volk ist, um mit dem gründlichen Kenner desselben *Marelle* zu reden,[4]) der Krieg stets eines der unvermeidlichen Übel gewesen, welches man so heiter wie möglich nehmen müsse; und die reiche Soldatenlitteratur, welche die hinlänglich bekannten Sammlungen aufweisen, liefern den besten Beleg dafür, daß das Volk seiner Feinde wohl spottet, aber nicht die Erregung von Leidenschaften, von Haß und Rache auf seine Fahne schreibt.

> Partons, amis, partons, | A la vill' nous dans'rons
> La France nous appelle. | Avec les demoiselles.
> Trinquons![5]) | Trinquons!

---

[1]) Dr. Joseph Schlüter, Die französische Kriegs- und Revanchedichtung etc. Heilbronn 1878. S. 2. [2]) Ich verweise hier auf Schlüter S. 6, 7, 11, 21 ff., 25 ff., 34, 50, 58, 60, 71 und 79; an letzterer Stelle ist Schurés „enragierte Broschüre": *L'Alsace et les prétentions prussiennes* besprochen, worin es zum Schlusse heißt: „Warten wir, bis die Seelen der Toten den Kampf der Lebenden begleiten, bis Frauen und Kinder (!) nur einen Schrei haben: „Kugeln und Pulver" (!!). [3]) Schlüter a. a. O. S. 61. [4]) Marelle a. a. O. S. 301. [5]) *trinquer* anstoßen.

| | |
|---|---|
| Voici les ennemis: | Ils sont battus ou pris; |
| Courons à la victoire. | Viv' l'amour, viv' la gloire! |
| Trinquons! | Trinquons! |

(*Champagne.*)¹)

Dieses Lied spricht die natürlichen Empfindungen des französischen Soldaten aus, Sieger im Felde wie bei den Damen zu sein. Gefühle, welche sich in den bezeichnenden Worten *gloire* und *amour* verkörpern. Nur ein verschwindender Bruchteil der Soldatenlieder zeigt Begeisterung, an den Feind zu kommen; die Mehrzahl, weit davon entfernt, chauvinistisch angehaucht zu sein, hegt Widerwillen gegen den Soldatenstand überhaupt:

| | |
|---|---|
| Quand j'étais dans mon jeune âge, | On vous donne pour breuvage⁴) |
| Joyeux et content, | L'eau tirée du puits,⁵) |
| J' dis: faut que j' m'engage | Et du pain pour tout potage |
| Dans un régiment. | Voilà comme on vit. |
| | |
| Ah! j'ai bien changé d' courage | Si jamais je m' rengage |
| Au jour d'aujourd'hui | Mon congé⁶) fini, |
| Car le jour que l'on s'engage | J'aim'rais mieux qu'on m' dévisage |
| Est un jour maudit. | A coups de fusil. |
| | |
| On vous met comme factionnaire²) | Au moins si j' n'ai rien à faire |
| Devant les appartements,³) | J' prendrai un violon |
| Et l'on vous fait faire la guerre | Moi et ma petite ménagère⁷) |
| Sans savoir comment. | Vendrons des chansons. |

(*Pays messin, Malroy.*)⁸)

Abgesehen von der *Marseillaise*, jenem echt volkstümlichen Gesange, besitzt das französische Volk wenig Kriegslieder. Das Soldatenlied schliefst sich vielmehr enge an jene Dichtungen an, welche das menschliche Leben umspannen, wie es andererseits vermöge seines kriegerischen Hintergrundes leicht hinüberleitet zu den Liedern geschichtlichen Inhaltes, wie zu den Balladen.

---

¹) Marello S. 295.   ²) *factionnaire* Posten, Schildwache.   ³) *appartements* prächtige Wohnung.   ⁴) *breuvage* (meist medizinisch) Gebräu, Trank.   ⁵) *puits* Brunnen.   ⁶) *congé* (im weiteren Sinne) gesetzliche Dienstzeit.   ⁷) *ma petite ménagère*, populär: mein Weibchen.   ⁸) Puymaigre S. 379; Marelle S. 299; vergl. die ähnliche Stimmung in einem schlesischen Soldatenliede 1870; Das deutsche Kriegslied, eine litterarhistorische Studie von Karl Janike, Berlin 1871. S. 86:

| | |
|---|---|
| Aich oaber denke, besser is, | Ja besser, vielmoal besser is |
| Und doas is End vum Reeme, | Be Muttern scho deerheeme. |

Erst seit dem Jahre 1872 hat in Anlehnung an deutsche Verhältnisse auch eine innigere Verknüpfung der oberen Volksschichten Frankreichs mit dem Heere stattgefunden. Für das Volk im engern Sinne hat sich diese Berührung mit dem Soldatenleben stets von selbst ergeben. Daher denn auch die Erscheinung, dafs wir bei den die Liebe behandelnden Abschnitten in das Soldatenlied mit hinübergegriffen haben. Die Vorliebe, welche wir dort für das zweierlei Tuch fanden,[1]) läfst es uns erklärlich erscheinen, dafs wir es auch hier wiederum mit einem Stück Liebesleben zu thun bekommen, welches durch die Soldatenuniform und das Kriegshandwerk sein eigenartiges Gepräge erhält. Bietet doch gerade der Soldatenstand mit seinem bunt bewegten Leben, seinen Leiden und Freuden, dem Schmerze der Trennung, wie der Freude des Wiedersehens, der Sehnsucht, dem Hangen und Bangen treuliebender Herzen, der Belohnung für die aufopfernde Treue, wie der Strafe für den Verräter — bietet doch dies alles der Poesie dankbaren Stoff zu ebensoviel heiteren wie tiefergreifenden Bildern. Zugleich gewähren uns diese Lieder eine wertvolle Ergänzung zur Charakteristik des französischen Volkes, besonders zur Charakteristik des weiblichen Herzens.

Wenn schon im Liebeslied Scheiden und Meiden herbe Klagen auspreist, um wie viel schärfer spricht sich dieses Gefühl aus, wenn der Geliebte sein heimatliches Dörfchen verlassen mufs, um seiner Pflicht gegen sein Vaterland zu genügen. Nicht nur die Gefahren, welche demselben bei ausbrechendem Kriege drohen, treten deutlich hervor, sondern besonders jene Gefahren, welche treuer Liebe drohen, wenn der Geliebte sein einfaches Mädchen den Erscheinungen der Grofsstadt gegenüberstellt. Diese treue Sorge um den Geliebten zeigt das folgende Lied in seiner ganzen Naivität. Die Nummer, welche er gezogen, entscheidet über sein Schicksal. Allein so leichten Kaufs will sie ihn nicht in den Krieg ziehen lassen: „Denk an das Geschick, dem Du

---

[1]) Vergl. Bd. I. 72 ff.

entgegengehst," — so spricht die Liebende zu ihm; „ist's nicht besser, Du wärest in meiner Kammer versteckt, traun kein gefährlicher Ort" —

> „Cher amant, veux-tu m'y croire
> Jamais tu ne partiras,
> Soit donc conscrit infidèle,
> Bien mieux tu t'en trouveras.
> En ville j'ai-z-[1])une chambre
> Nous nous cacherons tous deux;
> L'endroit n'est pas dangereux."

Aber der Geliebte bleibt standhaft bei seiner Pflicht dem Vaterlande gegenüber, welches sich bei ihm in dem Kaiser *Bonaparte* verkörpert.

> „Ma bell', je vois que tu m'aimes
> Me tenant ces discours-là;
> Mais moi, j'aime bien mon père,
> Dis moi, c' qu'il en deviendra?[2])
> Si j' suis conscrit infidèle,
> C'est donc lui qu'on punira.
> Non! j'aime bien mieux me rendre
> Au servic' de Bonapar."
>
> (*Poitou.*)[3])

Ebenso standhaft bleibt in dem folgenden Liede der Seesoldat, welchen die Pflicht zum Kampfe gegen die Seemacht Englands ruft. In ihrem Schmerze „einer andern Magdalena gleich", sucht die Geliebte den Ausgehobenen nicht minder naiv mit Geld loszukaufen.

> C'était la fille d'un Rochelais,
> On dit qu'elle est tant belle!
> Elle a juré ses amitiés
> A un soldat de méré.[4])
>
> Mais le soldat a-t[5])-embarqué,
> A-t-embarqué sur l'aive.[6])
> La belle s'est mise à pleurer,
> Comme une Magdelaine.
>
> „Galant, ma mère a de l'argent,
> Va chez ton capitaine.
> Nous achèterons ton congé,[7])
> Tu n'iras point en guerre."
>
> „Ma belle, gardez votre argent,
> Priez Dieu pour l'armée.
> C'est dit, il faut partir demain,
> Rejoind' ma compagnée.[8]) etc.
>
> (*Saintonge, Aunis.*)[9])

---

[1]) Vergl. Bd. I. 57, 5. [2]) *ce qu'il en deviendra* was aus ihm werden soll. [3]) Bujeaud II, S. 135, III. [4]) In betreff der Assonanzen an Stelle des Reimes vergl. Kap. Sprache und Reim. [5]) Vergl. Anm. 1. [6]) aire (Schiffsmann?) [7]) congé, hier: Abschied, Urlaub. [8]) *compagnée*, des Reimes wegen; vergl. I, 186, 5. [9]) Bujeaud II, S. 211, I—IV.

Aber die Hauptfrage in all diesen Dichtungen ist doch immer, ob der Geliebte in der Ferne auch treu bleiben werde. Zu welch kühnen Gedanken sich das liebende Mädchen versteigt, ersehen wir aus einem Liede, welches wohl ursprünglich selbständig, dem uns bereits bekannten, allbeliebten *M'en revenant des noces*[1]) angehängt worden ist. Hier malt das Mädchen sich aus, wie ihr Geliebter, für den in ihren Augen jede in Liebe entbrennen müsse, selbst die Gunst der Königin gewinnt, wie dann aber diese Liebe, welcher er sich — kein anderer Joseph — hingibt, zu seinem Verderben ausschlägt.

    Et que mon ami Pierre
    Fût encore à m'aimer
     La, la, la,
     Tra, la, la,
      Déri,
     Tra, la, la,
      La.

| Que le roi qui l'appelle, | Dans sa chambre de marbre |
| Fût mort et enterré; | On le fera monter, |
| Car bientôt par la reine | Et dans son beau lit d'ore,[1]) |
| Il sera-t-appelé | Ell' me fra-t-oublier. |
|  La, la, la etc. |  La, la, la etc. |
| | |
| Car bientôt par la reine | Et dans son beau lit d'ore, |
| Il sera-t-appelé. | Ell' me fra-t-oublier; |
| Dans sa chambre de marbre | Puis on le fera pendre |
| On le fera monter. | Pour l'avoir trop aimé. |

     La, la, la,
     Tra, la, la,
      Déri,
     Tra, la, la,
      La.

           (*Normandie.*)[3])

Immer wieder und wieder kehrt der Gedanke „Du wirst nicht mein gedenken, die Schönen der Städte werden mich in den Schatten stellen". „Dein Bild soll der Talisman sein", so beteuert der Geliebte, „welcher uns miteinander verknüpft, was auch die spottlustigen Kameraden dazu sagen mögen". — Auch dieses ist eines jener Lieder, welche man überall antrifft, in

---

[1]) S. Bd. I, 116.  [2]) Vergl. Bd. I, 144. 7.  [3]) Champfleury S. 36.

Roussillon wie in *Bésançon*, in *Bourbonnais* wie in *Agenais* und *Armagnac*. Besonders schön ist es in der aus *Roussillon* überlieferten Form, mit den thränenreichen Versen, welche es gewissermafsen einrahmen: [1]

> J'ai tant pleuré, versé de larmes
> Que de ruisseaux en ont coulé;
> Petits ruisseaux, grandes rivières,
> Quatre moulins en ont viré.[2]

Helas! mon Dieu que je suis aise,
Quand j'ai ma mie auprès de moi!
Je la prends et je la caresse:
Mon petit cœur embrasse moi.

„Comment veux-tu que je t'embrasse?
Un chacun m' dit du mal de toi;
On m' dit que tu vas à la guerre,
Que tu t'en vas pour servir le roi.

Ceux qui vous ont dit ça, la belle,
Ils vous ont dit la vérité;
Mon cheval est là à la porte,
Et tout sellé[3] et tout bridé.[3] —

„Quand tu seras dans ces montagnes,
Tu ne penseras plus à moi;
Tu verras de ces Piémontaises
Qui sont bien plus gentes[4] que moi."

Oh! je ferai faire une image
Tout à la ressemblance de toi;
Je la mettrai dans ma chambrette:[5]
La nuit, le jour, l'embrasserai. —

„Mais que diront tes camarades,
Quand te verront biger[6] c' papier?"
J' leur dirai: C'est ma mi' Jeannette,
Cell' que mon cœur a tant aimée. —

> J'ai tant pleuré, versé de larmes,
> Que des ruisseaux en ont coulé;
> Petits ruisseaux, grandes rivières,
> Quatre moulins en ont viré.
> (*Roussillon*.)[7] Var.: (*Agenais et Armagnac*.)[8]

Die kräftigsten Beteuerungen für seine Treue gebraucht der Scheidende. Anklingend an ein deutsches Lied spricht er aus, dafs er sein Lieb bis über das Grab hinaus lieben wolle, „wenn dies den Toten verstattet sei".

> Je l'ai t'aimé, je l'aime encore
> L'aimerai quand je serai moré (mort)
> Si c'est donné aux trépassés.[9]

---

[1] Vergl. Bd. I. 128.  [2] *en ont viré* sind dadurch getrieben worden; *virer* = *tourner*.  [3] *sellé et... bridé* gesattelt und gezäumt.  [4] *gent, te* (veraltet) = zierlich.  [5] Vergl. I, 58, 2.  [6] *biger* fehlt in Sachs-Villatte; in der Var. von Agenais steht *baiser*; hier folgen noch die beiden Strophen:

> Je leur dirai: Mes camarades
> De moi ne faut pas vous *truffer* (moquer).

[7] Champfleury S. 204.  [8] Bladé S. 92, XXVI.  [9] *trépassés* die Toten (die hinüber sind).

Nicht minder sucht der Krieger sein Schätzchen mit der Aussicht auf eine lachende Zukunft zu trösten. Gleich dem Gleimschen Grenadier, nur noch etwas fatalistischer, spricht er sich gegenüber den dräuenden Gefahren des Feldzuges aus:

> La balle ne tue pas
> Il n'y a que la destinée¹) qui tue²)

Ist dann der Feldzug beendet, so soll die Hochzeit sein. Und dieses Versprechen, durch Handschlag bekräftigt, zaubert Lächeln auf die thränenfeuchten Mienen.

> Que pleurez-vous, la belle?  Belle, avant que je parte,
> Que pleurez-vous ainsi?   Belle je vous fiancerai!
>   Que la riré.           Que la riré.
>
> J'ai motif de tristesse;   Au retour de l'expédition,
> Il faut bien que je pleure... Belle, je t'épouserai...
>   Que la riré.           Que la riré.
>
> On m'a dit que vous partiez  Sur cette promesse,
> Pour le service du Roi.    Moi, plus ne pleurerai.
>   Que la riré.           Que la riré.
>
> La main si vous me touchiez,
> Je me mettrais à rire (de joie)
>   Que la riré doudaine
> Je me mettrais à rire
>   Que la riré dondé.
>              (*Haute-Gascogne.*)³)

Diese frohe Aussicht weiſs der Scheidende noch reizvoller zu gestalten durch den Hinweis auf die Reichtümer, welche er in fremden Landen gewinnen und ihr gleichsam als Hochzeitsgabe darbringen wolle.

> Console-toi, Louison;
> A présent on fait la guerre;
>   Si je fais un coup là-bas,
> Si je gagne quelque richesse,
>   O mes amours!
> J'irai revoir ma maitresse
>   Au declin du jour. —
> Il faut aller à la guerre
>   Or, adieu donc!

---

¹) *destinée*, hier = Schicksal (Fatum).  ²) Rathéry S. 658.  ³) C.-Moucaut S. 285.

Aber auch sie beschleicht die bange Ahnung:

> Si tu gagnes quelque richesse,
>     Pauvres amours!
> Tu laisseras là ta maitresse
>     Pleurer nuit et jour.

Daher bittet sie den „grofsen König Ludwig", nach beendetem Kriege ihren Geliebten wieder heimzusenden, damit er seine erste Liebe beglücke.

> Grand prince et grand roi Louis,
> Je vous prie qu'après la guerre
>   Je revoie mon ami
> Dedans son lieu ordinaire.
>   Où il pourrait
> R'prendre ses amours premières:
>   Renvoyez-le-moi. —
> Il faut aller à la guerre
>   Or, adieu donc!
>       (*Champagne, Ardennes.*)¹)

Häufig genug wird denn auch der Geliebte treu erfunden; er erinnert sich seines Liebchens und sendet ihr Grüfse. Als aber der Beauftragte fragt, woran er sie denn erkennen solle, erwidert er in ganz *Heine*scher Unbestimmtheit, dafs sie ihresgleichen nicht habe, dafs Kreuz und Lilie sie schmücken.

> Je m'en vais à la guerre,
>   Au service du roi,
>     Et lon lon la,
>   Au service du roi.

| Si tu vois ma maitresse, | Est facile à connaitre; |
| Je t'en pri', salu'-la, | Sa pareille y est pas,²) |
|   Et lon lon la, |   Et lon lon la, |
| Je t'en pri', salu'-la. | Sa pareille y est pas. |
| Comment la saluerai-je, | Elle porte la croix d'ore³) |
| Si je n' la connais pas, | La fleur de lis⁴) au bas, |
|   Et lon lon la, |   Et lon lon la, |
| Si je n' la connais pas. | La fleur de lis au bas. |

                                          (*Berry.*)¹)

---

¹) Tarbé IV, S. 186. Nach Tarbé ward das Lied noch zu seiner Zeit (1864) von den Ausgehobenen in den Ardennen gesungen. Als Datum des

In ergreifender Weise zeigt sich die Treue der vom Schicksal Auseinandergerissenen, wenn der Krieger, auf den Tod verwundet, noch einmal nach seinem Lieb verlangt. In einem Liede aus *Angoulême* hat dem Fahnenträger die Kugel gegolten. Auf des Hauptmanns Frage, ob es ihm leid sei zu sterben, erwidert er mit jener stoischen Ruhe, welche der Mann aus dem Volke dem Sensenmann gegenüber so häufig bekundet, daſs es ihm nur um seiner „Blonden" willen leid sei. Den Wunsch, sein Lieb noch einmal zu sehen, erfüllt das Lied in der ihm eigenen phantasievollen Weise. Der Schmerz Angelikas, die sich über den Geliebten beugt und alles, woran sonst ihr Herz hängen mag, opfern will, um den geliebten Mann zu retten, kontrastiert wirkungsvoll zu der Ruhe, mit welcher er in ihren Armen dem Tode entgegensieht.

Le capitaine, au feu cessé
Demande „Y-a-t-il un blessé?
„Oui dà, oui dà, mon capitaine,
„Voyez-en un, le porte-enseigne.

„Cher porte-enseign' mon bel ami,
„As-tu regret de mouri'?
„Toi qui toujours fus à l'épreuve,[1]) 
„Craindrais tu donc ta dernière heure?

„Il faut à tout se preparer,
„De mon drapeau me separer;
„Il faut dans peu quitter ce monde,
„Je ne regrette que ma blonde.[2])

„Pour ta blonde, sois sans souci,
„Dans un moment elle est ici;
„Quatre soldats de l'Amérique,
„S'en vont chercher ton Angélique.

Sitôt qu'elle put arriver,
La belle se mit à pleurer:
„Ne pleurez pas, beauté charmante;
Je meurs content, près mon amante."

„J'engagerai mon blanc jupon,
„Mon anneau d'or, mon cotillon.
„Mon agrafe, aussi ma ceinture,
„Amant, pour guérir ta blessure.

„En vain tu veux me secouri',
„Malgré tes soins je vais mouri'.
„Adieu pour toujours, cher amante,
„Je te laisse,[3]) beauté charmante."

(*Angoulême.*)[4])

In einer bemerkenswerten Variante aus dem *Pays messin* ist

---

Liedes, wozu der letzte Vers einen gewissen Anhalt gibt, werden die Jahre 1660—1700 angenommen. [2]) Gewöhnliche, auch bei Kunstdichtern vorkommende Auslassung von *ne*. [3]) *or* um *e* des Versmaſses wegen verlängert. [4]) *lis* (spr. *lis*) Lilie. [5]) Champfleury S. 56.

[1]) *Toi qui fus toujours à l'épreuve* der Du immer stich(kugel)fest warst. [2]) *ma blonde = ma bien aimée.* Vergl. Bd. I, S. 116, 3. [3]) *je te laisse* ich lasse Dich allein zurück. [4]) Bujeaud II, S. 202. 203.

es der Hauptmann selbst, welcher nach sechsstündigem harten Kampfe gegen die Engländer auf den Tod verwundet wird. Auch hier die gleiche Frage, ob er bedauere zu sterben, auch hier der lebhaft ausgesprochene Wunsch, sein Lieb noch einmal zu sehen.

> Dis-moi, mon maitre, mon bel ami,
> N'as tu pas regret de mouri(r)?
> Tout le regret que j'ai dans le monde
> C'est de mourir sans voir ma blonde.

Wohl „breitet sich auch hier eine weite Welt zwischen den Liebenden aus," aber das Lied, das Lied hat Flügel. Mit Zauberschnelle eilt die Geliebte zu dem Sterbenden und forscht nach seiner Wunde. Nichts soll sie für ihn hingeben, so bittet er nachdrucksvoll, sondern nur Sorge tragen, dafs man ihn in geweihter, in französischer Erde bestatte, deren Freiheit er mit seinem Herzblut erstritten.

| | |
|---|---|
| Dis-moi, mon maitre,[1]) mon bel ami, | N'engage rien pour moi, ma blonde, |
| Dis-moi, mon maitre, mon bel ami, | N'engage rien pour moi, ma blonde, |
| Si ta blessure est bien profonde, | N'engage rien pour moi dans ce monde. |
| Si ta blessure est bien profonde. | Car ma blessure est trop profonde. |
| | |
| J'engagerais tout mes habits, | Reste-moi porter z'en [2]) terre, |
| J'engagerais tous mes habits, | Reste-moi porter z'en terre, |
| Mon anneau d'or et ma ceinture, | Reste-moi porter z'en terre |
| Amant, pour guérir ta blessure. | Devant l'église de Saint-Omer.[3]) |

(*Pays messin, Varize, Remilly.*)[4])

Allein nur zu häufig ist die Treue ein leerer Wahn und die Klagen und Befürchtungen, welche sich an das Ausrücken knüpfen, sind nur zu begründet. Für unser deutsches Wort: Ander Städtchen, ander Mädchen, bieten die Lieder vielfach Belege.

---

[1]) *mon maître*, an Stelle des heute üblichen *mon capitaine, mon général* etc. deutet auf alten Ursprung hin. Man beachte übrigens das gemütliche *mon* der französischen militärischen Ausdrucksweise. [2]) *z* deutet das fälschliche Herüberziehen des Volkes an. [3]) Das Lied datiert also aus einer Zeit, in welcher die Engländer noch im Besitze französischer Gebiete waren. Wie häufig, so hebt auch dieses Lied mit einem bestimmten Datum: „*Ce dix avril* — an. [4]) Überhaupt im *Pays messin* sehr verbreitet; Puymaigre S. 178, 179; vergl. auch dessen Note.

> Mon amant, tu me quittes (bis)
> Mon amant, tu t'y en vas (bis)
> Mon amant, tu t'en vas.
> Tu me laisses dans l'embarras,
> Tu me laisses seulette —

ruft das Mädchen zweifelnd dem ausziehenden Krieger zu. Treuherzig verspricht derselbe zu schreiben.

> La bell', si je te quitte, (bis)
> La belle, je t'écrirai; (bis)
> Ce s'ra par un conscrit.[1]
> Ou ce s'ra par un officier:
> Je t'écrirai ma belle.

Aber wie schaut es mit dem Brief aus, welcher auch richtig nach sechs Wochen eintrifft? Nicht an die Geliebte, sondern an den Vater ist das Schreiben gerichtet, welches eine grausame Täuschung enthält.

> Il est dit dans la lettre, (bis)
> La douc' bell', mari' toi; (bis)
> La belle, mari' toi.
> Car j'en ai beiu[2] d'autres que toi,
> Et des cent fois plus belles.
>
> (*Nivernais.*)[3]

Die gleiche Enttäuschung erfährt die Geliebte, welche in einem Liede aus *Armagnac* den Vogel der Liebe fragt, ob der Soldat ihr auch in fernen Landen treu geblieben. Nicht gleich verrät der Vogel die Wahrheit.

> Toutes les demoiselles,
> Ont le cœur pris pour lui;
> Mais il songe à la belle
> Qui l'espère au pays —

spricht er andeutend und verhüllend zugleich.

Erst als die Verlassene selbst ahnungsvoll ausruft:

> Je suis en oubliance
> Auprès de mon ami,[4]

---

[1] *conscrit* Rekrut.   [2] *bein* = *bien* (vielfach gespr. *bein*).   [3] Champfleury S. 128.   [4] *ami* = Schatz.

erwidert er bestätigend:

> Si vous le savez, belle,
> Mettons que j'ai menti.
> Il a douze maitresses,
> En Espagne, à Madrid.
> *(Armagnac, Agenais.)* [1])

Allein das französische Mädchen weifs sich zu trösten.

> Dans le pays de France
> Y en a d'autres que lui —
> *(Armagnac, Agenais.)* [1])

ruft sie, sich über den Verlust hinwegsetzend, aus; und ebenso natürlich und aufrichtig zugleich ist der folgende Ausspruch des verlassenen Mädchens:

> Si l'as d'autres maitresses, (bis)
> J'y ai bien d'autres amants, (bis)
> J'ai bien d'autres amants.
> Qui me donnent plus d'agréments,
> Qui me causent moins de peine —
> *(Nivernais.)* [2])

getreu dem Rate eines Lanciers, der seine Anschauung von Soldatenliebe in den Worten bekundet:

> Belles —
> Ne vous tourmentez pas;
> De ces amants les uns valent les autres.
> Si les premiers sont beaux,
> Les autres sont nouveaux.
> *(Roussillon.)* [3])

Es ist ferner charakteristisch für das französische Mädchen, dafs sie nicht blofs, gleich der Deutschen, einsam über die Untreue des Geliebten nachdenkt, sondern, wie wir soeben gesehen, sich mit einem Witzworte über das Geschehene hinwegsetzt, Trost bei anderen sucht oder energisch sich aufmacht und zu dem fernen Geliebten hineilt. Entschlossen erklärt die Tochter der Mutter, dafs sie nach der Armee, die am Niederrheine steht,

---

[1]) Bladé S. 68. [2]) Champfleury S. 128. [3]) Champfleury S. 207.

abreisen wolle. Geld und alles, was zur Reise nötig sei, möge die Mutter bereit halten.

> Je pars pour l'armée du Bas-Rhin,
> Oui, je pars demain au matin;
> Que mon sac soit fait,
> Prêt
> Compte-moi de l'argent
> Blanc
> Afin que je marche à grands pas
> Pour quand¹) l'armée partira.
>
> (*Pays messin*, Fontoy.)²)

Vergeblich stellt ihr die Mutter vor, in welche peinliche Lage sie geraten werde, da sie nicht die Sprache — *le jargon!* — der Feinde verstehe. Sie aber will allen Gefahren trotzen: Unter freiem Himmel will sie schlafen und nicht eher rasten und ruhen, als bis sie zu ihm gekommen, der ihre Sprache spricht. Als Marketenderin will sie sich dem Heere nützlich erweisen, was sie originell mit den Worten ausdrückt:

> Pour les hussards il me faudra
> Du vin, du rhum et du gloria,³)
> Tabac en poudre et à fumer
> De l'encre et des cart's à jouer.
> De la pommade en bâton
> Bon
> J'en aurai dans un pot
> Gros
> Que je vendrai au pesant,⁴)
> Quand il viendra des chalands.⁵)

Die Mutter sieht, dafs ihre Reden unnütz sind; sie läfst daher ihr Kind ziehen, nicht ohne ihr vorher besondere Vorsicht vor den Husaren eingeschärft zu haben.

> J' vois que tu sais ton commerce à fond
> Va-t'en, Fanchon, prends garde aux fripons,
> Et ne te mets pas au hasard,
> Surtout méfie-toi des hussards;

---

¹) *Pour quand* dann wann.   ²) Puymaigre S. 379.   ³) *gloria* Kaffee mit Rum; r(h)um spr. rom.   ⁴) *au pesant* nach Gewicht.   ⁵) *des chalands* (jetzt veraltet für *clients*) Kundschaft.

> Si tu les vois venir,
>   Fuis,
> Cache-toi dans un coin
>   Loin,
> Embrasse-moi, ma chère enfant,
>   Prends ton équipage et va-t'en.
>
> (*Pays messin, Fontoy.*)¹)

In anderen Liedern fragt die Maid die Nachtigall, wo der Geliebte weile, worauf dann die Antwort erfolgt:

> Ton amoureux, la belle,
> Il a passé le Rhin;
> Il a quitté la France,
> Il est déjà bien loin.
> Prends des habits de troupe,
> Habille-toi z'²)en guerrier,
> Et pars sur la grand' route³)
> Comme un bon cavalier.
>
> (*Pays messin, Vernéville.*)⁴)

Sie macht sich auf den Weg. Endlich, in „Preufsen" angekommen, sieht sie den Geliebten inmitten seiner Truppe. Aber welche Antwort wird ihr von seiner Seite zu teil:

> Si j'avais su, la belle,
> Que tu m'aurais trouvé,
> J'aurais passé la mer,
> La mer j'aurais passé,⁵)

worauf sie in die verzweifelten Worte ausbricht:

> Oh! Dieu, est-il possible!        Tes amoureux, ma belle,
> J'ai fait autant de pas           Ils sont tous mariés.
> Pour un amant que j'aime,         Ils ont tous pris pour femmes
> Et lui ne m'aime pas!             Des filles de la contrée.
> Rossignol sauvage,                Voilà que je suis seule,
> Qui habite dans ces lieux,        Seule et abandonné
> Apprends-moi des nouvelles        Pour un méchant amant
> De mes autres amoureux.           Que j'ai bien trop aimé.
>
> (*Pays messin, Vernéville.*)⁶)   Var.: (*Franche-Comté.*)⁷)

---

¹) Puymaigre S. 380. ²) z fälschlich eingeschoben zur Vermeidung des Hiatus. ³) *grand' route*, eigentl. *grand route* Heerstrafse; vergl. wegen der Form *grand* Bd. I, S. 19 Anm. 4. ⁴) Puymaigre S. 33. ⁵) Man beachte die kreuzweise (chiastische) Stellung. ⁶) Puymaigre S. 33, 34. ⁷) Max Buchon: *Chants populaires de la Franche-Comté* (*Revue litt. d. l. Franche-Comté*,

Heiterer endet ein ähnliches Lied aus *Agenais* und *Armagnac*. Auch hier erblickt das Mädchen den Geliebten beim Exerzieren. Wind und Wetter preisgegeben. Sein Empfang ist freundlich und der Schlufs eröffnet die Perspektive auf Heirat.

>La belle Rosalie, (bis)
>A perdu son amant. (bis)
>Grand Dieu qu'elle est à plaindre
>A l'âge de quinze ans![1]
>  Tra la la la la la lère,
>  Tra la la la la la la.

>Rossignolet sauvage,
>Amoureux du printemps,
>Donne-moi des nouvelles
>De mon fidèle amant.
>  Tra la la etc.

>Ton bel amant, la belle,
>Il est au régiment.
>Je dois bien le connaître,
>Je suis son commandant.
>  Tra la la etc.

>La belle Rosalie
>S'habille en officier,
>S'en va droit à Nantes,
>Joindre son bien-aimé.
>  Tra la la etc.

>En arrivant à Nantes
>Aperçoit son amant!
>Qui faisait l'excercice,
>A la rigueur du temps
>  Tra la la etc.

>Eh! dis-moi donc, la belle,
>Que viens-tu faire ici?
>Portes-tu des nouvelles
>De notre cher pays?
>  Tra la la etc.

>Nouvelles, j'en apporte.
>Cher amant, les voici:
>Faut nous marier vite,
>Nous marier ici.
>  Tra la la etc.

>     (*Armagnac, Agenais.*)[2]

In den soeben mitgeteilten Liedern riet der Vogel dem Mädchen, sich in Soldatenkleider zu werfen und den Geliebten aufzusuchen. Es ist dies ein Gedanke, der dem Volksdichter besonders zuzusagen scheint; denn in den Liedern ist er vielfach ausgesponnen. So in einem Liede aus dem Thal von Metz, worin das Mädchen in Soldatentracht bei dem Geliebten erscheint und von ihm mit dem freudigen Rufe begrüfst wird:

>Venez à moi, mon tant joli cœur doux.

---

*nov.* 1863 *p.* 33). Dort wandert die Geliebte 40 Tage lang, Tag und Nacht, bis sie den Geliebten trifft:

>qui faisait l'excercice
>sous un drapeau volant.

Der Schlufs gleich dem oben mitgeteilten.
  [1] Vergl. Bd. I, S. 47 ff.   [2] Bladé S. 97, 98.

Gern folgt sie mit den Worten:

> N'y-a-t-il pas une chambre secrète
> Et un bon lit qui soit garni de fleurs
> Pour y compter toutes nos douleurs?

Und dieses Wiederfinden entzückt den Soldaten so sehr, dafs er in die rebellischen Worte ausbricht:

> Dedans la guerre je ne veux pas aller
> Puisque ma mie est retrouvé.
> (*Val de Metz*.)[1]

Aber die Verhältnisse sind stärker als die Menschen: Der Geliebte zieht dem Feinde entgegen, jedoch nicht allein; *Angélique* teilt die Gefahren des Kampfes. Erst in der Schlacht lernt das Regiment erkennen, dafs es bislang einen weiblichen Kameraden in seiner Mitte gehabt.

> L'ont bien été sept ans (bis)
> Au régiment ensemble; (bis)
> Personn' la connaissait.
> Pour fille qu'elle était,
> Que son joli-t-ami;
> Elle vivait[2] avec lui.
> 
> Tout au bout des sept ans, (bis)
> S'est déclaré bataille; (bis)
> Au milieu du combat
> Elle est blessée au bras;
> La belle a déclaré
> Qu'elle n'est pas guerrier.
> (*Saintonge, Aunis, Poitou*.)[3]

Diese Erklärung bestimmen den Kommandanten für die Dienste, welche das Mädchen dem Vaterlande geleistet, nicht nur ihr, sondern auch dem Geliebten den Abschied zu bewilligen.

> Monsieur le commandant (bis)
> Qu'entendait ces paroles: (bis)
> „Un' fill' de *dix huit*[4]) ans
> „Qui a servi *sept*[4]) ans
> Sûrement a gagné
> L' congé d' son bien aimé.
> (*Saintonge, Aunis, Poitou*.)[5]

Gleich *Angélique* ist nicht minder resolut *Nanon*. Auch sie tritt, unerkannt von dem Geliebten, in die gleiche Truppe ein; mit der thatkräftigen Gesinnung paart sich heller Verstand.

---

[1]) Quépat S. 3. [2]) Marelle S. 297 hat hier das verhüllende *vivait*; das Lied hat *couchait*. [3]) Bujeaud II. S. 201. IV. V. [4]) Zeigt das Typische der „sieben Jahre". [5]) Bujeaud II. S. 201. VI.

Während ihr Geliebter einfacher Soldat bleibt, rückt sie in der militärischen Stufenleiter von Rang zu Rang auf, bis sie beim Zahlmeister endigt, in welcher Sphäre sich des Weibes wirtschaftlicher Sinn am besten bethätigen kann. Scharf wacht sie über dem Geliebten und stellt ihn schliefslich auf die Probe. Sie ladet ihn ein, ein Gläschen Wein im kühlen Schatten zu trinken, und getreu, wenn auch unbewufst des Wortes „*in vino veritas*", forscht sie, ob er jemand anders liebe, — um dann, als sie von seiner Treue überzeugt ist, sich ganz ihm hinzugeben. Als sie in der Folge eines Knäbleins genest, läfst sie den Obersten rufen, der trotz der seltsamen Mär „sanft wie ein Engel" an dem Bette seines Zahlmeisters weilt und dem Neugeborenen den Namen verleiht.

> Adieu donc, Nanon, tout de bon,[1]
> C'est aujourd'hui que j' prends les armes,
> C'est aujourd'hui qu'il faut partir,
> Partir pour me mettre en campagne.
> Soi-moi fidèle en tes amours,
> Jusqu'au beau jour de mon retour,
> Je te quitte, il me faut partir
> A la loi je dois obéir.

Le galant partit du pays
Sitôt[2] Nanon se met en route,
Pour rejoindre son cher ami
Et ne plus quitter sans doute.
Fume sa pipe en vrai dragon,
Tire un bon coup de mousqueton,[3]
Ou bien un coup de pistolet
Tout aussi bien qu' ces gros sujets.

Dedans Bordeaux a-t-arrivé,
A monté dedans la chaloupe
Où on le l'avait[4] embarqué,
Et dès lors commence sa route.
De simpl' soldat devient sergent,
De sergent devient lieutenant.
Elle était bien beau trésorier
Quand elle arriva-t-au quartier.

Au Port-Louis a-t-arrivé.
Est descendu' de sa chaloupe.
Dans la ville s'est promené
Pour chercher son amant sans doute;
Dessus la plac' se promenant
Elle a rencontré son amant,
Et lui a dit: „Mon cher enfant,
„Ah! viens me parler un instant.

Simple soldat était surpris
Que son trésorier l'accoste.[5]
Oui, Monsieur, je vous parlerai
Quoique ça ne soit pas la mode.
Quitt' ta guérite[6] et ton fusil,
Ceinturon[7] et giberne[8] aussi,
Viens à la cantine[9] un instant,
Boire une bouteill' de vin blanc."

---

[1] *tout de bon* im Ernst. [2] *sitôt* alsbald, sofort. [3] Die Dragoner waren damals gleichfalls mit Flinten ausgerüstet (Puymaigre S. 79). [4] *le l'avait*, des Rhythmus wegen; vergl. Kap. Sprache u. Reim. [5] *accoster* (fam.) auf j. zugehen, um ihn anzusprechen. [6] *la guérite* das Schilderhaus.

A la cantin' sont arrivés,
Se sont assis sous le feuillage.
N'as-tu pas d' maitresse au quartier,
„Dis-moi donc, mon cher camarade?
J'en ai un' qui sert la nation,
Elle a quitté notre canton
Et sans jamais y retourner.
Jamais d'autre je n'aimerai."

„Embrasse-la,[1]) mon cher enfant,
Car c'est ta Nanon qui te parle,
Depuis sept ans j' sers la nation.
Pour te rencontrer, camarade;
Maintenant comm' deux bons amis,
Mettons-nous camarad' de lit.
Pour renouv'ler nos amitiés
Il faut tous deux nous embrasser."

Au bout d' neuf l'a-t-accouché,
Sans dire une seule parole,
Mais ell' dit à son bien-aimé,
„Mon Dieu! ce tour-là est bien drôle,
Le colonel faut avertir.
Hélas! monsieur, faut s'en venir,
Le trésorier assurément
A-t-accouché d'un bel enfant."

Lo colonel a-t-arrivé,
A bien monté dedans la chambre,
S'est assis au pied de son lit,
Parlant aussi doux comme un ange.
„Celui-là qu'avouera l' garçon[2])
Sera l' meilleur du régiment.
Nous lui frons porter un beau nom
Louis-Charles de la nation."

(Aunis.)[3])

Aber auch die Einförmigkeit des Seedienstes und die Schrecken des Meeres halten das Mädchen nicht ab, wenn es gilt, dem Geliebten zu folgen. Kurz entschlossen läfst sie sich als Matrose auf dem gleichen Schiffe „Orient" anwerben, um dann am Schlusse der Reise mit dem Einlaufen des Schiffes in den Hafen, mit dem Geliebten glücklich in den Hafen der Ehe einzulaufen.

Chantons, pour passer le temps,
D'un ton complaisant,
Une jeune fille;
Sur le bord de l'orient,
La belle, elle s'en va
Pour suivre son amant.

Voyant son amant parti
Elle changea d'habit,
Quitta celui de fille
S'habilla en matelot.
S'en fut[4]) se présenter
Au bord du vaisseau.

Le capitaine du vaisseau,
Voyant la beauté
De ce beau jeune homme
Lui dit: beau matelot,
Tu seras placé
Dedans mon vaisseau.

---

[1]) *le ceinturon* die Koppel.  [2]) *la giberne* die Patrontasche; bekanntes Sprichwort (Wahrwort?): *il a son bâton de maréchal dans sa giberne*.  [3]) *la cantine*, auch in die deutsche Soldatensprache übergegangen; Kasernenschänke.
[1]) Bei Bujeaud der Druckfehler *là*.  [2]) *Celui-là qu'avouera l' garçon* wer das Kind als Vater anerkennen wird.  [3]) Bujeaud II, S. 197—199.
[4]) *s'en fut* machte sich auf; vergl. Bd. 1, S. 68 Anm. 1.

Son amant qui la voit  
Plus de mille fois,  
Lui dit: jeune cadet,  
Vous ressemblez bien  
A ma charmante beauté.

Monsieur, quand vous me parlez,  
Vous me surprenez,  
Vous me faites rire.  
Je n'ai ni père, ni parents,  
Je suis éloignée du bord [1]) de l'orient.

Il a resté deux ans  
Sur ce bâtiment,[2])  
Sans la reconnaitre  
Qu'au débarquement.[3])

Puisque l'amour nous rassemble,  
Il nous faut marier ensemble.  
L'argent que nous avons gagné  
Nous servira belle,  
Pour nous marier.

(*Pays messin, Malavillers.*)[4])

Man begreift, wie aus einem Geschlechte, welchem *Angélique* und *Nanon* angehören, dereinst Frankreich die Retterin *Jeanne d'Arc* entstehen konnte. Liebt doch das Mädchen, wie es in einem Liede aus dem *Pays messin* heifst, das Wüten des Krieges:

elle aimait le bruit de la guerre.

Unerkannt kämpft sie den Tapfersten gleich; erst eine Verwundung an der Brust läfst ihr Geschlecht erkennen.

Par malheur en Angleterre  
Fut blessée à la mamelle.  
On la connut par cela  
Que ce n'était pas un soldat,  
Que c'était une pucelle  
Pon, pata pon, fa, la, la  
Pon, pon!

(*Val de Metz.*)[5])

Mit diesem Zuge der Männlichkeit verbindet sich nun auch bei dem verlassenen Mädchen ein lebhaftes Gefühl der Ehre, welches Rechenschaft fordert von dem treulosen, wortbrüchigen Manne. Die Heldin dieser Lieder ist wiederum typisch; sie er-

---

[1]) *éloignée du bord* fremd an Bord.   [2]) *bâtiment*, in der Marine das allgemeine Wort für Schiff.   [3]) *le débarquement* die Ausschiffung.   [4]) Puymaigre S. 74, 75.   [5]) Quépat S. 17.

scheint in der *Champagne* wie im *Pays messin* wie auch in der *Franche-Comté* und führt in der Mehrzahl der Fälle den Namen *Claudine* oder *la petite Claudine*, vereinzelt auch *Nanon*.

Schon in dem Abschnitt „Liebeslust und Leid" erwähnten wir bei Besprechung der die Verführung behandelnden Lieder, dafs das französische Mädchen gegen den Verräter in der Liebe das Schwert zieht, ein Zug, welcher dem deutschen Volkslied, soweit uns dieses bekannt ist, fehlt; wir verwiesen schon damals auf das Soldatenlied, welches eine Reihe charakteristischer Proben für das Gesagte bietet. Dafs es sich hierbei wirklich um Treubruch und Verrat handelt, zeigen Stellen, wie:

> Mais quand il eut
> Les amours de la belle
> L'ingrat s'en fut
> Joindre son régiment
> Adieu l'ingrat
> Puisque tu m'abandonnes[1]
> J'irai vraiment
> Te joindre au régiment. —
> (*Franche-Comté*.)[2]

Noch deutlicher heifst es in einem andern Liede:

> S'rai bientôt mère
> D'un bel enfant!
> Bien lâchement
> M'a fuie son père
> Au régiment.
> (*Hamboin, Seine-et-Marne*.)[3]

Und keinen andern Rat, was mit dem Kinde werden soll, weifs sie, als es dem Vater in das Regiment nachzuschicken.

> Que ferons-nous de cet enfant
> Quand sera grand?
> Nous lui ferons une cocarde
> D'un ruban blanc,
> Et nous l'enverrons à son père
> Au régiment.
> (*Gontaud, Lot-et-Garonne*.)[4]

Oft aber sucht die Verlassene den Wortbrüchigen auf, in-

---

[1] *abandonner*, stärker als *quitter*, einen im Stiche lassen. [2] Puymaigre S. 80. [3] Tarbé II, S. 172. [4] Bladé (Armagnac etc.) S. 40.

dem sie sich in dem gleichen Regimente anwerben läſst; sie beginnt Händel mit ihm und ersticht ihn in dem sich entspinnenden Kampfe. Sie selbst aber erhält Pardon, da sie sich als Mädchen zu erkennen gibt.

La petite Claudine s'habille en garçon,
  Remplan,
S'habille en garçon.

C'est pour aller en ville, pour s'engager dragon,
  Remplan,
Pour s'engager dragon.

Le capitaine la regarde. — Tu es joli garçon.
  Remplan,
Tu es joli garçon.

Même tu n'as point de barbe, point de barbe au menton,[1])
  Remplan,
Point de barbe au menton.

Ah! si je n'ai point de barbe, point de barbe au menton,
  Remplan,
Point de barbe au menton.

Ah! si je n'ai point de barbe, j'ai un cœur de lion,
  Remplan,
J'ai un cœur de lion.

Le capitaine l'engage, l'engage dans les dragons,
  Remplan,
L'engage dans les dragons.

La petite Claudine retrouva son mignon,[2])
  Remplan,
Retrouva son mignon.

Son mignon qui la laisse dans un triste abandon,
  Remplan,
Dans un triste abandon.

Elle lui chercha querelle et tua son mignon,
  Remplan,
Et tua son mignon.

On la prend, on l'emmène jusques à la prison,
  Remplan,
Jusques à la prison.

---

[1]) *le menton* das Kinn.   [2]) *son mignon* (deutsch: Minne) seinen Schatz.

Elle se déclare fille pour avoir son pardon,
    Remplan,
  Pour avoir son pardon.
                    (*Pays messin, Remilly*.)[1]

Ein sehr ähnliches Lied gibt *Marelle*. Nicht minder klar und bewufst geht *Claudine* auf ihr Ziel los, den Verräter zu strafen.

| Dégaine,[2] lui dit-elle | On la prend, on l'emmène |
| Ran tan plan | Ran tan plan |
| Traitre, et nous battrons | On la met en prison |
| Ran tan plan | Ran tan plan |
| Traitre, et nous battrons. | On la met en prison. |
| Ils se battent en duel | Mais là elle dit: J' suis fille |
| Ran tan plan | Ran tan plan; — |
| Elle a tué son mignon. | Et elle a son pardon, |
| Ran tan plan | Ran tan plan |
| Elle a tué son mignon. | Et elle a son pardon! |

                    (*Champagne*.)[3]

Es könnte auffallen, dafs unsere Heldin sich unter die Dragoner einreihen läfst, während doch der Kehrreim *Remplan* oder *Ran tan plan*, welcher den Trommelschlag nachahmt, unzweifelhaft auf eine Fufstruppe hindeutet. Zur Erläuterung mag dienen, dafs die Dragoner damals wie heute auch als Fufstruppen verwandt wurden und zu diesem Zwecke mit Säbel und Gewehr,[4] Hacke und Schaufel ausgerüstet waren. Andererseits läfst sich aber auch annehmen, dafs das Lied, ursprünglich bei einer Fufstruppe entstanden, auf die Dragoner übertragen wurde, eine Annahme, die um so glaublicher erscheint, als die Dragoner, der Rolle nach zu schliefsen, welche sie in der Volksdichtung spielen, sich einer besondern Beliebtheit im Volke erfreuten.[5] Ohne den klangvollen Kehrreim findet sich das Lied in *Guénange* (*Pays messin*), in welchem nicht nur die Einkleidung des Mädchens als Dragoner weiter ausgeführt ist, sondern sich auch der bezeichnende Vers findet, dafs die Verlassene Genugthuung von dem Geliebten fordert und auch erhält:

---

[1] Puymaigre S. 76, 77.  [2] *dégainer* (fam.) vom Leder ziehen.  [3] Marelle a. a. O. S. 290.  [4] Vergl. auch S. 20 Anm. 3.  [5] Vergl. Puymaigre S. 79 Note.

Qui veut entendre le courage  
D'une fille de quinze ans:  
Elle voit son amant volage,  
D'homme prend un habillement[1]  
S'en va trouver le capitaine et lui dit:  
Monsieur, je viens prendre parti.[2]

Le capitaine la regarde  
Voit son air et sa belle façon.  
Quoique tu sois un bel homme  
Tu n'as point de barbe au menton.  
N'importe, dit-elle, monsieur,  
Je suis vaillant et amoureux.

Le capitaine sur sa parole,  
Cinquante pistoles[3] lui donna:  
Tiens, lui dit-elle, voilà cinquante pistoles,  
Puisque tu veux prendre parti,  
Prends vite cet appointement[4]  
Et va joindre ton régiment.

Quand elle fut à la Rochelle,  
Au milieu de la garnison,  
Ou lui présenta un beau cheval  
Eperons[5] et habits de dragon.  
La belle tout en se promenant  
Fit la rencontre de son amant:

Ah! te voilà, amant volage.  
De toi je vais avoir raison![6]  
Puisque tu as mon cœur en gage;  
Il faut mettre l'épée en main.  
La sienne lui mit dans le flanc  
Et lui fit verser tout son sang.

Que l'on arrête ce dragon  
Au milieu de la garnison,  
Monsieur je ne suis point garçon  
Je suis la fille d'un baron:  
Mon amant m'avait délaissée  
Et j'ai sa poitrine percée.

(*Pays messin, Guénange.*)[7]

In der Lesart der *Franche-Comté*, aus welcher wir oben bereits einen bezeichnenden Vers mitteilten, soll das Mädchen für ihr Verhalten, auf Anordnung von drei Generälen, im Kerker büfsen; der König begnadigt sie.

Elle demanda  
Cent écus à son père,  
Fut[8] à Paris  
S'achèta[9] des habits.  
Elle s'habilla  
En dragon militaire,  
Rien d'aussi beau  
Qu' sa cocarde au chapeau.

Elle a suivi  
Pendant sept ans la troupe,  
Sept ans la troupe  
Sans joindre son amant,  
Elle l'aperçoit  
Mettant le pied à terre  
Lui disant soudain:  
Mettons le sabre en main. —

Ah! oui, ah! oui,  
Ils ont bien les armes,  
Ah! oui, ah! oui,  
Ils ont bien combattu

---

[1]) Die freie Stellung beachtenswert. [2]) *prendre parti*, sonst: einen Entschlufs fassen; hier: sich anwerben lassen. [3]) *pistole* Goldmünze, 9—22 Franken; in Frankreich seit 1692. [4]) *appointement* Summe, Sold. [5]) *éperons* Sporen. [6]) *avoir raison* Rechenschaft fordern. [7]) Puymaigre S. 78, 79. [8]) *fut*, statt *s'en fut* machte sich auf. [9]) Der Circumflex, um die Aussprache zu kennzeichnen, s. Kap. Sprache u. Reim.

> Mais la fillette
> Qu'était encor jeunette,
> Mais la fillette
> Mit son amant à mort.
>
> Trois généraux
> En voyant sa vaillance,
> Voulurent bientôt
> Le faire mettre au cachot;[1]
> Le roi si bon
> Y accorda son pardon.
>
> (*Franche-Comté.*)[2]

In einem alten Liede *Histoire de Manon de Neville*[3] betitelt, überrascht die Schöne den Geliebten gerade in dem Augenblicke, da er einer Andern die Ehe verspricht. Sie wirft ihren Mantel ab, der Ungetreue erkennt sie, fällt ihr zu Füfsen und bittet sie, um ihres Kindes willen zu verzeihen. Der Major wirft sich ins Mittel, läfst sie aufbieten, und mit einer Ehe schliefst, was sich so tragisch anliefs.

> Son épée tombe par terre,
> Il se jette à deux genoux
> Et versant des pleurs amères
> Pour apaiser son courroux.[4]
> En la serrant tendrement[5]
> La prie de lui faire grâce
> Au nom de son cher enfant.
>
> Le major vint en personne
> Pour savoir exactement
> Si Manon était un homme,
> Ce qu'il apprit sur-le-champ;
> Et connaissant leur négoce,[6]
> Leur fit publier des bans[7]
> Puis leur fit faire des noces
> Le plus magnifiquement.
>
> (*Chanson d'autrefois.*)[8]

---

[1] *le cachot* Gefängnis. [2] Von Puymaigre S. 80, 81 mitgeteilt. [3] *Neville*, Stadt in Belgien. [4] *apaiser son courroux* ihren Zorn zu besänftigen; *courroux*, poetisch für *colère*. [5] *la serrer tendrement* sie zärtlich an sich drücken. [6] *connaissant leur négoce* da er erfahren, was sie hierher geführt. [7] *leur fit publier des bans* liefs er sie aufbieten. [8] Bei Puymaigre S. 83: P. gibt neben den französischen Liedern auch eine Reihe von Parallelliedern und Stellen aus Piemont, Portugal, Rufsland, Griechenland, Venetien, Böhmen etc. Vergl. Kap. Ballade.

In allen bisher mitgeteilten Liedern war die Schöne Siegerin in diesem ungleichen Kampfe geblieben; ein Gottesgericht im Rahmen des Volksliedes, aus welchem das Recht triumphierend hervorging. Doch auch der umgekehrte Fall findet sich, wenn auch vereinzelt, dafs das Mädchen unterliegt. Und dieser erschütternde Schlufs steht in wirkungsvollem Gegensatze zu dem Beginne des Liedes, welches uns den naiven Stolz des Mädchens auf ihren „*voltigeur*" [1]) in den Worten malt:

> Le voltigeur que j'aime
> Grand Dieu, le bel enfant
> Le voltigeur que j'aime
> Grand Dieu, le bel enfant!
> Il porte la moustache [2])
> Et les cheveux frisés tout autour la tête.
> C'est le plus bel enfant
> De tout le régiment.

Auch hier eilt das Mädchen, welches sich in Soldatentracht geworfen, von Stadt zu Stadt dem Geliebten nach, um endlich ihren Geliebten im Wirtshause trinkend und singend bei der Wirtin zu finden.

> Veux-tu tirer au sabre,
> Voltigeur valeureux?
> A l'ombre sous un arbre
> Nous tirerons tous deux,
> Nous croiserons les sabres,
> Si tu m'y blesses au cœur
> Tu seras le vainqueur.

So spricht sie mutvoll. Doch beim dritten Gange sinkt sie tot nieder. Auch diesmal ist der Geliebte Sieger geblieben.

> L'ont tiré sous un charme,[3])
> Mais au troisième coup,
> La bell' quitte son arme
> Et tombe à deux genoux
> Pour y rendre son âme — —
> Et c'est son voltigeur
> Qu'-a-t-été le vainqueur.
>
> (*Saintonge, Aunis, Bas-Poitou.*) [4])

---

[1]) *voltigeur* Füselier. [2]) *la moustache* der Schnurrbart. [3]) *le charme* die Hage-, Weifsbuche. [4]) Bujeaud II. S. 207.

War es bisher das Mädchen, welches, durch die verschiedenartigsten Empfindungen bestimmt, das heimatliche Dörfchen verläfst, um sich zu dem Geliebten zu begeben, so findet sich naturgemäfs im Volksliede auch jener Fall, dafs es den Soldaten mit Macht nach den heimatlichen Fluren zieht. *Champfleury* berichtet, dafs zur Zeit der Ernte sich die Armee der *Chouans* stark lichtete.[1]) Die Erinnerungen an die Freuden des Erntefestes [2]) — erwiesen sich so stark, dafs die Soldaten sicher desertiert sein würden, hätte man nicht die Vorsicht gebraucht, sie zu beurlauben. Mit der Liebe zu der Heimat und den heimatlichen Festen verbindet sich aber leicht die Sehnsucht zu der Erwählten, welche seufzend des Fernen gedenkt. Von den gleichen Trieben ergriffen, wenden sich Soldaten der *Champagne* wie aus *Agenais* und *Armagnac* an ihren Hauptmann; sie bitten ihn, sie zu der Geliebten ziehen zu lassen. Dem Volksliede erscheint es selbstverständlich, dafs der „*brave homme de guerre*" die Verliebten leichten Herzens ziehen läfst. Doch zu Hause angekommen, mufs der Geliebte erfahren, dafs diejenige, nach welcher sein Herz sich sehnt, vor Sehnsucht gestorben, in kühler Erde schlummert.

> Le beau galant s'en va
> Trouver son capitaine:
> Bonjour, mon capitaine,
> Donnez-moi mon congé,
> Pour aller voir la belle
> Qui ne fait que d'y pleurer.

Capitaine lui répond
Comme un brave homme de guerre:
Prends ta jolie giberne [3])
Et ton joli passeport,
Et t'en va voir la belle
Et si [4]) reviens d'abord.

Le beau galant s'en va
Au logis de son père:
Bonjour, père, bonjour, mère,
Bonjour tous mes parents,
Sans oublier la belle
Que mon cœur aime tant.

> Son père qui lui répond:
> Ta chère amie est morte.

---

[1]) Champfleury S. 113.   [2]) Vergl. Bd. I, S. 301.   [3]) *giberne* Patrontasche.
[4]) *et si* und wenn — (Du sie gesehen).

> Est morte et enterrée;
> Elle est morte d'ennui.[1]
> Son corps repose en terre,
> Son âme en paradis.
>
> (Pays messin, Bousse.)[2]

In einem bezeichnenden Verse des Liedes aus *Agenais et Armagnac* geht der tiefbetrübte Soldat zu dem Grabe seiner geliebten *Nanette* —

> ...la plus belle fille
> Qu'il y a dans Lyon
> Dans Lyon la grand ville;

sie zeigt sich ihm unter der Form einer weifsen Taube.

> Le bon soldat s'en va
> Prier Dieu sur sa tombe;
> Nanette se montra,
> En forme de colombe.
>
> (Bib's, Gers.)[3]

Beiden vorhergehenden Liedern gemeinschaftlich ist die von dem Volke den Sterbenden zugeschriebene Kraft, sich dem fernen Geliebten in der Sterbestunde zu offenbaren, sodafs die Sehnsucht ihn treibt, zu dem Sterbenden hinzueilen.

Weniger mystisch wird die Sehnsucht in einem provençalischen Liede[4] erklärt; ein Brief der Geliebten meldet dem Soldaten ihre Krankheit. Auch hier läfst der Hauptmann den Soldaten ziehen, welcher in dem Augenblicke in der Stadt erscheint, da die Glocken zum Begräbnis derjenigen läuten, welche er noch unter den Lebenden zu finden hoffte.

Allen Liedern gemeinsam ist der Schlufs, dafs der zum Tode Betrübte nun mit Freude in sein Regiment zurückkehrt, dafs ihm jetzt das Kriegshandwerk lieb geworden, da es ihm die Hoffnung eröffnet, bald mit der Geliebten vereinigt zu sein.

---

[1] *ennui*, bes. im 17. Jahrhundert (jetzt in dieser Bedeutung veraltet): tiefer Kummer. [2] Puymaigre S. 31, 32. [3] Bladé (Armagnac etc.) S. 29; vergl. auch Kap. Sagen und Märchen. [4] Bei Puymaigre S. 30 Note.

Le beau galant s'en va
Trouver son capitaine:
Bonjour, mon [1]) capitaine,
Me voici de retour.
Puisque la belle est morte
J' vous servirai toujours.
(*Pays messin, Bousse.*) [2]) Var.: (*Birès, Gers.*) [3])

In den bisher erwähnten Fällen schlug der Soldat gewissermafsen den ordnungsmäfsigen Weg ein, um die Geliebte wiederzusehen; aber nicht immer ist der Kapitän, dieser *brave homme de guerre*, so gefühlsselig, den Urlaub zu gewähren. Dann nimmt sich der Soldat selbst seinen Urlaub — *sous la semelle* [4]) — wie der charakteristische Ausdruck lautet.

Heitern Sinnes lassen drei lustige Kameraden die verhafste Garnison im Rücken; nur zu bald werden sie durch Gendarmen ihr wieder zugeführt. Aber auch im Gefängnifs und im Angesichte des drohenden Todes verlieren sie weder ihren Humor, noch ihre Ergebenheit gegen den König, der doch ihr Todesurteil bestätigen soll. Der Lohn für diese Treue bleibt nicht aus. Das Wohl des Königs, welches sie als letztes zu trinken vermeinten, hat ihnen des Königs Gnade eingetragen.

| | |
|---|---|
| Nous étions trois dragons, | En chemin rencontrons, |
| Triple, triple nom d'un escadron! [5]) | Triple, triple nom d'un escadron! |
| Nous étions trois dragons | En chemin rencontrons |
| Triple nom! sac à cordier! [5]) | Triple nom! sac à cordier! |
| | |
| Nous avons billardé [6]) | La bande à Somelier [7]) |
| Triple, triple nom d'un escadron! | Triple, triple nom d'un escadron! |
| Nous avons billardé | La bande à Somelier |
| Triple nom! sac à cordier! | Triple nom! sac à cordier! |

[1]) Vergl. Bd. II, S. 13, 1.   [2]) Puymaigre S. 30.   [3]) Bladé (Armagnac etc.) S. 29.   [4]) *la semelle* die Sohle.   [5]) Art Schwur, vergl. *nom d'un nom* und *sac à papier*.   [6]) *billarder*, wird auch von einer gewissen Gangart der Pferde gesagt (beim Gehen die (Vorder-) Füfse auswärts setzen): mähen; Tarbé erklärt *billarder* = *déserter*.   [7]) *la bande à Somelier* (wohl *somnelier*, eig. Beschliefser, Kellermeister) = *maréchaussée*, veraltet für *gendarmerie*.

Dragons, sont vos congés ?¹)
Triple, triple nom d'un escadron!
Dragons, sont vos congés?
Triple nom! sac à cordier?

Le congé qu' nous portons,
Triple, triple nom d'un escadron!
Le congé qu' nous portons
Triple nom! sac à cordier!

Il est sous nos souliers,
Triple, triple nom d'un escadron!
Il est sous nos souliers,
Triple nom! sac à cordier!

Vous avez désalté!²)
Triple, triple nom d'un escadron!
Vous avez désalté!
Triple nom! sac à cordier!

Vous serez fusillés!
Triple, triple nom d'un escadron!
Vous serez fusillés!
Triple nom! sac à papier!

Nous voilà condamnés,
Triple, triple nom d'un escadron!
Nous voilà condamnés,
Triple nom! sac à cordier!

Faisons³) un bon diner,
Triple, triple nom d'un escadron!
Faisons un bon diner,
Triple nom! sac à cordier!

Bons vins et bons pâtés,⁴)
Triple, triple nom d'un escadrons!
Bon vins et bons pâtés
Triple nom! sac à cordier!

A boire encore un coup
Triple, triple nom d'un escadron!
A boire encore un coup
Triple nom! sac à cordier!

A la santé du roi!
Triple, triple nom d'un escadron!
A la santé du roi!
Triple nom! sac à cordier!

Le roi à pardonné
Triple, triple nom d'un escadron!
A boire encore un coup
Triple nom! sac à cordier!

Vive, vive le roi!
Triple, triple nom d'un escadron!
Vive, vive le roi!
Triple nom! sac à cordier!

(Dép. de l'Aube et de Seine-et-Marne.)⁵)

In einer andern aus *Paris* stammenden Lesart dieses Liedes finden wir dagegen einen tiefern Grund der Fahnenflucht: die Liebe zu einem dunkeläugigen Mädchen:

Nous étions trois dragons,
Pour l'amour d'une brune,
Triple nom!
Nom d'un escadron,
Nous avons déserté
Triple sans quartier, etc.

(*Paris*.)⁶)

---

¹) fehlt *où*. ²) *désalter*, fehlt bei Sachs-Villatte; viell. durch *dé(s)halter* (veraltet), also als Gegensatz von *halt machen*: ausreifsen zu erklären: Tarbé gibt denn auch als Erläuterung *déserter*. ³) sprich *fö-zons*. ⁴) *pâtl* = Pastete. ⁵) Tarbé II, S. 130 ff.; zu beachten in diesem Liede ist, dafs die beliebte Dreizahl nicht, wie so ungemein häufig, sich in eine Person verflüchtigt, sondern wirklich durch das ganze Lied festgehalten wird; vergl.

Tritt der Kampf zwischen tiefer Leidenschaft und dem Zwange, welchen die Militärpflicht auferlegt, ein, wer wird es nicht entschuldbar finden, wenn die Jugend der Leidenschaft unterliegt. So protestiert der Bursche, als ihm das Los zugefallen, in die Garnison zu ziehen, mit den Worten:

> N'y a ni gendarmerie,
> Ni Nationaux,
> M'empêcher de voir ma mie
> Sous les ormiaux.[1]

Aufgefordert, den Bürgereid zu leisten:

> Jurez d'aimer la patrie
> Et la servir,

richtet er den Kopf in die Höhe und antwortet stolz:

> Je jur' d'aimer ma mie
> Et la servir.

Bei solcher Gesinnung darf es uns nicht wunder nehmen, wenn er nur dem eisernen Zwange gehorcht und bei günstiger Gelegenheit entflieht. Der freudigen Geliebten, an deren Thür er gegen Mitternacht zurückkehrt, erwidert er auf ihre Frage, ob ihm der Abschied bewilligt sei:

> Je l'ai sous la semelle
> De mes souliers,
> Du bout de ma carabine
> Je le défendrai.
>     (*Provinces de l'Ouest, Vendée*.)[2]

Wem fällt hierbei nicht das deutsche Lied vom **Deserteur** ein, dessen ergreifende Melodie sich jedem unvergefslich ins Herz schreibt. Wie dort der Klang des Alpenhorns die Sehnsucht nach der Heimat und seinem Lieb in der Brust des Soldaten so mächtig erweckt, dafs er, seines Eides vergessend, fahnenflüchtig wird, so ist auch im französischen Liede die über-

---

Kap. Sprache und Reim.   [*]) Puymaigre S. 173; einem Pariser Journal: *La Vie parisienne* entnommen. Weitere Angaben, Jahrgang (1865?), Nummer etc. macht P. nicht.

[1]) *ormiaux* mufs zurückgehen auf *orme* die Ulme, beliebter Ort zum Stelldichein; vergleiche das ironische Sprichwort *attendez-moi sous l'orme* da können Sie lange warten! s. auch S. 48.   [²]) Bujeaud II, S. 95, 96.

quellende Sehnsucht nach dem Teuersten, was der Angeworbene daheim gelassen, der Grund zur Flucht. Es ist eigen, daſs gerade die schönsten und bezeichnendsten Lieder dieser Gattung uns in der Sammlung des Grafen *de Puymaigre*, also aus lothringischen Landen, entgegentreten. — Zunächst erwähnen wir eines Liedes aus *Retonféy*, welches mit der allgemeinen Wahrheit anhebt, daſs Liebe und Wein zu Thorheiten verleite. In solch gehobener Stimmung hat die Liebe zu der Erwählten den Krieger heimwärts getrieben. Auf seinem Wege trifft er die Gendarmen, welche ihn dem Heere wieder zuführen. Eigen wirkt die Lehre, welche der „dicke Major" am Schlusse zu dem statuierten Exempel gibt.

> L'amour et la boisson
> Font faire des folies.
> Sortir[1] d'une garnison,
> Pour l'amour d'une fille.

> J'ai pris des fausses routes,
> Des chemins écartés,[2]
> Et j'y croyais bien être
> En lieu de sûreté.

> Dans mon chemin rencontre,
> Rencontre des gendarmes,
> Hélas! m'ont demandé
> Si j'avais mon congé.

> J'en avais un sans doute,
> Mais on me l'a volé
> Dedans mon portefeuille
> Avec d'autres papiers.

> Ils m'ont pris, m'ont saisi,
> M'ont mis les fers aux mains.
> Tout droit à Lille en Flandre[3]
> M'ont conduit promptement.

> En venant sur la place[4]
> Je rencontre mes camarades
> Qui pleuraient, qui fondaient en larmes
> Le mouchoir à la main.

> Le gros major qui vient:
> Écoutez mes enfants,
> Tout homme qui déserte
> On lui en fait autant.

> (*Pays messin, Retonféy*.)[5]

Nicht immer trägt der Soldat standhaft die Folgen seiner Fahnenflucht. Seiner Liebe gibt er die Schuld an seinem harten Lose:

> Faut il pour l'amour d'une brune
> Être enfermé dans ces cachots[6] —

---

[1] *sortir*, noch abhängig gedacht von *font*. [2] *chemins écartés* abgelegene Wege. [3] *Lille en Flandre*, erscheint sehr häufig in den Soldaten- wie in den geschichtlichen Liedern. [4] *la place*, hier: die Richtstatt. [5] Puymaigre S. 169, 170. [6] *le cachot* der Kerker.

so seufzt er in der Stille seines Kerkers auf hartem Lager bei
Wasser und Brot. Und gleichsam als hätte die Geliebte diese
stille Anklage vernommen, sehen wir sie zu dem Hauptmann
hineilen, um die Schuld des Geliebten mit der Naivität eines
liebenden Mädchenherzens mit Geld zu sühnen. Auf die bedauern-
den Worte des Hauptmanns, dafs nicht er, sondern das Kriegs-
gericht über den Fahnenflüchtigen entscheide, bricht sie halb tot
zusammen. Als sie wieder zu sich gekommen, erfährt sie die
volle schreckliche Wahrheit, dafs der Geliebte tot sei.

> La belle s'en va trouver son capitaine,
> Son lieutenant, aussi son commandant,
> En lui disant d'un amour si sincère:
> Pour de l'argent rendez-moi mon amant.

> Je suis fâché, lui dit le capitaine,  Lorsque la belle entendit ces paroles,
> Belle, que s'il¹) était votre amant,   Son petit corps y tombe demi mort;
> Il va passer au conseil de guerre,    Le capitaine promptement la relève
> Il va mourir ici présentement.        En lui disant: Belle, votre amant est
>                                                                       mort.
>                                                        (Retonfly.)²)

Das gleiche Lied, nur weiter ausgeführt, findet sich in *Poitou*
und *Saintonge*. Drei Soldaten ergreifen den Fahnenflüchtigen
und führen ihn gefesselt nach *Bordeaux*. Die Geliebte hat sein
Klagen vernommen; Tag und Nacht eilt sie, um dem Geliebten
Hilfe zu bringen.

> ... Cher amant, prends courage,
> Ell' te sauv'ra, celle qui t'aime tant.
> J'irai parler, mais à ton capitaine,
> Ton capitaine, aussi ton commandant,
> Je les prierai d'adoucire³) tes peines,
> Pour de l'argent, rendez-moi mon amant.

spricht sie tröstend zu ihm. Allein auch hier wartet ihrer bittere
Enttäuschung. Der Kriegsrat hat den Geliebten zum Tode verurteilt. Bei dieser traurigen Mär „bricht ihr Herzchen fast
entzwei". Ein Offizier springt zu ihrer Unterstützung herbei; er
verrät ihr, dafs der Geliebte tot sei, sich selbst bietet er als
Ersatz an. Allein sie will von keiner Liebe mehr wissen.

---
¹) *que si* (lt. *quodsi*), meist poetisch = wenn.  ²) Puymaigre S. 168.
³) Vergl. S. 114 Anm. 7.

J'en suis fâché, ma petite bergère,
Que ce grenadier est votre bon ami.¹)
S'en va passer en conseille²) de guerre
Et puis après on le fera mouri'.

En entendant ces méchantes paroles,
Son petit cœur tomba-z³)-à moitié
    mort.
Un officier aussitôt la relève:
Relevez-vous, votre amant il est mort.

    Belle bergèr' prends-moi-z³)-en mariage,
    Et je ferai ton bonheur tous les jours.
    Les pleurs aux yeux, le mouchoir au visage:
    Non! non! qu'elle dit, je n'aurai plus d'amours.
                             (*Poitou. Saintonge.*)⁴)

In dem folgenden, der gleichen Gattung angehörenden Liede bleibt der Verurteilte mit seinem Schmerz allein. Seine letzten Gedanken weilen aber bei seinem Lieb. Treuherzig erbittet er von seinen Kameraden, welche ihn vom Leben zum Tode bringen sollen, als letzte Gunst, seinem Lieb einen Brief zu übersenden, in welchem er sie ihres Wortes entbindet und edelmütig ihr rät, an seiner Statt einen andern zu wählen.

Le conseille de guerre,
Hélas! m'a condamné
A passer sous les armes⁵)
Pour être fusillé.
Quand je fus sur la place,
Chacun m'y regardait,
Mes anciens camarades
Avaient leurs fusils prêts.

C'est vous aut', mes chères frères,
Qu'allez me faire mourir.
Ma mort je vous pardonne,
Me faites pas languir.⁶)
Mon corps criblé de balles⁷)
Va tomber devant vous.
Portez, chers camarades
Cett' lettre à mes amous.⁸)

    En grande diligence
    Je t'écris ce billet;
    Dans la ville de Nantes
    Tu n' me r'verras jamais.
    Garde plus l'assurance
    De montrer mon diamant⁹)
    Sur moi plus d'espérance
    Fais choix d'un autre amant.
                 (*Angoumois.*)¹⁰)

---

¹) *bon ami* Schatz.   ²) Vergl. S. 144 Anm. 7.   ³) Vergl. S. 75 Anm. 5.
⁴) Bujeaud II, S. 195, IV, V—VIII.   ⁵) *passer par les armes* = *être fusillé* erschossen werden.   ⁶) *me faites pas languir* laßt mich nicht lange dulden.
⁷) *criblé de balles* durchlöchert von Kugeln.   ⁸) *amou(r)s*, vergl. S. 107 Anm. 3.   ⁹) *Garde plus l'assurance de montrer mon diamant*, mit diesen Worten gibt er ihr die Freiheit neuer Wahl. Gib die Hoffnung auf, mir bei der Rückkehr den Ring (*diamant*) zu zeigen, welchen ich Dir beim Abschied

Hier wie in einem früheren Liede fällt uns die gemütvolle Beziehung des verurteilten Soldaten zu seinen Kameraden auf. Sie tritt auch in den folgenden Liedern hervor. Aber neben diesem innigen kameradschaftlichen Verhältnis zeigt sich zugleich ein scharfer Gegensatz zwischen Offizier und Mannschaft, ein Gegensatz, der unserem Heere, dank seinen leuchtenden Vorbildern, fremd ist. Das lebhafte Bedauern, mit welchem *Marelle* von diesem Antagonismus spricht, deutet darauf hin, dafs dieser Gegensatz nicht vereinzelt in der französischen Armee dasteht, dafs er vielmehr charakteristisch für dieselbe ist.

Der Anfang des folgenden Liedes ist nicht ganz klar, aber so viel läfst er durchblicken, dafs es sich hier um eine unglückliche Liebe handelt, bei der der Hauptmann des Soldaten nicht unbedeutend beteiligt ist; ihn, nicht den indifferenten Gendarm, trifft der fahnenflüchtige Soldat, und in dem wütenden Kampfe, der sich nun entspinnt, fällt der Hauptmann.

| | |
|---|---|
| Je me suis engagé | Mon capitaine me dit: |
| Pour l'amour d'une brune | Ce n'est pas par là ta route. |
| Non pas pour les cadeaux[2] | J'ai mis mon habit bas, |
| Que je lui ai donnés, | Mon sabre au bout de mon bras |
| Mais pour un doux baiser | Et me suis battu là |
| Qu'elle m'a refusé. | Comme un vaillant soldat: |
| | |
| Et mon chemin faisant, | Le premier coup portant |
| Rencontre mon capitaine, | Tua mon capitaine, |
| Mon capitaine me dit: | Mon capitaine est mort |
| Où vas-tu, mon ami: | Et moi je vis encor[3] |
| J'y vas dans ce vallon | Avant qu'il soit trois jours |
| Rejoindre mon bataillon. | Ce sera à mon tour. |

Klar steht ihm sein Schicksal vor Augen, das er von seinen Kameraden zu erdulden hat. Zum Tode geht's, — so bittet er denn, dafs ihre Kugeln nicht vorbeifegen, sondern ihn mitten ins Herz treffen möchten. Wie zart ist nicht zugleich seine Gesinnung seiner Geliebten gegenüber, welcher er sein Herz zu

---

gab und welchen Du als Zeichen der Treue bewahrt hast. Vergl. in dieser Beziehung auch die Kapitel Geschichtliche Lieder und Balladen. [10] Bujeaud II, S. 196.
[1] Marelle a. a. O. S. 295. [2] *cadeaux* Geschenke; er hat sich also nicht anwerben lassen, um ihr von dem Werbegelde Geschenke zu machen, sondern um unglücklicher Liebe willen. [3] *encor* statt *encore*, des Versmafses wegen.

senden bittet. Nicht minder innig und zart ist seine Bitte, der Mutter ja nichts zu verraten, sondern sie mit seiner Abwesenheit in fremden Landen zu vertrösten.

> Qui me fera mourir,  
> Ce sont mes camarades,  
> Ils me banderont les yeux  
> Avec un mouchoir bleu,  
> Ils me feront mourir,  
> Sans me faire languir.
>
> Mais quand je serai mort,  
> Coupez mon cœur en quatre,  
> Envoyez-le à Paris,  
> A Paris chez ma mie,  
> Quand elle verra cela  
> Elle s'en repentira.
>
> Soldats de mon pays  
> N'en dites rien à mère  
> Mais dites-lui bien plutôt  
> Que je suis mon drapeau  
> Dans l' pays étranger,  
> Que jamais je n'en reviendrai.
>
> (*Pays messin, Metz.*)[1]

Das gleiche Thema findet sich mit einigen bezeichnenden Ergänzungen in einem Volksliede aus *Angoumois*. Hier erfahren wir auch klar und deutlich einen tieferen Grund des Duells. Dein Lieb ist Deiner nicht wert, so spricht der Hauptmann zu dem Fahnenflüchtigen; sieh den Beweis an meiner Hand, dafs ich ihr Liebster bin.

> Mon capitaine me dit:  
> Soldat, t'as du chagrin (bis)  
> Par l'abandon d' ta blonde; (bis)  
> Ell' n'est pas digne de toi,  
> La preuve est à mon doigt:  
> Tu vois bien clairement  
> Que je suis son amant.

Neu ist ferner die Einführung der klaren Quelle, welche als einzige Zeugin des sich nun entspinnenden, erbitterten Kampfes den tragischen Konflikt, der hier zum Austrag kam, dem Dichter gewissermafsen zumurmelte:

> Là bas dans ce vallon, (bis)  
> Coule claire[2] fontaine; (bis)

---

[1] Puymaigre S. 171, 172; *Gérard de Nerval, les Filles du feu* p. 38.  
[2] *coule claire* allitterierend.

— Er aber traf mich mitten ins Herz.

J'ai mis mon habit bas,
Mon sabre au bout de mon bras
Et je me suis battu,
Comme un vaillant soldat.

Du premier coup portant, (bis) | Celui qui me tuera, (bis)
J'ai tué mon capitaine; (bis) | Ça sera mon camarade; (bis)
Mon capitaine est mort, | Il me band'ra les yeux
Et moi, je vis-t-encor, | Avec un mouchoir bleu
Mais dans quarante¹) jours, | Et me fera mourir.
Ça sera-t-à mon tour. | Sans me faire souffrir.

Que l'on mette mon cœur (bis)
Dans un' serviette blanche, (bis)
Qu'on le porte à ma mi',
Qui demeure au pays,
En disant: c'est le cœur,
De votre serviteur.

Soldats de mon pays, (bis)
N' le dit' pas à ma mère, (bis)
Mais dites-lui plutôt,
Que je suis-t-à Bordeaux,
Prisonnier des Anglais²)
Qu'a' n' me r'verra jamais.

(*Angoumois.*)³) Var.: (*Champagne.*)⁴)

Im Gegensatz zu dem früher mitgeteilten Liede aus dem *Pays messin* tritt hier jener tiefergreifende Zug des deutschen Volksliedes nicht weniger scharf hervor, dafs sein Lieblingskamerad ihn „mitten ins Herz trifft". Bemerkenswert und speziell charakteristisch für das französische Soldatenlied ist die selbstthätige Rolle, welche dem Herzen zugewiesen ist. Ähnliches findet sich bereits in altfranzösischen Heldengedichten: so bittet in *li romanz de la Poire* (*messire Thibaut*) der Dichter, das Herz seiner Dame möchte ihm Bescheid von der Geliebten geben; das Herz erwidert hierauf. — Ganz anklingend an unsere mitgeteilten Volkslieder bittet der sterbende *Châtelain de Coucy*, welchem es nicht vergönnt worden, die Dame seines Herzens

---

¹) *quarante,* wie *trois, sept* etc., Lieblingszahl des Volkes; vergl. Kap. Sprache u. Reim. Bei Marelle S. 295 statt *quarante: deux ou trois jours.*
²) Vergl. Kap. Geschichtliche Lieder. ³) Bujeaud II, S. 208—210. ⁴) Marelle S. 295; auch hier erschiefst ihn der Lieblingskamerad; doch lautet es im folgenden Verse wieder: *ils me banderont* etc.

noch einmal zu schauen, den Knappen, sein Herz als Zeichen seiner Treue bis in den Tod der Dame *de Fayel* zu überbringen.

> De par moi l(u)i presenterés(= z)
> Et l(u)i dites que l(u)i renvoy,
> Ses traices[1]) et le cœur de moi.
> Siens fu,[2]) dès que je la connui;
> C'est drois qu'adès remaingne à lui.[3])[4])

Sicherlich ist es anziehend zu beobachten, wie sich in den Äufserungen des einfachen Soldaten neuerer Zeit die gleichen ritterlichen Gefühle spiegeln, wie bei den Troubadours des XII. Jahrhunderts. *Marelle*[5]) vermeidet es, eine direkte Antwort auf seine Frage zu geben: liegt hier eine Überlieferung vor, die bis auf unsere Zeit gedrungen, oder ein Charakterzug, der auch heute noch sich ähnlich äufsert? Wir möchten uns für das letztere entscheiden.

Dafs vom Erhabenen zum Lächerlichen nur ein Schritt, beweist eine Lesart dieses Liedes aus Burgund, welche die rührende Stelle von dem Herzen satirisch behandelt.

Wohl bittet der Soldat bei seinem Abschiede:

> Qu'on ensevelisse mon cœur,
> Dans une serviette blanche,
> Qu'on le porte à Paris
> A Mamzelle Julie,
> Qu'elle me fasse l'honneur
> De recevoir mon cœur.

Wie verfährt aber *Mamzelle Julie* mit seinem treuen Herzen:

> Elle prit son cœur
> Le mit dans une cantine,[6])
> Dans une cantine d'eau-de-vie,
> En disant: Sapristi![7])
> Le voici
> Le cœur de mon ami.
>
> (*Bourgogne*.)[8])

---

[1]) *traices* = *tresses* Haarlocken. [2]) *siens fu(t)* das übrige war es. [3]) *c'est drois(t) qu'adès remaigne à lui* = ... dass es immer ihr eigen sei. [4]) Bujeaud II, S. 210 Anm. (1). [5]) Marelle S. 296. [6]) *la cantine = le baril* das Fäfschen. [7]) *Sapristi (sacristi)* potztausend, sapperlot. [8]) Bei Puymaigre S. 172, Note, 173.

Nicht immer indessen nimmt die Geschichte des Gefangenen und Verurteilten einen so traurigen Verlauf. Oft gelingt es, den Geliebten der irdischen Gerechtigkeit zu entreifsen. So bildet denn die **Befreiung des Gefangenen** in ihren verschiedenen Abarten ein stehendes Kapitel wohl jeder Soldatenlitteratur.

| **La fille du geôlier.** | **Le prisonnier de Nantes.** |
|---|---|
| Dans la prison d'Avranches[1]) | Dans la ville de Nantes |
| Un prisonnier y a. | Il y a un prisonnier. |
| | |
| Personn' ne le va voir | Personne ne peut le voir |
| Hors la fill' du geôlier.[2]) | Que la fille du geôlier. |
| | |
| Quand elle lui porte à boire, | Elle lui apporte à boire, |
| A boire et à manger. | A boire et à manger. |
| | |
| Et des chemises blanches | Ah! dis-moi donc, la belle, |
| Tant qu'il en veut changer. | Que penses-tu de moi? |
| | |
| Ah, dites-moi, la belle, | Que veux-tu que j'y pense? |
| Ce que l'on dit de moi. | Je pense qu'il faut mourir! |
| | |
| Les nouvell's sont en ville | Veux-tu donc que je meure? |
| Que demain vous mourrez." | Déchaîne mes deux pieds. |
| | |
| „Bell', pour que je ne meure, | La belle fut si bonne |
| Ah, quittez-moi les clefs.'[3]) | Qu'elle lui déchaîn' ses pieds. |
| | |
| La fille était jeunette, | Le galant fut si leste,[4]) |
| Les clefs lui a quitté. | Que dans la mer il plongea. |
| | |
| Quand il fut sur la grève[4]) | Quand il fut à la nage, |
| Il se mit à chanter. | Il se mit à chanter: |
| | |
| „Que bénies soient les filles, | Adieu la ville de Nantes. |
| Les filles à marier, | Pour toi point de regret. |
| | |
| Surtout celles d'Avranches | Si jamais j'y retourne, |
| La fille du geôlier. | Belle, je t'épouserai. |
| (*Normandie.*)[5]) | (*Pays messin, Coume.*)[7]) |

---

[1]) *Avranches*, fr. Stadt (*Manche*). [2]) *le geôlier* der Kerkermeister. [3]) *les clefs* (spr. *clé*) die Schlüssel. [4]) *la grève* der Strand, das Gestade; das nebenanstehende Lied gibt die Ergänzung; der Gefangene rettet sich durch Schwimmen an das andere Ufer. [5]) Beaurepaire S. 62; Haupt-Tobler S. 34. [6]) *leste* (listig) = flink. [7]) Puymaigre S. 49, 50.

In den beiden vorhergehenden Liedern erfolgte die Rettung des Gefangenen, ohne dafs die Liebe dabei mitspielte, wenngleich es nicht unwahrscheinlich ist, dafs es aufkeimende Liebe gewesen, welche die Tochter des Kerkermeisters bewog, den ihrer Obhut anvertrauten Verurteilten entfliehen zu lassen; wenigstens läfst sich dieses aus den lakonischen und doch so viel sagenden Worten des Liedes entnehmen:

> La fille était jeunette
> Les clefs lui a quitté.

Und dafs auch das Herz des jungen Mannes von Liebe getroffen, deutet der Schlufs des zweiten Liedes an:

> Si jamais j'y retourne,
> Belle, je t'epouserai.

In der Mehrzahl der Lieder sinnt jedoch die Geliebte, wie sie den Gefangenen aus den Armen der irdischen Gerechtigkeit zu sich hinüberrette. Mit der friedlichen Kunkel möchte die liebliche Spinnerin die Thür des Gefängnisses einstofsen, welches den Geliebten umschliefst, und mit dem Faden, den sie gesponnen, ihn dem Kerker entreifsen.

> Mon mignon comment l' verrais-je
> Le roi le tient en prison.

| Pourquoi le tenez-vous, sire, | Si ma qu'nouille[2] était de marbre |
| N'est-il pas joli garçon? | J'en forcerais la prison. |
| N' fait-il pas bien son service | Et du fil de ma quenouille |
| Quand il est en garnison? | Je le tirerais du fond...[3] |
| Ne crie-t-il pas bien qui vive | Jusqu'au jardin de mon père, |
| Quand il est en faction?[1] | Où les belles roses sont. |

> Les boutons sont pour les filles,
> Les roses pour les garçons.
>                 (Pays messin, Bousse.)[4]

Das sind poetische Wünsche, die einem liebenden Herzen wohl anstehen. Möchten sie des Königs Herz gerührt haben.

---

[1] être en faction Posten stehen.   [2] la quenouille die Kunkel.   [3] du fond (du cachot zu ergänzen) aus dem tiefen Kerker.   [4] Puymaigre S. 383, 384.

damit die Liebenden vereint das Wohl des Königs trinken mit
dem Kehrreim des Liedes: *Bon, verse à boire, burons donc.*[1])

Indessen beschränkt sich die Geliebte nicht blofs auf Wünsche,
sie schreitet, wo es erforderlich wird, zur That. Ist dem Weibe
auch nicht die Stärke gegeben, so doch die List; und dafs sie
durch diese über der Männer Kraft und Wachsamkeit triumphiert,
davon geben die folgenden Lieder beredtes Zeugnis. Allen diesen
Liedern ist der Zug gemeinsam, dafs das liebende Mädchen sich
als Page verkleidet und in dieser Verkleidung nimmt sie sich
so reizend aus, dafs die Kerkermeisterin ihren Schmeichelreden
nicht widerstehen kann, sie zu dem Gefangenen läfst, mit welchem
sie rasch die Kleider wechselt. Erst auf dem Richtplatz gibt
sie sich als Mädchen zu erkennen; mit ihrer Freiheit hat sie
zugleich die Freiheit des Geliebten erwirkt.

Gleich den Liedern, in welchen sich die Maid in die schmucke
Soldatenuniform wirft, sind auch die Lieder, in welchen das
Mädchen in der kleidsamen Pagentracht erscheint, durch ganz
Frankreich verbreitet. Das älteste Lied dieser Gattung stammt
aus Metz. Nicht nur der Rhythmus und gewisse alte Formen,
wie *mon maître* statt *mon capitaine, mon général*, deuten auf ein
hohes Alter hin,[2]) sondern namentlich der Wechsel, welcher in den
erzählenden Personen eintritt. Das Lied hebt mit der Erzählung
des Geliebten an, wird aber dann durch den Volksdichter selbst
fortgeführt und zum Abschlufs gebracht.

> Sur le pont de Nantes m'en allai promener,
> J'ai rencontré ma mie, l'ai voulu caresser.
> Les gens de la justice ils m'ont emprisonné.
>
> Quand la belle a vu que son amant fut pris,
> Elle s'habille en page, en page de ce pays,
> Et vint à la prison sur son cheval gris.
>
> Madame la geôlière, ne m'ouvrirez-vous pas?
> Je m'en viens voir mon maître qu'on a enfermé là.
> Madame la geôlière, ne mouvrirez-vous pas?
>
> Entrez, beau page, entrez, mais ne soyez pas long,
> Car l'habit que tu portes ne t' donne pas permission
> De visiter ton maître qui est dans la prison.

---

[1]) Puymaigre S. 383, 384. [2]) Vergl. Bd. II, S. 13 Anm. 1.

Quand elle fut arrivé auprès de son amant;
Déshabille-toi bien vite, prends mon habillement;
Dessus mon cheval monte et chez mon père va-t'-en.

En quittant la prison, avance prudemment,
La tête un peu baissée, au pas modestement,
En passant dans ces rues ne tarde pas longtemps.

Au bout de cinq quarts d'heure le procès fut jugé;
Au bout de cinq quarts d'heure la belle est condamnée
A être étranglée,[1] à Nantes, sur la place du marché.

Quand la belle fille montait deux ou trois escalons:[2]
Messieurs de la justice, auriez-vous la raison
De faire mourir une fille habillée en garçon?

Si vous êtes une fille, pourquoi changer d'habits?
Je suis une pauvre d'un étrange pays,
Pour mon honneur garder j'ai changé mes habits.

Puisqu'il en est d' la sorte, on ne peut vous condamner,
Si vous êtes une fille, on ne peut vous étrangler;
Et nous vous permettons, chez vous de retourner.

Dans la cour, une chanson la belle a commencé:
Je me moque de ces juges, de ces bonnets carrés[3]
Et de ces robes noires,[3] j'ai mon amant sauvé!

(*Pays messin, Metz.*)[4]

Gleich dem mitgeteilten Liede ist auch die Lesart aus *Armagnac* und *Agenais* dramatisch belebt. Mit wenigen, aber bezeichnenden Strichen malt uns das Lied, wie der Gefangene im Turme schmachtet:

L'hiver s'en est allé
Le temps de la froidure,
Moi je suis prisonnier
Dans une tour obscure.

Je suis seul en soucis,
En soucis et en tristesse,
Je pense à mon pays,
Je pense à ma maitresse.

---

[1] *étrangler* (strangulieren).   [2] *escalon* = Stufe (fehlt bei Sachs-Villatte).
[3] *le bonnet carré* wie *robe noire* geht auf die Amtstracht der Richter: Talar und Barett; dann auch von dem Stande selbst gebraucht.   [4] Puymaigre S. 51, 52; in der Note weist P. auf ähnliche Lieder aus Piemont, Venetien und Katalonien hin.

Den Geliebten zu retten eilt das Mädchen herbei:

> Elle s'habille en page,
> En page, en postillon,
> S'en va tout droit à Nantes,
> A Nantes, à la prison.

| | |
|---|---|
| Dites, dites geôlière, | Quitte tes habits, quitte; |
| Donnez-moi permission | Prends les miens, les voici. |
| De parler à mon maître, | Dessus mon cheval monte; |
| Qui est dans la prison. | Va-t-en droit à Paris. |
| | |
| Entrez, entrez beau page, | Au retour de mon père, |
| Beau joli page, entrez; | Tu reviendras un jour, |
| Faites courte parole, | Au château de la belle, |
| Avec le prisonnier. | Qui garde ton amour. |

Der Geliebte entkommt glücklich nach Paris; die Maid bleibt im dunklen Turm. — Dem ganz in rot gekleideten Richter, der sie zur Richtstatt führen will, gibt sie sich als eines Hauptmannes Kind zu erkennen, worauf sie straflos ausgeht.

— — — — — —

| | |
|---|---|
| Un jour, le juge arrive, | Le juge est en colère: |
| Tout de rouge habillé. | Ce n'est pas un garçon. |
| Lève-toi, dit le juge; | Si vous êtes bien fille, |
| Lève-toi, prisonnier. | Dites-moi votre nom. |
| | |
| Allons, allons, vieux juge; | Je m'appelle Clorinde, |
| N'as-tu pas compassion. | Vieux juge, c'est mon nom; |
| De juger une fille | Fille d'un capitaine |
| Sur le fait[1]) d'un garçon? | De bonne condition. |

(*Bivès, Gers.*)[2])

Heldenhaft hat der Soldat des folgenden Liedes sein Lieb gegen die Insulten seines Leutnants verteidigt. Indes die Strafe für die Auflehnung gegen die Manneszucht folgt auf dem Fufse. Die Maid selbst verrät uns sein Schicksal:

> Mon cher amant infortuné,
> Par le conseil vient d'être condamné;
> C'est pour un coup qu'un jour il a porté
> Au lieutenant qui m'avait insulté.

---

[1]) *sur le fait* für die That. [2]) Bladé, Armagnac etc. S. 87, 88; vergl. auch S. 126: *La Maîtresse dévouée.*

> Je devienne folle
> De tristesse et d'ennui,
> Il se désole
> Et moi je pleure aussi.

An Heldenhaftigkeit und Kühnheit gibt sie dem Geliebten nichts nach. Wir erfahren aus ihrem Munde selbst, wie es ihr möglich geworden, den Geliebten zu befreien. Es klingt wie ein Roman, wenn der Dichter uns schliefslich die glückliche Vereinigung der kühnen Jungfrau mit dem Geliebten meldet, „der das Regiment aus grofser Gefahr gerettet habe".

> A la prison si j'allais le trouver,
> Mon cœur me dit que j' pourrais le sauver,
> Rien ne résiste au pouvoir de l'amour:
> Je m'en vais vous le prouver en ce jour.
>> „Ouvrez la porte,
>> Geôlier compatissant!
>> Ouvrez, j'apporte
>> Du fruit-z-à mon amant."
>
> Entrez, dit-il, en poussant un sanglot,[1])
> Il est là-bas dans ce sombre cachot.[2])
> Permettez-moi, dit-elle ô bon geôlier,
> De dire un mot au soldat prisonnier.
>> Mon pauvre Charle
>> Que j'ai mis sous les verroux[3])
>> Que je te parle
>> Bon geôlier, laissez-nous.
>
> J'étais seule avec mon amant, je dis:
> „Il faut tous deux que nous changions d'habits,
> Pour te sauver je n'ai pas d'autre espoir,
> Prends cette robe et mon grande voile noir.
>> Sors au plus vite
>> Un mouchoir sur tes yeux
>> Et prends la fuite,
>> Je te fais mes adieux."
>
> Le lendemain on vient me réveiller
> En me disant tu seras fusillé.
> Quand on me vit pardessous les remparts
> Et quand on vit mes grands cheveux épars:[4])

---

[1]) *le sanglot* der Seufzer.   [2]) *le cachot* der Kerker.   [3]) Sie klagt sich an, dafs sie die (unschuldige) Ursache der Verurteilung ihres Karl sei.   [4]) *les cheveux épars* die aufgelösten, flatternden Haare.

„C'est une fille.
S'écrier les soldats
C'est une fille!
Ne la fusillez pas!

Au commandement on a fait un rapport
Qui fit suspendre mon arrêt de mort.
Au même instant on apprit qu' mon amant
D'un grand danger sauvait le régiment.
„Brisons nos chaines
On nous a graciés.
Et plus de peines
Nous voilà mariés."

(*Saintonge, Aunis, Poitou*)[1])

Überblicken wir, wie sich das französische Mädchen in Lebenslagen verhält, die oft Anforderungen an sie stellen, welche kaum der Mann im stande wäre zu bewältigen, so können wir ihr unsere hohe Anerkennung nicht versagen. Nicht blofs, dafs sie tapfer und mutig allen Gefahren trotzt, welche der Männer mordende Krieg mit sich bringt, dafs sie sich gewitzigt genug zeigt, um da, wo ihre Kraft nicht ausreicht, zur List ihre Zuflucht zu nehmen, sehen wir sie, vor allen Dingen dem Geliebten getreu, Not und Gefahr mit ihm teilen. Wie aber lohnt der Mann diese Treue? Nur zu oft sucht er das Mädchen in die Falle zu locken, seine Sinneslust zu befriedigen. Freilich weifs auch hier das Mädchen, gewitzigt genug, den Verführungen aus dem Wege zu gehen. Sie weifs sehr wohl, was sich für sie schickt. Daher erwidert sie auf die Worte des Kapitäns, der sie mit dem schönsten seiner Pagen verheiraten will:

A moi n'appartient pas
Le plus beau de vos pages.

A moi il appartient
Un garçon du village
Qui est à la charrue[2])
Qui fait son labourage.[3])

(*Pays messin, Bousse.*)[4])

---

[1]) Bujeaud II, S. 206—208; vergl. Marelle S. 297.   [2]) *la charrue* der Pflug.   [3]) *le labourage* (schwere) Feldarbeit.   [4]) Puymaigre S. 137, 138.

Ebensowohl weifs sie, dafs der Offizier nur flüchtigen Sinnengenufs von ihr heischt; daher antwortet sie ihm, als er sie zum Stelldichein auffordert:

> La fille du village
> Ne donne à l'officier
> Qu'un amour du passage;
> C'est le droit du guerrier.
> Mais le contract en forme
> C'est le lot du fermier.
>     Attendez-moi sous l'orme [1])
>     Monsieur l'aventurier! [2])

Der Inhalt der Schlufsverse mit ihrem ironischen Beigeschmack sprechen deutlich genug für die wahre Gesinnung des Mädchens.

Nur vereinzelt findet sich, dafs das Mädchen gewissermafsen sich auflehnt gegen die soziale Ungleichheit, welche sie ausschliefst von der Ehe mit den höheren Ständen. Wenn sie sich auch sagen mufs:

> vous qui par héritage
> N'avez que vos appas [3])

so ist sie doch auch gleich *Lisbeth* in *Immermanns* Oberhof sich bewufst, dafs sie in der jungfräulichen Ehre, die sie ihr eigen nennt, der Braut eines Kaisers gleich ist; daher das stolze Wort:

> Si demoiselle je ne suis pas
> J'ai bien avec quoi l'être
> — — — — — —
> Je ne veux pas de vos soldats,
> Je veux un capitain!
>                 (*Normandie*.) [3])

Und dieser Kapitän findet sich denn auch in der That, der ehrenhaft genug ist, das Mädchen, welches der Zufall des Krieges ihm in den Weg geworfen hat, nun zu entführen und zu seinem Ehegemahl zu machen.

---

[1]) Ja, warte nur! s. S. 33, 1.   [2]) Aus einem Volksliede aus der Sammlung von Ballard t. II, p. 228 (bei Fr. Michel: *Attendez-moi sous l'orme*).
[3]) Beaurepaire S. 38; Haupt-Tobler S. 73.

## Entführung.

Un hôtelier de Lyon,
A une fille belle;
Elle est belle, belle,
Elle est belle comme un sou,
L'officier de Toulouse
Va lui faire la cour.

Par un beau lundi matin,
A la porte il se lamente;
Il lui dit: — lève-toi, charmante,
Charmante Jeanneton,
Pour la guerre je pars
Il faut partir avec moi.

Se lève Jeanneton
Comme une belle mal élevée,
Quitte bas et pantoufle
Et prend la sandale;
Elle se met en croupe¹)
Avec son ravisseur.

Le premier qu'elle rencontre
Fut le berger Lauret.
Berger, Berger Lauret,
Un mot je demande à vous:
Voulez-vous dire à mon père
Que je m'éloigne de Lyon?

Lauret ne manque pas
De porter la nouvelle;
Il prend sa jument,²)
Frappe de l'éperon³)
Et jamais ne s'arrête
Jusqu'au pont de Lyon.

Le père tout en douleur
Court au capitaine:
*Citoyen* capitaine,
Un mot je demande à vous:
De me rendre la fillette,
La belle Jeanneton.

    Non certes, tu ne l'auras pas,
    Ta belle fille;
    Tu aurais dû la marier
    Quand tu avais un prétendu⁴)
    Maintenant tu en serais embarrassé:
    Je serai son maris, moi!

                                  (*Gascogne.*)⁵)

Oft wird die Schöne wider ihren Willen entführt. Listig wägen die drei Kriegskameraden die Chancen der Entführung ab:

### Comment l'aurons-nous?

Ah! Ah! se dit le plus jeune,
Je sais bien comment.

Je ferai faire une viole⁶)
Garnie en argent.

Et j'irai de porte en porte
Toujours en jouant,

A la porte de la belle
Tout premièrement,

Elle m'apportera l'aumône
Toujours en dansant,

J' la prendrai, je la mettrai
D'sus mon cheval.

---

¹) *la croupe* Kreuz (des Pferdes). ²) *la jument* die Stute. ³) *frapper de l'éperon* anspornen. ⁴) *le prétendu* der Bewerber. ⁵) Cénac-Moncaut S. 411—13. ⁶) *viole* Viola.

> Et de là je m'en irai
> Rejoindre mon régiment,
> Rejoindre mon régiment, ô gué!
> Rejoindre mon régiment.
> (*Pays messin*, *Malavillers*.)[1]

Wie sich das Mädchen in dieser Lage des Lebens zeigt, haben wir bereits in jenem Abschnitte von Liebeslust und Leid gezeigt, in welchem von der Entführung die Rede war.[2] Entgegen einer gewissen Litteratur sehen wir, wie das Mädchen zunächst List anwendet, um ihren Entführern zu entkommen, wie sie aber, wenn List nicht verfängt, der rohen Kraft des Mannes die Freiheit ihres Willens entgegensetzt, — sich freiwillig den Tod gibt.

> Prêtez-moi votre dague,[3]
> Mon lacet est noué.
> Et quand elle eut la dague,
> Dans l' cœur se l'est plongée.
> (*Normandie*.)[4]

Ein anderes ergreifendes Thema, welches gleichfalls sehr verschiedenartig behandelt wird, ist die **Heimkehr aus dem Felde**. Es werden uns diese Lieder umsomehr interessieren, als in unserer Aller Erinnerung noch ähnliche Szenen leben, welche bei dem letzten grofsen Feldzuge Deutschlands gegen Frankreich auch bei uns sich abspielten.

Ein ergreifendes Lied ist jenes, in welchem der Sohn nach langer Abwesenheit im Felde seine Mutter allein zu Hause antrifft. Wenn auch die Mutter ihn hier nicht erkennt, also einen Fremden vor sich zu sehen glaubt, so berührt es uns doch bei dem naturgemäfsen Altersunterschiede seltsam, dafs sie der Bitte des Soldaten um Aufnahme mit der Sorge um ihre Ehre als Frau begegnet, ein Zug, der unserem deutschen Liede fehlen dürfte und der sich auch nur durch ein Hinübergreifen in jene

---

[1] Puymaigre S. 375. [2] Vergl. Bd. I, S. 144 ff. [3] *la dague* langer Dolch mit dreischneidiger Klinge (alte Ritterwaffe). [4] Beaurepaire S. 57; Haupt-Tobler S. 15.

später zu berührenden Lieder erklärt, in welchen der Gatte aus dem Feldzuge heimkehrt und die Treue der Gattin auf die Probe stellt.

> Voulez-vous permettre en passant
> Que je rentre en votre chaumière?¹)
> Voulez-vous donner logement
> A-n-un malheureux militaire,
> Qui va rejoindre ses parents
> Après quatorze ans de service,
> Voyez qu' mon sort est effrayant
> Je suis couvert de cicatrices.²)
>
> „Mon brave, je le voudrais bien
> Vous faire entrer dans ma demeure,
> Hélas! nous n'avons presque rien!
> Cependant vous blessez mon cœur.
>
> Si mon mari était ici
> Je pourrai bien vous satisfaire,
> Mais je suis seul' dans mon réduit,³)
> Je crains les jug'ments téméraires."

Erst der Hinweis des Heimkehrenden auf ihren eigenen Sohn verscheucht alle Bedenken. Die schmerzvolle Erinnerung der Mutter an den Totgeglaubten verwandelt sich in helle Freude, als derselbe sich zu erkennen gibt. Mit einem Jubelakkorde schliefst das stimmungsreiche Lied:

| | |
|---|---|
| Madam', si vous aviez un fi'⁴) | Oui, comme vous j'ai-z-un enfant, |
| Qui comme moi s'rait dans la peine, | Je crois qu'il a perdu sa vie, |
| Vous serez bien aise aujourd'hui, | Je le crois mort en combattant, |
| Qu'au pays Dieu vous le ramène. | Loin d'une famille chérie. |
| | |
| Entrez, mon brave, entrez ici, | Je vous le dis qu'il n'est pas mort, |
| Je ne crains plus les médisances, | Ah! bonne mèr', séchez vos larmes, |
| J' vas aller chercher mon mari, | Je vous le dis qu'il n'est pas mort; |
| Il aura part à vos souffrances. | Car vous voyez briller vos armes. |

> Dieu tout-puissant! ô roi des cieux!
> Vous exaucez⁵) notre prière!
> Vous avez accompli nos vœux,
> En nous rendant un fi' si chère.⁶)
> (*Poitou, Aunis.*)⁷)

---

¹) *la chaumière* die Hütte. ²) *la cicatrice* die Narbe. ³) *le reduit* abgesonderte, kleine Wohnung. ⁴) *fils* (Ausspr. schwankend *fifs*, *fiz*, auch *fi*. ⁵) *exaucer* erhören (bes. von Gott u. den himmlischen Mächten). ⁶) Vergl. Bd. I. S. 144 Anm. 7. ⁷) Bujeaud II. S. 242 ff.

Im vollsten Gegensatze zu dieser freudigen Lösung steht eine von *Bladé* aus *Armagnac* und *Agenais* mitgeteilte Version, in welcher der Sohn, unerkannt von der Mutter, gleichfalls einkehrt in ihr Haus und ein Nachtlager von ihr begehrt. Die Raubgier nach den Schätzen erwacht, welche der Soldat, wie sie wohl annehmen mag, mitgebracht hat; unbewufst ermordet die Mutter ihr eigenes Kind. Als ihre Schwester entdeckt, was geschehen, klagt die Mutter sich selbst ewiger Verdammnis an.

Dites, dites, la belle hôtesse,
Pourriez-vous m'avoir[1]) une chambre?
J'ai une chambre et un bon lit,
Où vous pourrez passer la nuit.

Mais quand vint l'heure de minuit,
La vieille gueuse[2]) se relève,
Dans sa main droite un couteau luit,
Et dans la gauche la chandelle.

En écartant[3]) les rideaux blancs,
Lui lance un grand coup de couteau.
Dites, dites, jeune soldat,
Regrettez-vous pas la jeunesse?

Oui, je regrette, dit-il;
Car ma mère me fait mourir.

Qu'as-tu fait là, ma chère sœur?
Oh! qu'as-tu fait là, malheureuse?
Tu as tué ton cher enfant;
Tu dois mourir cruellement.

Si j'ai tué mon cher enfant,
Je mérite d'être brûlée,
Brûlée dans un feu ardent,
Et mes cendres jetées au vent.

(*Birès, Gers.*)[4])

Ein ähnliches, gleichfalls an das Gebiet der Ballade streifendes deutsches Lied ist uns in dem Sange vom Gastwirt und seinem Sohn enthalten. Wie überhaupt die Volkslieder der verschiedenen Völker sich gegenseitig ergänzen und berichtigen, erkennen wir aus dem genannten Liede. Wir finden daselbst einen Vers, in welchem der Sohn sich des schönen Stück Geldes rühmt, welches er „in der Welt verdient" habe. Damit ist der Schlüssel zu der grausigen That gegeben.

---

[1]) m'avoir für mich haben. [2]) la gueuse Weib (verächtlich). [3]) écarter zurückschlagen. [4]) Bladé (Armagnac etc.) S. 59, 60.

„Ach Gastwirt, liebster Gastwirt mein,
Bewahr er mir mein Ränzelein.

Darin hab' ich ein schön Stück Geld,
Das ich verdient hab' in der Welt
   In meinen jungen Jahren,
   In meinen jungen Jahren."

Und als er nun wollt' schlafen gehen,
Und früh recht zeitig wieder aufstehen,

Da kam die Tochter, das Licht in der Hand,
Und führte ihn ganz unbekannt
   In eine Kammer schlafen,
   In eine Kammer schlafen.

„Ach Tochter, liebstes Töchterlein,
Wie viel hast Du noch Brüderlein?"

„Zwei, einer liegt im Grabe frei,
Der andre auf der Wanderei
   Schon längst vor sechzehn Jahren,
   Schon längst vor sechzehn Jahren."

Und als nun kam die Mitternacht,
Der Gastwirt ward vom Schlaf erwacht,
   That ihn der Teufel plagen,
   Den Jüngling zu erschlagen.

Die Tochter hörte das Geschrei,
Und sprang vor Angst und Schmerz herbei:

„Ach Vater, liebstes Väterlein,
Das war mein einzig Brüderlein,
   Den Du hast jetzt erschlagen,
   Den Du hast jetzt erschlagen."

Der Vater stach sich'n Messer ins Herz,
Die Mutter fiel vor Angst und Schmerz
   In einen tiefen Brunnen,
   In einen tiefen Brunnen.[1]

Welch reizendes Bild malt uns dagegen jenes Lied, in welchem ebenfalls der Sohn nach fünfzehnjähriger Abwesenheit seine Schritte dem geliebten heimatlichen Dörfchen zuwendet, wie er eintritt in das Vaterhaus, dem er fremd geworden, wie aber, und dieses ist ein feiner Zug, der den oben mitgeteilten Liedern fehlt, das treue Mutterauge den Sohn erkennt.

Adieu, mes camarades de l'armée,
Je vous quitté muni de mon congé.
Après quinze ans de campagne passés
Je crois qu'il est temps de s'en retirer;
Que chacun fasse comme moi,
Vive l'Empereur! vive la loi!

La bonne mère, voulez-vous, en passant,
Loger un militaire, en vous payant.
La bonne mère me répond poliment
Entrez, monsieur, prenez du séant,[2]
Vous coucherez dedans le lit
De notre fils qu'est à l'armée aussi.

---

[1] Mitgeteilt erhalten von Dr. Dunger. — Das Lied selbst beruht auf einer wahren Begebenheit, die sich in Leipzig abgespielt haben soll. — Ich erinnere mich ferner, eine Strandnovelle gelesen zu haben, in welcher ein Elternpaar einen mit den Wellen kämpfenden Schiffer in das tosende Meer zurückstiefsen, weil sie fürchteten, er könne sie bei der Bergung des Schiffsgutes hindern. Am nächsten Morgen spülten die Wellen ihren erschlagenen Sohn ans Land. [2] *prenez du séant* setzt Euch.

Dans quelle armée était-il votre fils ?
Dans celle du Rhin, ou bien celle
　　　　　　d'Italie ?
Hélas! monsieur, nous ne savons pas
S'il n'est pas mort dans ces combats,
Car il y a déjà longtemps,
Qu'il n'a récrit, notre cher enfant!

Avant de se coucher, monsieur, il faut
　　　　　　souper.
Asseyez-vous et faites comme nous.
Mais mon père me dit, en soupant :
Si je revoyais ici mon enfant
Aussi gai, aussi bien portant
Que je vous vois ici présentement!

Ma bonne mère m'ayant examiné
Elle dit : — Je ne crois pas me tromper,
Je crois que vous êtes notre fils,
Vous avez sa physionomie.
Grâce d'une mère, ne m'y trompez pas,
Retirez-moi de tous ces embarras.

Oui, cher papa, aussi chère maman,
C'est moi qui vient rejoindre dans
　　　　　　vos bras.
Buvons un coup et soyons tous contents.
Ne regrettez plus la guerre maintenant.
Je les ai servi quatorze ans,
A mon agrément, j'en suis content.

　　A la santé de ma chère Babette
　　Qui m'a toujours tant aimé.
　　Elle m'a conservé son cœur
　　Foi de Franc-Cœur je l'épouserai,
　　Elle m'a conservé son cœur
　　Foi de Franc-Cœur je l'épouserai.
　　　　　　(*Pays messin, Briey*.)[1]

Der letzte Vers dieses Liedes mit der Frage des Soldaten nach der Geliebten deutet darauf hin, wie er sie in den langen Kampfesjahren nicht vergessen hat. — Welche Gefährnisse treue Liebe zu bestehen habe, ehe sie einkehren darf in die heimatlichen Hütten, zeigt uns *le joli dragon*, ein Lied, welches, gleichfalls in einer gröfseren Anzahl von Provinzen verbreitet, den schon früher erwähnten Wechsel zwischen den Truppen zeigt, in dem der Held ein Dragoner, der Kehrreim dagegen darauf deutet, dafs das Lied zunächst bei einer Fufstruppe entstand. Diese Anschauung erscheint um so glaublicher, als in verschiedenen Orten des *Pays messin*, wie auch in *Cambrésis* der Held des Liedes ein junger, schöner Tambour ist, zu dessen Erscheinung der den Klang der Trommel nachahmende Kehrreim:

　　　　　Ran, ran, ran, pata plan

denn auch prächtig pafst. Bei der Beliebtheit der Dragoner läfst sich nun annehmen, dafs in der Folge an die Stelle des *jeune tambour* ein *joli dragon* gesetzt ward, wenn man nicht mit

---

[1] Puymaigre S. 166, 167.　　[2] Bei Puymaigre S. 175 Note.

*Auricoste* annehmen will, dafs die Dragoner beim Singen des Liedes sich selbst zum Helden des Sanges erhoben.

Mag es sich nun um den jungen Tambour oder um den schönen Dragoner handeln, der Kern des Liedes ist stetig derselbe.

Gleich dem edlen Dulder *Odysseus* hat auch unser Krieger auf seinem Heimwege zu der Geliebten mancherlei Fährnis zu überstehen. An einem Schlosse mufs er vorüber, aus dessen Fenster des Königs Töchterlein den schmucken Reiter erschaut. Schmeichelnd bittet sie ihn um die schöne Rose in seiner Hand. Allein so sirenenhaft auch ihre Bitte klingen mag, der Reiter weist darauf hin, dafs er die Rose für sein Lieb gepflückt habe. Scheinbar verfolgt er zwar die lockende Aussicht, die Prinzessin als sein Ehegemahl von dem Könige zu erflehen — und als der Vater die Tochter ihm weigert, da er nicht reich genug sei, da empört sich sein Stolz, da weist er auf die mit Gold, Silber und Diamanten beladenen Schiffe hin, welche er für sein Lieb mit sich führt.[1]) Als nun der König seine Einwendungen fallen läfst, einwilligt, dem einfachen Reitersmann die königliche Maid zu geben, da bricht die wahre Gesinnung des treuen Burschen hervor: „Ich danke Euch, Herr König, für die Gunst, aber mein Heimatland hat schönere Mädchen als das Euere!" Und wenn es auch nicht ausgesprochen wird, wir empfinden es, dafs darunter sein Lieb verstanden ist, um derenwillen er soeben eine Königskrone ausgeschlagen.

| | |
|---|---|
| Joli dragon revenait de la guerre,[2]) | La fille du roi était à sa fenêtre, |
| Joli dragon, ran pata pata plan, | La fille du roi, ran pata pata plan, |
| Joli dragon revenait de la guerre. | La fille du roi était à sa fenêtre. |

[1]) In der Lesart aus Rotonféy (Pays messin) ist die Frage des Königs eingeschaltet:

Joli tambour qui est ton père?

worauf die stolze Antwort erfolgt:

Sire le roi, c'est le roi d'Angleterre.

[2]) Var.: Rotonféy: *Joli tambour revenant de la guerre;* Champagne: *Trois petits dragons* etc.; in anderen Provinzen: *Trois cents soldats revenaient de la guerre.*

Joli dragon, donnez-moi votre rose;
Joli dragon, ran pata pata plan,
Joli dragon, donnez-moi votre rose.

Fille du roi, elle est pour ma fiancée,
Fille du roi, ran pata pata plan,
Fille du roi, elle est pour ma fiancée.

Joli dragon, demand'-moi à mon père,
Joli dragon, ran pata pata plan,
Joli dragon, demand'-moi à mon père.

Sire, mon roi, donnez-moi votre fille,
Sire, mon roi, ran pata pata plan,
Sire, mon roi, donnez-moi votre fille?

Joli dragon, tu n'es pas assez riche,
Joli dragon, ran pata pata plan,
Joli dragon, tu n'es pas assez riche.

J'ai trois vaisseaux dessus la mer qui
brille,
J'ai trois vaisseaux, ran pata pata plan,
J'ai trois vaisseaux dessus la mer qui
brille.

L'un est couvert d'or et d'argenterie,[1]
L'un est couvert, ran pata pata plan,
L'un est couvert d'or et d'argenterie;

L'autre sera pour embarquer ma mie,
L'autre sera, ran pata pata plan,
L'autre sera pour embarquer ma mie.

Joli dragon, je te donne ma fille,
Joli dragon, ran pata pata plan,
Joli dragon, je te donne ma fille.

Sire, mon roi, je vous en remercie,
Sire, mon roi, ran pata pata plan,
Sire, mon roi, je vous en remercie.

Dans mon pays y' en a de plus jolies,
Dans mon pays, ran pata pata plan,
Dans mon pays y' en a de plus jolies!

(*Languedoc*.)[2]

In dem Liede aus *Retonféy (Pays messin)*, wie in dem muntern Sange der *Champagne*, ist der Krieger bereit, die Rose gegen die Liebe der Prinzessin zu tauschen:

---

[1] *l'argenterie* das Silberzeug; in der Lesart der Champagne (Tarbé II, 129) weist der „*petit drugon*" auf die hundert Pferde und Schafe hin, die er auf grüner Wiese hat, ferner auf jene seltsamen Mühlen, die so charakteristisch für die Volkspoesie sind:

J'ai trois moulins
Tournant sur la rivière,
La la li déra,
Tournant sur la rivière.

L'un moud de l'or,          Et l'autre moud,
L'autre de l'argenterie,    Les amours de ma mie,
La la li déra,              La la li déra,
L'autre de l'argenterie.    Les amours de ma mie.

In der Lesart aus Lorient (Rolland, *Almanac des traditions* etc. Année 1882) führt der Soldat auch ein Schiff mit Blumen mit sich, um sein Lieb zu bekränzen.    [2] Champfleury S. 29.

| Petit dragon, | Joli tambour, donnez-moi votre rose? |
|---|---|
| Donnez-moi votre rose, | Ran, ran, ran, pata plan, |
| La la li déra, | Donnez-moi votre rose? |
| Donnez-moi votre rose. | |
| | |
| Fille du roi, | |
| Donnez-moi vos amours, | Oui, vous l'aurez en signe de mariage, |
| La la li déra, | Ran, ran, ran, pata plan. |
| Donnez-moi vos amours. | Vous l'aurez en signe de mariage. |
| (*Champagne.*)[1] | (*Retonfey.*)[2] |

Allein wie wenig es ihm hiermit Ernst ist, zeigen die neckischen Worte, mit denen er die Hand der Prinzessin von sich weist:

| Vive le roi! | Dans mon pays l'y en a de plus jolies. |
|---|---|
| Je vous en remercie, | Ran, ran, ran, pata plan, |
| La la li déra, | Y en a de plus jolies. |
| Je vous en remercie. | |
| (*Champagne.*)[1] | (*Retonfey*)[2] |

War in allen bisher mitgeteilten Liedern ein Tambour oder ein Dragoner der Held, so vertritt dessen Stelle in einer Lesart aus *Lorient* (*Bretagne*) ein Seemann; die mit Gold, Silber und Blumen beladenen Schiffe, welche der Heimkehrende stets mit sich führt, finden damit ihre natürliche Erklärung. Bemerkenswert ist das frische Lied noch dadurch, dafs es den Schlufsgedanken, welcher ihm mit allen früheren gemeinsam ist:

> Sire le roi, je vous en remercie,
> Dans mon pays, lire lon la,
>  Lire la li ra,
> Dans mon pays il y a des si gentilles

in neckischer Weise mit den Worten weiter ausführt:

> Il y a des grandes, des moyennes, et des petites,
> Je choisirai, lire lon la,
>  Lire la li ra,
> Je choisirai celle qui me fera plaisir.
>  (*Environs de Lorient.*)[3]

Oft steht dem Heimkehrenden seltsame Überraschung bevor. Wohl findet auch er die Geliebte treu; aber gleich *Schön Isen-*

---

[1] Tarbé II, S. 129. [2] Puymaigre S. 176; der S. 177 eine Variante aus Katalonien gibt. [3] Rolland, *Almanac des traditions populaires* 1882, S. 102. 103.

*burg* hat sie ihre Treue im Turme büfsen müssen. Dünkt sich doch der grausame Vater in seiner Stellung als *général de France*, welche das Volkslied ihm anweist, zu hoch, um sein Kind, und wäre es auch dem siegreich heimkehrenden Hauptmann zu geben. Allein die Unerschrockenheit, welche der Krieger im Felde bethätigte, verläfst ihn auch dem dräuenden Vater gegenüber nicht; und als derselbe sein Kind lieber den Wellen, denn dem Hauptmann übergibt, da rettet der Kühne die Maid; auch diesmal bleibt das Glück dem Mutigen hold.

Brave capitaine,
Revenant de guerre,
Cherchant ses amours,
Les a tant cherchés
Qu'il les a trouvés
Dedans une tour.

Dis donc, ma mie,
Qui t'as mise ici
Dedans cette tour?
C'est mon cruel père
Qui m'a renfermée
Par rapport à vous.

Jeune capitaine,
Demande à mon père
Quand je sortirai.
Beau général de France,
Ta fille en demande
Quand ell' sortira.

Jeune capitaine,
Prends point tant de peine
Tu ne l'auras pas.
Si ne l'ai par plaire [1])
Je l'aurai par guerre
Ou par trahison.

Son père de rage,
La prit à l'ombrage,[2])
La jeta dans l'eau;
Son amant si sage,
La voyant qui nage,
Lui tient-z-un bateau.

A la première ville
Son amant l'habille
Tout en satin blanc;
A la s'coude ville,
Son amant l'habille
Tout d'or et d'argent.

A la s'coude ville
A chaussé sa mie
De souliers d'argent;
A la troisièm' ville
N'en dit [3]) à sa mie:
Faut nous marier.

(*Dauphiné*.) [4]) Var.: (*Angoumois, Saintonge, Poitou, Franche-Comté*.) [5])  (*Pays messin, Betonfty*.) [6])

---

[1]) *par plaire* im Guten.  [2]) *la prit à l'ombrage* ergriff sie als es Nacht wurde.  [3]) *N'en dit, que* ist ausgelassen.  [4]) Champfleury S. 152; vergl. Haupt-Tobler S. 5 mit abweichender Einleitung.  [5]) Bujeaud II, S. 185. 186; M. Buchon, *Chants* etc. *de la Franche-Comté* S. 82.  [6]) Puymaigre S. 44, 45; ebenfalls auch bei G. de Nerval.

## Heimkehr des Geliebten aus dem Felde.

Nicht der väterlichen Gewalt, wohl aber dem strengen Zwange der Kirche findet der heimkehrende Krieger sein Lieb unterworfen; denn die Pforten des väterlichen Schlosses öffnen sich ihm mit den Donnerworten:

> Die Ihr suchet, trägt den Schleier,
> Ist des Himmels Braut...

Aber nicht resigniert, gleich Ritter *Toggenburg*,[1]) zieht sich der Held zurück, sondern kühn und entschlossen sprengt er des Klosters Mauern, welche sein Lieb umschliefsen. Von neuem wirbt er um Liebe — die Macht des Liebesgottes siegt über die starren Regeln des Klosters.

---

> Au bout de trois mois tout au plus,
> Son cher amant est revenu.
> S'en va-t-au château de son père,
> En lui apportant ses saluts,
> En lui disant: Où est ma belle,
> Celle que mon cœur aime plus.

> Vous avez resté si longtemps.
> S'est réduite dans un couvent,
> Dans le couvent des Orphelines,
> Passer le restant de ses jours.
> Elle est là-bas, triste et chagrine
> Portant le deuil de ses amours.

> L'amant, éperdu[2]) et violent,
> S'en est allé droit au couvent,
> Trois petits coups frappe à la porte.
> Ma Mère, je voudrais parler
> A cette jeune religieuse,
> N'a pas longtemps que vous l'avez.

> Retire-toi, amant violent
> Elle n'a pas besoin d'amant,
> Nous avons peur que tu la charmes.
> Nous la tenons dans le couvent,
> Pour y pleurer toutes ses larmes,
> Jusqu'au jour de l'enterrement.

> Ma Mère, ayez pitié de moi.
> Je viens du service du roi
> Auparavant que je m'en aille,
> Laissez-la moi voir une fois.
> La bague d'or que je lui porte
> C'est pour la marque de ma foi.[3])

> O belle, votre doigt tirez,[4])
> Un anneau vous donnerai.
> Dès le plus loin ils se saluent,
> Versant des larmes tous les deux.
> Elle dit: Je suis religieuse,
> Mon cher amant, n'y pensons plus.

> Quand la Mère s'en est allée,
> Pour aller ramasser des fleurs,
> L'amant se relève, il emmène,[5])
> Il emmène la jeune sœur.
> La Mère avance un pas avant.
> Les entend parler doucement.

---

[1]) Vergl. auch Kap.: Balladen.  [2]) *éperdu* aufser sich, bestürzt.
[3]) Vergl. Bd. II. S. 36 Anm. 9; auch in der Folge: Geschichtliche Lieder.
[4]) *tirez votre doigt* gib deinen Finger her.  [5]) *emmener* (em nasal gesprochen) = entführen.

| | |
|---|---|
| Reviens ce soir à la fenêtre, | Que diront mon père et ma mère, |
| A la fenêtre du jardin | Que d'ici je m'en vais aller? |
| Nous passerons la nuit ensemble, | Adieu, couvent des Orphelines, |
| Pour accomplir notre dessein. | Sans regret je vais te quitter. |
| Nous passerons la nuit ensemble. | Adieu, couvent des Orphelines. |
| Pour accomplir notre dessein. | Avec mon amant je m'en vais. |

(*Birès, Gers.*)[1]

Neben der Rückkehr des Sohnes in die Familie, des Bräutigams zur Braut finden wir nun auch, wie dieses in der Natur der Sache liegt: die Rückkehr des Gatten zu seinem Weibe. Nicht immer gestaltet sich hier das Wiedersehen so glücklich, wie in den soeben vorgeführten Liedern; und der auf den Tod verwundete Gatte, welcher nur aus dem Kriege heimkehrt, um bei den Seinen zu sterben, hat mehrfach seine dichterische Ausprägung in dem Liede von *Renaud* erhalten, welches sich wiederum in einer Reihe von Provinzen in verschiedenen Abarten findet, wie schon der Titel allein besagt, indem bald von dem König, bald von dem Grafen *Renaud*, bald von einem einfachen Soldaten *Jean Renaud* die Rede ist.

Um den Kontrast zu erhöhen, wird dem Heimkehrenden durch die Mutter die frohe Botschaft, dafs ihm während seiner Abwesenheit ein Sohn geboren sei. Wie tief zu Herzen geht die Bitte *Renauds* an seine Mutter, ihn sterben zu lassen, ohne sein Weib zu beunruhigen. Ahnungsvoll fragt jedoch die Frau, wer denn sein Leben im Hause verhaucht habe; und als die Mutter endlich nicht länger mit der Wahrheit zögern kann, da wünscht *Renauds* Weib das Grab so breit, so tief, dafs sie sich selbst und ihr Kind hineinbetten kann.

In kürzerer Fassung ist uns dieses ergreifende Lied durch *Marelle* wie *Tarbé* und *Bujeaud* mitgeteilt worden:

| | |
|---|---|
| Quand Jean R'naud de la guerr' revint | Allez, ma mère, allez devant |
| Tenait ses entraill's[2] dans sa main. | Et de rien ne faites semblant.[3] |
| Bonjour', ma mèr'. — Bonjour, mon fils. | Dressez-moi là mon lit bien bas, |
| Ta femme est accouché' d'un p'tit. | Que ma femme ne l'entend' pas. |

---

[1] Bladé (Armagnac) S. 34, 35.  [2] *les entrailles* die Eingeweide.  [3] *de rien ne fait semblant* lafs dir nichts merken.

Et quand ce fut sur les minuit,
Jean Renaud a rendu l'esprit.
Son dernier cri fut tant aigu,
Que sa femme l'a entendu.

Ah! dites-moi, ma mèr', ma mi',
Qui donc vient de crier ainsi?
Ma fille, ce sont les enfants,
Qui se querellent là-dedans.

Ah! dites, ma mère, ma mi',
Dites-moi qui donc frappe ainsi?
Ma fille, c'est le charpentier,[1]
Qui raccommode le plancher.[2]

Ah! dites, ma mère, ma mi',
Dites-moi qui donc chante ainsi?
Ma fill', c'est la procession,
Qui passe devant la maison.

Mais dites, ma mère, ma mi',
Pourquoi donc pleurez-vous ainsi?
Ma fill', j' n' puis plus te l' cacher.
C'est Jean R'naud qu'on va enterrer.

Ma mère, ah! dit' au fossoyeux[3]
Qu'il fasse la fosse pour deux,
Et que le trou soit assez grand
Pour y mettre avec nous l'enfant.

(*Champagne*.)[4]   Var.: (*Vermandois*.)[5]   (*Saintonge, Aunis*.)[6]

In epische Breite löst sich das gleiche Thema in der Fassung des *Pays messin* auf:

Le roi Renaud de la guerre revint,
Ses boyaux[7] portait dans ses mains.

Sa mère l'aperçoit revenir
Elle a son cœur réjoui.

Mon fils Renaud, réjouis-toi,
Ta femme est accouchée d'un roi.[8]

Ni de ma femme, ni de mon fils,
Je n'en ai le cœur réjoui.

    Ma mère, faites-moi un blanc lit,
    Faites-le moi en secret,
    Que l'accouchée n'en sache rien.

Dites-moi, ma mère, ma mie,
Pourquoi j'entends pleurer ainsi?

Ma fille c'est un des nos chevaux
Que les valets ont trouvé mort.

Et pourquoi, ma mère, ma mie,
Pour un cheval tant de cricries?

Quand le roi Renaud de la guerre reviendra
De plus beaux il ramènera.

Dites-moi, ma mère, ma mie,
Ce que j'entends frapper ici?

Ma fille, c'est une de nos maisons
Que l'on bâtit ici au rond.

---

[1] *le charpentier* der Zimmermann.  [2] *racommoder le plancher* den Fufsboden ausbessern.  [3] *le fossoyeux* der Totengräber.  [4] Marelle a. a. O. S. 298; vergl. Gérard de Nerval *Filles du feu* S. 158 und Haupt-Tobler S. 132, 133.  [5] Tarbé II, S. 125, 126.  [6] Bujeaud II, S. 213, 214; in Angoumois sagt das Volk statt Renaud: Jean Arnaud; vergl. die weiteren Litteraturnachweise Bujeaud II, S. 214, 215 und folgende S. Anm. 4.  [7] *boyaux* (derber wie *entrailles*) Gedärme.  [8] Also ein Sohn und Erbe ist dem Könige geboren.

Dites-moi, ma mère, ma mie,
Ce que j'entends chanter ici?

Ma fille, il y a vêpres et sermon
Que l'on va dire au long.

Dites-moi, ma mère, ma mie,
Quel habit mettrai-je aujourd'hui?

Le rouge, le vert vous quitterez,
Le noir, le blanc vous mettrez;

Car les femmes qui relèvent d'enfant,[1]
Le noir leur est bien plus séant.

Quand commencent les litanies et chants
Les patureaux[2] s'en vont disant:

„Voilà la femme de ce grand roi
Qu' a enterré hier soir."

Dites-moi, ma mère, ma mie,
Qu'est-ce que ces patureaux ont dit?

Ma fille, je ne puis le cacher,
Le roi Renaud est décédé!

Quand elle est dans l'église entrée
Le cierge on lui a présenté.

Ma mère, voilà un beau tombeau!
Ma fille, il peut bien être beau,
C'est le tombeau du roi Renaud.

Tenez, ma mère, voilà les clés
De toutes mes villes et cités,
Prenez mes bagues et mes joyaux.[3]

Ayez soin de mon fils Renaud;
Je vais mourir sur ce tombeau.

Elle a pleuré quarante jour
Sur le tombeau du roi Renaud.

Et après les quarante jours
Elle est allée dans un couvent.

(*Pays messin, Fléry.*)[4] Var.: (*Chesny; Haute-Bretagne.*)[4]

    Nicht in allen Fällen harrt die Gattin treu des ausbleibenden Mannes. Das Lied meldet uns nur die Thatsache, dafs sie sich zu einer zweiten Ehe bestimmen läfst und wirkungsvoll kehrt der Totgeglaubte gerade an dem Tage zurück, da die Hochzeit gefeiert wird. Seltsam ist das Verlangen des Kriegers, durch Würfelspiel zu bestimmen, mit wem die Schöne zur Nacht schlafe. Als er der Sieger im Spiel, gibt er sich als der Totgeglaubte zu erkennen, dem das Recht zur Seite steht. Er fragt die Braut nach den Ringen und Diamanten, welche er ihr

---

[1] *relever d'enfant* aus dem Wochenbett aufstehen, nach dem Wochenbett den ersten Kirchgang halten. [2] *les patureaux* die Knechte. [3] *les joyaux* das Geschmeide. [4] Puymaigre S. 1 – 3; vergl. auch die Note S. 4 – 7; in der Lesart von Chesny wird weifs allein als die Farbe der Trauer erwähnt; in der Lesart der Haute-Bretagne schwarz allein. Puymaigre gibt auch noch Parallelstellen zu obigem Liede aus Piemont und Venetien an, wie aus der keltischen Bretagne, Schweden und Norwegen.

vor sieben Jahren gegeben. Sie eilt in ihr Zimmer, sie zu holen — —

J'ai fait une maîtresse¹)
Il n'y a pas longtemps,
Et le jour que je l'épouse.
M'y vient un mandement²)
Pour aller à la guerre
Servir le roi céans.³)

Mais la jeune épousée
Ne fait que d'y pleurer.
Ne pleurez pas tant, belle,
Ne soupirez tant,
Cette jolie campagne
Ne durera pas long temps.

Mais la jolie campagne
A bien duré sept ans
Et le jour que j'arrive
Ma femme prend un mari.
Oh! le bonheur pour moi
Que c'était au cabaret.

Je m'en vais à sa porte
Demandant à loger.
Nous n'y logeons personne,
Nous sommes embarrassés.
Pour des soldats de guerre
Nous ne pourrions les loger.

Je m'en vais chez ma mère
Que mon cœur aime tant.
Nous avons de belles chambres
Et de beaux lits carrés,
Et de belles écuries,
Pour votre cheval loger.

Quand ç'a⁴) venu à l'heure
A l'heure du souper,
L'un de ces mignons frères
M'est venu saluer
En me disant: Monsieur
Venez avec nous souper.

Mais quand ç'a venu à l'heure,
A l'heure du dessert:
Il nous faut jouer aux cartes,
Aux cartes, aussi aux dés,
Voir qui aura la belle
Ce soir à son coucher.⁵)

Tous les gens de la noce
M'y ont tous regardé.
Oh! non, mon beau gendarme,
Ne vous y trompez pas;
Notre belle mariée
Ne vous appartient pas.

Je ne jouerai point aux cartes,
Aux cartes ni aux dés;
Je ne jouerai point aux cartes,
Aux cartes ni aux dés,
Et si⁶) j'aurai la belle
Ce soir à mon coucher.

Où sont les bagues d'or
Aussi les diamants,
Que le jour de vos noces
Je vous ai fait présent
Il y a passé sept ans?

Les diamants, dit-elle,
Que vous m'avez donnés,
Sont là-haut dans nos chambres
Dans un coffre fermé;
Devant la compagnie,
Je m'en vais les chercher.

Mon Dieu! est-il possible...
(*Pays messin, Retonfey.*)⁷)

---

¹) *J'ai fait une maîtresse* ich hatt' eine Geliebte (beliebter Eingang).
²) Auch Walter Scott schildert uns sehr wirkungsvoll in seiner *Lady of the*

Es ist dem Grafen *de Puymaigre* nicht gelungen, den Schluſs dieses Liedes zu finden; verweisen dürfen wir wohl auf eine ähnliche von *Tarbé* aus den Ardennen mitgeteilte Ballade, welche **tragisch endet**. Noch schärfer und echt volkstümlich treten hier die beiden ergreifenden Momente der Trennung am Hochzeitstage und des Wiedersehens an dem Tage, da die Angetraute sich von neuem vermählt, in den beiden ersten Versen einander gegenüber; nicht minder wirkungsvoll ist die kühle Abweisung der Neuvermählten und die Aufnahme des Heimkehrenden bei der Mutter:

| Cavalier des Ardennes | Point ne l' reconnut-elle, |
|---|---|
| Un jour, s'était marié. | Tant il était changé. |
| Le jour des épousailles.[1]) | C'est aujourd'hui ma noce, |
| Il vint un mandement | Nous somm's embarrassés |
| Pour aller à la guerre, | Bravo soldat de guerre, |
| Pour le roi, sept ans.[2]) | Nous n' saurions vous loger. |
| Au bout de sept années, | Je m'adresse à la mère |
| Il s'en est revenu: | (Que mon cœur aimait tant): |
| Vient frapper à la porte | T'nez, voilà ma valise,[3]) |
| Comme un brave cadet. | Mon or et mon argent. |
| Mais qui fut à la porte? | Brave soldat de guerre |
| Ce fut la mariée. | Vous logerez céans. |

Es folgt dann, gleichwie im ersten Liede, das Anerbieten des Heimgekehrten, um den Besitz der Schönen zu spielen; das Spiel findet hier wirklich statt; der Krieger gewinnt; Schrecken ergreift die Gesellschaft:

A gagné la partie;
Chacun en frémissait
Alors ôte son casque[4])
Et tous l'ont reconnu.
Mais les yeux étaient creux;[5])
Cependant flamboyaient.

---

*Lake*, wie der Bräutigam an seinem Hochzeitstage durch das Aufgebot des Clans von der Seite der Braut gerissen wird. [3]) *céans* = hier; wahrscheinlich steht *céans* für *sept ans*, welch letzterer Ausdruck sich in der Variante bei Tarbé (vergl. folg. Lied) auch wirklich findet. [4]) *ç'a* statt *s'est*. [5]) Vergl. das folg. Lied. [6]) *Et si* = und wenn (ich es dennoch thue). [7]) Puymaigre S. 20—22.
[1]) *le jour des épousailles* der Trauungstag. [2]) Vergl. S. 63 Anm. 3. [3]) Aus *valise* ist bekanntlich (nach Art des Volkes) Felleisen entstanden. [4]) *le casque* der Helm. [5]) *creux* (kraus) hohl.

Die letzten Worte lassen tragischen Ausgang erwarten. Auf die Frage nach den Ringen erfolgt die gleiche Antwort, daſs sie in dem Zimmer der Angetrauten verschlossen seien. Als sie sich aufmacht, sie zu holen, eilt der Heimgekehrte ihr nach. Vergeblich harren die Hochzeitsgäste der Wiederkehr; als sie endlich dem Paare folgen, findet sich am Fenster nur ein kaltes Leichentuch —

> Où sont-elles, les bagues, S'il vous plaît de m'attendre,
> Aussi ces diamants Je m'en vais les chercher.
> Que je vous ai donnés J' n'ai pas le temps d'attendre.
> Il y a, ce soir, sept ans. Tenez, voilà les clefs
> Ils sont dans ma chambrette, Nous irons bien ensemble!
> Dans ma chambre enfermés. Ensemble ils sont partis.
>
> Mais s'en allaient les heures,
> Ils ne revenaient pas.
> Lassé de les attendre,
> On alla les chercher.
> Mais rien dans la chambrette
> Qu'un linceul[1]) tout froid.
>
> (Yonne, Ardennes.)[2])

Unschwer läſst sich erkennen, daſs wir es in dieser Ballade mit dem gleichen Thema zu thun haben, welches *Bürger* in seinem volkstümlichsten Gedichte: „*Lenore*" behandelte; zugleich leitet uns dies Lied auf ein anderes, in der Soldatenpoesie nicht minder beliebtes Thema über, daſs der heimgekehrte Gatte die eheliche Treue der Daheimgelassenen auf die Probe stellt. Unerkannt heischt er Liebe von ihr, um, sichtlich erfreut, zu erfahren, daſs sie von keinem andern umarmt sein will, es sei denn von ihrem Gatten.

> Voilà bientôt dix ans
> Que j'ai quitté la France,
> L'empereur de Russie
> M'a mis en liberté,
> J' suis allé voir ma femme
> Que j'avais épousé.

---

[1]) *le linceul* das Leichentuch. [2]) Tarbé II. S. 122—124; T. erwähnt hierbei, daſs er vorstehendes Lied aus mehreren Versionen zusammengestellt habe.

Un jour me promenant (bis)
Le long de la prairie, (bis)
J'ai rencontré ma femme
Qui m'y connaissait point,
Je m' suis approché d'elle
Faisant mon air badin.[1]

Je lui ai demandé: (bis)
Ma petite bergère, (bis)
Est-c' que de ta chaumière[2]
Nous en sommes bien loin?
Non! non! Monsieur. dit-elle.
Nous en sommes pas loin.

Retirez-vous, dit-elle, (bis)
Insolent que vous êtes, (bis)
Retirez-vous bien vite,
De moi vous éloignez,
J'entends venir mon frère,
Il vous fra décamper.[3]

Aber den Krieger schreckt dies nicht, weifs er doch, dafs ihm sein gutes Recht zur Seite steht; dafs sein Weib sich ihm gewifs zu eigen gibt, wenn sie durch untrügliche Zeichen erfährt, dafs er wirklich ihr Gatte ist:

Oui, je suis le galant, (bis)
Celui-là que tu aimes, (bis)
T'en souviens-tu, la belle,
Mais du dix-huit mai?
Nous étions à la chambre
Tous deux pour épouser.

Ton pèr' le voulait bien, (bis)
Ta mère n'est pas contente, (bis)
Ton parrain Delacombe,
Le garçon du moulin,
Jean et Jacques Deforges
Etiant[4] nos quat' témoins.

Le dimanche en après, (bis)
Mais la grande tristesse, (bis)
Adieu, ma chère femme,
Adieu, tous nos parents,
Faut aller à la guerre,
Voilà mon mandement.

Er erinnert sein Weib, wie sie am Abschiedsmorgen die Einberufungsordre mit einander geteilt — und alle Zweifel schwinden, als er dieses Pfand der Treue seinem treuen Weibe vor Augen hält.

Quand c'est au matin jour (bis)
Qu'il m'a fallu partire (bis)
Le billet[5] qu'on m'apporte,
Nous l'avons partagé.
Oh! tiens, oh! tiens,[6] mignonne,
En voilà la moitié.

La bell' tout aussitôt (bis)
Tir' le sien de sa poche, (bis)
L'ont mis l'un contre l'autre.
Se sont bien réunis;
La bell' fondant en larmes
Embrassait son mari.
(Poitou.)[7]

---

[1]) *badin* mutwillig, tändelnd. Bd. I. S. 139.  [4]) *étiant* = *étant*.  [2]) *la chaumière* die Hütte.  [5]) *le billet* die Ordre.  [3]) Vergl.  [6]) *tiens* da!

Auch dieses Lied hat mehrfach seine balladenähnliche Ausprägung, bald in längerer, bald in kürzerer Form erhalten; auch dieses ist ihm mit dem Liede vom König *Renaud* gemeinsam, dafs das treue Weib unter dem gleichen Namen: *Germine* erscheint, gewissermafsen die Penelope der französischen Volksdichtung. Wenn auch diese Lieder gewisse Züge mit den vorher mitgeteilten gemeinsam haben, so sind ihnen andere nur allein eigentümlich. Dahin gehört einmal das seltsame Verhalten der Mutter des Heimkehrenden, welche die Schwiegertochter dem fremden Kriegsmann zur Lust überantworten will, das andere Mal die Weigerung der Frau, den Heimkehrenden als Mann anzuerkennen, blofs auf seine einfache Aussage hin, er sei ihr Mann. Sie dreht gewissermafsen den Spiefs um und fragt den, der ihr Mann zu sein behauptet, nach sicheren Erkennungszeichen, Zeichen, wie sie eben nur dem Gatten bekannt sein können. Erst die Erinnerung an ihr inniges Zusammenleben geben der Zweifelnden Gewifsheit, dafs ihr Gatte vor ihr steht.

Wir finden dieses Lied nicht blofs in der Umgegend von *Metz*,[1]) in der *Normandie*,[2]) in *Isle de France*[3]) und Anklänge daran in der *Bretagne*,[4]) sondern auch in den südlichen Teilen Frankreichs, der *Provence*,[5]) wie jenseits der Pyrenäen in *Katalonien*,[6]) endlich in germanischen[6]) wie in slawischen Ländern.[7]) Wir teilen zunächst die kürzere, lebhaft bewegte Lesart der *Isle de France* mit, welche wir den unermüdlichen Forschungen *Gérard de Nervals* verdanken.

> Ah! bonjour donc, fillett', fillette à marier.
> Je ne suis point fillette, fillette à marier,
> Mon père m'a mariée à quinze ans et demi:
> Vl'a aujourd'hui sept ans que je n'ai vu mon mari.

---

\*) Bujeaud II, S. 87, 88; B. citiert auch noch als Variante Tarbé II, S. 221; doch handelt es sich hier, wie in dem vorhergehenden Liede Tarbé II. S. 219 um den Verlobten, der heimkehrt und die Treue der Verlobten erprobt; besser pafst Bujeaud II, S. 84, 85.
¹) Puymaigre S. 8 ff., vergl. auch Quépat S. 5.   ²) Beaurepaire S. 76.
³) Champfleury S. 195 ff.   ⁴) de la Villemarqué I, S. 113 ff.; Keller und v. Seckendorff S. 36 ff., vergl. auch Kap. Geschichtliche Lieder, Balladen.
⁵) Arbaud.   ⁶) Puymaigre S. 12 Note; vergl. auch S. 18.   ⁷) Scherr, Allgem. Litt.-Gesch. Bd. II, S. 391.

Ah! bonjour donc, madam', pouvez-vous nous loger?
Non, non, mes beaux messieurs,[1] je ne puis vous loger:
Car à mon mari je promis fidélité,
Allez à c' beau château que vous voyez d'ici,
Là vous y trouverez un log'ment pour la nuit:
Car c'est là qu' reste la mèr' de mon mari.

Ah! bonjour donc, madam', pouvez-vous nous loger?
Oui, oui, mes beaux messieurs, je puis bien vous loger.
Ainsi que pour y boir', pour y boire et manger.
Nous ne voulons ni boir', ni boire et ni manger,
Sans que Germin' vot' fill' vienne nous accompagner.

Ah! boujour donc, Germin'; il y a trois beaux messieurs
Qui ne veulent ni boir', ni boire, ni manger,
Sans que tu sois, Germine, à les accompagner.
Si n'étiez pas la mèr', la mèr' de mon mari,
Je vous ferais passer à Lyon sur le pont[2]
Pour vous faire manger par les petites poissons.

La belle'-mèr' s'en retourn', s'en retourne en pleurant:
Mangez, mes beaux messieurs, Germin' n' veut pas venir;
C'est la plus méchant' femm' qu'il y ait dans le pays.
Si vous n'tiez pas la mèr', la mèr' qui m'a nourri,
Je vous ferais passer au fil de mon épée,[3]
D'avoir voulu séduir' Germin' ma bien-aimée.

Ouvre ta port', Germin', c'est moi qui est ton mari.
Donnez-moi des indic's de la première nuit
Et par là je croirai que vous êt's mon mari.
T'en souviens-tu, Germin', de la première nuit
Où tu étais montée sur un beau cheval gris.
Placée entre tes frères et moi ton favori.

Donnez-moi des indic's de la deuxième nuit.
En te serrant les doigts, ton anneau y cassa:
Tu en as la moitié et l'autre la voilà. —
Elle appela la servant! Genett'! venez bien vite,
Apprêtez feu et flambée, et faites un bon repas:
Car voici mon mari que je n'attendais pas.

*(Isle de France.)*[4]

---

[1]) Die Einleitung des Liedes spricht von drei Kavalieren, die sie ansprechen. [2]) In einer interessanten Arbeit (*les principaux ponts de Metz au moyen âge*, *Mémoires de l'Academie* 1864) berichtet Raillard, dafs die Hauptbrücke von Metz ein gewöhnlicher Ort der Aburteilung von Verbrechern war; daher auch der Name *pont des Morts* (Puymaigre S. 61). [3]) *passer qn. au fil de son épée* jem. über die Klinge springen lassen. [4]) Champfleury S. 195, 196; auch Puymaigre S. 15, 16.

Gleich einem Drama entrollt sich uns die Ballade von der treuen *Germaine* in der Lesart aus der Umgegend von *Metz*. Wir werden wohl nicht fehlgehen, wenn in dieser *Germaine* auch germanisches Blut fliefst:

C'est la belle Germaine
Qui si a marié
A l'âge de quinze ans.
Son mari l'a quittée,
A l'âge de vingt ans
Pour aller guerroyer.

Et au bout de sept ans,
Le voilà revenu,
Et au bout de sept ans,
Le voilà revenu.
L'a revenu[1]) tout droit,
Tout droit dans son logis.

Bonjour, Madame, bonjour,
Bonjour vous soit donné.
Bonjour à vous aussi,
Grand comte révéré.
Nous avons venu voir
Logerons-nous céans?

Oh! non, certain, dit-elle,
Vous n'y logerez point
N'avons point d'écurie
Pour vos chevaux loger,
Ni des beaux draps assez,
Pour vos gens y coucher.

Allez vous en là-bas,
Là-bas dans ce château
Ont des belles écuries
Pour vos chevaux loger,
Et des beaux draps assez,
Pour vos gens y coucher.

Bonjour, bonjour, Madame,
Bonjour vous soit donné.
Bonjour à vous aussi
Grand comte révéré.
Nous avons venu voir
Logerons-nous céans?

Oh! oui, certain, dit-elle,
Vous y logerez bien;
Avons des écuries
Pour vous chevaux loger,
Et des beaux draps assez
Pour vos gens y coucher.

Oh! dites-moi, Madame,
Qu'aurons-nous à coucher?
S'il vous plaît des pucelles
On peut vous en trouver.
Voici mes demoiselles,
Sont-elles à votre gré?

Vous ni vos demoiselles
Ne sont point à mon gré,
Ce ne sont des pucelles
Que je veux pour coucher,
C'est la belle Germaine
Qui seule est à mon gré.

---

[1]) *L'a revenu; l'a = il a; a* für *est*. Dieser Wechsel in der Natur des Verb (an Stelle des *verbe neutre* die Konstruktion eines *verbe transitif*) häufig in der Volkspoesie zu beobachten.

Oh! dites-moi, Messire,[1]
La veux-je aller chercher?
Oh! oui, certain, dit-il,
Allez me la chercher.
Dites-lui, je vous prie,
S'il vous plait de venir.

Bonjour, Germaine, bonjour,
Bonjour vous soit donné.
Et à vous aussi, mère,
Mère de mon baron.
Nous avons voulu voir
Si vous voulez coucher.

Si vous n'étiez pas mère,
Mère de mon baron,
Je vous ferais étrangler
Par mes deux chiens lions,
Je vous ferais jeter
Dans l'eau dessous le pont.[2]

Oh! dites-moi, Madame,
Ce qu'elle vous a dit.
C'est la plus fière bête
Qui soit dans le pays,
Et la plus orgueilleuse
Que l'on puisse choisir.

Je remercie Dieu
De ce qu'elle n'est venue;
Je vois qu'elle a gardé
Sa foi et sa vertu
Si elle était venue
C'était une femme perdue.

Oh! dites-moi, Monsieur,
Si elle y avait venu
Que lui auriez-vous fait?
Si elle était venue,
Avec ma claire épée
La tête y aurais tranchée.

Logez, logez, Germaine
Pour Dieu, votre mari!
Encor n'y croirais-je pas
Que vous êtes mon mari,
Ou bien vous me direz
Quel jour je fus épousée.

J'ai épousé Germaine
Le matin, le lundi
Encore ne croirais-je pas
Que vous êtes mon mari,
Ou bien vous me direz
Ce qui m'est arrivé.

C'est arrivé, Germaine,
Que votre anneau rompit;
En voilà la moitié,
Montrez la votre aussi.
Ouvrez, ouvrez, Germaine,
Ouvrez à votre ami. (*Lorry-lès-Metz.*)[3]

---

[1]) *Messire* alt, für gnädiger oder gestrenger Herr. [2]) Vergl. Bd. II, S. 68 Anm. 2. [3]) Puymaigre S. 8—11; vergl. dessen Note S. 12 ff. S. auch Kap. Geschichtliche Lieder. Eine ganz ähnliche Erkennungsszene in einem italienischen Volksliede (übersetzt von Fauriel):

Daſs indessen die Frau nicht immer gleich *Germine* gleicht, lehren uns die folgenden Lieder oft in drastischer Weise. Welche Überraschung für den heimkehrenden Pionier, den das Weib mit einem Kinde beschenkt, obwohl er seit einem Jahre nicht daheim gewesen:

> Un franc taupin[1]) en son ho(s)tel revint,
> Et il trouva là sa femme accouchée:
> Adonc, dit-il, j'ai fait la billevezée![2])
> Depuis un an ne fus en ma maison!
>   Deriron
>   Vignette sur vignon!
>
> (*Champagne, Ardennes.*)[3])

Noch reicherer Segen ist seinem zerlumpt aus dem Feldzuge heimkehrenden Leidensgeführten aus dem *Pays messin* erblüht. Zu dem einen Kinde, welches er zurückliefs, findet er ein Pärchen friedlich gesellt. Drastisch macht sich sein Zorn

> Pour que je t'ouvre, pour que tu entres
> Dis-moi quelque marque de ma personne.
> „Tu as un signe sur la joue, un autre sur l'épaule;
> Et entre tes deux mamelles les astres et la lune."

Zur ferneren Vergleichung diene ein russisches Lied (deutsch von Althammer), mitgeteilt von Scherr a. a. O.:

| | |
|---|---|
| Heda! wer klopft so ungestüm | In Deiner Stube steht ein Bett |
| An meines Hauses Pforte? | Von Ebenholz, dem braunen. |
| Dein Gatte, Mascha, ist's, mach auf! | Ha, Schelm! fürwahr, das mochte Dir |
| Halt! gib Erkennungsworte! | Wohl zu die Amme raunen. |
| | |
| In Deinem Hofe steht ein Strauch | An Deinem Busen ist ein Mal, |
| Der Nüsse viel mag tragen: | Inmitten beider Brüste! |
| Ha, Schelm! fürwahr, das konnte Dir | Oh, auf die Thür! tritt ein, Iwan! |
| Der Nachbarn einer sagen. | Sei der von mir Geküſste! |

---

[1]) *franc taupin*, Spitzname für die Soldaten des *Corps de mineurs*, welches Karl VII. 1448 errichtete; *taupin* (Maulwurf), weil sie besonders bei Belagerungen mit Minengraben beschäftigt wurden. Der Zusatz *franc* nach Analogie von *franc archer* gebildet. Zur Zeit Karls V. muſste jede Gemeinde dem König einen Bogenschützen (*archer*) stellen. Da diese Kriegsleute gewisse Vorrechte und Freiheiten (*franchises*) erhielten, so nannte man sie *franc archers*. Daſs dieser Zusatz sich fortgeerbt, zeigt die Bezeichnung von *franc-tireur* aus dem Kriege von 1870/71. [2]) *la billevezée*, fam. Hirngespinst, Alfanzerei. [3]) Tarbé III, S. 235; vergl. *la chanson du franc archer* v. 12 ff. bei *Le Roux de Lincy*. Ch. hist. II, S. 274.

gegen deren Eltern Luft; die Kinder aber will er sämtlich in
das Heer einreihen lassen:

> Soldat revenant de la guerre,
> Coucou.
> Un pied chaussé et l'autre nu,
> Coucou, corna, ricoucou.[1])

| | |
|---|---|
| Je reviens de la guerre,<br>Coucou,<br>Hôtesse, avez-vous du vin blanc?<br>Soldat, avez-vous de l'argent?<br>Coucou, corna, ricoucou. | Quand je suis parti pour la guerre,<br>Coucou.<br>Je n'avais laissé qu'un enfant,<br>Et t'en voilà trois à présent.<br>Coucou, corna, ricoucou. |
| De l'argent, je n'en ai guère,<br>Coucou.<br>J'engagerai mes pistolets<br>Mon manteau et mon cheval blanc.<br>Coucou, corna, ricoucou. | Si je savais où est le père,<br>Coucou.<br>Je tuerais le père et la mère;<br>J'engagerais les trois enfants.<br>Coucou, corna, ricoucou. |
| Soldat se mit à table,<br>Coucou.<br>J'ai mon mari qui est à l'armée,<br>Il vous ressemble, je crois que c'est vous!<br>Coucou, corna, ricoucou. | J'en mettrais un dans les trompettes,<br>Coucou.<br>Un autre dans la cavalerie,<br>Et l'autre il servira aussi.<br>Coucou, corna, ricoucou.<br>(*Pays messin, Betonfty.*)[2]) |

Wesentlich andere Stimmung verrät ein ähnliches Lied aus
dem Küstenstrich von *Saintonge*.[3]) Ein Seemann kehrt aus dem
Kriege bei einer Wirtin ein. Mitleid ergreift sie bei seinem
Anblick. Gleicht er doch ihrem Manne, den sie als tot beweint.
Als der Totgeglaubte erfährt, dafs sie inzwischen sich wieder

---

[1]) Der Kehrreim *Coucou, corna, ricoucou* deutet unzweifelhaft auf sein
eheliches Unglück; vergl. auch Bd. I. S. 167 oben. [2]) Puymaigre S. 25, 26.
In betreff der Kinderzahl, die lawinenartig anschwillt, denn das nächste Lied
weist schon „sechse" auf, vergl. auch deutsche Soldatenlieder, in welchen
es heifst:

> Wem sei'n denn die fünf Kinder hier —
> Als ich fortging waren es blofs vier?

[3]) Bujeaud II, S. 89, 90, auch in Aunis und Poitou bekannt; vergl. auch
Theuriet a. a. O. S. 311—313. Der Anschauung Theuriets, dafs das Lied
von Bujeaud selbst stamme, „dafs er gewissermafsen mit den ländlichen
Früchten, die er uns in seinen Sammlungen gibt, auch eine Frucht aus seinem
Garten darbiete", kann ich nicht beistimmen; eher möchte ich glauben, dafs
B. das Volkslied gefeilt habe.

verheiratet, da entschliefst er sich, ein anderer *Enoch Arden*, die Ruhe seines Weibes nicht zu stören. Thränen ersticken seine Stimme, schweigend kehrt er zu seinem Regiment zurück.

<pre>
          Quand le marin revient de guerre,
                Tout doux...
          Tout mal chaussé, tout mal vêtu,
          Pauvre marin d'où reviens tu?
                Tout doux!
</pre>

Madame, je reviens de guerre,
    Tout doux...
Qu'on apporte ici du vin blanc,
Que le marin boive en passant.
    Tout doux!

Brave marin se mit à boire,
    Tout doux...
Se mit à boire, à chanter
Et la belle hôtesse a pleuré.
    Tout doux!

Ah! qu'avez-vous la belle hôtesse,
    Tout doux...
Regrettez-vous votre vin blanc
Que le marin boit en passant?
    Tout doux!

C'est point mon vin que je regrette,
    Tout doux...
C'est la perte de mon mari,
Monsieur, vous ressemblez à lui,
    Tout doux!

Ah! dites-moi, la belle hôtesse,
    Tout doux...
Vous aviez de lui trois enfants,
Vous en avez six à présent.
    Tout doux!

On m'a écrit de ces nouvelles
    Tout doux...
Qu'il était mort et enterré,
Et je me suis remarié
    Tout doux!

<pre>
          Brave marin vida son verre,
                Tout doux...
          Sans remercier tout en pleurant
          S'en retourna-t-au régiment
                Tout doux!
                      (*Aunis, Saintonge, Poitou.*)
</pre>

# Geschichtliche Lieder.

> l'histoire?
> N'est ce pas la même partout?...
> Quand on sait bien boire, on sait tout.
> (*Vieux mot.*)

> De la fameuse Pucelle,
> Dite d'Orléans,
> Je sais la chanson nouvelle....
> (*Champagne.*)

> Du roi estoit le lieutenant
> Monsieur de Bayart dans la ville
> Lequel s'est monstré bien vaillant...
> (*Chanson du XVI. siècle.*)

> Le roi François partit de France
> A la male heure il en partit...
> Le voilà prisonnier lundi
> C'est à Pavie à la bataille...
> (*Champagne.*)

> Vive Henri quatre,
> Vive ce roi vaillant!
> Ce diable à quatre...
> (*Chans. pop.*)

> Malbrough s'en va-t-en guerre...
> Ne sait quand reviendra.
> (*Chans. pop.*)

> Non jamais sur la terre
> On n' verra
> Un pareil homme de guerre...
> (*Poés. napoléonienne pop.*)

> Napoléon, Napoléon,
> Ton affaire est claire, mon bon...
> Toute l'emp'reur'rie est en bas.

# VIII. Geschichtliche Lieder.

Geschichte und geschichtliche Volkslieder. — Ein Gang durch die französische Geschichte: Erinnerungen an Karl den Grofsen; — die Kreuzzüge (*Créqui*); — Übergang zu dem hundertjährigen Krieg zwischen Frankreich und England: *la fille du roi à marier*; — Jeanne d'Arc; — Bayard; — die italienischen Kriege: Franz I. (Pavia); — ein Ketzergericht (*la belle Françoise*); — Heinrich IV.; — Übergang zu Ludwig XIV.: Malbrough; — Ludwig XV.: *la belle marquise;* — die Revolution: Kampf der Republik gegen die Vendée (Charette — Hoche); — Napoléon I.; — die Restauration (Henri Cin.); — Napoléon III.: Krimkrieg — Kutschkelied. — Schlufs.

Wenn man von einem geschichtlichen Volksliede spricht, so könnte hierin eine *contradictio in adjecto* gefunden werden; denn diejenigen Lieder, welche treu, gewissermafsen aktenmäfsig die historischen Thatsachen wiederspiegeln, sind keine Volkslieder, während jene Lieder, welche dem Volke entstammen, wiederum nicht der strengen Forderung nach geschichtlicher Wahrheit entsprechen. Auch gibt es Ereignisse und Persönlichkeiten, welche in der Geschichte einfach nur registriert werden, im Rahmen des Volksliedes leben sie dagegen weiter fort, ja gewinnen eine erhöhte Bedeutung. Andere Ereignisse und Persönlichkeiten leben im Liede in einer neuen Umgebung, in einer ganz anderen Zeit wieder auf; viele Epochen, viele Persönlichkeiten erscheinen in einer ganz anderen Färbung, als die Geschichte ihnen gibt. Das Volk läfst sich eben nicht wie der Geschichtsschreiber blofs von dem kühlen Verstande leiten, sondern von dem warmen Herzen; daher denn auch nur solche Epochen und solche Persönlichkeiten im Volksliede gefeiert werden, welche nach der guten oder der bösen Seite hin einen tiefen Eindruck auf die

Volksseele hinterlassen haben, ja, wir finden diese, aller historischen Gerechtigkeit entgegen, stets bereit, dem Verräter Mitleid zu zollen und sich keck auf seine Seite zu stellen. So zieht allerlei romantisches Beiwerk, welches den Inhalt umrankt, das Volkslied vielfach hinüber in das Gebiet der Ballade, wie umgekehrt die Ballade, in welcher „moralische Ideen und natürliche Herzensempfindungen ausgesprochen werden", durch den geschichtlichen Hintergrund, oder durch die Anlehnung an eine von der Geschichte verbürgte Thatsache sich dem geschichtlichen Volksliede (wie auch wir es der Kürze halber nennen wollen) nähert.

Auch hier stehen wir einem reichen Felde gegenüber, das noch lange nicht die Ausbeute gefunden, welche es nach verschiedenen Seiten hin verdient. Auch hier können wir zwischen einer Dichtung unterscheiden, welche in den Reihen der Gebildeten ihren Ursprung nimmt, jede, selbst die geringfügigste geschichtliche Handlung herausgreift, sie vorzugsweise zum Gegenstande des Spottes, des Pamphlets macht, und jener anderen Dichtung, welche aus dem Volke im engeren Sinne hervorgeht und anknüpfend an die gröfsten Thaten oder an die schwersten Leiden der Nation dem erregten Inneren im Liede Ausdruck leiht. Wir haben es gemäfs dem Plane unseres Buches nur mit der letzteren Gattung zu thun, wollen aber nicht unterlassen, darauf hinzuweisen, dafs auch die erstere gröfste Beachtung verdient, aber zu ihrer Ausbeute, wie uns scheint, einen Geschichtsforscher erheischt, der den Weizen von der Spreu zu sondern vermag. Sicherlich würde derselbe hier manch interessanten Aufschlufs finden; ist es doch häufig „die Flocke, welche die Richtung des Windes andeutet".

In den französischen Sammlungen sind jene beiden Gattungen nicht streng geschieden. So gibt *Tarbé*[1]) in den historischen auf die *Champagne* bezüglichen Dichtungen neben einigen Volksliedern eine Reihe von Einzelheiten, welche wohl für den Verfasser einer Provinzialgeschichte der *Champagne* von wesentlichem Interesse sein würden, für uns aber in der Hauptsache fortfallen können. Nicht minder ausgiebig für die Geschichts-

---

[1]) Tarbé Bd. III, IV u. V.

forschung dürfte das Werkchen *le nouveau siècle de Louis XIV*.[1]) sein, in der Hauptsache eine Skandalgeschichte jenes hervorragenden Zeitalters in Versen. Derjenige Mann aber, dessen Name untrennbar verbunden mit dem historischen Liede lebt, ist *Le Roux de Lincy*. Aus einer Reihe von Schriften, alten Drucken und Manuskripten hat derselbe eine Auswahl geschichtlicher Lieder zusammengestellt, welche mit dem XII. Jahrhundert anheben und bis in die ersten Tage der Revolution führen.[2]) In einem besonderen Bande hat *Lincy*[3]) diejenigen Lieder gesammelt, welche sich auf die Regierungszeit *Karls VII.* und *Ludwigs XI.* beziehen. In beiden Sammlungen befinden sich auch eine Reihe Volkslieder[4]) von echtem Schrot und Korn. Die übrigen bei dem vorliegenden Abschnitt benutzten Sammlungen sollen an ihrer Stelle aufgeführt werden. — Die Fülle des Stoffes bedingt eine Einschränkung; nur die Hauptpunkte vermag ich herauszugreifen, dieselben in chronologischer Reihenfolge an uns vorübergleiten zu lassen, gewissermafsen einen Gang durch die Geschichte an der Hand des französischen Volksliedes zu machen.

Lasse ich die grofsen Cyklen beiseite, welche sich namentlich an die Person *Karls des Grofsen* knüpfen, so finde ich, dafs noch heute in der *Champagne* wie in der *Franche-Comté* sich die **Erinnerung an** *Karl den Grofsen* **und einen seiner Paladine, den Dänen** *Ogier*, **in einem Kinderspiele erhalten hat**. — *Karl* hatte denselben, wie uns berichtet wird,[5]) in einen Turm werfen lassen und jeden mit schimpflichem Tode bedroht,

---

[1]) *Le nouveau siècle de Louis XIV* von dem Herausgeber der Korrespondenz der Frau Herzogin von Orléans. [2]) *Recueil de chants historiques français* von Le Roux de Lincy. Bd. I u. II. Paris 1841 u. 42; der in Aussicht gestellte Bd. III ist wenigstens auf der Dresdener Bibliothek nicht vorhanden, so dafs ich die Lieder des XVIII. Jahrhunderts nach anderen Quellen (namentlich Bujeaud II) habe berücksichtigen müssen. [3]) *Chants historiques et populaires du temps de Charles VII. et de Louis XI.*, publiés etc. par Le Roux de Lincy. Paris 1857. [4]) In Bd. II seines *Recueil de chants historiques* etc. gibt sie Lincy selbst in der Einleitung S. X u. XI an. [5]) Ampère a. a. O. S. 1187; vergl. auch Tarbé III. S. 70.

der sich für ihn verwenden würde. Da die Sarazenen mit einem Einfall drohten und *Ogiers* Arm unersetzlich schien, so entschlossen sich 300 Grafen und Barone, gemeinsam vor des Kaisers Schloſs zu ziehen und Gnade für den in Ungnade Gefallenen zu erflehen. Dreimal riefen sie den Namen *Ogier*, der Kaiser verzieh und *Ogier* ward später Statthalter von *Hainaut*. Die Wohlthaten, welche er dort den Waisen, den Mädchen und Armen des Volkes erwies, sollen sein Andenken noch bis auf unsere Zeit gebracht haben.

Sehen wir uns jetzt das Kinderspiel an.[1]

Wir befinden uns auf einem freien Platze, eine Gruppe von Kindern, Mädchen, bilden dicht aneinander gedrängt in kauernder Stellung einen Turm, in dessen Mitte eine Spielgenossin aufrecht steht, welche eine Gefangene darstellt. Eins der jungen Mädchen auſserhalb des Kreises stellt den Ritter *Ogier* vor. Das Lied bildet nun eine Art Zwiegespräch zwischen der Schönen, welche den *Ogier* zu Hilfe ruft und den jungen Mädchen, welche sie bewachen, wie andrerseits dem Ritter, der sie befreien soll und der in der *Franche-Comté*[2] auch wirklich von einem Burschen dargestellt wird.

La belle est dans la tour.
  Oger! Oger! Oger!
La belle est dans la tour.
  Grand chevalier!

(*Champagne, Reims.*)[3]

Il y a la belle qui dort,
  Oger! Oger!
Il y a la belle qui dort,
  Franc chevalier!

(*Franche-Comté.*)[4]

Der tapfere Ritter verspürt Neigung, die Schöne zu sehen, die Garnison setzt sich in Verteidigungsstand. Endlich gelingt es ihm, einen Stein, d. h. ein Mädchen, zu sich herüberzuziehen.

Ne peut-on pas la voir?
  Oger! Oger! Oger!
Ne peut-on pas la voir?
  Grand chevalier!

Les murs en sont trop hauts.
  Oger! Oger! Oger!
Les murs en sont trop hauts.
  Grand chevalier!

---

[1] Tarbé III, S. 69. [2] Champfleury, Préf. S. XXI. [3] Tarbé III. S. 69, 70. [4] Champfleury, Préf. S. XXI; Ch. gibt an der betreffenden Stelle nur die beiden oben als Varianten zu der Lesart der Champagne mitgeteilten Verse.

Une pierre il faut ôter.
Oger! Oger! Oger!
Une pierre il faut ôter.
Grand chevalier!
(*Champagne, Reims*.)¹)

Ein Stein genügt nicht, rufen die übrigen:

Une pierre ne suffit guère. | Une pierre, ce n'est guère,
Oger! Oger! Oger! | Oger! Oger!
Une pierre ne suffit guère | Une pierre, ce n'est guère.
Grand chevalier! | Franc chevalier!
(*Champagne, Reims*.)¹) | (*Franche-Comté*.)²)

Und das Spiel erneuert sich so oft, als es Steine gibt. Endlich bleibt kein Stein mehr übrig, die Schöne dem Ritter streitig zu machen. Als Preis seiner Tapferkeit erhält der Sieger einen Kuſs. Das Ganze endigt unter dem Jubel der jugendlichen Schar, die sich bemüht, die endliche Einnahme der Burg so geräuschvoll wie möglich darzustellen.

Den reichsten Stoff zu geschichtlichen Liedern und Balladen hat die **Zeit des Rittertums und der Kreuzzüge** gegeben. Diese weiten Züge zerrissen viele innige Bande; Verlobte und Gatten trennten sich von den Ihrigen, um tausend Gefahren entgegenzuziehen. Wie ergiebig noch immer jene Quelle fließt, zeigen uns die Stoffe moderner Opern und Romane. Der Typus jener Lieder, welche sich an die Kreuzzüge anschließen und welche uns ein ebenso rührendes Bild ehelicher Treue und Liebe, wie des Glaubensmutes und der Vaterlandsliebe geben, ist die Ballade von dem Herrn *von Créqui*, gewissermaſsen eine mittelalterliche Odyssee. Das Lied, von dem *Ampère* bezweifelt, daſs es dem XIII. Jahrhundert entstamme, liegt uns in einer späteren Bearbeitung vor. Sein Schauplatz ist *Artois*, doch findet es sich auch in *Epone* (*Seine-et-Oise*) und *Dubamel* (*Oise*), Landschaften, in welchen die Familie *Créqui* Besitzungen hatte.

---

¹) Tarbé III, S. 69, 70.   ²) Champfleury Préf. S. XXI; vergl. S. 80 Anm. 2.

Auch der junge Herr von *Créqui* folgt dem Rufe seines königlichen Herrn, *Ludwigs des Jugendlichen*, und nimmt das Kreuz. Rührend ist der Abschied von seinem jungen Weibe, welche ihm einen Sohn schenken will. Mit bewegten Worten schwört er ihr ewige Treue.

> Je te jure, ma mie, amour et féauté;[1]
> Si[2] lui prenant la main, son anneau lui a ôté;
> Soudain l'ayant rompu et mis en deux parties;
> Si lui en bailla[3] une, garda l'autre moitié.
>
> Cette moitié d'anneau pour nos noces bénie,
> Toujours je garderai comme féal[4] mari.
> Si jamais je reviens du saint pèlerinage,
> Je vous rapporterai de ma foi ce cher gage....
>
> (*Artois*.)[5]

*Créqui* zieht den Ungläubigen entgegen; der Segen seines Vaters begleitet ihn.

Zehn Jahre vergehn. *Créqui* ist den Türken in die Hände gefallen, welche ihn mit dem Tode bedrohen, da er seinen teuren Glauben nicht abschwören will. In der Heimat hat sich inzwischen das Gerücht verbreitet, daſs er an der Spitze seiner Schar im Kampfe gefallen sei. — Um ihrem verwaisten Kinde das Erbe des Vaters, welches von seiten der Verwandten bedroht erscheint, zu erhalten, entschlieſst sich die Witwe, dem Drängen ihres Vaters nachzugeben und ihren Nachbar zu heiraten. Die Dichtung hat wirkungsvoll den Tag der Trauung gewählt, an welchem plötzlich der Dame *Créqui* ein Bettler mit zerfetzten Kleidern und gramdurchfurchten Zügen gegenübertritt. Auf seine Mitteilung, daſs ihr Gemal im Gefängnis schmachte, antwortet sie mit der Nachricht seines Todes. „Er ist nicht tot," erwidert der Bettler, „er steht vor Euch!"

> Jamais je ne croirai que tu sois mon mari
> Si tu ne me racontes ce qu'il fit la nuit
> De son département, quand, dans mon lit couchée,
> J'étais si très-dolente et si déconfortée.[6]

---

[1] *féauté* (veraltet) Treue. [2] *si* dann. [3] *bailler* (fast veraltet) übergeben. [4] *féal*, adj. zu *féauté*. [5] Ampère a. a. O. S. 945. [6] *dolente et déconfortée* traurig und verzagt.

> Votre anneau d'épousailles en deux je le brisai,
> Vous prîtes la moitié, l'autre je la gardai;
> O dame, le voici de ma foi ce cher gage
> Que jadis je vous ai baillé en mariage.
>
> A donc clama¹) la dame: Vous êtes mon mari,
> Je vous reconnais bien, mon baron si chéri!
> Soudain entre ses bras se jeta transportée,
> Si ebahie²) était qu'elle y resta pâmée³)...
>
> *(Artois.)*⁴)

Ich übergehe hier die Lieder, welche das Elend Frankreichs im XIV. Jahrhundert malen und besonders den Druck, den eine verwilderte Soldateska, ähnlich wie bei uns im 30jährigen Kriege, auf den Bauernstand ausübt, der für sie nur vorhanden zu sein scheint, um ausgesogen zu werden. Nicht minder muſs ich übergehen die Thaten *du Guesclins*, welcher Frankreich von dieser Geiſsel befreite, ebenso die Zeit der Bürgerkriege;⁵) ich verweile erst wieder bei jener Zeit, in welcher **England sich wieder gegen Frankreich erhob**. Das nationale Unglück, welches *Heinrich V.* über Frankreich brachte, wie die schlieſsliche Errettung Frankreichs durch die heldenhafte, echt volkstümliche Gestalt der Jungfrau von *Orléans*, verlieh auch dem Volksliede neuen Aufschwung. Besonders starke Anklänge an die englische Invasion finden sich in der *Normandie*, wie dieses bei der geographischen Lage jener Provinz natürlich ist. In den Abschnitten „Liebesleid" und „Soldatenlied" haben wir eine Reihe von Fällen erwähnt, in welchen das französische Mädchen dem Engländer in die Hände fällt und den Tod der Schande vorzieht, wenn es ihr nicht gelingt, sich derselben durch List zu entziehen.⁶) Von speziellem Interesse ist jetzt für uns jene Gruppe von Liedern, welche, an eine historische Thatsache anknüpfend, den Haſs des französischen Volkes gegen seine englischen Bedrücker malen.

Bekanntlich ward *Karls VI.* Tochter *Katharina* an *Heinrich V.*

---

¹) *clamer* (veraltet) rufen.   ²) *ébahie* verwundert.   ³) *pâmée* ohnmächtig.
⁴) Ampère a. a. O. S. 945; vergl. Arbaud I, S. 91; auch Kap. Balladen.
⁵) S. Ampère S. 949.   ⁶) Vergl. Bd. I, S. 145 ff. u. Bd. II, S. 49, 50.

von England vermählt, und damit der Vertrag zu *Troyes* (1420) besiegelt, durch welchen *Heinrich V.* den Titel eines Erben und Regenten des französischen Königreiches erhielt. Nach seinem Tode heiratete diese französische Königstochter, wie uns die Geschichte weiter berichtet, einen andern Engländer *Owen Glendowr* und ward die Stammmutter der *Tudors*.[1]) Obwohl also das französische Reis, welches auf fremden Boden verpflanzt wurde, treffliche Blüten trieb, so empörte sich der Sinn des französischen Volkes doch gegen diese Heirat. Das Volk empfand es als eine Art nationaler Schmach, dafs zu der politischen Ohnmacht, zu welcher Englands Siege es verurteilten, sich noch der persönliche Schimpf gesellte, dafs des Königs Kind sich dem zu eigen geben müsse, welcher ihr Vaterland an den Rand des Verderbens gebracht hatte. Hören wir, wie das Volk die geschichtliche Thatsache nach seinem Sinne modelt:

> Le Roi a une fille à marier,
> A un Anglois la veut donner,
> Elle ne veut mais:[2])
> Jamais mari n'épouserai s'il n'est François. —

La belle ne voulant céder,
Sa sœur s'en vint la conjurer:
Acceptez, ma sœur, acceptez à cette
　　　　fois.
C'est pour paix à France donner avec
　　　　l'Anglois. —

Et quand ce vint pour s'embarquer,
Les yeux on lui voulut bander:
Eh! ôte-toi, retire-toi, franc traître
　　　　Anglois,
Car je veux voir jusqu'à la fin le sol
　　　　françois. —

Et, quand ce vint pour arriver,
Le châtel[3]) étoit pavoisé:[4])
Eh! ôte-toi, retire-toi, franc traître
　　　　Anglois,
Ce n'est pas là le drapeau blanc du
　　　　roi françois.

Et, quand ce vint pour le souper,
Pas ne voulut boire ou manger:
Eloigne-toi, retire-toi, franc traître
　　　　Anglois,
Ce n'est pas là le pain, le vin du roy
　　　　françois. —

Et, quand ce vint pour le coucher,
L'Anglois la voulut déchausser:
Eloigne-toi, retire-toi, franc traître
　　　　anglois,
Jamais homme n'y touchera, s'il n'est
　　　　François. —

Et, quand ce vint sur la minuit,
Elle fit entendre grand bruit,
En s'écriant avec douleur: — O Roi
　　　　des rois,
Ne me laissez entre les bras de cet
　　　　Anglois. —

---

[1]) Ampère a. a. O. S. 945.　[2]) *mais*, afz. adv. = *magis*; also: sie will nicht mehr davon hören.　[3]) *châtel* = *château*.　[4]) *pavoisé* geflaggt, festlich geschmückt.

> Quatre heures sonnant à la tour,
> La belle finissoit ses jours,
> La belle finissoit ses jours d'un cœur joyeux,
> Et les Anglois y pleursient tous d'un cœur piteux.
> (*Normandie.*)[1]  (*Seine inférieure, Saint-Valéry-en Caux.*)[2]

Amélie Bosquet,[1] ebenso Ampère[2] und Beaurepaire,[3] welche dieses Lied mitteilen, verfehlen nicht, es mit den schwungvollen Worten zu begleiten, daſs das Volk zu jener Zeit patriotischer dachte, als die leitenden Kreise, daſs das Volk in seinem Herzen gegen einen Akt der Diplomaten protestierte, welche den Frieden mit der Ehre der Königstochter erkauften. — Wie versöhnend indes die Zeit auf die Anschauungen des Volkes einwirkte, zeigt sich in unendlich charakteristischer Weise gerade bei diesem Liede in einer Variante, welche *Quépat* im Jahre 1877 im Thal von Metz aufgefunden hat. Das Lied ist hier gewissermaſsen ins Bürgerliche übersetzt; denn nicht um die Königstochter handelt es sich, sondern um ein einfaches Bürgermädchen, welches in ganz ähnlicher Weise gegen die Ehe mit dem verhaſsten Engländer zunächst protestiert:

> La belle se voulant marier
> Avec un Français,
> Son père, bourgeois, l'a mariée
> Avec un Anglais.

> Quand ça venu à l'église entrer,
> De l'eau bénite lui a présentée.
> Retire-toi, retire-toi, maudit Anglais!
> Car si j'y veux de l'eau bénite, j'en prendrai.

> Quand ça venu au chœur[4] entrer,
> L'Anglais l'a voulu saluer.
> Retire-toi, retire-toi, maudit Anglais!
> Ce n'y sont point les saludes de mon Français.

> Quand ça venu pour aller dîner,
> Du pain, du vin lui a présenté.
> Retire ton pain, retire ton vin, maudit Anglais!
> Si j' savais que c' soit de la poison, j'en mangerais.

> Quand ça venu pour aller danser,
> L'Anglais la voulu-t-emmener.
> Retire-toi, retire toi, maudit Anglais!
> Si je m' savais casser une jambe, je danserais!

---

[1] M<sup>elle</sup> Amélie Bosquet: *La Normandie romanesque et merveilleuse.* S. 503, 504.  [2] Ampère a. a. O. S. 945.  [3] Beaurepaire a. a. O. S. 19.
[4] chœur (spr. kör) der Chor.

> Quand ça venu pour aller coucher
> L'Anglais la voulu-t-embrasser.
> Retire-toi, retire-toi, maudit Anglais!
> Si j'y veux être embrassée, j'ai un Français.

Wie rasch indes ihre Gesinnung sich ändert, zeigt der charakteristische letzte Vers:

> Quand ça venu minuit sonner,
> La belle se tourne de son côté:
> Embrassons-nous, embrassons-nous, mon cher Anglais!
> Puisqu'il nous faut vivre ensemble, faisons la paix!
> (*Pays messin, Val de Metz.*)[1]

Sicherlich entspricht aber der tragische Schluſs des ersten Liedes dem wahren Gefühle des französischen Volkes in der Zeit der englischen Invasionskriege, einer Zeit, welche aus ihrem Schoſse die Rettung gebar, in der Person der Jungfrau von *Orléans*. Nicht blofs in den Herzen der Franzosen, sondern auch der Deutschen weckt dieser Name poetische Empfindungen. Haben die Heldenthaten der Jungfrau wie ihr tragisches Ende doch ihre schönste Ausprägung in der Dichtung unseres Volkes, in Schillers bekanntem Drama erhalten. Und nicht blofs diese Thatsache ist ein neuer Beweis für einen gewissen kosmopolitischen Zug der Deutschen, sondern namentlich auch der Umstand, daſs wir in den Zeiten der Kriege mit den Franzosen die Begeisterung zum Kampfe gegen Frankreich vielfach aus der glühenden Vaterlandsliebe der Jungfrau von *Orléans* schöpften.

Man sollte nun glauben, daſs diese echt volkstümliche Gestalt auch vielfach in der französischen Volksdichtung erscheinen würde. Doch ist dieses nur bedingungsweise der Fall, wenn auch in weiterem Umfange, als *Marelle* und *Rathery* vermeinen, nach welchen die Erinnerung an das Heldenmädchen sich nur in einigen wenigen Fragmenten in den westlichen Provinzen im Centrum und in der *Champagne* erhalten haben soll. Als einzige Erinnerung an die Jungfrau führt *Rathery* die vieldeutige Stelle an:

---

[1] Quépat S. 46, XX; derselbe erwähnt auch noch eine von Smith: *Chants du Velay et du Forez* mitgeteilte abweichende Lesart: *La fille du Roi* (Romania 1874, S. 365).

> Petite bergerette
> A la guerre tu t'en vas.
>
> Elle porte la croix d'or
> La fleur de lys au bas
> Sa pareille n'y a pas.[1]
> (*Provinces du centre et de l'ouest.*)

Die Person des Königs von England tritt in einem neuerdings von *Bladé* aus *Montfaucon* mitgeteilten Tanzliede hinzu. Bei dem Passieren einer Wiese begrüfst der König alle Schäferinnen, fünfzig an der Zahl, nur die Schönste nicht. Ein Gespräch zwischen der Schönen und dem Könige entspinnt sich:

> Passant par un pré,[2]
> Le roi d'Angleterre,
> Il a rencontré
> Cinquante bergères.
> Nous l'aurons en dansant,
> L'amour de la belle;
> Nous l'aurons
> L'amour du galant.

| | |
|---|---|
| Les a saluées, | Trois bons chevaliers, |
| Laissant la plus belle. | Qui me font la guerre. |
| Ah! vous m'oubliez, | Trois sœurs vous avez, |
| Beau roi d'Angleterre. | Comme vous bergères. |
| Nous l'aurons etc. | Nous l'aurons etc. |
| Pourtant vous m'aimez. | L'une est à Paris, |
| Oui certes, bergère. | L'autre à la Rochelle, |
| Trois sœurs vous avez, | L'autre à Saint-Denis |
| Trois sœurs et trois frères; | Qui est la plus belle. |
| Nous l'aurons etc. | Nous l'aurons etc. |

> (*Montfaucon, près Lectoure.*)[3]

Bedeutsamer schliefst das Lied bei *Marelle* ab, wo sich aus der Weigerung des Königs von England, die Schöne zu grüfsen, ein Zweikampf entspinnt, der mit dem Siege der Schäferin endet.

> Dans le pré dansaient
> Quatre-vingts fillettes,
> Que dit? que donc?

---

[1]) Der ganz gleiche Schlufs findet sich z. B. in einem Soldatenliede aus Berry; vergl. Bd. II, S. 11.   [2]) *le pré* die Wiese.   [3]) Bladé (*Armagnac*) S. 76.

Que dis-tu? que dit-on?
Que dit-elle donc!
Dans le pré dansaient
Quatre-vingts fillettes.

Quand passe par là
Le roi d'Angleterre.

Toutes salua,
Hormis la plus belle.

Tu n' me salu' pas,
P'tit roi d'Angleterre.

Mets l'épée au poing¹)
Moi ma quenouillette.²)

Et nous nous battrons
En duel sur l'herbette.

Pouf! du premier coup
Ell' le couche à terre.

Une fille a battu
Le roi d'Angleterre.

Tout est regagné
Par une bergère.

Nous pouvons danser,
Nous n'aurons plus d' guerre!
Que dit? que donc?
Que dis-tu? que dit-on?
Que dit-elle donc?
Nous pouvons danser,
Nous n'aurons plus d' guerre.

(*Champagne.*)³)

Der Schluſs, daſs nun der Krieg mit dem Engländer zu Ende sei, scheint allerdings die Anschauung zu bestätigen, daſs wir es hier mit einer Erinnerung an die Jungfrau von *Orléans* zu thun haben. Im Gegensatz hierzu befindet sich *Tarbé*, welcher aus einem ähnlichen Liede den Schluſs zieht, daſs hier eine Erinnerung an *Richard Löwenherz* vorliege, der sich geweigert habe, die für ihn bestimmte Tochter *Ludwigs VII*. und der *Alix* von *Champagne* zu heiraten, da, wie er sich ausgedrückt haben soll, der Vater bereits die erste Liebe seiner Braut genossen habe. Die bezeichnenden Verse, auf welche *Tarbé* allein seine Anschauung stützen kann, fehlen den oben mitgeteilten Liedern; sie enthalten zugleich den tieferen Grund der Weigerung des Königs, gerade die schönste zu begrüſsen und zu küssen:

Pourquoy n' m'embrass' tu pas,
Petit roy d'Angleterre?
Que dit? que dont?

---

¹) *le poing* die Faust.  ²) *la quenouillette* die Kunkel.  ³) Marelle a. a. O. S. 301, 302.

> Que dis-tu? que dit-on?
> Que dit-elle donc?
> Pourquoy n' m'embrass'-tu pas,
> Petit roy d'Angleterre?
>
> Si je n' t'embrasse pas,
> C'est qu' tu n'es plus pucelle.[1]
> Que dit? que dont?
> Que dis-tu? que dit-on?
> Que dit-elle donc?
> Si je n' t'embrasse pas,
> C'est que tu n'es plus pucelle.
>
> (*Ardennes.*)[2]

Geben also auch die mitgeteilten Lieder nicht mit voller Sicherheit auf die Heldenjungfrau zurück, so gibt uns *Tarbé* doch im weitern Verlauf seines dritten Bandes[3] eine Reihe von Dichtungen, welche unzweifelhaft dem Andenken derselben geweiht sind.

In betreff ihres Namens wie ihrer Herkunft schwanken die Angaben. Während *Jeanne d'Arc* die gewöhnliche Schreibweise ist, wird von anderen *Darc*[4] als richtiger angegeben, selbst *Jeanne d'Ay* findet sich, als ob sie entstamme der weinberühmten Stadt der *Marne*. Nicht minder hat der Umstand, daſs der Statthalter von *Vaucouleurs* sie zum Könige führte, zu dem Irrtum verleitet, daſs sie aus diesem Orte gebürtig sei; ein Irrtum, der in mehrere Lieder übergegangen ist, welche sie die Schäferin von *Vaucouleurs* nennen. Sie kam, wie geschichtlich erwiesen, aus *Domrémy*; ihre gewöhnliche Bezeichnung ist daher auch *Vierge de Domrémy*, nach ihrer gröſsten Heldenthat wird sie aber als *Pucelle d'Orléans* bezeichnet, während sie von Kunstdichtern jener Zeit, in Erinnerung an die tapfere Tochter des *Metabus*, welche den Rutulern gegen *Aeneas* beistand,[5] „*la Camille de France*" genannt wird. Es dürfte vielleicht nicht ohne Interesse sein, hier mitzuteilen, was *Martial de Paris*, geboren gegen 1444, über die Jungfrau von *Orléans* in poetischer

---

[1] *pucelle* Jungfrau. [2] Tarbé III, S. 109. [3] Tarbé III, S. 210—230; seltsam, daſs sich in den *Chants hist. et pop. du temps de Charles VII.* etc. kein auf die Jungfrau bezügliches Lied findet. [4] Bei Le Roux de Lincy: *Chants hist. du temps de Charles VII.* S. 107 findet sich auch die Schreibweise Darcq. [5] Vergl. Vergil Aen. XI, 63 ff.

Form berichtet; derselbe sagt:[1]) „Es kam eine Schäferin aus dem Dörfchen *Vaucouleurs*" — was hiervon zu halten, haben wir soeben erwähnt — „welche man nannte *Jehanne, la pucelle*. Es war eine arme Schäferin, achtzehn Jahre alt, von sanften und demütigen Gebärden, welche ihre Schafe auf den Feldern hütete. Einer oder zwei ihrer Bekannten führten sie vor den König, vor welchem sie sich tief verneigte. Der König sagte scherzend: „Ach, meine Liebe, ich bin's nicht," worauf sie antwortete: „Sire. Ihr seid es, ich täusche mich nicht, ich will Euch zur Krönung nach *Reims* führen, was auch da kommen mag und die Belagerung von *Orléans* will ich aufheben." Der König liefs Gelehrte und Doktoren kommen, um sie auszuforschen und zu erfahren, was sie bewegt habe, dies zu sagen. Sie wurde deswegen zu *Chinon* ausgefragt, von dem einen und dem anderen sehr ausführlich; sie aber antwortete verständig und jeder wunderte sich über sie. Sie sprach von mehreren Heldenthaten, welche sie denn auch in der Folge wirklich vollführte."

Wie die Heldengestalt der *Johanna* im Volke lebte, zeigt ein Lied, welches, mag auch seine heutige Form mancherlei Überarbeitung zeigen, doch zu ihrer Zeit entstanden sein muſs. Wiedergedruckt wurde dieses Lied im Jahre 1840 zu *Chartre* von *Duplessis*[2]) und fand dann Aufnahme in der Sammlung von *Tarbé*. Nicht blofs bei dem weitgehenden Interesse, welches wir der Jungfrau von *Orléans* entgegenbringen, sondern auch weil das Lied sich als ein „Dokument der französischen Nationalität" darstellt, bringen wir es hier völlig vom Abdruck.

### La Chanson de Jeanne d'Arc.
#### (1428—1431.)

De la fameuse Pucelle,
   Dite d'Orléans,
Je sais la chanson nouvelle,
   Ses faits éclatans.
Qui veut savoir son histoire
   N'a qu'à approcher;
Elle est digne de mémoire:
   Faut la réciter.

---

[1]) Tarbé III, S. 210, 211.   [2]) Tarbé III, S. 218(3).

Jeanne dans un bourg de Lorraine
  Des plus apparens,
Elle naquit, chose certaine,
  De pauvres parens.
Plus la naissance est petite
  Plus il faut montrer
De talens et de mérite
  Pour nous illustrer.

Un jour qu'elle menoit paître
  Son petit troupeau,
L'on dit qu'elle vit paroître
  Un ange fort beau,
Qui lui dit: — „Jeune bergère,
  Allons! suivez-moi!
Il faut quitter père et mère
  Pour servir le roi.

Au moment que je vous parle
  Comme ambassadeur,
Notre grand monarque Charle
  Est dans la douleur:
Par les Anglais son royaume
  Est presque tout pris,
Et de Londres un gentilhomme
  Règne dans Paris.

Orléans, ville fidèle,
  Tient encor pour lui.
Venez avec un grand zèle
  Combattre avec lui.
Vous ferez lever le siège,
  Je vous le promets,
Car ceux que le ciel protège
  Ont toujours succès.

Au roi sous votre conduite
  Il faut déclarer
Qu'il aille à Reims bien vite
  Se faire sacrer.¹)
Après quoi, brave bergère,
  Mettez armes bas;
Car le reste est un mystère
  Que je ne dis pas."²)

A ces mots, la jeune fille,
  Sans prendre d'effroi,
Prit congé de sa famille,
  Va trouver le roi,
Qui loua sa bonne mine
  Devant les seigneurs,
Et l'appela sa cousine,
  Pour surcroît d'honneurs.³)

On l'habille en amazone,
  L'épée à la main
Comme un guerrier, on lui donne
  Un fort bon butin.⁴)
Sur sa haute renommée
  Les meilleurs soldats
Et tous les chefs de l'armée
  Marchent sur ses pas.

Notre héroïne, à leur tête,
  Court vers Orléans,
Rassurant d'un air honnête
  Ses bons habitans.
Ne craignez rien, leur dit-elle;
  Chez vous les Anglais,
Tant que vivra la Pucelle
  N'entreront jamais.

Allons! chers amis, dit-elle,
  Voilà la partie!⁵)
Soutenons la citadelle
  Sur nos ennemis.
Elle y combat en personne
  Avec tant d'ardeur,
Que le plus brave s'étonne
  De voir sa valeur.

Par un coup de maladresse,
  L'Anglais inhumain
Décoche un trait⁶) qui la blesse
  Au milieu du sein.
Bien loin que le mal l'empêche
  D'agir en soldat
Elle retira la flèche,
  Revole au combat.

¹) *se faire sacrer* sich salben lassen.   ²) Der Engel verhüllt der Jungfrau gegenüber ihr tragisches Ende.   ³) Ende Februar 1429 (Tarbé).   ⁴) *butin* = *équipage* (Tarbé).   ⁵) *partie* die feindliche Partei.   ⁶) *décocher un trait* einen Pfeil abschiefsen.

C'est alors que le carnage
　Devient furieux.
La Pucelle avec courage
　Se porte en tous lieux,
Avec sa grande prudence
　Qu'elle ordonne à tous
De n'avoir point la vengeance:
　Elle en vient à bout.

Talbot, Suffolk et d'Escalles,¹)
　Généraux anglais,
Dans ce moment déplorable,
　Se voyent défaits.
Le huit Mai mémorable,
　Décampent²) la nuit;
Et notre fille admirable
　Au loin les poursuit.

Cette célèbre victoire
　Délivre Orléans
Jeanne d'Arc en eut la gloire
　Et les complimens.
Et voyant que cette fille
　Combat sans profit,
Avec toute sa famille
　Le roy l'ennoblit.³)

Sans s'arrêter, la Pucelle
　Se rend à Jorgeau,
Qui ne tient pas devant elle
　Malgré son château.
Avec la même vitesse
　Elle prend aussi
Janville et sa forteresse,
　Meung⁴) et Beaugency.⁴)

Cette digne et noble fille
　Pour remplir l'emploi,
A Chinon⁵) d'un pas habile
　Va trouver le roi:
A Reims, lui dit-elle, sire,
　Faut vous faire sacrer.
Je m'offre à vous y conduire
　Sans vous égarer.

Ceci demande sans doute
　Des réflexions,
Car l'Anglais ferme la route
　Par ses bataillons;
Mais l'on ne voit pas d'obstacles,
　Malgré la terreur,
Car le ciel fait des miracles
　Pour les gens d'honneur.

A Reims le monarque arrive
　Très heureusement.
L'on crie: A jamais qu'il vive,
　Ce roi si charmant!
Puis il reçoit du saint chrême⁶)
　La douce onction⁷)
Avec une joie extrême
　Et dévotion.⁸)

Assise aux pieds de son trône.
　En habit fort beau,
L'on voyoit notre amazone
　Portant son drapeau.
Sur la fin, elle dit: — Sire,
　Je sais mon emploi.
Souffrez que je me retire
　A présent chez moi.

Non, dit le roi, ma princesse
　Vous m'avez servi
Trop bien que je vous laisse
　En aller d'ici.
Si je deviens le maître
　De la France un jour,
Je saurai bien reconnaître
　Vos soins, à mon tour.

De cette noble prière
　Son cœur fut flatté,
Car on ne refuse guère
　Une majesté.
Notre guerrière, animée
　Par ce compliment,
Va reprendre de l'armée
　Le commandement.⁹)

---

¹) Escalles (Salisbury?) ²) *décamper* abziehen, sich aus dem Staube machen. ³) 1430 (Tarbé). ⁴) Orte in Loiret. ⁵) Indre-et Loire. ⁶) *chrême* (spr. *krè-me*) Weih-, (Salb)öl. ⁷) *onction* Salbung. ⁸) 17. Juli 1429 (Tarbé). ⁹) Hier der Ehrgeiz, bei Schiller die Liebe die trag. Schuld.

Elle part en diligence,
Prend Soissons,¹) Senlis,²)
Laon,¹) le Pont-Saint-Maxence,²)
Beauvais,²) Saint-Denis.³)
Elle voulut au roi de France
Rendre ses états.
Mais, hélas! la Providence
Ne le permit pas.

A Compiègne³) étant allée
Donner du secours,
Après s'être signalée
Pendant plusieurs jours,
Les méchants Anglais la prirent
Dans un guet-à-pens,⁴)
Et de cet endroit la firent
Conduire à Rouen.

Là, dans un affreux supplice
Qu'ils lui font souffrir,
Par une horrible injustice,
Ils la font mourir,
Et d'une honte éternelle
Ils se sont couverts.
Mais l'on chantera la Pucelle
Dans tout l'univers.

Oui, dans nos cœurs la Pucelle
Doit vivre à jamais,
Car nous n'aurions plus, sans elle,
Le nom de Français;
Et, bannis de cette terre,
Loin de nos foyers,⁵)
Nous serions en Angleterre
Pauvres prisonniers.

(*Champagne.*)⁶)

Diejenige Gestalt, welche neben der Jungfrau von *Orléans* im Volke weiter fortzuleben verdient, und welche ein treffliches Gegenstück zu ihr bildet, ist Bayard — *le chevalier sans peur et sans reproche*, der, wie es im Liede heifst, seine Waffen nur vor dem schönen Geschlechte streckt.⁷) Eine seiner schönsten Waffenthaten, welche auch mehrfach im Volksliede gefeiert worden,⁸) ist die ebenso heldenhafte wie erfolgreiche Verteidigung von *Mézières* (1521) gegen die kaiserliche, von dem Herzog von Nassau befehligte Armee. Nach der Eroberung von *Mouzon* beabsichtigte der Herzog auch *Mézières* zu erobern, um einen festen Stützpunkt im Mittelpunkte von Frankreich für seine weiteren Operationen zu gewinnen. Die Eroberung schien leicht, da *Mézières* kaum in verteidigungsmäfsigem Zustande war. Waffen, Soldaten, selbst Lebensmittel mangelten. Aber *Bayard* war der Kommandant. Als die Kunde davon zu dem Belagerungsheere drang, sagte einer ihrer Führer, der abtrünnige *Grand-Jean Picart:*

---

¹) Gelegen im Dép. Aisne. ²) Gelegen im Dép. Oise. ³) Gelegen im Dép. Seine. ⁴) *un guet-à-pens* ein Hinterhalt. ⁵) *nos foyers* unser (heimischer) Herd. ⁶) Tarbé III, S. 212—218. ⁷) Tarbé III, S. 280. ⁸) Tarbé III, S. 279, 280; Le Roux de Lincy II, S. 12 u. S. 68—78 u. Bibliographie.

„ich wünschte, *Mézières* hätte zweitausend Mann Besatzung mehr und einen *Bayard* weniger."¹)

Trotzdem *Bayard* von einem Teile seiner Truppen verlassen wurde — das folgende Lied spricht von den Burgundern — trotzdem die kaiserliche Armee alle Mittel anwandte, um der Stadt Herr zu werden, vermochte es *Bayard* dennoch, vermöge seiner unerschöpflichen Auskunftsmittel, sich so lange gegen die Übermacht zu halten, bis der *Connetable* von *Bourbon* und die Herzöge von *Vendôme* und *d'Alençon* zu seinem Entsatze herbeieilten.

Parlons du comte de Nausolt²)  
  Et de sa grande folye;  
Il s'est montré un(g) très-grand sot  
Devant Mézières la jolye;  
  Avoit cinquante mille  
Tous Hanouyers et Allemans;  
Les Bourgignons s'en vont fuyans.

Quand fut sans ce déclairer  
  Au Françoys à mener guerres  
Mesière est venu assiéger  
Où il trouva des gens de guerres.  
  Et lui pensant à son affaire.  
S'en est fuy comme me(s)chant;  
Les Bourgignons s'en vont fuyans.

  Du roi e(s)toit le lieutenant  
Monsieur de Bayart, dans la ville,  
Lequel c'est mon(s)tré bien vaillant  
Pour leur garder la bastille.  
  La Rochepot point je n'oublye,  
Et Moumorceau, Bayart et ses gens;  
Les Bourgignons s'en vont fuyans.

(*Chanson du XVI. siècle.*)³)

Noch im Jahre 1863 ward, wie *Tarbé* berichtet, die Erinnerung an die glorreiche Verteidigung von *Mézières* in den Ardennen wach erhalten und der 27. September, an welchem Tage die Aufhebung der Belagerung (1521) erfolgte, mit Reden und Festen gefeiert.⁴) „Dem Ritter *Bayard* verdanken wir es," so heifst es im Liede, „wenn auch unserer Stadt der Name der „Jungfräulichen — *la pucelle*" — erhalten geblieben ist;"⁵) jener Ehrenname, den auch *Metz* so lange für sich in Anspruch nahm, bis Prinz *Friedrich Karl* von Preufsen die stolze Feste zur Ergebung zwang.⁶)

---

¹) Le Roux de Lincy II, S. 12.  ²) *Nausolt* = Nassau.  ³) Le Roux de Lincy II, S. 76, 77.  ⁴) Tarbé III, S. 280.  ⁵) Tarbé III, S. 279.  ⁶) In betreff der auf Metz bezügl. Lieder verweise ich auf Le Roux de Lincy Bd. II, S. 162 u. S. 190—202; vergl. auch Kap. Sprache u. Reim.

Mit *Bayard* sind wir hinübergetreten in das **Zeitalter
der italienischen Kriege**, welche Frankreich wohl reichen
Ruhm, aber wenig Nutzen gewährten.

Keine Persönlichkeit tritt hier so sehr in den Vordergrund,
wie der ritterliche **König** *Franz I.* und kein Ereignis scheint
stärkeren Eindruck auf das Volk geübt zu haben, als die unglückliche **Schlacht von** *Pavia*, in welcher der König bekanntlich in Gefangenschaft geriet. Klingt doch selbst im Liebeslied
die Erinnerung an jene bedeutsame Schlacht nach. Die Geliebte fragt die wilde Nachtigall, wo der Geliebte weile und
erhält hierauf zur Antwort:

> Dans le pays d'Espagne,
> En Espagne, à Madrid,
> Avec le roi de France,
> Pris par les ennemis...
>
> (*Gers, Lectoure.*)[1]

Die Lieder, welche jenes tragische Ereignis besingen, finden
wir nun in der *Champagne* wie in *Béarn*, und auch in dem französisch redenden Teile der *Bretagne* wieder. Alle diese Gesänge
„atmen in ihrer naiven Form lebendige Anhänglichkeit an den
tapfern, unglücklichen Monarchen, wie tiefen Haſs gegen diejenigen, welche ihn dem Volksbewuſstsein nach verraten haben".
Noch heute singen die Béarner im Thale von *Ossau*:

> Mauldictz soient les traistres qui l'ont abandonné;
> En faict de villennie[2] toujours se sont monstrés.
> O la faulse canaille! ilz ont le roi trompé,
> Au point de la bataille n'ont point voulu frappé,
> Le noble roy de France ils ont abandonné.
>
> (*Val d'Ossau.*)[3]

Auch in Berichten über jene Schlacht, welche einen mehr
geschichtlichen Charakter tragen, wird auf den Verrat hingedeutet.
„Der König," so heiſst es in der Schilderung *Brantômes*, „brachte
mit seiner Schar die Schlachtlinie des *Dom Charles de Lonnoy*
und *Bourbons* so völlig ins Wanken, daſs, wenn jeder gleich ihm

---
[1] Bladé (Armagnac etc.) S. 67.  [2] *vilenie* Gemeinheit, Niederträchtigkeit.
[3] Le Roux de Lincy II, S. 89; vergl. auch Rathery a. a. O. S. 950.

und gleich *La Palice* gehandelt hätte, die Schlacht für den König gewonnen wäre." [1]) Aus dem Umstande, daſs die Geschichte von einem solchen Verrate nichts weiſs, erkennen wir von neuem jenes Bestreben des französischen Volkes, zur Erklärung seiner Niederlagen einen angeblichen Verräter herbeizuziehen.[2]) Mit *Franz I.* teilt also auch *La Palice* die Ehre der Erwähnung im Volksliede. Bedeutungsvoll hebt dasselbe mit der Klage um den Verlust des in Schlachten ergrauten General an. Daran knüpft sich in naiver Weise die Erzählung von der Gefangennahme *Franz I.* und den Mitteln zu seiner Befreiung.

> Hélas! La Palice est mort,
> Il est mort devant Pavie.[3])
> Hélas! s'il n'estoit pas mort,
> Il servit encore en vie.
>
> Quant le roy partit de France,
> A la malheur[4]) il partit;
> Il en partit le Dimanche,
> Et le Lundy il fut pris.

| Il en partit, etc. | Regardèrent, etc. |
| Rens, rens toy, roy de France, | Regardèrent à son espée |
| Rens toy donc, car tu es pris. | François ils virent escry (écrit). |
| | |
| Rens, etc. | Regardèrent, etc. |
| Je ne suis point roy de France, | Ils le prirent et le menèrent |
| Vous ne savez qui je suis. | Droit au château de Madrid. |
| | |
| Je ne suis, etc. | Ils le prirent, etc. |
| Je suis pauvre gentilhomme, | Et le mirent dans une chambre |
| Qui s'en va par le pays. | Qu'on ne voiroit jour ne nuit. |
| | |
| Je suis, etc. | Et le mirent, etc. |
| Regardèrent à sa casaque,[5]) | Que par une petite fenestre |
| Avisèrent trois fleurs de lys.[6]) | Qu'estoit au chevet du lict.[7]) |

---

[1]) Le Roux de Lincy II, S. 15, 16.   [2]) Vergl. auch gelegentlich der Besprechung des Verrats im Rolandsliede Kreyſsig-Lamprecht: Gesch. d. franz. Nationallitteratur S. 81.   [3]) Spätere Variante (Lincy II, S. 19):

> Monsieur de la Palice est mort
> Mort de maladie.

[4]) *A la malheur* (= *male-heure*) veraltet; zur Unglücksstunde.   [5]) *casaque* Kasack, Militärmantel.   [6]) *fleurs de lis* (spr. in dieser Verbindung *li*).
[7]) *au chevet du lit* zu Häupten seines Bettes.

Que par, etc.
Regardant par la fenestre
Un courrier par là passit.

Regardant, etc.
Courrier qui porte lettre,
Que dit-on du roy à Paris?

Courrier, etc.
Par ma foy, mon gentilhomme.
On ne sait s'il est mort ou vif.

Par ma foy, etc.
Courrier qui porte lettre,
Retourne-t'en à Paris.

Courrier, etc.
Et va-t'en dire à ma mère,
Va dire à Montmorency.

Et va-t'en, etc.
Qu'on fasse battre monnoie
Aux quatre coins de Paris.

Qu'on fasse, etc.
S'il n'y a de l'or en France,
Qu'on en prenne à Saint-Denis.

S'il n'y a de, etc.
Que le dauphin en amène,
Et mon petit fils Henry.

Que le dauphin en amène
Et mon petit fils Henry
Et à mon cousin de Guise
Qu'il vienne icy me requery.[1])

Et à mon cousin de Guise
Qu'il vienne icy me requery.
Pas plus tôt dit la parolle
Que monsieur de Guise arrivy.[2])

(*Chanson du XVI. siècle.*)[3])

Einen mehr heitern Charakter trägt die von *Marelle* mitgeteilte Lesart. Hier findet sich auch der bekannte Ausspruch: „*Tout est perdu, hormis l'honneur*". Das Lied erhält einen erheiternden Abschlufs durch den Wunsch des gefangenen Königs, seinen Gegner *Karl V.* in einem Turm, höher als der seine, schmachten zu lassen — *quand il sera pris*, wie das Lied mit Nürnberger Vorsicht hinzufügt.

Le roi François partit de France
Vive la rose!
A la male heure[4]) il en partit,
Vivent les lys![5])

Il se mit en marche un dimanche,
Le voilà prisonnier lundi.

C'est à Pavie, à la bataille
Où tout le jour il combattit.

---

[1]) *requery* = *requérir* holen.   [2]) Sinn: Kaum hatte er dies Wort ausgesprochen, als...   [3]) Le Roux de Lincy II, S. 92 ff.; vergl. Rathery a. a. O. S. 950.   [4]) Vergl. Bd. II, S. 96 Anm. 4.   [5]) *lys* (spr. *lifs*) vergl. S. 96 Anm. 6.

Chevalier, va dire à ma mère:  
Tout est perdu, l'honneur hormis.

On dit qu'il faut que l'on rachète  
Au plus tôt notre roi chéri.

Les Espagnols le reconnaissent!  
Rendez-vous, roi, vous êtes pris.

Bon Français, va dire à ma mère  
Qu'on batte monnaie jour et nuit.

A Madrid Charles-Quint l'emmène:  
Dans sa grande tour il l'a mis.

Charles-Quint veut tout l'or de France  
Pour me laisser partir d'ici.

Le roi regarde à la fenêtre,  
Arrive un courrier de Paris.

Quand je serai dans mon royaume,  
Aux bords de la Seine, à Paris!...

Gentil Français qui viens de France,  
Dis-moi, que dit-on au pays!

Je ferai faire une tour haute,  
Plus haute que cell' de Madrid.

Nous y mettrons le roi d'Espagne,  
Vive la rose!  
A son tour, quand il sera pris,  
Vivent les lys![1]

(*Champagne.*)[2]

Den geliebten König *Franz I.* trennt von *Heinrich IV.* die Pariser Bluthochzeit. „Gottlob", ruft *Tarbé* aus,[3] „das Volkslied weifs nichts von der St.-Bartholomäusnacht!" — Ist dies auch richtig, so hat uns das Volkslied dennoch aus dem Zeitalter der Reformation das grausige Geschick eines jungen Mädchens *Marie Becaudelle* oder *Gaborite* bewahrt, welche ihren Übertritt zum Calvinismus mit dem schimpflichen Tode am Galgen büfsen mufste. Kraftvoll ist das Festhalten an dem neuen Glauben, den der Vater sie gelehrt, in dem Liede geschildert, nicht minder kraftvoll ihr Festhalten an Gottes Wort, wie es sich in der Bibel offenbart. Das Lied läfst durchblicken, dafs die Mutter ihr Kind dem Gericht überantwortet, da die Tochter von dem Glauben nicht lassen will, der ihr teurer ist als das Leben.

C'était une jeune fille  
De la religion,  
Sa mère est de la messe,  
Son père n'en était pas.

---

[1] In der Lesart aus dem französisch redenden Teile der Bretagne wird das Lied durch den Kehrreim: *Vive le roi* unterbrochen (Ampère a. a. O. S. 1179). [2] Marelle a. a. O. S. 304. [3] Tarbé IV, Préface S. X.

Zeitalter der Reformation. — Gaborite.

| | |
|---|---|
| Sa mère est à lui dire: | Quand la belle eut la bible, |
| Ma fille, obéis-moi, | Ell' se mit à chanter. |
| A la messe, ma fille, | Sur la fosse de son père |
| A la messe, allons, va. | Elle s'en va prier. |
| | |
| A la messe, ma mère, | Mon père, mon cher père, |
| Jamais jo n'y irai: | Si vous étiez vivant, |
| La r'ligion de mon père | Vous la verriez, vot' fille, |
| Toujours je soutiendrai. | Dans les mains des méchants. |
| | |
| Les dames de la ville | Bourreau, fais ton office, |
| Venaient l'admonester,[1]) | De moi quand tu voudras, |
| Lui apporter des livres | Les pieds sur les épaules, |
| Croyant la fair' changer. | Envoi' mon cœur au vent. |
| | |
| Otez d'ici vos livres, | Les pieds sur les épaules |
| Ce n'est que des abus,[2]) | Fut pendu promptement, |
| Qu'on m'apporte ma bible | S'écriant à voix haute: |
| Que je fass' mon salut. | J' tiens mon père dans mes bras. |
| | (Bas-Poitou.)[3]) |

Dafs es die Mutter ist, welche die Tochter dem Gerichte zuführt, ergibt sich klar und deutlich aus einer Variante dieses Liedes. Auf die Weigerung des Kindes, zur Messe zu gehen, bricht die Mutter in die zornigen Worte aus:

Holà! méchante fille,
Tu t'en repentiras,
Avant qu'i' soit dimanche
Au cordeau[4]) tu iras.

Trost und Mut, gläubig in den Tod zu gehen, schöpft sie aus dem Gebet an ihres Vaters Grabe, aus dem Lesen des neuen Testamentes. Abweichend von der ersten Lesart ist der Schlufs. Der Henker empfindet Liebe für die „schöne Françoise"; er bietet sich ihr zum Gatten an, um dadurch zugleich Leben und Freiheit für sie zu erwirken,[5]) — allein vergeblich. —

Le bourreau la regarde
D'un air triste et dolent

---

[1]) *admonester* (veraltet) einen Verweis erteilen. [2]) *abus* (spr. a-bü) Mifsbrauch. [3]) Bujeaud II, S. 143, 144. [4]) *le cordeau* der Strang. [5]) Auch im dtsch. Volksl. „Agnes Bernauerin" bietet der Henker seinem Opfer die Ehe an. Der Henker in Nürnberg erhielt 1525 eine Kindesmörderin zur Ehe (Müller, Zeitschr. f. Kulturgesch. 1873 S. 229). Dies Recht scheint dem Henker gegeben zu sein, da er wegen seines „unehrlichen" Gewerbes schwer zu einer Frau kam.

Qu'as-tu, bourreau trop traitre, | Si vous voulez, Françoise,
Qu'as-tu à m'y regarder? | Nous maricrons tous deux
C'est vos beaux yeux, Françoise, | — — — — — — —
Qu'y m'y charment mon cœur. | — — — — —. — — —

   Non! non! bourreau trop traitre,
   Non, jamais tu m'auras;
   Diriont: voilà Françoise,
   Le restant du carcan.[1])
        *(Provinces de l'ouest.)* [2])

Gegenüber dieser Unduldsamkeit hebt sich hell und leuchtend die Regierungszeit von *Heinrich IV.* ab, Frankreichs bestem und gröfstem Könige. In der Erinnerung seines Volkes lebt er indessen weniger durch seine Regententugenden als durch seine Liebesabenteuer und seine Tapferkeit fort, welche ihren bezeichnenden Ausdruck in dem bei *Lincy* mitgeteilten Kehrreim finden:

   Vive Henri quatro,
   Vive ce roi vaillant!
   Ce diable à quatre
   A le triple talent
   De boire et de battre
   Et d'être un vert galant.[3])
      *(Chanson du XVI. siècle.)* [4])

In einem gascognischen Liede rät ein Vater seiner Tochter, ja nicht nach *Bordeaux* zu geben, wo König *Heinrich* Hof hielt — er könne sie umarmen. Wie aber immer das Verbot reizt, so auch hier. Das Mädchen schlüpft an des Königs Haus vorbei, ohne ihn zu grüfsen. Auf die Frage des Königs, wer die stolze Dame sei, erwidert sie gleich Gretchen, dafs sie keine Dame, sondern nur eines Bauern Tochter sei. „Und wärest Du eines Fürsten Kind," erwidert der König, „alles, was Dein ist, ist auch mein, denn ich bin Dein Herr!..."

   Elle se chausse, elle s'habille,
   A Bordeaux elle se rend,
   Son père veut l'arrêter:

---

[1]) *le restant du carcan* das Überbleibsel des Prangers, des Schandpfahles.
[2]) Bujeaud II, S. 144, 145.  [3]) *un vert galant* ein Mädchenjäger.  [4]) Le Roux de Lincy II, S. 260.

N'y ailles pas ma fille,
Le roi te verrait,
Il t'embrasserait.

Ne craignez rien, mon père,
Je marcherai à grands pas,
Le roi ne me verra pas.

Le roi, le bon compagnon,
De cheval descendu,
Chez lui venait de rentrer.

Il se met à la fenêtre
Elle passe à grands pas,
Elle ne le salua pas.

Le roi se met en tête
De savoir quel mauvais drôle
Ne l'a pas salué.

C'est cette grande dame
Qui marche si grands pas,
Qui ne vous a pas salué.

Dame, je ne suis point dame
Je suis fille d'un paysan,
Monsieur, vous le voyez bien.

Fussiez-vous celle d'un prince,
Je vous toucherai la main
Et ce joli bras également.

Les bras jusqu'au coude,
L'épaule, le menton,
Je suis votre Seigneur...

(*Haute-Gascogne.*)[1]

Besonders häufig spielt das Volkslied auf das Verhältnis *Heinrichs IV.* zu Marschall *Biron* an. *Heinrich* war demselben in aufrichtiger Freundschaft ergeben und erhob ihn infolge seiner trefflichen Truppenführung zum Herzog. Zum Dank dafür konspirierte *Biron*, wie die Geschichte unzweifelhaft dargethan, mit Spanien gegen sein Vaterland und seinen König. Frankreich sollte zu einem Vasallenstaate Spaniens herabgedrückt und verteilt werden; Burgund sollte dem Marschall *Biron* zum Lohne seines Verrates werden. Als *Heinrich* von diesem verbrecherischen Plane Kunde erhielt, erwies er sich dem treulosen Freunde gegenüber als ein gütiger Monarch, er verzieh. Da *Biron* jedoch von neuem intrigierte, so liefs ihn *Heinrich* nach *Fontainebleau* kommen und appellierte an sein Ehrgefühl. Alle Versuche, *Biron* zum Aufgeben seiner hochverräterischen Absichten zu bestimmen, erwiesen sich als fruchtlos. Erst jetzt schritt der König zu energischen Mafsregeln. Am 14. Juni 1602 ward *Vitry*, der Hauptmann der Garde, zu dem Herzog geschickt, um ihn zu verhaften; er erhielt *Birons* Degen und führte den Pflichtvergessenen in das Gefängnis. Bereits am 29. Juli wurde *Biron* vom Kriegsgerichte zum Tode verurteilt; die Vollstreckung des Spruches fand am 31. Juli desselben Jahres statt.[2]

---

[1] Cénac-Moncaut S. 287, 288. [2] Tarbé IV, S. 139 Anm. 1.

Obgleich, wie wir bereits andeuteten, der König gezwungen war, so zu handeln, wenn er nicht sich und seinen Staat dem Untergang preisgeben wollte, so hat doch das Volkslied, wie so häufig, mit dem Verräter gegen den König Partei genommen: deutlich geht dies aus der von *Tarbé* mitgeteilten Fassung des Liedes hervor.

Le roi fut averti
Par un de ses gens d'armes,
Par un nommé La Pierre,
Capitaine des gardes:
Sire, donnez-vous de garde
Du maréchal de Biron:
Il fait une entreprise
Qui vous coûtera bon.

Quel est donc ce projet?
Dis-le moi, capitaine.
L'entreprise qu'il a faite
(Faut-il donc vous le dire?)
C'est d' faire mourir la reine
Et monsieur le dauphin,
Et de toute la couronne
Avoir ainsi la fin.

Dans ces dispositions,
Voilà Biron qui entre;
Le chapeau à la main,
Au roi fait révérence.
En lui disant: — Mon sire,
Vous plaît-il de jouer
Double million d'Espagne
Que je viens de gagner?

Le roi, le regardant,
Rougissant de colère:
Va-t-en trouver la reine:
Avec elle tu joueras.
Et puis il ajouta
En murmurant tout bas:
Des biens de ce monde,
Tu n'en jouiras pas.

Le *bon* Biron s'en va
S'en va trouver la reine
En lui disant: — Ma reine,
Vous plaît-il de jouer
Double million d'Espagne
Que je viens de gagner?

La reine répondit,
Comme une honnête femme:
Je n'y dois consentir,
Si ne quittez vos armes.
Quittez donc votre épée
Et vot' poignard doré.

Biron n'a pas manqué:
Il a mis bas ses armes.
Son épée de brillants
Et son poignard joli,
Les mettant en parade
Sur le chevet du lit.

N'ont pas trois coups joué,
V'là le grand prévôt[1]) qui entre:
Le chapeau à la main
A Biron fait révérence,
En lui disant: — Mon prince,
Ne soyez pas fâché:
Mais c' soir, à la Bastille
Il vous faudra coucher.

---

[1]) *le grand prévôt* (Profofs) der Oberhofrichter.

Biron le regarda,
Bougissant de colère:
Voyez un autre prince!¹)
Car c'est vraiment le cas:
Je suis un autre prince,
Que tu ne connais pas.
Ce soir à la Bastille
Je ne coucherai pas.

Si fait, si fait,²) Biron!
Le roi vous le commande.
Demandez-lui pardon,
Il vous offrira grâce.
Là où il n'y a pas d'offense,
Il n'y a pas de pardon.
On regrettera en France
L' maréchal de Biron.

Il y fut bien six mois
Six mois et davantage,
Sans être visité
Des messieurs et des dames.
Messieurs de la justice,
Faisant les ignorans,
Lui demandaient: — Mon prince,
Qui vous a mis céans?

Celui qui m'y a mis,
En a bien la puissance,
Car c'est le roi de France,
Que j'ai si bien servi;
Et pour ma récompense,
La mort me fau(l)t souffrir.

Si fait, si fait, Biron!
Le roi est pitoyable.
Allez à deux genoux
Lui demander pardon:
Et puis nous, comme lui,
Nous vous pardonnerons.

A répondu Biron
Comme un homme de guerre:
Vous n'avez pas raison,
Messieurs de la justice:
Là où il n'y a pas d'offense
Il n'y a pas pardon.
On regrettera en France
L' maréchal de Biron.

Le roi se souvient-il,
Dans les guerres savoyardes,
Montant sur le Piémont,
Lui servant de parade,³)
Cent coups d'arquebusade.
Recevant sur mon corps?
Et pour ma récompense
Me faut souffrir la mort.

Adieu, mon cheval blanc,
Qui erre à l'aventure!
A un autre que moi
Servira de monture.⁴)
Adieu, toutes mes troupes!
Mal conduites elles seront:
On regrettera en France
L' maréchal de Biron.

(*Ardennes.*)⁵)

Dieses Lied ward nach *Tarbé* noch zu seiner Zeit (1864) von den Bewohnern der Ardennen gesungen. Dafs die ursprüngliche Form auf uns gekommen, ist nicht anzunehmen, vielmehr wird man *Tarbé* beipflichten müssen, dafs das mitgeteilte Lied, ähnlich dem deutschen Liede auf die Schlacht bei Sempach, aus einer Reihe von Einzeldichtungen zusammengeschweifst sei.

Noch vor *Birons* Ende soll *Heinrich* einen letzten Versuch

---

¹) *un autre prince* ein zweiter Fürst; auch ich bin ein Fürst.   ²) *si fait, si fait* doch, doch.   ³) *lui servant de parade* ich diente ihm als Schild.   ⁴) *la monture* das Reittier.   ⁵) Tarbé IV, S. 136 ff.

gemacht haben, den Verurteilten zum Widerruf zu bewegen. In ergreifender Weise schildert uns dieses ein Lied aus *Périgord*, wo der Name *Biron* noch heute populär ist.[1]) Wie sehr durch die Darstellung dieses Liedes das Volk gegen das Königshaus eingenommen ward, geht auch daraus hervor, dafs der Seneschall der Stadt *Gourdon* in *Querci* gegen Ende der Regierung *Ludwigs XIV.* eine Verordnung erliefs, wonach das Singen dieses Liedes verboten wurde. Fünf Bürger, welche gegen dieses Verbot gehandelt, wurden ins Gefängnis geworfen.

Das Lied selbst, welches *Rathery* nur in Prosaübersetzung gibt, stellt *Biron* als denjenigen dar, welchem von seiten seines Königs schweres Unrecht zugefügt worden; er erscheint daher in unsern Augen, wenn er die von dem Könige auferlegte Strafe erduldet, als Märtyrer für eine gerechte Sache.

> Während der Nacht war der Marschall in der Bastille in Schlaf versunken; ein Geräusch an dem Gitter erweckt ihn. — Wer erscheint zu so später Stunde, rief der grofse Krieger mit starker Stimme, in meiner elenden Behausung, wer stört den Schlaf eines Gefangenen?
>
> Ich, Dein Herr, der König von Frankreich, entgegnete ihm der grofse Heinrich. — Du, den mein Schwert verteidigt hat! Du, mein König, für den ich zu sterben bereit war, Du kommst, um mich in meinem Elend zu beschimpfen, über mich armen Gefangenen zu spotten?
>
> Als wir in das Feld zogen, da wolltest Du mich mit Wohlthaten überhäufen.... Ja, Ihr Könige kümmert Euch nicht um die Dienste eines grofsen Kriegers. Aber die Edelleute von Piemont sagten, es gäbe in der Welt keinen Feldherrn gleich Biron.

―――

[1]) Dafs der Name Biron auch in Armagnac und Agenais noch populär ist, zeigt ein von Bladé S. 68 mitgeteiltes Kinder- und Rondelied:

> Quand Biron voulait danser
> Les souliers se fit apporter,
> Les souliers tout ronds
> Firent danser Biron, etc. etc.

Das Lied ist zugleich ein treffliches Beispiel für die im Französischen so beliebten Anschwelllieder.

Du hast die Gefahren vergessen, welchen ich mich um
Deinetwillen ausgesetzt habe, an meinem Körper gibt es keine
Ader, welche nicht für Dich geblutet hätte.... — Wohl erinnere
ich mich Deiner Feldzüge, Biron, ich werde sie nimmer vergessen.

Aber Du wolltest mich an Spanien verkaufen, mich verraten
wie Judas. — Biron hat seinen König nicht verraten, Du hast
auf die Verleumdung gehört. Man wird mir den Kopf abschlagen,
dann wirst Du Reue über Deine Rache empfinden.

Man sagt, dafs, als die Thür sich schlofs, der grofse Heinrich
vor seiner stolzen Begleitung Thränen vergofs. Vielleicht war
sein Herz betrübt.

Jetzt, Brüder --

und damit wendet sich der Sänger an seine Umgebung —

Jetzt, Brüder, erhebt Euch mit mir. In die Kapelle Birons
lafst uns gehen, beten wollen wir für den Sohn, wie für den
Vater. Ihr Ruhm leuchtet durch die ganze Welt.[1]

In betreff der Regierungszeit *Ludwigs XIV.*, jener Glanz-
periode der französischen Geschichte, haben wir bereits einleitend
verwiesen auf das von dem Herausgeber der Korrespondenz der
Herzogin von *Orléans* erschienene Sammelwerk *le nouveau siècle
de Louis XIV*, welches wohl dem Geschichtsschreiber wesentliche
Dienste leisten könnte, für uns aber fortfällt, da es in der Hauptsache Kunstdichtungen enthält. Nur aus dem Ende der Regierung Ludwigs, als sein Stern namentlich infolge des spanischen Erbfolgekrieges schon im Erbleichen war, sind uns
Volkslieder aufbewahrt, welche sich vorzugsweise mit einem der
hartnäckigsten Gegner Frankreichs, dem trefflichen englischen
Heerführer *Marlborough* beschäftigen. Bekanntlich gewann *John
Churchill*, Herzog von *Marlborough* und Günstling der Königin
*Anna* im Jahre 1704 die Schlacht bei *Höchstedt*, verfolgte die
Franzosen bis zur Grenze, versuchte aber vergeblich im Feld-
zuge von 1705 in Frankreich einzudringen; der französische General
*Villars* wufste ihm den Weg zu verlegen, ohne es dabei zu einer
Schlacht kommen zu lassen. *Marlborough* zog sich daher nach

---

[1] Rathery a. a. O. S. 961.

den Niederlanden zurück, die nun an Stelle Frankreichs alle Schrecken des Krieges zu erdulden hatten. Während dieses gegenseitigen Harrens sangen die Franzosen, wie immer, Spottlieder auf ihre Gegner, und ein Produkt solcher Schmählieder ist das beliebte „*Malbrough s'en va-t-en guerre*", welches wir zunächst in der Lesart der Champagne wiedergeben wollen, welche für die Mehrzahl den Reiz der Neuheit haben dürfte.

   Malbroug part d'Angleterre;
   Va partout comme un tonnerre,
   Pon pon pon, pata pata pan;
    S'en vante, avant de partir.
   Qu'en May prendroit Sarlouis;
   Mais il aura fort affaire,
   Pon pon pon, pata pata pan.

Il dit en quittant la reine:
Je vais prendre Metz en Lorraine,
Pon pon etc.,
 Thionville, Rodemag, Longwy,
 Chalons, Luxembourg aussi,
Et cela dans six semaines,
Pon pon etc.

 Retournant vers la Hollande,
Stenay, Sedan veux prendre,
Pon pon etc.,
 Bouillon, Mouzon, Montmédy
 Sans canon me sont acquis.
Mézières n'osera m'attendre,
Pon pon etc.

 Rocroy, à mon arrivée,
Est à moi, chose asseurée,
Pon pon etc.,
 Couvet et Marienbourg
 Seront à moy le même jour,
Lorsqu'ils verront mon armée,
Pon pon etc.

 Puis, d'une adresse gentille,
Par finesse Philippeville,
Pon pon etc.,
 Je prendray avant trois jours,
 Et Givet aura son tour.
Charlemont m'est fort facile,
Pon pon etc.

 Namur entre deux rivières
Je prendrai toute la dernière,
Pon pon etc.,
 Partout seray redouté,
 Lorsque j'auray conquesté
Des places de telle manière,
Pon pon etc.

 Tous les généraux de France,
Voyant ma grandvaillance,
Pon pon etc.,
 N'oseront plus m'approcher;
 Ne seront pas si effrontés;
Ils éviteront ma puissance,
Pon pon etc.

 Ayant fini ma campagne,
Je mettrai sans nulle espargne,
Pon pon etc.,
 Mes troupes en quartier d'hiver,
 Où ils feront bonne chère
Sur terre de Franc ou d'Espagne,
Pon pon etc.

 Le rapport de mes victoires
J'iray faire en Angleterre.
Pon pon etc.,
 La reine Anne, me voyant,
 Les communes et parlement
Grand honneur me feront faire,
Pon pon etc.

> De grandes réjouissances
> Se feront en abondance,
> Pon pon pon, pata pata pan;
>   L'on fera des feux[1]) partout;
>   L'ou criera: Malboroug
>   A fait trembler toute la France,
> Pou pon pon, pata pata pan.   (*Champagne.*)[2])

Mehr in das Gebiet der Ballade hinein spielt das eigentliche *Malbroughlied*, welches trotz seiner Verbreitung bei uns doch nur in den Anfangsstrophen bekannt zu sein pflegt. Da *Malbrough* nicht aus dem Kriege heimkehrt, so läfst das Lied die besorgte Gattin einen Turm besteigen und Ausschau halten. Ein Page meldet ihr des Helden Tod und Bestattung.

> Malbrough s'en va-t-en guerre,
>   Mironton, mironton, mirontaine;
> Malbrough s'en va-t-en guerre,
>   Ne sait quand reviendra. (*ter*)

Il reviendra z'à Pâques,[3])
  Mironton, mironton, mirontaine;
Il reviendra z'à Pâques
Ou à la Trinité.[3]) (*ter*)

La Trinité se passe,
  Mironton, mironton, mirontaine;
La Trinité se passe,
Malbrough ne revient pas. (*ter*)

Madame à sa tour monte,
  Mironton, mironton, mirontaine;
Madame à sa tour monte,
Si haut qu'elle peut monter. (*ter*)

Elle aperçoit son page,
  Mironton, mironton, mirontaine;
Elle aperçoit son page,
Tout de noir habillé! (*ter*)

Beau page, ah! mon beau page,
  Mironton, mironton, mirontaine;
Beau page, ah! mon beau page;
Quelle nouvelle apportez? (*ter*)

Aux nouvell's que j'apporte,
  Mironton, mironton, mirontaine;
Aux nouvell's que j'apporte,
Vos beaux yeux vont pleurer. (*ter*)

Quittez vos habits roses,
  Mironton, mironton, mirontaine;
Quittez vos habits roses,
Et vos satins brochés.[4]) (*ter*)

Monsieur d' Malbrough est mort,
  Mironton, mironton, mirontaine;
Monsieur d' Malbrough est mort,
Et mort et enterré!... (*ter*)

J' l'ai vu porter en terre,
  Mironton, mironton, mirontaine;
J' l'ai vu porter en terre,
Par quatre z'officiers. (*ter*)

L'un portait sa cuirasse,
  Mironton, mironton, mirontaine;
L'un portait sa cuirasse,
L'autre son bouclier.[5]) (*ter*)

[1]) *des feux* Freudenfeuer.   [2]) Tarbé IV, S. 237 ff.; zugleich Note (1).
[3]) Vergl. die sprichwörtliche Redensart: *à Pâques ou à la Trinité* vielleicht irgend einmal; *la Trinité* Dreifaltigkeitsfest (erster Sonntag nach Pfingsten).
[4]) *satins brochés* durchwirkte Atlaskleider.   [5]) *le bouclier* der Schild.

L'un portait son grand sabre,
 Mironton, mironton, mirontaine;
L'un portait son grand sabre,
L'autre ne portait rien. (*ter*)

A l'entour de sa tombe,
 Mironton, mironton, mirontaine;
A l'entour de sa tombe,
Romarins l'on planta. (*ter*)

Sur la plus haute branche,
 Mironton, mironton, mirontaine;
Sur la plus haute branche,
Le rossignol chanta. (*ter*)

On vit voler son âme,
 Mironton, mironton, mirontaine;
On vit voler son âme,
A travers les lauriers.[1]) (*ter*)

Chacun mit ventre à terre,
 Mironton, mironton, mirontaine;
Chacun mit ventre à terre,
Et puis se releva. (*ter*)

Pour chanter les victoires,
 Mironton, mironton, mirontaine;
Pour chanter les victoires
Que Malbrough remporta. (*ter*)

   La cérémonie faite,
    Mironton, mironton, mirontaine;
   La cérémonie faite,
   Chacun s'en fut coucher.

Die Strophen, welche das vorhergehende Lied abschliefsen, stehen mit dem sonstigen Inhalte desselben nur in sehr losem Zusammenhange:

Chacun s'en fut coucher.

Les uns avec leur femmes,
 Mironton, mironton, mirontaine;
Les uns avec leurs femmes,
Et les autres tout souls. (*ter*)

Ce n'est pas qu'il en manque,
 Mironton, mironton, mirontaine;
Ce n'est pas qu'il en manque
Car j'en connais beaucoup. (*ter*)

Des blondes et des brunes,
 Mironton, mironton, mirontaine;
Des blondes et des brunes,
Et des chataign's[2]) aussi. (*ter*)

J' n'en dis pas davantage,
 Mironton, mironton, mirontaine;
J' n'en dis pas davantage,
Car en voilà z'assez. (*ter*)

    (*Chanson populaire*.)[3]

Indessen sind diese Strophen um deswillen interessant, weil sie sich teilweise wenigstens in einem älteren Liede wiederfinden, welches von dem Herzoge von *Guise* und den Religionskriegen handelt. Auch dort heifst es:

---

[1]) Vergl. Bd. II, S. 30 Anm. 8.   [2]) *des chataign's* Kastanienbraune.
[3]) *Recueil des plus jolies chansons pop.* Paris, Delarure. S. 5 ff.; eine Sammlung, die sehr wenig echte Volkslieder enthält. Bedeutungsvoll steht das Malbroughlied an der Spitze der ganzen Sammlung.

Qui veut ouïr chanson? (bis)
C'est du grand duc de Guise.
Doub, dans, doub, dans, dou dou
Dou, dou dou,
Qu'est mort et enterré.

Chacun s'allit coucher (bis)
Les uns avec leurs femmes,
Dout,
Et les autres tout seuls[1] etc....

Es scheint dieses die Annahme *Ampères*[2] zu bestätigen, dafs dieses Lied vom Herzog von *Guise* seinerseits vielleicht wieder auf einer älteren Quelle beruht und das Mittelglied bilde zwischen einem mittelalterlichen Sang[3] und dem oben mitgeteilten *Malbroughliede*, dessen Held also gewissermafsen den Herzog von *Guise* abgelöst hätte. Zur Bestätigung dieser Anschauung liefse sich auf einige Varianten dieses Liedes hinweisen, welche an die Stelle *Marlboroughs* einmal den General *Marcé*, der im Jahre 1793 eine Niederlage gegen die Königspartei erlitt, das andere Mal — *Léon Gambetta* setzen.

Marcé s'en va-t-en guerre,
Mironton, mironton, mirontaine,
Marcé s'en va-t-en guerre,
En guerre à Saint-Fulgent[4] etc.

Léon s'en va en Grèce,
Mironton, mironton, mirontaine,
Il n'est, je le confesse,
Pas mal sous le harnois etc.[5]

Wahrscheinlich ist, dafs das *Malbrough*lied sich durch die Soldaten der Armee *Villars* und *Boufflers* im Jahre 1709 nach der Schlacht von *Malplaquet* verbreitete; indessen waren, wie *Montjoie* berichtet,[6] im Jahre 1722 nur einige Verse im Umlaufe. Das vollständige Gedicht kam erst 1781 in Aufnahme, und zwar soll die Amme den Dauphin, den unglücklichen Sohn *Ludwigs XVI.*, mit diesem Liede in den Schlaf gesungen haben. Erst seit jener Zeit wurde man auf das Lied aufmerksamer und bald machte es von Paris die Runde durch die ganze Welt.

---

[1] Ampère a. a. O. S. 1179; ebenso Rathery a. a. O. S. 950. [2] Ampère S. 1179. [3] Chateaubriand hörte die Melodie des Malboroughliedes im Orient, was ihn zu der Annahme veranlafste, dafs dieses Lied durch die Kreuzzüge nach Frankreich gekommen sei (Montjoie). [4] St.-Fulgent in der Vendée; Bujeaud II, S. 115. [5] Mag. d. Ausl. 1883 N. 29. [6] Montjoie S. 23.

Nicht blofs die fortdauernden Kriege des „grofsen Königs-
zerrütteten Frankreichs Wohlfahrt, sondern namentlich die Herrschaft der Favoritinnen unter seinem Nachfolger *Ludwig XV.*
führten schliefslich Frankreichs Ruin herbei. Einen Einblick
in die wechselnde Gunst des Königs bietet uns in hervorstechender
Weise die folgende Ballade mit ihrem geschichtlichen Hintergrunde. In der Marquise, die sich dem Könige hingibt, will
*Bujeaud* eine Tochter des *Marquis de Nesles, madame de Vintimille*
sehen, welche ihrer Schwester in der Gunst des Herrschers folgte,
aber, wie man annimmt, nach kurzer Zeit an Gift starb, als sie
einem Kinde das Leben gegeben. Wie packend und poetisch
zugleich weifs das Lied diese geschichtliche Begebenheit zu schildern. Wirkungsvoll steht dem verlangenden Monarchen der
leicht gewährende Gatte gegenüber, welcher die Ehre seines
Weibes um einen Marschallsstab preisgibt, und gleich *Amphitryon*
in *Molières* gleichnamigem Stücke denkt:

> Un partage avec Jupiter
> N'a rien du tout qui déshonore.

Nicht minder wirkungsvoll kontrastieren die von der königlichen Gunst geblendete Marquise und die eifersüchtige Königin,
welche mit einem vergifteten Blumenstraufse ihre Rivalin aus
dem Wege räumt. Wie malt sich in diesem kurzen Liede,
welches in der Lesart der *Sologne* wie der *Saintonge* folgen soll,
der Charakter und die Sitten der Zeit:

**La Marquise** (*Sologne*).

C'est le roi entrant dans Parise,
 Salua toutes les dames;
La première qu'il salua
 C'est la belle marquise.

Marquis, t'es plus heureux qu'un roi
 D'avoir une femme si belle,
Si tu voulais, j'aurais l'honneur
 De coucher avec elle.

Ah! mon roi, ça vous est permis,
 Car vous êtes roi de France;
Mais si vous n'étiez pas mon roy,
 J'en aurais ma vengeance.

**La Marquise** (*Saintonge*).

Le roi a fait battre le tambour. (*bis*)
 Pour voir toutes ses dames,
Et la première qu'il a vu'
 Lui a ravi son âme.

Marquis, dis-moi la connais-la? (*bis*)
 Qui est cette jolie dame?
Et le marquis l'i a répondu;
 Sire roi, c'est ma femme.

Marquis, tu es plus heureux qu' moi
 D'avoir femme si belle;
Si tu voulais me l'accorder,
 Je couch'rais avec elle?

Mary, ne te fâche donc pas,
T'auras ta récompense,
Je te ferai dans mes armées.
Beau maréchal de France.

Habille-toi bien proprement,
Coiffure à la dentelle,[1]
Habille-toi bien proprement
Comme une demoiselle.

Adieu, ma mie, adieu, mon cœur,
Adieu, mon espérance,
Puisqu'il te faut servir le roi
Séparons nous d'ensemble.

Mais la reine lui fit un bouquet
De ses belles fleurs de l'yse,
La bonne odeur de ce bouquet
Fit mourir la marquise.

Le roi lui fit faire un tombeau
De ses belles pierres de lyse
Il envoya son Mirebeau[2]
A la mort de la marquise.

(*Sologne.*)[3]

Sir', si vous n'étiez pas le roi
J'en tirerais vengeance,
Mais puisque vous êtes le roi —
A votre obéissance.

Marquis, ne te fâche donc pas.
T'auras ta récompense,
Je te ferai dans mes armées
Beau maréchal de France.

Habille-toi bien proprement,
Coiffure à la dentelle,
Habille-toi bien proprement
Comme une demoiselle.

Adieu, ma mi', adieu, mon cœur.
Adieu mon espérance;
Puisqu'il te faut servir le roi,
Séparons nous d'ensemble.

La reine a fait faire un bouquet
De belles fleurs de lyse,
Et la senteur de ce bouquet
A fait mourir marquise.

(*Saintonge.*)[4]

Der Inhalt der voranstehenden Lieder leitet uns hinüber zu der Revolution, jener sturmbewegten Zeit, die auch im Volksliede weiter fortlebt.

Eine Erinnerung an die erste Koalition Preufsens mit Österreich gegen Frankreich ist uns in einem Liede der *Champagne* erhalten geblieben. Man weifs, wie diese Einmischung verlief, — wie die Truppen aus Mangel an Lebensmitteln in den französischen Weinbergen „fouragierten" und, durch die Ruhr dezimiert, sich nach der Grenze zurückzogen.[5] Das Volkslied knüpft an diese Thatsache an, bringt sie derb, doch munter zur Darstellung und zeigt zugleich durch das Hereinziehen des „grofsen Friederich", dafs es Preufsen noch immer von seinem gröfsten Könige beherrscht glaubte.

---

[1] *coiffure à la dentelle* Spitzenhäubchen. [2] *Mirebeau* (ein Mirabeau?).
[3] Le Roux de Lincy, *Chants hist.* II, S. VII. VIII. [4] Bujeaud II, S. 169, 170; vergl. auch Theuriet S. 278, 279. [5] Marelle a. a. O. S. 302.

Savez-vous la belle histoire  
De ces fameux Prussiens?  
Ils marchaient à la victoire  
Avec les Autrichiens,  
Mais, hélas! au lieu de gloire,  
Ils ont cueilli des raisins.

— — — — — — — —  
Quand on le mange sans pain.  
Pas plus de pain que de gloire,  
Voilà le sort du Prussien.  
Au lieu de chanter victoire,  
Il s'en va criant la faim.

Le grand Frédéric (!) s'échappe,  
Prenant le plus court chemin.  
Mais Dumouriez[1]) le rattrape  
Et lui chante ce refrain:  
N'allez plus mordre à la grappe[2])  
Dans la vigne du voisin.  (*Champagne.*)[3])

Wie harmlos ist dieses Lied gegenüber dem ehernen Gesange der Revolution, der *Marseillaise*.[4]) Nicht nur die Heere der Republik entflammte sie, sondern auch die Kämpfer für das Königtum begeisterten sich an ihrer feurigen Melodie.[5]) Bei der gegenwärtig so schwankenden Lage Frankreichs dürften besonders jene Lieder unser Interesse beanspruchen, welche uns den Kampf der Republik mit den Anhängern der Legitimität, den *Chouans*, schildern.[6]) Wenn auch die Republik aus diesem Kampfe schliefslich als Siegerin hervorging, sie selbst bildete doch wiederum nur die Stufe zu dem Kaiserthrone, welchen der grofse Corse in Frankreich errichtete.

Welche Gesinnungen die Republikaner in ihrem Kampfe gegen die Anhänger der Legitimität beseelte, geht deutlich genug aus der bei *Bujeaud* mitgeteilten *Carmagnole Vendéene* (Sept. 1793) hervor:

Patristes réjouissons-nous, (*bis*)  
L'armé d' Mayence est avec nous; (*bis*)  
Elle est venu' nous aider  
A purger[7]) la Vendé';  
Dansons la carmagnole,[8])  
Vive le son, vive le son,  
Dansons la carmagnole,  
Vive le son du canon.

---

[1]) Dumouriez, franz. General, schlug die Österreicher den 5. u. 6. Nov. 1792 bei Jemappes. [2]) *la grappe* die (Wein)traube. [3]) Marelle a. a. O. S. 302. [4]) Vergl. Bd. I, S. 12. [5]) Text bei Bujeaud II, S. 109 ff. [6]) Bujeaud II, S. 107—142. [7]) *purger* reinigen, säubern. [8]) *la carmagnole*, zunächst: savoyischer Singsang (nach einer Stadt in Piemont); dann speziell: franz. Revolutionslied.

Puisque nous sommes réunis,
Tuons les brigands du pays;
Ne faisons pas d' quartier;[1]
Tuons jusqu'au dernier;
    Dansons etc.

Camarad', il nous faut venger
Nos frères qui sont égorgés,[2]
Ne perdons pas de temps,
Tombons sur les brigands.
    Dansons etc.

Oui! demain nous commenc'rons;
C'est pour arroser nos sillons[3]
Que le sang des brigands
Va couler à l'instant.
    Dansons etc.

Non! nous ne reculerons pas;
Il faut en finir cette fois,
Malheur à qui fuira
Ou qui nous trahira!
    Dansons etc.

Quand il n'y aura plus de brigands,
Nous nous en irons en chantant
Au nord et au midi
Tuer nos ennemis.
    Dansons etc.

La république nous jurons,
Son unité nous maintiendrons,
Mort aux fédéralistes,
A tous les royalistes!
    Dansons la carmagnole,
    Vive le son, vive le son,
    Dansons la carmagnole,
    Vive le son du canon.
               (*Carmagnole vendéenne.*)[4]

Im schroffen Gegensatze zu diesen blutdürstigen Versen steht die Gesinnung des *Vendeers*, welcher mit bewegten Worten Abschied von Vater und Mutter, von Weib und Kind nimmt, um sein Blut für das Königtum zu vergiefsen, das sich für ihn mit dem „Gesetze" deckt.

    Oh! vous père, oh! vous mère,
    Oh! vous femme et enfants,
    Je vas à la bataille
    Y répandre mon sang;
    Au lieu d'être en tristesse,
    Soyez toujours en joi'
    Et chantez avec zèle:
    Vive, vive la loi!
               (*Vendée.*)[5]

---

[1] *faire quartier* Pardon geben.   [2] *égorgé* erwürgt, niedergemetzelt. [3] *arroser nos sillons* unsere Äcker tränken; *sillon*, eig. Furche.   [4] Bujeaud II, 112. 113.   [5] Bujeaud II, S. 125.

Wie heldenmütig die Bewohner der *Vendée*, die von *Aunis* kämpften, wie furchtbar die freiwilligen Jägerscharen, welche sie bildeten, sich den Republikanern machten, geht aus den folgenden, an *Lützows* wilde, verwegene Jagd erinnernden Strophen hervor:

| | |
|---|---|
| Ah! grand Dieu! quel tapage[1]) | Quand nous somm' sous les armes, |
| J'entends dans cette forêt: | Nous les ons[2]) rencontrés, |
| C'est-il point l'avant-garde | Nous ons[3]) vu leur courage |
| Des chasseurs de Vendé': | D' ces chasseurs endiablés, |
| Ils sont pir' que des diables | „Tambour, battez la charge |
| Et vont le sabre en main, | Et foncez en avant![4]) |
| Ils tuent et font carnage, | Malgré leurs feux et flammes |
| Ils n'appréhendent rien.[2]) | Nous sommes triomphants. |

Dans les plaines, bruyères,[5])
L'on y voit que du sang,
Couchés dessus la dure,[6])
Nos soldats expirants
En embrassant leurs armes,
Chantons cette chanson:
Vive le roi de France,
Viv' la religion.
(*Provinces de l'ouest, Vendée, Aunis*)[7])

Kein Name wird mehr in diesen Liedern gefeiert als der *Charettes*, des Führers der königstreuen Scharen: — eine Episode aus seinen Kämpfen, die Belagerung der Stadt *Montaigu*, wird in ganz volksmäfsigem Tone erzählt:

La ville de Montaigu, Grand Dieu, qu'elle est belle!
Elle est si belle et parfaite en beauté
Que Monsieur Charette veut la gagner.

Charette a-t-envoyé son tambour par la ville:
Monsieur Charet' m'a-t-envoyé ici,
C'est pour dir' de vous donner à lui.

Tambour, retourne-t'en, va-t'en dir' à ton maître
Qu'à Montaigu on se moque de lui,
Le long du jour aussi bien que la nuit.

---

[1]) *le tapage* der Lärm. [2]) *et n'appréhendent rien* und nehmen niemand gefangen. [3]) *ons = avons*. [4]) *foncer en avant* (pop.) drauf losstürzen. [5]) *les bruyères* die Heide. [6]) *la dure* (fam.) die harte Erde. [7]) Bujeaud II, S. 125, auch Note (1).

Charette a-t-envoyé ses canons par la ville,
A bombardé la ville et les maisons,
Le château, les murailles ainsi qu' les ponts.

Les dames du château s'en vinrent aux fenêtres:
Monsieur Charett', retirez vos canons,
Nous vous donn'rons la somm' de dix millions.

Mais de vos dix millions je n' m'en ensouci' guère;
Nous tuerons tout, les petits et les grands,
Nous aurons tout votre or et votre argent.

(Provinces de l'ouest.)[1]

Doch das Glück blieb ihm nicht hold. Am 19. Februar 1795 schwor *Charette* gleich den übrigen Führern der königstreuen Kämpfer, sich der „einen, ungeteilten Republik zu unterwerfen, ihre Gesetze anzuerkennen und niemals gegen sie die Waffen zu führen"....[2] Allein schon in demselben Jahre führte er wiederum eine streitbare Schar gegen die Heere der Republik. Der König sandte ihm von England aus durch den *Marquis de Rivière* das rote Band des Ludwigsordens. *Charette* erwiderte auf diese Gunstbezeugung, die ihm zugleich Hilfe aus England in Aussicht stellte, mit den Worten, welche ein fliegendes Blatt aus *Légé* bewahrt:

Je r'çois la récompense
Qu'on donne aux plus vaillants.
Mais devant mon armée,
Noble envoyé du roi,
Ma parole est donnée
De ne porter de croix,
Qu'après que la Vendée
Qui combat comme moi,
Sera récompensée
Par les bontés du roi.

(*Légé*.)[3]

Allein die erwartete Hilfe aus England blieb aus, seine

---

[1] Bujeaud II, S. 111, 112. Nach J. Fleury: *Litt. orale de la Basse-Normandie* (Hague et Val-de-Saire) (S. 233) ist das obige Lied nach dem Muster eines älteren Liedes *Le siège de Mons* gedichtet, welches gegen das Ende des XVIII. Jahrhunderts noch populär sein mußte. An Stelle von Mons (Belagerung Ludwig XIV. i. J. 1691?) ist Montaigu, anstatt des Königs ist Charette eingesetzt. Vergl. in betreff dieser Umdichtungen auch in der Folge: *Chante, rossignol, chante.* [2] *Biographie nouvelle des Contemporains*, Paris 1821 (Bujeaud). [3] Bei Bujeaud II, S. 128.

Truppen, entmutigt, schmolzen mehr und mehr zusammen, verfolgt und geschlagen, fiel er bei *de la Chabottière* dem Feinde in die Hände. Am 29. März 1796 rief er den Soldaten, welche ihn zu erschiefsen kommandiert waren, selbst „Feuer!" zu.[1]

Die Freude der Gegner über diesen Sieg und die Hoffnungen, welche sich daran für die gedeihliche Entwickelung der Republik knüpften, haben in den bezeichnenden Strophen ihren Ausdruck gefunden:

> Français, chantons victoire,
> Il faut nous réjouir!
> Ne craignons plus la guerre,
> Ell' va bientôt finir,
> La paix est rétablie
> Parmi les Vendéens;
> Vive la république!
> Charette est dans nos mains.

> Ce traitre et ce parjure[2]
> Enfin est arrêté;
> Travot en a la gloire.
> C'est un vaillant guerrier,
> Et vous braves chasseures
> Vous avez partagé
> Ses travaux et sa gloire
> Moissonné des lauriers.[3]

> Le lâche et le fugitife,
> Se voyant attaqué,
> Promptement prend la fuite,
> Mais il est attrapé;
> Sur le champ de bataille
> Il se voit terrassé,[4]
> Et de tous ses esclaves
> Il est abandonné.

> Faux traître à la Patrie
> Va chercher les anglais;
> Les anglais sont à Londres
> Ils ne viendront jamais;
> Ils t'ont fait la promesse
> De venir débarquer
> Sur les côtes de France
> C'était pour t'amuser.

> Peuple de ces campagnes,
> Travaillez en repos,
> Il n'est plus cet infâme
> Qui causait tous vos maux.
> Aimez, cherchez la paix,
> Soyez républicains;
> Vive la république!
> Périss' tous les mutins.[5]

> (*Provinces de l'ouest.*)[6]

Mit der Freude der Republikaner an der Gefangennahme und dem Untergange *Charettes* verbindet sich leicht die Klage derselben Partei bei dem Tode des Generals *Hoche*, welcher, wie

---

[1] *Biographie nouvelle des Contemporains*, Paris 1821 (Bujeaud). [2] *ce traître et ce parjure* dieser meineidige Verräter. [3] *moissonné des lauriers* Lorbeeren geerntet. [4] *terrassé* niedergeworfen. [5] *mutin* Rebell, Aufwiegler. [6] Bujeaud II, S. 126, 127.

das Volkslied im Gegensatz zu der Geschichte annimmt, die Bürgerkriege in der *Vendée* glücklich zu Ende geführt haben soll.

> Citoyens, versez des larmes
> La république est en deuil,
> On voit réduit au cercueil [1])
> Un général plein de charmes,
> Ce brave républicain
> De nos droits fut le soutien.

Toujours devant son armée, / Bonaparte, mon confrère,
Ne craignant pas le trépas; / Je te fais tous mes adieux.
Il fut vaincu-z-au combat, / C'est fait,[3]) puisque dans ces lieux [4])
Faisant rendre la Vendée, / Mes yeux perdent la lumière,
Ramenant avec douceur / De chagrin ils sont en pleurs,
Un peuple induit en erreur. / Adieu, puisque je meurs.

Toi, brave général Hoche, / Généraux couverts de gloire,
Homme plein d'humanité, / Capitain's et lieutenants,
De grande sincérité, / Caporaux et vous sergents,
Va! ne crains point de reproches. / De moi vous aurez mémoire.
Faut-il à vingt-neuf ans / Mes regrets sont superflus,
Que tu sois un monument! / Adieu, vous n' me verrez plus.

Mon armé' de Sambre-et-Meuse, / Adieu, belle république,
Que j'aimais si tendrement, / Toi pour qui j'ai combattu;
Je te quitte maintenant, / Partout je fus résolu
Ma peine est bien douloureuse! / De battre les monarchiques,
Ah! quel horrible fléau [2]) / Mais n'y pouvant plus tenir,
Qui nous conduit au tombeau! / A la mort faut obéir.

(*Vendée.*) [5])

In den Liedern dieser Periode taucht mehrfach jener Name auf, welcher sich naturgemäfs auch in den Soldatenliedern findet, der Name *Bonaparte*. Das Volkslied setzt die Hoffnung auf ihn, er werde das durch die Stürme der Revolution verwüstete Frankreich schöner wieder aufrichten und dieses um so eher, da er sich bereits als einen bedeutenden Feldherrn gezeigt habe.

---

[1]) *cercueil* Grab, Tod.   [2]) *le fléau* die Geifsel.   [3]) *c'est fait* es ist vollendet.   [4]) *dans ces lieux* hienieden.   [5]) Bujeaud II, S. 189 ff.

Puisque la paix est faite
Il faut nous réjouir,
La France dévastée
Va bientôt fleurir;
  Ah! mais oui-dâ,[1])
Du Buonaparte on parlera.

Quoique c'est un jeune homme
Il a par son génie,
Pénétré jusqu'à Rome
Conquérant l'Italie,
  Ah! etc.

Dans toutes les batailles
Partout il fut vainqueur,
Poursuivant ces canailles
De la plus vive ardeur.
  Ah! etc.

Traversant les montagnes
Ainsi que les vallons,
La première campagne
Conquit tout le Piémont.
  Ah! etc.

Il prit Modène et Parme,
Et toute la Savoy',
Bravant le feu des armes.
Il les mit aux abois.[2])
  Ah! mais oui-dâ
Du Buonaparte on parlera.

A Mantoue il se porte,
Et toute son armée,
Cette ville si forte
Se vit bientôt bloquée.
  Ah! etc.

Ensuite au prince Charle
Il porte la terreur,
Par lettre[3]) il lui parle.
Ah! que Charle eut grand[4]) peur.
  Ah! etc.

Voyant tant de conquêtes,
L'empereure, dit-on,
Offrit, pour qu'il s'arrête,
Capitulation.
  Ah! etc.

Gravons dans not' mémoire
Ce généreux guerrier,
Il s'est couvert de gloire
Rapportant les lauriers.
  Ah! mais oui-dâ
Du Buonaparte on parlera.

(*Aunis, Marais poitevin.*)[5])

Von Interesse dürfte es wohl sein, mit diesen Liedern, in welchen *Napoleon* seine ruhmvolle Laufbahn eröffnet, die ihn schliefslich auf den Kaiserthron führte, jene Lieder zu vergleichen, in welchen in satirischer Weise jener grofsartige Feldzug gegen Rufsland behandelt wird, welcher die Machtentfaltung *Napoleons* krönen sollte, aber zu seinem Verderben ausschlug. Auch hier ist schon jener Zug zu bemerken, welcher sich später in den Kriegen *Napoleons III.* gegen Deutschland wiederholt, dafs Niederlagen als ein durch strategische Absichten bedingter Rückzug dar-

---

[1]) *oui-dâ*, fam. jawohl.   [2]) *mettre aux abois* aufs Äufserste treiben.
[3]) *par lettre* brieflich.   [4]) Vergl. Bd. I, S. 19 Anm. 4.   [5]) Bujeaud II, S. 129, 130.

gestellt werden. Die hohe Meinung, welche *Napoleon I.* von sich selbst hatte, spiegelt sich in jenem Verse wieder, in welchem der Dichter satirisch seine Verwunderung ausspricht, daſs dem groſsmächtigen Kaiser nicht wie Gott Wind und Wasser gehorsam sind. Der Schluſs kontrastiert dann seltsam mit dieser abgöttischen Verehrung, in der wir die Mehrzahl der Franzosen befangen sehen.

    Il était un p'tit homme
    Qui s'appelait le Grand
     En partant;
    Mais vous allez voir comme
    Il est rentré petit
     A Paris.
    Gai, gai, mes amis,
    Chantons le renom
    Du grand Napoléon.
     C'est le héros
    Des petites maisons.[1]

| | |
|---|---|
| Il court tout d'une haleine[2] | Il se met donc en route; |
| Et croit prendre à Moskou | Mais d'abord l'aquilon[5] |
|  Ce Pérou; |  Furibond |
| Mais ce grand capitaine | Souffle et met en déroute |
| N'y trouva, ventrebleu! | Soldats, chevaux, canons |
|  Que du feu. |  Et caissons.[6] |
| Gai, gai etc. | Gai, gai etc. |
| Que faire dans la ville | A bon droit on s'étonne |
| Où l'on voit les maisons | Qu'alors il n'ait pas fait |
|  En charbons? |  Un décret |
| Il n'est pas facile | Qui prolonge l'automne |
| D'y passer un hiver | Et supprime verglas[7] |
|  Au grand air.[3] |  Et frimas.[8] |
| Gai, gai etc. | Gai, gai etc. |
| Allons, faisons retraite, | Il quitte la Russie |
| Dit le guerrier penaud;[4] | Et plus rapidement |
|  Mais il faut |  Que le vent |
| Mettre dans la gazette | Sa Majestie transie |
| Que j'ai fait un savant | Revient incognito |
|  Mouvement. |  En traineau.[9] |
| Gai, gai etc. | Gai, gai etc. |

---

[1] *les petites maisons* das Tollhaus. [2] *tout d'une haleine* in einem Atemzug. [3] *au grand air* unter freiem Himmel. [4] *le guerrier penaud* der verdutzte, verblüffte Krieger. [5] *aquilon furibond* wütender Nordsturm. [6] *le caisson* Munitions-, Proviantwagen. [7] *verglas* Glatteis. [8] *frimas* Reif. [9] *le traineau* der Schlitten.

> O campagne admirable!
> Ses dessins sont remplis,
> Accomplis;
> Notre armée est au diable:
> Que n'en est-il autant
> Du brigand!
> Gai, gai, mes amis,
> Chantons le renom
> Du grand Napoléon
> C'est le héros
> Des petites maisons.    (*Champagne.*)[1]

Noch einmal ruft das Volkslied den Kaiser auf den Plan in jenem verhängnifsvollen Augenblicke, als die verbündeten Armeen in Frankreich einrücken und das Volk nur von dem Erscheinen *Napoleons* Rettung erwartet. Der Kaiser soll die einbrechenden Preufsen verjagen. Welche Achtung das preufsische Heer sich erworben haben mufs, geht schon daraus hervor, dafs der Kaiser an den Verlust seiner Krone glaubt, als er hört, die Preufsen rücken an. Wie seltsame Ideenkombinationen das Volk eingeht, ergibt sich ferner daraus, dafs der Kaiser seine Rettung von den Türken erhofft. Als auch diese Hoffnung sich als trügerich erweist, nimmt das Lied zum Verrate seine Zuflucht.

> Grand empereur, réveillez-vous,
> Car j'entends minuit qui sonne;
> Sortez prompt'ment de votre lit.
> Et sauvez vit' votre personne.
> J'entends les Prussiens.
> Qu'arriv' à grand train,
> Qui vien' sonner l' réveil matin.
>
> Ami Bertrand, que dis-tu là?
> Ah! que tous tes discours m'étonnent,
> Si les Prussiens rentr' dans Paris,
> Oui je la perdrai la couronne;
> Mais il faut espérer qu'un jour,
> La Turqui' me port'ra des secours.
>
> Si la Turqui' nous port' secours,
> Nous marcherons à la tête,
> Ce s'ra pour vaincre ou mourir,
> A la tête de l'ennemi.

---

[1] Tarbé V, S. 166 ff. — In d. Bretagne hiefs Nap.: *Tue-hommes* (Sébillot).

A Fontain'bleau l'empereur a-t-été,
Il croyait tout tranquille:
Il a trouvé que des tas de boulets,[1])
Et des bomb', aussi des obus;[2])
Dans ce temps-là l'empereur a connu
Qu' la France avait été vendu':

Fontainebleau, tu t'en repentiras
D'avoire trahi ma patrie;
A mon départ tu seras condamné',
A mon revient tu seras tout brûlé'.

L'empereur est bien revenu,
Mais il l'avait oublié.

Provinces de l'ouest.)[3])

In den Liedern, welche die **Wiederherstellung des Königtums** begleiten, ist es namentlich für unsere Zeit anziehend zu beobachten, wie dem Hause *Bourbon* im Gegensatz zu den Sprossen des Zweiges *Orléans* die Sympathien des Volkes gehören.

J' viens d'apprendre un' triste nouvelle
Qui m'a bien chagriné le cœur:
Il m'y faut partir tout à l'heur'
Pour aller servir Louis-Philippe,
Il m'y faut partir tout à l'heur'
Pour y servir ce grand voleur.

Si j' le sers, que l' diable m'emporte,
Ou bien donc il l'emportera!
Non, non! je n' le servirai pas,
Jamais je ne serai l'esclave.
J'aime mieux rester au pays
A soutenir les fleurs de lys.

La fleur de lys sur ma poitrine,
Le ruban vert à mon côté,
Desur ma tête il est gravé
Que je soutiens la couronne
Et l'on répétera sans fin
C'est la couronne d'Henri Cin.

(*Provinces de l'ouest.*)[4])

---

[1]) *un tas de boulets* ein Haufe von Kanonenkugeln.   [2]) *obus* (spr. -uce) Granate.   [3]) Bujeaud II, S. 97, 98.   [4]) Bujeaud II, S. 123, 124.

So singt ein *Chouan* des Jahres 1832, und die gleiche jetzt für immer begrabene Sehnsucht nach „*Heinrich* dem Vielgeliebten" spricht sich in einer *chanson chouanne* desselben Jahres aus, welche auch als Beispiel dienen mag, wie das allbekannte und allbeliebte Sehnsuchtslied *M'en revenant des noces*[1]) sich einem geschichtlichen Stoffe anpafst.

Chante, rossignol, chante,
Toi qui as le cœur gai,
  Ma dondaine,
Toi qui as le cœur gai,
  Ma dondé.

Le mien est bien triste,
Car il est affligé,
  Ma dondaine,
Car il est affligé,
  Ma dondé.

Je pleure Charles disse
Qui vient de s'embarquer,
  Ma dondaine,
Qui vient de s'embarquer,
  Ma dondé.

Il reviendra peut-être
Pour nous reconsoler,
  Ma dondaine,
Pour nous reconsoler,
  Ma dondé.

Il ramèn'ra peut-être
Henri le bien-aimé,
  Ma dondaine,
Henri le bien-aimé,
  Ma dondé.

Et les bonnes princesses
Viendront l'accompagner,
  Ma dondaine,
Viendront l'accompagner,
  Ma dondé.

Nous descendrons la nippe,[2])
Le drapeau bigarlé,[3])
  Ma dondaine,
Le drapeau bigarlé,
  Ma dondé.

Nous descendrons le coq,
Faudra le fricasser,
  Ma dondaine,
Faudra le fricasser,
  Ma dondé.

Et nous mettons en place
Le drapeau blanc flotter,
  Ma dondaine,
Le drapeau blanc flotter,
  Ma dondé.

Ça s'ra pas pour nous autres,
Craint' d'être empoisonnés,
  Ma dondaine,
Craint' d'être empoisonnés,
  Ma dondé.

---

[1]) Vergl. Bd. I, S. 116, 117 u. S. 117 Anm. 3.   [2]) *descendrons la nippe* lassen wir den Lappen herunter; *nippe*, pop. Ausdruck für getragene Wäsche. [3]) *le drapeau bigarlé* die Trikolore; *bigarlé = bigarré* bunt; in der Bretagne heifst ein gesprenkelter Ochse *un bœuf garel* (Bujeaud).

> C'est pour ces Sans-culottes
> Qui n'ont rien à manger,
>   Ma dondaine,
> Qui n'ont rien à manger.
>   Ma dondé.
> (Provinces de l'ouest.)¹)

Nach dem Königtum die Revolution, nach der Revolution das Kaisertum — dies der Kreislauf der Dinge, der sich in der Mitte unseres Jahrhunderts in Frankreich wiederholte.

Vergessen waren die Opfer, welche *Napoleon I.* seinem Lande geschlagen:

> Non, jamais sur la terre
>   On n'verra
> Un pareil homme de guerre
> A ce p'tit lapin-là...²)
> (Champagne.)³)

In diesen Worten spricht sich die unverhohlene Bewunderung für den Kaiser aus, dessen Thaten sich von dem unthätigen Königtum, welches ihm folgte, nur um so heller abhoben. Wie wenig denn auch für das Volk der Kaiser gestorben war, ergiebt sich daraus, dafs dasselbe bei der Thronbesteigung *Napoleons III.* glaubte, *Napoleon I.* habe seinen Platz wieder eingenommen, nachdem er der Gefangenschaft der Engländer entflohen sei.⁴) Es ist bekannt genug, wie der Neffe sich die Legende seines grofsen Ahnen zu nutze machte. — Auch aus seiner Regierungszeit ist uns eine Erinnerung an seinen populärsten Feldzug, den Krimkrieg, in einem Volksliede aus *Béarn* erhalten geblieben.

Bei dem Soldatenliede haben wir mehrfach darauf hingewiesen, wie „die Mädchen in Uniform" einen Lieblingsgegenstand des Volksliedes bilden. Auch die Mädchen Südfrankreichs trugen sich zu jener Zeit mit der Neigung, „den Unterrock", wie der Volksdichter sich ausdrückt, „mit dem bunten Rock" zu vertauschen. Scherzhaft schildert uns der Dichter, wie Sebastopol vor dem Ansturme dieser modernen Amazonenschar erzittern

---

¹) Bujeaud II. S. 141. 142.  ²) *Petit lapin* wie *petit Caporal*, Beinamen Napoleons im Volksmunde; *lapin* eig. Karnickel.  ³) Marelle a. a. O. S. 305.
⁴) Bujeaud II. S. 98.

werde..., ihre Hoffnung, nach erfochtenem Siege mit dem Kreuze der Ehrenlegion geschmückt zu werden, wird bitterlich getäuscht. Der Kaiser erinnert sie an ihre ländliche Bestimmung, indem er ihnen statt des erträumten Kriegerschmuckes die hausbackene Kartoffel verleiht.

> Les jeunes filles des environs
> Vont quitter les jupes;
> Elles vont prendre les pantalons,
> Pour combattre,
> Les ennemis battre.
> Quel beau régiment on formera
> Avec ces jeunes filles de vingt ans!

> Les Béarnaises en ce moment
> Sont de ce même sentiment;
> Les Basquaises en sont aussi
> Même les Landaises.
> Et de plus les Bordelaises.
> Elles commencent de se mettre au pas,
> Elles assurent qu'elles ne reculeront pas.

> Depuis Paris jusqu'à Bordeaux,
> Elles disent qu'elles vont partir au plus tôt.
> Sébastopol tremblera bientôt.
> Quand aux frontières
> On verra de telles guerrières,
> Qui vont s'élancer comme en un vol
> A l'assaut[1]) de Sébastopol.

> En arrivant au haut d'un vallon
> Elles entendirent tonner le canon.
> Le commandant était un démon;
> Il commence à se battre
> Comme un diable à quatre;
> Il fait des prodiges de valeur:
> Toutes gagnent la croix d'honneur.

> Ces jeunes filles vont revenir,
> Il faudra les respecter;
> L'empereur va les décorer
> Avec une pomme de terre.
> En revenant de la guerre
> Elles auront accompli leur projet:
> Il faut leur signer le congé.
> (*Béarn.*)[2])

Damit sind wir hart an die Schwelle der Gegenwart gerückt. In unserer aller Erinnerung lebt der grofse Krieg, welchen *Napoleon III.* mit Deutschland führte — er endete mit dem Sturze des Kaisertums in Frankreich und der Errichtung des Kaisertums in dem geeinten Deutschland. Ein französisches Volkslied zur Charakterisierung dieses Kampfes steht uns nicht zu Gebote, wohl aber ein deutsches, das weltbekannte *Kutschke*-lied, in französischem Gewand. Es mag gestattet sein, dieses Lied in *Marelles*[3]) Übertragung hier einzufügen.

---

[1]) *l'assaut* der Ansturm. [2]) Cénac-Moncaut S. 423, 424. [3]) Marelle a. a. O. S. 300, 301; M. selbst schiebt zwar sehr geschickt Jacques Bonhomme (Sammelname für das französische Landvolk) vor.

Qu'est-c' qui grouill' là¹) dans le buisson?
Je crois que c'est Napoléon.
Qu'est-c' qu'il a donc à grouiller là?
Chaud! camarad's, la chasse à ça!

Voyez ces rouges pantalons | Entendez-vous le bruit qu'ils font
Rangès là-bas en bataillons. | Avec leurs mams'ell's leurs canons?
Qu'est-c' qu'ils ont donc à s' ranger là? | Qu'ont-ils donc à fair' tout c' bruit-là?
Chaud! camarad's, allons voir ça! | Chaud! camarad's, rabattons ça!

Napoléon, Napoléon,
Ton affaire est claire, mon bon.
Chaud! camarad's, et patatras!²)
Tout l'emp'reur'rie est à bas!

Überblicken wir noch einmal den Inhalt der Soldaten- wie auch der geschichtlichen Lieder, welche in den vorhergehenden Abschnitten mitgeteilt wurden, so müssen wir bekennen, dafs das Volk, im Gegensatz zu den herrschenden Kreisen, nur in seltenen und dann erklärlichen Fällen einen wirklichen Rassenhafs zeigt. Wir haben eine solche Erscheinung nur bemerkt als Ausflufs eines Jahrhunderte währenden Kampfes zwischen England und Frankreich, bei welchem Frankreich durch seinen Feind hart an den Rand des Verderbens gedrängt war, so dafs es sich fast um das Aufhören der eigenen Nationalität handelte. Jedoch auch hier haben wir in einem bemerkenswerten Liede gesehen, wie dieser Hafs im Laufe der Zeit einer versöhnlicheren Stimmung Platz gemacht hat.

In diesem hartnäckigen Kampfe gegen Frankreich haben wir Deutsche unsere germanischen Brüder abgelöst. Seit mehr denn einem Jahrhundert haben Franzosen und Deutsche sich diesseits und jenseits des Rheines auf blutgetränkten Schlachtfeldern getroffen. Als Ergebnis dieser feindlichen Begegnungen sehen wir, dafs diejenigen Völker, welche vermöge ihrer gegenseitigen Ergänzung zu gemeinsamer, friedlicher Kulturarbeit bestimmt erscheinen, sich als Erbfeinde betrachten, in Waffen-

---

¹) *qu'est-ce qui grouill'* etc. was kraucht denn da etc. ²) *patatras* pop. = pardauz. — Einen Karlistensang (1877) s. Vinson, *Pays basque*, 122.

rüstung starren und von französischer Seite wenigstens nur des
Momentes harren, um über den Gegner herzufallen. Hoffen
wir — wenn auch unser Geschlecht es nicht mehr erleben sollte —
dafs einst der Tag kommen wird, wo der Hafs verschwindet,
den Frankreich jetzt unzweifelhaft gegen uns hegt und *la belle
France*, welche jetzt den „*franc traître allemand*" weit von sich
weist, spricht:

> Embrassons-nous, embrassons-nous, mon cher Allemand,
> Puisqu'il nous faut vivre ensemble, il faut qu'on s'entend'!

# Balladen.

> L'analogie des chansons sera un jour une des faces de l'art les plus curieuses à étudier....
> (*Champfleury, Préf.*)

> Je m'en vais à bocage...
> Où ferai pénitence...
> Plus n'aimerai ces filles...
> Mais servirai Marie...
> (*Le chevalier de Toggenbourg.*)

> A la première plonge
> Il n'y a rien trouvé.
> A la seconde plonge
> L'anneau a brindillé,
> A la troisième plonge
> Le chevalier fut noyé.
> (*Le plongeur.*)

> „O beau galant, si vous venez,
> Je mettrai flambeau pour enseigne...
> (*Héro et Léandre.*)

> Le mort prit la parole,
> Lui disant: Marchons à table.
> Je viens avec toi souper,
> Comme tu m'y as invité...
> (*Don Juan.*)

> Allez madame, allez-vous en prier,
> Car voici l'heure où bientôt faut mourir.
> (*La Barbe-Bleue, Le Comte de Saulx.*)

# IX. Balladen.

Analogie der Balladen bei den verschiedensten Völkern. — Ritter *Toggenburg*. — *Des Kreuzfahrers Weib*; — *Jousseaume*. — *Der Taucher*. — *Hero und Leander*. — *Don Juan*. — *Marianson*. — Ritter Blaubart (*Clotilde, Le Comte de Saulx*). — Übergang in die Märchen und Sagen. —

Da das Lied leicht in die Ballade übergeht, so haben wir in den vorhergehenden Abschnitten, — namentlich ist dieses bei dem Soldaten- und bei dem Geschichtlichen Liede geschehen, vielfach in das Gebiet der Ballade hinübergegriffen, Balladen, wo es sich zwanglos ergab, an die Volkslieder angereiht. Mehrfach haben wir hierbei die Bemerkung machen können, dafs eine Reihe von Balladen nicht blofs e i n e m , sondern einer Anzahl von Völkern angehören; gerade auf diesen Umstand wollen wir in diesem, der Ballade speziell gewidmeten Kapitel hinweisen, an einigen charakteristischen Beispielen zeigen, wie auch Frankreich berufen ist, an seinem Teile beizutragen zu der Bekräftigung jener Ansicht, dafs im Volksliede, und namentlich in den Balladen, ein allen Volkspoesien g e m e i n s a m e r Schatz verborgen liege.[1]

Wenn *Nigra*[2] in seinen Untersuchungen über die Volkspoesie von *Piemont* die Ansicht vertritt, dafs der celtolateinischen Rasse ein gemeinsamer Balladenschatz eigen sei, und auf die Provence als auf die Ursprungsstätte dieser Gemeinsamkeit hindeutet, so soll die Wahrheit, welche in diesen Worten

---

[1] Vergl. auch Puymaigre Préf. S. XIII ff. [2] Bei Puymaigre S. XV u. XVII.

liegt, nicht bestritten werden; doch wollen wir nicht unterlassen, darauf hinzudeuten, dafs nicht blofs die innige Berührung der Völker in einer gewissen Zeit der Ausbreitung bestimmter Stoffe günstig ist, sondern dafs ein tieferer Grund für diese Allgemeinheit der Stoffe vorliegen mufs. Wie sollen wir es erklären, dafs sich in den Dichtungen eines *Burns* Anklänge an altägyptische, drei Jahrtausende zurückliegende Gesänge finden, dafs Lieder, welche die französischen Republikaner des Jahres 1793 sangen, sich decken mit griechischen Schlachtgesängen, dafs gleichfalls in Griechenland sich wiederfindet der berühmte Reim in *Lenore:* „Die Toten reiten schnell".[1]

Wenn *Schiller* einmal sagt: „Was sich nie und nirgends hat begeben, das allein veraltet nie," so läfst sich zur Erklärung der Allgemeinheit bestimmter dichterischer Stoffe sagen: auch das veraltet nie, was sich stets und überall begeben. Es gibt eben gewisse Stoffe, und besonders ist die Balladenlitteratur reich daran, welche so alt sind wie die Welt, welche sich zu allen Zeiten und bei allen Völkern ereignen können und auch wirklich ereignet haben und die daher auch zu verschiedenen Zeiten und bei den verschiedensten Völkern ihre dichterische Gestaltung erfahren haben, im Kerne gleich, in der Ausführung, je nach dem Charakter der verschiedenen Volksstämme, leichten Veränderungen unterworfen.

Zu jenen Stoffen, welche auch für uns, infolge der dichterischen Behandlung eines unserer gröfsten Dichter, ein weitergehendes Interesse beanspruchen können, gehört die Ballade vom Ritter *Toggenburg*, welche uns zurückversetzt in jene Zeiten, da unglückliche Liebe Vergessen im Kampfe für das heilige Grab und Ruhe im Kloster zu finden hoffte. Besonders verbreitet ist dieses Lied im Elsafs wie in Lothringen, in der *Bretagne* wie an den Ufern des Rheines;[2] doch entspricht die Lesart, welche *Puymaigre* aus dem *Pays messin* (*Vernéville*) gibt, weniger dem Bilde, welches wir uns von *Toggenburg* und der

---

[1] Champfleury Préf. S. VI, VII.   [2] Puymaigre S. 87 Note.

Dame seines Herzens entwerfen. Wenn auch *Puymaigre* diese Ballade ausdrücklich mit *Schillers Toggenburg* vergleicht,[1]) so stellt sich das Lied aus *Vernéville* vielmehr als ein Seitenstück zu jenem Soldatenliede heraus, in welchem der heimkehrende Krieger die Geliebte ihrem Gelübde als Nonne abtrünnig zu machen weifs,[2]) während hier die Geliebte dem Klostergelübde treu bleibt und dadurch des Geliebten Herz bricht.

> Celle-ci déplorait son sort,
> Disant: — Si je suis détenue,[3])
> C'est moi seule qui l'ai voulu,
> C'est moi seule qui en est l'auteur.
>
> Le galant d'une humeur très-froide,
> Lui dit: — Donnez-moi votre doigt;
> Mon anneau d'or je vous le donne
> Comme marque de ma foi.
> Je n'aimerai plus personne,
> La belle, souvenez-vous de moi.
>
> La belle ayant reçu l'anneau,
> Son cher amant est tombé mort.
> Quelle tristesse pour sa maitresse!
> Celle-ci déplorait son sort.
> Disant: — Si je suis détenue,
> C'est moi seule qui l'ai voulu,
> C'est moi seule qui en est l'auteur.
>
> (*Vernéville.*)[4])

Aus den angeführten Strophen, welche das Lied, im Gegensatze zu dem früher mitgeteilten Soldatenliede, **tragisch** abschliefsen, ergibt sich doch unzweifelhaft, dafs auch auf Seiten der Nonne Liebe vorhanden ist, dafs nur das Klostergelübde über die Herzensregungen triumphiert, — für Ritter *Toggenburg* ist aber gerade die unglückliche Liebe seinerseits das Charakteristische. Ich teile daher als französisches Seitenstück in Gegensatze zu *Puymaigre* lieber ein altes, bei *Haupt-Tobler* aufgeführtes Lied mit, welchem ich zur Vergleichung mit der bekannten deutschen Ballade die Nachdichtung von *Bartsch* beigebe.

---

[1]) S. die französische Nachdichtung von Schillers Ballade: Anhang IV.
[2]) Vergl. Bd. II, S. 59. [3]) *détenue gefangen gehalten.* [4]) Puymaigre S. 36; vergl. das ähnliche deutsche Lied: die Nonne, bei Georg Scherer: die schönsten deutschen Volkslieder, II. Aufl. S. 2, 3.

| | |
|---|---|
| Gente fleur de noblesse | Du holde Adelsblüte, |
| Où mon cueur se ressort, | Der ganz gehört mein Herz. |
| Par vostre gentillesse | O gib durch Deine Güte |
| Donnez moy reconfort. | Mir Trost in meinem Schmerz. |
| Vostre amour si me blesse | Ach! Deine Liebe machet |
| Nuyet et jour si tres fort, | Bei Tag und Nacht mich wund, |
| Vous m'y tenez rudesse; | Und grausam immer lachet. |
| Las, vous avez grand tort. | Wie unrecht ist's! Dein Mund. |
| | |
| Vous estes belle et gente | Du bist so schön und allen |
| Pour gens de bien servir | Stets freundlichen Gesichts; |
| Et avez la science | Weifst jedem zu gefallen, |
| De les entretenir. | Wenn Du mit einem sprichst. |
| D'une chose vous prie, | Nun fleh' ich um das eine, |
| S'il vous vient à plaisir, | Mög' es nach Wunsch Dir sein: |
| C'est que soyez m'amye, | Mein Liebchen, sei die Meine, |
| Et seray vostre amy. | Und ich bin ewig Dein. |
| | |
| „O chevalier, beau sire, | „Herr Ritter, abzustehen |
| Pour dieu, deportez vous. | Fleh' ich, bei Gott, Euch an, |
| En toute compaignie | Weil Euer Liebesflehen |
| Vous me priez d'amours. | Ich nicht erhören kann. |
| Vous aymez sans partie. | Ihr liebt mich, doch erwidern |
| Sachez en verité; | Kann ich die Liebe nicht; |
| Se aultrement disoye,¹) | Es hiefs' Euch selbst erniedern, |
| Vous seriez abusé." | Lög' ich Euch ins Gesicht." |
| | |
| Je vous cuidoys²) tenir, belle, | Ich wähnte meine Liebe, |
| Pour ma dame par amours, | O Schöne, Euch zu weihn, |
| Sans vous estre rebelle, | Und mit getreuem Triebe |
| Mais vous servir tousjours. | Eu'r Diener stets zu sein; |
| Vous fussiez ma maistresse | Wähnt' Herrin Euch zu nennen, |
| Et fusse vostre servant: | Euch dienend treu und stet; |
| Mais j'aperçoy, la belle, | Doch nun mufs ich erkennen, |
| Que m'allez refusant. | Dafs Ihr mein Herz verschmäht. |
| | |
| Je m'en voys³) en la guerre | In fremde Lande gehen |
| En estrange pays, | Will ich nun in den Krieg, |
| Loing de mes amourettes, | In meiner Feinde Nähe |
| Pres de mes ennemys, | Und fern von meinem Lieb. |
| Abandonner ma vie, | Mag leben oder sterben. |
| Pour vivre ou pour mourir, | Mein Leben geb' ich hin, |
| Pour l'amour de vous, belle, | Kann ich Euch nicht erwerben, |
| Dont je ne puis jouyr. | Der ich treu eigen bin. |

---

¹) *Se aultrement disoye* = *si autrement disais*.  ²) *cuidoys* = *cuidais* (*cuider*), veraltet = glauben, wähnen.  ³) *voys* = *vais*.

| | |
|---|---|
| „O chevalier, beau sire, | „Herr Ritter brav und bieder, |
| Ne vous courroucez pas, | O zürnet nicht mit mir, |
| Quant viendrez de la guerre, | Kehrt Ihr vom Kriege wieder, |
| Repassez par deça; | Dann geht vorüber hier. |
| Manderay à mon pere | Der Mutter und dem Vater |
| Et à ma mere aussi, | Entbieten will ich's dann, |
| Et ce qu'ilz en diront, | Und was sie werden raten, |
| Je le tiendray à dit." — | Da halt' ich mich daran." |
| Je m'en voys à boucaige | Ich will mich fort begeben |
| Là sus au boys ramé, | Wohl in den grünen Hain, |
| Où feray penitence, | Darin als Büfser leben, |
| Car il m'est enchargé. | Es kann nicht anders sein; |
| Plus n'aymeray ces filles, | Will nie ein Mädchen lieben, |
| Elle m'ont abusé, | Sie trieben mit mir Scherz, |
| Mais serviray Marie, | Will nur Maria dienen, |
| C'est la mieulx à mon gré. | Danach verlangt mein Herz. |

(*Chanson pop.*)[1]

Mit dem vorhergehenden Liede hängt, wenigstens der Zeit nach, eng zusammen die folgende Ballade von des Kreuzfahrers Weib. Auch sie berührt ein uns bereits von dem Soldaten- wie von dem Geschichtlichen Liede her bekanntes Thema, die Rückkehr des Gatten zu seinem treu harrenden Weibe; allein ein wesentlicher Unterschied von allen bisher mitgeteilten Liedern waltet doch insofern ob, als die Unbill, welche der zurückgelassenen Herrin seitens der Anverwandten zugefügt wird, hier als neues Moment hinzutritt. Wie gerade dieses Thema, dafs der Heimkehrende sein Weib, die als Herrin zu befehlen berechtigt ist, gleich einer Magd mit niedrigen Arbeiten beschäftigt findet, auch bei uns in der Gudrunsage sich wiederholt, ist bekannt genug. Erst die treue Fürsorge des Gatten befreit sie aus ihrer niedrigen Stellung und setzt sie in ihre Rechte wieder ein.

In der Lesart der *Bretagne* ist es der Bruder, welcher die verheiratete Schwester so schimpflich behandelt:

---

[1] Haupt-Tobler aus alten Handschriften (1535) S. 55. 56; deutsch von K. Bartsch, Alte franz. Volkslieder S. 73. 74.

## Das Weib des Kreuzfahrers.

So lang im Krieg ich bin, zu dem ich jetzund zieh',
Wem gäb' mein süfses Weib ich wohl zu hüten hie?
„Wollt Ihr's, so bring't sie nur zu mir, o Schwager mein,
Ich lafs sie im Gemach bei meinem Fräulein sein.

Ich lafs sie im Gemach bei meinem Fräulein sein,
Im Ehrensaal bei Frau'n, das mag ihr Lust verleihn;
In einem Napfe kocht die Speise man für sie
Und an denselben Tisch sie setze sich allhie."

Es war gar schön zu schaun von Fauet[1]) dort am Schlofs,
Da war der Hof gefüllt von Edlen und von Trofs;
All' trugen rote Kreuz' und ritten grofse Pferd';
Sein Banner jeder trug und nach dem Herrn begehrt.

Der Ritter war nicht fern, eh' weit vom Schlofs er kam,
Sein Weib bereits darin manch hartes Wort vernahm:
„Werft ab das rote Kleid und nehmet eins von Lein,
Geht auf die Heide fort und hütet Schafe fein."

Mein Bruder, ach, verzeiht! was hab' ich Euch gethan?
Im Leben nahm ich noch der Schafe nie mich an.
„Habt Ihr im Leben noch gehütet Schafe nie,
Da ist mein langer Speer, Euch hüten lehr' ich sie!"

Drauf nichts als weinen that sie sieben Jahre lang,
Als sieben Jahr' herum, einmal sie endlich sang.
Ein junger Rittersmann, der eben kam vom Heer,
Ein sanftes Stimmlein hört, vom Berge tönt es her.

„Mein kleiner Knappe, halt! des Rosses Zügel nimm,
Dort auf dem Berge hör' ich eine Silberstimm';
Ein süfses Stimmlein schallt mir nieder in das Thal.
Vor sieben Jahren hört' ich es zum' letztenmal.

Hei, junge Magd vom Berg! Heil sei mit Dir! Glück zu!
Du hielt'st wohl gutes Mahl! so freudig singest Du."
Ja freilich, gutes Mahl; Dank sei's dem lieben Gott!
Hab' nur gegessen hier ein kleines Stückchen Brot.

— —

[1]) Fauet, grofses Dorf, zwei Stunden von Kemperlé (Quimperlé) in der Bretagne. Die Herren dieser Besitzung spielen mehrfach eine Rolle in der bretagnischen Volkspoesie; vergl. Villemarqué I, S. 113.

„Sag an, Du schöne Maid, die Schafe hütet hier!
In jenem Schlosse wohl bekomm' ich ein Quartier?"
Ja wohl, mein edler Herr! Gut Lager ist im Schlofs,
Und auch ein schöner Stall, zu stellen drein das Rofs.

Ein gutes Flaumenbett zum Ruhen trefft Ihr dort,
So hatt' ich's auch einmal, als noch mein Mann nicht fort.
Nicht in der Krippe ward mein Lager da gemacht,
Nicht in des Hundes Napf mein Essen mir gebracht.

„Wohin, mein liebes Kind, wohin Dein Mann denn ging?
An Deiner Hand, ich seh's, da blinkt ein Hochzeitsring."
Mein Mann, o edler Herr, der ist beim Heer und kriegt;
Er hatte blondes Haar, so blond, wie Eures fliegt.

„Und hatt' er blondes Haar, so blondes Haar wie ich,
Bin ich's vielleicht nicht selbst? Komm schnell, betrachte mich!"
Ich, Deine Frau, Dein Weib, Dein Schatz Dich wieder fand!
Ja wohl, ich bin die Frau von Fauet zugenannt.

„So lafs die Herde gehn und komm zum Schlofs mit mir;
Ich strebe eilig hin, mich treibt der Rache Gier. —
Glück zu, mein Brüderlein! Glück zu und Heil sei Dir!
Wie geht es meinem Weib, Dir anvertraut von mir?"

Recht tapfer noch und schön; setz' Dich, o Bruder mein!
Sie wird nach Kemperlé wohl mit den Damen sein.
Sie ging nach Kemperlé, ein grofses Fest ist dort,
Wenn sie zurücke kommt, Du triffst sie hier am Ort.

„Du lügst! Du schicktest sie wie eine Bettlerin,
Im ärmlichen Gewand zum Herdenweiden hin.
Bei Deinen Augen, ja, Du sprichst ein Lügenwort!
Da ist sie, an der Thür; hörst Du sie schluchzen dort?

Verbirg die Schande nur! fort! pack Dich! weiche hin!
Dein Herz ist bosheitsvoll, Du trägst gar niedern Sinn;
Wär' meines Vaters nicht, hier meiner Mutter Haus,
Ich triebe mit dem Schwert die Seele Dir heraus."

(*Bretagne.*) [1]

Ausführlicher, dramatisch belebter und vielfach auch packender ist das gleiche Thema in einer Ballade aus *Poitou* behandelt.

Hier ist es die Mutter, welche das zurückgelassene Weib ihres Sohnes, *Jousseaume*, unwürdig behandelt und ähnlich der Mutter in *Germaine* die Ehre der Schwiegertochter dem heim-

---

[1] Villemarqué I, S. 115 ff.; deutsch von Keller u. Seckendorff S. 36 ff.

kehrenden Ritter preisgeben will. Aber nicht blofs an diese Ballade werden wir erinnert, sondern auch an *Aschenbrödels* hartes Los und *Genovevas* herbes Schicksal. *Jousseaumes* junger Sohn wird nur durch einen treuen Diener vor dem sichern Tode errettet.

> L'an premier de nos noces,
> Il vint un mandement;
> C'est d'aller à la guerre,
> Servir le roi Constant.¹)

Mais ma femme elle est grosse,
Je ne puis la quitter;
Va, va, mon fils Jousseaume,
Ta femm' la soignerai.

La men'rai à la messe,
Avec moi quand j'irai,
Sur les fonds de baptême,
Ton enfant le tiendrai.

Quand Jousseaum' fut en guerre,
En guerre au loin rendu,
Ses promesses, sa mère
A n' les a pas tenu'.

Lui a-t-ôté les bagues,
Les bagues, les draps d'or,
Lui a donné la touaille,²)
L'a-t-envoyé aux prots.³)

La bell' fut sept années,
Sans rire ni chanter;
Au bout de sept années,
S'est prise à tant chanter.

De sept lieues à la ronde.
Jousseaum' l'a-t-entendu :
C'est la voix de ma blonde,⁴)
Beau page, l'entends-tu?

Oh! da! Bonjour, protière,
A vous et à vos prots!
Bonjour, mes gentilshommes,
A vous, à vos chevaux !

O dis-moi donc, protière,
Ne vas-tu pas dîner?
Nenni,⁵) mon gentilhomme,
J' n'ai pas déjeuné.

O dis-moi donc, protière.
Voudrais-tu m'en donner?
Nenni, mon gentilhomme,
N'en sauriez pas manger.

J' n'ai qu' du pain d'aveine,⁶)
Pas cuit et pas salé,
Les chiens de ma bell'-mère
N'en veulent pas manger.

---

¹) Bujeaud (II, S. 222 Note) glaubt in dem vom Volke zum König erhobenen Constant den Grafen Conan (Constant des Gleichklanges wegen) der Bretagne wiederzufinden, mit welchem sich die Jousseaumes, die Herren von Poitou, zu gemeinsamem Kriegszuge verbunden hatten. ²) *la touille* grobes Umschlagetuch der Hirtinnen gegen Unbill der Witterung (fehlt in Sachs-Villatte). ³) *prots* (fehlt in Sachs-Villatte) = *dindon* Truthahn. Da die Truthähne jedoch erst im XV. Jahrhundert eingeführt wurden, die Ballade aber weit früher entstanden ist, so haben wir es hier mit einer späteren Version zu thun. Bujeaud hält denn auch den in einer früheren Lesart gefundenen Ausdruck *piron* = *oison* Gänschen für den ursprünglichen. ⁴) *ma blonde* = mein Schatz. ⁵) *nenni* nein. ⁶) *pain d'aveine* (= *avoine*) Haferbrot.

Jousseaum' tâte à sa poche,
Michette¹) a-t-accroché:
Tenez, p'tite protiére,
Vela pour déjeuner.

O dis-moi donc, protiére,
Ne vas-tu pas veni'?
Nenni, mon gentilhomme,
N'est pas encore nuit.

O faut bé qu'i travaille,
Avant de m'en aller,
N'ai pas fini m'a qu'noille,
Et n'ai pas bucheillé.²)

O dis-moi donc, protiére,
Pourrais-tu m'y loger?
A ma bell'-mére traitre
Allez le demander.

Bonjour, madam' l'hôtesse,
Pouvez-vous m'y loger?
Oui-dà, mon gentilhomme,
J' ve logerai bé.

Quand Jousseaum' fut à table,
A table pour souper,
Demande un' demoiselle,
Pour avec lui coucher.

Ne donne point mes filles,
Pour avec vous coucher,
Prenez la p'tit' protiére,
Dans le coin dau fouer.³)

Jousseaum' se lèv' de table,
A-t-été l'embrasser;
Connais-tu pas, la belle,
Ton époux bien aimé?

Lavour⁴) sont i' les bagues,
Que je t'avais baillé',⁵)
Il y a sept ans, la belle,
Quand je m'en suis-n-allé?

Ta mère, bonne mère,
A' me les a-t-ôté',
A ta sœure l'aînée,
A' les a fait porter.

Lavour sont i' les robes
Que je t'avais baillé',
Il y a sept ans, la belle,
Quand je m'en suis-n-allé?

Ta mère, bonne mère,
A' me les a-t-ôté,
A ta sœur la cadette
A' les a fait porter.

Lavour est la portée,⁶)
Que je t'avais laissé',
Il y a sept ans, la belle,
Quand je m'en suis-n-allé?

Ta mère, bonne mère,
Aux prots a' l'a jeté';
Notre bon valet Pierre,
Il l'a bien ramassé'.

L'a portée à l'église,
Il l'a fait baptiser.

— — — — — —
— — — — — —

Valet, ô valet Pierre,
Quel nom li as tu donné?
C'est le nom de Jousseaume,
Que je li ai donné.

Valet, ô valet Pierre,
Cherche à t'y marier,
Ta fortune elle est faite,
Tu peux t'en assurer.

Si vous n'étiez ma mère,
Je vous ferais brûler,
Mais comm' vous êt' ma mère,
Je vas vous étrangler.

(*Poitou.*)⁷)

---

¹) *michette* (v. *miche*) Laibchen Brot. ²) *bucheillé* Holz gekleint(?). ³) *dau fouer* = *du four*. ⁴) *Lavour* = *où*. ⁵) *bailler* = *donner*. ⁶) *la portée*, derb für Kind; *portée* eigentl. Tracht (von Hunden). ⁷) Bujeaud II, S. 215 ff.

Zu den verbreitetsten Stoffen der französischen Volksballaden gehört der **Taucher**, welcher in den verschiedensten Provinzen, in sehr verschiedener Färbung, sich wiederfindet, bald anklingt an *Schillers* weltbekannte Ballade, bald uns die Quelle gibt für *Uhlands* schöne Dichtung: Die Königstochter, bald erinnert an *Heines* verführerische *Loreley*. Besonders in den westlichen Provinzen, *Saintonge*, *Aunis* und *Poitou*, wie an den Ufern der *Loire* verbreitet, ist die Ballade vom Taucher nicht minder bekannt in der *Champagne* wie in der *Normandie*, wo sie nach dem Zeugnisse *Beaurepaires*[1]) an den Küsten der Bai von *Mont-Saint-Michel* zu seiner Zeit (1856) noch gesungen ward. Doch tritt in der französischen Ballade mehr die **Schöne** in den Vordergrund, um derentwillen der Taucher sein Leben läfst, und die Lieder sprechen demnach von der „Königin *Léonore*", oder der „Tochter des Königs von Spanien", oder einer „Fee", die dem Geliebten an Stelle seiner *Nanon* erscheint. Rasch spielt sich die Handlung zwischen dem Taucher und der Maid, als den einzig Beteiligten, ab; König und Hofstaat fehlen, wie der im voraus bestimmte Preis, welcher dem Kühnen in der Hand der Königstochter werden soll.

Schlicht und einfach, aber nicht ungünstig kontrastierend zu den feurigen Versen *Schillers*, führt uns das Lied der *Normandie* die anziehende Begebenheit vor.

Auf der Brücke zu *Nantes* — hier stimmt seltenerweise einmal der Eingang des Liedes zu dem folgenden Inhalte — trifft der Bursch die weinende Schöne, die den Verlust ihres Ringes beklagt, welcher in den Fluten versank. Mitleid erfafst den Kühnen — wohl ist er nahe daran, das Kleinod zu erfassen, aber als er zum dritten Male niedertaucht, verschwindet er für immer in den Wellen.

> C'est sur le pont de Nantes,
> Vogue,[2]) beau marinier, vogue,
> M'y allant promener,
> Vogue, beau marinier.

---

in Verbindung mit Note S. 222. Die Jousseaumes waren ein edles Geschlecht aus Poitou; urkundlich erscheinen sie im XIV. Jahrhundert, der letzte stirbt nach der Gazette de France i. J. 1788.

[1]) Beaurepaire S. 12(?)  [2]) *vogue* segle, treibe.

| | |
|---|---|
| En mon chemin rencontre | Le galant se dépouille,[2] |
| Une fille éplorée.[1] | A la mer s'est jeté. |
| Ah, qu'avez-vous, la belle, | Au premier coup qu'il plonge, |
| Qu'avez-vous à pleurer? | Du sable a rapporté. |
| Je pleure mon anneau d'or, | Au second coup qu'il plonge, |
| A la mer qu'est tombé. | L'anneau d'or a touché. |

Au troisième coup qu'il plonge,
Le galant s'est noyé.[3]

Rührend ist die klagende Frage des Mädchens: „Warum mufstest Du um meinetwillen untergehen?" — Wenn auch nicht im Leben, so will sie doch im Tode mit ihm vereint sein, und mit jener Naivität, welche nur dem Volke eigen ist, beseelt sie den Leblosen, läfst sich von ihm den Dolch reichen und stöfst ihn sich mit sicherer Hand ins Herz.

La belle qu'est en fenêtre
Ell' se mit à pleurer.

| | |
|---|---|
| Faut-il pour une fille | Prêtez-moi votre dague[4] |
| Que tu te sois noyé? | Pour couper mon lacet.[5] |

Et quand elle eut la dague,
Vogue, beau marinier, vogue,
Au cœur s'en est donné.
Vogue, beau marinier.

(*Normandie*.)[6]

Unzweifelhaft stellt sich dieser Schlufs, welchen wir absichtlich von dem sonstigen Inhalte der Ballade loslösten, als ein späterer Zusatz heraus. Nicht nur, dafs die erste Strophe, welche so wenig der Situation entspricht, sich ähnlich auch in anderen Liedern, z. B. in dem muntern Sang von der kleinen *Jeannetton* wiederfindet,[7] sind die Schlufsverse unzweifelhaft den Verführungsliedern entnommen; denn in diesen gibt sich die Maid mit dem listig errungenen Dolche den Tod, um der Schande zu entgehen.[8] Auch schliefst in keiner der übrigen Lesarten die Ballade mit dem Tode des Mädchens ab. — In der Lesart

---

[1] *éploré* ganz in Thränen. [2] *se dépouiller* die Kleider abwerfen. [3] *s'est noyé* ist ertrunken. [4] *la dague* der Dolch. [5] *le lacet* der Schnürsenkel. [6] Zuerst mitgeteilt im *Bulletin de la langue* 1863 No. 4; dann Beaurepaire S. 54; Haupt-Tobler S. 29. [7] Bd. I, S. 68. [8] Bd. I, S. 145 u. Bd. II. S. 50.

der *Champagne* endet sie, wie am natürlichsten, mit dem Tode des Kühnen:

> La troisièm' fois qu'il plonge,
> Son amant s'est noyé,
> Son amant s'est noyé.
>    Sur le bord de l'île,
> Son amant s'est noyé,
>    Sur le bord de l'eau.
>
>                 (*Champagne*.)[1]

Diese Variante ist zugleich dadurch interessant, dafs sie ein Hineinragen der Verführungslieder in die Ballade vom Taucher auch in ihrem ersten Teile zeigt; denn die dreifsig Burschen, welche die am Strande lustwandelnde Prinzessin durch den melodischen Gesang des Jüngsten unter ihnen in ihre Barke zu locken wissen, erinnern doch deutlich an jene Schiffer, welche, wie wir gesehen, gleichfalls die Schöne durch Schmeichelrede oder Gesang in ihr Schiff ziehen und sie zu berücken versuchen.[2]

> C'était la fille d'un prince,
> Bon matin s'est levé,
> Bon matin s'est levé,
>    Sur le bord de l'île,
> Bon matin s'est levé,
>    Sur le bord de l'eau.

> Elle aperçut un' barque,     La chanson que vous dites,
> Trente garçons dedans,     Voudrais bien la savoir,
> Trente garçons dedans,     Voudrais bien la savoir,
>    Sur le bord de l'île,        Sur le bord de l'île,
> Trente garçons dedans,     Voudrais bien la savoir,
>    Sur le bord de l'eau.        Sur le bord de l'eau.

> Le plus jeune des trente     Entrez dans notre barque,
> Chantait une chanson,     Nous vous l'apprenderons,
> Chantait une chanson,     Nous vous l'apprenderons,
>    Sur le bord de l'île,        Sur le bord de l'île,
> Chantait une chanson,     Nous vous l'apprenderons,
>    Sur le bord de l'eau.        Sur le bord de l'eau.

> Quand la bell' fut en barque,
> Elle se mit à pleurer,

---

[1] Champfleury S. 215.    [2] Vergl. Bd. I, S. 144 ff.

> Ell' se mit à pleurer,
>   Sur le bord de l'île.
> Ell' se mit à pleurer,
>   Sur le bord de l'eau.
>
> (*Champagne.*) [1]

Mit der Frage des jüngsten nach dem Grunde ihrer Thränen und dem Hinweis der Schönen auf den verloren gegangenen Ring geht das Lied in die Ballade vom Taucher über. Von neuem zeigt sich hier, wie leicht es dem Volke fällt, zwei verschiedene Stoffe zu einem neuen Gebilde zusammenzuschweifsen. Zur Unterstützung dieser Ansicht, dafs die Ballade vom Taucher dem ersten Teile des Verführungsliedes gewissermafsen auf- oder angesetzt ist, verweisen wir auf die Lesart aus *Grandlieu*, deren erster Teil, wie *Bujeaud* berichtet.[2] an die Ballade *La ville des sables* erinnert.

> Falira la la.                    Falira la la.
> Ne craignez rien, la belle,      Mon bateau est d'ivoire,[3]
> Falira dondé,                    Falira dondé,
> Venez vous promener.             Sa voile est argentée.
>
> Quoique la nuit soit noire,
>   Le Lac est éclairé
> Par vos beaux yeux, la belle,
>   Quand vous me regardez.
>
> (*Loire-Inférieure, Grandlieu.*) [4]

Auch hier endet das Lied in der tragischen Weise des Tauchers. Allein der Dichter, welcher die Lieder zu neuer Einheit fügte, schaltete ein Mittelglied ein, gleich als hätte er die Härte des Überganges empfunden. Die Schöne, ihr Schicksal ahnend, wirft, um die Gedanken des Entführers abzulenken, ihren Ring in den tiefen See. Damit ist die Überleitung zu dem zweiten Teile gegeben.

In einer von *Chamisso*[5] aus *Paris* an *Fouqué* mitgeteilten

---

[1] Champfleury S. 215. [2] Bujeaud II, S. 165; die genannte Ballade ist mir unbekannt geblieben, bei B. findet sie sich nicht. [3] *d'ivoire* von Elfenbein. [4] Bujeaud II, S. 165. [5] Chamisso sandte die Ballade im Jahre 1810 an Fouqué, also in dem gleichen Jahre, in welchem auch Uhland auf der Pariser Bibliothek für seine Abhandlungen zur Geschichte der Dichtung und Sage arbeitete.

Lesart wird die Prinzessin näher als eine spanische Königstochter bezeichnet. Bekanntlich ist dieses die gleiche Ballade, welche Uhland[1]) zu seiner Nachdichtung „die Königstochter" begeisterte.

Das Lied versetzt uns zurück in jene Zeiten, da des Königs Töchter sich nicht für zu gering hielten, die Wäsche im Meere zu spülen. In Thränen bricht die königliche Maid aus, als sie ihren Ring in den Wellen verliert. „Einen Kufs, wer ihn mir wiederbringt" — ein köstlicher Lohn; aber der ihn erringen wollte, errang der „Welle Kufs".[2])

| | |
|---|---|
| La fill' du roi d'Espagne | Des Königs von Spanien Tochter |
| Veut apprendre un métier. | Ein Gewerb zu lernen begann: |
| Elle veut apprendre à coudre, | Sie wollte wohl lernen nähen. |
| A coudre ou à laver. | Waschen und nähen fortan. |
| | |
| A la première chemise | Und bei dem ersten Hemde, |
| Que la belle a lavé, | Das sie sollte gewaschen han, |
| L'anneau de la main blanche | Den Ring von ihrer weifsen Hand |
| Dans la mer est tombé. | Hat ins Meer sie fallen lan. |
| | |
| La fille était jeunette, | Sie war ein zartes Fräulein: |
| Ell' se mit à pleurer. | Zu weinen sie begann. |
| Par delà il y passe | Da zog des Weges vorüber |
| Un noble chevalier. | Ein Ritter lobesan: |
| | |
| Que me donn'rez, la belle? | Wenn ich ihn wiederbringe, |
| Je vous l'aveinderai.[3]) | Was gibst Du Schöne dann? |
| Un baiser de ma bouche | Einen Kufs von meinem Munde |
| Volontiers je donnerai. | Ich nicht versagen kann. |
| | |
| Le chevalier se dépouille, | Der Ritter sich entkleidet: |
| Dans la mer est plongé; | Er taucht ins Meer wohlan |
| A la première plonge | Und bei dem ersten Tauchen |
| Il n'y a rien trouvé. | Er nichts entdecken kann. |
| | |
| A la seconde plonge | Und bei dem zweiten Tauchen, |
| L'anneau a brindillé,[4]) | Da blinkt der Ring heran: |
| A la troisième plonge | Und bei dem dritten Tauchen |
| Le chevalier fut noyé. | Ist ertrunken der Rittermann. |
| | |
| La fille était jeunette, | Sie war ein zartes Fräulein: |
| Ell' se mit à pleurer; | Zu weinen sie begann. |
| Ell' s'en fut chez son père: | Sie ging zu ihrem Vater: |
| Je ne veux plus d' métier. | Will kein Gewerb fortan. |
| | (*Chanson pop.*)[5]) |

---

[1]) Vergl. S. 141 Anm. 5.   [2]) Bezeichnung eines neuen Gemäldes von G. Wertheimer; eine Seejungfrau zieht den Schiffer mit einem Kusse in das

In der Lesart von *Angoumois* und *Saintonge* ist die Ballade zum Liede geworden und demgemäfs auch mehr im einzelnen ausgeführt. Der muntere Ton, den der Sang durch das stetig wiederkehrende *falira la la — falira dondé* erhält, bildet, wie schon mehrfach bei der Volkspoesie bemerkt, den ausgleichenden Gegensatz zu dem tiefernsten Inhalte des Stoffes.

>Falira la la, (bis)
>La fill' du roi d'Espagne, (bis)
>Falira dondé, (bis)
>Veut apprendre un métier. (bis)

Falira la la,
Quel métier veut-ell' prendre,
Falira dondé,
De coudre et de filer.

Falira la la,
De couler la lessive,[1]
Falira dondé,
La couler, la laver.

Falira la la,
Dans l' jardin de son père,
Falira dondé,
Il y a un douet.[2]

Falira la la,
Du premier coup qu'elle frappe,
Falira dondé,
Son badras[3] a cassé.

Falira la la,
Du second coup qu'elle frappe,
Falira dondé,
Son anneau a coulé.

Falira la la,
La belle se désole,
Falira dondé,
Ell' se met à pleurer.

Falira la la,
Par le chemin passe,
Falira dondé,
Un jeune cavalier.

Falira la la,
O qu'avez-vous, la belle,
Falira dondé,
Qu'avez-vous à pleurer?

Falira la la,
L'anneau de ma main droite,
Falira dondé,
Dans la mer est tombé.

Falira la la,
Que me donnerez-vous, belle,
Falira dondé,
Que je l'accrocherais.[4]

Falira la la,
Un baiser de ma bouche,
Falira dondé,
Et deux si vous voulez.

Falira la la,
Du premier coup qu'il plonge,
Falira dondé,
L'anneau a ferliné.[5]

feuchte Element. [1] *aveindre* suchen. [2] *brindiller* blinken. [3] Chamisso V, S. 279; bei Haupt-Tobler S. 78, 79. — Deutsch von Uhland Gedichte und Dramen. Volksausgabe Bd. II, S. 335, unter den altfranzösischen Gedichten.

[1] *couler la lessive* die Wäsche ablaugen. [2] *douet*, eig. Spülnapf, dann in ausgedehnterem Sinn = *lavoir*, Ort zum Waschen. [3] *badras* = *battoir* Waschbleuel. [4] *accrocher* holen. [5] *ferliné* gab metallischen Klang.

| | |
|---|---|
| Falira la la, | Falira la la, |
| Du second coup qu'il plonge. | Jamais, jamais, la belle. |
| Falira dondé, | Falira dondé, |
| Le galant s'est noyé. | N'a pu se r'consoler. |

(*Angoumois, Saintonge.*)[1]

Einen wesentlich verschiedenen Charakter von den bisher mitgeteilten Liedern, welche in dem Verlaufe ihrer Handlung doch eine gewisse Gleichförmigkeit zeigen, trägt nun die Lesart aus *Bas-Poitou*; sie erinnert ebensowohl an *Heines Loreley* wie an das Abenteuer der kleinen *Jeanneton*, als sie Brunnenkresse holte.

Wie die schöne *Loreley* auf dem Rheinfelsen die vorüberfahrenden Schiffer mit ihren Reizen zu bestricken weifs und diejenigen dem sichern Tode weiht, welche ihrem Sirenengesange folgen, so wird auch der Held des folgenden Liedes durch eine Seejungfrau bethört, welche auf einem hohen Felsen ihre Klagen erschallen läfst. Er glaubt in der melodischen Stimme der Sirene seine geliebte *Nanon* zu erkennen, welche sein Herz, wie der Kehrreim kraftvoll und eindringlich wiederholt, „in festen Banden hält".

> Là-haut sur ces rochettes,
> Y a-t-un' fille à pleurer,
> C'est la voix de ma maitresse,
> J' vais la reconsoler.
> J'aim'rais toujours ma Nanon,
> Qui tient mon cœur en prison.

In jener stereotypen Weise, die uns aus der Unterredung der kleinen muntern *Jeanneton* mit den drei „Kavalieren", welche sie aus dem Brunnen ziehen wollen,[2] bereits bekannt ist, erfahren wir den Grund der Thränen der vermeinten *Nanon*, wie nicht minder das Versprechen, welches sie dem Herbeieilenden gibt, wenn er die goldenen Schlüssel ihres Vaters, die sie im Meere verloren, wieder auffischt.

| | |
|---|---|
| Oh! qu'avez-vous, la belle, | Que donneriez-vous, la belle, |
| Qu'avez-vous à pleurer? | Que j'irais les chercher? |
| Les clefs d'or de mon père, | Mes amours, lui dit-elle, |
| Dans la mer sont tombé'. | Pêchez, si vous voulez. |

[1]) Bujeaud II. S. 163. 164.  [2]) Vergl. Bd. I. S. 66 ff.

Hier setzt die eigentliche Ballade vom Taucher in der hinlänglich bekannten Form wieder ein. Als der Kühne zum dritten Male niedertaucht, verschlingt ihn das Meer zur Freude der Sirene, zum Schmerze seiner *Nanon:*

> N'y a ni poissons ni carpes,
> Qui n'en aient pas pleuré.
> N'y a que la sirène
> Qui a toujours chanté,
> J'aim'rai toujours ma Nanon
> Qui tient mon cœur en prison.

| | |
|---|---|
| N'y a que la sirène. | Chante, chante, sirène. |
| Qui a toujours chanté. | T'as moyen de chanter. |
| Chante, chante, sirène. | Tu as la mer à boire. |
| T'as moyen¹) de chanter, | Mon amant à manger. |
| J'aim'rai toujours ma Nanon | J'aim'rai toujours ma Nanon. |
| Qui tient mon cœur en prison. | Qui tient mon cœur en prison. |

> Tu as la mer à boire
> Mon amant à manger...
>                                                           (*Bas-Poitou.*)²)

Die Ballade vom Taucher leitet uns hinüber zu jener nicht minder berühmten und weit verbreiteten **See- und Schwimmballade** von *Hero* und *Leander*, wie wir sie typisch bezeichnen wollen. Es wird schwer, wenn nicht gar unmöglich sein, diesen Stoff bis auf seine letzte geschichtliche Quelle zurückzuverfolgen. Wenn auch *A. W. Grube* in seinen deutschen Volksliedern³) sowie nach ihm *Alexander Reifferscheid*⁴) in seinen Anmerkungen zu den von ihm herausgegebenen Westfälischen Volksliedern, gleichzeitig über das griechische Altertum hinaus, nach Indien deuten und in dem Liebespaar *Hir* und *Ránika* Vorgänger von *Hero* und *Leander* erblicken, so hat doch *Reinhold Köhler*⁵) in seiner Anzeige der Volkslieder *Reifferscheids* auf Grund authentischer Quellen nachgewiesen, daſs das Schicksal des indischen Liebes-

---

¹) *T'as moyen* = Du hast Grund, Ursache.   ³) Bujeaud II. S. 160 ff.
²) A. W. Grube S. 39.   ⁴) Westfälische Volkslieder in Wort und Weise, herausgegeben von Dr. Alexander Reifferscheid. Heilbronn 1879, S. 127.
⁵) Anzeiger für Deutsches Altertum und deutsche Litteratur, Bd. VI, 1880. Anzeige von R. Köhler S. 266.

paares mit dem des griechischen in keinerlei Beziehung stehe. Ebensowenig möchte ich *Grube* beistimmen, wenn er darauf hindeutet, dafs Deutschland das Mutterland sei für die weit verbreitete Ballade neuerer Fassung, die unter dem Titel „Die beiden Königskinder" hinlänglich bekannt ist. Mag diese Anschauung auch eine gewisse Berechtigung aus dem Umstande schöpfen, dafs die genannte Ballade sich in ähnlicher Form in Deutschland wie in der Schweiz, in Holland, Dänemark und Schweden wiederholt, so läfst doch der Hinweis auf die weite Verbreitung dieser Ballade auch in Ländern romanischer Zunge wie in Ungarn und selbst im Wendischen [1]) darauf schliefsen, dafs wir es hier gleichfalls mit einem jener Stoffe zu thun haben, der auf einem Begegnis beruht, das überall sich ereignen kann und mehrfach sich auch ereignet hat, wo widrige Verhältnisse die Liebenden scheiden und ein reifsendes Wasser die Vereinigung scheinbar unmöglich macht. Allein wie Ströme die Völker verbinden, so auch die Liebenden. So berichtet *Meier von Knonau*[2]) wie auch *Rochholtz*,[3]) dafs in der Schweiz mehrfach der Liebende zu seinem am entgegengesetzten Ende des Sees wohnenden Liebchen hinübergeschwommen sei; nicht immer war das Glück dem Kühnen hold, oft endete die Schwimmfahrt in der tragischen Weise von *Hero* und *Leander*.

Eine ähnliche Begebenheit teilt *Marquiset*[4]) aus einer alten französischen Chronik mit:

Das Thal von *Loue* bildete ehemals einen See. Auf der einen Seite erhob sich das Schlofs der Herren von *Clairrent*, auf der entgegengesetzten das der *Montbarry*, die ähnlich feindlich gesinnt sein mochten, wie das Haus der *Capuletti* und der *Montecchi*; denn der Herr von *Clairrent* verweigerte seinem Töchterchen *Euriette* die Verbindung mit dem armen Ritter *Loys Montbarry*. Da seiner Tochter Thränen dem Vater zeigten, dafs ihr Herz von Liebe getroffen, so warf er sie in einen dunklen Turm. — Mit Hilfe des Feuers höhlte *Loys* einen Eichenstamm aus und durch-

---

[1]) S. die anziehende und wohl erschöpfendste Zusammenstellung bei Reifferscheid S. 127—130. [2]) Grube S. 39. 40. [3]) Marquiset, *Statistique de l'arrondissement de Dôle*, t. II, p. 171, nach Dusillet: *Chronique inédite de Frédéric Barberousse* (Rolland, Alm. pop. 1882, S. 68, 69).

maſs in dunkler Nacht den See. Ein Feuer, welches die Amme *Euriettens* entzündet hatte, leuchtete ihm auf seiner gefährlichen Bahn. Durch die Gitter des Turmes küſste dann *Loys* die Hand seiner Geliebten, und beglückt kehrte er nach Schloſs *Montbarry* zurück. Wie in den norddeutschen Balladen „eine falsche Nonne", in der schwedischen Ballade „ein falscher Mensch" die Kerze auslöscht, so hier die falsche Amme, welche habgierig, wie die *dueñas* der spanischen Novellen, die Liebesflamme nicht mehr unterhält, als sich *Loys'* Börse erschöpft zeigt.

Das Schiffchen fährt auf den Grund, *Loys* ertrinkt. Nach einigen Tagen stirbt auch *Euriettens* Vater und die Tochter schwört, *Loys* tot oder lebendig zu finden. Sie läſst den See ab und findet den entstellten Leichnam des Geliebten. *Euriette* bewahrt dem Toten ewige Treue; sie erbaut eine Kapelle, in welcher sie in der Folge an der Seite ihres Geliebten beigesetzt wird.

Die den Hauptmomenten dieser Erzählung entsprechenden Balladen finden sich in drei charakteristischen Varianten, einmal in der Umgegend von *Lorient*, der *Franche-Comté* und *Poitou*, ferner im *Jura*, endlich in *Malavillers* im *Pays messin*.

Bezeichnend ist für die erste Gruppe, welche einen Nachhall in *Uhlands* ergreifender Ballade vom nächtlichen Ritter[1] gefunden, daſs nicht ausdrücklich auf das trennende Wasser hingewiesen wird. Die Balladen sprechen nur von dem Turm, in welchen die Geliebte von dem grausamen Vater geworfen wird; sie zu treffen, macht sich der Liebende auf. Während in der Lesart aus *Lorient* gerade die Hauptstelle fehlt und wir im Dunkeln bleiben, ob die Fackel, welche die Geliebte entzündet, wirklich erlischt, erhellt aus der Lesart von *Poitou*, daſs, im Gegensatz zu allen sonst bekannten Lesarten, die Fackel die ganze Nacht hindurch geleuchtet hat. Ob dieses auch die ursprüngliche Lesart, bleibe dahingestellt; sicherlich erhöht das Verlöschen der Fackel die tragische Wirkung der Ballade wie ihre einheitliche Gestaltung; es fehlt sonst der Schlüssel für das herbe Leid, das die Liebenden betroffen.

---

[1] Uhland Ged. und Dramen Bd. II. S. 100.

## Le flambeau d'amour.

(*Poitou, Franche-Comté.*)

Qui veut savoir une chanson?
C'est d'un garçon et d'une fille:
Son père la fait mettre en la tour,
De peur qu'on lui fasse l'amour.

Son beau galant qui était là,
Ses yeux qui lui fondaient en larmes:
‚Bell', si j' savais où est la tour,
J'irais vous y voir nuit et jour.'

„O beau galant, si vous venez,
Je mettrai flambeau pour enseigne,
Quand le flambeau s'ra-t-allumé,
Beau galant, vous arriverez."

Mais quand ce fut sur les minuits,
Que le flambeau d'amour s'allume,
Il a bien brûlé jusqu'au jour…
Beau galant vint pas à la tour.

Mais quand ce fut au matin jour,
La bell' se met à la fenêtre:
Regarde en haut, regarde en bas,
Et voit son amant au trépas.[1]

„O beau galant, t'y voilà là,
Celui pour qui mon cœur soupire,
S'il n' faut qu' les trois quarts de mon sang,
Pour ressusciter mon amant.

Avec la point' de mon couteau
Je me percerai une veine,[2]
Mon sang coulerait à grands flots,
Nous nous unirions au tombeau.
(*Poitou.*)[3] Var.: (*Franche-Comté.*)[4]

(*Lorient.*)

C'était une jeune fille de quinz' ans,
Et quelque chose davantage.
Son père l'a mise dans une tour,
De peur qu'elle aurait fait l'amour.

Son cher amant qui était par là,
Baissait les yeux baignés de larmes:
‚Si je savais où est la tour,
Bell', j'irais te voir tous les jours.'

„Mon cher amant, si vous venez,
Je mettrai flambeau pour enseigne,
Quand le flambeau sera-t-allumé,
Il sera temps de vous approcher."

Entre les onz' heur' et minuit,
Le beau flambeau d'amour s'allume
— — — — — — — — — —[5]

L'amant a cherché jusqu'au jour
Sans pouvoir trouver le pied de la tour.

Environ les cinq heur' du matin
La bell' a mis la tête en fenêtre;
Ell' regardait du haut en bas;
Ell' voit son amant au trépas.[1]

„Avec la point' de mes ciseaux,
Je percerai un' de mes veines,
Je laisserai mon sang couler.[3]'
Pour sauver la vie de mon bien-aimé,
Je laisserai couler[4] mon sang,
Pour sauver la vie de mon cher amant."
(*Environs de Lorient.*)[5]

---

[1]) au trépas im Verscheiden: dieser Vers ist zugleich der einzige, der sich wiederfindet in Uhlands Ballade vom nächtlichen Reiter (Bd. II, S. 100):

> Als ich drauf am frühen Morgen
> Bebend blickte vom Altane,
> Blieb mir nichts von ihm zu schauen,
> Als sein Blut, für mich gelassen.

[2]) *percer la veine* die Ader öffnen. [3]) Bujeaud II, S. 186, 187. [4]) Rathery. Moniteur 26. August 1853: unter dem Titel *le val d'amour*; vergl. auch Noëls

In den sonst dem gleichen Thema gewidmeten Balladen tritt der Strom oder das Meer zwischen die Liebenden. In wenigen, aber markigen Strichen zeichnet uns die Lesart aus *Dôle* (*Jura*) den rasenden Sturm, der sich erhebt, als der Liebende die gefährliche Fahrt zu der Geliebten antritt. Nicht Himmel, nicht Leuchte schaut der Kühne. Seinen Nachen zerschellen die Wellen, ihn selbst schleudern sie tot an den Fuſs des Turmes.

> Hel amant, si vous y venez,
> J'y mettrai flambeau pour enseigne.
> Tant que le flambeau durera
> Jamais l'amour ne finira.

Le bel amant s'est embarqué
Parmi les eaux, parmi les ondes,
A mis le pied sur le bateau,
N'a plus vu ni ciel, ni flambeau.

La mer flottant l'a enlevé
Parmi les eaux, parmi ses ondes;
La mer a repris son courroux,
L'envoye mort au pied de la tour.

Et quand la belle s'est éveillée
Qu'elle mit la tête à la fenêtre,
Regarde en haut, regarde en bas,
Elle vit son amant au trépas.

Cruelle chose d'aimer
Quand on n'a pas ce qu'on aime!
Hier au soir j'avais un amant,
Je n'en ai plus présentement.

Je m'en irai parmi les bois,
J'y ferai comme la tourterelle;
Je m'en irai finir mes jours
Comme mon amant a fini ses amours.

Avec la pointe de mes ciseaux
Je percerai une de mes veines,
Je ferai couler de mon sang
Pour ressusciter mon amant.

(*Dôle*, *Jura*.)[1]

In kurzen, ergreifenden Zügen schildert uns die Ballade aus *Mallavillers* (*Pays messin*) das tragische Schicksal der Liebenden. Eigen berühren uns in diesem Liede die moralischen Betrachtungen, mit denen der Volksdichter die Begebenheit gewissermaſsen umrahmt. Man sollte meinen, die Treue wäre dem Franzosen ein unbekannter Begriff, wenn man sieht, wie der Dichter dies Beispiel der Treue bis in den Tod benutzt, um dem lebenden Geschlechte einen Spiegel vorzuhalten.

---

*et Chants pop. de la Franche-Comté* S. 87, No. 21.   [5] Fehlen bei Rolland, s. Anm. 7.   [6] Man beachte die kreuzweise Stellung.   [7] Rolland, *Almanac des trad. pop.* 1882, S. 66, 67.
[1] Marquiset, *Statistique de l'arrondissement de Dôle* II. S. 152, bei Rolland 1882, S. 676.

Jadis auprès d'Arles[1]
Vivaient deux amants.
Ce qu'est bien rare en France,
Ils étaient constants.

Voilà qu'un père barbare
S' t'aperçut de leur feu.
Mit sa fille en cage;
Les v'là séparés.

L'amant z'à la nage
Veut causer d'amour.
V'là l' torrent qu' l'entraîne,
C'est son dernier jour.

Auprès de la tourelle[2]
Où qu' la belle gémit,
Coule une rivière,
Faut en tirer profit.

Ne pouvant plus vivre
Après ce malheur
La belle éplorée
Dans l'eau s'est jetée.

Exemple bien rare;
En France à présent,
J' connais bien des filles
Qui n'en feraient pas tant.

(*Pays messin. Malavillers.*)[3]

Von diesen Balladen, welche die treue Liebe, wie uns das letzte Lied lehrt, geradezu predigen, gehen wir zu dem vollen Gegensatz, zu *Don Juan* im Volksliede über, dem treue Liebe ein leerer Wahn ist, dem nichts mehr heilig ist, selbst nicht die Ruhe eines Toten. Damit sind zugleich die beiden Richtungen gekennzeichnet, welche in diesem Charakter zum Ausdruck gelangen. Wenn es einen Stoff gibt, welcher der Weltlitteratur angehört, so ist es die Sage vom *Don Juan*, und wohl würde es der Mühe lohnen, denselben zum Gegenstande einer Einzeluntersuchung zu machen.[4]

Ursprünglich in Spanien als Niederschlag einer wahren Begebenheit in Legendenform erzählt, ward der gleiche Stoff zu Anfang des siebzehnten Jahrhunderts von *Tirso di Molina* zu einem Drama verarbeitet, dem eine zahlreiche Nachkommenschaft erblühte. Italien und Frankreich bemächtigten sich des Stoffes,

---

[1] *Arles*, franz. Stadt an der Rhonemündung. [2] *la tourelle* Dimin. von *la tour*. [3] Puymaigre S. 41, 49. [4] Ansätze hierzu: Moland, Oeuvres de Molière Don Juan, Baudissin, Molières Lustspiele Bd. II, Vorwort VII, S. XXIII—XXXVIII; Dr. Reifsig: Molière und sein Don Juan S. 54—66, Ed. Engel: Don Juan in Blumenthals N. Mon.-Hefte 1876 S. 438.

und zu *Molières* Zeit ward *Don Juan* in drei Sprachen, spanisch, italienisch und französisch, in *Paris* gespielt und begeisterte *Molière* zu einem eigenen Werke; doch hat sich in seinem *Don Juan* das religiöse Moment zu gunsten der Charakterschilderung verflüchtigt. *Molières Don Juan* ist ein französischer Kavalier, äufserlich glänzend, innerlich hohl, der Vertreter jener Kavaliere, welche durch ihre mafslose Verschwendung Frankreichs Wohlfahrt untergruben und in der Revolution ihr endliches Strafgericht fanden. — Auch die germanischen Länder haben sich diesen wirkungsvollen Stoff nicht entgehen lassen; seine vollendetste musikalische Ausprägung erhielt *Don Juan* in *Mozarts* melodienreicher Oper, während *Byron* den gleichen Stoff episch verarbeitete und *Grabbe* die vollendeten Gegensätze des tiefinnerlichen, übersinnlichen und des sinnlichen, sich über alles Heilige hinwegsetzenden Menschen in seinem Drama *Faust und Don Juan* vergeblich zu vereinigen suchte.

Als eine Ergänzung zu dieser reichen Litteratur mag es dienen, dafs wir Erinnerungen an *Don Juan* auch in der französischen Volksdichtung finden. Wenn auch das erotische Moment im Eingange der Ballade wie an ihrem Schlusse nur leicht gestreift wird, so weisen doch die Verspottung des Toten, die übermütige Einladung an denselben wie das Ende des Frevelnden durch den Besuch des Toten unverkennbar auf die *Don Juan*-Sage hin. Nicht ausgeschlossen hierbei bliebe, dafs die Erinnerung an *Don Juan*, welche in Frankreich, wie übrigens überall, durch Puppenspiel und Marionettentheater wach erhalten wurde, sich mit einer wirklichen Begebenheit mischte und so zu der Entstehung der folgenden, höchst merkwürdigen und ganz vereinzelt dastehenden Ballade beitrug.

Venez, jeunesse mondaine,
Pour entendre la vérité,
L'histoire qui vient d'arriver
Dedans la ville de Reims.
C'est d'un jeune libertin,
Vous en verrez la triste fin.

Un jeune homme ayant famille,
Nou, je n'en dis pas le nom,
D'une bonne condition,
Bien honoré dedans la ville,
S'avisa, par un jour gras,[1])
D'y faire un malheur, hélas!

---

[1]) *par un jour gras* an einem Karnevalstage.

Un jour, à ses camarades
Voulant...
Disant qu'il voudrait courir
Drôlement en mascarade,
Qu'il voudrait aller chercher
La tête d'un trépassé.¹)
Ses amis bien au contraire,
En blâmant fort son dessein,
Disaient que c'était inhumain,
Que c'était téméraire,
Qu'il aurait très-grand tort
D'aller insulter les morts.

Mais il ne fait que d'en rire.
Dedans le même jour, au soir,
Dans le cimetière il fut voir.
Il en prend une; sans rien dire
Il s'en retourne chez lui,
Et il l'arrange ainsi:
Il allume deux chandelles
Tout droit dedans les deux joues,
S'enveloppe d'un drap blanc,
On aurait dit z'un revenant.²)

Il parcourt parmi la ville
Faisant de grands hurlements,³)
Faisant peur à bien des gens.
Grands, petits, hommes, femmes et
 filles,
Chacun s'ensauva chez lui,
Voyant ce fantôme affreux.

Quand n'y eut plus de lumière,
Vers les onze heures ou minuit,
Il s'en retourna chez lui.
Passant auprès du cimetière,
Rejeta la tête ainsi,
En lui disant: Mon amie,
Demain, pour ta récompense
De t'avoir tant fait courir,
Je te conjure de venir
Souper avec moi, sans doutance.¹)
Viens donc si tu veux:
Nous boirons un coup nous deux.

Après cette belle affaire
Il s'en fut tout droit coucher
Sans frémir, ni sans penser
A ce qu'il venait de faire.
L'a dormi jusqu'au matin
Sans se souvenir de rien.
Mais le lendemain au soir
Le mort n'a pas manqué;
Lorsqu'il est à son souper,
Le mort qui vient le trouver.

Le mort pour se faire entendre,
Frappa trois petits coups.

La servante va pour ouvrir.
Sitôt qu'elle a t'aperçu cette carcasse²)
 effroyable
L'a tombée morte en fermant.
La porte à ce revenant...
Le mort pour se faire entendre
Frappa de nouveau trois fois.
La mère ne sachant pourquoi
Que la fille a fait tant attendre,
Elle s'en va pour y ouvrir.
Là, elle tomba morte aussi.
Le garçon voyant que sa mère
N'y revenait pas non plus,
S'en fut d'un pas résolu;
Les voyant toutes deux à terre.
Mais il fut bien étonné
Quand il vit ce trépassé.

Le mort prit la parole,
Lui disant: Marchons à table.
Je viens avec toi souper,
Comme tu m'y as invité...
Le garçon plein de frayeur,
Obligé de se coucher.
Ce fantôme auprès de lui,
Jugez s'il a bien dormi!...

La servante, aussi la mère
Ont revenu dans leur esprit.²)
Voyant ce fantôme au lit,
Passant la nuit en prières,
Priant bien dévotement
Que Dieu délivre son enfant.

---

¹) *le trépassé* der Tote.  ²) *le revenant* der Geist.  ³) *hurlements* Geheul.

| | |
|---|---|
| Une fièvre violente | ...Il est mort le jour des Cendres.[3] |
| S'est emparée du garçon. | Justement dans les huit jours |
| Le médecin de renom | Que le mort, par son discours |
| N'en savait rien comprendre. | Lui avait bien fait comprendre. |
| L'a justement en le temps | ...L'exemple doit toujours toucher |
| De recevoir les sacrements... | Tout garçon débauché.[4] |

(*Pays messin, Val de Metz.*)[5]

In der Tragödie von *Othello* hat *Shakespeare* die unseligen Folgen ungegründeter Eifersucht geschildert. Auch der französischen Volksballade fehlen ähnliche Stoffe nicht und der hingeopferten *Desdemona* steht die nicht minder unglückliche Schlofsherrin *Marie Anson* gegenüber.

Einige Geschichtsschreiber der *Normandie* knüpfen an das verfallene Schlofs von *Alençon*[6] die Erzählung, dafs einer seiner Herren, auf falschen Verdacht hin, sein treues Weib zu einem grausamen Tode verurteilt habe. An den Schweif eines Pferdes gebunden, ward sie durch den weiten Park des Schlosses gehetzt. Mit gebrochenem Leib, dem die Seele indes noch nicht entflohen, ward sie vor den als Mönch verkleideten Gatten gebracht, der nun das Bekenntnis ihrer Schuld zu vernehmen hoffte. Aber als sie auch jetzt ihre Unschuld beteuerte, ergriff den Schlofsherrn Verzweiflung über seine furchtbare That, und die Gründung einer Kapelle sollte seine Schuld sühnen.

Von dieser geschichtlichen Erzählung weifs *Amélie Bosquet*,[7] die gründliche Kennerin der *Normandie*, nichts; im Gegenteil weifs sie zu berichten, dafs die Lokalchroniken keine solch grausige „Geschichte" an die Ruinen des Schlosses von *Alençon* knüpfen. Nur dem Glauben des Volkes nach erscheint allmitternächtlich die unglückliche Schlofsfrau, um nach ihrem Rundgang durch den Turm mit einem Schrei wiederum zu verschwinden. Wir haben es also hier unzweifelhaft mit einer jener

---

[1] *de venir sans doutance* (*doute*) komme ja morgen. [2] *la carcasse* das Gerippe. [3] *ont revenu dans leur esprit* erholten sich von ihrer Ohnmacht. [4] *le jour des Cendres* Aschermittwoch. [5] *débauché* ausschweifend. [6] Quépat S. 36 ff. Vergl. Sagen u. Märchen. [7] Die Stadt Alençon a. d. Sarthe (Dep. Orne), bekannt durch ihre Spitzen. [8] Amélie Bosquet S. 459. 460.

Volkssagen zu thun, die so häufig der Gründung von Klöstern als dunkle Folie dienten und gern mit dem benachbarten Schlosse in einen ursächlichen Zusammenhang gebracht wurden. Auch konnte eine Übertragung auf Schloſs *Alençon* um so leichter statthaben, als die gleiche grause That von anderen Orten in der Schweiz wie in der *Normandie* berichtet wird.[1])

Zerfliefst *Marie Anson* vor dem Lichte der Geschichte also auch in wesenlosen Schein, so bleibt ihr Schatten doch in der Volksdichtung lebendig. In der Ballade von *Marianson* — wie ihr Name im Volksmunde lautet — wird uns, ähnlich wie in den Liedern vom Ritter Blaubart, das Schicksal jener unglücklichen Frauen geschildert, welche in den rohen Zeiten des Mittelalters in ihrem Manne nicht blofs ihren Herrn, sondern auch ihren Richter, ja ihren Henker fanden. Wie bei *Othello* können wir indessen auch hier mit dem Manne Mitleid empfinden; ist er doch, gleich seinem Weibe, das Opfer eines heimtückischen Verrates. Das Lied meldet uns nicht, welch ein Grund den Verräter bewog, so grausame Rache an *Marianson* zu nehmen; nur ahnen können wir, daſs seine Versuchungen sich an ihrer Treue brachen. Das Lied meldet uns nur die Thatsache, daſs es dem Verräter gelingt, durch drei falsche Ringe, die er arglistig sich verschafft, dem Ritter den Glauben an die Treue seines Weibes zu rauben. Die Leidenschaft ist entfacht. In blinder Eifersucht sucht der argwöhnische Gatte seine Wut an seinem treuen Weib sowie an seinem unglücklichen Kinde zu kühlen, um dann, als die drei echten Ringe die Unschuld der Hingemordeten klar erwiesen haben, sich in wahnsinnigstem Schmerz über das Vorgefallene zu verzehren.

,Marianson, dame jolie,
Où est allé votre mari?'
„Monsieur, il est allé en guerre,
Je ne sais quand il reviendra."

,Marianson, dame jolie,
Prêtez-moi vos anneaux dorés.' —
Marianson, mal avisée,
Ses trois anneaux lui a prêtés.

Quand il a tint les trois anneaux,
Chez l'argentier s'en est allé;
,Bel argentier, bel argentier,
Faites-moi trois anneaux dorés.

---

[1]) Amélie Bosquet S. 463 ff.

Qu'ils soient beaux, qu'ils soient gros,
Comme ceux de Marianson.' —
Quand il a tint les trois anneaux,
Sur son cheval il a monté.

Le premier qu'il a rencontré,
Fut le mari de Marianson.
„O Dieu te gard, franc chevalier!
Quell' nouvell' m'as-tu apporté?"

‚Marianson, dame jolie,
De moi elle a fait son ami.'
„Tu as menti, franc chevalier;
Ma femme n'est pas débordé."¹)

‚Oh bien! croyez-le ou non croyez,
En voilà les anneaux dorés.' —
Quand il a vu les trois anneaux,
Contre la terre il s'est jetté.

Il fut trois jours et trois nuits,
Ni sans boire, ni sans dormir.
Au bout des trois jours et trois nuits,
Sur son cheval il a monté.

Sa mère étant sur les balcons,
Avisit²) son gendre venir:
‚Vraiment, fille, ne savez pas.
Voici votre mari qui vient.

Il n'y vient point en homme aimé.
Mais il y vient en courroucé.³)
Montrez-lui votre petit fils;
Cela le pourra réjouir.'

„Bonjour, mon fils, voilà ton fils.
Quel nom lui don'ras-tu, mon fils? —
A pris l'enfant par ses maillots⁴)
Et en a battu les carreaux.⁵)

Puis la mère par ses cheveux,
Et l'a attachée à son cheval.
N'y avait arbre ne buisson,⁶)
Qui n'eut sang de Marianson.

‚Oh! venez çà, rusée catin,⁷)
Où sont les anneaux de vos mains?" —
„Prenez les clés du cabinet,
Mes trois anneaux vous trouverez."

Quand il a vu les trois anneaux,
Contre la terre il s'est jetté:
‚N'est-il barbier, ni médecin,
Qui puisse mettre ton corps en sain?"

„Il n'est barbier, ni médecin,
Qui puisse mettre mon corps en sain;
Ne faut qu'une aiguille et du fil,
Et un drap pour m'ensevelir."⁸)
(*Normandie.*)⁹)

In der Ballade von *Marianson* ist es die wild entflammte Eifersucht, welche den Gatten zu der unmenschlichen Behandlung seines Weibes treibt, in der Ballade von *Clotilde*, welche wir an die soeben mitgeteilte anschliefsen, religiöser Fanatismus, wie

---

¹) *débordé* liederlich. ²) *avisit*... sah... kommen, ward... gewahr; Wechsel der Konjunktion. *avisit* statt *avisa*, häufig in der Sprache des Volkes. ³) *en courroucé* als Ergrimmter. ⁴) *les maillots* das Wickelzeug. ⁵) *les carreaux* die Steinfliesen. ⁶) *buisson* Strauch. ⁷) *catin* f. Metze, Dirne. ⁸) *ensevelir* einhüllen (vom Leichentuch). ⁹) Zunächst nach Bosquet bei Buchaud in dessen *Essai sur la poésie rhythmique*, Paris 1753, nach Haupt-Tobler in desselben *Antiquités poétiques*, Paris 1799, S. 277; dann bei A. Bosquet S. 461, 462 und Haupt-Tobler S. 99 ff. sowie bei Beaurepaire und Rathery a. a. O. S. 946. — Letzterer erwähnt einer holländischen Ballade mit glücklichem Ausgange. — 1845 wurde die obige Ballade modernisiert unter dem Titel *Adélaïde et Ferdinand, ou les Trois anneaux*, als Volksbuch zu Epinal gedruckt und mit einem schönen Bilde geziert, welches den grausamen Gatten als kommandierenden General à la Suwarow darstellt (A. Bosquet).

die Untersuchungen *Arbauds*[1]) zeigen. In *Clotilde* erblickt derselbe die Tochter des Königs *Chlodwig I.*, welche durch ihren Bruder an *Almarich*, den König der Westgoten, verheiratet ward. Da sie sich nicht, wie ihr Gatte, zum Arianismus bekehren wollte, so erlitt sie solch unmenschliche Behandlung, dafs das Blut in Strömen flofs. Der Legende nach übersandte sie zum Zeichen ihrer Leiden ihrem Bruder ein blutgetränktes Tuch. Derselbe eilte herbei und rächte sie an dem Grausamen. In der von *Champfleury*[2]) aus den Gebirgen von *Lozère* mitgeteilten Fassung, welche sich analog im ganzen Süden von Frankreich, ja über Frankreichs Grenzen hinaus, in *Piemont* und *Katalonien* wiederfindet, hat sich das geschichtliche Moment vollkommen verflüchtigt und wir erblicken in *Clotilde* nur eine Leidensschwester von *Marianson*, welche, an einen rohen Ritter gekettet, umgekehrt wie in der Ballade von des Kreuzfahrers Weib, bei dem Bruder gegen den Gatten Rettung sucht und findet.

C'étaient trois frères,
C'étaient trois frères,
N'ont qu'une sœur à marier;
C'étaient trois frères,
N'ont qu'une sœur à marier.

L'ont mariée,
L'ont mariée
Au plus méchant de ce pays;
L'ont mariée
Au plus méchant de ce pays.

L'a tant battue,
L'a tant battue
De son bâton de vert pommier;[3])
L'a tant battue
De son bâton de vert pommier.

Le sang lui coule,
Le sang lui coule
Depuis la têt' jusques au pied;
Le sang lui coule
Depuis la têt' jusques au pied.

Le lui ramasse,
Le lui ramasse
Dans une tasse d'argent fin;
Le lui ramasse
Dans une tasse d'argent fin.

„Voilà, vilaine,[4])
Voilà, vilaine,
Voilà le vin que tu boiras;
Voilà, vilaine,
Voilà le vin que tu boiras."

Sa chemisette,
Sa chemisette
Ressemble à la peau d'un mouton;
Sa chemisette
Ressemble à la peau d'un mouton.

A la rivière,
A la rivière
Va sa chemisette laver;
A la rivière
Va sa chemisette laver.

---

[1]) Arbaud a. a. O. S. 68 ff.; vergl. auch Rathery S. 945.   [2]) Champfleury (Languedoc) S. 26.   [3]) Vergl. Bd. I. Kap. Ehelieder S. 204 ff.   [4]) *vilaine* gemeines Weib.

| | |
|---|---|
| Vers la rivière, | „C'est, mon cher frère, |
| Vers la rivière | C'est, mon cher frère, |
| Voit venir trois beaux cavaliers; | Le mari que m'avez baillé;[2] |
| Vers la rivière | C'est, mon cher frère, |
| Voit venir trois beaux cavaliers. | Le mari que m'avez baillé." |
| „Holà! servante, | Alors le frère, |
| Holà! servante; | Alors le frère |
| Où est la dame du castel?[1] | Galope en hât' vers le château; |
| Holà! servante, | Alors le frère |
| Où est la dame du castel?" | Galope en hât' vers le château. |
| „Suis pas servante, | De chambre en chambre, |
| Suis pas servante; | De chambre en chambre, |
| Je suis la dame du castel; | Jusqu'à ce qu'il l'y ait trouvé; |
| Suis pas servante, | De chambre en chambre, |
| Je suis la dame du castel." | Jusqu'à ce qu'il l'y ait trouvé. |
| „Ah! ma sœurette, | A coups d'épée, |
| Ah! ma sœurette, | A coups d'épée |
| Qu'est-c' qui vous a fait tant de mal? | Il lui a la tête coupé'; |
| Ah! ma sœurette, | A coups d'épée, |
| Qu'est-c' qui vous a fait tant de mal.' | Il lui a la tête coupé'. |

(*Languedoc, Montagnes de Lozère.*)[3]

Das Lied der Sevennen ist rauh, wie das Gebirge, dem es entstammt; kalt läfst *Clotilde* den Mord ihres Gatten geschehen. Eine mildere und darum wohl spätere Lesart teilt *Arbaud* aus der *Provence* mit. Hier bethätigt Schwester *Jeanne* ihren christlichen Sinn, indem sie ihren Bruder anfleht, den Gatten um ihrer Kinder willen zu schonen.

Erinnert der Schlufs der Ballade von *Clotilde* an Ritter Blaubart, so gehen die folgenden Lieder völlig in diesem Typus der Grausamkeit auf. In der Ballade vom Grafen *de Sauls*[4] wie in derjenigen vom Ritter *de Dion*[5] fehlen die Leidenschaft der Eifersucht wie der religiöse Fanatismus, welcher den Gegensatz zum Weibe bis zur Grausamkeit schärft; hier tritt allein die

---

[1] *castel* (veraltet) Schlofs. [2] *bailler*, fast veraltet: geben; nach Arbaud war der Bruder der Heiratsstifter; daher mochte er um so mehr die Verpflichtung fühlen, seine Schwester zu rächen. [3] Champfleury S. 28; zuerst veröffentlicht von Cayx de Marvejols, *Mém. de la société des antiq. de France* 1829 (Arbaud); dann reproduziert von Rathery (Moniteur 26. Aug. 1853) S. 945 und Champfleury. [4] Rathery S. 946. [5] Ampère a. a. O. S. 1180.

wilde Lust hervor, sich seines Weibes zu entledigen, um neuen Opfern Platz zu machen; hier wird der Tod des Grausamen durch den Bruder, im anderen Falle durch die List des Weibes zu einem Akte der Notwehr.

### Le comte de Saulx.

Allez, madame, allez-vous-en prier,
Car voici l'heure où bientôt faut mourir.

### La comtesse.

Comte de Saulx, savez-vous que j'ai vu
Là haut, là bas, dans ces verds prés touffus?¹)
J'ai vu une bande de cavaliers,
Et parsus²) tout mon bon frère Olivier.

Allez madame, allez-vous en parer.
Robe de soie et robe d'or mettez.

— — — — — — — — — —

### Olivier.

Dis-moi, servante, où donc est ta maitresse?

### La Comtesse.

Faut que mon frère ainsi me méconnaisse!
Dis-moi, ma sœur, où donc est ton mari?
(Tout haut) — Mon frère, il est au roi servir.
Tout bas lui dit: J'ai un méchant mari.

Ma sœur, dis-moi, où est ton petit né?
Tout haut répond: Il est à promener.
Tout bas lui dit: Mon mari l'a tué.

Ma sœur, ma sœur, où donc est ton mari?
Tout bas répond: il est dessous le lit.

Dis-moi, ma sœur, en voudrais-tu la te(s)te?
Nenni,³) mon frère, elle m'est trop funeste.

Lors Olivier de son glaive⁴) l'occit⁵)

Dieu soit loué! je n'ai plus de mari.

(Chans. pop.)⁶)

Die Überleitung zu der Ballade vom Ritter *Dion* mag ein Lied aus *Lyonnais* vermitteln, in welchem der *mauvais baron*, fast

---

¹) *touffu* belaubt. ²) *parsus* = *pardessus*. ³) *nenni* (spr. *na-ni*) nein. ⁴) *le glaive* das Schwert. ⁵) *occit* tötet. ⁶) Rathery a. u. O. S. 946.

könnte man sagen, in der teuflischen Weise der Mädchenmörder neuester Zeit die Schöne in die Falle zu locken sucht, selbst aber darin umkommt.

> Belle, allons nous épromener
> Tout le long de la mer courante;[1]
> Belle, allons-y, allons-y donc,
> Tous les plaisirs nous y prendrons.

| La bell' n'en fut pas aussitôt, | Mangez, anguill's,[2] mangez, poissons, |
| Qu'elle lui demande à boire; | Mangez la chair de cette bête, |
| Avant de boire ce vin blanc, | Mangez, anguill's, mangez, poissons, |
| Belle, faut couler votre sang. | Mangez la chair de ce lavreau.[4] |

(Le noyé surnageant.)[5]

| D'hébillez-moi,[2] déchaussez-moi, | Belle, qui vous emmènera |
| Mon beau galant, je vous en prie. | Dans le château de votre père? |
| Le beau galant tir' son soulier, | Sera pas toi, mauvais baron, |
| La belle avance un coup de pied. | Que les poissons t'y mangeront. |

| Le beau galant tombe dans l'eau, | Ah! vogue, vogue, marinier, |
| Et se retient par une branche, | Mèn'-moi au château de mon père; |
| La belle tire son couteau, | Ah! vogue, vogue, marinier, |
| N'a coupé la branche dans l'eau. | J'ai cent écus à te donner. |

(Lyonnais.)[6]

Wenn *Champfleury* bei einer Vergleichung der Ballade von *Clotilde* mit dem Märchen vom Ritter Blaubart des letzteren berühmtes Zimmer vermifst, in welchem seine Opfer verbluten, so läfst sich in der vorhergehenden Ballade, wie nicht minder in der folgenden, als Analogon auf das Gewässer hinweisen, welches die Opfer verschlingt.

Während das soeben mitgeteilte Lied uns die grausige Begebenheit an sich erzählt, verknüpft die folgende, von *Mérimée* aus der *Auvergne*[7] überlieferte Fassung sie mit der uns schon bekannten Ballade von Schön *Isamburg*,[8] dem Urbild der Treue, und läfst auf solche Weise den Zug der Grausamkeit in Ritter *Dions* Charakter sich desto greller abheben.

Der erste Teil dieser zu neuer Einheit gefügten Ballade

---

[1] *la mer courante*, von Champfleury erklärt = *rivière large et rapide*. [2] *D'hébillez-moi* = *déshabillez-moi*. [3] *anguill's* Aale. [4] *lavreau* (fehlt in den Lex.), von Champfleury erklärt durch: *terme de mépris*. [5] *surnageant* sich über dem Wasser haltend. [6] Champfleury S. 172. [7] Bei Ampère u. a. O. S. 1180. [8] Vergl. Bd. I, S. 66 ff.

zeigt uns in ihrem Eingange wiederum den königlichen Vater
*Isamburgs:*

>...la haut sur ses ponts
>Qui tient sa fille en sa giron.[1]

Die innige Liebe der Tochter zu dem Ritter *Dion*, der nach
des Königs Meinung ein *chevalier félon* ist, da ihm nicht einmal
ein Pferd eigen sei, spricht sich in den Worten aus:

>J'aime Dion, je l'aimerai
>Plus que ma mère qui m'a portée,
>Plus que vous père qui parlez.
>J'aime Dion, je l'aimerai.

Auch als der Vater sie in einen finstern Turm werfen läfst,
wankt *Isamburg* in ihrer Treue nicht. Durch List weifs sie sich
aus der Gefangenschaft zu befreien. Dem Rate ihres Ritters
folgend, stellt sie sich tot. Als man sie zur letzten Ruhe bestattet:

>Les prêtres devant en chantant.
>Son père derrière en pleurant.

nähert sich *Dion* dem Zuge und erweckt die Totgeglaubte aus
ihrem Schlummer. Der überglückliche Vater läfst die Treuliebende durch die zu freundlicherem Dienste berufenen Priester
dem Erwählten ihres Herzens ehelich verbinden. Hier setzt
die Ballade vom Ritter Blaubart[2] ein, in welchen sich *Dion*
verwandelt. Gleich dem *mauvais baron* der Lesart aus *Lyonnais*
ereilt auch ihn die Nemesis durch die List der Schönen; nicht
vergeblich appelliert sie an die Beobachtung der Form, welche
der Ritter den Damen schuldet, und trotz seiner innern Ver-
worfenheit sehen wir ihn, ähnlich wie auch *Don Juan*, wirklich
diese Formen beobachten: zu seinem Verderben, zum Heile der
Schönen.

>Quand ils furent mariés
>Tous les deux ils s'en sont allés.

Ils y furent bien cinq ou six lieues
Sans s'être dit un mot ou deux
Sinon que la bell' lui a dit:
„Mon Dieu, Dion, que j'ai grand' faim!"

„Mon Dieu, Dion, que j'ai grand' faim!
J'y mangerais volontiers mon poing!"
„Mangez-y, belle, votre poing,
Car plus ne mangerez de pain!"

---

[1] *la giron* der Schofs.   [2] Ampère a. a. O. S. 1180.

Ils y furent bien six ou sept lieues,
Sans s'être dit un mot ou deux,
Sinon que la belle lui a dit:
‚Mon Dieu, Dion, que j'ai grand' soif!‘

‚Mon Dieu, Dion, que j'ai grand' soif.
J'y boirais volontiers mon sang!‘
„Buvez-y, belle, votre sang,
Car plus ne boirez de vin blanc."

Il y a là bas un vivier,
Ou quinze dames se sont baignées,
Ou quinze dames se sont noyées,
Et ou la seizième ferez.

Et quand ils furent au vivier,
Lui dit de se déshabiller.
‚Ce n'est pas l'honneur des chevaliers
D' voir les dam's s' déshabiller.

Mettez votre épée sous vos pieds,
Votre manteau devant votre nez
Et tournez-vous vers le vivier,
Allons je me déshabillerai.‘

Il met son épée sous ses pieds
Et son manteau devant son nez
Et s'est tourné vers le vivier.
La bell' par derriere l'a poussé.

‚Tenez-là bell', voici les cléfs
Des beaux châteaux, de mes contrées.
„Je n'ai que faire de vos cléfs,
J'y trouverai des serruriers.

‚La belle, que dirout vos amis
D'avoir noyé votre mari?‘
„Je dirai à tous mes amis:
Ce qu'il a voulu m' faire, je lui fis."

(*Auvergne.*)

## Märchen und Sage.

Si Peau d'âne m'était conté,
J'y prendrais un plaisir extrême.
(*La Fontaine*.)

Ah! l'heureux temps que celui de ces
fables,
Des bons démons, des esprits familiers,
Des farfadets aux mortels secourables!
On écoutait tous ces faits admirables,
Dans son manoir près d'un large foyer.
Le père et l'oncle et la mère, et la fille,
Et les voisins, et toute la famille,
Ouvraient l'oreille à Monsieur l'au-
mônier,
Qui leur faisait des contes de sorcier.
On a banni les démons et les fées;
Sous la raison, les grâces étouffées
Livrent nos cœurs à l'insipidité.
Le raisonner tristement s'accrédite:
On court, hélas! après la vérité:
Ah! croyez-moi, l'erreur a son mérite.
(*Voltaire*.)

„Toutes les superstitions se retrouvent partout, et si on ne les retrouve pas en quelque endroit, c'est qu'on ne les a pas assez cherchées."
(*Sébillot: Haute-Bretagne, Préface*.)

# X. Märchen und Sagen.

(Geschichtlicher Überblick. — *Rabelais*. — *Perrault* und seine *Contes de ma mère l'Oye*. — Nachahmer *Perraults*; *Rousseau*. — XIX. Jahrhundert: Erste Epoche 1825—58. Einfluß Grimms: *Pluquet*; — *Le Roux de Lincy* (*Livre des légendes*); *Beaufort; Charles Nodier, de Lincy* (*la nouvelle Bibliothèque bleue*); — *Amélie Bosquet* (Normandie). — Zweite Epoche 1853—1880. Eintreten der Staatsregierung. — Pays basque: *Michel*, — *C.-Moncaut*, — *Bladé*, — *Cerquand*; — Jura: *A. Thuriet*, — Languedoc: *Roqueferrier, Montel-Lambert*, — Lorraine: *Cosquin*; Studium einzelner Märchen: *G. Paris: le petit Poucet*, — *Champfleury: le Bonhomme Misère*, — *Sébillot: Gargantua*. — Dritte Epoche 1880 bis zur Gegenwart: Die Verlagsbuchhandlung *Maisonneuve & Cie.* zu Paris, — Bretagne: *Sébillot, Luzel*, — Normandie: *Fleury*, — Pays basque: *Vinson*, — Picardie: *Carnoy* etc. Sammlung aus allen Provinzen: *Sébillot*. — *Mélusine*. — Frankreich wichtiges Glied auch auf dem Gebiete der Sage und des Märchens.)

Sowie sich in den *Essais* von *Montaigne* die ersten Spuren der Anerkenntnis französischer Volksdichtung entdecken ließen, so gibt uns für die Sage, wie *Sébillot*[1]) in neuester Zeit nachgewiesen hat, der *Gargantua* von *Rabelais* den unzweifelhaften Beweis, daß derselbe nicht unmittelbar dem Haupte seines Schöpfers entsprungen ist, sondern auf alten französischen Volkssagen beruht. Nicht minder läßt sich im Zeitalter des starren Klassizismus dem Vertreter des Volksliedes *Molière* für das Volksmärchen *Perrault* an die Seite stellen, welcher, der herrschenden Strömung trotzend, in seiner *Parallèle des Anciens et des Modernes* nicht nur für die Anmut der Märchenpoesie eintrat, sondern selbst eine Reihe von Märchen herausgab. Freilich mußte er dafür den Spott *Boileaus* ertragen, welcher *Perraults*

---

[1]) P. Sébillot, *Gargantua dans les traditions pop. Introduction.*

Arbeit mit den beifsenden Worten ankündigte: „*Le conte de Peau d'Ane et la femme au nez de boudin,*[1] *mis en vers par M. Perrault, de l'Académie française.*[2] Der Gesetzgeber des französischen Parnasses schien es unvereinbar mit der Stellung eines Mitgliedes der Akademie zu finden, sich mit so nichtigen und zugleich so gewöhnlichen Dingen abzugeben. Noch schärfer prägte sich die Verkennung der litterarischen That *Perraults* in einem Verse aus, welchen ein Anhänger *Boileaus*, *Moëtjens*, gegen *Perrault* schleuderte:[3]

> Perrault nous a donné Peau d'Asne;
> Qu'on le loue ou qu'on le condamne,
> Pour moi, je dis comme Boileau:
> Perrault nous a donné sa peau.

Gewifs hat dieser Spott *Perrault* dazu bestimmt, sein Werk nicht unter seinem eigenen Namen herauszugeben, sondern unter dem seines zehnjährigen Söhnchens *d'Armancour*. Zugleich suchte er, ähnlich wie wir dieses bei *Puymaigre* in betreff der Volksdichtung gesehen haben, nach einer Deckung für seine Arbeit und fand sie in einer Prinzessin, der Tochter der Elisabeth Charlotte von der Pfalz, welcher er seine Märchensammlung widmete.

*Perraults* Werk erschien 1691 unter dem Titel „*Histoires et contes du temps passé.*" Das Titelblatt zeigt eine Spinnerin, deren Körper in Gänsefüfse ausläuft; zwei Knaben und ein Mädchen lauschen ihrer Erzählung. Auf dem gleichen Blatte befindet sich die Inschrift *Contes de ma mère l'Oye,*[4] Feenmärchen, wie wir sie passend wiedergeben könnten, da *mère l'Oye* auf eine jener wunderbaren Erscheinungen der Feenwelt hindeutet, deren Körper, dem Fischleibe der Wassernixen entsprechend, in Entenfüfse ausläuft.

Bei der eigenartigen Stellung, welche *Perrault* als Märchen-

---

[1] *femme au nez de boudin*, Frau mit der Wurst an der Nase. [2] Charles Deulin: *Les contes de ma mère l'Oye avant Perrault*, Paris 1879, S. 12. [3] Deulin S. 13. [4] André Lefèvre in seiner Ausgabe der *Contes de Charles Perrault*, Paris 1875, schreibt den Nebentitel *Contes de ma mère Loye*. In betreff des Ausdruckes *Mère l'Oye* vergl. auch Graf Beaufort: *Légendes et trad. de la France* S. 189 ff.

erzähler einnimmt, und dem grofsen Zwischenraum, welcher seine Märchen von den Sammlungen unseres Jahrhunderts trennt, mag es gestattet sein, ihn und sein Werk gesondert zu betrachten.

*Perraults* Sammlung zerfällt in zwei deutlich von einander geschiedene Teile. Der erste umschliefst die gereimten, mehr einen novellenartigen Charakter tragenden Geschichten: *La marquise de Salusses ou la patience de Griselidis, Peau d'âne* und *les Souhaits ridicules;* der folgende Teil enthält aufser den minder bekannten: *les fées, et Riquet à la Houppe*[1]) die sieben weltberühmten Märchen: *la Belle au bois dormant*[2]), *le Petit Chaperon rouge, la Barbe-Bleue, Le Maître Chat ou le Chat Botté, Cendrillon ou la petite pantoufle de verre, le Petit Poucet.* Beide Teile, schon hinsichtlich ihrer Form in gebundene und ungebundene Prosa geschieden, zeigen den gleichen Gegensatz auch hinsichtlich des Stils. Während nämlich die gereimten Märchen mit der akademischen Schreibweise *Perraults* übereinstimmen, zeigen die in Prosa geschriebenen einen so einfachen und zugleich so anmutig naiven Stil, dafs die Annahme, diese Märchen rührten nicht von *Perrault* unmittelbar her, nicht ganz unberechtigt erscheint.

Freilich ist auch heute noch *Deulins* Ansicht zu erweisen, dafs *Perrault* seine Märchen einer zeitgenössischen, nur im Manuskript vorliegenden Sammlung *Contes des Fées*[3]) entnommen, welche sich durch die gleiche graziöse Naivität ausgezeichnet hätten. Glaublicher erscheint, dafs *Perrault* die Art der Wiedergabe seiner Märchen seinem Söhnchen abgelauscht, der also in höherem Grade, als man bisher anzunehmen geneigt war, unbewufst ein Mitarbeiter seines Vaters wurde. Wie dem auch sei,[4]) unbestreitbar bleibt *Perrault* das Verdienst, dafs er diesen Stoffen, die allüberall im Volksmunde lebten, ihre endgültige Gestaltung gab und seine stark ausgeprägte Individualität völlig in dem Volkston untergehen liefs.[5])

---

[1]) Riquet mit dem Schopfe. [2]) Dornröschen; nicht wie übersetzt worden: „die Schöne im ruhenden (!) Walde." [3]) Deulin S. 27, Anm. 1. Hiernach berichtet (1836) Alexis Monteil in seinem *Traité des matériaux manuscrits* t. II, p. 181, dafs er das oben erwähnte Manuskript aus dem Jahre 1618 besessen habe; dieses Manuskript ist bis jetzt jedoch nicht wieder aufgefunden worden. [4]) Oder ist der oben erwähnten Prinzessin (deutschen Stammes) ein weiter gehender Einflufs zuzuschreiben? [5]) Es wäre eine interessante Auf-

*Perraults* Märchen sind auch bei uns, namentlich durch *Dorés* Bilder bekannt geworden, dessen Sinn für das Phantastische hier ein reiches Feld sich zu bethätigen fand. Gleichzeitig wurden die Märchen durch *Moritz Hartmann* verdeutscht. Diesem geistvollen Schriftsteller schien es jedoch jedenfalls zu einfach, den ehrwürdigen *Perrault* in seiner ganzen Schlichtheit und Natürlichkeit wieder zu geben und „er stellt sich", — wie *Marelle* treffend in seiner anmutigen kleinen Abhandlung über die französischen Märchen von *Perrault* sagt,[1] „zwischen Salon und Kinderstube, nach beiden Seiten hin liebäugelnd und versuchte in Feuilletonmanier Ernst und Scherz, Einfalt und Witz, Albernheit und Grazie ineinander zu verflechten." In welcher Weise, mag die Einleitung zum Rotkäppchen zeigen:

> Es war einmal ein kleines Mädchen, ein liebes, herziges Ding, das alle Welt lieb hatte. So wenigstens wird erzählt und steht es selbst gedruckt, ob es darum auch wahr ist, möchten wir doch bezweifeln, denn gerade so liebe, herzige Dinger, die alle Welt lieb hat, mag der Neid nicht leiden und der Neid — das ist der wahre Wolf in der Fabel wie in der Wirklichkeit, der so liebe, herzige Dinger verschlingt, u. s. w.[2]

Dem gegenüber mag es gestattet sein, dem Wunsche *Marelles* nach einer getreuen Übersetzung des „illüstren" *Perrault* nachzukommen und das bekannteste Märchen: „Rotkäppchen" genau nach dem französischen Original hier vorzuführen.[3]

> Es war einmal ein kleines Bauernmädchen, so schön, wie man es gar nicht schöner finden konnte; seine Mutter war ganz vernarrt darin und seine Grofse-Mutter[4] noch viel mehr.
>
> Die gute Frau liefs ihr ein kleines rotes Käppchen machen, welches ihr so allerliebst stand, dafs man es überall das kleine Rotkäppchen nannte.

gabe, Perraults Märchen mit ähnlichen Überlieferungen in neuesten Sammlungen zu vergleichen; ich citiere: *Peau d'âne*, Bladé *Agenais* S. 3 ff. u. Fleury: *Basse-Normandie* S. 135 ff. Sébillot: *Haute Bretagne* 1, S 73 ff.; *Barbe-bleue (rouge)*: Sébillot u. a. O. S. 41 ff. *Le chat botté*: Carnoy, *Picardie* 263; *Le petit Poucet*: Carnoy S. 242, 251, 329. Cosquin, *Contes lorrains* Rom. X, 577. Vinson: *Pays basque* S. 80 u. 110 ff. etc. [1] In Herrigs Archiv Bd. 55, S. 406 ff. [2] Marelle a. a. O. S. 417. [3] Nach der Übersetzung der „blauen Bibliothek aller Nationen", Gotha 1790. Der erste Band enthält sämtliche Märchen Perraults. [4] Perrault hat die altertümliche Form *mère-grand*; ich habe diese Ausdrucksweise wiederzugeben versucht durch die hier zu Lande übliche Form: Grofse-Mutter.

## Rotkäppchen.

Eines Tages, als die Mutter Kuchen gebacken hatte, sagte sie zu ihr: Geh 'mal sehen, wie es Deiner Grofse-Mutter geht. Ich höre, sie soll krank sein, bringe ihr einen Kuchen und dieses Töpfchen mit Butter! 

Das kleine Rotkäppchen machte sich sogleich auf den Weg zur Grofse-Mutter, welche im nächsten Dorfe wohnte.

Als sie unterwegs durch ein Gehölz ging, traf sie den Gevatter Wolf, der nicht übel Lust hatte, sie zu verspeisen, aber er getraute sich's nicht, da einige Holzfäller in der Nähe waren. Er fragte sie, wohin sie denn ginge. Da sagte das gute Kind, das noch nicht wufste, wie gefährlich es ist, sich mit einem Wolf zu unterhalten: „Ich will zu meiner Grofse-Mutter und ihr einen Kuchen mit einem kleinen Töpfchen Butter bringen, die die Mutter ihr schickt.

Wohnt sie weit von hier? fragte der Wolf. Oh ja, versetzte das kleine Rotkäppchen, sie wohnt noch über der Mühle draufsen, die du dort unten, ganz unten siehst, gleich im ersten Hause, wenn man ins Dorf hineinkommt.

Gut, sagte der Wolf, ich will auch zu ihr hingehen. Weifst Du was? Ich will diesen Weg da gehen und Du gehe jenen, da wollen wir sehen, wer zuerst ankommt.

Nun fing der Wolf aus Leibeskräften an zu laufen, wählte aber den kürzeren Weg. Rotkäppchen aber verfolgte den weiteren und hielt sich noch allenthalben auf, suchte Haselnüsse, lief den bunten Schmetterlingen nach und band sich Sträufschen aus Blumen, die sie hier und da pflückte.

Es dauerte nicht lange, so kam der Wolf an das Haus der Grofse-Mutter. Er klopfte: Poch, Poch!

Wer ist da?

Mach nur auf, liebe Grofse-Mutter, antwortete der Wolf mit verstellter Stimme; ich bin es, Dein Rotkäppchen, ich bringe Dir von der Mutter Kuchen und ein kleines Töpfchen Butter, die die Mutter Dir schickt.

Die Grofse-Mutter, die krank im Bette lag, rief: „Zieh nur an der Klinke, der Riegel wird schon aufgehen."

Der Wolf zog an der Klinke und die Hausthür ging richtig auf. — Nun fiel er über die arme Frau her und frafs sie mir nichts, dir nichts rein auf; denn er hatte mehr als drei Tage nichts gegessen. Er machte darauf die Thür wieder zu, legte sich in der Grofse-Mutter Bett und wartete auf das Rotkäppchen, das denn auch bald darauf an die Thür pochte.

Poch, Poch!

Wer ist da?

Rotkäppchen, welches die grobe Stimme des Wolfes hörte, fürchtete sich zuerst, sie dachte aber hernach, dafs die Grofse-Mutter vielleicht heiser wäre und antwortete: Mach nur auf, liebe Grofsemutter, ich bin's, das kleine Rotkäppchen, ich bringe Dir von der Mutter schöne Kuchen und ein Töpfchen mit Butter.

Der Wolf rief, indem er seine Stimme soviel als möglich dämpfte: Zieh nur an der Klinke, der Riegel wird schon aufgehen.

Rotkäppchen zog an der Klinke, und richtig, die Thür ging auf.

Als der Wolf sie hereintreten sah, kroch er schnell unter die Bettdecke und sagte: Setze nur den Kuchen und das Töpfchen mit Butter auf den Brotkasten und lege Dich zu mir ins Bett.

Rotkäppchen that, wie ihm geheifsen, und wollte sich ins Bett legen. Aber wie erschrak sie, als sie sah, wie die Grofse-Mutter im Bette aussah.

Sie sagte:

Liebe Grofse-Mutter, was hast Du für grofse Arme! — Damit ich Dich besser umarmen kann, mein liebes Kind. Ach, liebe Grofse-Mutter, was hast Du für grofse Beine! — Damit ich besser laufen kann, mein liebes Kind. Ach, liebe Grofse-Mutter, was hast Du für grofse Ohren! — Damit ich besser hören kann, liebes Kind. Ach, Grofse-Mutter, was hast Du für grofse Augen! — Damit ich besser sehen kann, liebes Kind. Ach, Grofse-Mutter, was hast Du für grofse Zähne! — Damit ich Dich besser fressen kann.

Und damit fiel der garstige Wolf über das arme Rotkäppchen her und frafs es.

Vergleichen wir das französische Märchen von *Perrault* mit unserem deutschen Rotkäppchen, wie Grimm in so trefflicher Weise es zu überliefern verstand, so wird der Unterschied in der Art der Erzählung beider Nationen uns besonders aus jener Stelle klar werden, in welcher Rotkäppchen ihrer Neigung zum Blumenpflücken nachgibt. Während im Französischen das Blumensuchen des lieben Kindes einfach als Grund ihrer Verspätung erscheint, hat unser deutscher Bearbeiter die gleiche Stelle in gemütvoller Weise erweitert und uns die Freude Rotkäppchens beim Anblick des lauschigen Waldes, der duftigen Blumen, mit den Worten gemalt:

... „wenn ich der Grofsmutter einen duftigen Straufs mitbringe, der wird ihr auch Freude machen, es ist so früh am Tage, dafs ich doch zur rechten Zeit ankomme," lief von dem Wege ab in den Wald hinein und suchte Blumen, und wenn es eine gebrochen hatte, meinte es, weiter hinaus stände eine schönere: lief darnach und geriet immer tiefer in den Wald hinein... Rotkäppchen aber war nach den Blumen herumgelaufen, und als es so viele zusammen hatte, dafs es keine mehr tragen konnte, fiel ihm die Grofsmutter wieder ein.

Unverkennbar ist dem französischen Märchen, wie uns dieses später noch mehrfach entgegentreten wird, ein gewisser **dramatischer Zug** eigen; die Hauptmomente der Erzählung entwickeln sich in raschem Fluge. Das deutsche Märchen dagegen verweilt bei besonders anziehenden Stellen, um gleich Rotkäppchen bald hier, bald da ein Blümchen zu pflücken und auf solche Weise den Kern der Erzählung mit allerlei Zierat zu umranken. Weit davon entfernt, in dieser **epischen** Behaglichkeit einen Nachteil zu erblicken, wie *Marelle* dieses zu thun scheint,[1]) möchten wir vielmehr glauben, dafs gerade diese „Kleinmalerei" sich für Märchen und Sage trefflich eignet.

Ein weiterer Zug, der das französische Rotkäppchen von seiner deutschen Schwester scheidet,[2]) liegt in seinem Schlusse. Der deutsche Volksdichter vermag es nicht über das Herz zu bringen, das liebe Rotkäppchen in dem Leibe des Wolfes zu lassen. Daher erscheint denn der Jäger, welcher den „bösen" Wolf erschiefst und Grofsmutter und Kind aus dem Leibe des Untieres befreit. Anders das französische Märchen, welches die Moral von der Geschichte in dem allerdings grausen Schlusse scharf zu Tage treten läfst.

Merkwürdigerweise fehlt sonst den Märchen *Perraults* eine Reihe grauser Züge, die unseren deutschen Märchen eigen sind.

*Grimm* freilich nennt es einen bedeutenden Zug, wenn im Märchen von Aschenbrödel die bösen Schwestern sich die Ferse abhacken, um ihren Fufs in den Pantoffel hineinzuzwängen; wir können hierin nur eine Gräfslichkeit erblicken, welche von den Märchen, soweit sie in die Hände der Kinder kommen sollen, fernzuhalten ist.

In dieser Ansicht bestärkt uns ein beherzigenswertes Wort des geistvollen Philosophen *Julius Duboc*, welcher in einer der modernen Jugendlitteratur gewidmeten Abhandlung solche und ähnliche Grausamkeiten aus den deutschen Märchen ausgemerzt zu sehen wünscht. „Nicht gleichgültig und bedeutungslos wahrlich ist es, so spricht sich unser Gewährsmann aus,[3]) welchen Samen in dieser Beziehung der jugendliche Seelenboden auf-

---

[1]) Marelle a. a. O. S. 410. [2]) Marelle S. 405 läfst durchblicken. Rotkäppchen sei erst von Frankreich aus zu uns gekommen, ohne indessen näher auf diese interessante Frage einzugehen. [3]) Dr. Julius Duboc: Die moderne Jugendlitteratur (Separatabdruck aus des Verfassers Schrift „Gegen den Strom") S. 26.

zunehmen veranlafst wird! Die unscheinbarsten Eindrücke sind es gerade, welche, in der Kindheit zu eigen erworben, später mafsgebend werden für den Pulsschlag unseres innersten Empfindens und auf die Gestaltung der wichtigsten Kulturgebiete einen unzweifelhaft vorhandenen, wenn auch nicht mehr direkt nachweisbaren Einflufs ausüben."

Menschlich-christlich ist der Schlufs des französischen Aschenbrödel. Dort heifst es nämlich:

> Als die beiden Schwestern vom Balle nach Hause kamen, fragte sie Aschenbrödel, ob sie sich heute wieder so gut amüsiert hätten und ob die schöne Dame auch dagewesen wäre. Sie sagten ja, aber sie wäre mit dem Glockenschlage zwölf fortgegangen und wäre so eilfertig gewesen, dafs sie einen allerliebsten kleinen Pantoffel von Glas verloren hätte. Der Prinz hätte ihn aufgehoben und ihn den ganzen Ball über betrachtet; er müsse in die Dame, welcher der Pantoffel gehöre, verliebt sein. Damit sagten sie nun keine Unwahrheit, denn wenige Tage darauf liefs der Prinz unter Trompeten- und Paukenschall bekannt machen, dafs er das Mädchen heiraten wolle, deren Fufs in diesen Pantoffel passe. Man probierte ihn zuerst den königlichen Prinzessinnen an, dann den Herzoginnen, dann dem ganzen Hofe, aber alles war umsonst. Man brachte ihn endlich auch den beiden Schwestern, die sich alle mögliche Mühe gaben, um den Fufs hineinzuzwängen, aber kaum die grofse Zehe hineinbrachten. Aschenbrödel, die ihnen zusah und den Pantoffel erkannte, sagte endlich lächelnd: ich will doch sehen, ob er mir etwa pafst. Ihre Schwestern lachten sie aus, aber der Kavalier, der das Mädchen schön fand, sagte, es sei nicht mehr als billig, dafs auch sie den Versuch anstelle, da er Befehl habe, allen Damen das Pantöffelchen anzuprobieren. Er liefs Aschenbrödel niedersetzen, und siehe da, ihr Füfschen glitt ohne Mühe hinein und der Schuh safs ihr wie angegossen. Man denke sich das Erstaunen beider Schwestern und was sie für Augen machten, da Aschenbrödel das andere Pantöffelchen aus der Tasche nahm und es anzog. In diesem Augenblicke trat die Pate in das Zimmer, welche mit einem Schlage auf Aschenbrödels Kleider dieselben vollkommen ebenso schön machte, als diejenigen, in welchen sie auf dem Balle erschienen war.
>
> Jetzt erkannten die beiden Schwestern in ihr die Dame des Balles. Sie warfen sich ihr zu Füfsen und baten sie tausendmal wegen der ihr zugefügten Beleidigungen um Verzeihung. Aschenbrödel hob sie auf, umarmte sie und verzieh ihnen von ganzem Herzen. Ja sie bat sie sogar um ihre Freundschaft und Liebe. Man brachte sie hierauf zu dem Prinzen, der sie schöner fand als je und sie wenige Tage darauf heiratete. Aschenbrödel, welche ebenso gut als schön war, gab ihren Schwestern eine Wohnung im

Schlosse und verheiratete sie an demselben Tage an zwei vornehme Herren vom Hofe.¹)

Hier ist der Stiefschwester eine Milde eigen, eine Hingabe an das Schicksal ihrer Stiefschwestern, welche dem deutschen Märchen fehlt. Anziehend ist es, zu beobachten, dafs wir in den norwegischen Märchen, wie sie von *Moe* überliefert sind, die gleiche Milde im Charakter der Stiefschwester beobachten können.

Diese *Perrault*schen Märchen hatten indes eine ganz andere Wirkung, als man von ihnen erwarten durfte. Man hatte übersehen, dafs *Perrault* seinen Märchen ihren „allgemeinen unpersönlichen Charakter" bewahrt hatte, man betrachtete *Perrault* als eine Individualität, mit reicher Phantasie begabt. Eine Reihe seiner Freundinnen, unter denen Fräulein *de la Force* und die Gräfinnen *de Murat*, *D'Auneil* und *D'Aulnoy* hervorragten, verfafsten nun auch ihrerseits Märchen zur Unterhaltung der geselligen Kreise. Ihre letzten Ausläufer zeigen diese phantastischen Erzählungen, welche alles andere, nur nicht den Volkston zu treffen verstanden, in den Märchen der Frau *Lintot* (gest. 1790) und in dem Tendenzmärchen *Jean Jacques Rousseaus: la reine fantasque*.²)

Trotzdem *Perraults* Märchen fort und fort aufgelegt wurden, trotzdem *Perrault* das Interesse für die Märchenwelt in Europa zu wecken verstanden hatte, hatte er doch keine eigentlichen Nachfolger gefunden. Die reiche Welt der Märchen blieb versunken, die Gleichgültigkeit lastete schwer darauf: erst Grimms Forschungen erweckten auch in Frankreich mit dem Beginne dieses Jahrhunderts den Trieb zu neuen Sammlungen.

In der nun folgenden Besprechung derjenigen Männer, welche sich auf dem Gebiete der Märchen- und Sagensammlung in Frankreich hervorragende Verdienste erworben haben, wird es uns nicht wunder nehmen, eine Reihe von Namen wiederzufinden, welche wir bei der Besprechung der Sammlungen von Volksdichtungen bereits erwähnt haben.

---

[1] Nach der blauen Bibliothek S. 55 ff. [2] Deutsch in der blauen Bibliothek unter dem Titel: Königin Grille S. 275 ff.; vergl. auch S. XXVII ff.

Auf dem Gebiete der Märchen und Sagen erscheint als einer der ersten Pioniere *Pluquet*, welcher im Jahre 1825 in nur 40 Abzügen eine kleine Sammlung von Volksmärchen aus *Bayeux* (Normandie) herausgab. Als 1832 der Herausgeber sein Werkchen in erweiterter Gestalt und in 3—400 Abzügen von neuem veröffentlichte, konnte derselbe zu seiner Freude darauf hinweisen, dafs auch an anderen Orten ähnliche Sammlungen herausgekommen wären. So veröffentlichte *Jules Ollivier*: *les Croyances et traditions surnaturelles du Dauphiné*, *Alphonse Denis*. „*Les Chroniques et Traditions provençales*" und *Pierre Le Fillastre* in dem *Annuaire de la Manche* 1832/33, einige sehr anziehende Abschnitte über den Volksaberglauben dieser Provinz.[1]) Doch tadelt *Pluquet* an diesen Sammlungen, dafs ihre Herausgeber zu viel Eigenes hineintrügen, dafs sie sich nicht strenge genug an die Art und Weise hielten, wie das Volk seine Sagen überliefere.

Wie bei den Volksdichtungen sehen wir auch auf dem Gebiete der Sage das Streben *Le Roux de Lincys* dahin gerichtet, die in allen Handschriften niedergelegten Stoffe der Vergessenheit zu entreifsen. Im Jahre 1836 erscheint sein: *Livre des légendes*.[2]) „Legende" wird hier von dem Herausgeber in weiterem Sinne aufgefafst, indem derselbe die von Heiligen wie auch von Helden der Geschichte vollführten Grofsthaten darunter versteht, welche sich in den Denkmälern vergangener Jahrhunderte aufgezeichnet finden; ein treffendes Beispiel hierfür gibt die Aufnahme des Rolandsliedes. In dem gleichen Zeitraume erschienen in Frankreich die *Légendes et traditions populaires* des Grafen *Beaufort*.[3]) Obwohl derselbe einleitend versichert, diese Sagen in Volkskreisen gesammelt zu haben, so zeigt doch die Form der Überlieferung, dafs auch er in den schon von *Pluquet* getadelten Fehler verfällt, indem er glaubt, dem Volksstoffe durch seinen persönlichen Stil höheren Glanz verleihen zu können. Auch die alte *Bibliothèque bleue* lebt in neuer Form wieder auf. *Charles Nodier* und *de Lincy* waren ihre Herausgeber.[4]) Sie waren von der Überzeugung durch-

---

[1]) Pluquet: *Contes populaires etc. de l'Arondissement de Bayeux*. Avant-Propos S. X. [2]) Le Roux de Lincy. *Le livre des légendes*. Paris 1836.
[3]) Le Comte Amédéo de Beaufort: *Légendes et traditions pop. d. l. France*.
[4]) Ch. Nodier et Le Roux de Lincy: *Nouvelle bibliothèque bleue* etc. Paris 1842.

drungen, dafs es an der Zeit sei, diese köstlichen Überlieferungen des Volkes auch den oberen Zehntausend wieder vorzuführen. Besonders anziehend in dieser Sammlung ist die Geschichte der Jungfrau von *Orléans*. Wenn auch in der Hauptsache streng geschichtlich, so weist sie dennoch einige anziehende Abweichungen auf. In trüber Ahnung sieht die Jungfrau ihr schweres Geschick voraus. Dem Volke aber erscheint es unglaublich, dafs französische Richter die Retterin des Vaterlandes zum Tode verurteilen können; nur die erbitterten Feinde Frankreichs, nur die Engländer hält es solcher Handlung für fähig.[1])

Über die Sagen der *Normandie* bringt 1845 *Amélie Bosquet* eine sehr bemerkenswerte und im Gegensatz zu *Pluquet* höchst reichhaltige Arbeit, welche auch heute noch unübertroffen dasteht.

Ausgehend von den Sagen, welche sich an die Herzöge der Normandie knüpfen — Robert der Teufel, Richard Löwenherz — bespricht sie alsdann die verschiedenen Kreise der Sagenwelt, indem sie gleichmäfsig die Geister- wie die Tierwelt und die leblose Natur berücksichtigt.

Auch für die Volkssagen und Märchen gab das Eintreten des Staates, welches bekanntlich 1853 erfolgte, den Anstofs zu thatkräftigerem Forschen. *Michel* gibt in seinem der Volkslitteratur des baskischen Landes gewidmeten Buche auch einen bemerkenswerten Abschnitt über den Aberglauben, wie namentlich auch über solche Sagen, welche sich an heilkräftige Quellen knüpfen. *Cénac-Moncaut* (1868) teilt in der ersten Hälfte seines schon früher besprochenen Buches Märchen der *Gascogne* mit, ohne jedoch den Ton des Volkes in der schlichten Weise *Perraults* vollkommen zu treffen. In vollendeter Weise that dies *Bladé*, welcher die Sagen und Märchen der *Gascogne* dem Volke ablauschte und in der demselben eigentümlichen Weise wieder zu erzählen verstand. Zunächst veröffentlichte *Bladé* Märchen und Sprichwörter aus *Armagnac*, denen Volksmärchen aus *Agenais* folgten. Letzteres Werk weist, was selten der Fall ist, neben der französischen Übertragung auch den gascognischen Text auf.

---

[1]) In betreff des Gegensatzes zwischen Volksauffassung und Geschichte vergl. auch Kap. Geschichtliche Lieder Bd. II, S. 85.

Daß *Reinhold Köhler* diese Märchen durch vergleichende Noten ausgezeichnet hat, ist ein besonderer Vorzug dieser schönen Sammlung.[1]) Weitere Sammlungen von Sagen und Märchen aus dem Baskischen gab *Cerquand* in den Jahren 1875—1882 heraus.[2]) Diese Sammlung ist ebenfalls um deswillen interessant, weil sie zugleich mit dem baskischen Text eine Reihe wertvoller Kommentare enthält. Aus der *Champagne* veröffentlicht zum ersten Male *Marelle* eine Reihe prächtiger Märchen, denen weitere folgen sollen.[3]) Märchen der *Normandie* bot *Beauvois* dar.[4]) Die Volkssagen aus dem Jura veröffentlicht *André Thuriet*;[5]) *Roqueferrier* bietet uns vier Erzählungen aus *Languedoc* dar,[6]) ein Gebiet, welches *Montel* und *Lambert* gleichfalls zum Gegenstande ihrer Forschungen machen. Lothringische Märchen, 83 an der Zahl, aus einem einzigen Dorf *Montiers-sur-Saulx* (*Meuse*) veröffentlichte *Cosquin* in der *Romania*.[7]) Besonders wertvoll sind die vergleichenden Noten, mit welchen *Cosquin* seine Märchen begleitet; er betrachtet letzere nicht nur innerhalb des Kreises, aus welchem sie erwuchsen, sondern zugleich im Rahmen der Welt-Volkslitteratur, soweit dieselbe bis jetzt erschlossen ist.

Zu diesen Sammlungen gesellen sich nun Sonderarbeiten, teils über einzelne Märchen, teils über ganze Gruppen. Besonders tief ist *Gaston Paris'* Abhandlung über den kleinen Däumling angelegt.[8]) Nicht minder anziehend sind *Champfleurys* Untersuchungen über Ursprung und Wandelung der Sage vom *Bonhomme Misère*.[9]) Den Gegensatz zu dem kleinen Däumling bildet die Sage von dem riesenhaften *Gargantua*, welche in neuester Zeit *Sébillot* in einem umfänglichen Werke behandelt hat. Derselbe fand, daß

---

[1]) Bladé: *Contes et prov. rec. en Armagnac*. Paris 1887. Vergl. die Anzeige von R. Köhler in den Gött. gel. Anzeigen 1868, Stück 35; *Contes pop. rec. en Agenais, suivis de notes comparatives par R. Köhler*. Paris 1874.
[2]) Cerquand: *Légendes et récits pop. du pays Basque*, Pau, 4 fascicules in 8°.
[3]) In Herrigs Archiv Bd. 55. Braunschweig 1876.   [4]) Vergl. R. Köhler: Jahrb. f. rom. u. engl. Litt. V, 1.   [5]) A. Thuriet: *Traditions pop. du Jura*. 1877.   [6]) A. Roqueferrier: *Quatre contes languedociens rec. à Gignac* (Hérault). Paris 1878.   [7]) Romania Bd. V—X.   [8]) Gaston Paris: *Le petit Poucet* etc. Paris 1875.   [9]) Champfleury: *Recherches sur les origines et les variations de la légende du Bonhomme Misère*. Paris 1861; sehr vermehrt und verbessert in seiner *histoire de l'imagerie pop*. Paris 1869, S. 105—188.

die Sage sich nur in Frankreich und Grofsbritannien vorfindet, also als eine keltische Mythe zu betrachten ist, wahrscheinlich als eine volkstümliche Weiterbildung eines gallischen Herkules.¹)

Mit *Sébillots* Arbeit sind wir zugleich hinüber getreten in die neueste Phase, welche das Sammeln französischer Sagen und Märchen, sowie ihr Studium durch das mannhafte Eintreten der Verlagsbuchhandlung *Maisonneuve* zu Paris erfahren hat. Bekanntlich ist das Streben dieses Hauses darauf gerichtet, sämtliche Volkslitteraturen in ihre Ausgaben einzubeziehen, ein Unternehmen, welchem wir in Deutschland überhaupt nichts Ähnliches an die Seite zu stellen vermögen.

Ein Stab jüngerer, trefflich geschulter Gelehrter zieht, gleich Aposteln der Volkslitteratur, hinaus in alle Provinzen Frankreichs, um auch auf dem Gebiete der Sagen und Märchen zu bergen, was noch zu bergen ist. Dafs sie unmittelbar wieder anknüpfen wollen an *Perrault*, deutet der Name *Ma Mère L'Oye* an, welchen ihre, der Erholung wie der Arbeit gewidmeten gemeinsamen Zusammenkünfte in Paris tragen;²) ihr höchster Ehrgeiz ist, hinter ihrem Werke zu verschwinden, mit photographischer Treue wiederzugeben, was sie dem Volke ablauschten. Seltsam berührt es den mit der Kurzschrift Vertrauten, dafs keiner dieser Forscher sich diese schöne Errungenschaft der Neuzeit für seine Zwecke dienstbar machte.³) Mühselig schreiben sie mit der träg hinschleichenden Kurrent(!)schrift nach, was Männer, Frauen und Mädchen aus dem Volke ihnen anvertrauen; erst nach mehrfachen Verbesserungen erhält das Geschriebene endlich diejenige Form, in welcher es im Volksmunde lebt. Wieviel leichter, angenehmer und besser sich diese Aufgabe erledigen läfst durch Anwendung der Engschrift, zeigt Dr. *Dunger*; nur mit Hilfe der Stenographie vermochte er einem kundigen Rundäsänger des Vogtlandes zu folgen, welcher ein Stückchen nach

---

¹) Paul Sébillot: *Gargantua dans les trad. pop.* Paris 1883. ²) S. *Almanac des traditions pop.*, 2. Jahrgang 1883, S. 73. ³) Die trefflichste Übertragung von Gabelsbergers geistvollem System auf die französische Sprache lieferte Professor Heinrich Krieg, Direktor des Kgl. stenogr. Institutes zu Dresden unter dem Titel: *Cours de Sténogr. internat.* Weber, Leipz. 1879.

dem andern nur so „herausschmetterte". In kurzer Zeit war die reiche Beute von 80 Rundâs eingeheimst für ewige Zeiten.[1])

Wie für die Volkspoesie das Heil von der *Bretagne* ausging, so nimmt auch *Maisonneuves* Unternehmen seinen Ausgangspunkt von der gleichen Provinz. Jedoch war vorher schon, zuerst von dem gemütvollen *Souvestre* mehrfach, besonders in seinem *Foyer breton* hingewiesen worden auf den reichen Schatz von Märchen und Sagen, welche gerade in seiner heimatlichen Provinz verborgen liegen.[2]) Doppelt interessant für uns Deutsche ist es, dafs eine deutsche Dame, Frau Justizrat *Matthias*, ihren Aufenthalt in *Paris* und in der *Bretagne* (vor 1870) dazu benutzte, um bretonische Märchen aus alten, längst verschollenen Werken, sowie aus dem Munde des Volkes zu sammeln. Diese Sammlung, welche sechzehn, zum gröfsten Teile noch unbekannte Märchen enthält, ist mir gütigst zur Verfügung gestellt worden, und werde ich dieselben nicht nur an geeigneter Stelle in diesen, dem Märchen gewidmeten Abschnitt verflechten, sondern auch Gelegenheit nehmen, dieselben gesondert herauszugeben und sie mit ähnlichen Sagen der *Bretagne* und *Frankreichs* zu vergleichen.

An diese Vorläufer in der Erschliefsung der *Bretagne* reihen sich nun in *Maisonneuves* Sammelwerken *Luzel* und *Sébillot* an, welche diese schier unerschöpfliche Provinz auch in betreff ihrer Sagen und Märchen ausbeuteten.[3]) Dafs hiermit der Schatz noch nicht gehoben, zeigt der Umstand, dafs Beide aufser den bereits erschienenen noch weitere Bände in Aussicht stellen, welche sich mit den Sitten und Gebräuchen des bretonischen Volkes beschäftigen sollen.

Wiederholt war die *Normandie* auf Sagen durchforscht; eine neue Sammlung bringt *Fleury* dar, welche des Interessanten viel bietet.[4]) Wie ergiebig auch das baskische Land ist, zeigt die

---

[1]) Dr. Hermann Dunger: *Rundâs und Reimsprüche aus dem Vogtlande*, Einleitung S. XXVII. Plauen i V. 1876. [2]) Émile Souvestre: *Les derniers Bretons* (1836 u. 1843), *Le Foyer breton* (1854?) etc. [3]) P. Sébillot: *Litt. orale de la Haute-Bretagne*, Paris 1881; *Traditions et Superstitions de la Haute-Bretagne*, 2 Bde. 1882; F. M. Luzel: *Veillées Bretonnes*. Morlaix 1879. *Légendes chrétiennes de la Basse-Bretagne*, 2 Bde. 1881. [4]) Fleury: *Litt. orale de la Basse-Normandie*. Paris 1883.

stattliche Reihe neuer Märchen, welche *Vinson* ganz neuerdings veröffentlichte. Zum ersten Male ward die *Picardie* durch *Carnoy* erschlossen, eine Sammlung, welche sich den soeben erwähnten würdig anreiht.

Als ein treffliches Seitenstück zu der schönen Sammlung *Champfleurys*, welcher bekanntlich Proben der Volkspoesie aus allen Teilen Frankreichs gab, stellt sich die soeben erschienene Sammlung von Sagen und Märchen aus allen Provinzen Frankreichs von *Sébillot* heraus.

Von dem frisch erblühenden Studium der französischen Volkslitteratur giebt auch jene Kunde Zeugnis, dafs *Melusine*, welche, wie wir in dem Überblick über die Volksdichtung melden mufsten, nach kurzem Verweilen entschwunden war, nunmehr bei dem erhöhten Interesse an den Gaben, die sie uns bringt, seit kurzem von neuem erschienen ist.

Ist auf dem Gebiete der Volksdichtung auch nur noch Nachlese zu halten, auf dem Gebiete der Sagen und Märchen sind noch die Tage der Ernte; allein auch hier ist, dank der Mitwirkung so vieler werkthätiger Männer und Frauen, ein Abschlufs dieser im vollen Flusse befindlichen Arbeit in absehbarer Zeit zu erwarten.

Wenn *Pluquet* im Jahre 1834 noch mit einem gewissen Rechte sagen konnte, dafs Frankreich, verglichen mit anderen Nationen, ärmer sei an Sagen und Märchen, so würde eine Wiederholung dieses Ausspruches zu unserer Zeit sich als ein schwerer Irrtum herausstellen.

Erwägt man, dafs auf den ersten Anlauf, welchen Frankreich im XVII. Jahrhundert zu einer Sammlung seiner Märchen nahm, hundertundfünfzig Jahre des Stillstandes folgten, welche gewifs viel Schönes haben untergehen sehen, erwägt man ferner, dafs zielbewufst und mit voller Thatkraft eigentlich erst seit

---

[1] Vinson: *Le Folk-Lore du Pays basque*, Paris 1883. *Contes et récits*.
[2] Carnoy: *Litt. orale de la Picardie*, Paris 1883. [3] Sébillot hat zu dieser allgemeinen Sammlung noch aus folgenden Sondersammlungen geschöpft: Poey Davant: *Poitou*, Devic: *Quercy* etc.; einzelne ungedruckte Märchen aus *Anjou, Auvergne, Bresse* wurden Sébillot mitgeteilt von Querneau-Lamerie, Paulin, Vingtrinier u. A. m.

einem Jahrzehnt in Frankreich daran gearbeitet wird, die Sagen und Märchen aus dem Munde des Volkes in die Sammlungen zu bergen, so mufs man billig darüber erstaunt sein, dafs sich bis in unsere Zeit hinein so vieles noch erhalten hat und dafs es auch heute noch gelingt, so reiche Ausbeute zu Tage zu fördern.

Schon jetzt läfst sich behaupten, dafs Frankreich an seinem Teile berufen ist, ein wichtiges Glied in der Kette der Volkslitteratur zu bilden. Der einzige Nachteil, dafs Frankreich erst verhältnismäfsig so spät seine Schätze auf diesem Gebiete zu heben begonnen, könnte darin beruhen, dafs die Märchen und Sagen in der uns überlieferten Form gröfsere Spuren unserer alles gleichmachenden Zeitströmung tragen, als dieses noch vor fünfzig oder hundert Jahren der Fall gewesen wäre.

# Die Stoffwelt der französischen Sagen und Märchen.

Christlich-katholische Färbung. — Gott Vater, — die Jungfrau Maria. — Christus und seine Apostel, — Päpste, Heilige und Mönche, — Paradies und Seelenheil. — Hölle und Teufel. — Der Tod. — Geisterspuk. — Die Feen. Kobolde und Heinzelmännchen. — Der Mensch im Märchen: der Starke, — Furchtlose, — die duldenden Jungfrauen, — der Schlaue, — der grofse und der kleine Klaus, — der Meisterdieb, — der reiche und der arme Johann, — Bruder Lustig. — Münchhausen (Lügen und Wunschmärchen), — der dumme Hans, Hans im Glücke, — Vater Brummbär. — Die Tierwelt: verwandelte Menschen, — Hexen in Tiergestalt: — Die wilde Jagd. — Die Tiere als Feinde, — als Freunde des Menschen. — Die leblose Natur: Ursprung der Welt im Märchen. — Cultus der Bäume, Steine und Quellen. — Schlufsbetrachtung.

Es würde ein Buch für sich erfordern, wollte man den Stoff, welcher in der vorhergehend charakterisierten Litteratur angehäuft ist, auch nur einigermafsen erschöpfen. Wir müssen uns begnügen, denselben in den Hauptgruppen vorzuführen und mit einzelnen bezeichnenden Beispielen zu belegen.

Die Sammlung von *Pluquet* ziert ein Bild, auf welchem ein katholischer Priester mit einem Ungeheuer, welches er sich dienstbar gezwungen, durch die Lüfte saust. Dieses Bild ist ungemein bezeichnend für jene grofse Gruppe von Märchen, welche die christliche Weltanschauung verherrlichen.

Als das Christentum an die Stelle des Heidentums trat, suchten die Geistlichen die Sagen und Märchen, welche sie vorfanden, ihres heidnischen Charakters zu entkleiden, ihnen gewissermafsen ein christliches Gewand anzuziehen. Dabei zeigt sich ein bemerkenswerter Unterschied zwischen deutschen und französischen Märchen. Während bei den unseren die christliche Färbung einer Lasur gleicht, welche den heidnischen Untergrund noch durchschimmern läfst, ist bei den französischen Märchen die neue Farbe so stark aufgetragen, dafs sie den Untergrund völlig deckt; wollte man diese deckende Farbe abheben, man würde das ganze Gemälde zerstören.[1])

An die Stelle der heidnischen Götter traten, den christlich-katholischen Anschauungen gemäfs, Gott Vater, die Jungfrau Maria, Christus mit seinen Aposteln, Christi Stellvertreter, die Päpste, sowie die mit dem Papsttum zusammenhängende Hierarchie, die Mönchs- und Ritterorden.

Verhältnismäfsig selten erscheint Gott Vater im französischen Märchen. Es ist, als hätte die Ehrfurcht das Volk abgehalten, ihn zu oft mit den Menschen in Berührung zu bringen. Wo er erscheint, erscheint er jedoch als ein milder, freundlicher Greis mit langem weifsen Barte; selbst dem Trotze eines Kindes gegenüber, welches nicht ohne seinen Paten in den Himmel eingehen will, zeigt er sich nachgiebig.[2])

Ihm zur Seite steht die Jungfrau Maria, die ebenso oft wie Gott selbst als Pate figuriert und ihrem Schützling helfend zur Seite steht, wenn dessen Seelenheil bedroht erscheint.[3])

Im Mittelpunkte einer ganzen Reihe von Märchen, namentlich der *Bretagne*, steht die leuchtende Gestalt Christi, welche uns um so sympathischer berührt, als sie mit verschwindenden Ausnahmen mit den edelsten Zügen ausgestattet ist.

Schon die Geburt Christi kündigt sich mit Wundern aller Art an: in der heiligen Nacht, in jener Stunde, da Christus der Welt geschenkt ward, erlöschen die Flammen des Fegefeuers und die gequälten Seelen geniefsen nach namenloser, ununterbrochener Pein einen Augenblick der Ruhe und der Erfrischung. Wenn der Priester in der Mitternachtsmesse die heilige Hostie emporhebt, verwandelt sich das Wasser in Wein; in dieser hei-

---

[1]) Ähnliches konnten wir bei der französischen und deutschen Weihnachtsfeier bemerken; vergl. Bd. I, S. 309 ff. [2]) Luzel, *Lég. chrét. d. l. Basse-Bretagne* I, S. 214. [3]) Luzel a. a. O. I, S. 115 u. 120, II, S. 36 u. 210. Vergl. auch Sébillot, *Haute-Bretagne* I, S. 305—319; Carnoy, *Picardie* S. 128 ff. u. a. m

ligen Stunde schläft kein Tier; ja, die Tiere, welche, der Annahme des Volkes nach, früher Menschen waren, sprechen gleich ihnen, verraten denselben ihr Geschick.

> Ein Knecht, der dieses nicht glauben wollte, versteckte sich in eine Krippe. Als er zu seinem Entsetzen vernommen, dafs er in drei Tagen tot sein würde, schlich er davon. Nach drei Tagen lag er wirklich auf der Bahre.
> *(Basse-Bretagne.)* [1]

In der Stunde der Geburt Christi erschliefsen sich, wie andere Märchen berichten, dem Menschengeschlechte die Schätze der Unterwelt.

> Die mächtigen Steine, welche sich sonst den Augen der Menschen entziehen, erheben sich, um nach dem nächsten Flusse zu einem Trunke zu eilen. Der nun offen daliegende Schatz mufs behoben sein, bevor die Steine zurückkehren; denn in ihrem rasenden Laufe zerschmettern sie alles, was lebend sich ihnen entgegenstellt.
> *(Bretagne.)* [2]

Wie die Geburt, so ist auch das Leiden und Sterben Christi im Märchen verherrlicht. Wir erhalten Aufschlufs darüber, wie es gekommen, dafs einer der mit Christus Gekreuzigten mit ihm ins Paradies eingeht.

> Auf ihrer Flucht nach Egypten kehrt die heilige Familie in eine Hütte ein, welche einem Räuber als Behausung dient, wie sie zu ihrem Entsetzen entdecken. Aber der Räuber nimmt sie gastfreundlich auf. Zum Lohn hierfür gesundet sein aussätziges Kind, als es zusammen mit dem Christuskinde gebadet wird. — Nach der einen Lesart wird der alte Räuber, nach der zweiten sein gesund gewordener Sohn an Christi Seite gekreuzigt und als einziger Räuber, wie das Märchen sagt, der Freuden des Paradieses teilhaftig.
> *(Basse-Bretagne.)* [3]

In den Märchen erscheint Christus als ein jüngerer Mann, dem seine Apostel, auch der altehrwürdige Petrus, trotz mancher heimlichen Opposition, tiefe Ehrfurcht zollen. Christus unternimmt nun mit seinem Stabe zur Bekehrung der Heiden Reisen durch die französischen Lande; ja, in der *Bretagne* soll er sich sogar ansässig gemacht, Land und Vieh besessen haben.

> Eines Tages schickt der Herr den heiligen Petrus nach *La Roche*, um eine Kuh zu verkaufen, welche sich diebisch gezeigt hat.

---

[1] Luzel etc. II, S. 330 ff. [2] Sammlung der Frau Justizrat Matthias: die Steine von Plouhinec. [3] Luzel etc. I, S. 137 ff.

Zwar hat Petrus Gelegenheit genug, dieselbe für den ausgesetzten Preis von 20 Thalern zu verkaufen, indes ist er seltsamerweise, vielleicht aus Opposition gegen das Gebot des Herrn, ehrlich genug, jedem Käufer den Fehler der Kuh aufzudecken. So verliert sich natürlich ein Bieter nach dem andern, und mit sinkender Sonne kehrt Petrus mit seiner Kuh zum Herrn heim.

Was, Du hast die Kuh nicht verkauft?

Wie Du siehst, Herr.

Der Markt war also schlecht? Denn 20 Thaler für die Kuh ist billig.

Der Markt war ganz gut und viele Händler wollten sie auch kaufen.

Warum hast Du sie denn nicht verkauft?

Weil sie alle weggingen, als ich ihnen sagte, die Kuh wäre diebisch.

Alter Narr! Hierzulande spricht man auf dem Markte nicht früher von den Fehlern des Tieres, als bis man es verkauft und das Geld im Sacke hat.

Das wufste ich nicht, erwidert St. Petrus, hätte ich es aber gewufst, ich hätte gewifs meine Kuh bald verkauft.

(*Basse-Bretagne.*) [1])

In seinen Göttern malt sich der Mensch. Gedanken und Empfindungen, welche denselben vielfach seinen Mitmenschen gegenüber beseelen, überträgt er sich selbst unbewufst auf den, der von keinem Fehl wufste.

Die Märchen sind voll von den Wunderthaten des Herrn, die vor allem dazu dienen sollen, den Glauben an ihn zu wecken und zu stärken, seine reine Lehre in das hellste Licht zu setzen und ihre Vorzüge heidnischem Aberglauben gegenüber in eindringlichster, gewissermafsen in handgreiflichster Form vorzuführen.

Eines Tages hatte Christus gepredigt, dafs derjenige, welcher sein Geld den Armen gebe, es doppelt wiedererhalten würde. Porpant, der 60 Thaler besitzt, hat dies vernommen; flugs verteilt er sein Geld und wartet sehnsüchtig, dafs der nächste Morgen ihm das Doppelte bringe. Als diese Hoffnung sich trügerisch erweist, eilt er dem falschen Propheten nach und stellt ihn zur Rede. Zur Beruhigung erhält er ein Lamm, welches er, dem Befehle des Herrn gemäfs, braten und mit ihm verspeisen solle.

Hier geht das Märchen, ein Zug, den wir in gleicher Weise

---

[1]) Luzel I, S. 17 ff.

auch bei dem Volksliede beobachteten, in eine andere, uns aus dem Deutschen bekannte Erzählung über.

> Der Herr fragt nach dem Herzen des Lammes, welches Porpant vorher gegessen. Dieser aber behauptet steif und fest, das Lamm habe gar kein Herz gehabt. „Der Schöpfer hat kein Wesen ohne Herz erschaffen", erwidert abweisend der Herr.
> Christus wird von dem Mahle abberufen, um die erblindete Herrin des benachbarten Schlosses wieder sehend zu machen. Er streicht unter die Fufssohlen, fährt dann leicht mit der Hand über die Augen der Erblindeten, und siehe da, sie erhält ihr Augenlicht wieder. In ihrer Freude will sie dem Heiland ihr ganzes Vermögen übergeben; zum grofsen Ärger Porpants begnügt sich Christus mit hundert Thalern; bei der Teilung bestimmt Christus zwei Teile für jenen, der das Herz des Lammes gegessen, worauf Porpant sich flugs meldet und mit einem milden Verweise Christi beide Teile erhält.
> Porpant versucht nun auf eigene Faust sein Heil als Heilkünstler.

Der Zug nach *Paris* ist auch den Märchenhelden gemeinsam; nur d o r t glauben sie ihr Glück machen zu können.

> Zu keiner günstigeren Stunde hätte Porpant nach Paris kommen können, um seine Kunst zu erweisen: Des Königs Tochter ist dem Erblinden nahe. Doch weit gefehlt, sie durch die gleiche Methode gesund zu machen, deren Äufseres er Christus glücklich abgeguckt, beraubt er sie vielmehr gänzlich des Augenlichts. Nur Christi Barmherzigkeit rettet ihn vom Galgen. (*Côtes du Nord.*)[1]

Die gleich eindringliche Lehre, sich dem Meister über alle Meister nicht gleichstellen zu wollen, ruht in der Sage von dem Schmiede *Eloi*, welche sich in mehrfachen Lesarten in der *Bretagne* sowohl wie auch in *Agenais* wiederfindet.

> Eloi hatte über sein Schild setzen lassen: „Eloi, Schmied, Meister über alle Meister". Zu ihm kehrt der Herr eines Tages ein, um als Lehrling ein Pferd nach neuer Art zu beschlagen. Er reifst demselben nämlich ein Bein nach dem andern aus und setzt sie, nachdem er die Hufe bequem befestigt, dem Pferde wieder ein, ohne dafs dasselbe Schaden gelitten; denn frisch und munter springt es davon. Der Schmied denkt, die neue Art mufst Du auch versuchen. Als aber eins der Pferde dem Verbluten nahe ist, ruft er den Herrn zu Hilfe, dessen Mahnung, sich nicht zu überheben, auf so fruchtbaren Boden fällt, dafs der Schmied von nun sich einfach bescheiden nur *Eloi*, der Schmied, nennt. (*Basse-Bretagne. — Agenais.*)[2]

[1] Luzel I. S. 30 ff.; vergl. Deulin, *Le sac de la Ramée*. [2] Luzel I, S. 93 ff.; vergl. Bladé, *Agenais* S. 61 ff.; Note von R. Köhler S. 157, 158.

Gern lohnt der Herr, wenn ihm unerkannt Erquickung und Ruhe gewährt wird.

> Auf wunderbare Art erfüllt der Herr einer armen Frau, welche ihn getränkt, als er dürstete, den Wunsch, für ihr Kind eine melkende Kuh zu haben. Aus einem Stein, den der Herr mit seinem Stecken berührt, indem er einige Worte „Latein" dazu murmelt, entspringt eine Kuh; als die Frau Gleiches versucht, entspringt ein Wolf, der die Kuh verschlingt. Auch hier schafft der Herr die Kuh zur Stelle, als er gesehen, dafs die Frau seine Lehre verstanden: sich mit dem zu begnügen, was man besitzt.
> (*Basse-Bretagne.*)[1]

Ebenso straft aber auch der Herr, wo er ein böses Herz und niedere Habsucht findet.

> Schon am frühen Morgen klopft ein habgieriges Weib Christus und die Seinen aus süfsem Schlummer heraus und begehrt ihre Arbeitskraft für das Nachtlager, welches sie ihnen gewährt. Christus vollführt die ihm gestellte Aufgabe, Getreide zu dreschen, in der Weise, dafs er ein wenig Stroh entzündet, es auf die Tenne wirft und, wie bei dem jüngsten Gerichte die Böcke und die Schafe, so hier Korn und Stroh sich zur Rechten und zur Linken sondern läfst.
> Als das Weib gesehen, dafs dies alles ohne Schaden vor sich gegangen, hat sie nichts Eiligeres zu thun, als es nachzuahmen, brennt aber ihre Tenne dabei nieder.
> (*Bretagne.*)[2]

Also für den Menschen: kein Preis ohne Fleifs.

Unter den Aposteln, welche Christus auf seinen Bekehrungsreisen begleiten, kommt neben *Johannes* keiner häufiger vor als *Petrus*. Letzterer erscheint als ein starker, alter Mann mit lang wallendem weifsen Barte. Trotz dieser ehrwürdigen Erscheinung sind ihm eine Reihe recht menschlicher Züge eigen. Bequem, habgierig und abgünstig, erhält er von dem Herrn in humoristisch wirkender Weise mehr als einmal eine Lehre, die er dann brummend einsteckt.

> Als Christus eines Tages grofsen Hunger spürt, wird Petrus ausgesendet, um Brot zu holen. Er stiehlt ein solches, hält es aber nicht für nötig, den Andern davon mitzuteilen. Jedesmal, wenn er nun verstohlen einen Bissen zum Munde führen will, redet der Herr ihn an, sodafs er antworten mufs. „Glaube mir, Petrus," spricht nun der Herr zu ihm, „gestohlenes Brot ist schwer zu essen, stillt

---

[1] Luzel I, S. 1 ff.   [2] Luzel I, S. 19 ff.

auch den Hunger nicht." Petrus erwidert nichts, aber er fühlte sich beschämt, als er so die geheimste Regung seines Innern entdeckt sah.
(*Basse-Bretagne*.)¹)

Neu dürfte sein, dafs *Petrus* auch eine Braut hat.

Getreu dem Worte Gottes in der Bibel, spricht Christus eines Tages zu Petro: „Es ist nicht gut, dafs der Mensch allein sei." Allein Petrus zögert, das erste Mädchen, welches sie antreffen, zu seiner Braut zu erheben. Ebensowenig steht ihm die zweite an, da sie noch häfslicher ist als die erste; die dritte aber, welche nun erscheint und welche zu wählen er sich nicht mehr weigern darf, ist ein Ausbund an Häfslichkeit. Der Herr empfindet Mitleid mit seiner Lage und, nachdem sein Zweck erreicht, Petrus zu zeigen, dafs es bei der Wahl der Frau gut sei, frisch zuzugreifen, hämmert der Herr in der nächsten Schmiede Petrus' Braut zu einem wunderschönen Gebilde um.
(*Basse-Bretagne*.)²)

Fragt man das Volk, ob *Petrus* auch verheiratet gewesen, so bejaht die Märchenerzählerin diese Frage. Es gibt nämlich ein Märchen von dem Sohne des *Petrus*,³) eine weit ausgesponnene wunderbare Geschichte. *Petri* Sohn durchschreitet in diesem Märchen den grofsen Kreis der Schöpfung, indem er Wunder über Wunder vollführend mit bedächtiger Schnelle durch die Welt zum Himmel und zur Hölle schreitet.

In norwegischen Märchen trägt *St. Peter* — was mir, soweit ich das französische Märchen kenne, nicht aufgefallen ist — in deutlicher Erinnerung an das Papsttum einen Himmelsschlüssel. Doch ist im französischen Märchen für die **Verherrlichung des Papsttums** hinreichend gesorgt und Anklänge an Christus und seine Apostel sind hier gleichfalls vorhanden.

Nicht von gemeiner Geburt ist der Knabe, welcher im Märchen die Rolle des künftigen Herrschers über die Gläubigen dieser Welt spielen soll; er stammt vielmehr von dem allerchristlichsten Könige, dem König von Frankreich. Wunderbare Geistesgaben sind ihm von einem gütigen Geschick in die Wiege gelegt. Selbst über den Teufel besitzt das Kind Macht; sein kindliches Herz erfüllt nicht Lust an weltlichen Dingen, sondern über die tiefsten Fragen, welche das Leben bewegen, nachzudenken, ist seine liebste Erholung und die Gesellschaft mit einem weisen Köhler zieht er aller andern Gesellschaft vor. Auf die Vorwürfe der Eltern über sein von Welt

---

¹) Luzel I, S. 17 ff.; vergl. auch Vinson. *Pays basque* S. 3 u. 4.   ²) Luzel I, S. 22.   ³) Luzel I, S. 68.

und Hof zurückgezogenes Leben kündigt er ihnen prophetisch an, dafs sie sich dereinst glücklich schätzen werden, ihm beim Waschen der Hände behülflich zu sein. — Die Eltern gedenken, sich des Knaben zu entledigen. Gleich Fridolin soll auch ihm ein ähnliches Ende von dem Köhler bereitet werden. Derselbe verhilft ihm zur Flucht und *Innocent*, wie der Knabe heifst, begibt sich geradewegs nach Rom, wo eben ein neuer Papst gewählt werden soll. Nicht nach Protektion erfolgte damals die Papstwahl, wie das Märchen mit bemerkenswertem Spott hinzufügt, sondern nach dem Willen Gottes.

Seine Reisegefährten sind ein alter und ein junger Mönch. Der Anklang an Christus und seine Begleiter, Petrus und Johann, ist doch deutlich genug. Gleich Christus vollführt *Innocent* auf seinem Wege Wunderthaten, und ehe er noch in Rom einzieht, sorgt er dafür, dafs eben die Welt voll von ihm ist. So ersticht er, um nur eine besonders hervorragende That anzugeben, die Tochter des Schlofsherrn, bei welchem er Gastfreundschaft genossen, weil, wie er auf die verwunderten Fragen seiner Genossen sagt, er voraussehe, dafs die abgöttische Liebe ihres Vaters sie der Sünde überliefere und damit der ewigen Seligkeit entziehe.

Er verrät seinen Gefährten, dafs die Vögel, deren Sprache er kundig, ihm zugezwitschert: einer von ihnen werde Papst werden. Zugleich hat *Innocent* dem Weidenbaume, von welchem herab ihm die Vögel geweissagt hatten, eine Rute entnommen; sie trägt er (anstatt einer Kerze) bei der Prozession, welche drei Tage vor der Wahl des Papstes statt hat. In Anlehnung an die Ausgiefsung des heiligen Geistes soll sich der Wille Gottes dadurch offenbaren, dafs derjenige zum Papst gekrönt werde, dessen Kerze sich von selbst entflamme. Dreimal vollzieht sich dies Wunder an der Weidenrute *Innocents*. Leiser Spott mischt sich in den Jubel des Volkes, einmal einen „Unschuldsvollen" zum „Papst" zu erhalten.

Den Schlufs des Märchens bildet die Erfüllung jener Prophezeihung, welche der Knabe den Eltern gegenüber gethan. Von Gewissensbissen gepeinigt, ziehen der König und die Königin von Frankreich an des Papstes Hof und sind glücklich, ihn beim Händewaschen bedienen zu können. Er gibt sich ihnen zu erkennen und verzeiht ihnen.

*(Basse-Bretagne.)* [1]

Ist hier der Papst als Stellvertreter Christi gezeichnet, so tritt in anderen Märchen auch die menschliche Natur des Papstes deutlich genug hervor. Namentlich findet sich dieses in jenen Märchen, in welchen es sich darum handelt, dem Teufel einen Pakt und damit eine Seele abzujagen. Der Statthalter Christi weifs hier dem, welcher sich dieses schwierigen Werkes unter-

---

[1] Luzel I, S. 282 ff.; vergl. II, S. 4 ff. u. Melusine Col. 300 *Christie qui devient pape à Rome* mit den Kommentaren von Reinh. Köhler.

fangen will, keinen andern Rat zu geben, als ihn an einen sündigen Eremiten zu weisen (gewöhnlich einen Bruder des Papstes), der denn auch allemal Rat und Hilfe für das Gott wohlgefällige Werk zu finden weifs. Einen pikanten Gegensatz bildet es nun, den sündigen Bruder des Papstes in das Paradies eingehen zu sehen, während der Fels der Kirche seinen Pharisäerhochmut im Fegefeuer büfst.

Mit dem Papste verknüpfen sich leicht die Heiligen,[1]) die ja oft ihre Heiligkeit seinem Machtspruch allein zu danken haben. Sie erscheinen denn auch im Märchen häufig im Bischofsornat: gleich Moses ist ihnen die Kraft gegeben, Quellen aus dem Boden hervorzulocken. Indes übergehe ich diese Kategorie ebenso wie jene der Mönche,[2]) welche durch ihr vielfach gottloses Wesen den Fluch, sowie durch ihre Unmäfsigkeit und Unwissenheit den Spott des Volkes herausgefordert haben. Interessant ist, dafs viele dieser Mönche als „Rotmönche" bezeichnet werden: wohl ein Anklang an die Tempelherren, welche vielfach in Frankreich Niederlassungen gründeten. Mit mancher Ruine verknüpfen sich schauerliche Erzählungen von ihrer Frivolität. Der Sage nach haben sie das bekannte *Jus* ausgeübt, junge Mädchen in ihre Klöster gelockt, um unter dem Vorgeben, gute Hausfrauen aus ihnen zu erziehen, sie zu entehren und dann in den vorüberrauschenden Flufs zu stürzen, aus welchem ihre Stimmen noch heute klagend erschallen. Für ihre Unwissenheit spricht jenes Märchen,[3]) welches erzählt, dafs ein frischer, nicht auf den Kopf gefallener Bursche sich einem Prior als Pfarrer anbietet und diesen durch die paar Brocken unverdauten Lateins, welche er aufgeschnappt, so in Erstaunen setzt, dafs er die Stelle ohne weiteres erhält.

Die Tendenz jener grofsen Gruppe von Märchen, welche wir in dem Vorhergehenden zu schildern versuchten, geht unzweifelhaft dahin, zu zeigen, wie erstrebenswert es für den Menschen ist, das ewige Seelenheil zu erringen, welches der Volks-

---

[1]) Vergl. vor allem Sébillot, *Trad. d. l. H.-Bretagne* S. 319 u. 337; Fleury, *Basse-Normandie* S. 15 u. 37; Am. Bosquet Cap. XIX. [2]) Carnoy, *Picardie* S. 146 ff., 152; vergl. auch de la Villemarqué I, S. 151 ff.: *les trois templiers*. [3]) Carnoy, *Picardie* S. 172.

auffassung nach unter dem Bilde des Paradieses erscheint: selbst für den reinen Menschen ist der Eintritt in das Reich der Seligen erst nach einem Läuterungsprozesse möglich. In bretagnischen Liedern wird davon gesprochen, was sich dann in *Dante* wiederholt, dafs die Seele nach ihrer Trennung von dem Körper drei Kreise zu durchlaufen habe, ehe sie der himmlischen Freuden teilhaftig wird: den ersten Kreis, den Kreis der Strafe oder die Hölle, den zweiten, den Kreis der Reinigung oder das Fegefeuer, den dritten endlich, den Kreis des reinen Glücks oder das Paradies.[1] Nur selten und nachdem die beiden ersten Kreise auf Erden bereits durchlaufen sind, tritt die Seele, gewöhnlich unter dem Bilde einer weifsen Taube, unmittelbar in den Himmel ein; gewöhnlich erscheinen als Mittler, um zur ewigen Seligkeit zu gelangen, Christus und die Kindlein; ihrer ist ja, nach dem Worte der Bibel, das Himmelreich.

Aus den Fahrten, welche Kinder nach dem Paradiese unternehmen — gewöhnlich haben sie in höherem Auftrage einen Brief zu überbringen: „*A Monsieur le bon Dieu, dans son paradies*" — lernen wir den Weg dorthin, wie auch das Paradies selbst kennen.

Der Weg ist steinig und dornig, voll von Nesseln, mit allerhand Hindernissen versehen. Vipern und Kröten, giftige, garstige Reptilien aller Art bedräuen den, der dem Paradiese zustrebt. Ist der Weg des Entsetzens durchmessen, so öffnet sich an einer steinernen Umfriedigung ein Thor. Einmal durch das Thor, darf man nicht hinter sich schauen. Weiter gelangt der Unerschrockene an den Fufs eines hohen Berges. Er sieht hier, wie Kinder denselben zu erklimmen sich mühen, ohne es indes zu vermögen. Endlich kommt er an ein Schlofs, dessen Mauern von Gold und Edelsteinen sind — wir sind im Paradiese.

Kehrt das Kind von seiner Mission zurück, so sieht es, an den Berg gelangt, Leute denselben hinaufsteigen, welche es freundlich begrüfsen. Das sind die geretteten Seelen, welche er mit seinem Blute erlöste; dieses flofs, als es sich an den Dornen und Steinen ritzte. Die Kinder aber mit ihren, wenn auch schmerzlosen Tantalusqualen sind die ungetauften Kleinen; sie hören wohl den Gesang der himmlischen Heerscharen, ohne indessen ihres Anblickes teilhaftig zu werden. (*Côtes du Nord.*)[2]

---

[1] d. i. Villemarqué I, S. 135.   [2] Luzel I, S. 223; zweite Lesart I. S. 232 ff.

Eine deutliche Mahnung zugleich, mit der Taufe nicht zu säumen. Wie grofse Vorteile zugleich für denjenigen erwachsen, welcher sich der Taufe des Kindes annimmt, zeigt jenes Märchen, in welchem die Seele des Kindes nicht früher das Paradies betreten will, bevor nicht auch seinem Paten, der sein Seelenheil verwirkt, die Gnadenpforte erschlossen werde. Wie wir bereits bei der Schilderung Gott Vaters erwähnten, willfahrt der Allmächtige den Bitten des Kindes.[1])

Verlassen wir hiermit die erste grofse Gruppe von Märchen und Sagen, deren allgemeine Wurzel das Prinzip des Guten war, und wenden uns nunmehr dem vollen Gegensatz, dem Prinzipe des Bösen zu, welches sich in der Seele des Volkes widerspiegelt unter dem Bilde des Teufels, der Hölle und ihres Anhanges, der Hexen und Geister.

Auch der Teufel[2]) gehörte ursprünglich der Schar der Engel an, ward aber seiner bösen Thaten wegen durch den Erzengel *Michael* aus dem Paradiese vertrieben.

Im Volksmunde führt der Teufel die verschiedenartigsten Namen: bald von seiner zupackenden Art *Grippi*, oder *le Harpi*, bald *le grand Biquion*, weil er nachts in Gestalt eines Tieres, am häufigsten unter der eines Bockes, auf grofsen Steinen hockt. In gemütlicher Weise wird der Teufel, wie auch der Tod, durch „Gevatter" *Compère* bezeichnet. Endlich heifst er mit jenem, beim Volke allbeliebten Zusatze „alt" *le vieux Jérôme* oder *le vieux Guillaume*.

Eifrig ist der Teufel bemüht, seine besondern Kennzeichen, Pferdefufs und Krallen, durch Handschuhe und den lang wallenden roten Mantel zu verdecken und über seine wahre Natur durch stattliche Erscheinung und gefällige Manieren hinwegzutäuschen; dieses gelingt ihm denn auch so gut, dafs er gewöhnlich mit

---

[1]) Vergl. Bd. II, S. 182. [2]) Vergl. Bretagne: Sébillot, *Trad.* etc. S. 177 ff., *Lit. or.* S. 163 ff.. Matthias X; Luzel I, III Partie; II, VI Partie; Normandie: Pluquet; Bosquet, Cap. XV; Fleury S. 49; Picardie: Carnoy S. 47 ff.; Lorraine: Cosquin, *Romania* X, S. 151; Jura: Theuriet u. A.

*grand seigneur* tituliert wird. Öfter wirft er sich in die vertrauenerweckende Gestalt eines behäbigen Pächters. Häufig erscheint er auch auf kohlschwarzem Rosse, welches in einzelnen Märchen geradezu seine Stelle einnimmt. Seltener tritt er in der Gestalt eines Pudels auf, welcher, wie bei Goethe, der Rede mächtig, sich seinem Opfer wie ein Vampyr anhängt und an seinem Blute sich mästet.

Der Einfluſs der Priester auf diese Märchen erhellt auch aus der Art und Weise, wie der Teufel Macht über den Menschen erlangt. Wenn die Amme vergiſst, das Kreuz über das Kind zu schlagen, so entführt es der Teufel und legt ein Ei in das leere Nest. Welches Früchtchen daraus erwächst, darauf gibt mehr als ein Märchen die Antwort. Nicht fluchen und schwören soll man, namentlich sich vor dem Ausspruch hüten: „Mich soll der Teufel holen!" Mehr als einmal läſst das Märchen diesen gewiſs nicht ernst gemeinten Wunsch zur Wahrheit werden.

Bei den Tanzfesten, den sogenannten *Pardons*, wie bei den Hochzeitsfesten treibt der Teufel gern sein Spiel. Auch der Wortbruch findet in ihm einem Rächer. Als ein Mädchen, welches ihrem sterbenden Geliebten gelobt, unvermählt zu sterben, nach wenig Monden schon ihr Wort bricht, da holt sie in der Hochzeitsnacht der Teufel und wirft sie in die tiefsten Tiefen der Hölle.

Vor allem aber geht der Teufel auf Jagd nach Seelen aus. Schon vor der Geburt des Menschen beginnt er damit. Er läſst sich von dem Vater, der seine Hilfe anruft, dasjenige versprechen, „was noch nicht im Hause war"; als nun der Vater nach Hause kommt, ist ihm ein Kind geboren. Oder der Teufel läſst den Gatten versprechen, ihm zu überlassen, was die Frau im Augenblicke der Zusage trägt. Daſs es auch hier auf das werdende Kind abgesehen ist, liegt auf der Hand. In anderen Fällen kauft der Teufel das Kind geradezu der Mutter ab, wie dieses mit dem heiligen *Etienne* geschah. Besonders gern übernimmt er Patenstelle, um dann nach Verlauf gewisser Jahre, gewöhnlich mit dem zehnten oder fünfzehnten Lebensjahre, Ansprüche auf das Kind zu erheben, wenn nicht andere himmlische Einflüsse seine schädlichen Absichten durchkreuzen. Um aber ganz sicher zu gehen, freit der Teufel selbst, und als ihm ein Kind geboren, verbietet er der Mutter, dasselbe zu taufen; als sie es dennoch thun will, hindert er durch drei höllische Reiter die Taufgesellschaft an der Ausführung ihres Vorhabens.

Da der Teufel Herr über alle Schätze dieser Welt ist, welche tief unten im Schofse der Erde geborgen liegen, so ist er gern zu Vorschüssen geneigt, wenn er eine Seele dafür einhandeln kann. Es ist hinlänglich bekannt, mit welcher Leichtigkeit der Teufel Geld zum Bau von Brücken, Schlössern, ja selbst von Kirchen hergiebt; nur mufs ihm die erste lebende Seele garantiert werden, welche den ersten Schritt in das durch höllische Mittel Erschaffene thut. Nicht minder leicht giebt er die Mittel her, um Zaghafte von dem, ihrer Anschauung nach, irdischen Fegefeuer des Soldatenstandes zu befreien.

Nur selten erklärt sich der Teufel als Gegenleistung für das Gewährte mit dem einfachen Versprechen zufrieden, dafs die Seele ihm gehören solle, oder damit, dafs der Betreffende das Kreuz — das Zeichen des Christentums — beschimpft und sich hierdurch ihm innerlich verbunden zeigt. Meist will er, gleich wie in Goethes Faust, auch etwas Geschriebenes haben, und ein Pergament ist freundlich zur Stelle, wenn er den Pakt mit dem ihm verfallenen Menschenkinde macht, dessen Blut er in geringen oder gröfseren Dosen zur Besiegelung des Paktes verwendet. Auch einzelne Bedingungen werden stipuliert, besonders wird die Zeit bestimmt, wann das Opfer ihm verfallen soll; dafs er dasselbe zu überlisten strebt, wird uns nicht wunder nehmen. So viele Märchen aber auch erzählen, wie der Teufel betrogen worden, so selten ist der Fall, dafs es demselben wirklich gelingt, sein Opfer zu überlisten.

Ein junger Bauer hat seine Seele dem Teufel verschrieben, aus Furcht, Soldat zu werden. Nach 7300 Tagen soll er dem Teufel verfallen sein, nach der Rechnung des Bauern also erst nach zwanzig Jahren. Der Teufel wufste aber sehr gut, weshalb er den Pakt nach Tagen, nicht nach Jahren abschlofs; denn ein Teufelstag geht nur von sechs Uhr morgens bis sechs Uhr abends, ist also nur ein halber Menschentag. Nach dieser Rechnung holt also der Teufel schon nach dem Verlauf von zehn Menschenjahren sein Opfer ab.

Der Bauer, ganz verdutzt, wagt keine Entgegnung, sondern läfst sich ruhig entführen. (*Picardie*.)¹)

Und kommst du nicht willig, so brauch' ich Gewalt. Nach diesem Grundsatz Erlkönigs verfährt auch der Teufel. Besonders häufig entführt er sein Opfer von dem Tanzplatze. Das Schreien der Kinder soll seine Ankunft andeuten, das Alleinspielen der Violinen seine Teilnahme am Tanze; mit der Entführung endet dann dieser teuflische Streich.

Im grofsen und ganzen aber ist der Teufel aller Märchen der Geprellte, ein Teil jener Kraft, die zwar stets das Böse will, doch selten etwas Böses schafft. Die Märchen werden nicht müde zu erzählen, wie er überlistet worden. Obwohl der Erzengel *Michael*, wie bereits erwähnt, wesentlich dazu beigetragen, den Teufel zu depossedieren, so leben sie beide äufserlich doch auf gutem Fufse, wie's grofsen Herren geziemt. Dies zeigen die Wetten an, welche der Teufel dem Erzengel anbietet, in denen er aber stets den Kürzeren zieht.

Einst hatten sie gewettet, dafs, wer das schönste Gebäude oder die schönste Kirche aufführen würde, das Werk des Andern als sein Eigentum betrachten könne; nur hatte der Teufel sich ausbedungen, dafs an seiner Kirche nicht das Zeichen des Kreuzes verwendet werden dürfe. Der Erzengel ging darauf ein, baute einen Krystallpalast, den der Teufel bewunderte. Als aber der Erzengel des Teufels Kirche schaute, welche derselbe in vollendeter Pracht aufgeführt, da vermifste er an der Spitze, dem Grunde und zur Rechten und Linken einen Ziegel, und indem er dieses mit dem Finger in der Luft andeutete, hatte er ein Kreuz geschlagen, den Teufel überlistet und sich in den Besitz der Kirche gesetzt.
(*Haute-Bretagne*. Var.: *Berry*, *Normandie*.)²)

Bekannter ist eine zweite Wette.

Der Teufel bedang sich in dem einen Jahre desjenige aus, was unter der Erde wächst. In diesem Jahre säte der heilige Michael Getreide und das hochwogende Korn fiel ihm zu; als im nächsten Jahre der Teufel das Umgekehrte für sich wünschte, säte er Rüben; auch diesmal hatte der Teufel das Nachsehen.
(*Haute-Bretagne*.)³)

---

¹) Carnoy S. 80 ff.  ²) Sébillot: *Trad.* etc. S. 326 ff.  ³) Sébillot a. a. O. S. 328, 329. — Nicht immer gehen diese Wetten so friedfertig aus und oft entspinnen sich heftige Kämpfe zwischen dem bösen und dem guten Prinzipe;

Immer wieder und wieder geht der Teufel in die Fallen, welche ihm gestellt sind.

> Ein Mann, welcher sich ausbedungen, der Teufel solle ihn nach jedem gewünschten Orte tragen, überlistete ihn dadurch, dafs er nach seinem Tode ihm aufgab, ihn nach dem Paradiese zu schaffen. Der Teufel verzichtete lieber auf eine Seele, als dafs er auf dieses Ansinnen einging.
> *(Haute-Bretagne.)* [1]

Es zeugt von der im Volke lebenden Moral, dafs selbst dem Teufel das Wort gehalten werden mufs, wenn auch nur buchstäblich.

> Um dem gegebenen Worte gerecht zu werden, mufs das Kind, welches zu gleicher Zeit den Teufel wie die Jungfrau Maria zu Paten hat, in die Hölle; aber die heilige Jungfrau schützt das Kind vor den Angriffen des Teufels und führt es, nachdem dem Buchstaben Genüge geschehen, dem Himmel zu.
> *(Haute-Bretagne.)* [2]

Einen breiten Platz nehmen diejenigen Märchen ein, welche erzählen, wie dem Teufel der geschriebene Pakt entrissen wird. Besonders sind es die dem Teufel verschriebenen Kinder, welche kühn in sein unterirdisches Reich dringen und den Pakt sich holen.

Um den Weg zur Hölle zu erfahren, wenden sich diese Kleinen teils an den Papst, teils an einen guten Engel, teils an einen Geistlichen, ohne indessen die gewünschte Auskunft erlangen zu können. Gewöhnlich weisen dieselben sie an einen Verwandten, einen Bruder, einen büfsenden Eremiten oder Räuber, der, wie der gute(!) Engel sagt, sicher in die Hölle kommen wird und daher auch den Weg zur Hölle ganz genau wissen müsse. Wir sehen den Eremiten sich schon jetzt in der kurzen Spanne Zeit, die zu leben ihm noch vergönnt ist, in der gräfslichsten Weise auf die Höllenstrafen vorbereiten, die seiner warten. Durch ihn wird das Kind auf den richtigen Weg geleitet, oft allerdings wiederum durch Vermittlung eines Engels, der dem Eremiten allein sichtbar ist und ihm ratend und helfend zur Seite

---

nach dem Glauben des Volkes legen die erratischen Blöcke von diesen Kämpfen Zeugnis ab. Vergl. bes. Sébillot: *Trad.* etc. S. 23 ff.

[1] Sébillot a. a. O. S. 187. [2] Luzel a. a. O. S. 120 ff.

steht. Das äufsere Mittel ist eine Kugel, welche vor dem Kinde einherrollt. An die Einfahrt zur Hölle angekommen, erscheinen zwei schwarze Teufel, welche abwechselnd den Eindringling auf ihrem Rücken in das unterirdische Reich tragen. Immer tiefer steigen sie nun in die Erde hinab durch die dichte Finsternis, Stunde um Stunde dehnt sich die Reise, endlich erscheint in der Ferne ein kleines Licht, das immer feuriger wird und sich schliefslich als das Fegefeuer für die armen Verdammten erweist. Auf goldenen und silbernen Sesseln, von Flammen umspielt, sitzen die verdammten Seelen, aus siedendem Pech und Öl tauchen sie empor, kurz, die mittelalterliche Anschauung in ihrer ganzen Gräfslichkeit wacht in diesen Märchen noch einmal wieder auf.

Unter den Mitteln, sich die eindringenden **Teufel vom Leibe** zu halten, rangieren in erster Linie wiederum die Gnadenmittel der katholischen Kirche. Oft genügt das Weihwasser allein oder eine Haut, mit Weihwasser besprengt, welche der Besucher den Teufeln entgegenschüttelt, oft die Milch einer jungen Mutter, womit sie ihr erstes Kind nährt. Gleichzeitig dient das Weihwasser wie die Milch dazu, die Qualen der Verdammten auf Augenblicke zu lindern. Wenn gesagt ist, dafs einige Tropfen dieser Milch, auf die in der Verdammnis Schmachtenden gesprengt, ihr Geheul in Freudenlieder verwandeln, so ist damit die Kraft, welche der jugendlichen Muttermilch innewohnt, gewifs ebenso poetisch wie rührend geschildert. Derber wirkt auf die Teufel die Knutenpeitsche, welche indes, soll sie ihre Dienste voll versehen, gleichfalls geweiht sein mufs.

Getreu seiner Natur sucht der Teufel einen falschen Pakt auszuliefern und nur unter den gröfsten Schwierigkeiten und Anwendung drastischer Mittel gelingt es, den richtigen ihm abzujagen. Ist diese Aufgabe glücklich vollführt, so hat das Kind damit sich selbst, wie auch seinen Angehörigen, wie endlich auch im pikanten Gegensatz zu der Ansicht des guten(!) Engels für den büfsenden Eremiten das Seelenheil errungen. Zwar streiten um die Seele des letzteren, der in marterroller Weise, oft an den Kreuzestod Christi erinnernd, vom Leben geschieden, noch nach dem Tode das böse und das gute Prinzip, die Verdammnis und die Erlösung miteinander unter dem Bilde eines schwarzen Rabens und einer weifsen Taube; doch siegt in allen Fällen die Taube, und ihr Aufflattern bedeutet das Aufsteigen der Seele gen Himmel. Damit ist zugleich jener andere, den Schriftstellern des Mittelalters so teuere Grundsatz verherrlicht, dafs der Glaube und die Pönitenz allein selig machen können.

In jenen Fällen, in welchen der Teufel schon bei lebendigem Leibe Besitz von dem Menschen genommen, gelingt es ebenfalls nur der Kirche, d. h. dem sie vertretenden Priester, den Menschen von diesem bösen Gesellen zu befreien. Aber nur der reine Priester erreicht dies, denn einer Reihe von Geistlichen, welche den Teufel zu bannen suchen, gibt er durch den Mund des besessenen Mädchens kund, dafs des Priesters Leben nicht ohne Schuld sei. Erst einem jungen Priester ohne Fehl gelingt, was den anderen unmöglich war.[1]) In anderen Märchen wird der Teufel durch das Prinzip des Guten, welches unter dem Bilde einer treuen, weifsen Stute erscheint, endgültig in die Hölle gebannt.

Nicht minder verschiedenartig ist die Art, wie der Teufel verschwindet: teils als Wind, teils als Rauch mit dem pflichtschuldigen Schwefelgeruch, endlich als Regen. Spuren der Vernichtung begleiten seinen Fortgang; Häuser stürzen teilweise ein und keine Macht der Erde vermag sie wieder aufzubauen; Bäume werden entwurzelt oder der Segen des Feldes vernichtet. Das Holz, welches der Teufel bei seinem Abgange berührt, wird schwarz, Steine, wie bereits erwähnt, tragen für ewig die Spuren seiner Krallen.

Wohl möchte man wünschen, dafs diese Gattung von Märchen, in welchen der Teufel sein Wesen treibt, mehr und mehr im Volke verschwinden möge. Indessen fürchten wir, dafs dieser Wunsch bei dem zähen Leben des Teufels ein vergeblicher bleibt. Zwar erzählt uns ein Märchen der *Picardie*,[2]) dafs der Teufel einmal von Gerichtswegen gefangen genommen und zu denselben schrecklichen Qualen verurteilt worden sei, welche er den armen

---

[1]) Fleury: Basse-Normandie S. 49.  [2]) Carnoy S. 95.

Seelen im Fegefeuer zufügt. Aber das gleiche Märchen berichtet uns auch weiter, dafs, trotzdem der Teufel bei lebendigem Leibe verbrannt worden, sich dennoch aus seiner Asche ein schwarzer Vogel emporhob, der sich von neuem in — den Teufel verwandelte!

Hatten wir bisher in dem Vorhergehenden von dem Repräsentanten des guten Prinzips gesprochen, dem der Repräsentant des Bösen scharf gegenübertrat, so steht der Tod, der grofse Gleicher, gewissermafsen in der Mitte zwischen beiden; denn durch ihn geht die Seele entweder in das Paradies ein oder steigt zur Hölle hinab.

Auch in den französischen Volksmärchen erscheint der Tod[1]) in der Schauergestalt eines männlichen Gerippes — Ankou in dem Bretonischen, *trépas* in der französischen Übersetzung benannt; nur selten, gewissermafsen als sein Stellvertreter, tritt die freundlichere Gestalt des langbeschwingten Todesengels auf. Weifses Linnen oder ein langwallender, weifser Mantel entzieht des Todes scheufsliche Gestalt den Blicken; auf seiner linken Schulter ruht die mächtige Sense, mit welcher er das Menschengeschlecht niedermäht. Auch in der Dunkelheit leuchtet sie; am hellsten aber erstrahlt ihr Glanz, wenn der Mondschein auf ihr blinkt. Nur wenn der Tod in Verbindung mit dem Todeswagen erscheint, trägt er eine eiserne Peitsche in der Hand.

Besonders in den bretonischen Märchen spielt dieser Wagen seine unheimliche Rolle. Wir besitzen für ihn eine ganze Anzahl von bezeichnenden Ausdrücken. *Le Carric an Ankou (la char de la mort), la Brouette de la Mort (Carriguel an Ankou)* kommen neben *la Grande Cherrée* und *Charette Moulinoire* vor. — Nur in einem einzigen Falle saust der Wagen schnell wie der Wind dahin; sonst ist gerade die langsame Fahrt und das unheimliche Knarren *(couiner)* seiner Räder charakteristisch für ihn. Sein Gespann besteht aus sechs schwarzen Pferden, wofür,

---

[1]) Vergl. Bretagne: Sébillot: *Trad.* etc. I, S. 208; Souvestre: *Foyer* etc. I, S. 150; Luzel I, S. 311, II, S. 335; Normandie: Am. Bosquet S. 276.

selten allerdings, ein weifses Zweigespann erscheint, ganz vereinzelt auch ein Dutzend Schweine.

Der Tod liebt es, auf krummen Wegen einherzufahren; nichts hält ihn in seinem Laufe auf, nur — und hier ist wiederum der Einfluſs der katholischen Kirche unverkennbar — wenn er auf geweihte Felder stöfst, ist er zu Umwegen genötigt.

Gewöhnlich ist der Wagen leer, oder, wenn nicht der Tod die Rosse führt, von ihm selbst besetzt. Doch findet sich auch, daſs der Wagen vollbesetzt einherfährt. Als seine Insassen werden uns Gestalten geschildert, denen, wie glaubwürdig versichert wird, **Feuer aus der Nase sprüht.** Oft hört man auch die klagenden Stimmen jener, welche in dem letzten Jahre starben; im vollen Gegensatze hierzu steht, wenn heitere Musik aus dem Wagen ertönt, gleichsam als hätte eine Musikbande in ihm Platz genommen.

Wer den Todeswagen sieht, oder, anderer Lesart zufolge, auch nur hört,[1]) ist dem Tode verfallen. Ganz vereinzelt steht der Fall da, daſs der Tod sein Schweigen bricht und dem, an welchem er vorbeifahren will, zuruft: Hebe Dich weg oder ich hole Dich ab! Wird *Ankou* in der Nähe von Ortschaften und Bauergehöften gehört, so ist es sicher, daſs eine Seele daraus scheiden muſs. Ebenso stirbt innerhalb der nächsten Jahre jemand in dem Hause, vor dessen Thüre der Todeswagen erscheint, und oft genug tritt der Tod selbst in das Haus ein, wie es im Märchen charakteristisch lautet: *par le trou de chat.*

Gehen wir nach dieser allgemeinen Schilderung des Todes nun zu jenen Märchen über, in welchen er, sei es mit Gott und den Heiligen, sei es mit dem Teufel, verknüpft erscheint, so findet sich ein treffendes Beispiel für diese letztere Gattung in dem Märchen vom gerechten Manne.

> Einem Manne wird ein Kind geboren; er geht auf die Strafse, gewöhnlich an einen Kreuzweg, um einen Paten zu suchen. Er fragt den ersten besten, der ihm entgegentritt, wer er denn eigentlich sei. — Ich bin der liebe Gott. — Ich will einen gerechten Mann zum Paten meines Kindes. — Da kannst Du's gar nicht besser treffen. — Wie? Du willst gerecht sein?! Die einen hast Du

---

[1]) Jedes Umdrehen des Rades bedeutet einen Todesfall.

schwach, kränklich und mifsgestaltet in die Welt gesandt, während andere stark sind und vor Gesundheit strotzen, und doch haben die ersteren kein schlechteres Schicksal verdient als die letzteren. Andere höchst ehrenhafte Leute arbeiten sich halbtot und doch bleiben sie stets elend und arm, während ihre Nachbarn, jämmerliche Taugenichtse... Nein, nein! Du kannst der Pate meines Kindes nicht sein. — Eine Strecke weiter trifft unser Mann einen Greis mit langem, weifsem Barte. Auf dessen Fragen, wohin er gehe, erwidert er: Ich suche einen Paten. — Da kann ich Dir dienen, wenn Du willst. — Gut, aber vorher mufst Du mir sagen, ob Du auch ein gerechter Mann bist. — Gewifs, denn ich bin Petrus. — Dann bist Du nicht mein Mann, denn auch Du bist nicht gerecht. — Warum denn nicht? — Ich will's Dir sagen: Einmal verweigerst Du höchst ehrenhaften Leuten, Leuten, die gerade so schwer wie ich arbeiten, den Eintritt in das Paradies... und warum? Weil sie vielleicht, nach wochenlanger, harter Arbeit, am Sonntag einmal 'nen Schoppen Apfelwein über den Durst trinken. Und dann will ich Dir noch etwas sagen. Du bist doch der oberste aller Apostel, das Haupt der Kirche. — Nun? — Auch in Deiner Kirche geht es nicht besser her, wie in allen übrigen. Auch dort thut man nichts um Gottes Willen, sondern nur für Geld, der Reiche wird dem Armen vorgezogen. Nein, auch Du kannst nicht der Pate meines Sohnes sein.

Brummend setzt unser Suchender seinen Weg fort. Endlich kommt ihm jemand entgegen, der gerade kein einladendes Aussehen zeigt. — Wer bist denn Du? — Der Tod. — Ah! Du bist der Rechte; Du ziehst niemanden vor; ob jung oder alt, ob schwach oder kräftig, ob König oder Unterthan: Alle werden unbarmherzig von Deiner Hippe getroffen.

Der Vater macht wirklich den Tod zum Paten seines Kindes und dieser macht ihn aus Dankbarkeit dafür zum Arzt. Das unfehlbare Rezept, welches der Tod ihm mitteilt, besteht darin, dafs er ihm rät, den Kranken Wasser zu geben, wenn er — der Tod — zu Kopfende des Kranken erscheint; dann werde derselbe gesunden. Erscheine er dagegen am Fufsende, so sei der Kranke unrettbar verloren.

Die unfehlbare Gewifsheit, mit welcher unser Mann Tod und Leben voraussagt, die vielen Fälle, in welchen er mit den einfachsten Mitteln die Kranken am Leben erhält, verschaffen ihm solchen Zulauf, dafs er einer der gesuchtesten und reichsten Ärzte wird.

Als er eines Tages Gevatter Tod in seinem unterirdischen Reiche aufsucht —

hier sehen wir, wie die Erzählung in ein anderes, uns aus *Grimm* und *Andersen* bekanntes Märchen übergeht —

wird er in einen unendlich grofsen Saal geführt, in welchem Tausende und Abertausende von Lichtern brennen. Viele sind grofs und

stark, andere schwach und klein. Wir erraten leicht, daſs hier das
Lebenslicht eines jeden Menschen brennt. Auch unser Mann läſst
sich das seinige zeigen; nur eine kurze Spanne Zeit trennt es von
dem Erlöschen. Als er nun den Tod bittet, ihm doch ein wenig
durch das nebenstehende Licht aufzuhelfen, erwidert derselbe, daſs
dieses groſse und starke Licht das Licht seines eigenen Sohnes sei
und daſs er — der Tod — nicht mehr der gerechte Mann sein
würde, wenn er seiner Bitte nachgübe. Mit seinen eigenen Waffen
geschlagen, ergibt sich unser Mann in sein Schicksal, ordnet seine
Angelegenheiten und geht nach drei Tagen in das Paradies ein.
(*Basse-Bretagne.*)[1])

Ein andres Märchen, in welchem der Tod in den Dienst
des Allmächtigen gestellt ist, ein Märchen, welches wiederklingt
in unserem deutschen vom Schmied von Jüterbogk,[2]) ist die
Sage vom Schmied *Sanssouci* oder Sorgenlos. Dieses Märchen,
welches wir kurz in der Lesart der *Bretagne* wiedergeben wollen,
gehört zu jenen, welche sich mit zahlreichen Lesarten allüberall
wiederfinden, wie namentlich auch *Reinhold Köhler* in seinem
Kommentar zu *Carnoy: le Bras d'acier* [3]) nachgewiesen hat. Im
Kerne ist das Märchen überall das gleiche: Der Triumph des
listigen heiteren Schmiedes über Tod und Teufel, ja über Gott
und seine Heiligen.

Auf seinen Wanderungen kehrt unser Herr eines Tages auch bei
Schmied Sorgenlos ein und verstattet dem heitern Burschen drei
Wünsche. Bei jedem Wunsche, den er thut, drängt Petrus in ihn,
sich der ewigen Seligkeit zu versichern, aber — vergeblich. Sorgenlos wünscht sich zunächst einen Birnbaum, der auch im Winter
Früchte trage, dann, in eine gemütliche Ecke seiner Schmiede einen
bequemen Lehnsessel, auf welchem jeder, der sich daselbst nieder-
läſst, sitzen bleiben muſs, endlich ein Spiel Karten, das immer
gewinnt.

Als nach langem Leben der Tod — der immer so höflich ist,
sich anzumelden — nun auch bei Sorgenlos eintritt, bittet ihn dieser,
so lange wenigstens warten zu wollen, bis er das letzte Pferd beschlagen, das er soeben in Arbeit habe. Gutmütig und arglos folgt
der Tod der Einladung von Sorgenlos, sich auf dessen Sessel niederzulassen. Vergebens ist alles Mühen, sich wieder zu erheben, ohn-

---

[1]) Luzel a. a. O. S. 335 ff.; vergl. auch die Note daselbst. [2]) Hier findet
sich (ganz vereinzelt auch im deutschen Märchen) die Erzählung an eine
bestimmte Örtlichkeit gebunden; letzteres im französischen Märchen sehr
gewöhnlich; ebenso häufig die Anführung der Helden und Heldinnen des
Märchens mit Namen. [3]) Zeitschrift für romanische Philologie III, S. 312.

mächtig prallt alles Flehen an Sorgenlos ab. Hundert Jahre lang bleibt der Tod auf Sorgenlos' Stuhl gebannt. Gott wollte, wie das Märchen sagt, die Menschen lehren, den Tod als einen Erlöser zu betrachten. Denn während sonst der Tod nur ein unwillkommener Gast war, wird er jetzt von allen Seiten herbeigesehnt.

Auch dem Todesengel, der auf Gottes Geheifs mit rauschendem Flügelschlag zu Sorgenlos herabschwebt, ergeht es nicht besser; auch er bleibt an den magischen Sessel gebannt. Sorgenlos verläfst sein Heim, trifft den Teufel und erklärt sich im Vertrauen auf seine wunderkräftigen Karten gern bereit, mit dem Fürsten der Hölle eine Partie Seele um Seele zu spielen. Der Teufel verspielt, er verdoppelt den Einsatz, indem er auf die Seelen der Hölle zurückgreift. Jedesmal verliert er und jedesmal wird der vorhergehende Einsatz für das folgende Spiel verdoppelt. Hundert Jahre spielen Sorgenlos und Luzifer. Da ist die Hölle leer;[1]) mit einem entsetzlichen Schrei der Wut fährt Luzifer zur Hölle hinab.

Endlich wünscht auch der Schmied zu sterben. Er weckt den Tod, welcher friedlich auf dem Lehnstuhl eingeschlummert ist. Als erstes Opfer fällt Sorgenlos. Seine Seele steigt geradenwegs zum Himmel empor, wird aber von Petrus, der ihn wiedererkennt, mit dem Hinweis abgewiesen, dafs er versäumt, sich zur rechten Zeit seines Seelenheiles zu versichern. Vom Paradies steigt Sorgenlos zur Hölle hernieder; aber kaum merkt der Teufel, dafs Sorgenlos da ist, als er nichts Eiligeres zu thun hat, denn ihn zu allen Teufeln zu senden. So überall verstofsen, klopft Sorgenlos nochmals an die himmlische Pforte, die sich ihm denn endlich durch eine List, die der Herr gnädig gutheifst, für ewig erschliefst.

(*Basse-Bretagne, Plouaret.*)[2])

Vergeblich haben wir erwartet, etwas von dem wunderbaren Birnbaume zu vernehmen, den Sorgenlos von dem Herrn als Geschenk erhält. Erst das folgende Märchen von *Bonhomme Misère* wird uns die Bedeutung dieses Baumes erweisen. Im Gegensatz zu der soeben erzählten Geschichte von Sorgenlos zeichnet sich das Märchen von „Elend" durch tiefere Auffassung aus; wahrhaft überraschend wirkt sein ergreifender Schlufs.

Auch zu Elend kommt der Tod. Er ist erstaunt, sein Opfer so gefafst zu finden. — Was sollte mich ans Leben fesseln — erwidert Elend — ich habe nicht Weib, nicht Kind... nicht ein Fingerbreit Land, nichts ist mein, nur diese verfallene Hütte und jener Birn-

---

[1]) Berechnet man hiernach zum Scherz die Anzahl der Verdammten, welche die Hölle umfafst haben mufs, so erscheint eine Zahl, welche 60 Bände, im Druck und Umfang dem vorliegenden Werke gleich, füllen würde. [2]) Luzel a. a. O. S. 311 ff. u. Note 333.

baum dort, der mich mit seinen Früchten ernährt. Da ich jetzt doch einmal sterben muſs, so möchte ich wenigstens eine seiner süſsen Birnen noch verzehren. — Wie selbst für Elend der Tod kein ganz willkommener Gast, zeigt sich in dieser List, die er anwendet, um den Tod zu bewegen, ihm eine der süſsen Früchte zu verschaffen. Gleich dem dummen Teufel geht auch der Tod gutmütig in die Falle. Als er wie festgenagelt auf dem Baume sitzt, spricht er zu Elend, daſs er der erste wäre, der den Tod zu bannen verstanden hätte. Der Tod sieht ein, daſs nichts ihn von dem Birnbaum befreien könne. Er legt sich auf das Paktieren, und er, der die Welt erzittern macht, kriecht vor Elend zu Kreuze. Erst am Jüngsten Tage, wenn die Welt in Stücke geht, soll auch an Elend die Reihe kommen. Elend ist's zufrieden. Der Tod verliert sich in die Lüfte und niemals hört Elend von ihm, obwohl der Tod oft genug ins Land kommt, selbst in das kleine Städtchen, welches Elend bewohnte. So hat denn seit jener Zeit bis heute Elend in gleicher Armut, nahe seinem geliebten Birnbaum gelebt, und getreu dem Versprechen des Todes wird er so lange leben, so lange die Welt Welt sein wird.[1])

Wenn der Kunstdichter optimistisch singt, daſs mit dem letzten Menschen der letzte **Dichter** sterben werde, so sagt der Volksdichter durch dieses Märchen pessimistisch, daſs erst mit dem letzten Menschen der letzte **Elende** aussterben werde!

Mit dem Tod und Teufel verbindet sich leicht **Geister- und Zauberspuk.**[2]) Das Volk, dem Übernatürlichen zugeneigt, erfüllt die Finsternis nicht nur, sondern auch die helle Mondnacht mit Geistern und Spukgestalten. Mit Vorliebe erscheinen auch die Geistergestalten Frankreichs um die mitternächtige Stunde; wenn auch an keine Jahreszeit gebunden, so ist ihre Lieblingszeit doch der Herbst und Winter, wenn sausende Stürme das Land durchziehen. Besonders verrufen ist der Vorabend des Allerheiligenfestes sowie der Totensonntag. Geht doch

---

[1]) Champfleury: *Recherches sur ... la lég. du bonhomme Misère* S. 8 ff. auch in der *Bibliothèque bleue* und der *Histoire des livres pop. par* Nisard.
[2]) Vergl. für das Folgende: *Bretagne:* Sébillot: *Lit. or.* III § II u. § III; *Trad. et superstit.* I, bes. Kap. VII, VIII; Luzel: II, S. 338; **Frau Matthias** I u. III; *Normandie:* Am. Bosquet: Kap. XV; Fleury S. 21, 28, 97, 103. *Picardie:* Carnoy S. 40, 41, 108, 112; *Pays basque:* Michel S. 147 ff., Vinson I, A; *Jura:* Theuriet etc.

die Sage, daſs, wer an dem letztgenannten Tage fische, nur Totenknochen in sein Netz bekomme.

Allüberall treiben die Geister ihr Wesen: bald in festen Schlössern — auch der Franzose hat gleich anderen Völkern seine weiſse Dame — bald in Kirchen, bald schrecken sie den Menschen auf Wegen, namentlich auf Kreuzwegen, bald auf der Heide, bald im Walde, besonders aber in der Gegend von Morästen und Teichen.

Höchst verschiedenartig ist die Gestalt, unter welcher die Geister dem Menschen nahen. Oft erscheinen sie — und besonders den Frauen — als nächtliche Spinnerinnen, die, unverständliche Worte murmelnd, Kleider für die Heiligen und Engel weben; bald zeigen sie sich als Wäscherinnen: das sind diejenigen, welche die Sonntagsruhe verletzten und daher verurteilt sind, in alle Ewigkeit fortzuarbeiten. Die gleiche Strafe trifft diejenigen, welche ihr eigenes Fleisch und Blut hinmordeten. Sie waschen ewig an dem Leichentuch und ihre Schlägel fallen schallend auf den Leichnam ihres Kindes. Bald erscheinen die Geister in derselben Gestalt, die ihnen auch im Leben eigen war. Selbst in Tiergestalt treten sie auf: vornehmlich als weiſse Tiere mit hundeähnlicher Stimme, die den Menschen umkreisen und ihn zu Falle zu bringen suchen, dann auch als garstige Wölfe — *loup-sorcier*, *loup-garou*, endlich als gesattelte Pferde, welche den müden Wanderer förmlich zum Besteigen einladen.

Was bezwecken denn die Geister? Sie melden teuren Verwandten ihren Tod, sie zeigen ihr Begräbnis an, sie warnen, wenn sie selbst in Sünden dahingefahren, die Hinterbliebenen vor schlechtem Lebenswandel. Sie suchen sich das ewige Seelenheil, welches sie durch ihr sündhaftes Leben verwirkt, noch im Tode zu erringen. Sie bitten, man möge eine Messe für sie lesen und sie dieser Messe beiwohnen lassen, dann würden sie auf ewig erlöst sein.

So läſst sich eine Tochter nach dem Tode von ihrem Vater zur Kirche tragen. Unendlich schwer ist sie, denn der Vater trägt ihre Sündenlast mit ihr. Immer leichter wird die Last, als er heimkehrt; ihre Seele ist errettet.
(*Picardie.*)[1]

---

[1] Carnoy S. 115 ff.

Ein wilder Jäger kehrt zurück und bittet, man möchte den Leuten das Getreide zurückgeben, welches er durch seine Jagden zerstört. Erfüllungen von Versprechungen, die während des Lebens oder auf dem Totenbette gethan und nicht ausgeführt wurden, bilden den Grund zu vielen Geistererscheinungen. Hierher gehört, wenn der Bräutigam zu seinem Mädchen kommt, wenn der Freund, der vom Freunde zur Hochzeit geladen ist, sein Wort auch als Toter noch einlöst. Ja selbst gegen verstorbene Eltern und Gatten sehen wir die Toten die Lieblosigkeit, welche sie im Leben gegen sie hegten, noch auf deren Grabe sühnen. Wer sie bei dieser Sühne stört, verfällt ihrer Rache.

Traten die Geister bisher dem Menschen harmlos gegenüber, besonders, wenn er auf ihre Wünsche einging, so erscheinen sie in anderen Fällen auch als strafende, rächende Geister. Sie schlagen die verspäteten Wanderer, besonders die trunkenen Burschen, sowie jene, welche von ihren Mädchen heimkehren, vielleicht mit einem Treubruch im Herzen. Sie suchen die Wanderer unter allerlei bereits oben erwähnten Gestalten ins Verderben zu locken. Wehe dem, der die Rosse besteigt, wehe dem, der den Wäscherinnen hilft und nicht genau die Wäsche nach der richtigen Seite dreht! Die Geister drehen ihm den Arm aus und der nächste Morgen sieht ihn als Leiche. Wie Feen und Kobolde, so ist auch der Tote empfindlich, wenn man seine Ruhe stört.

> Ein Toter, dessen Kopf von einem jungen, übermütigen Manne zu frevlem Spiel benutzt wurde, folgt der Einladung des jungen Mannes zum Gastmahl und zieht ihn dann mit sich in sein Totenreich.
> (Bretagne.)[1]

> Als ein kleines Mädchen beim Spielen auf dem Kirchhof einen Knochen heimwärts bringt, hört es ein Stimmchen: „Gib mir doch meinen Knochen wieder." Die Mutter rät ihr, denselben zurückzutragen, da er sicherlich einem Toten gehöre.
> (Bretagne.)[2]

Die Geister verfolgen ihre Mörder.

> ...Ein Knecht sah, wie sein Herr und seine Herrin ermordet wurden; als er aber aus Furcht schweigt, fühlte er plötzlich, wie er

---

[1] Sébillot: *Trad. et superst.* S. 263. 264; vergl. auch *le beau squelette* S. 260 ff.; de la Villemarqué I. S. 251: *le carnaval de Rosporden* und Sou-

nachts von einer unsichtbaren Gewalt durch dick und dünn getrieben ward. Bei jedem Kreuzwege erhielt er sieben Peitschenhiebe. Er sollte eben zur Anzeige bringen, was er gesehen.
(Basse-Normandie.)¹)

Gehen wir nun zu den **Kobolden und Heinzelmännchen**²) über — *lutins, nains*, etc., wie sie genannt werden —, so ist es schwierig, denselben eine richtige Stellung anzuweisen. *Sébillot* reiht sie unmittelbar an die Feen an; wenn auch nicht zu leugnen ist, dafs sie einige Züge mit denselben teilen, so trennen sie doch eine Reihe anderer Züge sehr wesentlich von diesen und weisen sie zu den bösen Geistern hin. Während die Feen durchweg unsterblich sind, ist dieses nicht bei allen Kategorien der Kobolde der Fall, denn ausdrücklich erwähnt ein Märchen, dafs einer von ihnen getötet ward, als sie einst beim Apfelstehlen überrascht wurden.³) Im Gegensatz zu den hilfsbereiten Feen erwarten sie, für ihre Dienste belohnt zu werden und rächen sich, wenn dieses nicht geschieht. Im grofsen und ganzen überwiegt die böse Seite in dem Wesen der Kobolde gegenüber dem der allzeit gütigen Feen. Gleich den Feen sollen auch diese Kleingeister, wie man sie kurz nennen könnte, aus dem Paradies verstofsen sein, weil sie sich bei dem Kampf des guten mit dem bösen Prinzip neutral verhielten. Doch finden sich auch sündige Menschen, besonders sittenlose Priester, unter ihnen, welche gleichfalls der Erlösung harren. Sie sind verurteilt, ungemessene Zeiträume auf Erden zu verweilen und erst dann wieder in das Paradies heimzukehren, wenn ein Mensch sie erlöst. Mit den Geistern teilen diese Kobolde die Eigenschaft, nur bei Nacht zu erscheinen; am Tage verweilen sie in Wiese und Wald. Über ihr Äufseres erfahren wir wenig. Charakteristisch scheint die rote Kappe für sie zu sein. Wehe dem, der sie dem Kobold raubt! In einem Fall wird der Mensch, der dieses thut, in einen

---

vestre: *les derniers Bretons* II, 15; endl. Bd. II, Kap. Balladen: *le libertin*. ²) Sébillot: *Trad.* etc. S. 259; vergl. auch die Note S. 260.
¹) Fleury S. 81 ff.   ²) Vergl. insbes. *Bretagne:* Sébillot: *Lit. or.* III, § II; *Trad.* etc. S. 141 ff.; Luzel II, S. 341; *Normandie:* Am. Bosquet: Kap. VI; Fleury S. 63; *Picardie:* Carnoy S. 9 ff.; *Lorraine:* Rom. X, 157, 175. *Jura:* Theuriet etc. etc.   ³) Sébillot: *Trad.* etc. I, S. 139.

Esel verwandelt, und erst als der Kobold die Kappe zurückerhält, erhält der Verwandelte seine menschliche Gestalt.

Die Kobolde sind in einer ganzen Reihe von Abstufungen vorhanden. Gehen wir von dem uns Zunächstliegenden, von unserem Heime, aus, so finden wir den Hausgeist, *sortré;* meistens hat er seinen Platz auf dem Boden des Hauses, während *maître Jean, petit Jean* oder *Jeannot* der Geist der Pferdeställe ist. Für die Kornkammer erscheint der *faudoux (faudeur)*. — Zu ihnen gesellen sich die Quälgeister, welche nachts durch Dach und Schornstein gehen, um den Menschen zu belästigen. Neben diesen Hausgeistern erscheinen auch Feld und Wald mit Kobolden bevölkert, welche nach dem Ausspruche eines ihrer Zunft alle Formen annehmen können, wenn sie es nicht vorziehen, sich unsichtbar zu machen. Die Märchen führen die *ronjous*, eine Hundeart, auf, daneben erscheinen dieselben Geister unter dem Bilde eines Bockes — *la guenne* — oder eines stofsenden Stiers, eines Hasen oder eines ausschlagenden Esels. Besonders beliebt ist die weifse Farbe, denn wir hören von weifsen Kälbern, weifsen Ziegen, weifsen Böcken, weifsen Hasen und weifsen Eichkätzchen, sowie endlich von einem schönen, weifsen Pferde. In der gleichen Gestalt erscheint auch jene Abart - *goublins* geheifsen — welche zu Hütern unterirdischer Schätze bestellt sind.

Im vollen Gegensatze zu diesen grobsinnlichen Erscheinungen treffen wir auf die flüchtigsten Elementargeister, die Irrwische, *l'eclaireur, l'eclairous, failleux, la buette (luette)* oder Luftgeister, *houpoux*, in der Picardie *houpeur* genannt. Auch die See kennt ihre Kobolde. Hier tritt besonders *Nicole*, nach einem strengen Offizier genannt, in den Vordergrund. Während die Mehrzahl dieser Geister sich stumm verhält, wird eine andere Gruppe redend eingeführt; sie verspricht dem Menschen ihre Hilfe, wenn er ihren Namen errät, der bald *Rodemont*, bald *Dickton*, *Reinton*, *Kirikitoun* oder *Furtu*, *Furtoun* lautet. Sind also auch die Kobolde dem Menschen hilfreich, so darf man doch, wie bei einer Katze, auf die Stetigkeit ihrer Freundschaft nicht bauen. Am freundlichsten sind noch die Hausgeister dem Menschen gesinnt. Sie besorgen seinen Viehstand, halten darauf, dafs die Pferde glänzend und blank sind, dafs Milch und Butter in Hülle und

Fülle vorhanden ist, aber sie verwirren gelegentlich auch das Haar der Pferde; und nach dem Glauben des Volkes soll der Versuch, die Haare zu entwirren, mit dem Tode des Pferdes bezahlt werden. Sie stehlen Äpfel aus dem Garten; nachts beunruhigen sie den Menschen, indem sie sich auf seine Brust setzen (Alpdrücken). sie verwirren das Haar der Mädchen, sie stören die Frauen beim Spinnen, sie legen die Kinder auf einen anderen Platz und freuen sich, wenn die besorgte Mutter sie sucht. Sie necken alte Jungfern, kurz, sie treiben Schabernack aller Art. Ebenso wetterwendisch ist der Kobold des Meeres. Bringt er zu Zeiten Unordnung und Löcher in die Netze hinein, treibt er die Schiffe aus dem Hafen, so führt er sie bei besserer Laune wiederum in den sicheren Port zurück. Schlimmer als die Hausgeister hausen die Kobolde in Feld und Wald. Sie ahmen die silberhellen Stimmen junger Mädchen nach oder locken als Irrwische den verspäteten Wandrer in Teiche und Sümpfe.

Da diese Geister selbst als sehr nüchtern geschildert werden, so sind ihnen Trunkenbolde ein Greuel und vorzugsweise ihrer Rache verfallen. Besonders übel spielen sie den Glöcknern mit, welche, wie es scheint, auch jenseits der Vogesen einen Trunk über den Durst nicht verschmähen.

Anziehend sind die verschiedenen Mittel, welche die Kobolde anwenden, um aus ihrer gegenwärtigen Lage Erlösung zu finden. Wenn die *goublins* die Schätze, welche sie bewachen, dem Menschen andeutungsweise verraten, so geschieht es in der stillen Hoffnung, durch das Heben des Schatzes seitens des Menschen erlöst zu werden. Eine andere Art, diese Erlösung zu erreichen, gibt das folgende Märchen aus der *Picardie* an:

> Ein junger, buckliger Mann geht singend seines Weges. Die Kobolde laden ihn zum Tanze ein. Seltsam berührt es diesen, daſs das Verschen, welches die Geister zu ihren Ringelreihen singen, alle Tage enthält, nur den Sonntag nicht. Er stimmt kräftig in die Melodie ein, flicht aber zur unbeschreiblichen Freude der Geister den Sonntag hinein. Sie haben nämlich einst das göttliche Gebot, den Feiertag zu heiligen, durchbrochen und sind zur Strafe dafür so lange in diese Hülle verbannt, bis ein Mensch ihnen den Tag des Herrn wieder in das Gedächtnis zurückrufen wird. In der

Freude über ihre Erlösung befreien sie den Buckligen von seinem „Verdrufs."

Als ein Leidensgefährte, dessen Charakter aber mürrisch und unfreundlich ist, dieses hört, begibt er sich gleichfalls in den wunderbaren Kreis, um auf leichte Weise seinen Buckel los zu werden; statt aber den Sonntag in dem Verschen hinzuzufügen, mischt er die Wochentage bunt durcheinander. Aus Rache, dafs ihnen die erhoffte Erlösung entgangen, heften die erzürnten Geister ihm auch noch den Buckel seines ehemaligen Leidensgefährten an die Brust. *(Picardie.)*[1]

Zugleich enthält dieses Märchen die nicht mifszuverstehende Lehre, dafs der Freundliche sein Ziel eher erreicht als der Mürrische und dafs, wenn zwei dasselbe thun, es doch nicht dasselbe ist.

Soweit die Kobolde dem Menschen sich dienstbar erzeigen, erwarten sie also eine Belohnung. Die Hausgeister verlangen einen Platz am Kamin und ein kleines Mahl; erhalten sie dieses nicht, so verursachen sie einen Heidenlärm, neckt man sie gar, oder macht die Stelle, wo sie sich hinzusetzen pflegen, glühend, so zerschlagen sie alles und bringen auch sonst dem Hause Unheil. Sichtbar magert das Vieh ab, die Hausmagd zerschlägt alles, die Besitzer erhalten viele Kinder(!) und müssen endlich, von Haus und Hof vertrieben, betteln gehen. Die Geister erzürnen, ist zugleich das sicherste Mittel, sie auf immer zu verjagen. Ein anderes Mittel, sie zu vertreiben, besteht darin, dafs man ein Fafs mit Hirse, Kleie u. s. w. so hinstellt, dafs sie beim Eintritt in das Haus es umstofsen müssen. Da sie nun, ihren Gesetzen gemäfs, genötigt sind, alles, was sie umstofsen, wieder aufzuheben, so vergeht die Nacht bei dieser Aschenbrödelarbeit und man kann es ihnen nicht verdenken, dafs sie es vorziehen, diesen Ort zu verlassen. Ein anderes Mittel, sie auf ewig zu verbannen, beruht darin, dafs man Pferdehaare an einer geweihten Kerze verbrennt.

Gegenüber den bisherigen Geistergestalten, welche mehr oder minder den Charakter des Grausigen tragen, fügen wir jetzt die freundlichen Bilder der Feen.[2]

[1] Carnoy S. 18 ff.  [2] Vergl. Haute-Bretagne: Sébillot, *Contes des paysans et des pêcheurs* éd. *Charpentier, Préface* S. VI—XV; *Lit. or.* S. 3—30;

Wenn es ein Land gibt, für welches die Feenmärchen charakteristisch sind, so ist es die *Bretagne*; merkwürdigerweise sind sie jedoch blofs der *Haute-Bretagne* eigen, welche allerdings durch ihre klippenumsäumten Gestade für die Beherbergung von Feen wie gemacht erscheint. Wenn auch nicht zu zweifeln ist, dafs an der normannischen Küste sich ähnliche Märchengruppen finden lassen, so sind dieselben bis jetzt wenigstens noch nicht gesammelt. Sie fehlen ganz in der *Basse-Bretagne* und klingen nur leise wieder in den *Lamigna(c)s*, den märchenhaften Bewohnern baskischer Höhlen.

Unzweifelhaft weisen die Meer- und Höhlenfeen auf alte Gottheiten zurück, welche in der Einbildungskraft des Volkes Meere und Klippen bevölkerten; heute ist die Erinnerung hieran völlig ausgelöscht. Auch die Feen haben ein dogmatisches Kleid empfangen, indem man sie für halbgefallene Engel erklärt, welche bei der Scheidung der Engelschar in Gute und Böse sich neutral verhielten, daher zur Strafe eine Zeitlang auf Erden wandeln müssen.

Charakteristisch für die französische Feenwelt ist es, dafs es nicht blofs — wie bei uns — weibliche, sondern auch männliche Feen gibt. Ihr gewöhnlicher Name ist Fee, dem lateinischen *fata* (Schicksal) entsprechend. Häufig erscheint auch der Name *faitau*, welcher gleichzeitig die Kinder oder die Gatten und Väter der Feen bezeichnet. In der Gegend von *St. Biac* erscheint der Name *Féon* für beide Geschlechter.

Doch spielen die männlichen Feen nur eine untergeordnete und verschwommene Rolle. Die eigentlichen Feen sind doch die weiblichen. Die *Haute-Bretagne* nennt sie *dames des houles*. Sonst heifsen sie auch die guten Damen, *les bonnes dames*, *les bonnes mères*. Als einzelne Fee tritt *Margot* hervor, mit dem Beinamen *Commère Margot* oder auch *la bonne femme Margot*. Ihrem Aussehen nach erscheinen die Feen manchmal so alt, als seien schon Jahrhunderte über ihr Haupt dahingezogen, abschreckend, häfslich, mit Zähnen armlang, in der Hauptsache

---

*Trad.* etc. S. 73 ff.; Normandie: Bosquet, Kap. V; Fleury S. 53—63 (Anfang zu einer Sammlung); Picardie: Carnoy S. 3 u. 4; Jura: Theuriet u. a. m.

dagegen werden sie als einnehmend, jung und schön geschildert. *Belle comme une fée* ist ein bekanntes Sprichwort. Nicht minder verschieden ist ihre Kleidung: während die männlichen sich den erschreckten Landbewohnern in graue Leinwand gekleidet zeigten, treten die weiblichen in prächtigen, oft in den Farben des Regenbogens schillernden Kleidern auf. Auf dem Kopfe haben sie eine Art von Krone, die mit ihnen verwachsen zu sein scheint. Vereinzelt erscheinen sie auch in einem Perlboote, welches von zwei Krebsen gezogen wird.

Ihre Wohnung verlegt das Volk gern in Steingebilde, die durch Grofsartigkeit oder Seltsamkeit der Form seine Einbildungskraft reizen. Wie wir oben schon andeuteten, erscheint die *Haute-Bretagne* durch ihr felsiges, zerrissenes Gestade wie geschaffen, diese Gebilden der Phantasie in ihre Höhlen aufzunehmen. Als die beiden Endpunkte, zwischen denen sich besonders häufig solche Höhlen finden, gibt *Sébillot* auf der einen Seite *Cancale*, auf der andern Seite die Höhle *Notre-Dame* an, einige Kilometer von dem bretonischen Teile der Bretagne entfernt.

Die Höhle, englisch *hole*, heifst ähnlich im Französischen: *houle*, verstümmelt *goule*. Auch kommen die Namen: *pertu* (für *pertuis*) oder *trou ès fées* oder *chambres des fées* vor. Als Eingang dient den Höhlen teils eine zwischen Felsen versteckte Spalte, teils ein längerer Gang mit senkrechten Wänden, teils bei einzelnen Höhlen mit monumentalem Charakter ein Gewölbe von 10 bis 12 Meter Höhe. Dann verbreitert sich die Höhle und erstreckt sich manchmal meilenweit unter der Klippe, sodafs kein erschaffener Geist je bis an ihren Ausgangspunkt drang. In einigen dieser Höhlen sieht das Volk in einzelnen Steingebilden noch die steinernen Tische, an denen die guten Damen speisten, die steinernen Sitze, auf denen sie sich niederliefsen, oder die steinernen Wiegen für ihre Kinder. In jenen Landstrichen, in denen die See und ihre klippenreichen Ufer fehlen, verlegt das Volk den Wohnsitz der Feen in die uralten keltischen Steindenkmale — *dolmen* — oder in jene grofsen Blöcke, die die Sintflut dorthin getragen. Einige dieser erratischen Blöcke tragen den Namen *roche de Margot la fée*, in anderen sieht das Volk den Fufs oder die Spindel dieser Fee. Andere dieser Steine sollen von den Feen auf den Boden geworfen sein, weil sie sie entweder zu ihren Bauten nicht mehr gebrauchten oder weil sie ihnen beim Tragen zu schwer wurden. Hier findet sich eine Vermischung der Feen mit den Riesinnen, welchen es allerdings leicht wurde, grofse Blöcke in ihren Schürzen davonzutragen. Dafs auch das Süfswasser von den Feen bevölkert wird, glaubt *Sébillot* nicht bezweifeln zu dürfen; doch ist es ihm nicht gelungen, wesentliche Belege für diese Gattung von Feen zu finden. Neben der Behausung besitzen nun die Feen auch einen gewissen Viehstand, so vor allem Kühe, die, aller Welt unsichtbar, nur denjenigen sichtbar sind, welche sie weiden. Ferner besitzen sie Pferde, Ochsen, Schafe, grofs und schwarz, die friedlich mit denen der Landbevölkerung zusammen weiden, oft aber auch gleich den Schafen der Sterblichen auf fremdes Gebiet hinübertreten und den Feen Verlegenheiten bereiten. Gänse und Katzen gehören ihnen gleichfalls zu, besonders häufig schwarze Hühner, dagegen nicht, wie *Sébillot* ausdrücklich bezeugt, Hunde und Schweine.

Die Beschäftigungen, denen sich die Feen hingeben, bestehen zunächst in häuslichen Arbeiten; besonders wird ihre schöne Wäsche gerühmt. *Blanc comme linge des fées* ist das höchste Lob für „den schneeichten Lein" der sorgenden Hausfrau. Nachts, denn zu dieser Zeit sind die Feen thätiger als am Tage, spielen sie mit den grofsen Steinen oder bauen an ihren Häusern; wenn sie dabei gestört werden, geraten sie in Wut. Wenn sie auch, wie einmal bezeugt wird, ein Kalb zum Hochzeitsmahle kaufen, so ziehen sie es in der Regel doch vor, die Tiere und was sie sonst brauchen, unter dem Schutz der Nacht zu stehlen. Wir sehen also, dafs auch die Feen eine Reihe von Eigenschaften mit dem Menschen gemeinsam haben. Was sie charakteristisch von dem Menschen scheidet, ist einmal, dafs sie tags nur für diejenigen sichtbar sind, welche sich mit einer, nur von ihnen zu erhaltenden Salbe die Augen bestrichen haben, und ferner, dafs sie die Gabe der Weissagung besitzen und unsterblich sind. Doch verlieren sie die Gabe der Unsterblichkeit, so wie die Liebe sie mit dem M e n s c h e n verbindet.

Interessant ist es, dafs die Feen, ganz wie andere Evatöchter auch, besondere Vorliebe für den Seemanns- und Soldatenstand zeigen. Wie angenommen wird, gehen die Feen durch die vor der Ehe mit den Sterblichen erfolgende Taufe der Unsterblichkeit verlustig. Nicht minder kann man sie töten, wenn man ihnen eine Handvoll Salz in den Mund wirft.

In Kindesnöten nehmen sie menschliche Hilfe in Anspruch und eine Hebamme, die bei der Entbindung mit der Hand sich in das Auge fuhr, erhielt die Gabe, die unsichtbaren Feen sehen zu können. Die Kinder der Feen haben ein altes Gesicht, sind klein und wachsen nicht. Daher sehen wir, wie die Feen ihre eigenen Kinder gern gegen Menschenkinder vertauschen; und nicht früher erhalten die Eltern das geraubte Kind zurück, als bis es ihnen, oft nur durch allerhand Zaubermittel, gelingt, den Wechselbalg zum Reden zu bringen. Kinder vor der Raubgier böser Feen zu schützen, dient ein Amulett, welches das Kind um den Hals trägt. Eine Mutter, welche es verschmähte, ihrem Kinde ein solches umzuhängen, erhielt an Stelle ihres Kindes eine Fee in Kindesgestalt in die Wiege. Ebenso entführen die bösen Feen, welche im Märchen jedoch in der Minderzahl sind, junge Mädchen in ihre Grotten, und nur dasjenige Mädchen kann sich davor bewahren, welches einen geweihten Gegenstand oder einen Rosenkranz bei sich trägt. Anziehend in dieser Richtung ist das schöne Märchen von *Firosette* aus Lothringen. Hier bietet eine böse Fee all' ihren Einflufs auf, um die Verbindung ihres Sohnes mit der Geliebten *Firosette* zu hintertreiben und an deren Stelle eine böse Genossin zu setzen.

Wir erwähnten schon, dafs die Feen böse werden, wenn man sie nachts bei ihrer Arbeit belauscht.

„Reifse ihm ein Auge aus!" sagt die eine Fee zur andern — „das vermag ich nicht!" erwidert die zweite, „er hat mehr wie tausend Augen!"

Der Schlaue hatte sein Gesicht mit einem Siebe bedeckt.

Ein männlicher Fee, der bei einem Diebstahl von einer hellsehenden Frau entdeckt ward, fragte dieselbe, woher sie ihn habe entdecken können. Als sie ihm dieses verrät, reifst er ihr das hellsehende Auge aus. (*Haute-Bretagne.*)[1]

---

[1] Sébillot: *Trad.* etc. I, S. 14 beziehentlich 109.

Der Regel nach sind die Feen jedoch gut, wie ja schon ihr Name, *les bonnes fées*, besagt. Sie leisten dem Menschen treffliche Dienste, ohne jemals eine Belohnung dafür zu verlangen. Mit Vorliebe sehen wir sie Patenstelle vertreten. Sind sie aber übergangen, so sind sie voll Gift und Galle, gerade so wie auch in unseren Märchen.

Die Feen vertreten die Stelle der Mutter, indem sie die Kinder wiegen, die unartigen Buben bestrafen und den jungen Mädchen beim Linnenspinnen helfen. Sie vertreten die Hausfrau, indem sie das Brot in den Ofen schieben; sie helfen dem Hausherrn: soll das Land besäet werden, so braucht man nur Brot und Kuchen in die Feenhöhle zu setzen und am nächsten Morgen ist die Feldarbeit gethan.

Die Feen erweisen sich für kleine Gefälligkeiten dem Menschen dankbar. Sie entleihen den Menschen Esel, um darauf spazieren zu reiten; und als Gegengabe erfolgt aufser der Wundersalbe, welcher die Kraft eigen, hellsehend zu machen, Kuchen und Brot, welches stets frisch ist und niemals kleiner wird. Aber man darf nicht anderen davon mitteilen, sonst verschwindet es für immer. Ferner verschenken sie Stichginster, auch eine uns an die griechische Mythologie erinnernde Pflanze: Hydra, welche stetig wächst, so oft man sie auch beschneidet. Nicht minder wunderthätig ist das schwarze Haar, welches sie verschenken und welches seinen Besitzer bereichert. Auch Heilmittel reichen sie dar, durch welche der Mensch gesundet. Verschwundene Tiere werden durch eine Salbe wieder hervorgezaubert und zwar schöner als zuvor. Angelhaken, welche Glück bringen, machen sie zum Geschenk, Packete mit Goldstücken, sowie unerschöpfliche Borne.

Wenn noch (gegen Ende des 16. Jahrhunderts) im Parlamente von *Rennes* ernsthaft an die Gegenwart von Feen geglaubt wurde, so darf es uns nicht wunder nehmen, dafs auch heutzutage bei dem Volke der Glaube an die Feen noch nicht vollständig verschwunden ist. Steif und fest glauben einzelne die Feen gesehen zu haben, wie sie, in graue Leinwand gekleidet, über Felsen und Gestein in ihre Höhlen einzogen. Wenn man diese Leute fragt: „Ist es auch wirklich wahr?" so antworten sie: „Ja, ich schwöre es, dafs es wahr ist, aber — fügen sie hinzu — ich habe sie nur einmal gesehen." Leicht läfst sich dieses auf natürliche Weise erklären. Namentlich in der Zeit der Kontinentalsperre suchten die Schmuggler Schlupfwinkel in den Höhlen der bretagnischen Küste auf und machten sich den Aberglauben des Volkes, welches sie sonst vielleicht verfolgt hätte, zu nutze, indem sie die Rolle der *Faitaux* spielten. Verbreiteter ist noch jene Anschauung, dafs, wenn auch die Feen in unserem Jahrhundert nicht sichtbar sind, sie sich doch wiederum in dem kommenden Jahrhunderte mit **ungerader Jahreszahl** den Menschenkindern zeigen werden!

Nach den Märchen, welche sich an die Gestalten des Himmels und der Unterwelt, sowie an die Geisterwelt überhaupt anlehnten, gehen wir nunmehr zu jenen über, in welchen der **Mensch in den Mittelpunkt der Handlung** gestellt ist. Wir werden hier eine Reihe typischer Gestalten unterscheiden können, welche, so ähnlich sie uns auch in den Märchen der verschiedenen Völker entgegentreten, doch wieder den Charakter des jeweiligen Volkes in leichter Schattierung klar erkennen lassen.

Unzweifelhaft geht der **starke Mann**, welcher den Mittelpunkt so mancher Märchen bildet, zurück auf die Riesen, welche der Annahme des Volkes nach früher die Erde bevölkerten. Das interessanteste Beispiel dieser Gattung ist der schon in der Einleitung erwähnte gallische Herkules *Gargantua*, dessen Spuren sich noch wiederfinden lassen in den erratischen Blöcken, mit denen einzelne Gegenden und namentlich die Bretagne übersät ist. Einzelne dieser Steine soll *Gargantua* aus seinem Schuh geschüttelt haben: sie drückten ihn ein wenig! Andere werden als sein Wetzstein, sein Spazierstock bezeichnet. Ein anderer wieder soll ein Zahn sein, den er sich ausbrach, als man ihm an Stelle seiner Kinder einen in Tuch gewickelten Stein zum Verschlingen reichte. Die Erinnerung an den *Kronos* der griechischen Mythologie ist deutlich genug. An anderen Steinen, von welchen *Gargantua* sich zum Sprung abschwang, lassen sich auch heute noch Spuren seines mächtigen Fufses entdecken.

Also auf die Riesen geht „der starke Mann" im Märchen zurück.

Gewöhnlich verdingt er sich als Knecht und setzt durch seine Stärke und seine Heldenthaten alle Welt in Erstaunen. Dafs er sich durch einen gargantuaartigen Appetit auszeichnet, liegt auf der Hand. Wenn der Herr ihm befiehlt, das für seinen Haushalt nötige Holz aus dem Walde zu holen, so bringt unser „starker Mann" lieber gleich das für das ganze Dorf nötige Holz auf einmal mit nach Hause. Als Dreschflegel genügt ihm der gewöhnliche nicht; er bindet zu diesem Zwecke einen Kirschen- und Pflaumenbaum zusammen. Als Getreideschwinge nimmt er das Scheunenthor, und als er eines Abends die Kühe nach Hause treibt, ist der Herr erstaunt und entsetzt zugleich, dafs der „starke Mann" den Kühen eine Herde Wölfe beigesellt hat. Auch in diesen Märchen wird der „starke Mann" vielfach in Beziehung zu dem Teufel gesetzt, welchem er eine Summe Goldes, die sein Herr dem Teufel geliehen, wieder abjagen mufs. In dem Wettkampfe, den der starke Mann mit dem Teufel unternimmt, gelingt es ihm, eine Wassermenge höher zu werfen, als der Teufel es vermag; damit ist der Sieg für unsern Helden entschieden. Der starke Mann wird nun weiter zur Besiegung von Ungetümen — *Tartaros* — wie sie in den baskischen Landen heifsen, benutzt, ebenso zur Befreiung von Prinzessinnen. Häufig findet er dann in der Ehe mit einer solchen den Lohn für seine Heldenthaten. (*Lothringen*.)[1]

Mit dem Starken verbindet sich leicht der Furchtlose, jener Märchenheld, welcher auszog, um das Gruseln zu erlernen.

In den französischen Märchen kämpft er mit Bewaffneten, mit Tod und Teufel, welche Kämpfe häufig wiederum zur Erlösung einer Prinzessin beitragen; doch der Unerschrockene will den süfsen Lohn, die Hand der Prinzessin, nicht früher für sich in Anspruch nehmen, bevor er nicht das Gruseln erlernt hat. In deutschen Märchen bringt die Prinzessin es ihm bekanntlich dadurch bei, dafs sie ihm einen Eimer kalten Wassers, in welchem Fischchen sich befinden, in das Bett giefst. In dem französischen Märchen läfst die Königin in einer Pastete Spatzen einbacken und spielt diese Pastete unserem Unerschrockenen in die Hände. Als derselbe sie aufschneidet und die Spatzen herausschwirren, erschrickt er; er hat nach der Königin Meinung, welche naturgemäfs von dem ganzen Hofe geteilt wird, zum ersten Male Schreck empfunden, mufs also sein Versprechen einlösen und der Gemahl der schönen Prinzessin werden. (*Lothringen*.)[2]

Den von Kraft strotzenden Helden setzen wir die weiblichen Charaktere gegenüber, welche sich in dem französischen Märchen

---

[1] Cosquin: *Romania* X, 158 ff.  [2] Cosquin: *Romania* X, 148 ff.

in der Minderzahl finden, und der Leiden wegen, die sie zu bestehen haben, unter dem Namen der **duldenden Jungfrauen** zusammengefafst werden können. Auch die französische Jungfrau hat zu leiden, sei es von einer bösen Mutter oder — was begreiflicher erscheint — von einer bösen Stief- oder Schwiegermutter.

Eine Mutter befiehlt, ihr leibliches Kind zu töten und dessen Herz noch lebendig ihr zu überbringen. An Stelle des Kinderherzens empfängt sie dagegen das Herz eines Hundes. Das Mädchen selbst lebt ähnlich wie Genoveva im Wald. Eine hohle Eiche ist ihre Wohnung, aus welcher sie von einem jungen Schlofsherrn auf sein Schlofs als Ehegemahl geführt wird. Hier hat sie den Zorn der Schwiegermutter erregt, welche das Kind der Schwiegertochter bei einer Spazierfahrt auf die Strafse werfen läfst und richtig berechnet hat, dafs die Mutter dem Kinde folgen werde. Nach vielfachen Abenteuern kommt die schwergeprüfte Frau mit ihrem Gatten wiederum zusammen; aufgefordert, eine Geschichte zu erzählen, erzählt sie ihre eigene Leidensgeschichte; sie wird erkannt und mit dem Gatten wieder vereinigt.

(*Lothringen.* Var.: *Haute-Bretagne.*) [1]

In einem andern Märchen der Normandie ist es die böse Stiefmutter, welche, neidisch auf die erblühende Schönheit ihrer Stieftochter, dieselbe gleichfalls vom Leben zum Tode zu bringen befiehlt.

Gewitzter als alle übrigen Märchenstiefmütter läfst sie sich die Hände des Mädchens als Zeichen dafür bringen, dafs die Tochter wirklich getötet ist. Zwar empfängt sie die Hände, aber das Mädchen ist von ihrem mitleidigen Henker am Leben gelassen; auch hier findet sich ein junger Mann, der sie heiratet. Als er in den Krieg zieht, bleibt sie der Wut ihrer Schwiegermutter überlassen, welche sie samt ihrem Kinde verstöfst. Aber diejenige, welche es böse mit ihr zu machen gedachte, hatte es gut gemacht. Als letzte Prüfung auf ihrem Wege in die Fremde ist ihr beschieden, ihr Kind in einem Bache zu verlieren. Mit kurzem, aber inbrünstigem Gebete greift sie in das Wasser hinein und — siehe da — als sie das Kind aus dem Wasser zieht, hat ihr die göttliche Vorsehung die beiden Hände wiedergegeben. Das Märchen schliefst mit der Vereinigung der Ehegatten und der Bestrafung der bösen Stiefmutter, welche, entsprechend dem im Volke lebenden Gerechtigkeitsgefühle nicht minder hart ist, wie in den deutschen Märchen: sie wird von wilden Tieren zerrissen.

(*Basse-Normandie.*) [2]

---

[1] Cosquin: *Romania* X, S. 548 ff.; Sébillot I, No. 15.   [2] Fleury S. 151.

Eine andere Gruppe duldender Jungfrauen sind jene, welche in Tiere verwandelte Menschen durch ihre reine und innige Liebe wieder zu erlösen vermögen. Eine solche an den Bärenhäuter anklingende Erzählung gibt uns *Cosquin* in einem seiner lothringischen Märchen: *Le Loup blanc*.

> Beim Abschied verspricht ein Kaufmann, jeder seiner drei Töchter etwas mitzubringen; der jüngsten eine sprechende Rose. Es gelingt ihm, eine solche Rose in einem verzauberten Schlofsgarten zu brechen. Allein, ein weifser Wolf stürzt in dem gleichen Augenblicke auf ihn zu. Nur das Versprechen, diejenige Tochter zur Frau zu erhalten, welche bei der Rückkehr des Vaters diesem zuerst entgegentrete, bestimmt den Wolf, dem Kaufmann mit dem Leben zugleich die weifse Rose zu schenken. Die jüngste Tochter ist es, welche das Versprechen ihres Vaters erfüllen mufs und auch erfüllen will. Für ihre Hingebung an den Wolf wird sie dadurch belohnt, dafs das Untier sich in der Nacht in eine schöne Mannesgestalt verwandelt. Glücklich und zufrieden hätten sie leben können, wenn nicht das Geheimnis durch den Vater gebrochen worden wäre. In dem Augenblicke, als der Vater das Geheimnis der Tochter deren älteren Schwestern verrät, stürzt der Wolf tot zu den Füfsen seines geliebten Weibes nieder, welches ihn ewig betrauert.
> (*Lothringen.*)[1]

Unverkennbar haben wir es in diesem Märchen, wie in so manchen anderen auch, mit den Erinnerungen an den Mythus von *Amor* und *Psyche* zu thun.[2] Jedoch ist, wie *Cosquin* schon richtig hervorgehoben hat, dieses lothringische Märchen das einzige, welches tragisch abschliefst.

Kehren wir nun zu den männlichen Charakteren zurück, so finden wir vielfach den **Schlaukopf** vertreten. Es läfst sich dieses leicht aus der Anlage des Volkes erklären, welches besondere Freude am „Knifflichen" hat. Auf den ersten Blick könnte es scheinen, als ob diese Märchen des moralischen Haltes entbehrten. Mit welcher Behaglichkeit erzählen dieselben nicht, wie der Schlaue andere überlistet und straffrei dabei ausgeht. Indessen darf man nicht vergessen, dafs diejenigen Personen, welche von dem Schlauen zu leiden haben, vielfach durch Stolz, Heuchelei

---

[1] Cosquin: *Romania* X. S. 117 ff.   [2] Eine interessante Aufgabe, auf welche wir nur gelegentlich haben hindeuten können, wäre die Durchforschung der französischen Märchen auf ihre Anklänge an die antike Mythologie und Heldenzeit.

und abergläubisches Wesen eine derbe Lehre verdient haben. Vielfach mufs man allerdings auch das Suchen nach der Moral ganz unterdrücken und sich nur an dem kecken und frischen Wurf des Märchens erfreuen.

> Drei Brüder verdingen sich nach und nach bei demselben Herrn, der sie gut zu lohnen verspricht, aber gleichzeitig in den Kontrakt aufnimmt, dafs, wer sich ärgere, mit seinem Lohne gleichzeitig ein Ohr verliere. Die beiden ersten Brüder gehen dadurch, dafs sie sich von ihrem Herrn zum Zorn hinreifsen lassen, ihres Lohnes wie eines Ohres verlustig. Wenn es dem dritten Bruder gelingt, durch allerlei schlimme Streiche seinen Herrn in Wut zu versetzen und denselben hierdurch um Geld und Ohr zu bringen, so können wir hierin neben dem wirksamen Gegensatz, den Herrn in seiner eigenen Schlinge gefangen zu sehen, auch den tröstenden Gedanken nicht zurückdrängen, dafs hier eine ausgleichende Gerechtigkeit stattgefunden habe.
> (*Picardie*.)[1]

Eine Gruppe ähnlicher Märchen liefse sich am einfachsten durch die Schlagnamen **kleiner und grofser Klaus** charakterisieren.

> Den kleinen Klaus vertritt ein Jäger, den grofsen ein Geistlicher, welchen das Volk bekanntlich gern etwas am Zeuge flickt. Der Jäger weifs einen jungen Hasen, der seinem Besitzer überall hinfolgen soll, für den anständigen Preis von 500 Franken an den geistlichen Herrn zu bringen. Noch einmal läfst sich der Geistliche übertölpeln und zahlt den gleichen hohen Preis für eine Flöte, welche die Toten auferwecken soll. Beides stellt sich natürlich als eine Lüge heraus. Voll Ärger ergreift der Priester den Jäger, steckt ihn in einen Sack und will ihn ertränken. Auf dem Wege zum Meere tritt der Priester in eine Kirche, um eine Messe zu lesen, der Jäger hört einen Schäfer mit seiner Herde vorüberziehen und ruft laut, er wolle nicht des Königs Tochter heiraten. Der Schäfer ist gern bereit, des Jägers Stelle einzunehmen; der Jäger treibt die Herde von dannen, der Schäfer ruht im kühlen Meeresgrunde. Als nun der Priester dem Jäger mit der Herde begegnet und ihn fragt, woher er dieselbe erhalten, erwidert der Jäger lachend: „Von dem Grunde des Meeres." Der Priester hat nichts Eiligeres zu thun, als diesen verlockenden Meeresboden aufzusuchen.
> (*Pays basque*.)[2]

Nicht minder bekannt auch aus deutschen Märchen ist die weit verzweigte Gattung des **Meisterdiebes**.

---

[1] Carnoy S. 316 ff. In der Note gleichzeitig angegeben, dafs dieses Märchen sich in allen erdenklichen Ländern wiederfindet. [2] Vinson S. 103 ff.

Der jüngste von drei Brüdern fällt unter die Räuber. Sie leiten ihn an, von den Reisenden die Börse oder das Leben zu verlangen. Als er von seinem ersten Streifzuge heimkehrt, überweist er seinen Spiefsgesellen die Börse, den Inhalt behält er für sich, denn sie hätten nur die Börse verlangt, nicht aber das Geld, welches sie enthält. Dieselben finden den Streich so meisterhaft, dafs sie ihn zu ihrem Hauptmann erwählen. Nach langen Jahren kehrt der Sohn in seine Heimat zurück. Er hat hier Proben seines Talents abzulegen, welche denen seines deutschen Kollegen merkwürdig gleichen.... Zunächst stiehlt er ein von zwölf Mann bewachtes Pferd; er bringt dieses dadurch fertig, dafs er als Kapuziner verkleidet sich in den Stall schleicht und die Mannschaft mit *O (Eau) de Pione*, worin wir unschwer „Opium"[1]) erkennen, trunken macht. Das zweite Meisterstück besteht darin, dafs er sechs Ochsen, die zu Markte geführt werden sollen, gleichfalls der Begleitmannschaft stiehlt. Er vollbringt dieses dadurch, dafs er auf dem Wege Kunststücke vor den Leuten macht, und als dieselben ihm nachlaufen, um diese Kunststücke zu bewundern, entführt er gleichzeitig (!) die Ochsen. Wie dieses möglich ist, kümmert die Märchenlogik wenig. Dieses soeben erwähnte Kunststück tritt somit an die Stelle jener bedeutenderen Leistung des deutschen Meisterdiebs, das Laken aus dem Bette der Schlofsherrin zu stehlen. In beiden Märchen ist der tolle Spafs mit dem Pfarrer enthalten, dem weisgemacht wird, dafs er in einem Sacke zum Himmel fahre. Abweichend von dem deutschen Märchen ist, dafs der Pfarrer nach drei Tagen an dem Spafse stirbt; hierauf ist es übrigens in dem französischen Märchen abgesehen; denn der Schlofsherr teilt mit dem Meisterdieb die Erbschaft.

(*Lothringen.* Var.: *Basse-Normandie* etc.)[2])

Unter den bereits oben geschilderten Gesichtspunkt fällt es, wenn in dem Märchen von dem **armen und dem reichen Johann** der erstere seine tote Mutter benutzt, um aus ihr Kapital zu schlagen.

Er setzt sie, um nur eins zu erwähnen, auf einen Wagen, den er mit einem Esel bespannt. Als der Esel in das Geschirr eines Händlers fährt, wirft dieser erzürnt einen Stein auf die vermeintlich ungeschickte Frau. Als die Tote herunterstürzt, mufs der Kaufmann mit schwerem Gelde sein vermeintliches Verbrechen sühnen.

(*Lothringen.*)[3])

Auch hier läfst sich, wenn man nach einer Rettung des unser Gefühl verletzenden Märchens sucht, diese Rettung darin

---

[1]) Bekanntlich spricht der Franzose die lat. Endung *à la française*, d. h. = ö-me.    [2]) Cosquin: *Romania* X, S. 162 ff.; Fleury S. 167 ff., sehr originell, auch manches Neue enthaltend.    [3]) Cosquin: *Romania* S. 553 ff.

finden, daſs die Mutter zu Lebzeiten, wie das Märchen berichtet, den reichen stets dem arm gebliebenen Johann vorgezogen hat. — Neben dem **Bruder Lustig**, der dem Volke besonders am Herzen liegt, erscheint nicht minder als stehende Figur **der Aufschneider**, welcher lebhaft an den Münchhausen der Kunstdichtung erinnert. Es ist eine schuldlose Lust an der Lüge, die hier im Volksmärchen sich findet, schuldlos deshalb, weil die Farben so stark aufgetragen sind, daſs jeder die Absicht merkt, doch ohne verstimmt zu werden. Im Gegenteile üben gerade diese Märchen die heitersten Wirkungen aus. Der Münchhausen des französischen Volksmärchens ist *Pierre Berzilié!*

> Als ein Fuchs sich ihm unerwartet stellt, nimmt er an Stelle der ausgegangenen Kugeln Kirschkerne. Wie Münchhausen müssen wir ihm schon glauben, daſs er nach Jahren seinen Fuchs daran wieder erkennt, daſs ein Kirschbäumchen denselben ziert.
> (*Picardie.*) [1]

Diesen Lügenmärchen gesellen sich die **Wunschmärchen** zu, eine besonders in der *Auvergne* beliebte Erzählungsart, in welcher derjenige Sieger bleibt, welcher seine Wünsche ins Ungemessenste steigert.

> Es waren einmal drei Auvergnaten, welche nicht wuſsten, was sie an einem regnerischen Sonntage machen sollten. Schlieſslich hatte einer von ihnen eine Idee. „Wünschen wir uns etwas,“ sagte er, „es nützt zwar nichts, aber wir bringen immerhin die Zeit damit zu.“ „Ja, ja, wünschen wir etwas,“ sagten die beiden anderen. „Du bist zuerst darauf gekommen; Du sollst beginnen.“ — „Gut,“ sagte dieser. „So wünsche ich mir denn, daſs ich 20 000 Ochsen hätte. War...tet nur. Und daſs jedes Haar dieser Ochsen eine Eiche wäre, und daſs man aus diesen Eichen Planken machte, und daſs man aus diesen Planken Kisten machte, um alles Gold, alles Silber, alle Diamanten und alle Kostbarkeiten der Welt hineinzuthun.... Und zwar alles für mich.“ — „Potztausend! Du läſst Deinem Nächsten nicht viel übrig,“ sagte der Zweite. „Nun, ich wünsche mir aber, daſs alle Blätter Deiner Bäume Papierblätter wären. War...tet nur! Und weiter wünsche ich, daſs alle die kleinen Quellen, welche in die kleinen Bäche gehen, und daſs alle die kleinen Bäche, welche in die Flüsse gehen, und daſs alle die Flüsse, welche in die Ströme gehen, und daſs alle die Ströme, welche in das groſse

---

[1] Carnoy S. 195 ff.

Meer gehen, und dafs das ganze grofse Meer Tinte wäre, und dann, dafs man mit dieser ganzen Tinte und mit diesem ganzen Papier mache... Was? Gute Anweisungen auf all das Gold, all das Silber, all die Diamanten, all die Kostbarkeiten und Schätze dieser Welt.... Und dafs das alles für mich wäre. Ha, ha! Nicht wahr, das ist nicht schlecht gewüuscht."

„Nun aber, ich weifs einen noch besseren Wunsch." sagte der Dritte; „ich wünschte, dafs Du mein Vater wärest und Du mein Onkel und dafs ihr beide keine anderen Erben hättet, als mich und dafs der Teufel euch alle beide holte."

(*Auvergne.*)[1])

Zu den weiteren unsterblichen Figuren des Volksmärchens gehört der Dumme, bei uns unter dem Namen der „dumme Hans" bekannt. In französischen Märchen erscheint *Jean Bête*, wofür auch verstümmelt *Jeantête* vorkommt, *Kiot Jean*, *Ambroise le sot*, ferner *Pierrot*, welcher einigermafsen an unseren Hanswurst erinnert, endlich *Gribouille*, der Inbegriff aller Narrheit. Vielfach erinnern die Thaten dieser Helden an diejenigen der Schildbürger.

Jean Bête erklettert z. B. einen Baum und sägt den Ast ab, auf welchem er sitzt. Gleich den Kindern, die auch die Sterne mit Händen zu greifen vermeinen, türmt er Bänke und Stühle übereinander, um den Mond zu erfassen. Den Dreifufs, welchen er auf dem Markt erstanden, stellt er auf den Weg und heifst ihn nach Hause marschieren, da er doch mit seinen drei Beinen schneller heimkommen müsse als er selbst. Gänsefedern sät er in ein Beet und glaubt, dafs Hennen daraus wachsen müfsten. Er springt ins Wasser, um sich vor dem Regen zu schützen, und gleich den Bürgern des berühmten Städtchens Schilda zieht er die Kuh an einem Stricke zum Kirchdach hinauf, wo sie natürlich erwürgt ankommt.

(*Pays basque, Picardie.*)[2])

Besonders thöricht benimmt sich *Jean* auf der Freite. Die gleich lustigen Geschichten wiederholen sich hier in allen Volkslitteraturen, wenigstens habe ich sie in den Volksmärchen meiner Heimat Ostpreufsens, wie in norwegischen und französischen Märchen wiedergefunden.

Jean Bête bemüht sich in Gegenwart seiner Braut fein zu essen und begeht dabei die allergröbsten Verstöfse. Dem Rate seiner

---

[1]) Marelle: in Herrigs Archiv Bd. 55. [2]) Vinson S. 93 und Carnoy S. 177 ff.

Mutter nach soll er zärtliche Äuglein auf das Mädchen werfen. Er weifs diesem Rate nicht anders nachzukommen, als dafs er Schafen die Augen aussticht und diese von Zeit zu Zeit seiner Angebeteten in den Schofs wirft: dafs er seine Absicht nicht erreicht, liegt klar auf der Hand. Er hält dann auch das Freien für so schwer, dafs er vorzieht, es aufzugeben und Junggeselle zu bleiben.
(*Picardie*.)[1])

Auch dem französischen Märchen ist Hans im Glücke bekannt. Doch dürfte es unbekannt sein, dafs Frankreich auch einen umgekehrten Hans im Glücke — *Merlicoquet*[2]) — kennt, welcher für etwas Geringeres immer etwas Wertvolleres erhält, schliefslich aber doch wiederum über das Ohr gehauen wird.

Gegenüber dem ewig Zufriedenen mag der ewig Unzufriedene — Vater Brummbär — wie ihn das Märchen nennt, diese Gattung abschliefsen. Wir geben dieses Märchen um deswillen ganz, weil es wie in einem Brennpunkte alle Eigenschaften des französischen Märchens vereinigt: lebendig fortschreitende Handlung — katholische Färbung. Wir möchten glauben, dafs der lehrhafte Schlufs dem sonst naiv angelegten Märchen ferne gelegen habe und in seiner breiten Form auf den „Schulmeister" der Champagne zurückzuführen sei, welchem *Marelle* dieses Märchen nachschrieb.

> Es war einmal ein Bauer, der hatte so viel Kinder, wie Steine auf dem Acker. Er hiefs der alte Brummbär und mit Recht so; denn er hatte stets etwas in den Bart zu brummen.
> Gewöhnlich ging er öfter ins Wirtshaus als in die Kirche; aber nur, um die Sorgen zu verscheuchen, wie er sagte. Als er eines Tages wiederum viele, viele Stunden so dagesessen hatte und die Sorgen gar nicht weichen wollten, schlug er sich plötzlich vor die Stirn und rief:
> Es ist doch besser, ich wende mich an den lieben Gott, als an seine Heiligen: ich will doch einmal hingehen und ihn fragen, warum denn alles Pech auf der Welt nur für mich da ist und alles Glück für die anderen.
> Und hiermit springt er auf und macht sich auf den Weg nach dem Paradies. Nach vielem Hin- und Herlaufen, die Kreuz und die Quere, kommt er endlich an die Himmelspforte und klopft an:
> Bum, Bum!

---

[1]) Carnoy S. 198 u. 177; vergl. Cosquin, *Romania* X. S. 577.  [2]) Fleury S. 186 ff.; vergl. R. Köhler's Nachträge zu Cosquin LXII in Gröber's Z. IV. 172.

Wer ist da? fragt St. Petrus.

Ich, heiliger Petrus, Ihr wifst schon, der alte Brummbär... der so viel Kinder hat, wie Steine auf dem Acker....

Nun, was willst Du?

Den lieben Gott sprechen — — — —

Der liebe Gott ist jetzt in seinem Weinberge beschäftigt und liebt nicht, gestört zu werden. Geh Deiner Wege!

Ach, heiliger Petrus, ich bin ein armer Familienvater... wenn Ihr mir helfen wollet, Ihr, der so viel „Mirakel" thut....

Ach, geh! — — — doch halt, ich will einmal sehen, ob ich etwas für Dich habe....

Da, nimm diesen Korb, der thut „Mirakel", wie Du sagst. Willst Du ihn benutzen, so mufst Du sagen:

> Körbchen mein, Körbchen mein,
> Füll' dich fein!

und Du sollst sehen, was geschieht. Hast Du aber genug, so vergifs nicht zu sagen:

> Halt an, halt an,
> Für heute ist's genug gethan!

Halt!... noch eins.... Was ich Dir gegeben habe, brauchst Du nicht aller Welt zu zeigen, auch nicht zu sagen, von wem Du es erhalten hast... hörst Du?...

Brummbär wufste nicht, wie ihm geschah, ob das Spafs oder Ernst sei. Ohne zu danken, nahm er seinen Korb, schüttelte seinen dicken Kopf und trollte sich davon. Aber sobald er allein war, versuchte er die Kraft seines Sprüchleins. Und siehe da, in dem Korbe begann es zu wimmeln und zu kribbeln von feinen Brötchen und allerhand kleinen Fischchen, die lustig in ihren Schüsselchen einherschwammen, gröfser und immer gröfser wurden und schliefslich in Strömen auf die Erde herabstürzten, ohne sich zu überschlagen. Und immer mehr und mehr kamen — es wollte gar kein Ende nehmen. Brummbär wufste zuletzt gar nicht mehr, wo er bleiben sollte; denn die ganze Strafse war schon bedeckt. Glücklicherweise fiel ihm in seiner Angst sein Sprüchlein ein:

> Halt an, halt an,
> Für heute ist's genug gethan!

rief er und sogleich versiegte der Strom.

Er setzte sich nun auf einen Steinhaufen und liefs sich's wohlschmecken. Er wufste nicht, wo er zuerst zulangen sollte: Aale, Hechte, Steinbutten, alle erdenklichen Flufs- und Seefische schwammen vor seinen Augen in der schönsten Sauce. Indessen dauerte es nicht lange, da schüttelte Brummbär schon wieder den Kopf und brummte ganz leise. Ihm fehlte schon wieder etwas. — Da sitz' ich nun und esse und esse... und hab' nichts dabei zu trinken. Und wie er sich so umschaut, steht er just vor seiner Schenke, in welche er denn auch geraden Wegs eintritt.

Heda, Frau Wirtin, eine Flasche vom Besten und zwei Gläser, sagte er, mit den Augen dem Schenkwirt zublinzelnd, der ihm gewöhnlich Gesellschaft leistete. Wollt Ihr Euch an Fischen delektieren? — ich hab' genug fürs ganze Haus.... Ihr braucht indes nicht aller Welt zu erzählen, was ich Euch zeige. Hört Ihr?...

Körbchen mein, Körbchen mein,<br>
Füll' dich fein!

Und siehe da, in dem Korbe beginnt's von neuem zu wimmeln und zu kribbeln von feinen Brötchen und allerhand kleinen Fischen, die bald genug Tisch und Tafel, Stube und Strafse bedecken. Les't nur auf, les't nur auf! rief Brummbär, braucht Euch nicht zu genieren, ich weifs schon, wo's mehr giebt.

Da hättet Ihr aber den Wirt und die Wirtin sehen sollen, wie sie hinter dem leckeren Gerichte her waren!

Wie sie so mit Händen und Füfsen wirtschafteten, sprachen sie ganz leise zu einander: Könnten wir nur den Korb erwischen, der sollte uns in unserem Geschäfte 'mal nützen....

Zuerst versuchten sie nun von unserm Brummbär zu erfahren, wo solch ein Korb wohl zu haben wäre; aber vergeblich, er behielt sein Geheimnis für sich und blieb stumm wie ein Fisch. Sie schenkten ihm jedoch so fleifsig ein, dafs er schliefslich in Schlaf versank. Das schlaue Weib schlich nun zur Küche, holte einen ganz gleichen Korb, in welchem sie tags zuvor Fische vom Markte geholt, und vertauschte ihn mit dem wunderbaren Korb, welchen sie sorgfältig versteckte. Als Brummbär erwachte, läutete es gerade zur Vesper; er sprang hurtig auf, griff, nichts ahnend, nach seinem Korb und rannte spornstreichs nach Hause.

Er kam gerade in dem Augenblicke an, als seine Frau eine magere Suppe auf den Tisch setzte — ein Haufen Kinder, grofs und klein, drängte sich hungrig und schreiend um sie herum... mit Augen, grofs wie ein Mühlrad! Brummbär, der über nacht weggeblieben war, wufste schon, welcher Empfang ihm bevorstand. Er rief also gleich auf der Schwelle, indem er seinen Korb hoch in der Luft schwang: Verderbt Euch nicht den Appetit, Ihr Kinder! ich bring' Euch 'was, woran Ihr Euch alle traktieren könnt. Seht Ihr diesen Korb da? Gut. Jetzt sprecht einmal alle so, wie ich:

Körbchen mein, Körbchen mein,<br>
Füll' dich fein!

und Ihr sollt sehen, was geschieht.

Sie thaten so, wie er geheifsen, um zu sehen, was geschähe. Aber sie mochten schreien, soviel sie wollten, das Körbchen kehrte sich nicht daran, sondern blieb leer wie ein Korb.

Brummbär vermochte dies nicht zu fassen.

Er rannte rund um den Tisch herum, drehte seinen Korb um und um und brummte, wie er in seinem Leben noch nicht gebrummt hatte. Sein Weib und seine Kinder wufsten nicht, sollten sie weinen oder lachen und glaubten am Ende, er wäre toll.

Scheffler, Franz. Volksdichtung u. Sage.

Halt, halt! rief er plötzlich, es riecht schon nach Fischen... riecht Ihr's?

Es roch in der That danach, aber weiter konnte der arme Teufel aus dem Korbe nichts herausbekommen.

Sollte das am Ende nicht der meinige sein?... rief er endlich aus, sollte vielleicht?...

Und ohne auf sein Weib und seine Kinder, welche ihn zurückhalten wollten, zu hören, lief er zur Schenkwirtin zurück und fragte sie, ob er sich nicht getäuscht habe.

Unmöglich, entgegnete diese, Ihr seht ja, wir haben keine Spur von einem Korbe. Sicherlich habt Ihr vergessen, wie Ihr sagen solltet.

So wird's wohl sein, sagte Brummbär. Sie schenkte ihm ein Glas vom Besten ein, er aber machte sich schnell wieder nach dem Paradiese auf, wo er diesmal bald ankommt.

Er klopft an die Pforte: Bum! Bum!

Wer ist da? fragt St. Petrus.

Ich, heiliger Petrus, Ihr wifst schon, der alte Brummbär... der so viel Kinder hat wie Steine auf dem Acker,...

Aber, lieber Mann, Du hast ja gestern schon bekommen.

Ja, grofser Heiliger... aber seht, Euer Korb... ich weifs nicht, was mit ihm ist, er will nicht mehr gehen....

Nun, so lafs ihn in Ruh! Ich will einmal nachsehen, ob ich nicht noch etwas für Dich finde.

Da... sieh einmal diesen Hahn an, das ist ein Hahn, sag' ich Dir!... Du brauchst nur zu ihm zu sagen:

Sankt Peters Hahn, Sankt Peters Hahn,
Zeig uns einmal Deine Künste an!

und Du sollst sehen, was geschieht. Halt!... noch eins... Du brauchst ihn nicht aller Welt zu zeigen.... Auch nicht zu sagen, dafs ich ihn Dir gegeben habe, hörst Du? Solche Hähne verschenkt man nicht alle Tage.

Und damit schliefst St. Petrus die Himmelsthür, ohne einen weiteren Dank abzuwarten.

Als Brummbär wieder allein auf der Strafse war, befand er sich just wieder vor der Schenke, in welche er denn auch geraden Wegs eintrat.

Von wo kommt Ihr denn mit diesem schönen, roten Hahne, Vater Brummbär, fragte ihn die Wirtin mit ihrer sanftesten Stimme.

Ah... von da, wo man solche Hähne nicht alle Tage zu verschenken hat, antwortete er mit pfiffiger Miene und setzte sich an den Tisch. Man schenkte ihm vom Besten ein, soviel er wollte, und es dauerte denn auch nicht lange, da verzehrte ihn die Lust, sein neues Wunder anstaunen zu lassen.

Sankt Peters Hahn, Sankt Peters Hahn,
Zeig uns einmal Deine Künste an!

Und sogleich richtete sich der Hahn auf seinen Sporen in die Höhe, schlug mit den Flügeln und krähte: Kikeriki! mit einer wahren Trompeterstimme.

Und bei jedem Schrei, den er that, fielen aus seinem Schnabel Goldkörner und Diamanten, wie kleine Erbsen so grofs, welche Brummbär, mit den Augen blinzelnd, in seinen Hut sammelte, ohne diesmal jemand anderen etwas ablosen zu lassen.

Der Wirt und die Wirtin wechselten indes einen Blick des Einverständnisses, als wollten sie sagen: „Das wäre einmal ein Hahn, der zu unserem Korbe passen würde."

Trinkt doch, Vater Brummbär!

Und sie schenkten ihm von neuem ein, dafs er schliefslich doch wieder in Schlaf versank.

Das schlaue Weib huschte nun ganz, ganz leise nach dem wunderbaren Hahn: Komm, mein Puttchen, komm, mein Puttchen, schlich sich dann sachte mit ihm davon und sperrte ihn in den Hühnerstall ein, aus welchem sie einen ganz gleichen Hahn zurückbrachte, den sie an die Stelle des echten in den Korb setzte.

Als Brummbär erwachte, brach die Nacht schon herein; er warf einige Goldkörner auf den Tisch, nahm ahnungslos seinen Hahn und seinen Korb und eilte, stolz auf seine Schätze, spornstreichs nach Hause.

Sein Weib erwartete ihn schon vor der Thür mit der ganzen Schar kleiner Schreihälse.

Schämst Du Dich nicht, Deine Zeit und Deine Groschen so im Wirtshaus zu verthun.

Ach was, Groschen?... Wir haben jetzt Gold und Diamanten. Kommt, Ihr Kinder, seht Ihr den Hahn da auf dem Tische?... Gut... nun sagt einmal alle so wie ich:

> Sankt Peters Hahn, Sankt Peters Hahn,
> Zeig uns einmal Deine Künste an!

Sie hatten kein grofses Zutrauen, indessen thaten sie, wie er's gesagt, um zu sehen, was geschähe. — Aber Prrr! flog der Hahn krähend durchs Zimmer, auf und davon... ohne das geringste Goldkörnchen oder den kleinsten Diamanten zurückzulassen.

Brummbär traute seinen Augen nicht, er brummte, brummte.... Aber ich weifs doch ganz genau... sollte ich wieder vergessen haben, wie ich sagen sollte... und dabei fuhr er sich mit beiden Fäusten in die Haare.

Plötzlich rannte er hinter seinem Hahn her, packte ihn und steckte ihn in seinen Korb; dann eilte er pfeilschnell, ohne sich halten zu lassen, davon.

Nur einen Augenblick hielt er sich im Vorübergehen in der Schenke auf, dann eilte er in vollem Laufe dem Paradiese zu, wo er mit seinen grofsen Holzschuhen einen Heidenlärm verursachte.

Die Sterne wurden gerade angezündet.

Bum! Bum! Bum!

Der Tausend!... Wer klopft da so? fragte St. Petrus.

15*

Ach!... Ich, großer Heiliger.... Ihr wißt schon... der Vater...

Ja, ja... aber mein lieber Freund, Du kommst zu oft... und zu so später Stunde!...

Nichts für ungut, heiliger Petrus! Euer Hahn: ich weiß nicht, was mit ihm ist... aber er macht's nicht besser wie Euer Korb: da seht!...

Wie... das mein Hahn?... das... mein Korb? Du hast sie Dir vertauschen lassen.

Vertauschen! rief Vater Brummbär, der endlich zu begreifen schien.... Das ist niemand anders, als die beiden....

Ich hatte Dir aber doch gesagt, Du solltest Deine Schätze niemand zeigen, erwiderte St. Petrus. Du verdientest... doch nein... warte... da hab' ich noch etwas für Dich.

Und damit streckte St. Petrus den Arm aus und langte etwas von der Wand herunter.

Hier, sagte er, nimm diesen Sack. Wenn Du für Dich oder für den Rücken eines guten Freundes eine Tracht Schläge brauchst... Du verstehst mich schon... so brauchst Du nur zu sagen:

> Flick, flack,
> Knüppel aus dem Sack!

und Du sollst sehen, was geschieht. Ich sage nichts weiter.

Und damit schloß St. Petrus mit schlauer Miene das Thor.

Aha! ich sehe schon, wo er hinaus will; jetzt hab' ich Euch, Ihr Spitzbuben.

Und eiligst suchte er mit seinem Sack, seinem Korb und seinem Hahn die Schenke wieder zu erreichen.

Bratet mir gleich diesen Nichtsnutz da, sagte er und zeigte auf den Hahn; aber vertauscht ihn mir nicht wieder!... versteht Ihr, Frau Wirtin?... Feuer könnt Ihr mit dem Korbe da anmachen. Dann will ich Euch einmal zeigen, was in dem Sack dort steckt, setzte er mit derselben schlauen Miene hinzu, welche er bei dem heiligen Petrus bemerkt hatte.

Das hat 'was zu bedeuten, dachte die Wirtin und schickte sich an, ihren Hahn zuzubereiten, indem sie so that, als kenne sie ihn gar nicht. Ihr Mann, der nicht minder unruhig war, versuchte auch diesmal unser Bäuerlein einzuschläfern, aber vergeblich.

Als Brummbär sich endlich restauriert hatte, was nicht ohne vieles Brummen abging, denn der Hahn war nicht sehr zart, schlug er mit der flachen Hand auf den Tisch und sagte:

Nun wollen wir einmal sehen, ob wir uns verständigen können. Meinen Hahn und meinen Korb will ich haben, aber schnell!...

Euern Hahn, Euern Korb, Vater Brummbär? Aber wie kommt Ihr...

Meinen Hahn und meinen Korb, sag' ich Euch.... Und wenn Ihr nicht auf diesem Ohre da hört, so habe ich sogleich ein Mittel, Euch beide Ohren aufzuthun.

**Flick, flack,
Knüppel aus dem Sack!**

Und schnell wie der Blitz fuhr ein weifser Stecken aus dem Sack, welcher den Wirt und die Wirtin, dann aber auch unseren Brummbär dermafsen und von allen Seiten bearbeitete, dafs sie alle drei im Zimmer umherwirbelten wie Schneeflocken im Wintersturm.

Haltet ein, haltet ein! Wir wollen Euch ja Euern Hahn und Euern Korb wiedergeben, so riefen der Wirt und die Wirtin, indem sie bei einander Deckung suchten.

Halt, halt doch! Du schlägst ja deinen eigenen Herrn, infamer Stecken! — rief Brummbär, indem er sich platt gegen die Mauer drückte.

Wirst du wohl einhalten!... Für heute ist's genug gethan!

Aber der Stecken kehrte sich nicht daran, kannte weder Herrn noch Knecht, sondern fuchtelte fort und fort, bald hier und bald da, nach Herzenslust; au! au! au! au! und holalalala!

Glücklicherweise hörte St. Petrus im Paradiese das Geschrei und stieg noch rechtzeitig herab, um sie vor dem Prügeltode zu erretten.

**Flick, flack,
Knüppel in den Sack!**

rief er beim Eintreten.

Und der Stecken gehorchte augenblicklich.

Jetzt geht und holt mir den Hahn und den Korb.

Als der Hahn und der Korb auf dem Tische standen, sprach St. Petrus:

Ihr habt alle drei erhalten, was Ihr verdient habt. Du, fetter Schenkwirt, mit Deiner kleinen Frau, die Ihr so gut zusammen pafst, nehmt diese Lehre daraus: begnügt Euch in Zukunft damit, die Leute übers Ohr zu hauen, statt sie zu bestehlen, sonst blüht Euch der Strick nach dem Stock. Und Du, mein lieber alter Brummbär, der Du so viel Kinder hast, wie Steine auf dem Acker, der ewig auf das Schicksal und die bösen Zeiten brummt, Du wirst wohl einsehen, dafs auch Deinerseits gefehlt ist und dafs Du ebensowenig von dem Glücke, was Dir widerfuhr, Nutzen gezogen hast, wie von dem Übel. Du hast die wunderbaren Brote und Fische des Evangeliums in Händen gehabt, womit unser Herr viertausend und ich weifs nicht wie viel Menschen in der Wüste gespeist hat, sie hätten mehr als hingereicht, Dich und Deine ganze Familie zu ernähren.

Was diesen braven Hahn anlangt — derselbe, der so rechtzeitig bei Pilatus krähte —, so hätte er Dich zeitlich und ewiglich reich machen können. Aber Du hast es nicht verstanden, auch nur einen einzigen Tag diese Schätze des Himmels zu wahren. Darum nehme ich meinen Korb, meinen Hahn und meinen Stab wieder — Moses' Stab, der nicht blofs Kleider klopfen kann, sondern auch Wasser aus Felsen lockt, Drachen bändigt und verborgene Schätze entdeckt.

Jetzt, mein Freund, beklage Dich nur über Dich selbst und suche wenigstens in dem Sprüchlein Trost:

„Hilf Dir selbst, so wird Gott Dir helfen."

Schon bei Gelegenheit der Besprechung des Geisterspuks haben wir erwähnt, wie auch den Tieren eine bedeutsame Stelle im französischen Märchen eingeräumt ist. Wenn nach *Darwin* von der Menschen- zur Tierwelt nur ein Schritt ist, so auch in französischen Märchen. Wie häufig erscheint nicht der Mensch in eine Katze oder einen Hund oder gar in einen Werwolf verwandelt. Und aus dieser Verwandlung kann er nur dann in seine menschliche Gestalt zurückkehren, wenn ein Bekannter ihn tötet oder ihn so verwundet, dafs Blut fliefst.

Die Hexen und die ihnen verwandten Gattungen locken besonders gern in Gestalt von Tieren den Menschen an und stürzen ihn ins Verderben.

Besonders weit verbreitet ist aber jener Geisterspuk, welchen wir unter dem Namen „die wilde Jagd" kennen.[1]) Höchst verschieden sind die Benennungen, welche dieser Jagdspuk in den verschiedenen Provinzen erhalten hat. Während namentlich in der *Bretagne*, wo die Artussage auch heimisch ist, von der *Chasse Arthu(r)* die Rede ist, heifst sie in der *Normandie* nach dem auch bei uns bekannten Jagdpatron *La chasse saint Hubert*, oder auch, wie *Fleury* berichtet, *la chasse hêle-bêles*. In *Berry* treten an Stelle dieses Namens: *Ribaut*, *Rigaud* oder *Bôdet*, in der *Franche-Comté* verknüpft sich dieser Spuk mit Erinnerungen an die Bibel: *la chasse d'Oliferne* (Holofernes) und *la chasse du roi Hérode*. Da die wilde Jagd dem Menschen, auf welchen sie stöfst, Tod und Verderben bringt, so wird sie auch in Anlehnung an die Umzüge des Todes *la mené ankine* genannt.

Diese verderbenbringende Seite des Tieres im Märchen zeigt

---

[1]) Sébillot: *Trad.* etc. S. 219, 220; Am. Bosquet S. 67—68; Fleury S. 119 u. a. m.; vergl. auch Sébillot, *Traditions et superstitions de la Haute-Bretagne*, Bd. II, welcher vornehmlich der Tierwelt und der leblosen Natur gewidmet ist, ebenso Rolland etc.

sich auch in jenen, mehr einen epischen Charakter tragenden Sagen, in welchen sich die Tiere gegen den sie hinmordenden Jäger zusammenscharen, um zu beraten, auf welche Weise der Jäger am besten aus der Welt zu schaffen sei.

> An Stelle des verwundeten Löwen führt das Wildschwein den Vorsitz. Es wird beschlossen, den Jäger gemeinsam zu überfallen. Das Wildschwein greift an, und unter dem Beistand der übrigen fällt der Jäger diesem Angriff zum Opfer. Es zeigt sich eine gewisse Ritterlichkeit in den Ehrenbezeigungen, mit welchen der gefallene Feind bestattet wird. (*Picardie.*)[1]

> Ein anderes Beispiel von dem Wunsche, sich an dem Menschen zu rächen, zeigt jener Wolf, welcher einst von eines Holzfällers Weib verbrüht ward, als er furagieren wollte. Wie erschrickt der Holzfäller, als er dem gleichen Wolfe, von einem Rudel anderer umgeben, allein im Walde begegnet. Wohl klettert er auf einen Baum, aber in echter Münchhausen-Weise läſst das Märchen die Wölfe einen auf den andern steigen, bis der letzte schon die Zähne gegen sein Opfer fletscht. In seiner Todesangst verliert der Holzfäller aber die Geistesgegenwart nicht. Wie damals, ruft er auch jetzt: Frau, schütte ihm die glühende Suppe über den Kopf! und als der verbrühte Wolf, welcher die Last der übrigen auf sich genommen, dieses vernimmt, springt er fort, die übrigen fallen zu Boden und zerstreuen sich. (*Picardie.*)[2]

Doch nicht immer, ja, wir könnten sagen, nur ausnahmsweise ist das Verhältnis der Tiere zu dem Menschen ein feindliches. In der Mehrzahl der Fälle ist das Tier dem Menschen freundlich gesinnt. Wenn *Bogumil Goltz* in seiner Abhandlung über „das deutsche Volksmärchen und sein Humor" davon spricht, daſs nur das deutsche Märchen den Tieren auſser menschlicher Intelligenz auch ein menschliches Gemüt(!) leihe und sie dem Helden der Erzählung auf Tod und Leben verbinde,[3] so gilt dieses in ganz gleicher Weise auch für das französische Märchen und gewiſs auch für die Märchen der übrigen Völker.

Auch im französischen Märchen tritt das Tier in die innigste Wechselbeziehung zu dem Menschen, hilft und fördert seine Pläne, ist häufig genug sein einziger Ratgeber und Helfer in der Not. Wohl dem Menschen, der die Sprache der Vögel, der

---

[1] Carnoy S. 333 ff. [2] Carnoy S. 157. [3] B. Goltz a. a. O. S. 243.

Frösche, der Tiere überhaupt versteht. Sie zwitschern oder sie quaken ihm in vielen Fällen das Richtige zu; er ist gerettet. wenn er ihnen folgt.

Zugleich benutzt das Märchen gerade die Tiere, um zu zeigen, daſs selbst das geringste Geschöpf nicht zu klein ist. um uns im gegebenen Falle nützlich zu sein. Fliegen vertreten die Stelle von Heinzelmännchen, sie arbeiten schnell für ihren Herrn. Pferde, Katzen. Vögel, Zicklein und selbst Schlangen treten auf, um den Menschen auf den rechten Weg und zum Ziel zu leiten. Im kritischen Momente stellen sie sich ein, um für erwiesene Wohlthaten durch die That zu danken. Nicht für die Tiere, nur für den Menschen gilt das Sprichwort: „Undank ist der Welt Lohn!"

Wenn *Schiller* in den Göttern Griechenlands jene Zeit herbeisehnt, da jeden Baum eine *Dryas* belebte und eine *Najade* jeden Quell, ... so hätte er es nicht nötig gehabt, um mit seinen eigenen Worten zu reden, in die Ferne zu schweifen, denn das Gute liegt so nahe. „Wo wir in der Natur nichts zu entdecken vermögen. sieht das Volk Leben und Bewegung. hört eine Unterhaltung heraus, wo für uns alles in Schweigen gehüllt erscheint; wenn der Wind über die Wiese streicht, beugt sich der Halm vor dem Herrn der Welt. Aus dem Rauschen des Waldes wie aus dem Murmeln der Quelle klingen ihm Geisterstimmen herauf." Das Märchen lehrt uns, die Schöpfung mit geöffneten Augen zu betrachten. Besonders anziehend ist die volkstümliche Schöpfungsgeschichte, wie sie sich im Märchen findet. Wenn in der Erzählung vom „starken Mann" dieser das Wasser höher als der Teufel wirft, so ist für das Volk durch das auf die Erde zurückfallende Wasser zugleich die Erklärung für das Erscheinen des Wassers auf der Erde überhaupt gegeben. Das Siebengestirn verdankt folgendem Vorgang seinen Ursprung:

Zwei Diebe stehlen einem reichen Landmann ein Paar Ochsen; der Herr schickt Knechte und Mägde aus, den Dieben das Vieh wieder abzujagen. Als beide nicht wiederkehren, macht er sich selbst zur Verfolgung auf. Das fruchtlose Nachjagen entlockt ihm solche gräfsliche Flüche, dafs er von dem Herrn verurteilt wird in Ewigkeit, hinter den Dieben und den Ochsen, hinter Magd und Knecht einherzujagen. Das sind die sieben Sterne, welche das Sternbild des grofsen Wagens bilden und welche unaufhörlich auch unsere Erde umkreisen. (*Pays basque.*)[1]

Bekannt auch aus deutschen Märchen ist die Sage von dem „Mann im Monde", die sich vielfach in französischen Sammlungen findet. Ähnlich wie bei uns erklärt sich das Volk die Gebirgslandschaft des Mondes durch einen reisigtragenden Mann.[2] Zur Strafe dafür, dafs er am Sonntag Reisig gesammelt, also den Festtag entheiligt hat, ist er in den Mond versetzt worden. Ein Märchen aus dem *Jura* sieht in ihm den Verräter des Herrn: *Judas*. —[3] Welche mächtige Anziehungskraft die erratischen Blöcke auf die Phantasie des Volkes ausübten, haben wir schon früher berührt. Mit Riesen und Riesinnen, Feen und Kobolden, Teufel- und Geisterspuk, bringt es dieselben in Verbindung. Neu dürfte sein, dafs auch heute noch ein gewisser Kultus mit diesen Steinen getrieben wird,[4] indem die jungen Mädchen dieselben herunterrutschen, am Ende ihrer Laufbahn ein Band hinlegen und dann, wenn niemand sie auf ihrer Fahrt beobachtet hat, glauben, dafs, ehe ein Jahr vorüber, in der Kirche die Kerze — die Fackel *Hymens* — brennen wird.

Neben diesem Kultus der Steine wird auch ein Kultus der Bäume erwähnt.[5] Die Rinde gewisser Bäume soll gleich der Chinarinde gegen Fieber helfen. Eine gewisse Scheu waltet ob, die uralten Eichen umzuschlagen, Unheil soll daraus entstehen. Dafs die Eichen selbst noch in der Revolutionszeit eine bedeutsame Rolle spielten, ist bekannt. Auch den Quellen werden nicht mit Unrecht heilkräftige Wirkungen zugeschrieben;[6] gewisse Quellen der *Bretagne* sollen vor Cholera bewahren, andere werden als besonders heilkräftig für schwächliche Kinder erwähnt.

---

[1] Vinson S. 8. [2] S. z. B. Bladé, *Agenais* S. 65 (135) und Note von R. Köhler S. 138; Vinson: *Pays basque* S. 7 u. a. m. [3] Theuriet, *Jura* S. 181. [4] Sébillot, *Trad.* etc. I, S. 49 ff. [5] Sébillot a. a. O. S. 58 ff.; vergl. auch Am. Bosquet, Cap. X. [6] Sébillot a. a. O. S. 65 ff.; Michel, *Pays basque* S. 181 ff.

Versuchen wir ein Ergebnis aus dem bisher Gesagten zu ziehen, so finden wir bestätigt, was wir einleitend schon bemerkten, daſs in dem französischen Märchen, namentlich in denen der Bretagne, zuviel geistlicher Einfluſs zu verspüren ist, daſs viel künstliche Reflexion vorherrscht, viel Allegorisches, denen gegenüber das unmittelbar zum Herzen Sprechende, das wirklich Zündende zurücktritt. Möglich, daſs sich diese Anschauung einschränken lieſse; denn namentlich jene Märchen, welche aus Lothringen veröffentlicht sind, tragen im groſsen und ganzen den gleichen, rein menschlichen Charakter deutscher Märchen. Allein gerade bei dieser Provinz wird man geneigt sein, an deutschen Einfluſs zu denken. Auch muſs immer wieder in Rücksicht gezogen werden, daſs die französischen Märchen ein Jahrhundert später gesammelt wurden als die unsrigen, daſs sie sicherlich nicht mehr in ihrer ersten Form vorliegen, vielmehr den ursprünglich naiven Charakter mehr und mehr verloren haben. Während früher das Volk seine Märchen mit schlichter Gläubigkeit erzählte, findet sich jetzt vielfach der zersetzende Zweifel der modernen Zeit in ihnen. So viel ist sicher, daſs Märchenpoesie und Märchenwelt mehr und mehr im Verschwinden begriffen sind. Dieses Verschwinden wird uns gleichfalls höchst wirksam durch ein Märchen aus dem *Jura* — *Theuriet* S. 208 — veranschaulicht.

> Dort hatte man, wie es heiſst, den letzten Zauberer gefangen genommen. Vor das Tribunal unserer Tage gebracht, wird er der Zauberei überführt und zum Feuertode verurteilt. Bevor er aber sein Leben lassen soll, bittet er als letzte Gunst um eine Kohle. Als er sie erhalten, zeichnet er ein schwarzes Roſs an die Wand seines Gefängnisses, dann versucht er zum letztenmal seine Zauberkraft, indem er das Roſs belebt, sich selbst hinaufschwingt und mit ihm in die Lüfte verschwindet.

Seit jener Zeit soll auch in Frankreich die Welt der Märchen und Sagen für immer dahin sein. —

# Sprache und Reim.

> Quand on a commencé à lire les poésies populaires, on ne s'arrête plus;... on se fait... à ce que peut avoir de monotone le retour de locutions favorites; on se fait à sa pauvreté d'expressions, à sa disette d'images, à la répétition de celles que lui offrent des objets familiers... la poésie populaire aime les nombres impairs. En fait de pays elle est préoccupée... de l'Angleterre et de Flandre.... Elle se dédommage de la pauvreté qui l'entoure en étalant les trésors et les titres pompeux.... Elle aime certaines épithètes... Au milieu de ses inexpériences, elle a le secret de saisir le relief d'une situation....
> (C<sup>te</sup> *de Puymaigre*, Préf. *XXV, XXVI*).

> Celui qu'entreprit composer
> Cette chanson, je vous supplie,
> Si n'est bien faicte, l'excuser:
> Il n'entend rien à la poésie.
> (*Complainte.*)

# XI. Sprache und Reim.

Sprache des Märchens — des Volksliedes. — Schriftsprache oder Patois? — Lautlehre, Aussprache. — Wortschatz. — Verkleinerungs-, Vergröfserungsworte, — Schmuckworte, — stehende Redensarten (Liedereingänge). — bestimmte Zahlen. — Bilder und Vergleiche, — Blumen, — Vögel. — Rhythmus, — Hiatus, — Aufbau der Strophen, — Reim, — Assonanz, — Kehrreim. — Die Dichter und Dichterinnen.

Neben der Sprache der Gebildeten läuft jene andere Sprache, welche im Munde des Volkes lebt und welche des Anziehenden genug bietet, um ein, wenn auch nur kurzes Verweilen zu rechtfertigen.

Bleiben wir gleich bei dem Märchen. Dasselbe zeigt in seiner äufsern Form übersichtliche Anordnung und schlichten Stil. Es baut sich aus einfachen Sätzen auf, welche „gewissermafsen den Charakter des Auswendiggelernten an sich tragen" und daher um so leichter in dem Gedächtnisse haften bleiben. Wie für das Volkslied, sind auch für das Märchen die häufigen Wiederholungen bemerkenswert und zwar nicht blofs einzelner Worte und Wendungen, sondern ganzer Sätze und Perioden. Auch die Einleitung des Märchens zeigt die stetige Wiederkehr bestimmter Ausdrücke. Der deutschen geheiligten Formel: „es war einmal", entsprechen im Französischen: *il était une fois, il y avait une fois* und *au temps jadis il y avait*. Mannigfacher gestaltet sich der Schlufs. Statt des einfachen: *et le conte finit là* schliefst in anderen Märchen der Erzähler, gleichsam um die Glaubwürdigkeit der Geschichte zu erhärten, mit dem Hinweis, dafs auch er dabei gewesen; oder — und namentlich geschiebt dieses in den bretonischen, religiös gefärbten Märchen und Sagen — wünscht der Erzähler seinen Hörern zum Schlusse, dafs sie alle, gleich dem Helden des Märchens, dereinst in das Paradies eingehen möchten, worauf die Versammlung gläubig mit einem „Amen" antwortet.

Während schriftfranzösische Märchen in Patoisbezirken eine Ausnahme bilden, findet bei den Volksliedern gerade das Umgekehrte statt, eine Erscheinung, die auch für Norwegen von seiten des bekannten Bischofs *Moe* Bestätigung findet. Derselbe sagt nämlich, dafs man bei den Liedern eine Lust zur Schriftsprache finde, welche sonst nie vorkomme. Die Ursache dieser seltsamen Erscheinung spricht *Champfleury* in den bezeichnenden Worten aus, dafs „der Mensch, welcher dichte, sich für eine Persönlichkeit halte". Um diesem erhöhten Selbstbewufstsein zu genügen, strebt der Volksdichter für seine Gedanken nach dem gewähltesten Kleide und findet es in der Sprache der über ihm Stehenden. Ganz gewöhnlich wird in den Pastourellen der Ritter gegenüber dem Bauer dadurch charakterisiert, dafs der erstere schriftfranzösisch, der letztere Patois spricht. Aber nicht blofs die Sprache des Ritters ist das Schriftfranzösische, sondern auch die der göttlichen Heerscharen, wie die Weihnachtsgesänge der *Gascogne* beweisen; und sehr bezeichnend erwähnt *Bladé*, dafs, wenn der Bauer bete, er entgegen seiner Umgangssprache schriftfranzösisch spräche.

Wenn wir nun in der Folge auf die Sprache der Volksdichtung eingehen, so sind wir uns sehr wohl bewufst, dafs es sich hier nur darum handeln kann, aus der Fülle der Erscheinungen einige besonders hervorstechende Punkte herauszuheben. Es wird sich dabei zeigen, dafs wir es in der Hauptsache nicht einmal mit einer, dem französischen Volke allein eigentümlichen Sprache zu thun haben, sondern dafs ähnliche Eigenheiten sich auch in der Volkssprache anderer Nationen wiederholen. Andere Erscheinungen werden sich dem Kundigen leicht aus der Berührung mit dem Altfranzösischen erklären, wie dieses auch bei einer Sprache natürlich ist, welche von den tief einschneidenden Veränderungen der Schriftsprache nur leise gestreift ist.

Je nach den einzelnen Provinzen, welchem das Lied entstammt, ist auch die Sprache gefärbt. So charakterisiert die Endung *our* statt *eur* die Normandie. Ebenso erleiden die Vokale die mannigfachsten Veränderungen: *je vas* für *je vais*, *bos* für *bois*, *adreit* für *adroit*, *cheux* für *chez*. Seltsame Veränderungen erleiden *il* und *elle*. Während ersteres, wie auch in der nachlässigen Aussprache des Parisers, sich zu *i* verflüchtigt, oder in der Form *gle* oder *l — ly* für *il y* — auftritt, erscheint das zweite unter den verschiedenen Formen *alle*, *all* oder verkürzt als *a*. Nicht minder grofsen Veränderungen unterliegen die Konsonanten; in manchen Provinzen werden sie geradezu miteinander vertauscht. So findet sich *amiquié* für *amitié* in der *Champagne*, *tiinze* für *quinze* in *Angoumois*. Auch geben diese Veränderungen Aufschlufs darüber, wie die Worte im Volksmunde gesprochen werden; *oui* erscheint in der Form von *roui*, *plus = pus*, *bien = ben*, *je suis = je sis*, für *quelquefois* finden wir *queuqfois*.

Auch die Volkssprache kennt die Assimilation zweier Worte, wie *emmi* an Stelle von *en mi*; ferner die Umstellung *errenons* für *revenons*, *eddans* für *dedans*, *edmandons* für *demandons*. Besonders charakteristisch für die Volkssprache erscheint das Hinzufügen und Ausstofsen von Vokalen, wovon ausführlicher bei dem Rhythmus des Volksliedes zu sprechen sein wird. Ein hervorragendes Interesse nimmt der Konsonant *r* in Anspruch, welcher häufig unorganisch vorkommt und jedenfalls nur bestimmt ist, das Wort kräftiger erklingen zu lassen. So findet sich *dessur* für *dessus*, *lavour* für *là-où*. Für *jardin* kommt *jardrin* vor, und die Vorsilbe *re*, welche sonst eine Wiederholung oder einen Gegensatz bezeichnet, erscheint in *redire* ohne diese Bedeutung. Selbst für die verwandte Liquida *l* tritt *r* in dem Worte *seur'-ment* für *seulement* ein.

Nicht minder bietet der Wortschatz anziehende Erscheinungen dar. Eine Reihe von Wörtern stehen dem Lateinischen noch wesentlich näher als dem Schriftfranzösischen: *sepmaine*, *soulas (solatium)*, *lassus*, *or (hora) = nun*. Auch veraltete Formen finden sich mehrfach: *l'huys*, *(re)querre (requérir)*, *bailler*, *orrez* und andere Formen von *ouir*. Der Volkssprache ferner eigen sind Worte wie *mitan (medietanus)* = *au milieu*.

Durch keine Rücksichten eingeengt bildet das Volk mit grofser Leichtigkeit neue Worte, gleichsam als wäre ihm *Boileaus* Ausspruch bekannt:

> Si vous n'inventez rien, faites de nouveaux mots.

Zunächst lehnen sich diese Neubildungen an schon vorhandene Worte an, wie dieses am besten die Spielarten von *guillaneuf* zeigen;[1]) aber auch ganz neue Bildungen finden sich, wie: *buffer* (heftig wehen). *englander*, *enlarder* u. s. w.

Fehlen auch der Schriftsprache die **Verkleinerungswörter** nicht, so weist die Volkssprache doch eine viel gröfsere Anzahl von solchen Ausdrücken auf — eine Neigung, die auch das Altfranzösische teilt. Diese Verkleinerungswörter werden nun gebildet, teils durch die Anhängung der Silbe *et* oder erweitert *ette*, teils durch die Silbe *on*, die mit den beiden vorhergehenden Silben zu neuen Bildungen vereinigt werden kann; endlich durch die Silben *el*, *eau*, dann *gnô*, *ô* oder *ot*. Diese Endungen, welche an Substantiva wie an Adjektiva gehängt werden, drücken nun etwas Jugendliches oder Zierliches aus, oder geben dem Worte einen gemütvollen, liebkosenden Anstrich oder erweisen sich häufig auch als vorteilhaft zur Bildung des Reims.

In das Gebiet der Liebkosungen gehören die Diminutiva von Eigennamen, wie *Margueridette*, ebenso *Colette* und *Charlot*. In das gleiche Gebiet schlagen *amiette* oder *mignonette; Gorgerette* oder *Gorgeron* heifst der Hals der **Geliebten**, ihre Äuglein *aillets*. Auch die Dinge, welche mit dem geliebten Gegenstande in Berührung treten, erhalten dementsprechend ihre wärmere Bezeichnung: *sa ceinturette, sa pochette, chainette, son corbillon*. Der geliebte Page ist nicht *page*, sondern *pageau*. Das liebe, kleine Christuskind wird mit *petiô* oder noch inniger mit *petignô* bezeichnet. Diese Liebkosungswörter werden auch auf die Tierwelt übertragen. Neben den Ausdrücken für den Vogel im allgemeinen *oysellet* und *oisillon*, wofür auch *oisillonet* vorkommt.

---

[1]) Vergl. Bd. I, S. 276 ff.

erscheinen die besonderen Namen *rossignolet, rossignolette, colombette, chatte* und *ânon*. Auch auf leblose Gegenstände erstreckt sich diese Neigung: *Jardinet, maisonnette, chambrette, échelette, herbette, vignon* etc. Von Adjektiven mögen hier Platz finden: *vermeillette, seulette petitette* und eine Reihe derselben vereint in dem Verschen:

>Mais elle était trop jeunette,
>La gentilette fillette.

Zuweilen tritt auch der Fall ein, daſs an Stelle des im Schriftfranzösischen allein gebräuchlichen Diminutivwortes die Volkssprache das Stammwort verwendet. An Stelle des schriftfranzösischen *garçon* findet sich *ga(r)s*. Den Verkleinerungswörtern gegenüber treten die Verstärkungswörter. Uns steht nur das dem Italienischen *tututti* entsprechende *trétous* — alle ohne Ausnahme — als Beispiel zu Gebote, während Dr. Günther in seiner bereits angeführten Programmarbeit für das Neuprovençalische auf eine reichere Zahl von Vergröſserungswörtern hinweist.

Trotz der verhältnismäſsigen Armut der Volkssprache im allgemeinen ist in bestimmten Wortklassen doch ein gewisser Reichtum nicht zu verkennen. Nehmen wir die Ausdrücke für einen der häufigsten Begriffe, „Schatz", so erscheint derselbe in der Volkssprache in den verschiedenartigsten und anziehendsten Schattierungen. Dr. Abel in seiner geistvollen Abhandlung „Über Sprache als Ausdruck nationaler Denkweise"[1] hat darauf hingewiesen, wie *ami* und Freund sich nicht immer decken. Für die Volkssprache hat *ami* — in Ergänzung zu Abels Ausführungen — noch geradezu die Bedeutung Schatz. So heiſst es von der sterbenden Geliebten.

>Elle tire sa main blanche du lit
>Pour dire adieu à son ami.
>
>Celui qui me rend la brebis
>Je serai son amie. —

„Dessen Schätzchen will ich sein," sagt das Mädchen, wofür

---

[1] Sprachwissenschaftliche Abhandlungen von Karl Abel, Dr. ph., Lpzg. 1884. S. 4 ff.

jedoch häufiger noch mit der bekannten Elision: *mie, ma mie* oder verstärkt *ma chère mie*, Herzensschätzchen, vorkommt.

Auch das Herz als Sitz der Liebe wird für den gleichen Begriff poetisch verwendet.

*Votre petit cœur vient y mourir*

lautet es in einem Liede und in einem anderen, weniger traurig:

*Venez à moi mon tant joli cœur doux,*

endlich in einem älteren Liede:

*Je vous aime fin cœur doulx.*

Für unser herzinniges Wort: „der (die) Herzallerliebste mein" dient dem Franzosen der in einem Satze sich auflösende Ausdruck: *Celui* oder *celle que mon cœur aime tant*. Da der Verliebte sich als Diener, seine Geliebte als Herrin auffafst, so verkörpert sich dieses Verhältnis in den Worten *maîtresse* und *serviteur*, welch letzterer Ausdruck sich in dem Metzer Dialekte findet. Auch die Farbe dient zur Bezeichnung der Geliebten: *Ma petite brunette*, singt der Liebhaber von seinem dunkeläugigen Mädchen, *ma blonde* von der blonden Schönheit. Die Lieblichkeit der Erscheinung spiegelt sich in dem anmutigen Worte *ma mignonne* wieder; aber auch die Mädchen gebrauchen *mignon*, wenn sie von ihren geliebten Burschen sprechen. Etwas manieriert erscheint der Ausdruck, welchen ich in einem gascognischen Weihnachtsliede gefunden habe: *ma doucine*.

Dieses führt uns zugleich auf jene Seite der Volkssprache, welche *Marelle* sehr hübsch mit den Vergoldungen verglichen hat, die sich auf schlichten Holzschnitten an der Krone oder dem Zepter des Fürsten finden. Das Volk nimmt Ausdrücke der Gebildeten in seine Sprache herüber, um diese damit zu schmücken. Solch ein Goldpunkt ist, um gleich beim Begriffe „Schatz" zu bleiben, *le prétendant*; die goldene Jugendzeit, wo die Burschen den Mädchen den Hof machten, wird bezeichnet durch: *le temps chéri de bachélerie*.[1]) Zugleich dienen Worte

---

[1]) Entgegen der Erläuterung dieses Wortes Bd. I, S. 186 Anm. 4 ist *bachélerie*, wie Waetzold richtig bemerkt hat, auf afr. *bachelier* Knappe und

dieser Gattung dazu, um Ausdrücke, welche die Schamhaftigkeit
verletzen könnten, zu verhüllen. So sagt das entehrte Mädchen:
*j'ai perdu mon avantage.*

Die reiche Phantasie und die ganze Sorglosigkeit des Volks-
dichters zeigt sich auch in der Leichtigkeit, mit welcher er sich
über die Mühen des alltäglichen Lebens hinübersetzt und ein
Leben herrlich und voll Freude in der Dichtung führt. Die
einfache Hütte wird zum **gold- und silberstrahlenden Palast**.

> Mon père a fait bâtir un château,
> D'or et d'argent sont les créneaux.
> Le roi n'en a pas de si beaux.

Die Bewohner dieses Schlosses dünken sich mächtige
Fürsten. Lilienweiſs ist die Hand des geliebten Mädchens, ihre
mit Spitzen besetzten Kleider sind von Seide und spielen in allen
Farben, ihr Hut ist mit Samt geschmückt, ihre Finger mit
Steinen und Diamanten bedeckt, von Gold und Silber sind Hals-
und Ohrgeschmeide, ihre Schuhe mit Tressen besetzt. Und ist
das Mädchen auch nur eine einfache Näherin, was sie berührt,
verwandelt sich in Gold und Silber:

> Elle était couturière
> De quoi qu'était l'aiguille?
> Elle était d'argentine.
> De quoi qu'était sa pointe?
> Elle était diamantine.
> Dans quoi la serrait-elle?
> Dans un coffret d'ivoire.

Aber auch die Burschen sind nicht minder prächtig gekleidet.
Auch sie tragen spitzengeschmückte Kleider und Samthüte,
und wenn die Schäferin ihre Schafe hinführt, wo der Geliebte
das Heu zusammenharkt, so singt sie von seinem Rechen:

> Son râteau n'a que trois dents:
> Un qui est d'ôr, l'autre d'argent,
> Et l'autre-cy sont des diamants.

Wenn *Ticknor*[1]) sagt, daſs die Volkspoesie das **schmückende**

---

Junggeselle zurückzuführen; *bachèlerie* daher in erweiterter Bedeutung Stand
der Unverheirateten beiderlei Geschlechts.

[1]) Ticknor: *Poésie pop. des races teutoniques. North-american review*
1838, bei Arbaud XXV.

Beiwort (Epitheton) verschmäht, so weifs ich wirklich nicht, wie er zu dieser Behauptung kommt. Das volle Gegenteil hat statt; nur das eine wäre zu erwähnen, dafs das Volk selten mit seinen schmückenden Beiwörtern wechselt und möglichst bei der gleichen Gattung von Substantiven auch das gleiche Beiwort verwendet.

Hierher gehörten *mon petit cœur volage, sa main blanche, mon doux ami; vaillant*, wenn es sich um die Charakterisierung von Rittern und Baronen handelt. Singt der Deutsche: „Weit über das blaue Meer", so lautet es im Französischen *dessur la mer jolie*. Der fliefsende Strom wird zum *coulant ruisseau*, auf welchem sich das *joli bateau* schaukelt; dem grünen Gehölz entspricht *vert bocage*, in welchem die weifsen Lämmlein, *blancs moutons*, weiden.

Dies führt uns zu den stehenden Redensarten überhaupt. Die Volkssprache hat Wendungen und Ausdrücke, welche sie besonders liebt und welche sie stetig anwendet, wo ähnliche Situationen wiederkehren. Bekannt genug sind die *trois cavaliers barons*, wenn es sich um vornehme Herren handelt; jedesmal, wenn das Mädchen in Trauer ist, heifst es: *elle se mit à pleurer* oder *elle se prend à plorer*, worauf jedesmal der besorgte Kavalier fragt: *qu'as-tu donc à plorer?*

Dieser Gattung von Redewendungen liefsen sich auch die Liedereingänge zurechnen: Bald bezeichnen sie ganz allgemein den Ort, wo etwas geschah:

> Entre Paris et St. Denis,

bald das Ziel der Reise des fahrenden Dichters:

> L'autre jour me cheminois
> Mon chemin droit à Lyon
> En mon chemin j'ai rencontré...

oder den Ort seines Herkommens:

> Un jour en revenant de Lille en Flandre.
> En revenant de St. Denis en France.
> En revenant de la Lorraine
>   Avec mes sabots
>   J'ai rencontré trois capitaines...

Oft beides zugleich. Ganz allgemein in:

> Je vais de bourg en ville.

Bestimmter in:

> En venant de Bordeaux
> Allant à la Rochelle
>
> En m'allant de Nantes,
> De Nantes à la Rochelle.

Daſs das Volk mit der Geographie auf gespanntem Fuſse steht, bedarf wohl keines Beweises. Beliebig wechselt der Dichter mit den Namen, wie es ihm gefällt, und daſs der Held des Liedes seinen Weg von Paris nach Holland direkt über *Lyon* nimmt, darf uns nicht befremden.

Neben Stadt und Land erscheint ungemein häufig die Brücke, welche in älteren Zeiten einen ganz besondern Eindruck nicht blofs auf die Kinder, sondern auch auf die Erwachsenen gemacht haben muſs.

Bald heiſst es ganz allgemein:

> C'est à la rue du Grand Pont
> A la cinquième maison.

oder

> Su le Pont du Nord
> Un bal y est donné.

Bald erscheinen speziell die Brücken von *Lyon*, *Nantes* etc., keine aber ist häufiger als die Brücke von Avignon:

> Sur le pont d'Avignon
> J'ai ouï chanter la belle.

Und diese Brücke, welche, wie *Champfleury* erwähnt,[1]) zwischen dem 11. und 12. Jahrhundert erbaut wurde, lebt nicht blofs heute noch in den Liedern von Frankreich, sondern auch in den Liedern einer Reihe anderer Völker fort.

Neben der Brücke erscheint der Jahrmarkt als leuchtender Punkt im Leben des Landbewohners.

> L'autre jour revenais de la foire de Rheims.
> C'est aujourd'hui la foire de Maillezais.

Von anderen Örtern findet sich, entsprechend dem deutschen „Dort oben auf jenem Berge":

> Là haut sur ces côtes,

---

[1]) Champfleury S. 186.

ferner die dem Dichter naheliegenden Orte, wie Haus und Garten:

> Au jardin de mon père
> Y-a-t'un rosier fleury
> Derrière chez mon père etc.

Wie der Ort, so wird auch die Zeit zum Ausgangspunkte des Liedes genommen. Mit dem Orte verknüpft in:

> C'est un lundi et un mardi
> Que j'ai parti de mon pays.
> J'ai planté un laurier
> Le second jour d'Avril
> Un vendredi, quatre heures après midi.

Gegenüber dieser bestimmten Zeitangabe ganz allgemein:

> Me suis levé un bon matin.
> De bon matin me suis levé.

Zu diesen Kategorien gesellen sich nun die Eingänge allgemeiner Natur wie:

> Entre vous qui oder J'ai fait une maitresse u. a. m.

Nicht minder charakteristisch wie die stehenden Redewendungen sind die bestimmten Zahlenreihen, in denen das Volkslied fortzuschreiten liebt. Wenn *Arbaud*[1]) in bezug auf die provençalische Poesie sagt, daſs dieselbe die Zahlen 3, 4, 7, 14 gebrauche, so ist mir neben diesen Zahlen, unter welchen 3 und 7 am häufigsten erscheinen, auch noch die Zahl 15 aufgefallen, welche sich in einem Neujahrsliede der *Champagne* und in einem Spottliedchen aus *Agenais* findet.²) Es ist schon früher genugsam darauf hingedeutet, daſs die Zahlen selbst zu dem Inhalte des Liedes häufig in den heitersten Gegensatz treten und daſs, wenn im Eingange die beliebte Dreizahl verwendet worden ist, das Lied selbst nur von einer Persönlichkeit, gewöhnlich der schönsten oder der jüngsten, spricht.

Neben dieser konventionellen findet sich jedoch auch eine selbständigere Sprache, welche ihren Schmuck in Bildern sucht, die sie nimmt aus der den Volksdichter umgebenden,

---

[1]) Arbaud a. a. O. S. 72.  ²) Tarbé II. 71; Bladé 94.

ihm innig vertrauten Natur. Welche Kraft der Anschauung, wenn der Volksdichter mit dem Ausdrucke *les jambes du soleil* die schrägen Strahlen der Sonne bezeichnet: wenn er die weifse Wolke als Briefpapier ansieht und singt:

> Je me tirerais des lettres sur le nuage blanc.

wenn er *espérer* für „warten" gebraucht, wenn er hyperbolisch beteuert:

> Qu'on s'en souvienne
> Jusqu'à temps qu'on tienne
> La lune avec les dents.

Besonders anziehend sind auch die V e r g l e i c h e;[1]) sie treffen stets den Nagel auf den Kopf und sind im Gegensatz zu jenen der Kunstdichtung niemals weit ausgesponnen. Um die Schnelligkeit zu bezeichnen, dienen Ausdrücke wie *courir comme des lapins, comme un levier, la brevis court comme un diable;* für die Flatterhaftigkeit: *volage comme la plume* oder *comme la poudre au vent,* für die Trunkenheit *saoul comme un glouton, gris comme un cordelier.* Auch hier entspriefsen die meisten und die zartesten Vergleiche der Schilderung der Geliebten: *blanche comme le lait, elle reluisait comme une chandelle, vermeillette comme une rose.*

Kein Dichter der modernen Schule könnte den Teint seiner Geliebten schöner malen, als der Volksdichter dieses mit den Worten thut:

> Alle à les yeux ben *terluisant*
> Tout comme deux pierres à guimant,
> Si ben que l'écarlate,
> Qu'est un rouge ben fin
> N'est que d' la couleur varte
> Auprès de son biau teint.

Treue Liebe spricht sich in nicht minder reizenden Vergleichen seitens des Burschen wie des Mädchens aus. Den Kopf voll süfser Gedanken, schläft die Hirtin ein; als sie erwacht, singt sie:

> J'ai rêvé qu'il était oiseau
> Et que mon cœur était sa cage,
> Ne m'en d'mandez pas davantage.

---

[1]) Vergl. *Revue des langues romanes* 1881, 3ᵐᵉ série T. 5ᵉ. *Glossaire des comparaisons pop. du Narbonnais* etc.

Der Bursche holt seinen Vergleich aus der Blumenwelt:

> Les prés ont des fleurs | Fleuris, belle fleur,
> Jaunes et vermeilles. | Ma fleur sans pareille,
> Moi, j'ai dans mon cœur | Fleuris dans mon cœur,
> Une fleur dorée. | Fleuris pour ma belle.

Nicht minder schön ist, wenn der Bursch singt:

> Faut avoir un cœur
> Pur comme la fontaine
> Fidèle comme l'or et l'argent.

Unglückliche Liebe seufzt:

> Les filles sont comme la lune,
> Sont sujettes au changement.

Die Untreue des Burschen verhüllt sich in dem Vergleiche:

> Où est donc la promesse
> Que t'u m'as tant promis?
> Sur le fer de l'épée
> Je l'ai mise en écrit
>
> L'épée est cassée
> Et ma promesse aussi.

In dieser Sprache grünt es und blüht es. Wer vermag den Reichtum an Blumen anzugeben und nicht blofs an inländischen? Denn auch die fremden flicht der Volksdichter in seinen reichen Kranz. Keine Blume aber erscheint häufiger als die Königin der Blumen, die Rose, trotz der Dornen, welche sie trägt.

Nicht minder schlagen die Vöglein lockend in diesen Liedern. Keines aber wiederum so süfs und lieblich wie die unscheinbare Nachtigall. Zeuge davon das folgende Lied:

> Au jardin de mon père
>
> Les oiseaux y chantent
>
> La caille,[1]) la tourterelle
> Et la jolie perdrix,
> Le merle,[2]) l'alouette
> Et mon pinson[3]) aussi
> Rossignolet sauvage,
> Où est-donc mon ami?

---

[1]) *caille* Wachtel.   [2]) *merle* Amsel.   [3]) *pinson* Buchfink.

Wir haben schon früher angedeutet, wie der Volksdichter des Rhythmus wegen die Worte um eine Silbe verlängert oder verkürzt. Als Beispiele für die Verlängerung der Worte führen wir an: *l'apprenderai, mourtrais, filse, cœure, dès le soire, la gueloire* und die seltsame Form *le quelle*: hierhin gehört auch, wenn des Rhythmus wegen Verkleinerungsworte gebildet werden. Aus diesem Grunde werden an einer Stelle die Bewohnerinnen am *Quercy* mit *Quercynettes* bezeichnet, ähnlich wird in einem Kinderliede *Charles* in *Charligodet* verlängert. Für die Verkürzung mögen als Beispiele dienen: *vlz=voulez*, *donrez*, *qu'rir*, *s'elle*; *tandque* und

<blockquote>
Qui a busé[1]) la mère<br>
Nourrira l'enfant.
</blockquote>

Das letztere Beispiel zeigt uns zugleich, wie das Volk bestrebt ist, den *Hiatus* zu vermeiden. Hierher gehört *m'amie, m'amour, t'as*, für *tu as*; ferner das Ausstofsen der Anlautvokale, z. B. *'l y a 'n* für *il y a un*, welches demnach in der Aussprache als zweisilbig erscheint: *liãn*. In anderen Fällen werden Konsonanten eingeschoben und zwar nicht blofs die Konsonanten *t* und *s* (*z*), welche in der Volkssprache indes vielfach untereinander verwechselt werden, sondern auch *l* oder *n*, die in der Schriftsprache nur sehr selten oder gar nicht auftauchen. Als ein weiteres Mittel, um den Hiatus zu vermeiden, dient, entgegen allen Gesetzen der Grammatik, die Vertauschung gewisser Präpositionen. So sagt das Volk statt *je vais à Arles*, *je vais en Arles*. Übrigens fürchtet das Volk sich vor dem Hiatus nicht, wenn es damit eine Silbe für den Rhythmus gewinnen kann. Als Beispiel möge dienen *de un* statt *d'un*.

Nicht jeder besitzt die Leichtigkeit *Molières*, den Reim zu finden. Diese schwere Kunst macht sich der Volksdichter dadurch leichter, dafs er einfach die Worte nach dem Endworte des vorhergehenden Reimes modelt.

Oft stöfst er einen Konsonanten aus, und so entsteht statt *gourmandise gourmandie*, oft läfst er das *r* der Endungen, namentlich der Endung *our*, dem Reime zuliebe fallen, oder er ver-

---

[1]) *a busé = a abusé*.

längert die Worte um einen Vokal und bildet statt *tors: torsu*, für *riz: rizu*; ja, er verändert, um auf *amiette* zu reimen, die Verbalform *hais* in *haitte*. Auf *pensée* reimt *ouvrée*, statt *compagnie* tritt *compagnée* ein und der Kehrreim *tire-li* verwandelt sich je nach Bedürfnis in *tire-la*, *tire-lui* u. s. f. In dem bisher Genannten lag ein gewisser zwingender Grund vor, dem Reime zuliebe die Worte zu ändern; aber auch in anderen Fällen, wo dieser Zwang fehlt, findet sich die gleiche Lust, mit den Worten zu spielen: *Planti, plantons le vin*, heifst es in dem Weinliede der *Champagne*.

> Le fusil sur les épaules
> L'épée au cein...
> Ti, ti, marti,
> Ta, ta, marta,
> L'épée au ceinturon

zeigt uns das gleiche Spiel mit den Worten. So mannigfach nun auch die Formen sind, in welchen dem Rhythmus Genüge geleistet wird, so einfach ist doch das Gesetz für denselben.

Die Strophen bestehen aus einem einzigen Verse, welcher einen vollständig abgeschlossenen Gedanken oder mindestens den Teil eines Gedankens in sich schliefsen soll. Der Regel nach enthält der Vers 12 bis 14 Silben, doch sind auch Verse von 6, 7, 8 und 9, wie auch von 13 und 15 Silben nicht ungewöhnlich. Diese Verse werden durch eine sehr hervorstechende Cäsur in zwei Hälften abgeteilt. Diese Cäsur kann je nach der Länge des Verses sehr verschieden sein, ist sie aber einmal an einer Stelle eingetreten, so bleibt sie das ganze Lied hindurch. Der gewöhnlichen Abteilung entsprechend, welche jeden Halbvers als einen Vers für sich betrachtet, bestehen also die Strophen aus reimlosen und gereimten Versen; erst wenn man dieselben vereinigt, erhält man die sogenannten *tirades monorimes*, die man, wie Arbaud[1]) ausdrücklich hervorhebt, nie hätte teilen sollen. Jedesmal, wenn der Vers männlich ist, ist die Cäsur weiblich; also man hat immer einen männlichen und einen weiblichen Vers oder eine betonte und eine dumpfe Silbe.

---

[1]) Arbaud S. 26.

Wenn oben gesagt wurde, und *Villemarqué*[1]) bestätigt dieses, daſs ein *enjambement* nie erfolgen soll, so hat selbst *Boileau*, der die gleiche Regel für den Kunstdichter ausspricht, in seiner Art *poétique*, welche Regel und Vorbild vereinen sollte, selbst dagegen gefehlt. Wieviel mehr der Volksdichter!

Devant la porte, il y a    Les hirondelles ont  
Un beau nid d'hirondelles.    Les plumes bien dorées.

Il vont se reposer  
Sur le sein de la belle

mag als Beispiel für das Gesagte gelten.

Daſs der Reim in der Volksdichtung reich sei, wird niemand behaupten. *Villemarqué*[1]) spricht noch von allitterierenden Liedern. Sonst zeigen die ältesten Lieder die Beobachtung der *Assonanz*, wie *Raynouard* zuerst nachgewiesen hat:

Sur la tomb' du garçon on y mit une épine.  
Sur la tomb' de la belle on y mit une olive.  
L'épine crut si haut qu'elle embrassa l'olive  
On en tira du bois pour bâtir des églises.

Diese Einförmigkeit wird nun unterbrochen durch den **Kehrreim**, welchen *Champfleury* sehr bezeichnend mit der Krücke des ermüdeten Menschen vergleicht. Der Kehrreim gestattet dem Vorsänger sich zu erholen, dem Dichter neue Gedanken zu gewinnen. Der Kehrreim gestattet aber auch dem Hörer die lebendige Teilnahme an dem Liede und somit eine innige Wechselwirkung zwischen Dichter und Hörer.

Der Kehrreim findet sich am häufigsten am Schlusse der Verse, indessen kommt er auch zwischen zwei Halbversen vor, manchmal sogar mitten in einem Satzteile, selbst inmitten eines Wortes, welches erst zum Abschluſs gebracht wird, wenn dieser „Eindringling" vorüber ist. Der Kehrreim verdiente eine tiefere Untersuchung,[2]) da nicht nur jede Provinz, sondern selbst jede besondere Gattung von Liedern ihre besondere Art von Kehr-

---

[1]) Villemarqué I, S. 109.    [2]) Ein meisterhaftes Vorbild für eine solche Arbeit besitzen wir in A. W. Grubes: Vom Kehrreim des Volksliedes. Iserlohn 1866.

reim hat. *Lon la* findet sich bei melancholischen Gesängen, *tire lire* bei freudig bewegten, bei scherzhaften *tout doux et ioux*.

>Ton relenton, ton ton taine
>La ton taine
>Lon la landerirette
>Lon la landerirons

erregen durch die Seltsamkeit der Silbenzusammenstellung gleichfalls Heiterkeit. Und wer vermöchte ernst zu bleiben, wenn er den Kehrreim hört:

>ricoco, deri tra la la?

Im allgemeinen hat *Bartsch* gewifs recht, wenn er sagt, dafs der Kehrreim sich der Natur des Liedes anpasse, jedoch ist dies nicht in allen Fällen zutreffend; häufig steht der Kehrreim im völligen Gegensatze zu dem Inhalte des Liedes. Das Lied von den beiden Schwestern und von *Pernette* hat uns schon früher als Beispiel hierfür gedient. Häufig ist der Kehrreim ironisch. Drei Burschen, welche ein Mädchen berücken wollen, werden von der Vergeblichkeit ihrer Versuche durch den Kehrreim überzeugt:

>Trop matin, s'est-il levé le moine,
>Trop matin, s'est-il levé.

Bei der Wiederholung des Kehrreims ist vielfach auch sonst die kreuzweise Stellung verwandt. Als Beleg diene:

>Tu ris, tu ris, bergère,
>Ma bergère, tu ris.

Der Kehrreim besteht häufig aus einem einfachen Empfindungslaute, wie *oh*, *gué! La Monnaie* erwähnt, dafs z. B. der Ruf provençalischer Falkner bei dem Auflassen des Vogels als Kehrreim gedient habe.

Neben dem Jauchzer der menschlichen Stimme klingen in den Kehrreim auch Vogelgesang und Schalmeienklang hinein. *Gröber* in seinen altfranzösischen Pastourellen und Romanzen[1]) erwähnt, dafs der Kehrreim *do* und *dorenlot* dem Tone einer

---

[1]) Gröber a. a. O. S. 19.

Flöte oder Schalmei nachgebildet sei. *Du Bartas*[1]) erklärt *tire lire* als Nachahmung des Lerchengesanges:

> La gentille alouette
> Avec son tire lire.

Neben *tire lire* erscheinen nicht minder häufig seine Abarten *ture lurette* wie *ture lanture*. In einem andern Liede mit historischem Anklange finden wir die Tonleiter als Kehrreim benutzt.

> Ce fut à la mal heure
> Un jour de Vendredi
> Que Monsieur de Bois Gille,
> La, la, sol, fa,
> Prit congé de Paris,
> La, sol, fa, mi.

Eine Reihe von Kehrreimen enthalten unzweifelhaft Patoisausdrücke. Es ist *Champfleury* gelungen, in einem Falle einen solchen Reim seines rätselhaften Charakters zu entkleiden.

> Et youx, la verdi, la verdon

bedeutet nach ihm soviel wie „beeilen wir uns", denn *verder* habe im Patois diese Bedeutung. Wer aber hebt den Schleier von

> Nique nac ni muse.
> Mystico, dar, dar, tire, lire.
> Cli, clo, cla, la lirette, la liron.

und anderen mehr. Gewifs wird hier noch mancher Kehrreim seiner „interjektionalen" Natur entkleidet werden und sich als sinnvoll darstellen, wenn erst die Kenntnis der französischen Patois eine gröfsere geworden sein wird.

Auch hier im Kehrreim zeigt sich die Lust des Volkes, mit den Worten zu spielen, besonders schwierige Lautverbindungen zusammenzustellen. Um seine Zungenfertigkeit zu zeigen, hatte ein Volksdichter ein Lied mit einem besonders schwierigen Kehrreim ausgestattet. Nach einem hervorstechenden, mehrfach wiederkehrenden Worte nannte man ihn Vater *Labigournoise*, ein Ehrentitel, auf den er nicht wenig stolz war.

---

[1]) Du Bartas V.

> Mon père me marie
> Petite Jeanneton, glin-glon,
> Et n'en savait rien faire
> Qu'à garder la maison
> Au son de la bigournoise,
> Son des noises, des pommes,
> Des figues, des fraises et bon,
> Y-a-t'y pas de la glin glon glon,
> Gloria de la digne don don,
> Gloria de la caderata,
> De la bigournoise, ô gai,
> L'espoir c'est de la bigournoise.

Wenn es auch richtig ist, daſs der unpersönliche Charakter die Volks- von der Kunstdichtung scheidet, so kann ich doch *Tarbé* nicht beistimmen, wenn derselbe[1]) sagt, daſs wir fast niemals den Namen dessen erfahren können, der das Gedicht verfaſst hat. Den Namen von Dichterinnen freilich habe ich nie gelesen. Nur allgemein werden dieselben am Schlusse des Liedes aufgeführt. Sie mögen sich gescheut haben, mit ihren Namen hervorzutreten; „denn eine Dichterin erscheint dem Volke gleichbedeutend mit einer Faulenzerin". Statt Ruhm und Ehre würden sie also nur Hohn und Spott ernten. Dagegen hält es nicht schwer, eine Reihe von Dichtern anzugeben, welche sich selbst mit Namen nennen:

> Qui l'a composé
> C'est Roulon de Chollet.

Und in einem anderen Liede heiſst es:
„Einer von denen, die dem Leichenbegängnisse folgen, ist der Autor des Totengesanges; er heiſst *Malgan.*"

Der Regel nach werden indes bestimmte Klassen genannt; für die Bretagne vor allen *les klers.*[2])

Besonders häufig erscheint auch der Soldatenstand.

| Celui qui a fait cette chanson | Celui qui a fait la chanson |
| C'est un soldat, je vous assure, | C'est un soldat de Charlemont, |
| Étant à Metz en garnison. | Un bon garçon. |

---

[1]) Tarbé II, Pref. S. VII. [2]) Ihre mit Humor gewürzte Schilderung s. Champfleury X.

> Qui a composé la chanson
> C'est trois tambours du bataillon,
> C'était un soir qu'ils battaient la retraite
> Sur le dos des genoux de la belle Jeanette.

Neben den Soldaten sind es die fahrenden Gesellen, mit frischem Lebensmut, aber wenig Geld im Beutel:

> Qui a fait cette chansonnette
> Un noble aventurier,
> Qu'à Paris de Peronne
> N'avait pas un denier.

Daneben erscheinen eine Reihe anderer, namentlich dem Handwerk angehöriger Stände; selbst Köche treffen wir unter den Dichtern. Auch Dichterinnen treten auf: die kluge Mutter, welche die Schäferin auf den jungen Königssohn hinweist, *qui épouse des bergères*, oder die Schäferin selbst, welche seufzend des fernen, bei den Soldaten weilenden Geliebten denkt.

Dieses leitet uns hinüber zu den getäuschten Liebhabern, welche ihren Schmerz in melancholischen Versen versenken, wenn sie es nicht, wie die Trunkenbolde, vorziehen, in der Flasche Trost zu suchen; denn bei dem Geräusch des knallenden Pfropfen oder beim Pressen des Weins soll manches Lied zur Welt gekommen sein.

Mit dem Verfasser verbindet sich also auch der Ort, wo das Lied entstand: Bald im Hochzeitshause, bald in der Farm, bald am Kamin, bald wieder im Palast, oder in der Werkstatt des Schneiders, bald unter dem Birnbaum, wie ein Lied der Normandie besagt, welches zugleich zeigt, daſs der Verfasser auch ein gutes Teil Eitelkeit besitzt:

> Afin qu'on fust mencion,
> Je me m'y là à escripere
> Tout par moy, ceste chançon
> Soulz une épine fleurie.

# Musik und Tanz.

La poésie est sortie, armée de la musique, du cerveau de leur auteur.
(*Arbaud.*)

C'est l'air qui fait la chanson.
(*Proverbe.*)

Le caractère de la musique nationale traduit le fonds même de l'âme d'un peuple.
(*Ampère.*)

Par la danse peut-être plus encore que par la musique, on peut connaitre un peuple.
(*Champfleury.*)

Duroro co, pitsounelo (fillette),
Duroro co toudzour?
Tant que l'ordzen (argent) duroro,
Lo pitsounelo,
Tant que l'ordzen durero,
Lo pitsounelo dansoro.
(*Brives.*)

Toudjour lon tour,
Lon tour de la tsombreto,
Toudzour lon tour,
Enquèra (encore), ués pas d'jour.
(*Limousin et Marche.*)

## XII. Musik und Tanz.

*Allgemeiner Charakter der Volksmelodien. — Ursprung. — Sammler und Kritiker: Fouilloux (Rufe), — Rousseau, — Villemarqué, — G. Sand; — Ampère (Vincent), — Rathery. — Puymaigre (Mouzy: le roi Renaud), — Champfleury — Weckerlin (Michant veillait, le jardin, Diablotin etc.), — Bujeaud (Dans mon cœur, Pierre le papetier, la veille des noces etc.), — Bladé (la maitresse). — Cénac-Moncaut (Chansoun de Phébus etc.). — Carnoy, — Rolland. — Volkstänze: Einfache Ronde, — zusammengesetzte (rrasegado); Zusammenhang des Tanzes mit der Musik, — Verknüpfung des Tanzes mit den Festen; — Valse, — Bourrée, — Danse des quenouilles, — Olivette.*

Wie bei der Nachtigall Stimme und Gesang ineinanderfliefsen, so auch bei dem Volksliede. Erst der Gesang erschliefst uns den vollen Reiz des Liedes, — freilich nicht im Salon, sondern in der freien Natur, der sich das Lied stimmungsvoll einpafst.

Wenn ich es unternehme, auch die musikalische Seite der französischen Volksdichtung zu behandeln, so geschieht es nicht nur, um die ansprechendsten Melodien weiteren Kreisen zugänglich zu machen, sondern vornehmlich um die Aufmerksamkeit berufener Kräfte darauf hinzulenken. Für den Geschichtsschreiber der Musik wird es wünschenswert sein, auch die Melodien des französischen Volksgesanges in seine Betrachtung hineinzuziehen; nicht minder wird der ausübende Künstler sich von diesen Melodien angeregt fühlen, in ihnen eine Quelle glücklicher Inspirationen finden können.

Wie in dem Worte, so prägt sich auch in der Melodie der Charakter der jeweiligen Provinz aus. Einschmeichelnd und zu Herzen gehend sind die Wiegen- und Schlummerlieder aller Provinzen, langsam und melancholisch wie der Geist seiner Bewohner, die Gesänge des *Bocage* in der *Vendée* und die Lieder, welche an den Küsten der *Bretagne* ertönen. Auch in *Béarn* finden wir Gesänge mit düstrer Färbung, die trefflich das Gebirge malen, dem sie entstammen. Die lang hingezogenen Töne dieser Lieder sind vielfach auch dadurch bedingt, dafs Hirt und Hirtin sie sich oft auf weite Entfernung zusingen. In jenen der Kultur baren Orten stellen diese Lieder also gewissermafsen die „Fernsprecher der Liebe" dar. Lebhaft ist der Gesang in *Poitou*, heiter in *Saintonge*, voll übermütiger Laune, sprühend in *Angoumois*, schäkernd in der *Gascogne*, die überhaupt keine andere Melodie kennt, als die springende Musik der Ronde, welche zum Tanze einladet.

Wenn *Arbaud*[1]) glaubt, dafs die Volksmelodien hervorgegangen seien aus dem Kirchengesang, so hat schon *Champfleury*[2]) darauf hingewiesen — und diese Hinweisung wird durch die scharfsinnigen Untersuchungen *Naumanns*[3]) in seiner Musikgeschichte voll und ganz bestätigt —, dafs umgekehrt vom XIV. Jahrhundert an Volksmelodien mit Vorliebe in Kirchenkompositionen als *cantus firmus* übertragen wurden. Auch führt *Naumann* gleichfalls im Einklang mit *Champfleury* die anziehende Thatsache an, dafs Reste verschollener Opern sich in den Volksmelodien nachweisen lassen, die dann ihrerseits wiederum in den Kirchengesang übergingen.

Man begreift, welche Schwierigkeit daher das Aufschreiben der Melodien haben mufs. Es gehört nicht nur eine reiche Kenntnis der Musikgeschichte dazu, sondern auch Geduld und Geschmack, um unter den Verzierungen, womit die Sänger im Volke die Melodien umgeben, diese selbst herauszufinden. Die Sänger haben nämlich eine besondere Art zu singen; bald schleifen sie mehrsilbige Worte auf eine Note zusammen, bald singen sie auf ein Wort ganze Tonverbindungen.

Verhältnismäfsig früh schon sind Volksmelodien niedergeschrieben worden. Der erste, welcher wohl überhaupt daran gedacht hat, ist *Jacques du Fouilloux* aus *Poitou*, ein ebenso

---

[1]) Arbaud a. a. O. XXXV.   [2]) Champfleury, Préf. VII.   [3]) Naumann, Illustrirte Musikgeschichte, Cap. X, S. 293, 294. Derselbe ist übrigens der erste, welcher in dem genannten Werke von einer alten französischen Schule bis auf Dufay spricht.

grofser Freund der Jagd und der Natur, wie geschmackvoller Dichter und Kenner der Musik. In seiner Abhandlung über das edle Waidwerk geht er auch auf die „Rufe" ein, mit welchen die Hirtinnen ihre Herden austreiben, und begleitet diesen Ruf:

Ou . ou . ou . ou . oup . ou . ou . ou . ou . oup . .

(*Poitou.*) [1]

mit den Worten:

Car la coustume est ainsi en Gastines,[2]
Quand vont aux champs de bucher[3] leurs voisines.
Par mesme chant que mets cy en musique,
Rendant joyeux tout cœur mélancolique.

Ein anderer dieser Rufe ist:

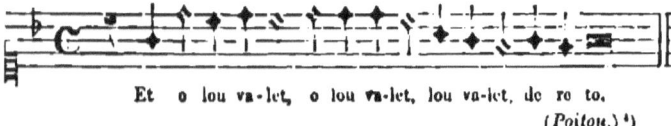

Et o lou va-let, o lou va-let, lou va-let, de ro to.

(*Poitou.*) [4]

Unzweifelhaft ist, dafs der beredte Anwalt des Volksliedes, *Molière*, seinen *Alceste*, das bekannte Liedchen „Hätte König Heinrich mir" nicht singen, sondern sagen läfst. In neuester Zeit ist von einem Schauspieler des *Théâtre français*, der sich einer wohlklingenden Stimme erfreute, der anziehende Versuch gemacht worden, das Liedchen zu singen. Wenn es wahr ist, dafs das Alter des Liedes sich aus seiner Melodie ergebe, so müfste nach dem Urteile *Naumanns* das Liedchen im XVII. Jahrhundert entstanden sein; denn seine Melodie weist unzweifelhaft auf diese Zeit hin. Dem Texte des Liedchens nach haben wir es jedenfalls aber mit einem älteren Liede zu thun,[5] und es ist der Fall nicht ausgeschlossen, dafs das Lied einer anderen beliebten

---

[1]) Champfleury S. 109. [2]) Gastine(s) Teil von Poitou. [3]) *hucher* rufen. [4]) Champfleury S. 106; vgl. auch über diese und ähnliche Rufe: Bujeaud Bd. I, S. 14 ff. [5]) Vgl. in dieser Beziehung die ausführliche Erörterung darüber in Mesnard: *Oeuvres de Molière* Bd. V. S. 555 Note.

Melodie angepaſst wurde. *Champfleury*, welcher die Melodie unter die Volkslieder von *Isle de France* einreiht, spricht leider in seiner Vorrede zu den Liedern dieser Provinz mit keinem Worte darüber:

## Si le roi m'avait donné.

(Isle de France.)[1]

Wie wir schon einleitend bemerkten, zählt *Jean-Jacques Rousseau* auch zu den Bewunderern der Volksmelodien. Dieselben sind nicht pikant, so spricht er sich aus, aber sie haben etwas Altertümliches und Sanftes an sich, das auf die Länge rührt. Die Melodien sind einfach, naiv, oft melancholisch und doch gefallen sie stets.[2]

Der Vater des Studiums der französischen Volksdichtung, *de la Villemarqué*, ist gleichzeitig auch der erste gewesen, welcher seine Sammlung mit einer Reihe von Volksweisen ausstattete und sich eingehender mit der Theorie derselben beschäftigte.[3]

In der folgenden musikalischen Probe handelt es sich um eine Melodie aus der ersten Hälfte des XIV. Jahrhunderts, welches indessen verrät, daſs es in der uns überlieferten Form bereits „arrangiert" ist.

(Bretagne.)[4]

Zu den eifrigen Verfechtern französischer Volksweisen ge-

---

[1] Champfleury S. 200; vgl. auch Bd. I, S. 19, 20. [2] Champfleury, Préf. XI. [3] de la Villemarqué I, Cap. VII, LVIII ff. [4] Villemarqué, Text Bd. I, S. 27: *L'enfant supposé*. Melodie Bd. II, S. 2 des Anhanges: *Melodies originales*.

hört auch *George Sand*. In einem Briefe an *Champfleury* erzählt sie, wie *Chopin* und Frau *Viardot*, eine der gröfsten Pianistinnen ihrer Zeit, Stunden damit zugebracht hätten, um einige melodische Phrasen der Kornmuse-Sängerinnen und -Spieler zu transskribieren.

Im Grunde genommen, fährt *George Sand* [1]) fort,

> ist dies ein ganz unmögliches Beginnen. Für recht alte Gesänge, wo die musikalischen Lesarten in das Unendliche variieren, hätte es eines Mannes wie Meyerbeer oder Rossini bedurft, um durch die Logik ihres Genies Lücken und grofse Unsicherheiten zu ersetzen.
>
> Es gibt nur sehr wenige Lieder, welche einen wirklich originellen Wert besitzen und in bezug auf Text und Melodie vollständig erhalten sind. Man müfste unter ihnen Typen heraussuchen, aber auch hierzu bedürfte es der Findungsgabe eines Genius. Es ist nicht blofs die Harmonie, welche den Gesetzen der modernen Musik entgeht, es ist sehr häufig auch die Tonart. Ich bezweifle, ob die chinesische Tonleiter, die der Hindus oder die von Java in Tönen und Halbtönen so wie die unsrige vorwärts schreitet. Aber wir brauchen gar nicht in die Ferne zu schweifen, wir besitzen im Herzen Frankreichs hier und in *Bourbonnais* die Tonart der Kornmuse, welche unersetzbar ist. Das Instrument ist unvollständig und dennoch bläst der Spieler in Dur und Moll, ohne sich um die Gesetze zu kümmern, welche die Theorie ihm vorschreibt. Daraus ergeben sich melodische Verbindungen von einer fast erschreckenden Fremdheit, welche aber dennoch in ihrer Art originell und ergreifend sein können. Ebenso machen unsere Arbeiter beim Gesange ihrer Lieder Intervallenschritte, die viel komplizierter sind als die unsrigen.

In der zweiten, durch das Eintreten der Staatsregierung charakterisierten Epoche finden wir auch in den Vorschriften von *Ampère*[2]) und *Rathery*[3]) Winke über die Sammlung von Melodien, welche in dem Satze gipfeln, sie aufzuschreiben, wie man sie höre, ohne moderne Zuthaten. *Vincent* in der von *Ampère* verfafsten Anleitung hebt aufser der Abwesenheit eines markierten Taktes und Rhythmus zwei Merkmale als besonders charakteristisch für die Volksmelodien hervor: einmal, dafs die Melodie anders endigen kann als in der Tonika, und ferner, dafs sie keinen Leitton — *semitonium* — haben darf. Diese

---

[1]) Champfleury, Préf. XI.   [2]) Bei Arbaud XXXVII und XXXVIII.
[3]) Rathery a. a. O. S. 951.

angeführten Merkmale lassen sich einfach und praktisch dahin zusammenfassen, dafs man sagt, sie machen die Lieder *(Kantilenen)* dem *Cantus plenus* der gregorianischen Gesänge ähnlich.

Mit den Volksliedern des *Pays messin* gab *Puymaigre* gleichzeitig eine Reihe von Melodien heraus, welche ihm von verschiedenen Seiten zugekommen waren; auch besprach derselbe die musikalische Seite des Volksliedes in seiner Einleitung. Als Probe der Melodien mag das Lied vom König *Renaud* dienen, welches trotz der von *Mouzin* arrangierten Form sein Alter nicht verleugnet.

## Le Roi Renand.

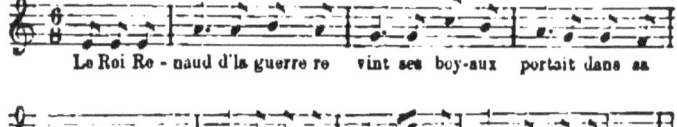

Le Roi Re-naud d'la guerre re  vint ses boy-aux portait dans sa

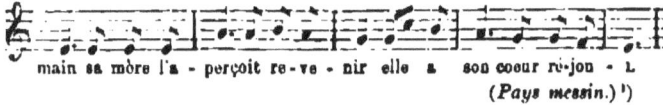

main sa mère l'a-perçoit re-ve-nir elle a son coeur ré-jou-i.

(*Pays messin.*)[1]

Das Hauptwerk auch für die musikalische Seite des Volksliedes ist *Champfleurys* Sammelwerk. *Champfleury* schlug unzweifelhaft den richtigen Weg ein, indem er sich mit dem musikalisch feingebildeten *Weckerlin* verband, welcher sich in folgender Weise über die gesangliche Seite des französischen Volksliedes ausspricht:[2]

> Zahlreich sind im Volksliede die aufgelösten Rhythmen vertreten. Sei es, dafs sie im Zusammenhange stehen mit der Sangesart derer, welche solche Lieder transkribieren und welche, da sie keine Ahnung von dem Takte haben, diese Lieder mit undarstellbaren Rhythmen singen, sei es, dafs diese Lieder wirklich in verschiedenen Rhythmen existieren. Hierfür lassen sich eine Reihe von Beispielen anführen. In den meisten Fällen sind die alten Volkslieder, deren Text sich oft erneute, sowohl im Rhythmus, wie auch manchmal in ihrer Melodie verändert worden.
>
> Da die Volksmelodien im allgemeinen durch diesen unfafsbaren Tondichter komponiert sind, welchen man das Volk nennt, so bieten sie auch wesentliche Schwierigkeiten in der Harmonisation dar, da

---

[1] Puymaigre, Anhang S. 1; s. Text Bd. II. S. 61.  [2] Champfleury. Préf. S. XII.

sie ganz ohne Rücksicht auf irgendwelche instrumentale Begleitung gemacht sind und sehr oft mit den Gesetzen der modernen Harmonielehre und Modulation in Widerspruch stehen. Einige unserer Volkslieder datieren unzweifelhaft aus einer weit zurückliegenden Zeit. Mehrere unter ihnen und diejenigen, wo der Leitton noch nicht existiert, gehen mindestens auf das XV. Jahrhundert zurück, da erst im Anfang des XVI. Jahrhunderts *Monteverde* den Septimenakkord fand. Dieser Akkord bestimmt aber geradezu die Bedeutung der Leitnote, d. h. des Halbtones, welcher in die Tonika leitet. Aber auch ohne diesen charakteristischen Zug kann man bei sehr vielen Volksliedern das Alter ihres Ursprunges einzig und allein durch ihre hergebrachte musikalische Physiognomie und ihre Ähnlichkeit mit dem gregorianischen Gesang bestimmen.[2])

Die folgenden Lieder, welche wohl als die schönsten der Sammlung *Champfleury - Weckerlins* angesehen werden können, entstammen, einem Ausspruche *Naumanns* nach, der zweiten Hälfte des XVI. Jahrhunderts; nur das letzte Lied, „*le bouquet de ma mie*, macht hiervon eine Ausnahme; es ist wesentlich moderner, fast im Buffo-Charakter gehalten.

### Michaut veillait.

[2]) Der Nachsatz läfst an Schärfe und Genauigkeit der geschichtlichen

## Michaut veillait.

Zeitbestimmung zu wünschen übrig, da *Monteverde* zwar von 1568—1651 lebte, alles aber, was ihn berühmt gemacht hat, erst im XVII. Jahrhundert schrieb (Naumann). S. Naumann a. a. O. Kap. XIV, S. 473 ff.  *) Vollständigen Text des Liedes siehe Bd. I, S. 317.

(*Guyenne, Gascogne.*)[1]

## Le jardin.

---

[1] Champfleury S. 59; vollständigen Text siehe auch Bd. I, S. 317.

Le Jardin.

Quand je vais au jardin, jardin d'amour,
  Les fleurs se penchent vers moi,
  Me dis'nt: N'ayez pas d'effroi,
    Voici la fin du jour...
    Et celui qu'on aime
    Va venir de même
    En ce séjour
Quand je vais au jardin, jardin d'amour.

Quand je vais au jardin, jardin d'amour,
  Je crois entendre des pas,
  Je veux fuir, et n'ose pas.
    Voici la fin de jour...
    Je crains et j'hésite,
    Mon cœur bat plus vite
    En ce séjour
Quand je vais au jardin, au jardin
        d'amour.
       (*Elsa/s.*)[1]

---
[1]) Champfleury S. 19, 20, 21.

## Le Diablotin.

Le Diablotin.

2. Str. J'étais en-cor bambin [1]), (fale-ri de-ri di-ra la la la la).

Quand j'allais au moulin, (fa-le-ri de-ri di - - ra).

On dit qu'un diablotin,
Faleri deri dira la la la la,
Habite le moulin,
Faleri deri dira.

Avais-je du chagrin,
Faleri deri dira la la la la,
M'en allais au moulin.
Faleri deri dira.

Voilà qu'un beau matin,
Faleri deri dira la la la la,
Je devins fantassin,
Faleri deri dira.

Tout service a sa fin,
Faleri deri dira la la la la,
Je revins au moulin,
Faleri deri dira.

Voilà qu'en mon chemin,
Faleri deri dira la la la la,
Trouvai le diablotin,
Faleri deri dira.

J'embrass' le diablotin,
Faleri deri dira la la la la,
Sur ses jou's de carmin,
Faleri deri dira.

J'épousai le lutin,[2])
Faleri deri dira la la la la,
Avec lui le moulin,
Faleri deri dira. (*Elsaſs.*)[3])

[1]) *bambin* Junge. [2]) *le lutin* der Kobold, vgl. Bd. II. S. 206. [3]) Champfleury S. 22, 23.

## La Violette.

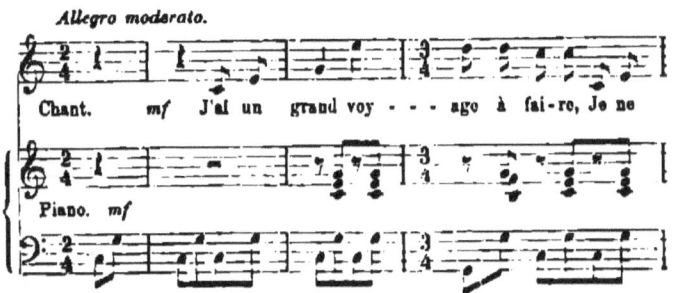

## La Violette.

Rossignol prend sa volée, (bis)
Av palais d'amour s'en va; (bis)
Trouva la porte fermée,
Par la fenêtre il entra.
   La violette etc.

Bonjour l'une, bonjour l'autre, (bis)
Bonjour, belle que voilà; (bis)
C'est votre amant qui demande
Que vous ne l'oubliez pas.
   La violette etc.

   Quoi! mon amant me demande (bis)
   Que je ne l'oublie pas? (bis)
   J'en ai oublié tant d'autres,
   J'oublierai bien celui-là
     La violette double, double, (bis)
     La violette doublera. (bis)

                (*La Touraine.*)[1]

---

[1] Champfleury S. 118, 119.

## En revenant de Saint-Alban.

En revenant etc. —Ého!

(Roussillon.)¹)

###Ého!Ého!Ého!

¹) Champfleury S. 208; Text s. Bd. I, S. 211.

(Bourgogne.)

---

[1]) Champfleury S. 46; Text 5. Bd. I, S. 131.

## Le bouquet de ma mie.

Beau berger, ne te fâche pas
Si j'embrasse ta mie;
Elle est passé par devant moi,
Je l'ai trouvé' jolie;

Pour ne pas fair' de jaloux,
Embrass'-là à ton tour:
Embrasse, embrasse, embrasse!

(*Picardie.*)[1]

Würdig an *Champfleury-Weckerlins* Werk schliefst sich, auch was die musikalische Seite des Volksliedes anbelangt, *Bujeaud* an, welcher in seiner Frau eine treffliche Mitarbeiterin fand. Zu der Thorie des Volksgesanges welche einleitend besprochen ist,[2]) gesellen sich die Melodien, welche die einzelnen Volkslieder begleiten. Die Mehrzahl derselben reichen bis auf das XV. und XVI. Jahrhundert zurück, wenn sie auch Spuren der modernen Bearbeitung zeigen.

Als Proben mögen dienen:

### Dans mon coeur il n'y a point d'amour.

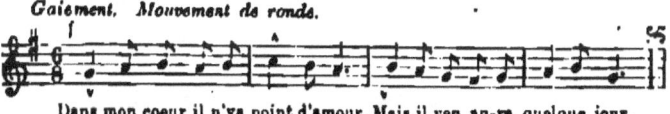

Dans mon coeur il n'ya point d'amour, Mais il yen au-ra quelque jour.

L'autre jour, me pro-me-nant Tout le long de ce bo-ca-ge,

---

[1]) Champfleury S. 6.   [2]) Bujeaud I, Kap. VII ff.

J'entendis un ros-si-gnol Qui di-sait, dans son lan-ga-ge:

Dans mon cœur il n'y a point d'amour, Mais il y en au-ra quelque jour.

(*Bas-Poitou.*)[1]

### Pierre le papetier.

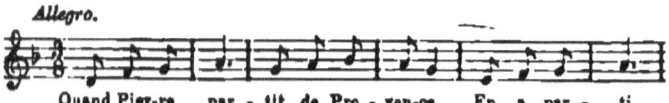

Quand Pier-re par - tit de Pro - ven-ce, En a par - ti

mal à son gré. C'était pour l'a - - mour d'une brune

Qu'on n'a pas vou - - lu lui don - - ner. Seigneur, Sei - gneur,

pour nos é - trennes, La guil-la - - neu - nous faut don - ner.

Quand Pierre fut sur les montagnes,
Entend un moulin à papier:
„Oh! da! Bonjour, belle maitresse.
„Avez-vous besoin d'ouvrier?
Seigneur, seigneur, pour nos étrennes,
La guillanneu nous faut donner.

„Oh! oui! lui répond la maitresse,
„Pourvu qu'il sache travailler.
Pierre en a pris vite les formes
Mignonnement les démenait.
Seigneur, seigneur, pour nos étrennes,
La guillanneu nous faut donner.

(*Angoumois.*)[2]

---

[1] Bujeaud I, S. 97; s. Text Bd. I, S. 51. [2] Bujeaud II, S. 155.

## La veille des noces.

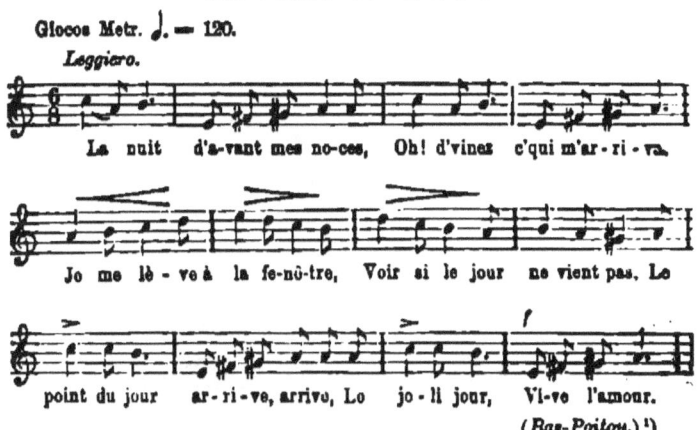

(*Bas-Poitou*.)[1]

## La chanson de la mariée.

---

[1] Bujeaud I, S. 324; s. Text Bd. I, S. 172.

La chanson de la mariée. — Le Peureux.

— poux, Vous sou-hai-tons le bon-jour, A vous, à votre é-

— poux, Vous souhaitons le bonjour, A vous, à votre é poux.

(*Poitou.*)[1]

## Le Peureux.

*Allegro.* Metr. ♩ = 126.

*mf* Tout en pas- -sant par un p'tit bois, Tout en pas-

— sant par un p'tit bois, Tous les cou- -cous chan-

— taient, Tous les cou- - -cous chan- -taient, Et dans leur

jo-li chant di-saient: Cou-cou, cou- -cou, cou-cou, cou-

— cou, Et moi je croy-ais qu'ils di-saient: Cop'li le

cou, cop'li le cou. Et moi je m'en cour', cour',

[1]) Bujeaud II, S. 23; vgl. Bd. 1, S. 183 ff.

Für die Volksmelodien des Südens, speziell der *Gascogne*, sind die Sammlungen von *Cénac-Moncaut* und besonders von *Bladé* maſsgebend geworden. Die aus *Bladé* mitgeteilte Melodie reicht bis in die zweite Hälfte des XV. Jahrhunderts zurück.

## La Maitresse.

Oh! dites moi, la belle,
Qu'avez-vous à pleurer?
L'anneau de ma main blanche,
Dans la mer est tombé.

Que donnez-vous la belle,
Si je vais le chercher?
Que voulez-vous que donne,
N'ai rien à vous donner.

---

[1] Bujeaud I, S. 50; s. Text Bd. I, S. 266 ff.

Votre cher cœur en gage,
Belle, si vous l'avez.
Mon père me le garde;
C'est pour me marier.

(*Agenais, Armagnac.*)[1]

Aus der Sammlung von *Cénac-Moncaut* folge zunächst der hinreichend charakterisierte *Chant de Phébus*, welcher seinem Ursprung nach bis in die zweite Hälfte des XVI. Jahrhunderts zurückreicht, in der vorliegenden Form jedoch etwas zurechtgemacht erscheint.

## Chansoun de Phébus.

Maou-di-tes moun---ta-gnes, Qui ta haoutos
soun, Maou-di-tes moun-ta-gnes, Qui ta haoutos
soun, M'en-pechen de be---de,
Mas a-mous oun---soun. M'en-pechen de
be---de, Mas a-mous oun soun.

(*Béarn.*)[2]

Dieser Gesang ist auch dadurch interessant, daſs seine Melodie von den Bewohnern der *Bigorre* zu epigrammatischen Schnaderhüpfln benutzt wird.

[1]) Bladé, Text S. 42; Melodie Anhang S. I.   [2]) C.-Moncaut S. 403,
Melodie S. 501; vgl. auch Bd. I, S. 90 ff.

284 . Musik und Tanz.

Als ein Seitenstück hierzu möge die von *Champfleury-Weckerlin* und *Limousin* mitgeteilte Schnaderhüpflemelodie dienen, welche dem XVI. Jahrhundert entstammt.

### Quoiqu' en Auvergne.

(*Limousin.*)[1]

Auch das folgende Lied aus der Sammlung von *Cénac-Moncaut*, dessen Melodie, wie wir einleitend erwähnten,[2] selbst in den Salons von Paris Beifall fand, reicht weit zurück, mindestens bis in das XV. Jahrhundert.

## Lou pourtrait de ma bergère.

---

[1] Champfleury S. 186; vgl. auch Bd. I, S. 104. [2] Vgl. Bd. I, S. 104.

Aus der verhältnismäfsig reichen Zahl von Weihnachtsmelodien, welche *Moncauts* Sammlung enthält, finde das folgende Noël hier seinen Platz.

### Noël.

[1]) Cénac-Moncaut. Melodie S. 508; Text s. Bd. I, S. 18.

Cette nuit est né (arrivé) Noël
Dans un fort bel hôtel,
Dans une chambre d'honneur,
De paille tapissée (jouchée).
Allons, Guillem,
Voir Jésus à Bethléem.

| Ici je laisse les sabots, | |
|---|---|
| Houlettes, et bâtons; | Quand ils arrivent à l'endroit, |
| Je vais marcher et courir vite | La belle étoile s'arrête brusquement. |
| De l'étoile suivre la piste. | Ils voient par la lucarne |
| Allons, Guillem..., | Jésus dans la cabane. |
| Voir Jésus à Bethléem. | Courons, Guillem, |
| | Voir Jésus à Bethléem. |

(*Gascogne*.)[1]

Da wir schon in der Einleitung vorliegenden Werkes auch die Namen derer berücksichtigten, welche der musikalischen Seite des Volksliedes ihre Aufmerksamkeit schenkten,[2] so möge hier nur ergänzend hinzugefügt werden, dafs in neuester eZit *Carnoy* in seine Sammlung von Volksliedern aus der *Picardie* auch deren Melodien aufnahm und besonders *Rolland* in seinen *Rimes et Jeux de l'Enfance* die Melodien ausgiebig berücksichtigte.[3]

Sicher ist, dafs viele Volkstänze im innigsten Zusammenhange mit Volksliedern stehen. Beredte Beispiele hierfür gibt uns *Bladé* aus *Agenais* und *Armagnac*. Dort ist die Hauptform der Tänze, wie dieses auch von *C.-Moncaut* bestätigt wird, die Ronde.

Die Paare bilden, wenn ihrer nicht zu viele sind, einen einzigen Kreis; sonst teilen sie sich in mehrere kleine Gruppen. Meist ist der Anführer der Ronde auch der Vorsänger. Auch wenn dieses nicht der Fall ist, ordnet sich doch der Vorsänger dem Anführer unter. Die einfache Ronde besteht nun in einer rasch kreisenden Bewegung. Bevor jedoch das Zeichen zu dieser Bewegung gegeben wird, stimmt der Anführer die beiden ersten Verse der Strophe an:

---
[1] Cénac-Moncaut, Melodie S. 497; Text S. 358. [2] Vgl. Bd. I, S. 33 ff.
[3] Vgl. die ausführliche Kritik darüber im Temps 1884.

welche von dem Chore wiederholt werden, indem sie zugleich mit den verschlungenen Händen den Takt markieren. Dann setzt der Anführer die Ronde in Bewegung unter der gleichzeitigen Absingung der genannten Verse, welche wiederum von der ganzen Ronde wiederholt werden.

Es folgen nun seitens des Anführers die nächsten vier Verse:

deren Kehrreim:

> Je n'en puis pas, mire lan la,
> Je n'en puis pas dormir

von den Teilnehmern der Ronde wiederholt wird.

Die Fortsetzung erfolgt nun in der Weise, dafs von jenen Versen, welche den eigentlichen Inhalt des Liedes ausmachen, die beiden letzten:

> Et les oiseaux y chantent,
> Chantent toute la nuit,

zunächst von dem Anführer allein, dann von dem Chore in Wiederholung gesungen werden, worauf wiederum der Anführer die nächsten vier Verse:

---

[1]) Bladé, Melodie. Anhang S. 2; Text *Avertissement* S. VII, VIII.

Die Ronde.

La caille, la tourterelle,
Et la jolie perdrix.
Je n'en puis pas, mire lan la,
Je n'en puis pas dormir

anstimmt, deren Kehrreim von der ganzen Ronde wiederholt wird.

Ganz ähnlich verhält es sich, wenn das Lied statt von zwei zu vier, von zwei zu drei Versen vorschreitet.

Premier Couplet.
### Chef de danse (et de chant).

Mon père veut me ma-ri-er, Ti-re, ti-re, ma-ri nier.

### Danseurs.

Mon père veut me marier,
Tire, tire, marinier.

### Chef de danse (et de chant).

A un vieil-lard veut me don-ner. Ti-re, ti-re, ma-ri-nier,
Ti-re, Ti-re, ti-re, ma-ri - - - nier.

### Danseurs.

Chœur.
Ti-re, ti-re, ma-ri-nier, ti-re, Ti-re,
ti-re, ma-ri - - - nier.

Second Couplet.
### Chef de danse (et de chant).
A un vieillard me veut donner,
Tire, tire, marinier.

### Danseurs.
A un vieillard me veut donner,
Tire, tire, marinier.

### Chef de danse (et de chant).
Qui n'a ni pain, ni vin, ni blé,
Tire, tire, marinier, tire,
Tire, tire, marinier.

### Danseurs.
Tire, tire, marinier, tire,
Tire, tire, marinier.  (*Agenais, Armagnac.*)[1]

Neben diesen einfachen Ronden gibt es nun auch eine zusammengesetztere: *Resseyado (sciage)* genannt. Dieselbe hat nach der Vorwärts- eine rückläufige Bewegung, welche sich in regelmäfsigen Zwischenräumen wiederholt.

Auch bei den übrigen Tänzen hat sich die Verbindung mit dem Gesange erhalten. Nur von einer Provinz *Béarn* erwähnt *Cénac-Moncaut* ausdrücklich,[2] dafs daselbst nie während des Tanzes gesungen werde. Sonst vertritt ein Chor oder, wie in der *Auvergne*,[3] eine alte Bettlerin die Stelle des Orchesters. Doch sind Instrumente nicht ausgeschlossen; neben der Violine finden sich noch besonders erwähnt, namentlich für die südlichen Provinzen, das Tamburin und das Gaboulet.

In *Roussillon* wird der eigentliche Ball mit einem *Contrepas* eröffnet, von welchem *Henri* in seiner Geschichte dieser Provinz eine ausführliche Beschreibung gibt. Es zeugt für das hohe Alter dieses Tanzes, dafs das Lied, welches ihn begleitet, ein Passionslied ist.

---

[1] Bladé, *Avertissement* S. VIII, IX; Melodie Anhang S. 9. [2] C.-Moncaut S. 276. [3] Champfleury S. 65.

Vorzugsweise verknüpfen sich die Tänze mit den Festen der Kirche sowie den Namenstagen der Heiligen. Aber auch nach den sauren Wochen der Ernte folgen frohe Tanzfeste, während in *Cusset* Tänze nach dem Gesindemarkt statthaben, also gewissermafsen umgekehrt, frohe Feste vor den sauren Wochen.

Derjenige Tanz nun, welcher sich der Ronde am nächsten anschliefst, ist der Walzer. Wie ein kürzlich aufgefundener Pergamentkodex berichtet, soll dieser Tanz der *Provence* entstammen und im Jahre 1178 zum ersten Male in Paris aufgeführt worden sein. Auch andere Provinzen kennen diesen Tanz, wie eine Probe aus *Angoumois* zeige:

¹) Bujeaud Bd. I, S. 161.

292  Musik und Tanz.

Es würde zu weit führen, wollten wir die sämtlichen Provinzialtänze, welche sich übrigens vielfach in den Tanzfesten des französischen Hofes besonders unter *Ludwig XIV.* wiederfinden lassen, hier aufführen;[1]) nur die hervorstechendsten mögen eine Stelle finden.

Die *Bourrée* könnte man fast den Nationaltanz des französischen *Volkes* nennen, so verbreitet ist sie. Der *Auvergne* entstammend, findet sie sich auch in *Charolais, Niverne, Berry, Bourbonnais* und namentlich auch in *Angoumois*, welcher Provinz die beiden folgenden Proben entnommen sind.

### Bourrée.

---

[1]) Auf zwei Werke sei hier hingewiesen: Geschichte der Tanzkunst von Albert Czerwinski, Leipzig 1862, S. 89 ff. und der Tanz und seine Geschichte von R. Vofs. Berlin 1869, S. 61 ff. u. S. 317 ff. (Notiz von Dr. Paul Hohlfeld).

Bourrée.

293

(*Angoumois.*)[1])

## Bourrée.

*Allegro.* Metr. ♩ = 69. Avec entrain et légéreté.

La fil- le à Gros Jean, A' por-te la den-

tel-le, La fil-le à Gros Jean A' por-te le ri-

ban, A' por-te le ri--ban, A' por-te la den-

tel-le, A' por-te le ri--ban, La den-tell' du mar-

chand. La fil--le à Gros Jean, A' por-te la den-

tel-le, La fil--le à Gros Jean, A' por-te le ri-

---

[1]) Bujeaud Bd. I. S. 157.

(*Angoumois*.)[1]

An diesen Tänzen nehmen Frauen wie Männer, Väter mit ihren Söhnen teil. Die Männer vielfach in Holzschuhen, die Frauen mit Kopfbedeckungen, die sehr verschieden sind.

Je nach den Provinzen und dem Temperamente ihrer Bewohner trägt auch die *Bourrée* einen sehr verschiedenartigen Charakter. Lebhaft und freudig bewegt ist sie in der *Auvergne*:

Der ganze Körper folgt dem Takte, die Paare blicken sich von der Seite an, man stampft mit den Füßen, klatscht in die Hände, — dabei wohnt dem Tanze doch eine gewisse Anmut inne.

Im vollen Gegensatz zu dieser springenden Fröhlichkeit steht die *Bourrée* aus *Bourbonnais*[2]) mit ihrem ernsten, einförmigen Charakter.

Beim Beginn des Tanzes stehen sich die Paare in langen Reihen einander gegenüber, die Arme fallen an dem Körper herab, als wären sie die eines Rekruten. Die Mädchen lassen sich bei den Händen fassen und gestatten phlegmatisch einen Kuß, eine Zeremonie, die niemals vor Beginn des Tanzes fehlen

---

[1]) Bujeaud Bd. I, S. 158 f.   [2]) Champfleury S. 89.

darf. Dann setzen sich die Gruppen in Bewegung, zuerst tanzt die Reihe der Burschen im Takte vorwärts, wobei sich die Reihe der Mädchen ebenfalls im Tanzschritte zurückzieht; dann ziehen sich die Burschen zurück und die Mädchen folgen, dann nach rechts und nach links. Rücken gegen Rücken, Gesicht zu Gesicht, um wieder das Vor- und Rückschreiten zu beginnen. In diesem Durcheinander hört man die aufstampfenden Füfse, sieht schwenkende Hauben, fallende Körper, aber nichts hält die Tanzenden auf, solange der Kornmusebläser Atem genug behält.

Besser als alle Beschreibung wäre eine Reihe von Bildern, welche den Tanz in seinen Hauptmomenten vorführten. Obwohl die heutige Augenblicksphotographie eine solche Aufgabe spielend lösen liefse und *Rolland*[1]) sich zur Aufnahme derartiger Bilder in seinem *Almanac* bereit erklärt, so ist mir von einer photographischen Aufnahme französischer Volkstänze doch nichts bekannt geworden. Jedoch befindet sich in der *Illustration* vom 11. März 1854 eine bildliche Darstellung eines provençalischen Tanzes, der *Fieroues*; wenn ich auch von diesem Bilde durch die Güte des Herrn Architekten *Lachmann* eine Pause besitze, so liefs sich die Aufnahme derselben in dieses Werk nicht ermöglichen, so dafs ich auch hier auf eine kurze Beschreibung beschränkt bin.[2])

Beim Anbruch der Nacht eilen vierzig bis fünfzig junge Leute unter dem Schalle des Tamburin und mit einem Harlekin an der Spitze durch die Strafsen. Sie sind weifs gekleidet, mit Bändern an den Schultern und grofsen Kravatten um den Hals. Jeder Tänzer trägt eine lange Stange,[3]) auf deren Spitze eine Kerze in bunter Papierhülse flammt. Die einzelnen Tanzschritte *(Pas)* werden von dem Anführer durch den Ton einer Pfeife markiert und die einzelnen Figuren sollen durch die sich kreuzenden buntfarbigen Lichter einen schönen Anblick gewähren. Auch hier steht der Tanz in Verbindung mit dem Gesange; denn der Tanz beschliefst allemal eine Strophe des Gesanges.

[1]) Vgl. Rolland, *Almanac* 1882, S. 118.  [2]) Vgl. Arbaud S. 193.  [3]) *quenouille* bei Arbaud; daher auch *danse des quenouilles*.

Ein ähnlich farbenreiches Bild gewährt die *Olivette*, (Champfleury, S. 185) ein Tanz, der die Olivenernte beschließt, jedoch nur noch in einigen Küstenstrichen des Mittelländischen Meeres und zwar besonders zu *Lignes* aufgeführt wird.

Auch hier bilden Tamburin und Gaboulet die Musik.

Die Tänzer, in enges Wams und weite Beinkleider gekleidet, Wams und Schuhe reich bebändert, gruppieren sich um einen der ihrigen, welcher eine lange Stange trägt; an ihrer Spitze befinden sich aufgerollt eine Reihe verschiedenfarbiger Bänder, deren Anzahl der Zahl der Tänzer entspricht.

Der Tanz besteht aus zwei Teilen; zunächst balanciert jeder Tänzer, sobald er das niederfallende Band aufgefangen, nach rechts und nach links, dann folgen die gewöhnlichen Tanzschritte gegeneinander, Rücken gegen Rücken, Gesicht zu Gesicht. Diese Figuren sind nun so kunstvoll angeordnet, daß durch sie alle Bänder um die Stange verflochten werden und eine Art schraubenförmiges Farbenspiel entsteht.

Der zweite Teil ist dem ersten geradezu entgegengesetzt, so daß schließlich die verflochtenen Bänder sich alle wiederum unmerklich entrollen. Und damit erreicht der Tanz sein

Ende.

www.ingramcontent.com/pod-product-compliance
Lightning Source LLC
Chambersburg PA
CBHW021224300426
44111CB00007B/416